重要批示

2003年6月12日，国务院副总理曾培炎在《关于国土资源部和中国气象局联合开展“全国地质灾害气象预报预警”工作的报告》上批示：“国土资源部与中国气象局要密切合作，不断总结经验，完善预报预警系统，最大限度地减少地质灾害造成的损失。”

2003年7月8日，国土资源部部长孙文盛在中国地质环境监测院第五期《要事专报》“环境院近期又成功预报了三起地质灾害”上批示：“看了很高兴。预报地质灾害确实是一件大好事，应该说是实践‘三个代表’重要思想的体现。这项工作虽然开展不久，但已收到了较好的效果与反映。盼能在现有基础上进一步完善工作机制，不断求实创新，提高工作质量，树立良好的信誉。”

2003年7月16日，国务院副总理曾培炎在湖北省秭归县沙镇溪镇特大滑坡现场视察

黄学斌 摄

2003年4月18日，全国人大常委会副委员长蒋正华参加全国地质环境管理工作暨地质灾害防治工作表彰会议并向全国地质灾害防治工作先进集体和先进个人颁奖

李振涛 摄

2003年12月17日至28日，全国国土资源厅局长会议在北京召开，国土资源部党组书记、部长孙文盛对抓好地质环境保护和地质灾害监测预防工作提出要求

李振涛 摄

2003年12月18日，国土资源部副部长寿嘉华在参加全国地质灾害气象预报预警工作经验交流会期间与中国气象局党组成员萧永生交谈

范宏喜 摄

中国地质环境监测院领导班子成员简介

钟自然，男，汉族，1962年8月生，安徽桐城人。1985年4月加入中国共产党，1983年8月参加工作，中国地质科学院研究生部毕业，博士学位，研究员。1988年起，任APEC/GEMEED国际组织（亚太经济合作组织矿产能源勘探开发专家组）委员。1999年起，任总部设在美国科罗拉多的RESOURCES POLICY(资源政策）国际刊物编委会委员。1979年9月至1983年8月在合肥工业大学地质系学习。1983年8月至1985年9月在化工部化学矿山规划设计院从事化学矿山规划设计工作。1985年9月至1988年9月，在中国地质科学院攻读矿产经济学硕士学位。1988年9月至1991年9月在中国地质科学院攻读矿产经济学博士学位。1991年9月分配到地质矿产部矿产开发管理局工作。1994年5月至1997年4月先后任地质矿产部矿产开发管理局法制处副处长、处长。1997年4月任地质矿产部矿产开发管理局副局长，参与《中华人民共和国矿产资源法》修改立法工作和矿产开发管理工作。1997年9月调任全国矿产资源委员会石油天然气资源管理办公室副主任。1998年7月至2003年1月任国土资源部规划司副司长，分管矿产资源规划、国土资源大调查计划等工作。2003年2月起，任国土资源部中国地质环境监测院院长、党委副书记。

张卫东，女，汉族，1947年9月生，黑龙江哈尔滨市人。1971年5月加入中国共产党，1968年11月参加工作，南开大学研究生毕业，硕士学位，研究员。1972年5月至1975年12月在长春地质学院物探仪器系学习，1975年12月分配到地质矿产部计划司工作。1975年至1991年10月在部计划司、直管局先后任办公室副主任、基建计划处副处长、处长。1991年11月至1993年11月任中国水文地质工程地质勘查院院长助理，1993年12月任副院长。1998年10月任中国水文地质工程地质勘查院、中国地质环境监测院党委书记、副院长，主要从事地矿经济研究与管理、地质环境技术管理、党建工作与精神文明建设管理工作，兼任中国地矿经济学会常务理事、环境经济专业委员会常务副主任、中国地质学会环境地质专业委员会副主任。近年公开发表的论文有：《浅议地质环境及其管理》、《论地质环境评估》、《城市地面沉降灾害的经济评估》等十余篇，出版专著《水资源与可持续发展》。

侯金武，男，汉族，1955年4月生，河南省洛宁县人。1978年参加工作，1981年加入中国共产党，大学本科，高级工程师，高级经济师。1978年9月至1980年2月在基建工程兵00931部队任助理技术员。1980年3月调基建工程兵00935部队工作。1980年3月至1984年2月任基建工程兵00935部队技术员。1984年3月集体转业到地矿部915水文工程地质大队工作。1984年3月至1998年1月在地矿部915水文工程地质大队任分队技术负责、分队长兼党支部书记、副大队长、大队长、大队长兼党委书记。1992年获地矿部安全管理先进工作者，1995年获全国地矿系统劳动模范称号，同年获全国地矿系统模范职工之友称号。1998年3月至2000年12月任中国水文工程地质勘查院副院长，党委委员。2001年1月至今任中国地质环境监测院副院长、党委委员。2002年兼任中国地矿经济学会环境经济专业委员会副主任。

马学明，男，汉族，1944年9月生，四川省南部县人。1965年11月加入中国共产党，1965年2月参加工作，大专文化程度，高级经济师。1965年2月至1965年10月在建工部二局四公司二处工作。1965年11月至1966年7月任建工部二局四公司二处团支部书记。1966年8月至1969年8月任基建工程兵第204团二营文书。1969年9月至1972年1月任基建工程兵第204团政治处干部处干事。1972年2月至1977年4月任基建工程兵整编办公室干部处干事。1977年5月至1984年10月任基建工程兵水文地质指挥部政治部干部处副处长。1984年11月至1987年4月任地质矿产部水文地质工程地质指挥部政治部副主任。1987年5月起任地质矿产部水文地质工程地质指挥部、中国水文地质工程地质勘查院人事处处长兼中国地质矿产报水文地质工程地质记者站站长。1992年10月任中国水文地质工程地质勘查院、全国地质环境监测总站、中国地质环境监测院纪委书记。1997年起兼任监察专员。

田廷山，男，1957年生，1978年至1981年在长春地质学院水文地质工程地质专业学习。1982年至1992年在黑龙江省第二水文地质工程地质大队任实习生、助理工程师、工程师、高级工程师、总工程师助理、总工程师。1992年至1998年任地质矿产部地质环境管理司副处长、处长。1998年至2003年2月在国土资源部地质环境司任处长。2003年2月至今任中国地质环境监测院总工程师。

重要活动

国土资源部部长孙文盛、部党组成员、办公厅主任王世元视察中国地质环境监测院西峰寺培训中心

2003年6月13日，国土资源部部长孙文盛、财务司司长王瑞生等领导听取中国地质环境监测院工作汇报

2003年1月15日，国土资源部副部长寿嘉华在中国地质环境监测院观看“全国县（市）地质灾害调查与区划”成果

2003年3月24日，在“中国地下水信息中心能力建设”启动大会暨授牌仪式上，国土资源部副部长寿嘉华与全国政协委员、三峡库区地质灾害防治工作领导小组办公室主任李烈荣交谈中国地下水资源开发与利用现状

2003年11月6日，国土资源部党组成员、直属机关党委书记孟宪来在中国地质环境监测院处级干部培训班上讲话

2003年3月24日，国土资源部副部长兼中国地质调查局局长寿嘉华将“中国地下水信息中心”牌匾授予中国地质环境监测院

2003年3月24日，荷兰应用地球科学研究所（TNO）、荷兰地质调查局国际合作部主任Jos L. J. de Sonneville博士将“中国国际地下水模型中心”牌匾授予中国地质环境监测院

2003年12月18日，中国地质调查局副局长汪民（现任国土资源部副部长、党组成员）在中国地质环境监测工作汇报会上讲话

2003年11月24日，国土资源部地质环境司司长姜建军在中国地质环境监测院处级干部培训班上讲话

2003年3月7日，中国地质环境监测院发展思路专家座谈会在北京召开

2003 年 3 月 24 日，中国－荷兰合作项目“中国地下水信息中心能力建设项目启动暨授牌仪式”在北京隆重举行

2003年3月24日，中国21 世纪初水工环地质工作发展战略国际研讨会在北京召开

2003年4月19日，国土资源部地质环境司和中国地质环境监测院在北京联合召开全国地质环境调查监测工作座谈会

2003年6月1日，全国地质灾害气象预报预警信息开始在中央电视台和中国地质环境信息网上发布

三峡库区地质灾害防治监测预警工程启动以来，已成功预警了千将坪等37处滑坡，使9600余人的生命财产得到了有效保护

2003年7月20日，由国土资源部地质环境司主持、中国地质环境监测院和中国地质科学院水文地质环境地质研究所组织实施的全国新一轮地下水资源评价成果在北京通过专家验收

2003年8月1日，中国地质环境监测院召开复转军人庆"八一"座谈会

2003年9月10日，中国地质环境监测院召开欢度中秋、喜迎国庆老干部老专家座谈会

2003年10月11～14日，中国地质环境监测院在新疆乌鲁木齐组织召开了中国地矿经济学会环境经济专业委员会2003年年会暨学术交流会

2003年12月16～18日，全国地质灾害气象预报预警工作经验交流会在北京举行

2003年12月18日，中国地质环境监测院召开工作汇报座谈会

在中国－荷兰合作项目“中国地下水信息中心能力建设项目启动暨授牌仪式”上，有关领导与专家兴致勃勃地合影留念

中国地质环境监测院科技成果展引起了有关领导和专家的极大兴趣

2003年12月18日，中国地质环境监测院高级顾问、中国科学院资深院士陈梦熊，中国地质环境监测院高级顾问、国家行政学院研究员方克定参观西峰寺培训中心建设

中国地质环境监测院高级顾问、瑞士联邦苏黎世理工大学教授许靖华就地下水资源开发利用问题接受中国中央电视台记者采访

中国地质环境监测院高级顾问、荷兰应用地球科学研究所(TNO)、荷兰地质调查局国际合作部主任 Jos L. J. de Sonneville 博士接受中国中央电视台记者采访

中国地质环境监测院领导班子研究水工环地质调查与监测工作规划

各省(自治区、直辖市)地质环境调查与监测工作

有关专家调研北京市地下水监测网点建设状况

北京市地质环境监测总站 供稿

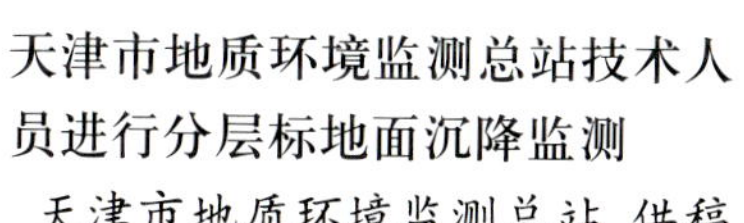

天津市地质环境监测总站技术人员进行分层标地面沉降监测

天津市地质环境监测总站 供稿

河北省环境地质勘查院技术人员利用GPS进行河北平原地面沉降监测

河北省环境地质勘查院 供稿

在实施“内蒙古自治区包头市石拐区煤矿矿山环境恢复治理”项目中，内蒙古自治区国土资源厅会同包头市石拐区政府、内蒙古自治区地质环境监测院、包头市国土资源局对治理区及主要工作内容进行了认真的研究和探讨，图为内蒙古自治区国土资源厅副厅长郭占英（右二）在石拐区进行调查研究

内蒙古包头市地质环境监测总站 供稿

2003年8月23日，辽宁省国土资源厅与省气象局举行地质灾害气象预报预警工作签字仪式

辽宁省地质环境监测总站 供稿

吉林省地质环境监测总站协同省林业、旅游等部门开展长白山地质灾害调查

吉林省地质环境监测总站 供稿

中国地质环境监测院党委书记张卫东（中）、黑龙江省国土资源厅副厅长徐飞鹏（右）、黑龙江省地质环境监测总站站长冯军共同研究总站建设问题

黑龙江省地质环境监测总站 供稿

黑龙江省地质环境监测总站技术人员开展地质灾害调查

黑龙江省地质环境监测总站 供稿

江苏省地质环境监测总站技术人员在进行地面沉降监测

江苏省地质环境监测总站 供稿

上海市房屋土地资源管理局领导视察市地质环境监测总站地质调查工作现场

上海市地质环境监测总站 供稿

上海市将地质环境监测工作与重大市政工程建设相结合，扩大了地质环境监测工作的社会影响

上海市地质环境监测总站 供稿

上海市地面沉降监测二级网

上海市地质环境监测总站 供稿

2003年1月，浙江省地质环境监测总站领导陪同国土资源部地质环境司司长姜建军考察长兴“金钉子”地质遗迹自然保护区

浙江省地质环境监测总站供稿

安徽省地质环境监测总站开展地下水水位动态监测

安徽省地质环境监测总站供稿

福建省地质环境监测总站与省地调院联合召开汛期地质灾害防治研讨会

福建省地质环境监测总站供稿

湖北省地质环境监测总站技术人员在巴东县开展滑坡变形专业监测

湖北省地质环境监测总站供稿

湖南省国土资源厅领导到省地质环境监测总站检查工作

湖南省地质环境监测总站供稿

湖南省国土资源厅组织有关专家在长沙对省地质环境监测总站承担的临武等 8 个县(区)地质灾害调查与区划项目进行审查

湖南省地质环境监测总站供稿

2003年，海南省国土环境资源厅组织专家对三亚市地质灾害调查与区划项目——海岸侵蚀崩塌点调查进行野外验收

海南省地质环境监测总站供稿

2003年，海南省国土环境资源厅组织专家对三亚市地质灾害调查与区划项目——山区泥石流灾害点调查进行野外验收

海南省地质环境监测总站供稿

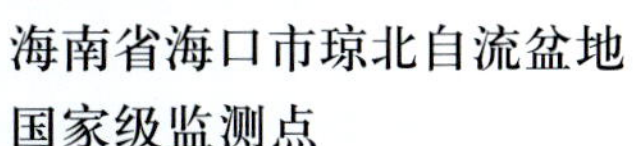

海南省海口市琼北自流盆地国家级监测点

海南省地质环境监测总站供稿

"重庆市地质灾害防治规划"通过专家审查

重庆市地质环境监测总站供稿

重庆市地质环境监测总站工程技术人员在区、县指导地质灾害群测群防工作

重庆市地质环境监测总站供稿

重庆市地质环境监测总站成立暨授牌仪式

重庆市地质环境监测总站供稿

2003年8月31日，广西壮族自治区国土资源厅厅长黄方方到广西地质环境监测总站检查工作

广西壮族自治区地质环境监测总站 供稿

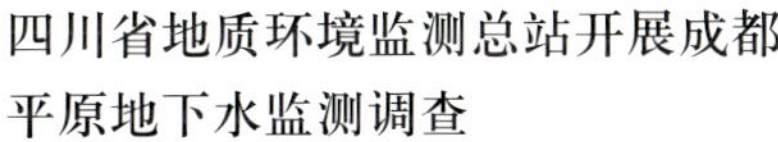

四川省地质环境监测总站开展成都平原地下水监测调查

四川省地质环境监测总站 供稿

2003年6月，贵州省国土资源厅组成专家组分赴各地、市、州检查汛期地质灾害防治及有关制度落实情况。图为吴道生副厅长在赤水市大同镇检查滑坡治理工程效果

贵州省地质环境监测总站 供稿

2003年4月22日，贵州省地质环境监测总站组织科技人员走上街头，开展“地球日”宣传活动

贵州省地质环境监测总站 供稿

云南省地质环境监测总站开展地下水水位动态监测

云南省地质环境监测总站 供稿

云南省地质环境监测总站进行地质灾害调查监测

云南省地质环境监测总站 供稿

西藏自治区国土资源厅副厅长张建平到西藏地质环境监测总站检查工作

西藏自治区地质环境监测总站 供稿

2003年6月，陕西省国土资源厅召开全省地质环境工作会议，厅领导张德新、李冬玉等作重要讲话

陕西省地质环境监测总站 供稿

陕西省地质环境监测总站技术人员在山阳中学滑坡开展深部变形专业监测

陕西省地质环境监测总站 供稿

甘肃省地勘局局长孙矿生在桃树坪滑坡现场听取省地质环境监测总站总工程师黎志恒汇报

甘肃省地质环境监测总站 供稿

2003年8月，青海省副省长苏森、国土资源厅副厅长王建斌到青海省地质环境监测总站开展调研活动

青海省地质环境监测总站 供稿

宁夏回族自治区地质环境监测总站技术人员开展宁南山区地质灾害调查

宁夏回族自治区地质环境监测总站 供稿

宁夏回族自治区地质环境监测总站技术人员采集地下水自动监测数据

宁夏回族自治区地质环境监测总站 供稿

新疆维吾尔自治区地质环境监测院开展1:50万区域地质环境野外调查

新疆维吾尔自治区地质环境监测院 供稿

新疆维吾尔自治区地质环境监测院对国家级地下水监测孔进行定期监测

新疆维吾尔自治区地质环境监测院 供稿

新疆维吾尔自治区国土资源厅党组书记王伟博、厅长哈尼巴提－撒布开等领导到新疆地质环境监测院检查工作

新疆维吾尔自治区地质环境监测院 供稿

中国地质环境监测年鉴
2004

中国地质环境监测院　编

中国大地出版社
·北　京·

内容提要

本书收录了2003年度中央及国土资源部有关领导对中国地质环境监测院工作的批示，院重要会议及活动，重要文件和规章制度，地质环境监测院的定位与发展思路，院综合管理、党群工作、经营工作，院及各省、自治区、直辖市的地质环境调查与监测工作等。

图书在版编目（CIP）数据

中国地质环境监测年鉴：2004/中国地质环境监测院编. －北京：中国大地出版社，2004.11
ISBN 7－80097－720－X

Ⅰ. 中...　Ⅱ中...　Ⅲ. ①地质环境—调查—中国—2004—年鉴②地质环境—环境监测—中国—2004—年鉴　Ⅳ. X141－54

中国版本图书馆CIP数据核字（2004）第117375号

责任编辑：叶　丹　张　琨
出版发行：中国大地出版社
社址邮编：北京市海淀区学院路31号　100083
电　　话：010－82329127（发行部）　010－82329008（编辑部）
传　　真：010－82329024
印　　刷：科伦克·三莱印务（北京）有限公司
开　　本：787mm×1092mm　1/16
印　　张：23.75
彩　　插：32页
字　　数：540千字
版　　次：2004年11月第1版
印　　次：2004年11月第1次印刷
印　　数：1—1000册
书　　号：ISBN 7－80097－720－X/X·4
定　　价：78.00元

（凡购买中国大地出版社的图书，如发现印装质量问题，本社发行部负责调换）

《中国地质环境监测年鉴　2004》

编纂委员会

目　　录

特　稿

综　述

专　文

重要文件和规章制度

地质环境调查与监测工作

综合管理工作

党 群 工 作

经 营 工 作

各省(自治区、直辖市)地质环境调查与监测工作

附　录

特　稿

在全国地质环境管理工作暨地质灾害防治工作表彰会议上的讲话

全国人大常委会副委员长　蒋正华

（2003 年 4 月 18 日）

今天，国土资源部在这里隆重召开全国地质灾害防治工作表彰大会，表彰为我国地质灾害防治及管理工作做出显著成绩和贡献的先进集体和先进个人。这是对我国地质灾害防治水平的一次检阅，也是我国地质灾害防治工作的一次盛会。我首先向先进集体和先进个人表示热烈祝贺！并通过你们向地质灾害防治战线上的广大工作者和各界群众致以亲切问候和衷心感谢。

人类几千年的文明史，就是一部人类不断认识自然、适应自然、改造自然、利用自然，与自然灾害进行斗争取得社会发展的历史。当今全球范围内各种地质灾害频发，这种现象已引起全世界的普遍关注。江泽民同志 1996 年就指出："矿产资源、水资源、地震、火山、滑坡、地面沉降、海平面上升、表土的荒漠化等等，都与地质工作关系密切，因此，地质工作是实施可持续发展战略的支柱性、基础性工作。""逐步开展国土综合整治工作，加大矿山环境管理和治理力度，加强地质灾害防治，实现资源开发和环境保护的协调发展。"胡锦涛总书记在今年中央召开的人口资源环境工作座谈会上指出："做好人口资源环境工作，必须坚持以'三个代表'重要思想为指导。人口资源环境工作关系经济社会的可持续发展，关系人民群众的切身利益和根本利益。各地区各部门都要全面贯彻'三个代表'重要思想和十六大精神，围绕实现全面建设小康社会的宏伟目标，进一步明确新世纪阶段人口资源环境工作的重点和方向。"我国是一个人口众多、地域辽阔的大国，由于自然地理、地质条件复杂，使我国成为世界上地质灾害最为严重的国家之一。在各种自然灾害中，多达 30 余种的地质灾害以其造成的人员伤亡多、经济损失大，并且具有突发性、群发性、多发性和影响持久而占据突出地位。近几年来，国土资源部门，依靠各级政府、各部门的协调配合，依靠民众，依靠科技，做了大量的防灾减灾工作，成功预报地质灾害 1000 多起，避免了 3

万多人的伤亡和巨大的直接经济损失。这是国土资源部门实践“三个代表”重要思想，保护广大人民的根本利益做出的重要贡献。今天在这里表彰先进集体和先进个人，就是为了弘扬这种精神，提高全社会自觉防治地质灾害的意识，激励地质灾害防治工作者自觉实践“三个代表”重要思想，通过不懈的努力，为我国地质灾害防治事业做出新的贡献。

防治地质灾害，事关人身安全、经济发展、社会稳定，责任重大。温家宝总理曾强调：“要把地质灾害防治作为国土资源部一项重要的工作来抓。”“对经常或可能发生山体滑坡、泥石流的重点地区，国土资源部会同地方政府要建立预警系统，做好监测和防治工作。”希望国土资源部门一定要落实家宝同志的指示，进一步提高认识，加强领导，采取有力措施，把这件大事抓好。做好地质灾害防治工作，要注重法制建设和避灾工作。要始终把法制建设放在重要位置，上下共同努力，尽快形成地质灾害防治法规体系，使地质灾害防治管理纳入法制轨道，用法律来规范人们防治地质灾害的行为。只有这样，才能使防治地质灾害的工作坚持不懈，形成社会的合力，提高工作的效益。要切实加强地质灾害的调查、评价和规划工作。要在地质灾害调查工作基础上，掌握地质灾害的发育、分布规律，对重要经济区、重要交通干线的崩塌、滑坡、泥石流等突发性地质灾害的危害性做出评价预测，提出地质环境保护对策，提高工作的科学性；要以高、精、尖仪器为主要手段建立地质灾害防灾预警体系，建立起专业队伍指导下的群测群防监测网，以便抓住最有利的防治时机，采取最有力的防治手段；要动员全社会的力量，将防治地质灾害成为一项全民活动；要加强科普宣传教育，使广大群众懂得什么是地质灾害、如何防范地质灾害、怎样治理地质灾害，从而提高全民防灾减灾的知识水平和能力，最大限度地减少灾害所造成的损失。

同志们，实现党的十六大提出的全面建设小康社会的宏伟目标，国土资源部门肩负重大历史使命。我们要在以胡锦涛同志为总书记的党中央领导下，高举邓小平理论伟大旗帜，全面贯彻“三个代表”重要思想，与时俱进，开拓创新，扎实工作，努力开创国土资源工作新局面，为全面建设小康社会作出贡献。

在全国地质环境管理工作暨地质灾害防治工作表彰会议上的讲话

国土资源部副部长　寿嘉华

（2003 年 4 月 20 日）

同志们：

全国地质环境管理工作暨地质灾害防治工作表彰会议，今天就要结束了。参加会议的有各省、自治区、直辖市国土资源厅主管厅长、环境处处长和地质环境站站长，新疆生产建设兵团的代表，先进单位和先进个人代表，部有关司局、直属单位的代表共 200 多人。本次会议邀请了全国人大、全国政协和国务院有关部门的领导和新闻单位的朋友莅临会议指导。全国人大蒋正华副委员长作了重要讲话。会议期间，展示了国土资源部建部五年来的全国地质环境保护管理工作成果，表彰奖励了在地质灾害防治及管理工作中做出显著成绩和贡献的先进集体和先进单位，弘扬了地质灾害防治奉献精神和为人民服务的精神。姜建军同志做了“与时俱进，改革创新，加强地质环境保护，为全面建设小康社会服务”的工作报告。这次会议，是本届政府组成后的第一次地质环境工作会议，起着承前启后的作用，会议深入贯彻了党的十六大精神和中央人口资源环境座谈会议精神，贯彻落实了全国国土资源厅局长会议精神，总结交流了地质环境管理工作经验，部署了今后地质环境管理工作。同志们普遍反映，这次会议开得很好，主题鲜明、内涵丰富、思路清晰、目标明确、重点突出，对今后地质环境保护和地质灾害防治工作具有重要指导意义。通过这次会议，总结了经验，认清了形势，统一了思想，坚定了信心，明确了目标，落实了任务。

会议有以下几个特点：一是领导重视，这次得到了国务院有关领导的支持，有关部委的领导在百忙当中出席了会议，充分体现了领导们对这次会议的重视；二是主题突出，以地质环境保护为主题，交流各地取得的好经验，强化地质环境保护的意识；三是会议形式好，典型引路，展板展示了几年来地质环境保护取得的优异成果。下面我进一步强调几点：

一、认清形势，高度重视地质环境保护工作

党的十六大将实施可持续发展战略写进了党章，提出党在新世纪新阶段的奋斗目标是全面建设小康社会，从经济、政治、文化、可持续发展四个方面界定了全面建设小康社会的内容。可持续发展，就是要在“不损害未来一代需求的前提下，满足当前一代人的需求”。可持续发展的提出，是对人类几千年发展经验教训的反思，特别是对我国传统经济发展道路的总结。资源和环境是人类赖以生存、繁衍和发展的基础，而资源短缺、环境污染和生态恶化的影响，已成为摆在当今世界各国面前的一个重大问题。

地质环境是构成生态系统各种环境因素中的最基本、最重要的因素之一，地质环境的保护，是生态系统保护的基础和前提，是人民生活和社会生产所必需的基本环境，是可持续发展的基本要素。地质环境一旦出现问题，必然导致自然生态系统恶化，地质环境的好坏，直接关系到全面建设小康社会目标的实现。党中央、国务院领导对地质环境保护工作都十分重视，胡锦涛同志在2002年8月13日批示：“对可能发生山体滑坡的地区要加强观测。”温家宝同志2002年2月26日指出：“对有重大地质灾害隐患威胁群众安全的地方，要特别重视加强调查和防治工作。这是作为地质部门的一项重要任务。”据初步统计，截至目前，党和国家领导人对地质环境保护和地质灾害防治工作的讲话批示多达50件，对我们的工作提出了要求，指明了方向。给了我们广大地质环境保护和管理工作者极大的鼓励，是我们做好各项工作的力量源泉。今年，中共中央总书记胡锦涛在人口资源环境座谈会上讲话指出：“十六大把实施可持续发展战略，实现经济发展和人口、资源、环境相协调写入了党领导人民建设中国特色社会主义必须坚持的基本经验，强调实现全面建设小康社会的宏伟目标，必须使可持续发展能力不断增强，生态环境得到改善，资源利用效率显著提高，促进人与自然的和谐，推动整个社会走上生产发展、生活富裕、生态良好的文明发展道路。”全面建设小康社会给地质环境保护工作提出了新的任务和要求，也为地质环境保护工作发展提供了新的历史机遇。今后一个时期地质环境工作的中心任务，就是加强地质环境保护工作，为经济社会的可持续发展服务，为全面建设小康社会作出贡献。这是一个必须牢牢把握的大局，各项工作必须紧紧围绕和服务这个大局。

把握大局，做好各项工作。一是要从实践“三个代表”思想的高度认识保护地质环境和地质灾害防治工作的重要性。地质环境保护工作不仅关系经济社会的可持续发展，更关系人民群众的切身利益和根本利益。我们一定要全面贯彻“三个代表”重要思想，坚持解放思想、实事求是，按照“三个代表”的要求，从人民的根本利益出发，把经济社会发展和人民群众普遍关心的地质环境问题作为工作重点，按照客观自然规律和经济规律办事。只要有利于经济社会发展和地质环境保护，我们都要努力去做，只要是人民群众的需要，我们都要努力满足，只要是有益于人民群众的事情，我们都要解决做好。

二是要遵循自然规律，做好地质环境保护工作。地质环境是一个动态平衡系统，今天的地质环境是在漫长的地质年代中逐渐发展、演化而成的。地质环境为人类提供生存空间和生活、生产所需的资源，接纳、输送和消化人类生活和生产废弃物，为人类提供有观赏和科研价值的地质遗迹。由于自然条件或人类不合理的工程开发活动，使地质环境条件发生不利于人类的变化，造成水土流失、沙漠化、地震、崩塌、滑坡、泥石流等地质灾害。自然因素对地质环境的影响所产生地质环境问题，人类往往难以阻止它，但可以采取措施加以预防。我们必须尊重自然规律和社会发展规律，我们要善于从实践中总结经验、吸取教训，自觉地去认识和把握规律，不断提高工作水平。

三是做好地质环境工作必须紧紧依靠当地政府和人民群众。我们既要发挥地质调查专业队伍的优势，又要充分发挥广大人民群众的积极性，形成做好地质环境工作的广泛群众基础。只要充分调动和发挥人民群众的积极性和主观能动性，我们就能不断开创地质环境保护工作的新局面。

二、强化职能，切实加强地质环境管理工作

地质环境保护是科学性强，涉及范围广，管理难度大的工作，地质环境保护的最终目标是实现人与自然的和谐统一。可以说地质环境保护是一门古老而又全新的工作，近些年，得到了党和国家领导人、各级政府、社会各界高度重视，但这项工作起步晚，存在着一些难点问题，如管理基础薄弱，法律法规不健全等等，这就要求我们要充分认识到地质环境管理工作的长期性、艰巨性和复杂性，要有紧迫感和危机感，并努力开展工作。

地质环境保护管理是国务院赋予我部的一项重要政府职能，“三定”方案明确规定：我部负责组织监测、防治地质灾害和保护地质遗迹；依法管理水文地质、工程地质、环境地质勘查和评价工作。监测、监督防止地下水的过量开采与污染，保护地质环境；认定具有重要价值的古生物化石产地、标准地质剖面等地质遗迹保护区，编制地质遗迹等地质资源和地质灾害管理办法；组织编制和实施滑坡、崩塌、泥石流、地面沉降与塌陷等地质灾害防治和地质遗迹保护规划并对执行情况进行监督检查；组织协调重大地质灾害防治；指导地质灾害和地下水动态监测、评价和预报。我们要全面履行国务院赋予的地质环境管理职能，切实加强地质环境管理工作。

温家宝总理在新中国地质工作50年暨中国地质学会成立80周年纪念会上讲话时强

调："伴随新世纪的到来，我国进入全面建设小康社会，加快社会主义现代化建设的新阶段。地质工作要适应新形势的要求，实现新的战略性转变，建立与社会主义市场经济体制相适应的地质工作体制。要实现传统地质工作向以"地球系统科学"为核心内容的现代地质工作转变，使地质工作更加紧密地与经济建设和社会发展相结合，更好地为经济社会发展服务"。作为地质环境保护管理工作更要实现向现代地质工作转变，更好地为经济建设和社会发展服务。在新形势下的主要任务是：全面贯彻落实国家人口资源环境保护的基本国策和可持续发展战略，建立和完善地质环境保护法律法规体系；建立起适应社会主义市场经济要求的地质环境保护监督管理体系，国家对地质环境保护与宏观管理得到加强，地质环境管理职能全面到位；基本查清我国地质环境基本状况，建立并完善地质环境监测预报系统和群测群防体系；制定科学规划，对重要经济区域做出地质环境评价预测，提出地质环境保护对策；地质灾害防治取得明显成效，地质灾害对人民生命财产造成的损失明显降低；矿山环境管理得到加强，重点矿山环境得到恢复整治；地质遗迹和地下水环境得到有效的保护。

我们要积极探索地质环境的投融资体制，形成地质环境保护与治理的稳定投入。地质环境保护必须有一定的资金投入作保证。要积极争取各级政府财政对地质环境的支持，面向市场多渠道筹集资金，鼓励社会资助，要积极争取出台一些有利于扩大地质环境保护投资的政策。搞好与有关部门的沟通与协调，得到他们的理解和支持。加强地质环境保护的综合研究，充分发挥专家学者的作用，推进决策科学化民主化。

三、加快立法，建立健全法规体系，坚持依法行政

依法行政是政府管理地质环境最主要的手段。1999 年，国土资源部颁布实施了《地质灾害防治管理办法》，2002 年又颁布了《古生物化石保护管理办法》。还先后下发实施了《地质灾害防治工程勘查——设计单位资质管理办法》等规范性文件，实施了地质灾害防治工程资质管理制度和建设用地地质灾害危险性评估制度。全国已有 26 个省、自治区、直辖市出台了地方性的地质环境管理方面的法规规章 36 件，这些法规规章的出台，有力地推进了地质环境保护依法行政工作。但我们要看到，地质环境行政管理基础薄弱，地质环境保护法规和管理体系还很不完善，缺少地质环境保护的行政法规。

加强地质环境法制建设，把地质环境保护纳入制度化、法制化的轨道，确保我国人口资源环境基本国策落实和"十六大"提出的全面建设小康社会的目标实现，是一项长期而艰巨的任务，新形势下的地质环境保护工作离不开地质环境法律体系的保驾护航。国土资源部作为地质环境保护的政府主管部门，要积极为各项法律法规的建立和拟订提出意见和方案，并制定出具体配套的部门规章和制度，促进我国地质环境保护法律体系的不断完善。地质环境保护工作必须始终以法律为依据，坚持依法行政，依法办事。近两年来争取出台《地质灾害防治条例》、《国家地质公园管理办法》、《矿山环境保护办法》等法规、规章。要积极进行立法调研工作，要主动与国务院有关部门进行联系沟通，对立法中的难点问题进行专题调研，对已经成熟的法规和规章，创造条件，及时出台，实现地质环境监督管理有法可依。

地质环境行政执法，是国土资源主管部门代表国家行使监督管理权力所进行的具有法律效力的行为，是国家管理地质环境的职能和各级人民政府对环境质量负责的责任得以实现的保障。各级国土资源主管部门强化执法基本职能，不断加大执法和监督力度。对违法行为坚决予以制止和惩处，为国家可持续发展的战略目标的实现提供保障。依据国内外的形势和社会经济发展的需要，结合建立社会主义市场经济体制的进程，还要与有关部门密切合作，提高政策调控能力和水平。

开展地质环境法律宣传普及和培训工作是加强地质环境法制建设的重要内容，是增强全民地质环境意识和法制观念的一项战略任务。各级国土资源主管部门要充分发挥各个方面的积极性，结合地质环境保护的中心工作，开展地质环境保护讲座、地质环境保护宣传画廊及地质环境保护法制研讨班等多种形式的教育和培训工作。

四、制定科学规划，全面部署指导地质环境保护工作

地质环境保护规划是实现地质环境保护目标的重要手段，是各级国土资源部门开展地质环境保护工作的总体思路、原则和依据。要集中力量研究制定全国地质环境保护及有关专项地质环境保护规划。目前，我们仅颁发了《地质灾害防治规划纲要》，《全国地质环境保护规划》，其他专项规划都还处在初编或论证阶段，各地的规划编制及颁布实施工作也进展缓慢。要做好规划，首先就得做好对地质环境调查评价的基础工作。加强调查评价，摸清地质环境的状况，这是我们制定规划、进行决策的重要基础工作。国土资源部的重要任务就是制定国土资源大调查规划，并将调查成果向社会提供公共信息服务，包括地质环境调查的评价资料及地质环境监测信息。

地质环境保护规划的编制，要全面贯彻和落实国家环境保护的基本国策和可持续发展战略，从国情出发，遵循自然规律，着重解决我国地质环境面临的突出矛盾和问题；要以合理利用国土资源、改善地质环境、保护人民生命财产安全，提高人民生活质量、实现可持续发展为中心；要使地质环境保护与经济发展紧密结合，正确处理长远与当前、整体与局部的关系，促进社会效益、经济效益、环境效益的协调统一；要加强法制建设，强化监督管理，逐步建立与我国经济社会发展相适应的地质环境保护和地质灾害防治体系。

地质环境保护规划，要坚持以防为主、防治结合、保护与开发并重的方针；要坚持统筹规划、因地制宜、突出重点、分步实施的原则；强化管理，避免或减少人为因素对地质环境的破坏；坚持按客观规律办事，因地制宜，讲求实效，提高综合治理效益；坚持地质环境保护与区域经济发展、农民脱贫致富相结合；政府管理与全社会共同参与相结合，充分发挥中央、地方和各行各业保护地质环境的积极性；建立多元化的投入机制，多渠道筹措资金；要进行区域展开、重点突破，优先抓好对全国有影响的重点区域和重点工程，力争在短期内有所突破。

近两年内，要编制完成《全国地质环境保护规划纲要》，《矿山环境保护规划》及《古生物化石保护规划》。同时，要完成各省（自治区、直辖市）地质灾害防治规划的编制和审核工作，全面推进重点市（地）、县（市）地质灾害防治规划工作。在全国性规划的指导下，逐步完成省、自治区、直辖市级规划和重点地（市）、县（市）地质环境保护规划。争取将地质环境保护的主要指标纳入国民经济和社会发展规划当中，所有规划一经批准，就要保持其相应的权威性、严肃性，要坚决贯彻执行。

五、突出重点，扎实做好今年各项工作

今年是全面贯彻党的十六大精神的第一年，也是新一届政府开展工作的第一年。做好今年的各项工作，对于今后地质环境保护工作具有十分重要的意义。会上，姜建军同志已经做了一个很好的工作报告，我再强调几点。

1. 加强地质灾害防治，尽量避免和减少地质灾害造成的损失。地质灾害防治工作事关人民群众生命财产安全和社会稳定，党中央、国务院领导非常重视，曾多次做出重要批示，这是我们必须做好的大事。地质灾害防治，要尊重科学，按照自然规律办事。继续开展县（市）的地质灾害调查与区划工作，进一步加强地质灾害防治的群测群防网络和预警系统建设。重点推进市、县地质灾害防治领导小组的建立，认真落实地质灾害防治年度预案编制、汛期值班、险情巡查、灾情速报制度。加强各地电视台、电台地质灾害预警发布工作，尽最大努力，减少地质灾害造成的人员伤亡。对已经开展过县（市）地质灾害调查工作的地区，根据查出的危险点和隐患点，建立“明白卡”，发到当地村民手中，层层落实防灾预案和群测群防，做到任务明确、责任到人、措施到位。要建立突发性地质灾害群专结合的监测体系。在划定地质灾害多发区、易发区、危险区段的基础上，在各级地方政府的组织和领导下，充分发挥各级监测站的技术优势，提高群众的防灾意识和参与程度，完善监测预报制度，建立突发性地质灾害群专结合的监测网络体系。

在这里，我要重点的强调做好汛期地质灾害防治工作。南方地区马上就要进入汛期了，大家都知道，汛期地质灾害发生的次数和损失占全年的80%以上，我们要提前做好准备，及早编制下发2003年度防灾预案，建立汛期值班、险情巡查制度和灾害速报制度。各级国土资源管理部门要与气象部门紧密配合，密切关注汛期的气候变化，尤其要注意那些极易诱发滑坡、泥石流等地质灾害的短时集中降雨天气，做好地质灾害趋势预测，向各级政府通报，并及时发布。湖南、四川、贵州、云南等强降雨丘陵山区和浙江、福建、广东等受台风影响的沿海地区要做好群发性滑坡的预测预报工作，西北地区要做好黄土滑坡和泥石流的预测预报工作，矿山企业要特别注意尾矿和废渣堆放点的安全，尽量避免或减少暴雨引发矿渣泥石流造成生命财产危害。

三峡二期工程已经进入倒计时，三峡库区地质灾害防治工作是地质灾害防治的重中之重，三峡库区地质灾害治理工程得到党中央、国务院的关心，工程浩大，任务艰巨，有关省市要进一步增强紧迫感和责任感，加大工作力度，加快工作进度，加强保障措施，确保工程按期完成。同时必须始终坚持工程质量第一的思想，在各个环节上把好质量关，切忌为赶工程进度放弃工程质量。做好地质灾害治理工程验收工作，工程竣工后及时验收，发现问题后及时解决。安排做好135米蓄水后的地质灾害防治规划编制准备工作。

2. 保护地质遗迹资源，建设国家地质公园，为经济和社会可持续发展服务。我国地域辽阔，多样性的气候条件和复杂的地质地理条件，在地球演化的漫长地质历史时期由于内外动力的地质作用，形成并遗留下来了不可再生的地质遗迹，这些地质遗迹是国家的宝贵财富，是生态环境的重要组成部分。

我们要宣传贯彻《古生物化石管理办法》，加强重要古生物化石和地质遗迹保护工作，加强国家地质公园的管理。开展省级地质公园建设工作，新建一批地质遗迹保护区和国家地质公园，积极做好向联合国教科文组织推荐世界地质公园的准备工作。

为遏制地质遗迹破坏的趋势，近期要集中力量抢救性保护一批已遭破坏的重要地质遗迹，并落实地质遗迹长期保护计划和措施。

3. 积极探索矿山环境保护新思路，推进矿山环境保护工作。矿山环境的问题，已成为近年来“两会”代表关注的焦点，党和国家领导人非常重视。我们要站在对人民负责任的高度上，深刻认识到开展这些工作的重要性和必要性，积极探索矿山环境保护新思路，推进矿山地质环境保护工作。

各地要结合当地工作实际，尽早开展矿山环境调查与评价工作。去年在地质大调查的经费中，已经安排了12个省的矿山地质环境的调查工作。这12个省份要根据调查的技术要求和实施细则，抓紧组织开展工作。省国土资源厅要组织好本辖区矿山地质环境调查工作，充分发挥地质调查专业队伍的技术优势，把矿山地质环境调查工作做好。没有安排调查经费的省份，要创造条件开展工作，有些省份可以先由地方政府出资开展矿山地质环境调查工作。

开展矿山环境恢复治理工程。选择代表性的矿山，针对矿产资源开发利用所造成的生态环境破坏问题，开展矿山环境恢复治理工程，以可持续发展的观点，发展绿色矿业。

继续实行矿业权审批的会审制度。对于新办矿山，严格执行环境影响评价制度，各级国土资源行政主管部门要严格把关，确保矿山开采避免或减少环境破坏。

4. 做好地下水、地热、矿泉水资源的保护工作，保障资源可持续利用。地下水、地热、矿泉水都是矿产资源，要实行严格的管理制度。对地下水、地热、矿泉水进行监测监督管理，防止过量开采和污染。继续组织开展地下水资源合理开发利用与保护的调研，推进西部干旱地区地下水调查评价工作。推进城市地下水水质调查工作。对于矿泉水和地热资源的保护与管理，我们要探索新路子，尽快开展地热、矿泉水资源和水源地保护工作，采取有效措施把地热、矿泉水监督管理职能落到实处。实施西部大开发战略、加快中西部地区发展，是我们党面向新世纪作出的重大决策。要加强西部地区的地下水资源调查评价工作，查明地下水资源状况，圈定一批可供开发的大中型水源地，努力缓解西部地区缺水问题。

5. 加强地质环境监测，提高服务水平。全国地质环境监测工作起步于20世纪50年代。经过近50年的努力，建成了中国地质环境监测总院，31个省级地质环境监测总站，217个大中城市建立了地级监测分站，直接从事地质环境监测工作的人员有3000多人，这是一支很好的队伍，为地质环境监测工作奠定了很好的基础。我们要进一步建设这支队伍和发挥这支队伍的作用，我们监测工作有着很好的基础。

一是调整完善地下水环境监测网。对现有地下水监测网点的布局和监测重点进行调整和完善，使网点布局更加经济合理，形成主要大、中城市和重要经济区的地下水动态监测网。在地下水污染较为严重的城市设立地下水污染监测网。

二是建立完善地面沉降监测网。完善上海、天津、西安等三地已有的地面沉降、地裂缝等缓变性专业地质灾害监测网，启动并逐步建立以上海市、江苏省苏-锡-常、浙江省杭-嘉-湖为重点的长江三角洲地区地面沉降监测网。

三是加强地质环境监测数据的采集和资料汇交管理，提高地质环境监测的服务水平。现在地质环境监测资料汇交不及时，严重影响着监测报告的发布质量。监测资料是地质环境站的主要工作成果，是检验监测站工作水平的载体，各级监测站一定要做好监测资料收集和汇交工作，按照要求，及时上交，把监测资料收集和汇交的成果作为监测站站长目标考核的重要内容。建立定期向政府提供和向社会发布地质环境质量状况公报和要事专报制度，通过公众信息网和新闻媒体，及时公布地质环境及地质灾害的发生与预防信息，提高全社会保护地质环境，防灾减灾的意识。

同志们，当前和今后一个时期是实现现代化建设第三步战略目标的关键时期，实现全面建设小康社会的宏伟目标，地质环境工作肩负重要使命。我们要紧密团结在以胡锦涛同志为总书记的党中央周围，高举邓小平理论伟大旗帜，全面贯彻“三个代表”重要思想，与时俱进，开拓创新，扎实工作，努力开创地质环境保护工作新局面，为全面建设小康社会做出新贡献。

在中国地质环境监测院新一届领导班子宣布大会上的讲话

国土资源部副部长　寿嘉华

（2003 年 2 月 13 日）

同志们：

刚才宝才同志宣布了部党组关于钟自然、田廷山、李烈荣、程荣欣四位同志职务任免的决定。

这次部党组对环境监测院领导班子进行调整，是根据环境监测院承担的职能任务和领导班子建设的实际需要做出的。李烈荣同志由于年龄的原因，不再担任院领导职务。通过组织考察，在广泛听取各方面意见的基础上，部党组决定钟自然同志任环境监测院院长、临时党委副书记。为了加强环境监测院领导班子建设，同时也是干部交流的需要，部党组决定田廷山同志任环境监测院总工程师，增补为临时党委委员，程荣欣同志调出，另有任用。

李烈荣同志在担任院长期间，认真贯彻落实部党组的各项工作部署和指示精神，工作思路清晰，有丰富的工作经验，业务能力和领导能力强，工作勤勤恳恳，1999 年 12 月以来，同时担任部地质环境司司长和环境监测院院长，工作任务很重。在工作中，深入实际调查研究，努力推进地质环境工作与国家经济建设和社会发展相结合，积极推进单位的改革与发展，工作卓有成效。在这里我代表部党组、局党组向李烈荣同志表示衷心的感谢！通过协商推荐，并经第九届全国政协常委会议通过，李烈荣同志已光荣地担任第十届全国政协委员，同时，根据工作需要，他仍然继续担任三峡办主任，办公地点在院，我建议现在的办公室就不要动了，还请环境监测院领导在办公条件、车辆使用等方面给予支持，做好相关服务工作。同时也希望李烈荣同志继续关心院的发展，对院的工作提出建设性意见。

钟自然同志，今年 40 岁，是一名优秀的年轻干部，此前任部规划司副司长，有较强的组织领导和宏观决策能力，有较高的政治理论水平和政策水平，地质专业理论知识扎实，业务能力强。工作勤奋，思路清晰，事业心强，谦虚谨慎，团结同志，善于合作共事，部党组认为，钟自然同志是环境监测院院长的合适人选。

田廷山同志，先后任黑龙江地矿局水文二队总工程师，部环境司监督处处长、环境处处长，具有基层和机关业务管理工作经验。工作勤奋，专业理论基础扎实。熟悉国际水文环境地质管理情况，工作思路比较开阔。部党组认为田廷山同志是总工程师的合适人选。

程荣欣同志，担任副院长期间主要负责行政、后勤工作。在后勤管理、大院环境整治、改善职工工作生活条件等方面做了大量工作，较好地完成了自己分管的工作。

春节前，部人教司受部党组委托，分别与李烈荣、张卫东同志谈了话，部、局领导及部人教司也分别与钟自然、田廷山、程荣欣同志谈了话，刚才又与院领导班子成员进行了谈话，他们都表示，服从和拥护部党组的决定，不辜负部、局党组的信任和全体职工的重托，决心团结和带领全院广大干部职工，开拓进取、艰苦创业，向部、局领导和广大职工群众交出一分满意的答卷。

几年来，环境监测院全体职工在李烈荣、张卫东等同志的带领下，做了大量工作，取得了一定成绩。今后环境监测院面临的任务会更重，党的十六大确定了建设小康社会的宏伟目标，人口、资源、环境协调发展，是我国的基本国策，地质环境工作在国民经济建设和可持续发展战略具有重要地位，要完成好任务，不辜负部、局党组的重托和广大职工的信任，必须首先建设好领导班子。

春节前，局党组对局属27个单位领导班子和105名领导干部进行了年度考核，从考核结果看，2002年与2001年对比，直属单位领导班子整体素质有较大提高。特别是地质所、工艺所、勘探所三个单位领导班子的民主测评群众满意度提高了近一倍。这些单位的主要特点是领导班子配备较齐全，班子团结，整体功能发挥好，责任意识、开拓意识强，一心一意谋发展，得到了群众的认可。我们要把群众拥护不拥护，群众满意不满意作为衡量我们工作的标准。航遥中心、广州海洋局、地质所是党政一把手分设的单位，他们能很好地处理党政关系，党政一把手工作配合协调。希望监测院领导能够走出去取经，党的工作如何围绕中心工作开展，要很好地向这些单位学习。我希望环境监测院的领导班子在2003年底考核时，群众满意度能够大幅度提高。

在此，我代表部、局党组，对新领导班子提出几点要求和希望：

1. 加强学习。党的十六大提出要建设学习型社会，加强学习是做好各项工作的基础。当前要重点学好“三个代表”重要思想和党的十六大精神，把“三个代表”重要思想和党的十六大精神的学习，同中央领导同志关于地质工作重要指示批示相结合，同学习贯彻部、局党组重要工作部署相结合，紧密联系本单位工作实际，理清工作思路，不断增强政治意识、大局意识、责任意识，不断提高思想政治素质和领导水平。

2. 加强团结，发挥整体功能。要增强团结意识，团结出生产力，团结出战斗力，要像爱护眼睛一样爱护班子的团结，按照江泽民总书记提出的“坚持原则、把握大局、团结同志、加强修养”来要求自己。局直属事业单位实行的是院、所长负责制，党政一把手要配合好，一切从搞好工作出发，讲大局、讲原则，彼此尊重，谈心交心，按照田部长提出的“整体功能最大化”、“整体功能最优化”原则，发挥好领导班子的整体功能。

3. 坚持民主集中制。要严格遵守民主集中制的各项规定，坚持集体领导和个人分工负责相结合的制度。大事坚持集体讨论决定，反对自由主义。坚持和完善党的组织生活制度，坚持领导班子议事规则和重大问题决策程序，加强制度建设，严格管理，确保各项工作落到实处。

4. 要坚持“两手抓”。加强党的建设和精神文明建设。党的建设和精神文明建设要围绕中心，服务大局，促进单位的改革与发展，党政主要领导要互相尊重，相互配合。领导班子要严格要求自己，在廉洁自律方面做出表率，努力增强职工队伍的凝聚力和向心力，增强领导班子的号召力，建设一支讲正气、作风好、业务精、纪律严明的职工队伍。

5. 要与时俱进，开拓创新。当前地质工作正处于重大转折时期，局直属单位结构调整方案部党组已经批准，即将启动实施，地质队伍野战军建设正在积极推进，地质调查工作管理体制和运行机制要在探索中不断改进，面临新的形势和任务，必须解放思想、转变观念，增强创新意识，在解放思想中统一认识，在改革创新中寻求发展。

6. 牢记“两个务必”，保持艰苦奋斗的作风。胡锦涛总书记最近告诫全党同志，务必继续地保持谦虚、谨慎、不骄、不躁的作风，务必继续地保持艰苦奋斗的作风。我们一定要牢记“两个务必”，身体力行“两个务必”。只有坚持艰苦奋斗的作风，心中装着广大人民群众的利益，才能保持同群众的血肉联系，才能增强抵御腐朽思想侵蚀的能力。要坚持深入基层、深入群众，倾听群众呼声，关心群众疾苦，多为群众办实事。

总之，希望环境监测院新的领导班子，认真贯彻“三个代表”的重要思想和党的十六大精神，不辜负组织的重托和职工的期望，成为政治上强、开拓创新、扎实工作、团结协作、勤政廉政的领导集体，带领全体干部职工，把各项工作搞好。同时也希望全体干部、职工，积极支持领导班子的工作，团结一致，共同努力，开创环境监测院各项工作的新局面。

谢谢大家！

在全国地质灾害预报预警合作签字仪式上的讲话

国土资源部副部长　寿嘉华

（2003 年 4 月 2 日）

尊敬的李黄副局长、中国气象局的各位领导，各位先生、各位女士：

上午好！

首先，欢迎大家来到国土资源部，出席这次国土资源部和中国气象局关于合作开展地质灾害气象预报的签字仪式。

中国是地质灾害最为严重的国家之一，地质灾害种类多、分布广、危害大，严重制约着许多地质灾害多发地区的国民经济发展，威胁着人民生命财产安全。特别是在汛期，受气象因素的影响，崩塌、滑坡、泥石流等突发性地质灾害频繁发生，经常造成生命和财产的重大损失。据统计，近年来，除地震以外的各类地质灾害平均每年造成一千多人死亡、经济财产损失上百亿元。

党和国家领导人一直高度重视和关注地质灾害防治工作，江泽民同志 2002 年 3 月 10 日在中央人口资源环境工作座谈会上的讲话中强调指出："全面加强地质灾害的监测预防，继续做好三峡库区等重点地区的地质灾害防治工作。"胡锦涛总书记2002年8月13日批示："对可能发生地质灾害的地区要加强监测。"温家宝总理2001年5月3日批示："……对经常或可能发生山体滑坡、泥石流的重点地区，国土资源部要会同地方政府建立预警系统，做好监测和预防工作。"

国土资源部成立以来，一直将地质灾害防治作为我部的主要职责之一。近年来，我们按照中央和国务院领导的指示精神，切实加强了地质灾害防治工作，出台了《地质灾害防治管理办法》，建立了建设用地地质灾害危险性评估制度，颁布实施了《地质灾害防治规划纲要》，启动了全国地质灾害预警工程，组建了地质灾害高发区的群测群防网络，开展了三峡库区等重点地区的重大地质灾害整治。特别是在地质灾害集中高发的每年汛期，切实加强了突发性地质灾害的监测预报工作，取得了较好的防灾效果，据统计，自1998年以来，全国各地共成功预报地质灾害1000多起，避免了3万多人的伤亡和几十亿元的经济财产损失。今年，我部已提前安排了汛期地质灾害防治工作，统一下发了崩塌、滑坡、泥石流等突发性地质灾害防灾明白卡，正在组建全国汛期地质灾害防治应急指挥系统。

在取得较大成绩的同时，我们也清醒地看到，我国目前地质灾害防治面临的形势依然十分严峻，管理工作还存在一些薄弱环节，监测预报工作科技含量还有待提高，还需要发挥全社会的力量来共同做好此项工作。总结近年地质灾害发生的趋势，我们知道，汛期是崩塌、滑坡、泥石流等的高发期，且均与降雨存在密切的关系，在这种情况下，我们十分高兴有这样的机会，与中国气象局合作，借助气象部门精确的降雨趋势预报，提高我们对地质灾害预测预报的精度，我们相信，有了我们双方的密切协作和共同的努力，将最大限度地避免地质灾害造成的人员伤亡和财产损失，以实际行动来实践"三个代表"重要思想。

谢谢大家！

在全国地质灾害气象预报预警工作经验交流会上的讲话

国土资源部副部长　寿嘉华

（2003年12月16日）

同志们：

今天地质环境司组织召开这次会议，请各位从事地质灾害气象预报预警工作的同志来参加，目的很明确，就是要请大家交流近一年来工作中的收获，同时研究、讨论存在的问题，提出解决办法，促使明年的地质灾害气象预报预警工作上一个新台阶。

地质灾害气象预报预警是一项全新的工

作，也是一项技术含量非常高的业务。工作量大，时效性又非常强，尤其是在汛期，每天都要传输和处理大量的数据，同志们工作起来十分辛苦，为此，我代表部党组、代表孙文盛部长向大家表示亲切的慰问，并通过你们向长期从事地质灾害防治的同志们表示亲切的慰问。向对我们提供全力协作、共同做好地质灾害气象预报预警工作的中国气象局、中央气象台及国家气象中心表示衷心的感谢。

下面，我讲三个方面的问题：

一、地质灾害气象预报预警工作意义重大，是保障国家经济社会发展和人民生命财产安全的重要手段

我国是地质灾害最为严重的国家之一，特别是在汛期，受气象因素的影响，崩塌、滑坡、泥石流等突发性地质灾害频繁发生，尤其是西南地区的重庆、四川、云南、贵州，华中地区的湖南、湖北、江西，东南地区的广东、广西、福建、浙江，以及西北地区的陕西、甘肃等地，由于所辖区域山地丘陵分布较广，在雨季，一旦发生高强度长时间的持续暴雨，往往形成许多崩塌、滑坡、泥石流等地质灾害，造成大量的人员伤亡和经济损失。据1995年至2002年以来的统计资料，全国每年仅因突发性地质灾害造成一千多人死亡，经济损失高达几十亿元，严重制约着国民经济的发展。做好地质灾害气象预报预警工作，是最大限度地减少地质灾害，为民造福的重要举措。国务院领导同志对此项工作十分重视。曾培炎副总理今年6月12日在国土资源部和中国气象局《关于国土资源部和中国气象局联合开展“全国地质灾害气象预报预警”工作的报告》上批示：“国土资源部与中国气象局要密切合作，不断总结经验，完善预报预警系统，最大限度地减少地质灾害造成的损失。”温家宝总理、回良玉副总理也圈阅了此件。孙文盛部长在中国地质环境监测院第5期《要事专报》上批示：“看了很高兴。预报地质灾害确实是一件大好事，应该说是实践‘三个代表’重要思想的体现。这项工作虽然开展不久，但已收到了较好的效果与反映。盼能在现有的基础上进一步完善工作机制，不断求实创新，提高工作质量，树立良好的信誉。”国务院领导和孙文盛部长的指示，充分肯定了同志们的工作成绩，同时也对今后的工作提出了总的要求。今年汛期，同志们正是以对人民生命财产安全高度负责的精神，克服了时间紧、任务重、技术难度大等诸多困难，在气象部门的大力支持和协助下，使地质灾害预报预警工作得以迅速开展，并在社会上树立了良好的信誉。

二、2003年地质灾害气象预报预警工作启动迅速，成绩显著

2003年年初，我部地质环境司和中国气象局预测减灾司针对汛期是地质灾害高发期的特点，共同提出了联合开展地质灾害气象预报预警工作的设想。此后，他们积极主动地开展工作。4月7日，国土资源部和中国气象局正式签订了《关于联合开展地质灾害气象预报预警工作协议》。按照《协议》要求，双方业务部门（中国地质环境监测院、国家气象中心）立即开始了紧张而有序的技术准备工作，在一个多月的时间内，双方技术人员克服了许多困难，编制了《全国地质灾害气象预报预警实施方案》，完成了大量准备工作。6月1日，国家级地质灾害气象预报预警业务正式运行。

在这项工作的准备阶段，大家积极主动，忘我工作，以饱满的工作热情和很高的工作效率，快速推进此项工作的开展，使此项工作从提出设想到正式运行，仅用了3个多月的时间，启动工作做得圆满、迅速。

今年汛期，地质灾害气象预警预报工作历时 122 天，共制作国家级预报预警产品 122 份。其中在中央电视台天气预报节目中发布 56 次，在中国地质环境信息网上发布 109 次。地质灾害气象预报预警信息播发后，取得了良好的防灾效果。据不完全统计，今年汛期（6～9 月）全国降雨诱发的危害较严重的突发性地质灾害 264 起，其中有 101 起（至少 878 处）地质灾害发生的地点位于预报预警范围内，预报成功率达到 38% 以上。此外，地质灾害气象预报预警在广大观众中，尤其是在地质灾害多发区的广大观众中产生了良好反响，很多观众通过电话、信件、电子邮件等方式向国土资源部机关及有关单位表示感谢，认为全国地质灾害气象预报预警提高了地质灾害群测群防工作的针对性和时效性，感到党和政府的关心就在身边。

在国家级地质灾害气象预报预警工作正式运行的基础上，6 月 30 日，国土资源部和中国气象局联合发出通知，要求各省国土资源和气象主管部门加强合作，尽快开展本地区的地质灾害气象预报预警工作。通知发出后，四川、贵州、江西、河北、黑龙江、北京等省（自治区、直辖市）行动迅速，较早地开展了本地区的地质灾害气象预报预警工作。据统计，2003 年汛期，全国共发布省级地质灾害气象预报预警信息 500 多次，为成功避让许多突发性地质灾害起到了极为重要的作用。

在省级地质灾害气象预报预警工作中，四川省做得比较好，成功预报预警了多起地质灾害，今年 6 月 26 日，四川省甘孜藏族自治州丹巴县岳扎乡鹅浪沟村发生特大泥石流，村支书罗得轩同志根据上级有关部门传输下发的地质灾害气象预报预警信息，及时发现了险情，在泥石流来临之前走家串户将全村 200 多人组织转移至安全地带。7 月 19 日，四川省达州市宣汉县天台乡尖包村发生大型滑坡，同时诱发小型泥石流，17 日天台乡政府根据 16 日发布的四川省地质灾害气象预报预警信息，及时将危险区内所有人员立即撤离，19 日发生大规模滑坡时，滑坡体上 32 户 111 人已全部撤离，大部分房屋倒塌、损毁，但无一人伤亡。

据初步统计，2003 年，全国各地共成功避让地质灾害 697 起（次），避免了 29514 人的伤亡，减少经济财产损失超过 4 亿元。

三、进一步提高地质灾害预报预警技术水平，把工作做得更实更细

大家知道，到目前为止，地质灾害预报预警还是一个世界性的难题。我国地形地貌多样，地质结构复杂，山体滑坡、泥石流等地质灾害的形成机制、诱发因素、发育分布规律等还不是十分清楚，再加上复杂多变的气候条件，客观上决定了地质灾害气象预报预警是一项技术难度非常大的工作。

今年全国和部分省份的工作中，也暴露出了以下几个问题，一是基础研究较薄弱，预报预警技术水平亟待提高；二是预报预警信息反馈不及时；三是预报预警流程和信息发布渠道尚需进一步完善；四是预报预警信息发布和其他防灾措施的协调、配合需要加强。

这些问题，都需要我们这些从事此项工作的同志们继续刻苦钻研业务，不断提高技术水平，努力把各项工作做得更实更细。为此，在明年的工作中应努力做好以下几项工作：

（1）组织开展地质灾害气象预报预警科学技术研究。地质灾害气象预报预警是一个全新的技术领域，各级国土资源行政主管部门要与同级气象部门共同推进该领域的科学研究，组织业务单位迅速开展预警预报理论与方法、预报预警自动化技术等方面的研究工作。

（2）规范地质灾害预报预警工作程序。要制定、完善地质灾害监测资料的采集、汇交和处理的技术要求、标准和规程规范，为预报预警提供更加全面和扎实的基础依据。

（3）尽快建立地质灾害预报预警信息反馈机制，建立汛期地质灾害反馈信息数据库。各地要按照有关要求，在预报预警信息发布后，密切关注相关地区，并及时向信息发布单位反馈预警地区地质灾害发生的情况。

（4）按照全国地勘机构发展总体方向，进一步理顺各级地质灾害预报预警业务单位的关系，加强各级业务单位的联系，逐步建立地质灾害监测预警服务网络体系，为各级国土资源行政主管部门在地质灾害防治管理方面提供全方位的技术支撑。

（5）加强地质灾害法律法规和基本防灾知识的宣传教育和培训。《地质灾害防治条例》已于今年11月24日以国务院令第394号公布，并将自2004年3月1日起施行。各地要立即着手开展法规知识培训，并在地质灾害多发区广大人民群众中继续开展地质灾害基本知识和防灾知识宣传教育，进一步提高他们的防灾意识，这也有助于地质灾害气象预报预警发挥更好的防灾效果。

同志们，地质灾害气象预报预警工作，是国土资源系统和气象系统广大干部职工践行“三个代表”的具体体现，是两系统开拓创新的工作方向，我们必须以党的十六大和十六大三中全会的精神为指导，务必把此项工作做实、做细、做好。另外，希望大家在这次会议期间，认真总结，广泛交流，为明年的工作打下扎实的基础。

最后，预祝本次会议取得预期的效果。

在中国地质环境监测院处级干部培训班上的讲话

国土资源部党组成员、直属机关党委书记　孟宪来

（2003年11月6日）

环境院新一届领导班子从寿嘉华副部长2月13日宣布到现在快九个月了。这九个月应该说是环境院变化很大的九个月，大家在上届领导班子工作的基础上，带领全院职工，包括离退休干部，坚持“两手抓”，做了大量的卓有成效的工作。我来之前看了一些材料，包括竞聘上岗工作总结、处级干部考评委员会专家意见、“三定”方案等，感到非常高兴。这是我第四次来环境院，第一次是我在人事教育司工作的时候，来参加班子的年终考核，第二、三次是对党建工作做了解和调查。每次来都感触很深，感到环境院确实在发生变化。

刚才卫东同志代表院领导班子所作的汇报，分四个方面作了介绍，一是行政方面，二是党建和精神文明建设的情况，三是五点工作体会，四是今年第四季度的安排和明年工作的设想。我感觉环境院变化最大的是以下几个方面：

一是领导班子更坚强，更有凝聚力，更

团结，更务实。一个单位能否搞好，归根到底在于人，人的核心又在于领导。环境院领导班子的同志们互相尊重，互相支持，重大问题充分酝酿，集体研究，我感觉变化很大。班子协调团结就有凝聚力，就出战斗力。二是职工精神面貌发生了很大的改变。尤其体现在竞聘上岗工作中，大家对竞聘上岗充满信心，让人感受到环境院大有人才。这是环境院第二次竞聘上岗，通过竞聘，职工进一步增强了搞好全院工作的信心，积极性、创造性进一步发挥出来了，这是很大的变化。三是环境院的定位和发展改革的思路更加清晰准确。孙文盛部长提醒大家要经常思考：你是谁？你在哪？你该干什么？这简单的话语讲的就是定位问题，定好位是我们做工作到位不越位的前提。中国地质环境监测院在国土资源部、中国地质调查局，乃至整个地质环境事业中的位置到底在哪里？“坚持保护资源和保护环境的基本国策，按照国土资源部和中国地质调查局的工作部署和要求，以调查评价、监测和综合研究为主要手段，以深化改革和严格管理为保障，继承和发扬环境院的优良传统，团结协作，开拓创新，全面提升地质环境监测能力、地质灾害监测与预测预警能力、区域环境地质调查评价能力、水工环地质综合研究能力和科技创新能力，将环境院建设成为全国水工环地质工作中心和地质灾害防治与地质环境技术业务支撑与信息服务中心。”这段话把环境院的定位、工作思路理得更清晰了。四是领导班子的同志们把重大问题看得更加深刻了。刚才卫东同志总结了五条工作中的体会，除了第一条谈的是部、局的支持以外，第二条强调坚持解放思想、实事求是、与时俱进的思想路线来研究解决重大问题。第三条谈的是民主集中制，加强领导班子的建设。第四条是干部人事制度改革，调动广大职工积极性、创造性。第五条是加强制度建设，切实加强和改进工作作风。五是党建做了大量有成效的工作。从基层党建的角度来谈，最根本、最关键的是要围绕中心任务，结合业务工作，做好服务这篇大文章。党建工作必须在结合实际上下功夫，只有这样，基层党建工作才有生命力，才有凝聚力，才有战斗力。环境院抓“三个代表”重要思想和十六大、十六届三中全会学习都是围绕中心任务展开的，在提高认识、推动工作、明确思路上下功夫。

我感觉以上几方面变化是很重要的。应该说我每次来环境院都很高兴，每次来都感到有进步，这次感觉进步更大一些。这次竞聘上岗同时对院领导班子进行民主测评，满意的有72.8%，基本满意的有10.9%，合计约占84%，这比我第一次来的时候有了大幅度的提高。而对竞聘上岗的满意度分别为83%、88%和90%，对竞聘工作的总体满意度达到88%，这从另一个侧面反映了环境院的状态。这是来之不易的，希望大家珍惜。当然，也存在差距，环境院的同志们还要继续努力。

下面，我讲一点希望和要求，供大家参考。

一、切实加强领导班子思想政治建设

纵观环境院的历史和总结以往的经验教训可以得知：一个单位的生存与发展，关键在于领导班子。一个好的领导班子是单位发展的重要保证。好的领导班子的标准是什么呢？用中央领导的话说，是有本事、靠得住。或者说：团结，干事，干净。只有这样的领导班子才能带领全院职工，向着既定目标前进。

思想政治建设，第一是要用“三个代表”重要思想来武装头脑。第二是加强执政能力建设，提高解决问题的能力和管理水平。我想着重谈第三方面，民主集中制建设。孙文盛部长说：“互相补台，好戏连台；互相拆台，一起垮台。”团结首先是领导班子的团结。团结靠什么？靠的就是民主集中制。一个领导班子的成员，阅历不同，各有长短。对同一个问题的看法有所不同，这是正常的。

那么怎么维系班子的团结呢？毛主席说友谊和谅解比什么都重要。毛主席还说，解决人民内部矛盾要从团结的愿望出发，通过批评和自我批评，达到新的团结。这个前提是从团结的愿望出发。要按照“集体领导，民主集中，个别酝酿，会议决定”的原则完善内部的议事和决策机制。特别重要的是要及时沟通情况和互相支持。我想这无论对院领导还是处级领导干部都适用。事情越透明，越公开，也就越好办。什么是事先沟通？就是个别酝酿，取得共识后，再上会作决定。不沟通就容易产生分歧。另外，还要互相支持。大家都在院里工作，走上中层领导岗位，能在一起共事很不容易，这是缘分。大家团结一致，齐心协力，拧成一股绳，没有什么问题不好办的；一旦大家力量分散、分解，那问题不就更不容易解决了么？怎么拧成一股绳？要互相支持、互相补台。无论谁把工作干好了，都是为院做出了贡献。这里没有谁高谁低之分，没有谁说了算的问题。说到底，还是小平同志那句话，我们是干事的，不是当官的。不论当院长、书记、副院长、处长、主任，都是干事的，都是为了环境院的发展干事的。而环境院的发展又是与个人价值的实现联系在一起的。你要是想当官，为自己谋私利，那劝你不要干了。“莫伸手，伸手必被捉。”我们都是干事的，要为院的发展互相支持，互相补台。一个单位最怕领导干部不团结，上面不团结，下面就会风气不正，就会无所适从，就会以人划线。恐怕这是用我们的教训得出的结论，大家都应该牢记。现在环境院发展势头不错，变化很大，最重要的一条就是那句话：团结出战斗力，团结出凝聚力，团结出生产力，团结出干部，团结出人才，团结出成果。所有团结中最关键的是领导班子的团结。大家应该像爱护眼睛一样爱护班子的团结，通过民主集中制来加强班子的团结，拧成一股绳来干事。

二、最广泛最充分地调动一切积极因素，创造一个有利于广大干部职工发挥积极性、创造性的良好氛围

这是十六大的要求，也是关系环境院事业成败的另一个重要因素。班子很重要，但是光有班子是不能发展起来的。院的发展基于每个职工积极性和创造性的调动，这个问题也是历史经验。我们党在革命战争年代一个重要法宝是统一战线，团结一切可以团结的力量。解放后，毛主席的《论十大关系》和《正确处理人民内部矛盾》谈的也是这个问题。要团结调动最广泛的力量，就存在一个怎么看待群众的问题。有群众的地方就有先进、中间和落后之分，这个问题不可回避。怎么看待群众？只看问题，看缺点，看落后，就会把人看死了，人家就会破罐子破摔，就会跑到对立面去了。毛主席说过，人民群众中蕴藏着极大的建设社会主义的积极性。这句话就是从本质上谈的，从群众的本质上说的。既然有人群，就有先进、中间、落后之分。但任何单位的职工，都希望自己单位好，希望自己从事的事业有发展。从大的方面说，十六大部署全面建设小康社会，每个中国人都为此鼓舞。即使他不拥护社会主义，只要他爱国，也会拥护这个部署的。

最广泛最充分地调动一切积极因素，首先要解决认识的问题。就是说我们必须善于从本质上发现群众的积极性，这才是调动群众积极性的前提。其实即使落后的同志也有积极的一面，他们都希望环境院能够得到发展，事业能够不断壮大，自我价值能够得到实现。认识到群众中蕴藏着极大的积极性，这是最根本、最本质的东西。二是要善于调动和凝聚大家的积极性。我们的责任就是调动、凝聚广大干部职工的积极性。先进的同志也有消极的一面，落后的同志也有积极的一面。我们要做的就是要善于用群众自身积极的东西克服消极的东西。正面教育、及时鼓励很重要。见到好的不表扬，见到先进的不肯定，那就会造成好的坏的一个样，当然不是说只表扬不批评。要多做统一思想、凝聚力量、鼓舞士气的工作。要发扬民主，院务要公开，决策要听取大家的意见，重大事项要向大家通报。环境院的职代会刚开过，这只是一个载体，其核心是事务公开。事情越公开、越民主，大家的积极性就越高。三是要善于协调各个方面的积极性，形成一种包容、并蓄、融合的态势。环境院 1974 年叫水文工程兵，后来改为水文司、水勘院和现在的中国地质环境监测院，这里有干部，有技术人员，有工人；有老年人、中年人和年轻人，主体都在四十岁左右，这是干事情的年龄。不管哪方面人都有长处，都不可缺少，要融合起来，形成团队，把长处发扬到最大。要创造一个“能干事、干成事”的良好氛围和工作环境。要鼓励竞争、创造，不能让我们的职工为复杂、庸俗的人际关系而苦恼，不能总是年轻的就低于年老的，学生就低于老师，等等。要创造一个共事的环境、竞争的环境、发挥才干的环境。一定要让大家有一个想干事、能干事、干成事的氛围。大家也多是四十岁左右，正是干事情的时候。要把事业搞成，一定要有好的氛围。这方面，在座的处以上干部承担着重要的责任。管理人员、党委干部要增强从事管理工作、党务工作的光荣感和责任感，努力创造一个有利于广大干部职工充分发挥积极性、创造性的良好氛围，在环境院事业发展和技术人员、干部职工的成长中，完善自身的价值。

三、加强学习，成为复合型人才

环境院职工总体文化水平很高，有很多博士、硕士和学士，即使不是，也有着深厚的工作经验，有自己的长处，但面对知识爆炸、经济全球化、地球越来越小的形势，都必须加强学习。

学习既包括技术业务学习，也包括政治理论学习，缺一不可。环境院是事业单位，主业是科研业务工作，一些同志容易重业务、轻政治，但是我要提醒大家，每个人都是社会人，离不开社会。我们又处在一个改革开放不断深化的时代，要想跟上时代的步伐，不学习就会与时代格格不入。技术业务干部也要加强政治理论学习，这是关系到能否跟上时代步伐、与时代同行的重大问题。

十六届三中全会根据十六大提出的“以建成完善的社会主义市场经济体制和更具活力、更加开放的经济体系”的战略部署，针对建成完善社会主义市场经济体制进行总体设计，全会通过的《关于完善社会主义市场经济体制若干问题的决定》是一个纲领性文件。这个文件的重要性将随着时间的推移愈发显现出来。文件中几个重大的创新特别值得注意，要认真学习。一是提出了“五个统筹、五个坚持”的统筹兼顾理论。二是提出了“坚持以人为本，树立全面、协调、可持续发展”的科学发展观。三是提出了大力发展混合所有制经济，使股份制成为公有制的主要实现形式。四是提出了大力发展和积极引导非公有制经济，放宽市场准入，享受同等待遇的观点和政策。五是提出了“建立有利于逐步改变城乡二元经济结构的体制”的观点和设想。还有正确的政绩观，等等。十六届三中全会刚开完不久，如果我们技术业务干部不注意学习党的重要文件，不注意学习马克思主义在中国的最新发展成果，我们怎么能跟上时代的步伐？怎么与时代保持同行呢？从这个意义上说，我们也必须要加强政治理论的学习。不然的话你就跟不上形势，就会落伍，就会很苦恼，因为你是一个社会人，置身在中国改革开放大潮之中，置身于经济全球化的潮流之中，不学习能行吗？光懂业务，一切都解决得了吗？这是一方面，要学政治，学理论。

另一方面，就是要学业务，学技术。即使我们是硕士、博士，学习也是无止境的，现在的知识更新速度相当的快。知识更新快就需要我们加快学习、加强学习、加紧学习，我们的知识面还比较窄。我在 1996 年以前一直是从事高等地质教育工作的，在长春地质学院和西安地质学院工作了21年，在部教育司工作了5年多，我到部里工作后有一个感受，就是在过去的教育体制下，我们培养出来的人知识面比较窄，我们在地质、水工、物探等专业方面的知识水平可能很深，但是缺乏法律、经济、管理知识，知识单一，而今天我们要完成所从事的事业和任务，要搞好项目，单一的知识结构是不够的，要懂专业、懂技术，还要懂管理、懂经济、懂法律。我们的同志大都是技术干部出身，现在成了处长、主任或院长了，光懂专业技术不懂管理怎么能够胜任呢？市场经济就是法律经济，不懂法常常要碰壁，不懂经济连签合同都可能出问题。所以，我们这些同志要在学专业、学技术的同时，学经济、学法律、学管理，根据个人情况不断调整完善自己的知识结构，使自己成为复合型人才。另外，还要加强英语的学习，加强计算机的学习。

四、增强大局意识，走出封闭状态，实现职能转变

我到部里工作的另一个感受是地质战线、地矿系统还有一个致命弱点，就是太封闭了。我们地质战线的同志们最大的长处是艰苦奋斗，这一点是任何一个行业都比不了的。我们系统的同志是最能吃苦、最能战斗的，这一点毫无疑问。离开这个系统的同志，无论到哪个系统、哪个战线、哪个岗位，大家都说这些同志是踏实的、是干事的、是能吃苦的、是很快就能适应环境的。我们最大的问题就是自我封闭，这是体制造成的，不是自身造成的。在计划经济时期，国家出钱你找矿，找出矿后无偿交给别人；体制上是垂直管理的，不和社会发生关系，怎么能不封闭呢？计划经济时期，不能显示出封闭的毛病，到了市场经济时期，我们就开始碰壁了。地勘队伍转产，地勘单位结构调整，首先遇到的问题就是观念转不过来，什么原因？就是长期封闭造成的。

中国地质环境监测院以前在相当长的时间里是带队伍的管理机关、司令部，曾经带1.7万多的职工，后来管1亿多元的资金，那时候是以管理为主。但是，这次新批准的“三定”方案，环境院不是以管理为主，而是自己要承担任务了，还要指导、协调全国地质环境监测业务的开展，我们的职能在转变、在调整。为了完成好任务，必须增强大局观念，将环境院置于一个大环境、大背景下来思考，来设计。环境院作为国土资源部的一个直属事业单位，作为中国地质调查局的一个技术支撑单位，首先要了解国土资源部的职能是什么，中国地质调查局的职能是什么。离开了大局，定位就不准。有位部领导在学习十六届三中全会精神中，总结国土资源部的职能是“调节经济、保障发展、保护资源、维护权益”，环境院的工作离不开这个大局，离不开温家宝同志提出的地质工作要“更加紧密地与经济建设和社会发展相结合，更好地为经济、社会发展服务”的要求。

五、加强基层党的建设，发挥党员先锋模范作用

加强基层党的建设，发挥党员先锋模范作用是环境院发展的另一个保障，因为环境院党员有126人，占职工总人数的一半多。我们事业能不能做好，单位能不能搞好，关键是党员，关键是党支部。现在我们党员的先锋模范作用不太让人满意。要解决这个问题，一是要加强党支部建设。党支部是党的全部工作和战斗力的基础，江泽民同志曾经说过“基础不牢，地动山摇”，可见支部建设的重要性。建设好党支部的前提是要有一个好的支部书记。衡量支部书记的一个重要标准是，能够坚持两手抓，有一岗双责的意识和能力。党支部书记要热爱党支部的工作，要在确保本单位所担负任务的完成、事业的发展、党员的成长进步当中实现党务工作者的自我价值。二是要做好党支部的工作，关键是要围绕单位的中心工作、承担的任务来开展，要在“结合”上做文章，处理好业务工作和党建工作的关系，围绕业务工作来开展党支部工作。离开了单位中心工作和承担的任务，职工没有兴趣，行政领导也不会满意，党支部的工作就没有生命力。三是要抓住保持党员先进性的教育、党员先锋模范作用的发挥这个核心任务来开展党支部工作。党支部的核心任务就是教育党员保持先进性、发挥党员的先锋模范作用，要善于引导、激励、提醒党员，要善于组织、团结和凝聚党员的力量。四是要不断创新工作方式方法，增强党支部的吸引力和凝聚力。情况在变化，我们党支部工作的方式和方法也要创新，要研究和采取一些新方法，如“双向交流，自我教育”，“开展一次最有意义的党支部活动”，并认真总结哪个支部设计的好，开展的好，取得的效果好，推广开来。

党员的先锋模范作用要在推进事业发展的实践中去实现和评价，在不同时期、不同群体，会有不同的表现和不同的要求。党员先锋模范作用不管什么群体、什么时候、什么场合，它的要求和表现形式可能不一样，但有几点是共同的，这就是“平常时期要看得出来，关键时刻要冲得上去，要时刻想着自己是一个共产党员”。党员应成为“正气源、凝聚核、连心桥、主心骨”。明年全国要开展“保持党员先进性”教育活动，今年试点已经结束，正在进行总结。明年很重要的一项任务，就是首先在中央国家机关及直属事业单位开展以学习贯彻“三个代表”重要思想为主要内容，开展保持共产党员先进性教育，核心就是保持党员先进性，发挥党员的先锋模范作用。

明年是环境院建院三十周年，我相信环境院在现在工作的基础上，经过大家的共同努力，一定会向三十周年交上一份丰硕的、满意的答卷。我们环境院现在队伍当中大多数是四十岁左右的年轻人，我相信以他们为骨干，环境院所有的干部职工一定不会辜负党和人民的期望，把我们的事业推向前进，把我们的工作做得更好，就像今年你们做的地质灾害预报预警工作一样，越做越好。

在中国地质环境监测院业务定位与发展思路座谈会上的讲话

中国地质调查局副局长 汪 民

（2003 年 2 月 27 日）

一、规范管理

一是坚持层级管理。下达工作任务，按照“部对局，局对院”的层级进行管理。局对院的工作关系，是整体对整体，不是个人对个人。二是对口联系。环境院明确一位领导（田廷山同志）与局水环部（殷跃平同志）对口联系工作。三是目标统一。环境院的工作和水环部的工作都要坚持统一的目标，即：做好水工环地质工作，为政府决策和社会公众提供快捷、优质的服务。

二、准确定位

根据部批准的《中国地质调查局直属单位结构调整方案》，环境院任务很重，责任重大，有宽广的发展空间。根据该方案，环境院可以从以下几方面考虑具体的业务定位：

第一，环境院是全国地质灾害调查评价、监测、综合分析研究和预警预报的牵头单位。

第二，环境院是全国地质环境监测的牵头单位，承担地下水环境监测网的建设与管理，以及相关的调查研究工作。

第三，环境院要积极充当区域环境地质调查的牵头单位。应当发挥以往组织开展区域水文地质工程地质普查工作的优势，组织开展跨流域、跨区域，特别是重要经济区的环境地质调查评价和综合集成研究工作，应当组织编制1∶50万或者更小比例尺环境地质系列图件，并制定相应的区域环境地质调查评价技术规范和标准。

第四，环境院在地下水调查评价方面可以做很多工作。环境院在地下水过量开采引起的地质环境问题和西北地下水资源调查评价等方面积累了数十年的宝贵经验，可以继续发挥优势。地调局在地下水调查评价工作的总体部署是：“一个中心（环境院）、两个大片（水文所和岩溶所）、一个支撑（方法所）。”地下水资源调查评价工作由水文所牵头，环境院可以按照“优势互补、分工合作”的原则参与地下水资源调查评价工作。地下水的调查与监测应当相互结合。环境院是全国地下水的信息中心。

三、加强业务建设

环境院新的领导班子要继往开来，树立新风。在业务上要努力开拓，在管理上要调动大家的积极性。要强化集体协作，加强人才梯队队伍建设。只有群星灿烂，事业才能发展。环境院既要组织实施大调查项目，又要具体承担项目，要出为社会服务的一流成果，出一流专家，出院士。

业务管理的威信来自于管理人员既要懂业务，又要懂管理。环境院要加强项目管理。要有专门的机构（如科技处）和相应的力量，抓好项目的立项、实施的监督和成果的管理等关键环节。要做好省级地质环境监测总站及其他单位的成果与环境院自身成果的对接、集成，在更高的层次上进行归纳、总结、提升。

在全国地质环境管理工作暨地质灾害防治表彰会议上的报告

国土资源部地质环境司司长　姜建军

（2003年4月17日）

各位领导，各位同志：

我们这次会议是在党的十六大胜利召开后的第一次全国地质环境管理工作会议，也是在新一届政府组建后的首次全国地质环境工作会议。3月9日，胡锦涛总书记主持召开了2003年中央人口资源环境工作座谈会，明确指出“各地区各部门都要从确保实现全面建设小康社会宏伟目标的战略高度，进一步增强责任感和使命感，坚定不移地按照十六大提出的要求做好人口资源环境的各项工作。”因此，我们这次会议的主要任务是：以邓小平理论和“三个代表”重要思想为指导，深入学习贯彻党的十六大和中央人口资源环境工作座谈会等一系列重要会议精神，总结和交流建部以来地质环境管理工作经验，表彰在地质灾害防治领域做出杰出贡献的先进集体和先进个人，研究部署未来五年及2003年地质环境保护和管理工作。部领导对这次会议十分重视，专门出席会议并作重要讲话，进一步明确了地质环境保护今后工作的方向、重点和要求，我们要深入学习领会，认真贯彻落实。参加本次会议的代表，除了长期工作在地质环境保护战线上的同仁，还邀请了国务院有关部委的领导和来自地质灾害群测群防第一线的部分群众代表参加，部机关各司局负责同志和有关直属单位的负责同志及新闻单位的朋友也应邀莅临会议。对参加这次会议的各位代表和来宾，我们表示热烈的欢迎和衷心的感谢。

经部领导同意，下面，我将对国土资源部建部以来的地质环境保护及管理工作做一个回顾和总结，并对今后五年和2003年的工作提出一些建议，供大家讨论。

一、五年来地质环境保护及管理工作的基本总结

自1998年国土资源部建部以来的五年，是地质环境保护工作得到全面加强的五年，是地质环境各项管理职能得到全面推进的五年，是地质灾害防治取得明显成效的五年，是地质遗迹保护全面铺开的五年，是国家地质公园建设初见成效的五年，是矿山环境保护日益受到重视的五年，是地质环境监测网络建设进一步完善的五年。

（一）五年来的工作进展与成绩

地质环境保护及地质灾害防治工作一直受到党和国家领导人高度关怀和支持。2002年3月11日，江泽民同志在中央人口资源环境工作座谈会上强调：“全面加强地质灾害的监测预防，继续做好三峡库区等重点地区地质灾害防治工作。”朱镕基同志1998年12月在考察三峡工程和库区移民工作时指出：“一定要切实搞好库区地质环境的调查评价，加强地质勘查工作，预防各类地质灾害的发生。”胡锦涛总书记2002年8月13日批示：“对可能发生山体滑坡的地区要加强观测。”温家宝总理2002年7月26日指示：“对有重大地质灾害隐患威胁群众安全的地方，要特别重视加强调查和防治工作。这要作为地质部门的一项重要任务。”据初步统计，近年来，党和国家领导人对地质环境保护和地质灾害防治工作的讲话、批示多达50件，对我们的工作提出了要求，指明了方向，给了我们广大地质环境保护和管理工作者极大的鼓舞，是我们做好各项工作的力量源泉。

依法行政，不断完善地质环境保护法规建设。1999年，我部发布实施了《地质灾害防治管理办法》，2002年又颁布了《古生物化石保护管理办法》。先后下发了《地质灾害防治工程勘查—设计单位资质管理办法》、《地质灾害防治工程施工单位资质管理办法》和《地质灾害防治工程施工监理单位资质管理办法》等规范性文件；实施了地质灾害防治工程资质管理制度和建设用地地质灾害危险性评估制度。今年，《地质灾害防治管理条例》有望出台。五年来，地方性地质环境管理法规建设也取得很大的进展，全国已有北京、天津、河北、山西、辽宁、吉林、黑龙江、上海、江苏、浙江、安徽、江西、山东、河南、湖北、湖南、广东、广西、海南、四川、贵州、云南、西藏、甘肃、宁夏、新疆共计26个省、自治区、直辖市出台了地质环境管理方面的法规规章36件。其中：河北、四川、甘肃出台了地质环境保护（管理）条例，吉林、山西出台了地质灾害防治条例，云南出台了地热水资源管理条例，辽宁省出台了古生物化石资源保护管理条例。这些法规规章的出台，有力地推进了地质环境保护依法行政工作。

开展地质环境保护各项规划编制工作，进一步明确目标与任务。规划是各项工作的龙头、是纲。近年来，地质环境保护规划工作受到了各级国土资源主管部门的高度重视。《地质灾害防治规划纲要》已经颁布实施；《全国地质遗迹保护规划》、《全国地热资源规划》已完成初稿；《全国地质环境监测规划》也正在进一步修改。目前，在《地质灾害防治规划纲要》的基础上，我们正在组织编制《全国地质灾害防治规划》。地质环境保护规划体系已粗具规模。各省、自治区、直辖市的地质环境规划工作也取得了较大的进展。2001 年底和 2002 年初，环境司分别在昆明和哈尔滨组织了全国地质灾害防治规划工作会议，安排各地的地质灾害防治规划工作，2002 年，河南、浙江率先出台了省级地质灾害防治规划，其他省、自治区、直辖市的规划工作也取得了不同程度的进展。

建立和完善地质环境管理体系，依法行政有了组织保障。1998 年国务院机构改革后，随着各级地方政府机构改革的逐步完成，各省、自治区、直辖市国土资源主管部门也相继设立了专门的地质环境管理机构，基本建立起中央、省（自治区、直辖市）、市（地）三级政府地质环境保护的监督管理体系，地质环境管理的各项职能得以全面加强；同时，初步形成了为地质环境管理职能服务的勘查、监测和科研体系，为地质环境保护的宏观调控和依法行政提供了组织保障和技术保障。

加强基础调查工作，为地质环境保护奠定信息基础和提供科学依据。以地质灾害为重点的 1∶50 万区域环境地质调查工作全面完成，基本掌握了我国的地质环境状况。从 1999 年开始的全国 400 个地质灾害较为严重的县（市）的地质灾害调查与区划工作已基本完成。目前，共完成调查面积 90 多万平方千米，划出地质灾害易发区近 40 万平方千米，新查出各类地质灾害隐患点 25000 多处，编制县（市）级地质灾害防灾预案 200 多份。同时，建立了各县（市）地质灾害群测群防体系，培训了一大批群众监测员，为地质灾害防治工作打下了坚实的群众基础。

在开展山西、陕西、江西、辽宁等省矿山地质环境调查试点基础上，2002 年又安排了河北、浙江等 12 个省开展此项工作。基本完成了全国第二轮地下水资源的调查评价工作。部分省开展了地质遗迹资源摸底调查工作。

各类基础调查不但为地质环境保护和管理提供了重要的基础信息和科学依据，而且走出了新时期专业地质调查的新路子。比如县（市）地质灾害调查与区划，改变传统的地质调查模式，强调“以人为本”，强调专业技术调查和政府行政管理职能相结合，在调查过程中，全面落实地质灾害防治管理职责；同时，把宣传教育和技术培训工作也作为调查工作的有机组成部分，为新形式下的地质环境专业调查工作做出了有益的探索。

加强地质灾害防治管理工作，实践“三个代表”重要思想。各省、自治区、直辖市普遍成立了地质灾害防治工作领导小组，实行地质灾害防治工作行政首长负责制。据统计，全国共有 22 个省、自治区、直辖市成立了以主管省级领导为组长的地质灾害防治工作领导小组，建立了地质灾害防灾预案编制、预报、速报、险情巡视和汛期值班制度。在地质灾害严重地区普遍开展了突发性地质灾害群测群防工作，特别加强了汛期地质灾害应急调查和防治管理工作。各省（自治区、直辖市）政府和国土资源管理部门也都把汛期地质灾害防治管理作为一项重要工作进行认真部署。每年汛前下发文件进行布置和安排，汛期组织人员深入到重点地区检查和指导地质灾害防治工作。五年中我部累计派出64个工作组，对地质灾害较严重的地区进行汛期地质灾害检查、巡查，并针对典型灾害进行重点解剖、分析原因、寻找规律、提出对策。五年来，在各级地方人民政府的正确领导和广大人民群众的积极参与下，经过国土资源地质环境管理系统广大干部职工和专业队伍人员的共同努力，全国先后成功地预报了1000多起崩塌、滑坡、泥石流等突发性地质灾害的发生，避免了至少3万余人伤亡事故的发生，减少经济财产损失几十亿元。

针对近年来人类工程活动诱发的地质灾害逐年加剧的趋势，通过颁发《地质灾害防治管理办法》，建立并实施了建设用地地质灾害危险性评估制度。2001年5月8日，《国务院办公厅转发国土资源部建设部关于加强地质灾害防治工作意见的通知》（国办发〔2001〕35号）中明确要求，在建设工程活动中要加强地质灾害的危险性评估工作。截至2002年底，全国已完成了地质灾害危险性评估项目4070项，其中一级评估项目300多个，二、三级评估项目超过3700个，经评估的项目建设总投资约8000亿元。地质灾害危险性评估工作的开展，为保护建设用地项目安全，为从源头上控制和预防人为诱发地质灾害的发生和减轻灾害损失奠定了基础。

1999年以来，对一些影响集镇、居民区、中小学等的地质灾害体，我部组织实施地质灾害勘查与应急治理工程23项，工程总投资3307万元。其中，国家财政投资2397万元，地方各级财政匹配资金910万元。所有工程进展顺利，部分工程已经竣工。国家对重点地质灾害治理工程的支持，有力地带动和推进了地方各级政府的地质灾害防治工作，大大减轻了地质灾害损失，取得了显著的社会、经济和环境效益。

进一步加强了地质灾害防治工程的资质管理。地质灾害防治工程是具有特殊性的建设工程，工程质量的好坏，直接关系着国家经济建设和人民生命财产安全。国土资源部成立后，我们从建章立制入手，进一步完善了申报、审批、公示、公告、年检、升降级等资质管理的规章制度。通过广大管理人员和专业队伍的努力工作，地质灾害防治工程资质管理已经得到了其他相关部门的认同，也得到了从事建设行业的广大企事业单位的广泛关注。据初步统计，目前，全国各行业各部门已有1000多个单位分别获得地质灾害防治工程各类甲、乙级资质。这些单位已逐步成为地质灾害防治工作领域的骨干力量，依托他们的专业技术力量，保证了各项地质灾害防治工程的质量。

服务大局，保障发展，三峡库区地质灾害防治取得重大进展。三峡库区地质灾害防治一直得到党中央、国务院的高度重视。为了确保库区广大人民群众生命财产安全，保证水库建设和移民工作顺利进行，2001年7月，国务院做出决定，从三峡基金中划出40亿元，专项用于治理影响坝前135米蓄水和二期移民的各类地质灾害；并成立了由国土资源部牵头，国家计委（现为发改委）、财政部、三峡工程建设委员会办公室、建设部、水利部，以及重庆市、湖北省人民政府参加的三峡库区地质灾害防治工作领导小组，统一协调、推进库区的地质灾害防治工作。据统计，截至目前，两省市规划中的197个崩滑体防治工程项目中的173个实施工程治理的项目，已竣工24个，149个正在实施治理，平均工程进度为64%。规划中的81段塌岸防护项目中实施工程治理的74段，已竣工4段，正在治理的28段。在项目实施过程的各个阶段，根据领导小组的职责分工，我部都及时派出专家工作组赴治理工程第一线，调查、了解工程进展情况，协调解决施工过程中的各类问题，为保证工程进度和工程质量做了大量认真细致的工作。召开了4次领导小组会议和10次联络员会议，开展了检察督查工作。目前各项工程进展顺利，工程质量良好，可按质保质完成任务。

开拓创新，加强地质遗迹保护，加强国家地质公园建设。我国地域辽阔，地质地理条件复杂，漫长的地质作用形成了许多独特的地质遗迹，有的甚至是世界惟一的。国土资源部成立以来，地质遗迹保护工作取得较大进展，抢救性地保护了一批重要地质遗迹。到目前为止，我国已建立地质遗迹自然保护区86处，其中国家级7处、省级33处、市级9处、县级32处。保护区总面积达400多万公顷，保护区建设总投资达3亿9千多万元。1999年在山东威海组织召开了“全国地质地貌景观保护会议”，孙文盛副部长到会做了重要讲话，及时总结和推广了山东地质地貌景观保护工作经验，推动了全国地质遗迹保护工作。

根据《地质遗迹保护管理规定》，遵循“在保护中开发，在开发中保护”的原则，开展了国家地质公园建设工作。2000年我部成立了国家地质公园评审委员会和领导小组，相继制定了《国家地质公园总体规划工作指南》、《国家地质公园评审标准》、《国家地质遗迹（地质公园）评审委员会组织和工作制度》、《国家地质公园综合考察报告提纲》、《国家地质公园申报书》以及《国家地质公园建设技术指南》等规范性文件。至目前，国土资源部已批准建立了44个国家地质公园，河南、湖南、山东等省相继开展了省级地质公园建设工作。经过艰苦的工作和积极的努力，目前已有20处国家地质公园揭碑开园。

温家宝总理强调：“地质工作要根据中央的要求，适应新的形势，积极推进地质工作的根本转变，使地质工作更加紧密地与国民经济与社会发展相结合，更加主动地为经济与社会发展服务。”国家地质公园的建设，使人们在欣赏大自然美好景色的同时，学到了许多地学知识，体现了先进文化的特点，促进了精神文明的建设；国家地质公园的建立，还使地质遗迹资源得到有效保护，同时使地质遗迹资源得到充分利用，更好地促进了这些地区的旅游经济的发展；同时，地质公园还为科学研究和科学知识普及提供了基地。实践表明：国家地质公园的建立为当地旅游地的进一步发展注入了新的活力，尤其对景区拓展科学内涵、提升科学品位发挥了积极作用，并在树立景区形象，打造旅游品牌，扩大宣传方面产生了巨大的影响。地质公园不仅得到了社会的认同和各级政府的重视，也得到了联合国官员的肯定。国际地科联地学部主任伊德尔（Eder）博士2002年在我国考察了云南石林和北京石花洞地质公园后，对中国国家地质公园的建设给予了高度评价。他特别指出：“中国在地质公园的建立这一工作上起了开拓性的推动作用，这是中国对联合国教科文组织的贡献。”

加强古生物化石的保护，为科学研究和科学知识普及服务。我国是古生物化石比较发育的国家之一，几乎遍及全国各地。特别是近年来先后发现的河南南阳、湖北郧县、内蒙古二连恐龙蛋及骨骼化石，辽西的鸟化石，云南澄江动物群化石、山东山旺动植物等珍稀的古生物化石，受到国际上特别是科学界的广泛青睐。党和政府十分重视古生物化石的保护，同时对古生物化石采取了不少保护措施。并特别赋予国土资源部对全国古生物化石实施保护和监督管理（国办发〔1998〕47号）的职能。

五年来，国土资源部在古生物化石保护方面做了大量的工作。一是加强法规建设。1999年4月9日就下发了《关于加强古生物化石保护的通知》（国土资发〔1999〕93号）；为使古生物化石管理有法可依，2002年7月29日颁发了《古生物化石管理办法》（中华人民共和国国土资源部令第13号）。该《办法》以古生物化石的保护为核心，建立了六个方面的制度：一是古生物化石的重点保护制度。二是古生物化石的规划管理制度。三是古生物化石的采掘管理制度。四是古生物化石的出入境管理制度。五是古生物化石的监督管理制度。六是严格的法律责任制度。这些制度的建立和执行，将从根本上扭转我国古生物化石保护不力的局面。各地政府对古生物化石保护也十分重视，特别是近年来，一些省、市，如辽宁、云南、四川等地，相继出台了古生物化石保护条例和法规，并建立了古生物化石保护管理机构等。二是对重要古生物化石产地建立保护区，实行强制性保护。到目前为止，已建立以古生物化石保护为主要内容的国家级保护区 8 个，省级保护区 25 个。保护区的建立，使得重要古生物化石产地得到了有效保护。三是为了有效地利用古生物化石产地、普及地学知识，在保护区基础上，相继建立了 5 个古生物化石国家地质公园。这样，既保护了古生物化石、普及了科学知识，又发挥了古生物化石资源的作用，带动了地方旅游经济的发展，提高了民众保护古生物化石的自觉性。四是加强古生物化石保护的基础设施建设和开展抢救性挖掘保护工作。从 2000 年开始，国家有计划地对辽西鸟化石、贵州海百合、湖北和河南恐龙蛋、内蒙古和甘肃的恐龙脚印、黑龙江和四川恐龙骨骼、北京硅化木、云南澄江动物群等古生物化石投入了保护资金，初步建立了古生物化石保护数据库和网络，抢救性地挖掘和保护了一批重要的古生物化石。

加强地下水、地热、矿泉水资源保护，努力提高资源的可持续利用潜力。组织开展了西部 12 个省（自治区、直辖市）的地下水调查评价及开发利用情况的专题调研，及新一轮全国地下水资源评价工作和地下水资源战略研究工作，并形成报告上报国务院。新一轮地下水资源评价结果如下：全国地下水天然补给资源总量为 9235 亿 m^3/a，其中地下淡水资源为 8837 亿 m^3/a，微咸水为 277 亿 m^3/a，咸水 122 亿 m^3/a。全国地下水可开采资源量为 4044 亿 m^3/a。并狠抓了矿泉水资源保护和监督管理工作。在进行了矿泉水勘查的基础上，实施了国家级矿泉水技术评审鉴定的确认及矿泉水水源年检制度，建立了国家和省两级饮用天然矿泉水鉴定管理体系，确保了矿泉水资源的合理开发和利用，也促进了矿泉水产业的健康发展。截止到目前，全国已通过省级鉴定的矿泉水水源地有 4117 处，其中山东省的矿泉水水源数量多达 363 处，数量超过 200 处的省份有山东、河北、吉林、黑龙江、辽宁、福建和广东七省，西部新疆、西藏、青海、宁夏四省共有矿泉水点 103 个。1999 年开始的矿泉水鉴定证书的换发证工作进展顺利，目前国家级已换证 464 个，省级鉴定证书的换发工作也基本完成；确认了一批国家级矿泉水评审鉴定结果，颁发了国家级鉴定证书 1620 份。为探讨新形势下矿泉水资源的管理，于 2001 年和 2002 年召开了全国矿泉水管理工作会。为了满足国家对清洁能源的需求，经过两年的资料、数据统计分析，编制了全国地热资源开发利用总体规划，将于 2003 年征求有关部门意见上报国务院。

积极开展矿山地质环境保护工作，促进资源保护和环境保护“双赢”。矿产资源开发，促进了社会的进步、人类的文明、经济的发展，同时也造成了不同程度的矿山环境破坏，如何促进资源开发与环境保护的协调发展，已经成为当今社会共同关心的主题。党和政府一直十分重视矿山环境保护工作，党和国家领导人曾多次就矿山环境保护做出重要批示。国土资源部成立以来，积极贯彻江总书记的讲话和全国人口资源环境工作座谈会议精神，坚持在“开发中保护，保护中开发”的原则，实现国土资源的开发与管理，资源与保护统筹考虑，统一安排，在矿山环境保护方面做了大量工作。一是将矿山环境保护的内容列入到国土资源的总体规划和科技发展规划当中，为今后开展矿山环境保护工作打下了良好的基础。二是积极地推进矿山环境的立法工作。我部围绕矿山环境保护办法立法做了大量的调研工作，与国家环境保护总局及有关部门进行了联系沟通，对立法中的难点问题进行了大量的调研。三是开展矿山环境治理示范工程。近两年来，由中央财政共安排2350万元，选择了18个不同类型、不同地区的历史采矿和计划经济时期建立的老矿业基地，针对矿产资源开发利用所造成的矿山环境破坏问题，开展矿山环境治理和生态恢复，为我国矿山环境恢复治理提供宝贵的经验和典型，并产生了较好的社会效益和经济效益。湖南浏阳七宝山矿区的老百姓自发捐钱，为矿山环境保护工程立碑。目前，这些项目进展顺利。四是开展矿山环境的规范管理和制度建设，将矿山环境规范管理的一些内容列入到部里的标准化工作当中，目前，《矿山地质环境影响评估技术工作要求》、《矿山地质环境调查技术要求》已经过专家论证；组织编写了《矿山环境保护管理和技术指南》手册，将于2003年上半年出版。五是抓好相关部门间的协调配合工作。矿山地质环境管理工作，涉及面广，交叉的部门多，工作难度大。针对这种情况，我们积极与国家环保总局联系和协商，就加强矿山环境保护管理工作的有关问题取得了共识，并于2000年10月在山东济宁共同组织召开了“矿山环境保护现场会”，为两部门联合搞好矿山环境保护工作打下了良好的基础。

加强城市地质环境保护工作，取得良好开端。2001年3月底，在镇江召开了地质环境与城市规划专题研讨会，邀请了有关专家就新形势下城市地质环境保护工作的内容、奋斗方向和目标任务，进行了研讨，统一了认识，为进一步开展城市地质环境保护及管理工作奠定了基础。上海市地面沉降监测网络引进新技术、新方法和新手段，进一步提升了地质工作为城市发展服务的水平；今年年初，我部又投入资金与江苏省联合开展苏-锡-常地区的地面沉降研究与监测工作，将为该地区的城市化提供基础地质信息。此外，我们开展的一些矿业城市的发展方向研究、城市规划的地质灾害危险性评估工作等都为城市地质工作开创了全新的领域。

加强地质环境监测网络和信息系统建设，不断提高服务水平。国土资源部成立后，我们狠抓了地质环境监测的网站建设，目前，全国省级监测站全部建成。三峡库区21个县（市）级监测站全部建成并投入运行。一些省的市县根据当地工作的需要，建立了一批市县地环监测分站，目前已有60多个市县分站建成并开展工作。2000年底正式建成并开通了“全国地质环境信息网”。每年定期编报了全国地下水水情预报、通报、地质灾害通报、地质灾害监测年报。为地质环境保护及管理、国民经济建设和社会发展及时提供了地质环境基础信息。

加强宣传和培训工作，提高民众的地质环境保护和防灾减灾意识。近年来，部和各省（自治区、直辖市）通过开展“地球日”宣传活动，召开研讨会，举办培训班等多种形式，大力宣传普及地质环境保护和地质灾害防治知识，掀起了宣传地质环境保护和地质灾害防治的高潮。

五年中，部主办了九期地质灾害调查与区划专项培训班，对地质灾害严重的县市主管领导和地矿局长及从事地质灾害调查的专业队伍技术负责人进行了培训，有近2000人接受了培训学习和教育。各省（自治区、直辖市）以不同的方式举办了近百期地质灾害防治培训班，对地、县级地质灾害防治管理人员进行了培训，参加培训的超过万人。通过培训和学习，提高了广大干部群众的防灾意识，为搞好地质灾害调查和群测群防工作、减轻地质灾害损失、增强抗灾自救能力奠定了基础。五年来，还开展了矿山环境保护、古生物化石保护、国家地质公园建设与管理、

ISO14000 环境管理培训班。

1999～2002 年，我部连续 4 年的“地球日”活动的主题均与地质环境保护有关：1999 年的主题是“地质灾害防治”，2000 年是“保护地质环境”，2001 年的主题是“地质遗产保护”，2002 年的主题是“善待地球，保护环境。”每年的宣传活动，充分利用报纸、电视台、广播电台等宣传媒体，真正做到了电视上有图像，广播里有声音，报纸上有文章，街头上有活动。四年中，共印发科普宣传画 20 万余份、科普宣传材料 15 万余份，印发《国土资源报》、《中国矿业报》“地球日”专刊 40 万余份。各省（自治区、直辖市）的宣传活动规模宏大，形式多样，宣传活动取得了很好的社会效果，大大加强了人们保护地质环境的意识。

此外，我们还多次组织中央电视台、新华社、人民日报等有关媒体采访、报道地质灾害防治工作，拍摄地质灾害防治科普宣传片。为配合开展县市地质灾害调查与区划工作，我们编印了地质灾害防治科普宣传画，将其免费发至地质灾害较严重的县市、乡镇及群众手中，普及地质灾害调查和防治知识，以提高人民群众防治地质灾害意识和抗灾救灾能力。

（二）五年来地质环境保护管理工作取得的经验

五年来，通过广大从事地质环境保护工作的干部职工的艰苦工作，我们在地质环境保护管理方面取得了许多宝贵的经验，可以概括为以下几点：

第一，必须以“三个代表”重要思想为指导。“三个代表”重要思想是统一的、不可分割的整体，但其出发点和归宿是代表中国最广大人民的根本利益。地质环境工作为国民经济和国家发展战略服务，说到底，就是为广大人民群众服务。新的历史时期，党中央提出了实施西部大开发和加速推进城镇化两个战略，这两个战略的实施都与地质环境工作有密切关系。

地质环境保护和地质灾害防治工作不仅关系到经济社会的可持续发展，更与广大人民群众生命财产和安居环境息息相关。我们要按照先进生产力的发展要求，认真落实党中央关于“保护资源环境就是保护生产力，改善资源环境就是发展生产力”的指示精神，积极推进地质环境保护各项工作。我们要按照先进文化发展的要求，广泛宣传地质环境现状、保护政策和法规，使遵循自然规律办事和保护生态环境观念不断深入人心，成为全社会的自觉行动，推动资源环境领域先进文化的发展。我们要以维护广大人民的根本利益作为推进地质环境保护和地质灾害防治工作的根本出发点和落脚点。在研究制定有关地质环境保护和地质灾害防治的法律、法规、规章和政策的过程中，遵循符合自然规律和反映民情民意。依法行使职能，认真研究解决地质环境保护和地质灾害防治的各类热、难点问题，努力把人民群众根本利益维护好。五年来，我们的工作得到了民众的认可，群众自发捐钱为矿山环境治理工程立碑，建立了地质灾害群测群防体系。群众成功监测预报，群众自觉保护地质遗迹以及地质灾害防治先进单位和先进个人不断涌现。这些事实证明，只要我们自觉实践“三个代表”重要思想，就能够争取到广大民众的支持，共同做好地质环境保护和地质灾害防治工作。

第二，必须与时俱进，改革创新。地质环境保护和地质灾害难点、热点问题多，新情况新问题不断出现。只有解放思想、大胆探索、总结经验、把握规律、与时俱进、改革创新，才能不断推进地质环境保护和地质灾害防治事业健康发展。五年来，我们深入基层，在实践中干，在实践中学，加强理论探索，尊重基层首创精神，总结推广先进经验，以革新为动力，在地质灾害防治工作中，建立和推行了地质灾害防治行政首长负责制、群测群防、汛期地质灾害防灾预案制、防灾责任制、防灾“明白卡”、成功预报奖励制、建设用地地质灾害危险性评估制度、地质灾害气象预警预报等制度，收到了显著成效。五年来成功预报地质灾害1000起，避免了3万人的伤亡。在地质遗迹保护方面，遵循“在保护中开发，在开发中保护”的原则，探索建立了国家地质公园，走出了地质遗迹资源为科学普及、科学研究和旅游经济服务的新路子。一方面保护了地质遗迹资源，另一方面又以不改变位置、不改变性状和形态的方式，开发利用了地质遗迹资源，促进了地方经济的发展，赢得了百姓的赞誉。在古生物化石保护方面，推行了建立保护区、重点化石保护名录以及群报群管制度，避免了一批珍贵的化石流失国外和遏制了一些乱采乱挖现象。在矿山地质环境保护方面，探索矿山地质环境保证金制度。实践证明，改革创新是推动事业新发展，开创工作新局面的动力和途径。

第三，必须集中精力抓重点、抓大事。地质环境保护和地质灾害防治工作千头万绪，任务十分艰巨。只有突出重点抓关键、集中精力抓大事，才能有事半功倍、一举多得的效果。围绕重大问题，有计划地开展工作。针对全国地质灾害情况不清、没有规划的问题，五年来，我们狠抓了市县地质灾害调查，并在此基础上，组织编制全国各省（地）、市、县三级防灾规划。围绕重大工程和重要生产力布局，狠抓了三峡库区的地质灾害防治工作。遵循客观规律办事，周密细致布置每年的汛期地质灾害防治工作。围绕国家对水资源的需求性，开展了全国地下水资源评价工作和战略研究工作。

五年来，地质环境保护工作为全面推进国土资源环境管理工作打下了基础。各项工作都是在部党组领导下，在各省国土资源厅（局）领导的关心和支持下，通过各级地质环境管理人员和技术人员上下一心，团结奋斗取得的。我们一定要发扬成绩，努力工作，更上一层楼。

二、当前和今后一个时期地质环境保护工作面临的问题和形势

同志们，我们虽然在过去的五年中，取得了一些工作成绩，但还必须对工作中存在的问题有一个清醒的认识：

一是地质环境保护法规和管理体系尚待完善，基础工作亟待加强。目前一方面还没有地质环境保护的龙头法规；另一方面，对已制定的部门办法，贯彻落实还不深入，且在解决依法行政过程中，法律效力欠缺，地质环境保护工作难以全面到位。

二是地质环境管理体系和技术支持不健全，管理职能未落实到基层。据了解，目前，虽然大部分市地级国土资源管理机构中设立了专门的地质环境股（科），但大部分县级管理机构中还没有专门从事地质环境管理的人员，县级监测机构也亟待加强。

三是地质环境保护和地质灾害防治的投入保障机制尚未建立。首先是中央财政尚未建立对地质灾害防治的专项资金，虽然各地在地质灾害发生后都安排了一些应急处理经费，但面对五年来地质灾害调查工作反映的严重的灾害现状，无异于杯水车薪。

四是地质环境保护的规划体系尚未建立。虽然我们已颁发了《地质灾害防治规划纲要》，但《全国地质灾害防治规划》、《地质遗迹保护规划》、《矿山环境保护规划》、《全国地质环境监测规划》等规划都还处在初编或论证阶段，各地的规划编制及颁布实施工作也进展缓慢。

五是对地质环境现状的认识还不系统全面。虽然在过去的五年，我们加强了基础调查工作，但由于投入力度不够和工作精度方面的欠缺，对全国的地质灾害、矿山环境地质问题、地下水水质及污染程度、城市地质环境状况、地质遗迹资源现状，都缺乏全面、清晰的了解。

六是地质环境保护和地质灾害防治知识宣传普及工作力度不够。一些地区特别是一些环境地质问题和地质灾害较为严重的地区，许多干部群众的地质环境保护意识尚比较淡薄，这对发动民众开展地质环境保护工作极为不利。

深入学习十六大报告和全国人口资源环境座谈会精神，我们更加清醒地认识到，我国地质环境面临的形势仍然十分严峻。突出表现在：

一是水资源紧缺，污染严重。我国人均水资源占有量仅2300立方米，不足世界人均量的1/4，而且时空分布很不均匀。目前，全国大中城市中有400多个缺水，其中100多个城市严重缺水。华北、西北、辽中南、山东及沿海部分城市水资源供需矛盾尤为突出。水资源的紧缺既是我国面临的最为突出的资源问题，也是日益突出的环境问题。过量开采地下水，引起了区域地下水位持续下降，造成一些地区表层植被枯死和土地荒漠化及地面沉降和海水入侵等地质灾害。严重的地面沉降导致城市基础设施被破坏，防洪能力下降，内涝严重。海水入侵使地下水不断咸化，加上工业“三废”和生活污水排放的影响，全国有50%以上的城市地下水受到不同程度的污染，直接影响工农业供水。污水灌溉和农药、化肥的大量施用，造成大面积土壤和地下水“三氮”含量增加，威胁农业生产。

二是地质灾害日益严重，综合防治难度加大。我国地处印度、欧亚和太平洋三大板块结合部，地质构造复杂，地质作用强烈，崩塌、滑坡、泥石流等突发性地质灾害几乎遍及全国各省（自治区、直辖市），西南和西北地区尤为突出。全国每年发生这类地质灾害数万次，死亡人数上千人，有700多个县（市）、数万个村庄受到严重威胁。近年来，各类人为因素诱发的地质灾害逐年上升，已占地质灾害总数的50%左右，并且呈上升趋势。

三是老矿山的地质环境亟待恢复，新矿山的地质环境仍继续恶化。广大计划经济时期甚至是解放前形成的矿山，由于历史原因，闭坑后遗留下的严重矿山环境问题还没有得到恢复治理，而正在生产的全国各类矿山仍在破坏土地，形成“三废”，诱发地质灾害。

四是部分地区滥挖、倒卖、走私重要古生物化石的现象屡禁不止。一部分重要地质遗迹正在或可能被毁。地质地貌景观遭受严重破坏，地质环境恢复治理任务十分艰巨。

同志们，针对地质环境保护面临的严峻形势和工作中存在的问题，我们必须深入学习领会党中央、国务院领导的一系列指示精神，认真研究如何贯彻落实部党组对地质环境保护的工作要求和总体部署。我们只有责任感、使命感和紧迫感。狭路相逢勇者胜，不进则退。

三、今后地质环境保护和地质灾害防治工作总体思路

江泽民同志在党的十六大报告中明确指出:“高举邓小平理论伟大旗帜，全面贯彻‘三个代表’重要思想，继往开来，与时俱进，全面建设小康社会，加快推进社会主义现代化，为开创中国特色社会主义事业新局面而奋斗。”胡锦涛总书记在今年的中央人口资源环境工作座谈会上对人口资源环境工作提出了总体要求:“各地区各部门都要从确保实现全面建设小康社会宏伟目标的战略高度，进一步增强责任感和使命感，坚定不移地按照十六大提出的要求做好人口资源环境的各项工作。”认真学习党中央关于资源环境保护的指示精神，按照十六大关于“发展要有新思路、改革要有新突破、开放要有新局面、各项工作要有新举措”的要求，切实落实部党组关于今后国土资源管理工作的部署。今后五年地质环境保护工作的指导思想是：

高举邓小平理论伟大旗帜，以“三个代表”重要思想为指导，认真学习贯彻十六大精神，坚持保护资源和环境基本国策，以地质环境保护和地质灾害防治对经济社会可持续发展的保护能力为目标，以维护广大群众利益为根本出发点，以改革创新为动力，以加强地质环境保护管理队伍和技术支持监测机构的建设为重要保障，不断适应新的形势和要求；坚持执政为民和依法行政，努力提高地质环境和地质灾害调查、规划管理水平，为全面建设小康社会做出新贡献。

新世纪之初的5到10年，是我国经济和社会发展极为重要的时期。这期间，我国将继续加强基础设施建设，集中力量建设一批水利、能源、铁路、公路、通讯、港口、机场等重点工程。随着国土开发强度加大，地质环境承受的压力将进一步增加。地质环境管理工作尤其要从偏重于为生产服务，转向为生产、生活和生态全面服务，切实促进经济和社会的可持续发展。据此，今后五年地质环境保护的工作方针是：坚持以防为主、防治结合、保护与开发并重；坚持统筹规划、因地制宜、突出重点、分步实施；坚持政府管理与全社会共同参与相结合，充分发挥中央、地方和各行各业保护地质环境的积极性，建立多元化的投入机制，多渠道筹措资金；优先抓好对全国有影响和生产力布局集中的重点区域和重点工程的地质环境保护和地质灾害防治。今后五年我们的工作目标是：增强地质环境保护和地质灾害防治对经济社会可持续发展的保障能力；全面贯彻和落实国家环境保护的基本国策和可持续发展战略，建立和完善地质环境保护法规体系；加强国家对地质环境勘查、监测、保护、利用和治理的宏观管理与调控；建立适应社会主义市场经济要求的地质环境保护监督管理体系，确保地质环境管理职能全面到位；查清我国地质环境的基本状况，建立并完善地质环境监测预报系统和群测群防体系；对重要经济区域的地质灾害做出评价预测，提出地质环境保护对策；力争地质灾害防治取得显著成效，对人民生命财产造成的损失明显降低；重点矿山地质环境得到有效整治；地质遗迹和地下水环境得到有效保护。按照上述方针和目标，今后五年要着力抓好以下几个方面的工作：

一是建立、健全地质环境保护的法律体系。搞好市场经济条件下的地质环境保护工作必须始终以法律为依据，依法办事。要争取出台《地质灾害防治条例》、《矿山环境保护条例》、《古生物化石管理条例》、《国家地质公园管理办法》、《建设用地地质灾害危险性评估单位资质管理办法》、《地质环境监测管理办法》、《地质环境监测资料汇交管理办法》、《矿泉水注册登记办法》等法规、规章，真正实现地质环境监督管理有法可依和依法行政。

二是编制和实施地质环境保护规划，加大地质环境保护力度。地质环境保护规划是协调经济社会发展与地质环境保护的重要手段，是各级国土资源部门开展地质环境保护工作的总体思路、原则和依据。规划是纲，纲举目张。因此要集中力量制定和完善全国地质环境保护“十五”计划和系列地质环境保护规划，其中包括《地质环境保护规划纲要》、《地质灾害防治规划》、《地质遗迹保护规划》、《古生物化石保护规划》、《地热资源保护规划》、《地质环境监测规划》、《矿山地质环境保护和整治规划》、《地下水资源保护规划》、《矿泉水资源保护规划》等。在全国性规划的指导下，要继续完成省、自治区、直辖市级规划和重点地（市）、县（市）地质环境保护有关规划的制定。所有规划一经批准，就要保持其相应的权威性、严肃性，努力贯彻执行。

三是推进地质环境保护宣传和科技创新。要加大宣传、教育工作力度，广泛宣传保护地质环境的重要性、必要性。在相当一段时间里要以防治地质灾害为重点，面向群众和乡、镇、村干部普及相关知识。努力提高全民族保护地质环境意识。地质环境保护工作本质上是一项地学科技工作。搞好地质环境保护必须依靠科技进步，实现高科技武装。地质环境保护科学研究，要瞄准世界先进水平，基础理论要有新突破，技术装备要更新换代。要建立起地质环境预警和监测体系，建立群专结合的地质灾害监测网络和专业的地下水监测网络，构建地质灾害和地下水资源预警系统，及时提供地质灾害危险性和地下水资源超采与污染的定性定量的判定信息、时间空间的态势信息，定期向社会发布地质灾害预报和地下水资源公报。特别要以地质灾害预警系统为基础，形成一个监测与预警、决策与技术支持，预警和维护一体化的，具有充分的人力、物力和技术保障，以预防为主、兼有处理突发事件能力的地质灾害安全维护体系。队伍的科技水平要有全面的提高，使地质环境保护和地质灾害防治技术水平上新台阶。

四是探索地质环境保护投入机制，培育市场投入。一方面要通过努力工作，把地质环境保护计划纳入国民经济和社会发展计划，健全投入保障机制。地质环境保护属社会公益性事业，各级政府应对地质环境质量负责。努力争取中央财政对国家地质环境监督管理（包括调查、监测、信息、应急、宣传教育及地质遗迹保护区、重大地质灾害点防治示范工程等）的投入。另一方面，要引入市场机制，在地质灾害多发地区探索建立地质灾害防治资金保障的多种途径，例如保险途径。同时充分依靠社会力量，遵照“谁受益，谁投入”、“谁开发，谁保护”、“谁破坏，谁治理”的原则，不断使各项社会经济活动主体、特别是企业在地质环境保护工作上承担相应的责任义务。随着不同所有制经济成分的进一步发展，要探讨地质遗迹资源有偿使用，探索矿泉水、地热开发利用招标、拍卖和挂牌工作。探索个人或合股出资投入地质环境保护。

五是做好地质环境保护的各项基础和监督管理工作。基础工作程度低，是当前地质环境管理工作中的薄弱环节，要突出重点，加强基础工作。一方面，要根据国家生产力总体布局，在人口密集地区和重点工程所在地区，布置基础调查工作。今后五年要完成全国受地质灾害严重威胁的县（市）地质灾害调查与区划工作，全面开展和完成全国矿山环境现状调查、地下水水质与污染调查、地质遗迹资源调查工作。

另一方面，要进一步加强对重点基础设施建设区的地质环境监测；开展城市地质环境和矿山地质环境的监督管理试点；加强地质遗迹保护和地热、矿泉水开发利用的监督管理，开展矿泉水水源地保护区建设工作。要进一步完善地质环境管理手段，认真执行建设项目地质灾害危险性评估制度，积极推行地质环境影响评价制度、“三同时”（工程设计同时提出地质环保要求，工程建设同时建设地质环保设施，工程验收同时验收是否符合地质环保要求）制度和地质环境保护责任制。矿山环境管理工作要做好《矿山环境保护规划》的编制、开展矿山地质环境影响评价工作、研究制定矿山环境保护与重建技术要求、矿山地质环境防治政策和建立监督管理体系。

四、扎扎实实做好2003年地质环境保护与地质灾害防治工作

进一步学习贯彻党的十六大、人口资源环境座谈会以及全国厅（局）长会议精神，2003年要重点做好以下几个方面工作：

1. 法规建设和规划工作，积极促进《地质灾害防治条例》和《古生物化石出入境管理办法》出台，开展《矿山环境保护办法》、《国家地质公园管理办法》和《地质环境监测管理办法》等法规的论证工作。编制《全国地质灾害防治规划》、《全国山区地质灾害防治规划》、《矿山地质环境保护规划》及《古生物化石保护规划》，协助编制《全国山

洪灾害防治规划》。完成各省（自治区、直辖市）地质灾害防治规划的编制和审查报批工作。在重点地区推进市（地）、县（市）地质灾害防治规划工作。

2. 以确保人民生命财产安全为目标，努力做好地质灾害防治管理工作。继续开展县（市）地质灾害调查与区划工作，进一步加强地质灾害的群测群防网络和预警系统建设。扎实做好 2003 年汛期地质灾害防治管理工作，重点推进市（地）、县（市）地质灾害防治领导小组的建立，认真落实地质灾害防治年度预案编制、汛期值班、险情巡查、灾情速报制度。加强部门之间的合作，汛期在中央电视台及重点地区地方电视台播发地质灾害气象预报。尽最大努力，减少地质灾害造成的人员伤亡和经济财产损失。

3. 加强监督检查，认真组织竣工验收，确保三峡库区地质灾害防治任务按期保质完成。加强三峡库区地质灾害防治工作的监督管理，全面完成库区地质灾害监测预警系统建设。认真组织库区地质灾害治理工程和二期移民工程地质安全评价的验收工作，确保这两项工作按期保质顺利完成，为 6 月水库坝前 135 米蓄水做好前期准备。

4. 提高地质遗迹保护管理水平。全面贯彻落实《古生物化石管理办法》，加强重要古生物化石和地质遗迹保护，继续开展国家地质公园建设，新建一批地质遗迹保护区和国家地质公园，启动世界地质公园建设计划，做好相关推荐准备工作。

5. 探索矿山环境保护新思路，继续做好矿山地质环境恢复治理示范工作。全面开展矿山地质环境调查工作，着手编制《矿山地质环境保护规划》。开展矿山地质环境保护的法规、政策、技术标准研究工作，在部分重点省份争取出台矿山地质环境保护条例，开展矿山环境恢复治理保证金制度试点工作。继续做好重点矿山的地质环境恢复治理示范工程。

6. 积极开拓城市地质环境保护领域。开展以长江三角洲地区为重点、以地面沉降监测预防为主要目标的城市地质环境保护工作。全面组织开展以上海市、杭-嘉-湖平原、苏-锡-常地区为重点的长江三角洲地面沉降监测网络建设，积极推进区域合作，促进区域地质灾害防治管理的新模式。

7. 加强地下水、矿泉水、地热资源保护和监督管理工作。继续组织开展地下水资源合理开发利用与保护的调研，推进西部地区地下水调查评价工作。推进城市地下水水质调查工作。探索市场条件下地热资源开发和合理利用的新途径。开展矿泉水水源地保护工作。

8. 加强地质环境监测和地质环境信息系统建设工作。加强省级地质环境监测机构和市（地）级监测机构的建设，逐步建立直接为各级地质环境管理机构提供技术支撑的地质环境监测机构。继续调整、优化地质环境监测网点，开展地质灾害专业监测示范。健全地质环境信息数据库和网络系统，组织编制和发布地质环境公报。

同志们，当今地质环境保护工作面临着比以往更为严峻的挑战，任务十分繁重而艰巨。今年是新一届政府开始工作的第一年，做好今年的工作，开好头，起好步，意义十分重大。我们一定要紧密团结在以胡锦涛同志为总书记的党中央周围，高举邓小平理论的伟大旗帜，坚持党的基本路线，以“三个代表”重要思想为指导，认真贯彻中央人口资源环境工作座谈会会议精神，落实全国国土资源厅局长会议的工作部署，按照部党组的要求，努力做好地质环境保护工作，为促进我国经济可持续发展、全面建设小康社会做出重大贡献。

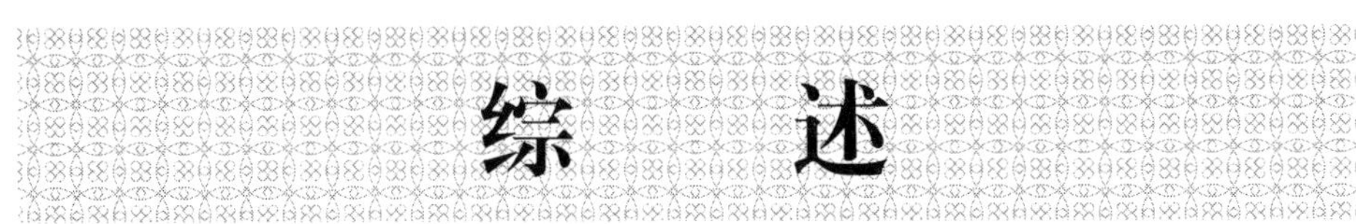

综 述

中国地质环境监测院2003年工作概述

自2003年2月中国地质环境监测院新一届领导班子组建以来，在部党组、局党组的正确领导下，在部有关司局、局有关部室的关心和支持下，按照“调查研究，明确思路，理顺关系，急事先办”的十六字工作方针，坚持理论武装、科学决策、开拓进取、团结协作、勤政廉政，带领全体职工努力做好各项工作，从健全完善各项制度入手，积极稳妥推进各项改革，认真履行新“三定”方案赋予我院的各项职责任务，在思想政治建设、党风廉政建设、组织领导能力、工作实绩和整体功能五个方面都取得了较大进展。

一、思想政治建设

（一）思想建设和政治理论学习

院新一届领导班子组建后，根据部党组中心组学习计划，制定了2003年理论学习安排。先后组织开展了“十六大基本精神”、“全面建设小康社会奋斗目标与资源基本国策”、“新党章与党的建设新的伟大工程”、学习贯彻“三个代表”重要思想新高潮等五个专题的学习，同时组织了“两会”精神、国土资源厅局长会议精神、向郑培民同志学习的活动。除参加部统一组织的学习活动之外，还组织了党委中心组学习和支部的集中座谈讨论。中心组学习前，给重点发言人出好题目，让大家做好充分准备。做到有动员部署，有总结交流，有督促检查。在每次中心组学习时，班子成员中都有一位作为重点发言人之一，为建设学习型班子、学习型队伍做出了表率。

在理论学习中，注意做好四个方面的结合：一是把理论武装与加强党性修养相结合，以“三个代表”重要思想为指导，改造自己的主客观世界，为地质环境调查、监测、评价和预警预报事业的创新发展提供思想基础；二是把理论武装与学习中央关于国土资源工作的重要指示和部、局党组重要工作部署相结合，不断增强“四个意识”（政治意识、大局意识、改革意识、责任意识），紧密联系工作实际，理清工作思路，不断提高工作的系统性、预见性和创造性，提高领导能力和领导水平；三是把理论武装与改革创新和发展稳定相结合，以科学的理论为指导，积极推进各项工作的开展；四是把理论武装与提高职工思想政治素质相结合，做好职工的思想政治工作，提升班子的凝聚力，提高队伍的战斗力，增强职工的紧迫感。

在兴起学习贯彻“三个代表”重要思想新高潮活动中，院做出了具体安排，召开全体职工大会进行了动员部署；班子成员都参加了部举办的厅局级干部培训班，钟自然、张卫东两位同志在大会上作了发言。

8月13～16日，以深入学习贯彻“三个代表”重要思想、努力推进水工环地质工作中心建设为主题，举办了第一次处级干部培训班。邀请中央党校卢先福、王瑞璞教授来院现场作了《“三个代表”与执政党建设》和《“三个代表”的基本内容与历史地位》学习辅导，收看了谢春涛、韩庆祥教授作的辅导录像，开展了研讨交流。通过培训学习，大家开阔了眼界，开拓了思路，取得了收获。对“三个代表”重要思想的形成、时代特征、“一个科学体系”及其本质有了新的体会，对学习贯彻“三个代表”重要思想的责任意识得到了增强。院领导班子为培训班制定了具体方案，张卫东同志作了培训动员和小结，钟自然同志围绕院发展目标，亲自给大家出了22个思考题，侯金武、马学明、田廷山同志也参加了培训班的辅导讲座和座谈讨论。

在学习中，大家发扬理论联系实际的优良学风，根据院领导布置的思考题，按照院的发展思路和奋斗目标，围绕新时期国家地质灾害防治和地质环境保护工作对地质环境调查评价和监测工作的新要求，围绕全面提高地质环境调查评价监测对地质环境保护和社会经济可持续发展的保障能力，围绕提高地质灾害监测预警预报工作的科学性、时效性与准确性，围绕加强地面沉降灾害的调查与监测，围绕今后要多出成果，出高质量、高水平的成果，畅谈今后工作思路和设想，取得了较好的成效。

为了进一步加强中层干部队伍建设，10月16～18日，举办了第二次处级干部培训班，对新聘任的20位处级干部补上了“三个代表”重要思想的一课。

（二）加强队伍建设、院风建设和精神文明建设

院领导班子十分重视队伍建设、院风建设和精神文明建设。部召开领导班子思想政治建设座谈会后，分别在院长办公会、处级干部培训班上进行了传达贯彻，重点开展了以下工作。

一是加强干部队伍素质建设。竞聘上岗后举办了第三次处级干部综合培训班，邀请部、局有关领导讲课，把学习“三个代表”重要思想、学习国家有关大政方针与研究本部门的工作结合起来，强化大局意识、改革意识、创新意识，提高综合素质、业务水平和管理能力。

二是加强人才队伍建设。院领导班子针对实际，提出科技兴院、人才强院战略。2003年共引进各类人才和接收应届毕业生21名（博士和博士后5人、硕士7人、本科8人、大专1人），使院技术及管理人员的年龄结构、专业结构、学历结构渐趋合理。目前15人具有博士学位，22人具有硕士学位，另有在读博士6人。

三是治理整顿院风。在转变职能、推进各项改革的过程中，班子针对院存在的不良苗头和迹象，明确提出了“四提倡、四反对”（提倡团队精神，反对自由主义；提倡首创精神，反对因循守旧；提倡品牌意识，反对无所作为；提倡开放、交流、合作，反对闭关自守、坐井观天、夜郎自大）。12月初在全院范围内开展了“学习贯彻‘三个代表’重要思想，治理整顿党风院风”活动。自12月23日开始，由院领导带队分两组进行全院20个部门的逐一考核检查，对个别处室还进行了两次考核。在这次学习整风活动中，全体职工勇于开展批评与自我批评，对照部、局、院的各项规章制度和要求，查找思想上、学习上、工作上的不足和差距。通过活动，各部门的工作作风明显改变，职工的团结

协作精神显著增强，工作的积极性、主动性得到了进一步发挥，凝聚力、战斗力大大提高，增强了广大职工的责任感、紧迫感。

四是加大文明单位创建力度。自1999年获“中央国家机关文明单位”四连冠、2000年获“首都文明单位”三连冠后，院整体部署和推进了文明单位创建工作，为各项任务的完成，提供了坚实的思想基础和精神动力。11月底，经部精神文明建设领导小组会议审定，院被推荐上报为“中央国家机关文明单位标兵”的四个单位之一，并被推荐保持“首都文明单位”称号。

二、党风和廉政建设

（一）以狠抓思想政治建设为切入点，搞好廉政教育

以思想政治建设为切入点，抓好“三观”教育。一年来，采取“坚持四个同步，开辟四条途径，搞好四个结合”的方法，坚持不懈地抓好廉政教育，先后开展了五个专题的理论学习，组织了中纪委二次全会、国务院廉政工作会议、国土资源系统纪检监察工作会议和地调局纪检监察工作会议精神的传达学习和贯彻，组织学习了《江泽民论党风廉政建设和反腐败斗争》，不断增强了党员领导干部廉洁自律的自觉性。“四个同步”是：把廉政教育落实于院的中心工作中去，与院的中心工作同步部署、同步落实、同步检查、同步考核。“四个途径”是：通过传达中纪委、部及地调局会议精神，进行专项讨论，通过举办处级干部培训班，进行宣传教育；通过深入到院中心工作、综合治理和文明单位创建活动的各个环节，在实践中进行教育；通过组织知识竞赛、收看反腐录像等活动，提高廉政教育的效果。“四个结合”是：把廉政教育与党建工作相结合；把廉政教育与业务工作相结合；把廉政教育与提高全院职工思想政治素质相结合；把廉政教育与当前反腐败斗争的形势教育相结合。

（二）认真贯彻落实党风廉政建设责任制

一年来，院认真贯彻落实党风廉政建设责任制。一是党委成员进行了明确分工，调整了院党风廉政建设领导小组和办公室成员，调整了廉政建设责任制考核领导小组成员；二是修订了《党风廉政建设和反腐工作责任制暂行办法》、《领导干部廉洁自律和制止奢侈浪费行为的规定》，从制度上进一步明确了责任制的内容、职责、要求、分工和领导干部廉洁自律的具体要求；三是坚持教育为主、预防为主、标本兼治的方针，在实际工作中，严格把关，加强源头和苗头上的反腐败工作，把可能出现的问题，消灭在萌芽之中；四是充分发挥纪检监察部门的监督保证作用。五是对各级领导干部和职工严格要求、严格管理、严格监督；六是坚持领导班子议事规则和重大问题决策程序，按照制定的党政会议制度，坚持民主集中制，重大事项坚持集体讨论决定；七是认真对待和处理来信来访；八是坚持开展内部审计工作。

（三）领导干部自觉遵守廉洁自律的各项规定，切实转变作风

一是狠抓各项规章制度的贯彻落实；二是深化人事制度改革工作；三是自觉遵守廉洁自律各项规定；四是继续狠抓领导干部廉洁自律各项规定的落实；五是在狠抓源头治理工作上下功夫；六是建立民主管理、民主决策和民主监督制度；七是治理整顿党风院风；八是强化群众观念。

三、组织领导能力

根据“三定”方案的规定，院实行院长负责制。院领导班子成员平均年龄50岁。领导班子成员都有基层工作经历和较长时间的领导工作经验，懂技术，会管理，能够认真贯彻上级领导指示精神，接受群众意见，处

理复杂问题。

班子成员都具有很强的团结意识、大局意识、责任意识和创新意识。院党政主要负责人总揽全局，把握方向。其他成员分工负责，团结协作。

在工作中，坚持民主集中制原则，凡重大问题都集体研究解决。注重抓大事、议大事。凡机构调整、改革方案的出台、规划和计划建议、有关管理规章制度的制定、群众关心的切身利益等重大问题的决策，都经院长办公会、院务会、党政联席会集体讨论研究和决定。

一年来，院领导班子能够求真务实、开拓创新，全院工作一步一个台阶顺利推进。大家普遍认为，今年是院改革发展重要的一年，也是取得技术业务成果最多的一年，更是推进三个文明建设力度最大的一年。

四、工作实绩

2003 年院领导班子围绕院中心工作，认真落实“两个更加”，全力推进“三二二工程”，着力提升“五大能力”，各项工作取得了显著成效。

（一）明确了发展思路和工作目标，协调报批了新的“三定”方案

环境院新一届领导班子组建之日，正是《中国地质调查局直属单位结构调整方案》下达之时。院及时组织开展了历时三个多月的调查研究，在全面分析环境院面临的形势、机遇和挑战，广泛征求各方面意见的基础上，明确了业务定位和发展思路，确定了 2003 年工作要点，得到了部、局领导的肯定和全院职工的拥护。

院的业务定位与发展思路是：以邓小平理论和“三个代表”重要思想为指导，全面贯彻党的十六大精神和可持续发展战略，坚持保护资源和保护环境的基本国策，按照部、局工作部署和要求，以调查评价、监测和综合研究为主要手段，以深化改革和严格管理为保障，继承和发扬环境院的优良传统，团结协作，开拓创新，全面提升地质环境监测能力、地质灾害监测与预测预警能力、区域环境地质调查评价能力、水工环地质综合研究能力和科技创新能力，将环境院建设成为全国水工环地质工作中心和全国地质灾害防治与地质环境保护技术业务支撑与信息服务中心。

2003 年院的工作要点是：全面提升五个能力（地质环境监测能力、地质灾害监测与预测预警能力、区域环境地质调查评价能力、水工环综合研究能力和科技创新能力），健全完善三个手段（调查评价、监测和综合研究），全力推进“三二二工程”，即：整合三个网络，启动两个机制，强化两个服务。

在明确发展思路和工作目标的基础上，根据部领导关于环境院“三定”方案调整问题的指示精神和部批复的院业务定位，经过广泛深入的调查研究和充分论证，起草了院“三定”方案的征求意见稿和送审稿。9 月 18 日第 16 次部长办公会议审议通过了院新的“三定”方案。与 1999 年国土资源部批复院的“三定”方案相比，新“三定”方案有四个方面的重大变化。一是性质和定位有了大的变化；二是职责任务有较大变化；三是内设机构有较多增加；四是人员编制有较大幅度增加。

（二）精心组织开展全国地质灾害预报预警

2003 年 4 月 7 日，国土资源部和中国气象局正式签订了《关于联合开展地质灾害气象预报预警工作协议》。环境院作为这项业务的实施单位，立即组织精兵强将开始了紧张而有序的技术准备工作，研究编制了《全国地质灾害气象预报预警实施方案》，完成了大量技术准备工作，保证了 6 月 1 日全国

地质灾害预报预警的正式运行。6 月 ~9 月，在中央电视台发布地质灾害预警预报 56 次，在中国地质环境信息网上发布预报 109 次，有 101 起（至少 878 处）地质灾害发生的时间和地点处于预报预警范围内。

地质灾害预报预警信息的播报，在社会各界引起良好反响，得到国务院和国土资源部领导的高度重视。曾培炎副总理6 月 12 日在《关于国土资源部和中国气象局联合开展“全国地质灾害气象预报预警”工作的报告》上批示：“国土资源部与中国气象局要密切合作，不断总结经验，完善预报预警系统，最大限度地减少地质灾害造成的损失”。温家宝总理和回良玉副总理亦圈阅了该报告。孙文盛部长 7 月 8 日在中国地质环境监测院《要事专报》第 5 期上批示：“看了很高兴。预报地质灾害确实是一件大好事，应该说是实践‘三个代表’重要思想的体现。这项工作虽然开展不久，但已收到了较好的效果与反映。盼能在现有的基础上进一步完善工作机制，不断求实创新，提高工作质量，树立良好的信誉。”

受环境司的委托，院承办了“全国地质灾害气象预报预警工作经验交流会”。在开幕式上，寿嘉华副部长和中国气象局萧永生副局长对全国地质灾害预报预警工作给予了高度评价：启动迅速，成绩显著，在社会上树立了良好的信誉；是部委之间合作的典范；是具体落实“三个代表”的重要举措，是保障国家经济发展和人民生命财产安全的重要手段。

2003 年 12 月 24 日《国土资源要情》（第 9 期）刊载了全国地质灾害预报预警工作取得的成绩，《国土资源报》将该项工作评为 2003 年国土资源十大新闻之一。

（三）调查监测、预报预警与科研工作取得重要进展

2003 年是院技术业务工作紧张而有序推进的一年，提交了近 30 项最终成果和阶段性成果，科技创新能力有所提高。

1. 积极开展规划、战略研究

组织开展《全国地质灾害防治规划》、《地质环境调查与监测技术装备发展规划》等八个规划的起草工作，开展了多项战略研究，为部、局提供技术支撑服务。

《全国地质工作规划纲要》的编制是根据温家宝总理的指示开展的一项非常重要的工作，由寿嘉华副部长和鹿心社副部长共同负责。院承担了水工环地质的调研工作，参与完成了调研总报告的编写和规划纲要第三稿的修改。组织召开了“中国 21 世纪初水工环地质工作发展战略国际研讨会”，协助开展了《组织对国家“十一五”涉国土资源重点项目的前期论证》，为国土资源部编制“十一五”规划提供了技术支持。

2003 年，院还为组织开展《中国可持续发展西北地区地下水资源战略与生态地质环境战略研究》和《中国可持续发展水工环地质工作发展战略研究》，协助张宗祜等 5 位院士开展国家“十一五”重大问题研究项目《我国地质灾害的预测预警与科学防治对策研究》（此项目为国家发改委委托、中国科学院承担的国家“十一五”规划六大重点问题研究项目之一）等作了大量的前期准备工作。

2. 加强了地质环境监测建设工作

2003 年进一步加强了地质环境监测工作基本情况的调查研究，编写了“地质环境监测工作建议”、“地质灾害预警预报实施方案”、“地质环境监测工作管理办法及技术要求”。在全面推进地质环境监测网的建设困难重重的情况下，在一些地区和某些方面取得了明显进展。

在地下水环境监测方面，为北京提供了

60台套地下水自动监测仪和1套自动化传输设备，已全部安装完毕，试运行良好；通过中荷、中日合作项目，启动了山东、北京、新疆三个地下水监测示范区90台套、黄河流域95台套地下水自动监测仪的选点设计工作。

在突发性地质灾害监测方面，完善了三峡库区GPS网和136处崩塌滑坡的专业监测设施建设，建立了群测群防体系。“四川雅安地质灾害监测示范区”的主体仪器设备已全部安装完成，地质灾害专业监测示范初见成效。

在缓变性地质灾害监测方面，与北京、天津、河北等省（直辖市）地质环境监测总站合作完成了华北平原10万平方千米地面沉降监测网建设的总体方案设计。

3. 取得了一批调查与科研成果

2003年，院组织和承担了国土资源大调查项目18项、全国地质环境监测与站网建设计划项目1项（分解为8个项目）、科技攻关和其他项目10项。提交了15份最终成果（其中8份优秀），12项年度成果。1项成果获国土资源部科技成果二等奖。

在科学研究方面，“三峡库区地质灾害调查评价综合研究”项目在探索地质灾害预报预警模式、建立地质灾害基础因子、响应因子、诱发因子和易损因子的判别体系、研究地质灾害与过程降雨量的关系等方面取得了创新性的进展，为提高地质灾害预报预警水平提供了重要支持。“滑坡灾害预警准则及预测预报模型方法研究”项目在分析总结滑坡灾害长期预测和中短期预报预警的准则、确定滑坡多参数监测预警系统的内容、建立滑坡多参数监测预警系统和滑坡预测预报人工神经元模型方法具有先进性。部“十五”重点科技攻关项目“西北典型内流盆地水资源调控与水资源优化利用模式研究”项目最终报告即将完成，在地表水、地下水联合调控、地理信息系统建设等方面取得了实质性进展。

在全国性调查成果集成与信息系统建设方面，“县市地质灾害调查综合研究与信息集成”项目已完成295个县市、4万多条地质灾害点的信息入库和相应统计分析模块的开发，目前正紧张有序地开展2002年完成的120个县市的信息系统集成与综合研究。“1:50万环境地质调查综合研究与信息集成”项目调查成果数据库集成基本结束，正在着手编制1:500万全国环境地质图系，预计2004年底提交总体研究报告和调查成果数据库系统。“全国矿山环境地质信息系统”项目基本完成，12省矿山地质环境调查数据全部入库。这些成果将为地质灾害防治与预报预警提供有力支持。

此外，院还积极参与了中国地质调查局组织的《全国农业地质环境调查规划》修改工作和《城市环境地质调查技术要求大纲（草稿）》编写工作，提交了《农业地质环境评价体系立项建议书》。国土资源规划环境影响评价准备工作已经启动，研究起草《国土资源规划环境影响评价管理办法》、《土地利用规划环境影响评价技术细则》和《国土资源规划环境影响评价工作指南》，走在了全国的前列。

4. 积极为政府提供技术服务，为社会提供信息服务

（1）为国家方针政策、法律法规的制定提供基础技术资料

为配合《地质灾害防治条例》的起草论证，院专门向国务院法制办汇报了我国地质灾害防治工作情况，并提供了相应的基础资料。针对北方连续干旱、城市缺水日益突出的严峻形势，国家发改委组织北京、天津、河北等三省市和五部委召开城市供水水源座

谈会，院配合部环境司向会议提交了《关于北京、天津和河北城市供水水源应急方案的建议》，向发改委做了地下水水源地等方面的专门汇报；应国务院和有关部门的要求，提交了《2003年我国部分缺水城市的状况和对策建议》、《我国部分城市地下水污染状况和对策建议》、《我国地质灾害防治概况和问题》等报告，供国家重大决策参考。为《国办信息》提供多份材料。

（2）为国土资源部履行政府职能和地调局实施项目管理提供服务

协助部召开全国地质环境工作会议、地质灾害气象预警预报工作经验交流会，为部履行地质环境保护、地质灾害防治行政管理提供技术支撑和信息服务。在承担地质环境监测和地质大调查项目工作中，为有关项目管理提供工作进展及示范等方面技术支持服务。

（3）为社会提供地质环境监测与保护信息服务

完成了《中国地质环境公报》的编制，在《人民日报》和《中国地质环境信息网》等媒体上公布，为政府和社会提供信息服务。

院承办的政府网站——“中国地质环境信息网”扩充了必要的软硬件资源，提高了专项信息管理功能，初步建立了具有空间数据库网络发布功能的图形管理系统，为社会公众提供的信息量有较大幅度增加。及时发布地质环境管理最新信息，在社会各界有一定影响。

（四）加强国际国内交流与合作，提升科技创新能力

为提升院科技创新能力，有重点地开展了水工环地质领域的国内交流与合作。与国家气象中心合作开展了地质灾害气象预报预警；与许多科研院所合作开展了地质灾害和地下水资源环境方面的研究；与各省（自治区、直辖市）地质环境监测总站开展了地质环境监测网的示范建设；与浙江省等有关单位合作开展了农业地质调查研究等。

围绕院长远发展目标，广泛开展水工环相关领域的国际合作。2003年共开展国际合作项目11项，其中派出项目6项11人次：包括赴韩国参加CCOP《利用GIS和RS技术进行滑坡等地质灾害分析预测》，赴泰国参加CCOP第41届指导委员会会议，赴法国参加依云天然矿泉水考察，赴日本进行地面沉降考察，赴澳大利亚、新西兰进行国土资源综合考察等。

2003年启动了中国-荷兰“中国地下水信息中心能力建设”和“中日地面沉降论坛”，参加了中日“黄河流域地下水均衡、循环和利用的模拟预测研究”。

全年接待来自荷兰、澳大利亚、日本、越南等国家专家5项9人次，在地质环境监测站网建设、GPS和InSar等遥感技术在地质灾害调查与监测领域的应用及干旱区地下水资源可持续利用等领域进行了技术交流。

（五）加强制度建设，积极稳妥推进改革

1．建立健全规章制度，各项工作向规范化、科学化、制度化方向发展

今年院对《院工作规则》、《财务管理办法》、《项目管理办法》、《职工管理办法》《经营管理办法》、《设备管理办法》、《物资设备采购管理办法》等规章制度进行了修订。近期还将出台《人才资源管理办法》、《公费医疗管理制度实施细则》、《档案管理办法》和《资料汇交管理制度》等，为推进各项改革和我院各项工作的顺利开展提供保障。

2．全面开展干部人事制度和分配制度改革

（1）全员竞聘上岗

为了广泛吸引人才、选拔优秀人才，创

造珍惜人才、培养人才、用好人才、人尽其才的环境，充分调动全院职工的积极性和创造性，根据部批准的新“三定”方案，制定了“全员竞聘上岗工作方案”。9月下旬，历时12天，经过9个程序，完成了全员竞聘上岗和内设机构的调整。全院职工对整个竞聘工作的满意度为88%。

（2）项目负责人竞聘

自2003年11月25日院长办公会审定2003年地质项目分解计划开始，历时9天、11个程序，圆满完成了6类42个项目、22个负责人的竞聘工作，经民主测评，满意率达97%，没有不满意的。项目负责人的竞聘大大调动了大家的积极性、主动性和创造性。

（3）内部分配制度改革

根据“效率优先，兼顾公平”的原则，院建立了符合自身特点的内部分配办法，使技术业务人员的绩效津贴与项目绩效挂钩，经营工作人员的绩效津贴与经济效益挂钩，管理人员的绩效津贴与管理效率和服务水平挂钩。自2003年第三季度起试行绩效津贴制度。从目前的情况看，这项制度的改革调动了职工的积极性，起到了良好的效果。

3. 加强和规范财务管理

在财务管理工作中，院切实加强预算管理。合理编制、严格执行单位预算，优化支出结构。对大调查项目实行了项目管理、单独核算。专款专用，不挪用、挤占、截留，不擅自扩大开支范围和标准。外协项目均签订合同或协议书，对协作的工作内容、工作进度、成果要求、经费额度等进行详细约定，财务手续齐备。

严格执行《政府采购法》和有关规定，加强实物资产管理。对不属于政府采购范围的，列入院采购计划，由物资设备集中采购小组负责采购。财务部门办理验收和出入库手续；建立台账及信息数据库，及时、准确提供统计报表；定期清查盘点，做到账、卡、物相符。

建立健全财务制度，为“依法理财、依法治财”提供制度保证。制定了《会计人员岗位职责》、《内部管理制度》和《会计人员工作交接办法》，明确规定了财务收支审批制度、财会人员交叉轮岗制度、内部牵制制度、稽核制度、财务处理程序制度、财产清查制度、财务分析制度等。

（五）加强了经营管理

2003年院经营工作按照“做强主体，拓展两翼，逐步剥离辅体”的总体发展思路，坚持以发展为主题，以产业结构调整为主线，以科技进步为动力，广开门路，拓宽经营渠道，扩大服务领域，提高了服务和管理水平，全面完成了经营工作目标。

中元公司已经初步形成了以岩土工程施工、地质灾害危险性评估、地质灾害勘查、地质灾害防治工程设计、地质灾害防治工程监理等为主的产业格局，以模拟集团化管理的方式，建立了生产组织体系、技术管理体系和专家支持体系。承担了具有战略意义的西气东输工程、中俄原油、西南成品油管道工程地质灾害危险性评估和三峡库区地质灾害勘察、设计工作。

西峰寺培训中心修缮改造工程克服工程时间紧、任务重，受到“非典”影响等诸多困难，通过扎实的工作，奋力拼搏，全面完成了第一阶段基地修缮改造任务。工程于12月10日全面竣工，12月15日正式投入使用，已成功接待了两次会议。

为了推进现代企业制度建设，制定了《中元基础有限公司章程》，成立了董事会、监事会和经营班子；充实调整了中元公司和西峰寺的内设机构；开展了“国土资源咨询评估中心”工商注册登记工作。

（六）进一步加强综合治理工作

2003年完成了大院综合治理的续做工程及新增工程，有计划地进行了栽树、种花及植草工作，让大院三季见花，四季见绿，使大院的工作与生活环境得到进一步美化。

2003年“非典”期间，海淀区是北京市“非典”防治工作的重点部位。院领导高度重视，将预防工作作为当时的头等大事，成立了预防工作领导小组，钟自然院长亲自担任组长，提前两周开始部署预防工作。由于采取了一系列有效措施，使院的防“非典”工作取得了很好的效果，职工和家属以及大院居民未发现一例临床确诊病例和疑似病例。许多同志在搞好预防工作的前提下，仍然坚守在工作岗位上，一手抓防“非典”，一手抓工作，院各项工作按计划顺利实施。

探索性地启动了居民小区物业管理，加强了大院保安力量，完善了不安定因素的防范措施，加大了法治宣传的力度，院三年来没有发生过治安刑事案件和生产交通安全事故，杜绝了“法轮功”的渗透。职工和家属对院的社会治安综合治理工作十分满意。

五、整体功能

院领导班子重视发挥整体功能，认真学习部党组《关于充分发挥整体功能的决定》，认真贯彻寿嘉华副部长2003年2月13日在宣布院新一届领导班子时提出的“坚持民主集中制、加强团结，发挥整体功能”的要求。提高对发挥整体功能的重要意义和“五条标准”、“五项要求”的认识，坚持按政策办事、按原则办事、按制度办事，虚心听取群众意见，不断改进工作作风，发挥了整体功能，班子自身建设得到了加强，党内生活和各项工作运转正常。

新班子上任伊始，钟自然同志就提出“要以提高素质、优化结构、改进作风、增强团结为重点，努力把环境监测院的领导班子建设成坚决贯彻部党组、局党组决策的领导班子，建设成团结协调、有凝聚力和战斗力、富于创新精神和团队精神的领导班子，建设成清正廉洁、大多数群众拥护和信赖的领导班子。”领导班子严格遵守民主集中制的各项规定，坚持集体领导和个人分工负责相结合的制度。按照党政会议制度，重大事项坚持集体讨论决定，坚持和完善党的组织生活制度，坚持领导班子议事规则和重大问题决策程序，用规则、程序、制度来保证民主集中制的贯彻落实，确保部、局党组决策的政令畅通。涉及干部调整、任免的问题，召开党委会议研究决定。对干部人事制度改革、竞聘上岗、人员考核、职工关注的热点难点问题，行政班子及时向党委通报，党委参与决策，经院长办公会议、院务会讨论研究和决定，或召开党政联席会议研究。在全员竞聘工作中，领导班子坚持民主集中制、党管干部和领导班子集体决策的原则，每一步都坚持了互通情报、集体决策。党政一把手互相支持，充分协商，共同酝酿。领导班子统一思想，统一行动，团结协调。在竞聘处级领导干部公示中，针对群众中的举报，院领导班子及时开会研究，随即决定组成4个考察组，分别由张卫东、侯金武、马学明、田廷山同志带队进行了进一步深入考察，集体研究后进行了决策。同时院长、书记对新聘任的所有同志都分别进行了谈话，既肯定成绩，又提出问题，并且提出了改进的意见和希望。

班子成员注意强化团结意识，从细微处爱护班子的团结，维护班子的形象。党政一把手相互配合，一切从搞好工作出发，讲大局、讲原则，彼此尊重，谈心交心，密切配合，按照部领导提出的“整体功能最大化、最优化”原则，注意发挥好班子每个成员的积极性，带头发挥整体功能。班子其他成员做到团结协作，维护班长的权威和班子的团结，理解支持班长工作，切实负责好分管工作。班子成员之间经常互相交流思想，沟通情况，开展批评和自我批评，想办法，提建议，促进工作，较好地发挥了整体功能，从而推进了全院的整体工作。

为保证民主决策和民主监督，院召开了首届职工代表大会，成立了工会委员会。院聘请了一批高级顾问，成立了院高咨中心，为院士、高咨中心专设了办公室。院成立了科学技术委员会，围绕院长远目标，保证重大问题决策的科学性和民主性，2003 年共召开 4 次全体委员会议。召开水工环地质相关领域重大科学技术问题咨询会议 50 余次；向部推荐并获得部科技进步二等奖 1 项，部科技创新人才百人计划 1 人；审查科学技术报告及成果 60 余份；审议了 7 位同志申报技术业务职称的演讲答辩；评议了 3 位同志作为引进人才、特殊人才的科技水平。

在工作中班子清楚地认识到，要发挥好整体功能，就是要和党中央保持一致，要在部党组、局党组的统一领导下，发挥院党政领导班子、处室领导直至全院职工的整体功能。如果内部整体功能发挥不好，就不是一个坚强有力的集体，队伍就没有战斗力，最终使党的事业和院的工作受影响。发挥整体功能，就是要从领导到每个职工都要进一步树立集体主义精神，上下一致、齐心协力地把工作做好。要注意找好点，定好位，服从部的中心工作，切实加强研究和服务，真正做到为政府决策提供科学依据。在今后的工作中，将不断查找差距，挖掘潜力，也就是说整体功能发挥得更好一些，使广大干部职工的情绪更高涨一些，工作完成得更好一些。

虽然在 2003 年里取得了许多成绩，但还存在很多不足和不少问题，如缺乏复合型人才，具有重大影响的成果不多，科技创新能力不够；地质环境监测体系亟待完善，信息渠道不够通畅，对省级地质环境监测机构的技术指导与协调力度不够；重大战略、规划、政策、立法等管理决策的研究刚刚起步，亟待加强；新“三定”方案确定的一些新的职能（城市地质、农业地质、矿山环境地质等）刚刚启动，亟待加大工作力度，等等。

在新的一年里，环境院将深入学习贯彻“三个代表”重要思想，在指导实践、推动工作上取得新的成效。全面学习贯彻全国国土资源厅局长会议精神，进一步转变观念，转变职能，转变作风。环境院已经研究制定了 2004 年工作要点。环境院将在部党组、局党组的正确领导下，依靠广大干部职工的共同努力，团结拼搏，为开创我国地质环境调查监测事业的新局面做出更大的贡献。

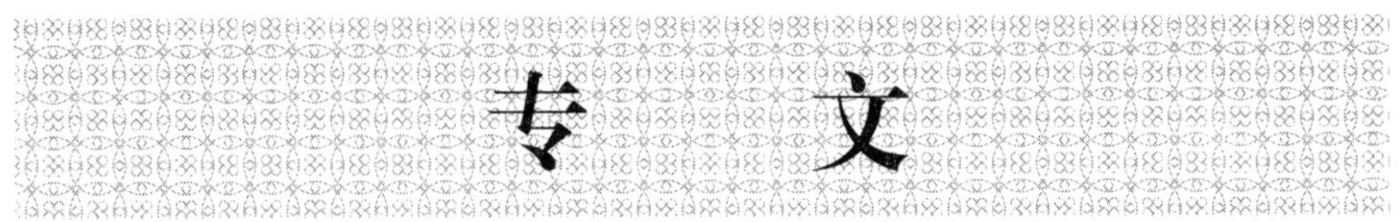

专文

在中国地质环境监测院新一届领导班子宣布大会上的发言

钟自然

（2003 年 2 月 13 日）

尊敬的寿嘉华副部长、王宝才司长、汪民副局长，各位领导、同志们：

首先，非常感谢部党组、局党组对环境监测院新一届领导班子和我本人的充分的信任和深切的关怀，非常感谢寿嘉华副部长亲自到环境监测院指导工作，作重要指示，非常感谢人教司的领导为环境监测院领导班子的组织建设所做出的精心安排和所付出的辛勤努力。借此机会，我谈几点感受，表个态。

一、三点感受

一是深感责任重大；二是感到压力不小；三是充满信心。

（一）责任重大

责任重大体现在四个方面：

第一，国家实施可持续发展战略和西部大开发战略对地质环境调查评价和监测工作提出了新的任务和更高更严格的要求。一是十六大提出的到2020 年全面建设小康社会的目标对地质环境调查评价和监测工作提出了新的任务和更高更严格的要求。二是国家“十五”计划纲要对地质环境调查评价和监测工作提出了三个方面十项任务。三是国务院于2003 年1 月14 日发布的《中国21 世纪初可持续发展行动纲要》(国发〔2003〕3 号）对地质环境调查评价和监测工作提出了五项任务。四是国家西部大开发规划将地质环境调查评价和监测赋予了很高的优先级。

第二，地质环境调查评价和监测工作是国土资源大调查的重要组成部分，是地质灾害预警工程的重要基础。部党组、局党组非常重视这项工作。寿嘉华副部长于2002 年8 月26 日在地质调查工作部署座谈会上关于“十五”后三年地质调查工作部署的讲话中，赋予地质环境调查评价和监测工作以重大的责任。寿嘉华副部长提出了“一个转变（推进地质工作的根本转变)、一个结合（使地质工作更加紧密地与国家经济建设和社会发展相结合)、一个原则（资源与环境并重——针对地质环境工作)、三个服务（为履行政府职能服务，为社会各界提供信息服务，为经济社会可持续发展服务)”的指导思想，并提出地质环境调查评价和监测工作要以充分发挥地下水资源功能、环境与生态功能和把握岩土稳定性为主线，完成五项重点任务：开展全国地下水资源调查评价；开展重点地区区域环境地质调查；开展全国地质灾害调查与预警系统建设；开展重大工程区域地壳稳定性调查评价；开展全国地质环境监测与站网建设。我们必须尽快研究落实寿嘉华副部长提出的这些新要求。

第三，地质环境调查评价和监测工作是国土资源部履行地质环境行政管理职能的基本技术支撑和信息支撑。部2003年工作要点提出的八项重点任务的第五项是“积极推进国土资源综合整治，加强地质灾害预防和地质环境保护”，具体有九项任务。完成这些任务，地质环境调查评价和监测工作的技术与信息支撑是必要的。

第四，刚才，寿嘉华副部长作了重要讲话，对环境监测院新一届领导班子提出了六点希望和要求。寿嘉华副部长的讲话表明了部党组和局党组对环境监测院及新一届领导班子所给予的充分的信任、殷切的期望以及所赋予的重大责任。贯彻落实上述六点要求，任务艰巨，但我们责无旁贷。

（二）压力不小

第一，学习的压力大。加强学习，非常必要，对我尤其必要。地质环境调查评价和监测工作对我是一项全新的工作，迫切需要通过学习，更新知识，补充知识。要深入学习邓小平理论和江泽民“三个代表”重要思想，学习、了解并深刻理解部党组、局党组关于地质环境调查评价和监测工作的要求，学习地下水、地质灾害、地质环境的调查评价、监测、预警预报等一系列专业和业务知识。要向部、局的领导和同志们请示、学习，向院士、专家请教、学习，向院领导班子的其他成员学习，向院里的业务骨干和同志们学习。

第二，适应新形势、新任务、新岗位的压力大。我以前主要在部机关司局工作，现在负责基层事业单位的工作，工作性质、工作内容、工作方式、工作环境都有很大的区别。适应新形势、新任务、新岗位要有一个过程，了解、熟悉新情况也要有一个过程，希望大家给予理解和支持。

（三）充满信心

第一，部领导、局领导，部党组、局党组，部机关各司局，以及其他各方面都非常重视、关注、支持环境监测院的工作。这是极为重要的条件。

第二，环境监测院新一届领导班子的素质好。张卫东、侯金武、马学明同志长期在环境监测院工作，资历深，能力强，经验丰富。田廷山同志长期在环境司工作，对地质环境管理的法规、政策和业务很熟悉。

第三，环境监测院有一支年富力强、素质良好的队伍和一批能干的技术业务骨干。院内外有一批高水平的，并且非常关心、支持环境监测院工作的专家力量。

第四，长期以来，在环境监测院历届领导班子，特别是近几年在李烈荣院长、张卫东书记的领导下，院的工作已经形成了一个好的基础。

有上述有利条件，我对搞好环境监测院的工作充满信心。

二、表示态度

第一，环境监测院新一届领导班子有决心、有信心把环境监测院的工作做好，一定不辜负部党组和局党组的重托和期望。我们将认真贯彻十六大精神和中央的大政方针，坚决执行部党组和局党组的决策，努力按时按质按量地完成地调局下达的地质环境调查评价、监测和其他各项任务，为部、局决策提供强有力的技术业务支撑，为政府和社会公众提供快捷、有效的信息服务。

第二，切实加强领导班子建设，充分发挥整体功能。我们将按照部党组的要求，以“三个代表”重要思想武装头脑，增强“四个意识”，即：政治意识、大局意识、改革意识和责任意识，以提高素质、优化结构、改进作风、增强团结为重点，努力把环境监测院的领导班子建设成坚决贯彻部党组、局党组决策的领导班子，建设成团结协调、有凝聚力和战斗力、富于创新精神和团队精神的领导班子，建设成清正廉洁、大多数群众拥护和信赖的领导班子。

第三，努力做好决策、用好人。我将与张卫东同志一起，与院领导班子的其他同志一起，与院的全体同志一起，根据部党组和局党组的要求，深入调查研究，客观、冷静地分析新形势、新任务，研究新情况、新问题，理清、确定今后一段时期环境监测院的发展思路、工作目标和任务，动员一切可以调动的力量，为实现这个目标，完成这些任务而进行不懈的努力。决定事业成败的关键在人。形成决策意见靠人；执行决策，实现部党组、局党组的意图，更靠人。我认为，我们一定要千方百计、百计千方地调动全院同志的积极性、创造性。我相信，只要我们这个领导班子团结一致，齐心协力，就一定能够把全院同志的积极性、创造性调动起来，把地质环境调查评价、监测和预警预报工作提高到一个新的水平，使环境监测院的院风呈现新的面貌，工作出现新的局面，让部党组、局党组放心，让全院同志满意。

中国的传统佳节春节尚未过去，借此机会向大家拜个晚年，祝大家新春愉快，身体健康，合家欢乐，万事如意！

谢谢大家！

在中国地质环境监测院发展思路专家座谈会上的讲话

张文驹

（2003 年 3 月 7 日）

我对这次会议，包括会议的题目和内容，都极为赞赏。对于任何一个单位来说，为自己在社会中定向定位，都是一个最重要的问题。这中间有两个要点：第一是不要选错了角色，否则既糟蹋自己这块材料，也会把戏唱砸了；第二是不要丧失时机，否则就有成为多余角色、被挤到舞台边上的危险。

下面从四个方面谈一些意见供大家参考。

第一，现在为中国地质环境监测院定向定位，既有有利的一面，也有困难的一面。有利的一面是，党的十六大和十届全国人大做出了重要决策，对环境治理和生态建设有重要的指导意义。温家宝总理在去年 10 月 15 日讲话中明确提出新世纪地质工作四项重要转变中的一项，就是从资源保障为主转向资源保障与环境保障并重。这些都有利于看清方向。

困难的一面是，如果教条主义地去贯彻党和国家的有关文件，那么，在国土资源部“三定”方案文本的基本职能“主管土地资源、矿产资源、海洋资源等自然资源的规划、管理、保护与合理利用”中，就不能直接找到地质环境管理工作的位置。这不仅涉及环境院的定位问题，也是国土资源部本身对地质环境进行管理所面临的问题。正确回答这一问题，对地质环境事业的发展有着重要意义。

现在对监测院进行定向定位，在内部，需要对院与部、院与地调局的关系有一个科学的认定，即监测院如何为政府提供技术支撑；在外部，整个国土资源系统管辖的地质环境工作在全国这个大舞台上担任什么角色，也需要进一步理清。为此，要加强学习，加强研究，找准切入点，不断开拓前进。

第二，在市场经济条件下的政府职能中，如何寻找自己的位置。去年“两会”期间，朱镕基总理在政府工作报告中关于政府职能转变的一段中曾经说过，要从具体事务中摆脱出来，更多地从事宏观调控、社会管理和公共服务。这句话对国土资源部行使管理职能也是完全适用的。国土资源部进入宏观调控领域后，做了大量的工作，思路已经开始理顺。今年 1 月，我在南宁参加探矿权采矿权市场建设研讨会，很高兴地听到国土资源系统之外的许多专家说“矿产资源规划是重要的宏观调控手段”，这说明国土资源部在这一方面的职能转变已经得到了社会的认同。社会管理是面向全社会的管理，目的是使社会活动有序进行，其基本形式就是公正执法。20 世纪 90 年代，在政府职能转变过程中，原地矿部曾有人提出应当以部门管理为主，这种主张就是选错了角色。公共服务就是为公众提供公益性产品。

第三，环境监测院在三类职能上都应当为政府提供支撑，既为宏观调控服务，为社会管理服务，还要提供公益性产品。

1988 年改名为水文地质工程地质勘查院时，另有一块牌子叫全国地质环境监测总站，目的就是通过总站协助政府履行行政管理职能，即通过监测为合理开发利用环境资源和依法约束环境破坏提供依据。但由于受计划经济观念的深刻影响，在很长时间内，全国地质环境监测总站这块牌子的地位被淡化了，可以说是影响了角色选择的。

第四，地质环境管理工作的发展过程。

环境地质工作是一项社会活动，地质环境是人类生存的空间，也是政府管理的一个客观自然对象。两个概念有区别，提出的时间不同，其发展过程可分为三个阶段。

1981 年前，只有水文地质工作和工程地质工作。水文地质工作是为工农业、城市供水及矿山开发提供服务，工程地质工作服务于工程建设。没有地质环境评价工作，是计划经济体制下对马克思主义基本原理的误解。

1981 年，原地质部孙大光部长率团赴西欧访问，通过借鉴西方地质工作的发展历史和现状，明确提出了地质工作“三分”的观点，即分为基础地质工作、矿产地质工作和广义环境地质工作。广义环境地质工作包括水文地质工作、工程地质工作和狭义环境地质工作。这里不仅第一次明确提出了环境地质工作的概念，而且把水文地质工作和工程地质工作归入广义环境地质工作，意味着它们与矿产地质工作不同，不是单一的资源勘查活动，而是兼有资源勘查与环境评价的双重性。

地质环境被提到议事日程是 1988 年。一般环境问题提出于 20 世纪 70 年代初。1972 年，联合国在斯德哥尔摩举行了第一次人类环境会议。1973 年，中国政府响应世界潮流，召开了第一次全国环境保护工作会议，主要保护对象是水体环境和大气环境。

从1988年起，地质环境管理工作经过了两次强化和一次弱化。

第一次强化是1988年国务院机构改革。在起草第一份比较完整的地矿部“三定”方案时，由我执笔给当时的国家环保局局长曲格平同志写了一封信，信中阐明了两个观点：一是地矿部承担地质环境管理工作，服从国家环保局的统一管理；二是人类生存的地球外部空间，包括岩石圈、水圈和大气圈，在传统的环境保护概念中，只保护大气圈和水圈的一部分，地质环境保护的是岩石圈和水圈的另一部分，只有把地质环境保护工作纳入，环境保护工作体系才算完整。信中观点得到了曲格平同志的赞同。

1989年初召开全国地矿工作会议，邀请了国务院有关部门的领导参加，主要目的是希望地矿部的职能转变得到支持。当时朱训部长在会议报告中提到地矿部的四项职能时，界定了对资源和环境的管理属于社会管理职能，对地质勘查工作的管理属于行业管理职能。即四项职能划分为三项社会管理和一项行业管理。社会管理者代表全社会，因为资源属全民所有，环境也应该属全民所有，所以，环境管理和保护代表了全民的利益。而地质勘查行业管理代表的是一个行业，在服从全社会利益的前提下，协调行业内外关系，代表本行业的利益，谋求本行业的发展。

第二次强化是在1993年，国务院发布了取水许可制度实施办法。

通过与有关部门协商讨论，决定地下取水必须经过同级地矿行政部门同意，即在颁发取水许可证之前（发证部门各地不同，分属水利、建设、地矿三家），地矿行政部门要有一个前置监督程序。当时已意识到，地下水既是一种资源，又是一种环境要素，地矿行政部门对地下取水进行监督，既是保护水资源，也是保护地质环境。

在西峰寺召开的贯彻这一实施办法的会议上，强调了通过加强地下取水的监督管理，有助于促进地矿行政部门的地质环境监督管理职能覆盖全国，不要把过多的精力放在个别治理项目上。从后来十几年的进展和实践看，我们对地下取水监督管理工作的重要性可能是估计太低了，后来这一职能的丢失，说不定就与此有关，造成对地质环境管理职能的一次弱化。

但是，在新的形势下找回角色的可能性依然存在，因为当时陈述的理由依然存在，即不仅是为了保护水资源，还是为了保护环境，这一点别人是代替不了的。所以，我们必须加强这方面的基础建设。

什么叫环境？我的观点是将全部自然资源分为三类，即空间资源、物质资源和能量资源。空间资源自下而上包括岩石圈、水圈、大气圈和太空。我对环境的定义是：空间资源的质量——决定于其所包含物质的成分及结构。生态是生物群及其与周围环境联系的形式。环境质量决定了生态好坏，而生态又反作用于环境质量。

地下水是重要的环境要素，保证水的数量充沛和质量优良是环境优良的重要条件，也是生态优化的重要条件。

基础调查、专题调查研究、长期动态监测是环境地质工作的三种基本形式。基础调查是全面评价环境的基本资料；专题调查研究是对某些重要领域进行深入研究；长期动态监测是对地质体的动态变化进行观察和研究，以修正环境评价，服务于预测预报。这三种形式的工作有不同的要求：基础调查应有定期更新制度，因为地质环境在不断地发生变化，在更新过程中要充分运用地球物理、遥感等高速度、多信息、广覆盖的手段。基础调查没有具体目的，专题调查研究一般有特定的社会目的，如地质灾害严重区、地方病、重要工程问题等。长期动态监测的关键是要全面、广泛、连续地提供信息。

要认真研究环境经济关系，以促进环境法制建设。法制，作为社会上层建筑，不应该违背经济关系。用理论语言说，就是上层建筑要反映经济基础。阐明经济关系，使法制趋于合理，否则就会经常出现一些合法不合理、合理不合法的事情。所谓合法不合理，就是法律制度对社会经济关系反映错了；所谓合理不合法，就是实际存在的社会经济关系在法律制度中没有得到反映。具体地讲，一是对天灾和人祸要加以区别。天灾有些能防，有些能治；有些不能防、不能治，但还能避，也就是说我惹不起还躲得起。对于天灾，无论是防是治还是避，一般说来都是社会公益性事业。但如果治理有直接经济效益，就不是纯粹的公益性事业了。人祸就是人类生产活动造成的环境破坏，包括机械破坏、物理化学污染，经济学叫生产的外部性。我们一般讲的成本，有设备折旧成本，材料成本，劳动力成本等，但环境成本也要考虑。在许多行业中都应扣除环境成本，在资源开发业中应同时扣除环境成本和资源成本。二是新旧问题要区别对待。中国有个传统：新人新制度，老人老制度；新事新制度，老事老制度。

以监测院现在的内部结构，不可能开展专门的经济研究活动。要通过与其他单位合作，使环境科学、环境工程技术和环境经济学的研究互相配合、互相推动。还应主动加强同其他相关方面的合作。国土资源部是一个新组建的部，要主动对一些重大工程进行环境研究和环境经济评价。

在中国地质环境监测院发展思路专家座谈会上的讲话

陈梦熊

（2003年3月7日）

中国地质环境监测院有很多优势。1998年召开了第一次全国地下水监测工作会议后，取得了大量成果，建立了全国地下水环境监测网，使地质环境监测形成了较好的基础。环境监测院的机构比较健全，现在部党组又调整和加强了领导班子。对地质环境监测和地质灾害治理工作，中央也非常重视，所以，监测院要发挥优势，抓住机遇，再创辉煌。

一、加强地质环境调查监测基础建设

院里进行地质环境调查、评价与监测规划，要在原来基础上进行合理调整。在新形势下，要逐渐充实我们的装备，提高和引进新技术、新方法。要继续加强环境地质调查及地质灾害数据库建设，充分利用完整、丰富的地质资料，为国家的规划和建设服务。

二、加强地质环境监测工作监督指导

监测院对各省地质环境监测总站在业务工作方面的监督指导比较薄弱，要加强到各省监测总站开展调查研究，进行新技术、新方法的推广，特别是边远和西部的省份。

三、加强重点地区地质灾害预警预报

从以前地质灾害监测成果看，主要是原始记录，没有进行系统整理分析，没有发挥资料的效率，没有起到应有的作用。如何及时将监测成果反映出来，及时预报，重点是抓住重点地区的预测预报工作，比如如何反映三峡地区大量的滑坡、崩塌、泥石流；西部大开发对环境影响的动态变化，生态用水中如何使水位达到最优化等；黄淮海平原区地面沉降，长江三角洲地面沉降，苏-锡-常地区地面沉降。天津、北京、西安因水资源引发的环境问题非常突出，需进一步加强资料分析和预测预报，提供给各有关部门，并及时在报纸上发布，使群众知情，为政府敲响警钟。

四、加强地质环境的综合研究

监测院在西北地区的石阳河流域、武威盆地、塔里木盆地、黑河流域等取得了大量丰富的水文地质环境地质研究成果，我们应该组织专家进行研究，发挥这些宝贵资料的作用。水利部门的工作对保护生态环境方面涉及较少，特别是一些水利工程建设还不同程度地破坏了生态环境，所以，我们要进行分析、论证，及时向有关部门汇报，使研究成果发挥作用。同时，现在要将这些成果进行整理出版，西部大开发非常急需这些资料。

五、继续办好两个刊物

《水文地质工程地质》和《中国地质灾害防治学报》是创刊较早的学术性刊物，但长期以来内容变化不大，办的不活，影响了可读性和作者投稿的积极性。我提几点建议：一要与时俱进，根据经济发展，结合当前形势组稿。二要多渠道开发稿源，建立固定的作者队伍，如全国地质大调查的项目和硕士及博士论文。三要建立稳定的审稿队伍和专家审稿系统。四要和国外交流沟通，向国际化发展，积极争取国外高质量稿件，对一些国际重要会议要进行介绍，并且把传播信息作为办刊的一个重要方向，争取办成水、工、环中心刊物。五要充分积极发挥编委会作用，及时征集专家建议，定期召开办刊工作会议，充分听取大家意见，共同把这两个刊物办好。

在中国地质环境监测院发展思路专家座谈会上的讲话

张宗祜

（2003 年 3 月 20 日）

刚才，听了钟院长的介绍，对钟院长提出的“居危思危”，体会很深，形势确实严峻，咄咄逼人。

前一时期，寿嘉华副部长就第二轮地下水

资源调查成果向国务院报告，并征求水利部、建设部、农业部、环保局、发改委等五部委的意见。除水利部外，其他四个部委都认为国土资源部所做的工作很有益，很重要，也很好，这些地下水资源数据可以引用。而水利部的复函到达最晚，主要意见有以下几点：①在回顾历史部分中，水利部提到地下水的工作过去是水利部做的，而且列举的“六五”、“七五”国家攻关项目第38项、第57项也都是水利部做的。这与事实不符。第38项是地矿部做的，还获得地矿部一等奖、国家二等奖；第57项是地矿部和水利部各承担9个专题。②新的水法将水的行政管理划为水利部职能范围，据此，水利部2003年第17号部长令将地下水调查、评价、水质水量的监测都由水利部实行资质管理，老的水法将这一部分职能明确划为地矿部职能范围。水利部是水的行政管理部门，但做不了地下水的事情。③关于地下水资源量的新闻发布，水利部认为国土资源部无权发布。现在水利部也开始做地下水资源量的调查评价工作，而且所用资料和依靠的技术力量大部分还是原地矿部和后来国土资源部的资料、技术力量。

今年二月份，中国工程院钱正英、张光斗院士组织完成了《西北地区水资源配置、生态环境建设和可持续发展战略研究项目综合报告》，向温家宝总理作了汇报。温家宝总理作了重要批示，并将报告发至各省（自治区、直辖市）征求意见。甘肃省的意见最多。寿嘉华副部长也给工程院徐光迪院士写了信，附了国土资源部的意见，徐院长将信转给钱正英。中国工程院进行了讨论，采纳了国土资源部的数据资料，并提出两条意见：一是全国水资源总量，过去是两个部共同商定水资源总量，现在也要这么做，由两部共同商定；二是国土资源部对新一轮地下水资源评价成果尚未作正式评审验收。要赶紧举行由部组织，其他部委参加的评审会。外系统特别是水利部门意见尖锐。今年“两会”期间，水利部下文，要用三年时间搞全国地下水资源规划。

在这样的形势下，国土资源部水工环地质工作怎么办？目前的局面不是几个专家短时间内所能扭转的。技术上从上到下否定地下水资源，认为地下水资源量微乎其微。国土资源部的地下水工作很被动，主要是宣传工作差。

开展国家水工环地质工作，我们的优势在哪儿？要抓水利部干不了的，比如环境问题、区域性问题、地质灾害，还有特殊的水文地质问题。国土资源部水工环队伍要联合起来，形成拳头，大专院校也要来参加，搞出高水平的成果。水利部主要靠行政手段，（钟院长插话，国土资源部要靠技术手段和行政手段来支撑，两条腿走路）。两条腿走路，这很对。地调局也要向这个思路靠近，要做好保证。现在是各大区所都想发展水工环，力量分散，搞到最后大家都没有特色和自己的优势。这非常不利，也是内耗，应该向外扩展（钟院长插话，应该是优势互补，分工协作。环境监测院就用这八个字处理与兄弟院所的关系。水工环地质工作发展很快，国土资源系统若不抓住机遇，其他部门很快就会抢占制高点）。钟院长说得对，比如新一轮地下水资源调查评价，水文所在华北片很有优势，天津所也要争着搞（天津所的优势是“一老一新”，即前寒武和第四纪地质），沈阳所也要搞东北片。这是消耗精力，消耗力量，我都感到心灰意冷。要各尽所能，扬长避短。现在真是内忧外患。要团结起来，部里要支持，形成国土资源部的战略战术。现在水工环市场发展很快，水利部、建设部、农业部、环保局等部门都在抢占，机遇稍纵即逝！整个水工环工作需要联合！要开展发展战略研究。

在中国地质环境监测院发展思路专家座谈会上的讲话

方克定

（2003 年 3 月 7 日）

上午听了地质环境监测院二位领导、国土资源部三位司长的发言，下午又听了三位专家的发言，很受启发，也深感开这次座谈会的重要。思路决定出路，定位决定地位。《中国地质环境监测院 2003 年工作要点》（征求意见稿）提出的“三二二工程”——建设三个网络，启动两个机制，强化两个服务，提纲挈领，把许多重要思路概括进去了。当然，这只是一个框架，在集思广益和边实践、边总结经验的基础上还可以进一步完善和具体化。

我对地质环境监测院及其前身的了解很少。从这次座谈会介绍的情况和印发的材料（特别是钟自然院长3月5日致寿嘉华副部长的信）中想到，本院担负的主要职能中带有两个“两栖性”：一是在地质工作里头，兼有资源和环境，即地下水资源调查评价和地质环境监测的“两栖性”；二是在地质工作和环境保护领域，既是地质工作，又属于环境保护工作的一部分，兼有水文、工程、环境地质工作和自然环境保护的“两栖性”。这两个“两栖性”是相互交融的。

就此补充三点意见：

一、包括地质环境在内的地质工作在可持续发展战略中的定位

20 世纪 70～80 年代之交，在联合国教科文组织供职的意大利教授弗蒂用法文（Susten）创意的“可持续发展”一词有三个内涵：一是撑得住的，二是垮不了的，三是得以维持的。[1] 去年 10 月，联合国在南非约翰内斯堡召开的可持续发展首脑会议指出可持续发展有三个支柱：一是经济发展，二是社会发展，三是环境保护；还有一个基础：自然资源基础。我理解，三个支柱主要反映有组织、规模化的人类社会活动，基础主要反映自然界的资源和生态环境状况。它们共同构成可持续发展的核心。

下面，我画一个简单的示意图来说明。

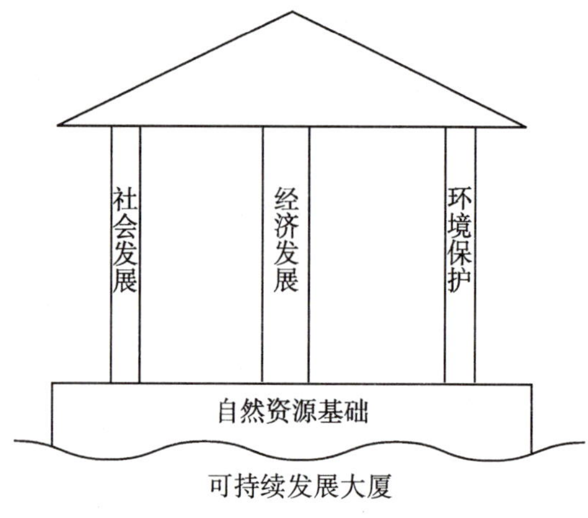

可持续发展大厦

这是一座发展中国家的可持续发展大厦

[1] 吴季松．现代水资源管理概论．北京：中国水利水电出版社，2002.

的框架。它由三个粗、细不等的支柱撑着，其中经济发展支柱最粗，社会发展支柱次之，环境保护支柱最细。它的底座与屋顶相对应，意味着发展中国家主要依靠本国资源顶托它的三个支柱；同时，分布在发展中国家的自然资源不均衡，有的自然资源丰富、有的贫乏，有的资源门类多、有的很单一，因此，用波形曲线描绘其自然资源基底。支柱和大厦施压于基底，基底被动承压，主要是上压下托的单向关系。

不同国家的可持续发展大厦在不同历史时期都是动态的：有长寿型的，也有衰颓型的。发达国家的可持续发展大厦比发展中国家的大厦更高大、更坚固。它的三个支柱粗细相对均等，自然资源基础除美国、加拿大、澳大利亚三个资源大国外都比较薄弱，但通过全球配置资源的能力比较强，其自然资源底座宽于屋顶。如果三个支柱不仅施压、也有所回补于基底，在一定程度上起到释重、减负的作用。这样的可持续发展大厦的基础就撑得住，三个支柱就垮不了，大厦整体上就得以维持。

中国作为发展中国家，建国初期开展以重工业优先的大规模经济建设，这有赖于自然资源基础。国家因而把地质工作置于“工业尖兵”、“经济建设先行”的排头序列，“以地质—找矿为中心”则是地质行业内在的逻辑延伸。改革开放二十多年，国民经济快速、持续增长，“经济发展”支柱日益粗壮，“社会发展”、“环境保护”支柱不成比例，自然资源基础也不够稳固，有的出现危机。在可持续发展被摆上国家战略地位的新世纪，地质工作有了自己在可持续发展中的新定位：既是基础性、又是支柱性工作。同20世纪下半叶的50年相比，地质工作定位的变化是很深刻的。不仅“经济发展”支柱离不开地质工作，“社会发展”支柱的人居、饮水，科技、教育，防灾减灾，“环境保护”支柱的生态修复和建设以及环境污染防治等方面也都有地质工作用武之地；“自然资源基础”首先是化石能源、矿产资源以及地下水资源的可持续供应，对地质工作在更大空间范围内的需求更有增无减，此外，地球生态系统也以地质环境为依托。

地质环境监测院的工作内涵大体上分为：① 地下水资源调查（勘查）、监测和评价；② 地质生态环境调查研究、监测和评价；③ 地质灾害调查研究、监测和预警；④ 地质基础稳定性的调查、监测和评价。画一张简单的示意图如下：

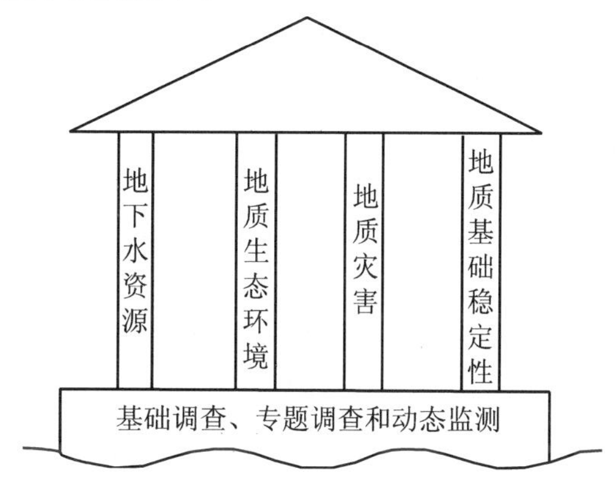

中国地质环境监测院大厦

据估计20世纪90年代初，我国每年因地质灾害造成的经济损失占到全国自然灾害总经济损失的1/4，对其他三项工作的经济损益也会有相应的宏观评价。从上图可以想见：

（1）地质环境监测院的工作兼有地质工作的资源功能和环境功能的“两栖性”，它涵盖资源功能的一小部分和环境功能的相当大部分，但两者应置于同等重要的地位；

（2）四个支柱各有相对独立的专业范围，又相互依存和渗透，各支一方又形成合力；

（3）基础调查、专题调研、动态监测及在此基础上的几个网络，作为本院的基础要拓宽、夯实，保持稳定性、连续性和相互关联性；

（4）从中国水文地质工程地质勘查院改名中国地质环境监测院，前者主要反映了第一个“两栖性”，对第二个“两栖性”反映得不够，有一定当时认识的局限性；后者与时俱进了，但在强化第二个“两栖性”的同时忽略了第一个“两栖性”，又有不足，似需全面考虑。

附带提出一个问题，立足于水文地质、工程地质调研基础上的环境地质工作，或在国内已沿用20多年的“广义环境地质工作”，只是地质工作的环境功能的一部分。地质工作的生态环境系统服务有丰富的内涵，如果把17种生态系统服务功能延伸到岩石圈变迁及相应功能调节❶，需要地质科学等更多学科参与；为保护环境服务的地质工作或真正“广义的环境地质工作”，还延伸到与环境友好的环保能源、环境矿物和新材料以及天然放射性地质体的辐射影响等诸多领域。这些工作界面问题，尚待进一步研究。

二、地质环境工作在环境保护事业中的地位

这是从前述第二个“两栖性”中衍生出来的问题。

去年党的十六大之后，国家环保总局组织多方面专家编制《国家环境安全战略报告》，经过几轮征求意见和修改，即将上报国务院审批。

这份报告把保障国家环境安全确定为今后20年我国环境保护的优先战略。“环境安全”的内涵：一是国家环境各主要要素和结构的稳定状态；二是环境系统功能和调节能力应处于可承受的范围内。环境的主要要素或环境安全的重点领域：

（1）水环境安全，谈到COD排放量超过环境容量的80%以上，对地下水水质产生威胁；

（2）生态环境安全，涉及地下水超采引起的地面沉降、土地沙化和水土流失等问题；

（3）大气环境安全，涉及以煤为主的能源结构和北方扬尘天气问题；

（4）危险废物污染防治和土壤环境安全，提出受工业“三废”污染危害的耕地面积为9000万亩❷；

（5）核安全与辐射环境安全，我国正组织研究控制天然辐射的基本原则。

以上，地质环境问题只是零散地嵌入总体环境现状中。看来把各方面的地质生态、环境问题串起来，加以系统化，还有许多工作要做，主要有避害和趋利两方面：

（1）避害体现在保障地质环境安全上，上图的四个支柱不同程度地都承担着这项任务；

（2）趋利体现为地质环境容量的资源化，这包括合理地利用地质环境容量，既为解决能源、资源问题服务，如建设地下水库、开发地下储能等，也为防治环境污染服务，如二氧化碳地质储存等。

由此可见，作为环境保护事业组成部分的地质环境工作同它的地质工作属性一样，也具有环境功能与资源功能的“两栖性”。搞好了，或有可能自成一支。

《国家环境安全战略报告》（送审稿）初步设定国家环境安全总体战略是：“总体控制，重点改善，严防灾害，保障安全。”我理解，这四句话相对侧重在人为的环境污染和生态破坏方面，而地质环境首先是自然环境，有很强的地域性，加上跨环境、资源的“两栖”功能，对地质环境安全战略可不可以表述为“全面监测，分区控制，防灾减灾，扩容增效”？第一句话旨在摸清本底和

---

❶ 参见方克定．为我国可持续发展三个支柱管护好自然资源基础（表3）．资源产业（双月刊），2002.（6）

❷ 国内另有国土资源部、农业部的两组数据，出入较大。今年1月7日曾向中国地调局“农业地质环境调查工作会议”建议筹备第一轮全国农田土壤污染调查或普查。

动态变化，掌握规律；第二句话是因地制宜，保护优先，有针对性地采取应变措施；第三句话是适应自然，搞好灾前防避和灾后治理；第四句话是发掘地质环境或地下空间的资源效益。“一管之见”，提供研讨。

三、急事先办的工作部署建议

按东、西部地区分开来提几条线索。

东部地区先抓好沿海三片城市带，也是我国率先实现现代化的“制高点”：

（1）长江三角洲

去年3月和12月，我两次到上海（也到过浙江、江苏）学习、调研，体会到上海的经济从打“上海牌”到打“中华牌”、再到打“国际牌”的跨越式发展。

3月21日，我同上海市海洋局兼国家海洋局东海分局张有份局长商谈上海的海洋管理工作怎样打这三张牌：打“上海牌”就要配合新一轮城市建设重心向沿江沿海转移和滨海产业带的快速发展，完善海岸带功能区划并加强管理；打“中华牌”，一是在上海仅占全国0.95%的海岸线创造占全国14.6%的主要海洋产业产值（2000年）的基础上，推动全市继续扩大海洋开发利用规模，提高加工深度和产业关联度，在全国率先建成海洋强市，二是做好东海海域的海监执法工作；打“国际牌”，就要从东海管辖海域走向外大陆架，配合大、小洋山港的建设，为把上海建成世界级航运中心服务。以上一、三两项离不开河口海岸基础地质调查和海底工程地质工作。

12月3日，我同上海市房地资源局张阿根副局长和地调院陈华文院长等商谈上海地质工作怎样打这三张牌：打“上海牌”就是做好上海的城市地质工作，城市化水平居全国第一位的上海市现有4000多座高层建筑压在第四系300米厚的砂层和软土层上，从而引发的工程性地面沉降量已占到年地面沉降量的40%，城市地质工作要回答地质载体“撑不撑得住”的问题；打“中华牌”就要在巩固已有成绩和经验的基础上做好中国地调局地面沉降研究中心的工作，首先把长江三角洲的区域不均匀沉降调研工作抓起来，这也可以说是打“长江三角洲”牌；打“国际牌”，也要立足于上海的城市地质工作和长江三角洲的地面沉降控制，为把上海建成国际性大都市服务，同时把上海地质工作推向国际前沿。上海北有苏-锡-常，南有杭-嘉-湖，整个长江三角洲的地质工作主要是水文地质、工程地质、环境地质工作。为加强区域协调发展，国家有意建立“长江三角洲经济共同体”。如能酝酿组建“长江三角洲地质共同体”，对三省市的地质工作发展都有好处。中国地调局已启动长江三角洲区域环境地质调查，本院有中日合作的长江三角洲地面沉降论坛，相信会起积极作用。

（2）珠江三角洲

今年2月，我在广东省地勘局及下属单位调研期间，听说广东省新任省委书记张德江同志提出珠江三角洲要搞新一轮区域规划，这主要是城市化规划或城市群的规划。省里还有珠江三角洲区域“一小时生活圈”的部署，主要是城际快速交通系统建设规划。珠江三角洲作为广东省以至华南地区经济发展的“火车头”，其动作举足轻重。这两项规划及其实施对区域性国土规划和地质工作也深有影响。

2月26日，我向省国土资源厅林浩坤厅长建议以积极态度参与珠江三角洲的区域规划，其中有四个切入点：

第一，珠江三角洲土地利用规划。城市化规划离不开土地利用规划，两者应同步进行，并紧密衔接。

第二，珠江三角洲区域测绘特别是地理空间信息的基础框架。这是所有空间规划不可或缺的，广东省测绘局的信息化和“数字广东”建设在全国居领先地位，“数字珠江三角洲”更要走在前面。

第三，珠江三角洲区域地质工作。1983~1985年曾做过一轮1:5万区域城市地质调查，虽有成果但未发挥作用。现正进行1:25万区域生态环境地质调查，预计年底提交成果，明年还将组织一些大比例尺的专题调查。应吸取过去封闭调查、自我服务的教训，使前、后两项成果为新一轮区域建设规划所用。实际上，从中国地调局部署的“泛滥平原多目标地球化学测量”项目的“珠江三角洲生态环境地球化学预警图”所见，土壤污染总面积达到调查面积的90%，可以说是“有土皆污”，8个重金属元素极度、重度、中度污染区的面积百分比大大高于中、西部农业区，够使人触目惊心的了。

第四，珠江三角洲国土综合规划。国土综合规划在全国尚未启动，但深圳市国土规划试点工作一年半的进展顺利，已拿出10项专题研究成果，并对国土规划在理论和方法上有所探索。承担试点工作的深圳市城市规划设计研究院实力雄厚，其国土规划研究课题组可以成为珠江三角洲区域国土规划的一个重要支点。

广东省政府正在组建珠江三角洲城市建设规划的领导小组。期望这个领导小组的成员中最好能有省国土厅长、地勘局长、测绘局长，还有海洋与渔业局长，这将有利于提高区域规划的综合性和权威性。

3月1日，我向省地勘局何熙平局长交谈了同样的意思。林厅长、何局长对此都很重视，并希望得到国土资源部及规划司领导的关注和支持。

（3）环渤海和京-津-唐

去年8月应邀参加“天津市国土规划试点工作专家研讨会”，在一篇发言中谈到了京-津哑铃型城市圈和京-津-唐秦点轴发展系统问题，这里不再展开。

这三片国内经济最发达、人口最密集的地区，面临的地下水资源和地质环境问题也很集中，把它们建成地下水和地质环境调查、监测和保护的信息化示范区，不仅对当地而且对全国都有重要影响。

西部地区的地下水和地质环境工作有两个契机：

（1）西北地区。中国工程院上月提出了《西北地区水资源配置、生态环境建设和可持续发展战略研究项目综合报告》，这是该院继《中国可持续发展水资源战略研究综合报告》（2000年）之后的又一部力作，不仅调研工作深入、占有资料丰富，而且思路清晰、针对性强，有的切中时弊。美中不足的是，对以干旱气候区为主的西北地区与地表水不可分割的地下水资源少有论述。本院作为国内地下水资源调查（勘查）评价的重要机构之一，在西北地区做了大量水文地质工作。历年主要工作成果中包括：“西北地区地下水资源评价及合理开发利用”，“近1/3国土面积的1:20万区域水文地质普查”，“西北干旱区地下水形成规律及合理开发利用”，“塔里木盆地地下水找水远景区研究”，中荷合作“中国西北地区地下水开发”，中瑞合作“干旱区地下水可持续管理”等，有较深厚的工作基础和经验。能不能把水文地质界的“老西北”组织起来，适时启动“西北地区地下水资源和地质生态环境战略研究”，为《西北地区水资源配置、生态环境建设和可持续发展战略研究项目综合报告》提出基于较长周期的翔实、系统的补充建议？这是机遇，也是很大挑战。钟自然同志对此做出了积极的响应，表示要在本院过去多年开展水文地质普查、西北地区地下水调查评价和综合研究工作及由此形成的多项成果的基础上，开展跨部门、跨学科的西北地区地下水资源与生态环境战略研究，我对此甚为赞同。

（2）西南地区。国家“十五”计划第十

四章提出"黔滇桂岩溶地区石漠化综合整治"已经两年，这对西南地区的水文地质工作具有纲领性意义。在国土资源部和中国地调局酝酿提出相应的专项规划也快两年了，除地调局和地科院做了一些前期地质调查和小片整治示范工程外，没有大的进展。最近看到岩溶地质所袁道先院士《关于西南岩溶地区石漠化综合治理的若干问题和建议》，袁先生积46年在黔、滇、桂岩溶地区的地质工作实践和近十多年连续组织三项国际岩溶对比计划的经验，提出实施西南岩溶地区石漠化综合治理的专项工程的建议，其核心是在西南可溶性碳酸盐岩分布区，必须以地质地貌背景为基础，因地制宜，长期实施小单元分类治理。事实上，这里无论退耕还林、水土保持、特色农业建设、依托"表层岩溶带"的"水柜"工程建设，还是制定以调整土地利用结构为主导的石漠化治理规划等，都离不开地质地貌背景这个基础。这篇专论为制定黔滇桂岩溶地区石漠化综合整治专项规划破了题，为在"十五"期间拿出一个系统性和针对性强、有力度、可操作的专项规划增加了信心。不知道地质环境监测院是否承担南方3000条地下河水量、水质监测任务？希望水文地质业界特别是岩溶地质所"咬定石山不放松"，抓紧把这个专项规划做好。

东部三片沿海地区和西部两大项目的工作事关全局，地质环境监测院要依靠部环境司、规划司、科技司，地调局基础部、水工环部，并与地科院水文地质所、岩溶地质所等密切配合，共同推进。

受中国地调局的委托，中国地质学会21世纪中国地质研究分会正立项进行"2020年我国地质工作发展研究"，课题任务很重，难度很大。钟自然院长今天告诉我，地质环境监测院即将启动"中国21世纪初水工环地质工作发展战略研究"，愿意成为"2020年我国地质工作发展研究"的一个重要组成部分。对此，我表示衷心欢迎和感谢。无论在地质工作的公益性领域或商业性领域，都有水文、工程地质工作和生态、环境地质工作，并同基础地质工作和油气、非油气矿产地质工作鼎足而立。有了你们的加盟和联合，对于地质学会21世纪中国地质研究分会的软科学课题将是很大的支撑，让我们携手并进。谢谢大家！

在中国地质环境监测院发展思路专家座谈会上的讲话

王守智

（2003年3月7日）

今天开这个会非常有必要，因为我们司现正在制定《地质灾害防治条例》，也要听取各方面的意见。下面就环境监测院的定位和发展思路谈两点认识和建议。

第一点，我认为环境监测院是我国地质环境和地质灾害监测预报方面的权威机构，是一个专业性的机构，形成了一支专业性的队伍和技术力量。环境监测院在水工环地质工作方面有很强的实力，而且在过去几十年中积累了很丰富的经验，有了很好的工作基础，取得了一系列重要成果，这是我们国家在地质环境和地质灾害预报方面的基础，非常重要。在职能配置方面，环境监测院担负着我们国家地质环境保护和地质灾害防治预报，水工环地质工作规划、监测、评价和标准的制定，包括信息收集、分析、整理和预警预报等工作，责任重大。搞好这项工作，对于我们国家经济发展和实现社会发展目标，实现小康社会的宏伟蓝图将起到举足轻重的作用。

第二点，随着我国社会经济的发展，特别是可持续发展和国家整体、城区发展的要求，对地质灾害预测预报和地质环境的规划及管理越来越重视。国务院多次提出要完善地质环境立法工作，特别是在《矿产资源法》中没有地质灾害防治和地质环境方面的规定。过去有一个规章，是国务院的一个文件，但从法律层次上讲是不够的，地质灾害的发生，发生后如何落实责任，这在地质灾害预报预警中缺少明确的法规。因此，国务院在2002年明确提出要制定地质灾害防治条例，国务院法制办也多次向有关领导进行汇报，温家宝总理也很关心此事。法制办也明确要在今年出台地质灾害防治条例。这要求：①明确地质灾害防治责任。②建立专业防治和群测群防两个系统。其中专业防治系统就是环境监测院，要起到支撑和框架作用，群测群防对小灾害的防治比较重要，但对国家整体的监测预报还是要由专业系统解决。③解决资金投入问题。国务院法制办及有关部门对地质灾害防治工作的认识是一致的，就是要解决投资问题。国家、地方都要投入，但是大的地质灾害防治投资由国家负担，国家财政预算应有专项资金。④加强工程地质评估评价。进行工程地质环境及灾害评价，增加了国土资源部在地质灾害防治方面的责任。

组织地质灾害防治工作通过法律规定和标准化规范实现，但具体的评价还需要专业系统解决。这些工作与环境监测院关系密切。首先要解决专业系统的完善，提高技术水平，建立工作体系；其次是在国家投入方面提供具有说服力的资料及相关情况，需要环境监测院协助我们法规司在立法的有关背景、必要的现场调查、专业性会议等方面给予支持。

最后，提点建议性的意见。

一要从专业建设方面提高地质环境调查、评价和监测工作在国民经济建设中的地位。通过立法和争取专项投入解决。

二要使队伍装备达到先进水平和保证这项工作的要求。

三要加强社会宣传，提高群众对地质灾害和地质环境的认识，引起政府、有关部门、专家及社会各方对此项工作的重视。在地质环境立法方面，希望环境监测院积极参与并支持，提供基础材料，说服有关部门决策者在这方面给予投资，加强地方在此方面的机制建设。

建立完善环境监测院有关方面的职能配置、管理机制和机构等，法规司随时提供服务。

在中国地质环境监测院发展思路专家座谈会上的讲话

潘文灿

（2003 年 3 月 7 日）

参加中国地质环境监测院发展思路专家座谈会我感到很高兴。在这里，我先通报一下国土资源开发利用及地质环境方面的一些情况和问题，最后就环境监测院的发展定位谈几点建议。

一、国土资源领域存在的主要问题

一是国土资源紧缺的状况将长期存在，未来经济社会发展对资源的需求同国内资源不足的矛盾进一步加剧，土地资源总体质量不高，与水资源空间分布不匹配，加快基础设施建设、实施西部大开发、推进城镇化等对土地资源的压力将进一步加大；石油、富铁矿、铜矿、铬、钾盐等重要资源已严重短缺，地质找矿难度增大，地下水资源供需矛盾日益突出。

二是资源利用方式粗放，生态破坏和环境污染严重，土地浪费、退化、损毁严重，部分矿山乱挖滥采现象时有发生，资源综合利用率低，近海资源开发过度、无序，海洋环境污染日益严重，地下水超采、污染严重，地质灾害及其他自然灾害频繁。

三是国土资源开发利用的地区差异较大，东部地区经济比较发达，但资源耗竭过速，中西部地区地域辽阔，资源丰富，但调查评价工作程度低，严重制约了国土资源的开发利用。

四是国土资源管理还存在许多亟待解决的问题，各类国土资源开发利用与经济发展、生态环境保护之间缺乏有效的协调机制，国土资源市场体系尚在建立初期，地质工作体制改革有待深化。

五是国际形势错综复杂，加入世贸组织（WTO）以后，国内矿业、海洋产业将直接面对激烈的国际竞争，对改革与开放都十分滞后的国内固体矿业是一个严峻的挑战，对我国资源安全供给影响极大。对此，必须保持清醒的认识，认真解决。

二、国土资源事业的主要目标

满足经济增长对资源的需求，保障供应安全；保障经济建设安全有序；国土资源利用结构和布局得到调整和优化，保护与合理利用；国土综合整治取得成效，改善生态环境；国土资源要素市场建设；国土资源管理体制完善和提高水平。

三、实现目标的主要途径和方法

一是加强国土资源调查评价；二是合理利用土地资源，保护耕地；三是合理开发利用矿产资源，保障供应安全；四是加大海洋资源开发力度，维护国家海洋权益；五是开发西部有限国土资源，促进西部大开发；六是国土综合整治，促进资源与环境协调发展；七是信息化与科技创新，带动管理科学化和服务社会化；八是管理方式的转变和培育发展市场。

四、地质工作服务领域

一是为保障资源可持续利用的能力服务。二是工业化、城市化建设需要地质工作提供更科学、准确的基础地质资料。如基础设施建设、城镇建设、防治环境污染与地面沉降、地基稳定、矿山生态环境、安全处置固体废弃物等。三是提高认识生态环境的能力，为保护良好的生态环境服务。如地方病防治研究、区域地质生态研究、矿物医药开发、人居环境选择区划。四是提高人类预测、预防和治理地质灾害的能力。五是开拓地质工作为农业服务的新领域。六是各种基础地质调查，可为区域经济的合理布局与协调发展，为建立新的经济增长点，提供基础信息。

五、关于水工环地质工作的建议

（一）定位

地质工作部署整体上向环境地质转移。环境地质工作肩负着保卫国家生态安全的重任。环境保护、灾害减轻、废物处置、土地利用和城市发展等问题，向地质科学提出了严峻的挑战，使环境地质工作引起了社会民众、人大等方面的高度重视。

（二）原则

区域展开、重点突破、统筹规划、突出重点、综合勘查、动态监测、量力而行、讲求实效、分步实施。

（三）主要任务

1. 地质灾害防治

地质灾害防治、调查与区划，包括县（市）级、重点地区、交通干线等；重点项目和城镇地质灾害危险性评价；地质灾害监测、预报，实时灾情评估；典型地质灾害的减灾示范，防灾知识普及和培训等。

2. 区域地质环境

地质环境调查、评价；各级地质环境区划，区域地质环境功能区，进行地质环境预测与风险分析，确定地质环境容量。

3. 城市地质环境

开展重点城市区域地壳稳定性评价、地基稳定性调查评价、供水条件与水资源保护调查、固体废弃物处置地质条件评价、城市地质灾害隐患评价与监测，为城市规划和建设提供基础资料。

4. 矿山地质环境

矿产资源开发对生态环境影响现状的调查与评价；矿山环境监测及预测预报；矿山生态环境恢复治理。

5. 重大工程建设项目前期综合地质论证

在内容上，改变过去单一的地质论证为水文、工程、环境、矿产和区域地质等综合地质论证。全面论证地质环境现状及容量、供水及水源保护、区域和基础稳定性、地质灾害影响以及压覆矿产和地质环境的承受能力等。

6. 地质遗迹

地质遗迹的调查评价；地质遗迹保护区规划。

7. 地下水、地热、矿泉水

地下水调查评价与勘查工作。重点是干旱半干旱地区、西南岩溶石山地区、沿海岛屿等缺水地区。进行地热、矿泉水开发利用潜力调查评价，地下水污染调查。开展地下水、地热资源的人工调蓄研究和示范。

8. 监测工作和信息系统建设

加强地下水动态与监测，优化监测网点；拓宽监测内容，地质环境和地质灾害监测；建立全国地质环境监测站网，实现监测信息自动采集传输；建设地质环境监测数据库。

六、需加强研究和重点工作

1. 高新技术应用

充分发挥遥感（空地观测）技术的作用。遥感技术改变了过去对地球由点到面的认识方法和程序，是一种既快速又全面认识地球的方法；光谱遥感成像技术是当今世界正在研究的一项高科技空地观测技术，它将使水工环遥感光谱成像基础填图更有前景；雷达遥感受气候条件影响小，测量精度较高。应充分发挥其在缓变性、突发性地质灾害监测中的作用。

2. 成果集成与应用关键是为经济社会服务

3. 努力推进信息技术应用

用数字来描述、管理地球，水工环工作要适应这种趋势，要立项、规划一批空间数据工程。并争取尽快实现水工环工作全流程的信息化。建立各种数据库，对已有信息进行集成和分析，提炼出新的信息。

4. 大力推动探测与监测技术进步

要处理好自研与引进的关系，既要加强国内技术方法的研究与仪器设备的研制，又要不失时机地引进国外先进的技术方法与设备，使我们的手段、技术方法与仪器设备有较明显的提高。

综上所述，我认为环境监测院要在以下几个方面努力。一要充分认识保护环境和可持续发展对地质环境调查、评价与监测工作的需求，与时俱进，不断创新，研究环境监测院的体制，为国家经济社会发展做好服务。二要加大知识积累，更新思想观念，提高人员素质，尽快适应新世纪和经济建设的需求。三要发挥科技和以往成果优势，加快“野战军”建设步伐，以新的姿态承担起水工环地质工作的重任，真正发挥技术支撑作用。四要加快地质环境监测网站和地质灾害预警系统建设，把地质环境调查、评价与监测工作尽快提升到国家层面上来。

在中国地质环境监测院发展思路专家座谈会上的讲话

姜建军

（2003 年 3 月 7 日）

非常高兴参加今天的座谈会，感想很多。中国地质环境监测院的这一举动将促进环境司地质环境管理工作。我深深地体会到环境司和环境监测院的鱼水关系。鱼离开了水，我们这块工作就做不好。在此，我想感谢环境监测院在长达十年的军旅生活和长达二十年的社会服务工作中，为水工环地质事业和地质环境保护管理工作所做的贡献，也感谢环境监测院对环境司行使地质环境保护管理职能提供的一切技术支撑。

环境司以前取得的一切成绩和环境监测院分不开。既然是鱼水关系，就要对成绩共同分享，对问题共同承担。所以，下面就如何使我国地质环境事业在过去取得成绩的基础上更上一层楼谈几点意见，这也是环境司和环境监测院都需要思索和探讨的问题。

刚才，钟自然院长对这一问题从四个方面进行了分析，这四个方面在“院 2003 年工作要点”中的落脚点是“两个服务”，这是关键。监测院的两个服务也代表了环境司在行使政府管理职能中的工作目标，也是我们工作的最终落脚点。一个是为政府在地质环境保护管理方面，提供调查、规划、制度、法规服务；另一个是为社会提供公益性服务，包括预警预报系统建设、县（市）地质灾害调查、西部地质环境调查等。这是环境监测院和环境司共同开展的工作。所以，我认为环境监测院的工作要点是比较符合实际的，是切实可行的。

地质环境调查、评价与监测工作的“两个服务”目标已经明确，还要形成一个共识，就是要提升地质环境工作的层次。既然我们是为国家和部的地质环境管理服务，而现在我们在地质环境工作方面还没有一个上升到全国层次上的规划，尽管我们做了大量的工作，但现在的规划工作仍没有跟上，这就需要环境司和环境监测院实实在在地开展几项工作。

一、地质灾害防治方面

在环境监测院与环境司全体同志的共同努力下，完成了国土资源部的地质环境工作规划。但地质灾害防治是全社会性的工作，涉及资金和减灾等一系列问题，不是一个部门能解决的，亟待提出一个国家地质灾害防治工作规划，包括政策、资金、战略部署等内容。由于这个规划有很多技术含量，需要环境监测院极力配合，规划司可作为龙头，由我们三家共同完成。

二、地质遗迹保护方面

全国地质遗迹情况不清楚，但却是社会非常需要和公众关注的。地质遗迹资源，首先要进行调查，在地质遗迹调查后才能做出规划。比如形成喀斯特地貌的石灰岩可成为建筑材料，但也可以成为景观、旅游和观赏资源，具有不同价值。

三、矿山环境保护方面

矿产资源为国民经济建设发挥了重要作用，但随之也带来了严重的环境问题。山西人有句话：“挖出来的是金子，闪烁的是光芒，照亮了别人，给自己留下了问题。”全国需要这方面的调查，为政府宏观规划服务。近几年，有关人士都在呼吁加强这方面的工作，为环境监测院拓宽工作思路带来了新的契机。

四、地热和矿泉水方面

矿泉水厂建了很多，但没有统一规划，需要加紧制定。地热方面的开发利用规划已经完成，但还没有提交国家发改委和国务院有关部门。

五、地质环境监测方面

我们主要开展了地下水评价工作，在地下水环境监测和监督管理方面亟待加强。有一处花费300多万元建成的水均衡试验场被拆掉盖了房子，令人忧心；两万个地下水监测孔处于淤塞状态，难道还让国家投入再重复去打这些监测孔吗？我们需要自身的投入和努力去修复它，需要我们实实在在地拿出一个工作规划。

没有地质环境方面的法规，地质环境保护工作在全社会还不易被公众接受。但我们已经有一部单项法规，就是《地质灾害防治办法》。但地质灾害防治涉及社会各个方面，《办法》不具有法律效力，亟待形成《条例》。

地质环境法律法规建设与环境监测院密切相关，例如古生物要定为一级、二级、三级，需要环境监测院专家认定。另一个是我们监测手段问题，老百姓警惕高，群测群防作用发挥得好，可以避免或减少人员伤亡和财产损失。如何加强防灾减灾中的监测手段至关重要，最近部与中国气象局联系，准备在气象预报工作中发布地质灾害提示预报。环境监测院是信息中枢、资料汇集和技术支撑部门，在这方面将要发挥重要的作用。现在我们设备落后，资料整合起来比较困难，在机制手段上还跟不上，我们有压力感和紧迫感。

我对将来充满了信心，我们共同为部里的工作，为国家需求和社会需求解决一些问题，做出新的贡献。

在中国地质环境监测院发展思路专家座谈会上的讲话

曹树培

（2003 年 3 月 7 日）

很高兴参加今天的座谈会，我对地质环境管理及监测知道的不多，没有发言权。今天上午听了院里领导的介绍，很受启发，在这里说一些自己的想法。

国土资源部确定环境监测院是部和地调局的公益性事业单位，是为政府决策提供技术支撑和服务的单位。那么，环境监测院如何站在国家地质工作的层面上去？如何站在经济社会及其发展战略的高度上来思考和开展工作？如何为国民经济建设和可持续发展对资源、环境的需求作出贡献？姜建军司长提出环境监测院和环境司是鱼水关系，我很赞成。地质环境工作，是国土资源部门为经济社会可持续发展服务的重要领域，是国土资源部门共同的职责。

去年，部规划司在组织编制全国和省级矿产资源规划的时候，专家们提出，要从大地质、大资源、大环境、大市场的观念和要求来思考问题和作出规划。这是国土资源工作的重要思想，已经被大家所接受和运用。地质环境监测和管理也应从这“四大”进行思考和工作，这对思考和研究环境监测院的发展思路和工作定位很有意义。

在开展国土资源管理体制改革研究课题时，我看到了两份参阅资料。一份是《世纪之交地质科学和国家地质工作》，它汇集了 20 世纪 90 年代国际地学界知名人士对新世纪地质工作变革和发展的论述。论述以可持续发展为目标，提出了地质工作的方向和目标，强调了地质工作要转向适应市场需求和社会需求，要开拓地质工作新领域，发展大地质科学。所以，地质环境调查、评价与监测工作要从我国国情出发，要发挥重大的作用。第二份资料介绍了匈牙利地质勘查工作及管理，其中一部分讲到了匈牙利地调局在社会发展各个领域中，凡是与地质矿产资源保护有关的事项，地调局都要参与审批、会审或提出专家意见。包括会审勘查计划，最终勘探报告，如公路、铁路、电网、天然气管道等基础设施建设项目等，都要审批环境评价和废物处理监测中与地质环境保护有关的工作和内容，要对地区发展规划，地方建设项目中的矿产资源、自然灾害、边坡稳定等方面提出专家意见。在这方面，我们应该借鉴。

关于环境监测院的工作思路，我建议：一是地质环境调查、评价与监测要为我国可持续发展战略和全面实现建设小康社会目标服务，要在保护资源和环境方面多做工作。二是要完善地质环境监测指标和标准。三是健全完善地质环境监测网点，特别是地质灾害重点地区。四是加大宣传力度，使取得的成果被社会和公众认知和接受，提高人们的环境意识和减灾防灾能力。五是希望加强对成果的分析、论证和综合研究，为各级政府及公众服务。六是发挥专家作用，建立地质环境监测咨询服务机构。七是加强单项法规及规范的制定工作。

我就讲这些，谢谢大家！

在中国地质环境监测院发展思路专家座谈会上的讲话

周宏春

（2003 年 3 月 7 日）

参加环境监测院发展思路座谈会，见到了不少老师、前辈，还有很多老同事和师兄弟，感到非常亲切。离开地质行业十多年，水工环的工作和研究情况很少接触了。但我家还住在环境监测院，每天还要进出环境监测院大门，看到这几年院里发生了很大的变化。工作环境、办公条件都得到了很大的改善。从院领导今天上午的介绍中也看到，环境监测院多年来做了大量的工作，取得了令人兴奋的成果，我也学到了不少的东西。下面，我讲两个问题。

一、面临的机遇和挑战

随着国家进入全面建设小康社会的战略机遇期，环境监测院也将在新的班子带领下出现新的气象。在新时期，环境监测院将面临众多的机遇或挑战，因为机遇和挑战总是并存的。简单地说，这些机遇或挑战，可以分为四个层次。

一是系统内部层次。水工环工作管理既有国土资源部环境司，又有地调局水环部，这是与上面的关系；与地方的关系，每个省（直辖市、自治区）有地质环境监测总站或地调院，系统内还有许多研究单位。最近，地调局机构改革，又有一些研究单位挂了监测中心或灾害研究中心的牌子。环境监测院与这些单位势必存在合作与竞争的关系。如果理顺与这些单位的关系，找准自己的位子，发挥自己的优势，整合资源，形成拳头，就能发挥更大作用。

二是系统外部层次。环境监测院及各地相关单位监测地下水的控制面积达到 100 多万平方千米，但据我了解与水利系统监测控制的面积还有差距。在环境监测方面，国家环保总局已经把地质环境纳入了环境安全战略，方克定研究员对此已经做了非常详细的介绍，环境监测院也要与环境系统进行合作和竞争。在水污染的监测方面，水利系统和环保系统的分工是：水利部不上岸，环保局不下水；环保局与海洋局的分工是：环保局不下海，海洋局不上岸。如何界定地质环境监测与环境系统监测的分工，需要研究，并通过国土资源部与国家环保总局的协商确定下来。还有一点，环境监测院如何在现有监测资料的基础上进行研究提升。在这方面，可考虑与中科院研究单位的合作，如与中科院地理和资源研究所的合作，这也是我们在定位发展思路时需要考虑的。

三是全国层次。环境监测院如何贯彻落实党的十六大精神，需要找准切入点。我们国家的工业化在加速，城市建设在加快，市场经济体制日臻完善。实际上，工业化、城市化就是切入点。新型工业化道路是我们国家未来的发展模式，换句话说，走新型工业化道路是我们的必然选择。新型工业化有两个重要指标，一是提高资源效率，一是保护环境，这两点与地质环境密切相关，这就是一个非常好的切入点！另一方面，我们也应注意到来自事业单位改革的挑战。国家现在正推进事业单位的改革，我们发展研究中心社会发展部与中编办、财政部等单位一起，刚刚完成了事业单位改革的研究，对事业单位的改革将起到指导作用，可以看看这方面的材料。

四是全球层次。当前，中国经济正逐步融入经济全球化的进程，环境保护、地质环境工作，怎样融入全球化的进程，需要我们思考。我们讲要与国际接轨，并不是完全照搬国外的东西，而是了解国际前沿，知道人家在做什么，再确定我们做什么，这一点非常重要，这也是“洋为中用”的道理。当前国际社会的一个热点是全球气候变化问题，我们可以在这一领域有更多的作为。此外，无论从内部层次、外部层次，还是从整个国家的社会经济发展来看，要做的工作非常之多，这说明我们未来的机遇大于挑战，关键是要抓住重点。在全球化这个平台上，怎样转变我们原来的思维方式，怎样改变我们原来的知识结构，这也是一个挑战。

二、定位遵循的原则

环境监测院的定位、工作思路和部署问题，首先要考虑需求，要改变过去那种花了很多的资金、质量很高的报告，但只是放在资料室里无人知晓、社会得不到共享的状况，而要充分发挥其应有的作用。我个人看，定位应考虑的原则有四条。

第一条原则是 DSM，即需求管理。地质环境监测、研究，如何从原来的供应导向（也就是我能做什么就提供什么），转向为需求导向（也就是社会需要什么我就做什么），这是需要我们考虑研究的。需求管理在我国用得比较多的是能源系统。例如，电力如何满足商业用电要求，应该有多大的发电、供电能力，在多大程度上满足用户的需求，可以通过需求管理来确定。对环境监测院来说，今后工作如何规划和部署，也要进行需求管理。根据政府和社会的需要确定自己的工作重点，这也是我们过去常说的“以任务带学科”的思路。

第二条原则是，面向社会经济可持续发展。地质环境工作与经济发展、人民生活水平的提高等密切相关。因此，要围绕国家经济建设、社会稳定、经济可持续发展等几个方面开展工作。方克定研究员刚才讲了一个很好的思路，即在城市化进程中做好城市地质环境的监测工作，即在经济相对发达的沿海地区开展城市地质环境的监测和研究。沿着这一思路，就是在典型地区开展重点工作，还可以说出很多的工作内容，例如，在国家的西部大开发战略实施中，环境监测院如何发挥在西部地区找水上的优势；如何满足特色农业、生态农业发展的要求提供地质环境方面的资料（农业地质研究）；在国家重大工程建设中，如何开展地质灾害评估和地质环境评价，三峡工程、南水北调、西气东输等，对沿线地区的环境影响都非常大。这也是监测院今后工作融入经济主渠道可以考虑的课题。

第三个原则是整合资源，提高效率，或称为提高效能。环境监测院编制120人，加上离退休人员将近180人；如果将整个地质环境监测系统的人员都加起来，有将近3000人。这是一支很大的队伍，是重要的人力资源。更好地发挥这些人员的作用，就要抓住重点，有所为有所不为，围绕典型地区或者重大项目来部署和开展工作。我建议，部地质环境司、地调局水环部和环境监测院，找个机会坐在一起开个座谈会，把三家乃至全国的地质环境监测资源，包括人员、设施等条件整合起来，集中力量办大事，完成一些重大项目，并为社会所了解，为国家决策所利用。

第四条原则是体现特色、创建名牌。环境监测院有不短的发展历史，从水文部队（水文指挥部）改革为水勘院，原来下面还有很多直属队伍，可以做很多的工作。地勘队伍属地化管理以后，环境监测院的职能发生了变化，变化后的立足点是什么，闪光点在哪儿？一定要创名牌！国家在决策的时候，社会需要水工环方面信息的时候，想到要找环境监测院，那么环境监测院就有了生命力，就有了自己的位子！有一个说法叫“有为才能有位”。我们发展研究中心也是事业单位，不是政府机关，我们也靠“有为”，那样才能有我们的位子。我们在为政府决策提供参考时，重视九个字，即研究的“超前性、宏观性、战略性”。我觉得这九个字也可以供环境监测院做宏观研究时参考。

想到哪儿讲到哪儿，不对的地方请大家批评。

谢谢大家！

在中国地质环境监测院发展思路专家座谈会上的讲话

张洪涛

（2003年4月8日）

第一点看法，环境院新领导班子上任不到两个月，做了大量工作。

新领导班子除了为院内部结构调整做准备、院内调研、处理急事之外，还做了引起部内外、局内外、院内外很大关注的事情。主要有：

（1）中国-荷兰合作的中国地下水信息能力建设项目上个月启动了，两个中心正式挂牌了。在《中国地质调查局直属单位结构调整方案》发布后，环境院以迅雷不及掩耳之势，拿到了“中国地下水信息中心”和“中国国际地下水模型中心”两块牌子，在部、局管理层、院内外都引起了很大反响。

（2）在中央电视台天气预报节目播报地质灾害预警预报信息。寿嘉华副部长已经代表我部与中国气象局签订了合作协议。这是老一辈地质学家们梦寐以求的事情。这与你们院积极努力是分不开的。

（3）最大限度地邀请院士、专家座谈，最大限度地通过各种形式将院士、专家聚集在环境院的周围。今明两天你们与地调局基础调查部、科技外事部这两个不直接分管环境院的业务部门，积极联系、沟通，举行座谈。新领导班子这种开拓进取、不甘落后的精神，值得我们学习。

第二点看法，关于环境院的定位。

部、局在研究制定各院、所业务定位过程中，曾多次讨论、征求意见，谈话达2000人次以上。现在出台的结构调整方案，是现阶段相对完善的，今后还要整合。这个方案贯彻了部党组的精神。部领导对此有两点指示，一是要尊重历史，二是在尊重历史的基础上，还要开拓创新，有所前进，要有一定力度的整合。

地质环境监测是环境院的重要任务，也是环境院的优势。在地矿部地调局时期，我曾主持过一年半的工作。那时了解到环境院有2万多个监测点，很高兴。后来才知道，这些监测点是低水平的点，只监测地下水水位，没有涉及水质等监测内容，数据的集成研究也远没有到位。现在全国有31个省级监测站，但有的省级监测点也形同虚设。监测的设备、手段、监测内容、结果处理（数据利用和预报），特别是地质灾害监测，差得远，离预报的要求差得更远。

最近，水利部在水文监测上投入很大，单在黑龙江省就投入好几千万，重新设立地下水监测点。我们也在申请国家专项资金支持。要把我们的地质环境监测站网建设成名符其实全国“六大公益网”之一，需要重建站网，需要上亿元支持。

地质环境监测站网是部、局面向社会的窗口。环境院要面向社会，要改造已有站网，扩充监测内容，要打地质环境监测的牌，除覆盖地下水水位外，还要加强水质监测、地质灾害监测，包括对监测成果的评价和数据处理等。地下水信息中心要优先考虑数据源。数据源是关键，要解决稳定的、可靠的数据源问题。监测内容上有缺门，要补充；监测技术上要立足高科技；在工作布置上还要有组织保障。

第三点看法，环境院如何切入基础调查部、科技外事部分管的有关工作?

方克定先生讲：“思路决定出路，定位决定地位。”有了好的定位之后，如何切入?

地调局的管理机制是项目管理，只有在相关项目上切入，才有可能真正切入。站在全局来看，除水环部工作外，环境院还有方方面面的工作可以切入。我很赞成你们提的农业地质、城市地质等几个方向。

地质学的发展方向，一头向基础，宏观、微观深入都有；另一头，就是应用，这是地调局的主要方向，也是环境院的主要方向。依靠扎实的工作和可靠的数据，在此基础上创新。这一点与科学院不同。

环境院优选农业地质，很对。在这方面，你们有人才优势。关于农业地球化学工作和区域地球化学技术，谢学锦院士是总参谋部的高参，作理论指导、方法研究、质量监督（包括测试、采样、综合成果）。目前，还没有一支专门的队伍。曾想侯春堂带队伍去干，但受机制的限制。省部合作，地方是副省长牵头，省、市、县逐级形成班子，具体开展工作，我们不好过多介入。我们只能请侯研究员作为高级专家，评评人家，指导一下。如何介入，有所作为？像侯春堂这样能把农业地质的来龙去脉、学科特点、作用机制，说得清楚的人不多。

目前，农业地球化学指标体系尚未建立，没有人做。农业地球化学调查评价工作中关键的理论问题、监测体系，没有人做；与其他相关部门的接口，与卫生部关于健康问题，与农业部关于技术问题，与外经贸部关于绿色壁垒问题，都没有启动。与区域经济发展、与“三农”问题的接口，还没有成熟的想法。除土壤元素成分之外，还有团粒结构等物理性质影响作物品质。与江苏省合作开展调查的是宏观的缓变性地质灾害问题，是区域农业地质环境问题。在学科体系上，有人总想把地质学边缘化。那我们就在这个边缘上做文章，在边缘上找到接口。建议环境院与基础调查部和科技外事部共同研究，好好商量，可以考虑科研上先行。除地下水外，在农业地质的基础研究、农业地质的指标体系等方面以及将来如何搞农业地质、如何组织队伍，都可以考虑，提出多学科多兵种战略战术。

关于城市地质，主要是考虑工程地质和深部地质。深部地质的技术依托单位为物探所。城市地质有三方面的内容：一是空间资源，包括地质灾害、地质结构；二是物质资源，包括固体的部分，还有地下水、地热等；三是工程地质，主要是依托工程钻探。北京市就有几万个钻孔，但是工程钻太浅，解决不了深部地质问题。北京地区地壳有上千米。怎么办？下一步考虑依靠水文钻、地热钻和物探技术及资料。要建立以现有资料为主的北京模型，而不是面面俱到、一切从头来。现在北京的城市地质工作总体设计还没有开始（钟院长插话，我们承担的中荷国际合作项目，北京是一个示范研究区，有先进的监测手段和大量的监测资料），环境院可以参加。北京的城市地质工作是基础调查部负责，水环部配合；南京的城市地质工作是水环部负责，基础调查部配合。两个部都要投入，局内首先打破绝对分离，要按项目去管理。环境院可以介入北京的城市地质总体设计。

第四点看法，环境院遇到了大好的机遇，可以大有所为。

目前，环境院是抓住了前所未有的机遇。环境院要抓重点、抓特色。瞄准院所分工，瞄准站网建设，把地质环境监测站网建设成为国家六大公益网之一。这是把握宏观大局。思路理清之后，抓住几个切入点，再抓队伍建设。

环境院有十几个博士，16 个硕士，还是少了。地科院地质所就有 50 多位博士。人才结构调整是当务之急，方式多样，可以分几路纵队、几个集团军，把专家汇聚在院的周围。更重要的是健全高效、灵活的数据库，能迅速转化为高效、快速预报。国家地震局建立了由副局长牵头的现代化的快速抢险救灾队伍。地质灾害发生后，要有一支精干的队伍做出快速反应。这支队伍人员理论素质要高，现场诊断、处理问题能力要强。你们院是工程兵起家的，有条件。地震局的抢险队伍就是部队。

要准确预报，必须注意高新技术的应用，比如遥感技术（这也是奚处长物化遥处分管的）。西藏易贡泥石流就是航遥中心用遥感方法预报成功的，预报准确，无一人伤亡。这是预报成功的例子。1998 年江西鹰潭一次滑坡就死了好多人，比整个洪水期间死亡的人数还要多。原因是长期下雨，植被非常好，水都留在了山体上，已经浸透了地表以下 2 米的土体，饱水面差不多就是根系发育带，就形成了滑动面。原来认为植被好，不会滑坡，结果恰恰相反。这就要求快速反应部队必须有现场诊断能力和理论素养。

有的问题，经过讨论有了眉目，就开始

干，边实践边讨论。环境院的工作要点“三二二工程”，我认为很合适。要锁定目标，抓重点，抓关键问题，为长远作储备。

总之，环境院要与时俱进，内部关系要调整，外部关系也要调整。思路明晰之后，要边实践边推进。

在中国地质环境监测院发展思路专家座谈会上的致辞

钟自然

（2003 年 3 月 7 日）

尊敬的张文驹教授、陈梦熊院士、方克定研究员，各位领导、专家、同志们：

中国地质环境监测院在部党组、局党组的正确领导下，在各位专家和各有关方面的关心、支持下，经过历届领导班子和全院职工的共同努力，在地质环境调查评价和监测工作中取得了重要成绩，为我国水工环地质事业的发展做出了重要贡献，为我们这一届领导班子开展工作奠定了一个好的基础。为此，我谨代表中国地质环境监测院新一届领导班子，代表全院 126 位职工，向长期关心、支持院的发展的领导、专家和同志们，表示诚挚的谢意和崇高的敬意。

我们这一届领导班子是在前任开拓的工作基础上向前迈进的。但是，与前任相比，我们正面临着新的形势，承担着新的任务，突出地表现在以下四个方面：

第一，党的十六大和全国人大十届一次全会对资源环境工作提出了新的更高的要求。21 世纪头 20 年，中国将保持 7% 以上的经济增长率，如何缓解自然资源、生态环境与经济增长的矛盾？如何走新型工业化的道路？如何应对实施西部大开发战略、加快城市化进程、推进农业结构调整，以及东部部分地区提前基本实现现代化等的新要求？

第二，国务院刚刚下发了《中国 21 世纪可持续发展行动纲要》。党的十六大将实施可持续发展战略作为 21 世纪头 20 年全面建设小康社会的四大目标之一。如何贯彻国家实施可持续发展战略的要求？

第三，温家宝总理在新中国地质工作 50 周年暨中国地质学会成立 80 周年纪念大会上的讲话中提出：“进入新世纪，地质工作必须与时俱进、改革创新，实行新的战略性转变，建立与社会主义市场经济体制相适应的地质工作体制。”水工环地质工作是地质工作的重要组成部分，如何贯彻温家宝总理讲话的要求，实现水工环地质工作的战略性转变，是摆在我们面前的重大课题。

第四，国土资源部不久前批复了《中国地质调查局直属单位结构调整方案》，不久以后还将审查批准《关于加强地质“野战军”省级与行业队伍建设的意见》。中国地质环境监测院必须切实贯彻《方案》、《意见》和中国地质调查局关于“十五”后三年地质调查工作部署的要求。

上述新形势、新任务和新要求迫切需要地质环境调查与监测工作认真加以应对。其中，准确确定中国地质环境监测院的职能定位和长远发展思路，是当务之急。正是基于这种情况，中国地质环境监测院新一届领导班子经过深入研究，决定召开这次专家座谈会，请各位领导、专家充分发表意见，为中国地质环境监测院的长远发展和我国地质环境调查评价与监测事业，献计献策。

在中国地质环境监测院发展思路专家座谈会上的总结

钟自然

（2003 年 3 月 7 日）

尊敬的张文驹教授、陈梦熊院士、方克定研究员，各位领导、专家、同志们：

今天我们一共听取了八位领导和专家的重要讲话。领导和专家们的意见对我们解放思想，拓展视野，非常有好处。我们感到收获非常大。由于时间关系，其他专家发言今天已经来不及了。下周我们将专门安排时间，认真听取。

听了领导和专家们的发言以后，我至少在两个方面有了更清晰、更深刻的体会。

一、中国地质环境监测院正面临着历史性的发展机遇

中国地质环境监测院的发展机遇来自三个方面：

一是我国经济社会发展带给我们的机遇。当然，这个机遇是与挑战并存的。

第一，国家实施西部大开发战略带给我们的机遇。我们院在西部地下水勘查和地质环境保护方面，有一支强大的技术力量，如果这个作用发挥好了，完全可以对西部大开发作出新的更大的贡献。

第二，我国城市化进程的加快为地质环境调查与监测工作提供了一个新的大舞台，中国地质环境监测院可以发挥更大、更重要的作用。

第三，十六大提出的走新型工业化道路，推进新型工业化进程，非常需要我们地质环境工作提供支持和服务。

第四，农业结构调整需要地质环境调查评价与监测工作的支持和服务。全国人大十届一次全会把解决“三农”问题放在重要位置。“三农”问题涉及农业结构调整，因而需要开展土壤和耕地的适宜性评价。这为地质环境工作提供了新的空间和舞台，给我们带来了新机遇。

二是国家实施可持续发展战略，实行保护资源、保护环境的基本国策，迫切需要地质环境调查和监测工作提供技术支撑和信息服务。

三是来自地质工作战略性结构调整带来的机遇。在地质工作的三个主要组成部分中，水工环地质工作近年来是一枝独秀，非常具有活力。曾经在中国水工环地质工作独占鳌头的中国地质环境监测院能否在正在进行的地质工作战略性结构调整中，继承和发扬传统优势，完全取决于我们自己的作为。

二、准确选择中国地质环境监测院的定位和发展思路是当务之急

我国经济社会可持续发展和地质工作战略性结构调整，为地质环境调查评价与监测工作带来了历史性的机遇。这两个机遇不能再错失了。要错失了就真的没有位置了。从我们院的现状看，必须“居危思危”。我们怎么办？我想有四句话、十六个字，这是摆在我们126名职工面前不可回避的选择。就是要“认清形势，抓住机遇，找准位置，有所作为”。要做到这四句话和十六个字，我们必须做好四个方面的事情。

1. 要充分认识经济社会发展对地质环境调查与监测工作的要求，从这些要求中找准我们的位置

一是要从国家的整体发展中找准我们的位置。二是要从环境监测院自身发展的历史经验教训中找准我们的位置。三是要在与国内同行的比较中找准我们的位置。四是在与国际同行比较中找准我们的位置。

2. 要客观冷静和公正地估计环境监测院的现状与问题

我们的优势是什么？我们的潜力在哪里？我们的问题有哪些？优势、潜力、问题就是我们的现状。国家和社会对我们的要求是什么？我们要实现哪些目标？找准哪个位置？我们的现状跟目标之间的距离有多大？我们如何奋起直追，缩短距离？

3. 中国地质环境监测院的发展，必须处理好四个方面的重大关系

一要正确处理好继承、发扬和创新之间的关系。我们是个老院，有继承的一面，有发扬的一面，还有创新的一面。二要正确处理调查、监测和综合研究之间的关系。三要处理好内部和外部的关系。总的原则是，内部整合，外部协调。四要处理好院里个人与整体的关系。处理这个关系的原则是“三提倡、三反对”，即：提倡团队精神，反对自由主义，特别是“科技个体户”的单干行为；提倡首创精神，反对因循守旧；提倡品牌意识，反对无所作为。

4. 当务之急最重要的一件事就是：解放思想，转变观念，拓宽思路

我为什么特别强调这一点，将其单列出来呢？我觉得是有针对性的，是针对我过去15天调研的结果提出来的。

最后，我要问一个问题。中国地质环境监测院能不能再创辉煌？能不能举起中国水工环地质工作“龙头”这面大旗？2003年院的工作要点提出，要启动一项研究，就是“中国21世纪初水工环地质工作发展战略研究”。环境监测院能不能占领这个制高点？大家有没有能力，有没有信心，有没有决心？这就是我要问全院126位职工的问题！

大家普遍反映，今天的会收获很大，体会很深。对此，我非常高兴。能使大家感到有收获，有体会，会议的目的就基本达到了。我和院领导班子成员、全院126位职工，在会议之后还要把八位领导和专家的意见进行再学习、再讨论、再认识、再提高，真正把中国地质环境监测院的定位和发展思路理清、理顺。

方克定先生刚才讲了一句话，“思路决定出路，定位决定地位”。我相信，我们会有思路，有出路；有定位，也有地位。

谢谢大家！

在中国地质环境监测院发展思路专家座谈会上的讲话

岑嘉法

（2003 年 3 月 19 日）

一、关于环境院 2003 年工作要点

《工作要点》考虑比较全面，根据部、局的要求，结合院的具体情况，对 2003 年主要工作都提到了，可以此为基础稍加补充完善。

二、建议

把第一阶段全力推进“三二二工程”的实施和第二阶段重点任务合并起来写。院的发展定位应立足第二方案（中方案），争取向第一方案（高方案）过渡。

环境院在考虑业务定位时，应当充分考虑为部履行地质环境管理职能提供技术支撑，为局水工环地质工作管理提供技术支撑。在职能设计上要能覆盖地质环境保护、地质灾害防治和地下水资源保护与合理利用等领域。环境院应当是全国地质灾害防治中心，不能只对地下水环境进行监测，也要对地下水资源（包括水位与水质）进行动态监测。

根据总体发展思路，建议对院的组织机构、人员安排等进行调整。

在中国地质环境监测院发展思路专家座谈会上的讲话

段永侯

（2003 年 3 月 19 日）

一、以地质环境监测为中心、水工环全面发展

1993 年，地矿部党组（朱训任部长）曾讨论决定，建成以中国水文地质工程地质勘查院为核心的包括水文所、岩溶所、方法所在内的联合体，因故而推迟。

1983年基建工程兵转为地矿部水文指挥部，负责大江大河、跨省区、跨流域的水文地质工程地质工作，当时部队人员1.6万人，整个水工环队伍共有5.5万人。

目前，承担跨省、跨区水工环任务的队伍只有4000人（监测3000人、三所），各院所均势单力薄，各自为政。因此，水工环力量优化组合是一个非常大的问题。张宏仁副部长认为，应在北京形成一个水工环中心，形成一个拳头。有的同志提出院与省总站的关系应当为“业务联系，技术指导，资料汇交，成果汇总”。地调局结构调整方案和院2003年工作要点中未提及院与各省总站的关系。

环境院在许多方面具有优势，主要体现在技术人员素质较高；20世纪80年代以来做了大量工作，具有组织大江大河、跨流域的水工环地质工作的经历；具有在北京开展国际合作的条件，曾开展中澳、CCOP、中荷、中瑞、中美等国际合作，现在即将开展中国荷兰中国地下水信息能力建设项目。2003年工作要点中“区域环境地质调查评价能力”和“综合研究能力”需要加强，这是“四个能力”建设的薄弱环节。然而，相比而言，环境院也有一定的局限，主要表现在实验手段、设备不足。与水环所相比，水环所有部水文地质实验中心，在地下水资源评价方面有优势；环境院在西北地区地下水资源调查评价方面更具优势，在部内系统水工环信息系统方面具有一定的优势。与中科院地质所、成都理工大学（具有国家实验室和国际资助）、中国地质大学（武汉）相比，环境院工程地质力量和水平不及上述单位。与方法所相比，方法所在遥感、物探找水、声波探测、浅层地震、打井、钻孔摄像等技术上具有优势。

目前环境院承担的任务包括：①1:50万环境地质调查；②1:10万县市地质灾害调查与区划；③矿山环境地质调查；④地下水资源评价——八大片调查评价区，可实施一些勘探工程等，已远远超出地质环境监测的范畴。因此，环境院应发展成为以地质环境监测为中心、水工环全面发展的院，成为承担全国地质环境监测为主的水工环发展中心，除了承担地下水监测站网建设和全国地质灾害监测预警工作外，还应积极承担“相关调查研究工作”，这就是院的定位。

二、水工环地质工作的切入点

3月7日环境院发展思路座谈会，开得很好，很受启发。地质环境保护体系化很重要。依法管理，法在哪？地质环境的内涵是什么？我认为水工环地质工作有七个切入点：①全国大江大河流域、国土规划重点地区，跨省区的环境地质调查研究工作；②积极竞争全国地下水资源评价和水质调查任务，我院在西北地下水资源调查评价具有优势（现在中国工程院完成的西北水资源战略研究以“九五”成果为基础，缺乏地下水方面的分析）；③积极开展为农业服务的环境地质工作，即农业地质环境工作；④承担全国矿山环境地质调查评价；⑤开展大、中城市发展规划的环境地质评价，即城市环境地质工作；⑥积极开展不同服务对象、不同尺度的环境地质评价和技术标准体系研究工作，建立环境地质调查评价指标体系，争取地质环境保护作为环境保护的一部分；⑦着眼于技术创新，加强地下水、地质灾害、地质环境监测技术方法的综合研究。

上述工作环境院具有技术优势和工作基础，并具有开展国际合作、国际交流的经验。

三、院内设机构调整建议

为适应新的定位和工作方向的调整，建议在院现有机构与力量的前提下进行调整。

建议调配少量学术骨干和学科带头人。

成立环境地质评价研究中心，主要承担理论和技术创新。

在中国地质环境监测院发展思路专家座谈会上的讲话

赵运昌

（2003 年 3 月 20 日）

一、关于环境院的性质和定位

考虑到以下情况：

（1）地调局关于环境院的定位，环境院有很大的发展空间。

（2）作为上级单位的技术支撑，为政府决策提供技术服务，部环境司对环境院有强烈的要求。

（3）国土资源部“十五”计划纲要和生态建设环境保护规划提出的任务很重。最近中央人口资源环境工作座谈会的要求也很明确。

（4）3 月 7 日潘文灿司长的讲话指出，环境院不仅是国土资源部的环境院，也是全国的地质环境监测院。

（5）监测预报的目的在于地质环境的保护和合理利用，也必须首先对地质环境状况进行调查、评价。因此，环境院的任务不单是监测，而应该是集监测、调查、研究、成果集成提升及国家或部门中长期规划预编于一体的、为政府提供技术支撑的单位。

二、院近期、中长期工作任务，内设机构调整和人员补充

（1）2003 年环境院以全力推进“三二二工程”的实施作为重点任务，是合适的，符合院目前技术力量和结构配置的情况。

（2）目前急需的是要加强综合研究，尤其是加强能够作为上级领导部门（地调局、环境司、国土资源部或更高层次）的技术支撑的综合研究工作，这不单纯是技术成果，而且能提供政府决策使用的成果。今年的工作及处室设置和人员配备应予加强。

（3）大型、综合性研究项目太少，建议启动或加强为上级部门提供支撑的综合研究，偏重于战略性，从而对上级计划或长期规划、技术政策及法规等制定方面起作用。

建议开展以下项目：

①全国地下水质量调查评价，包括地下水水质与污染，目前是全国情况不明，找不出对策措施。

②全国矿山地质生态环境调查评价。大型矿山闭坑矿坑水比较多、水质发生变化，污染地下水、地表水，如阜新煤矿、大庆油田。这些大型综合性研究项目还可以向科技部、国土资源部科技司申请纳入国家科技攻关项目，这也是科技处应该承担的工作。我在部科技司时，就做过这方面的项目申请。

③全国地下水资源可持续利用与生态环境保护研究。为此，要树立牵头组织大型项

目的信心，培养一批业务骨干。可采取多种形式引进人才，可采用聘请客座研究员的方式来解决。采用“三结合”方式，科研、勘查、教学单位联合攻关。

（4）适当开展一些软科学课题研究

①对1∶50万区域环境地质调查和县市地质灾害调查，可进行综合总结，为上级部门提供决策依据。

②全国大、中城市地下水调查成果总结、技术总结以及政策建议。

③全国地下水开发现状、存在问题及其保护的对策措施。现在的成果只有模型，没有实物。

④西北地区地下水资源可持续开发利用和生态环境保护战略研究，塔里木河地区水资源利用中没有把地表水和地下水统筹考虑，实际上地下水就可以解决问题，满足需要。赵文津院士对地下水资源很重视，开了一次讨论会。目前，水资源管理处于无序状态，多龙头管水，浪费现象严重。新疆若不浪费，GDP现在就可以翻一番。院要关心水资源利用状况，可抓地下水资源规划。

在中国地质环境监测院发展思路专家座谈会上的讲话

孙培善

（2003年3月20日）

一、环境院的定位

环境院的发展，一是不要脱离地质环境保护管理和水工环发展；二是要在“野战军”建设的大框架中加以考虑。地调局拟通过任务将水工环的力量形成一个拳头，局水环部联系着一院四所（环境院、水环所、方法所、岩溶所、力学所）。

现在地质环境管理面临的任务是什么？新的需求是什么？对策是什么？关于新需求，一是2030年国家需要的水资源还有410亿立方米的缺口，解决的主要途径是节水。地下水到底能解决什么问题，战略地位如何，需要认真研究。二是城市化建设的需要。目前我国城市共有668个，城市人口仅占全国人口的36.1%；到2010年城市将达到1003个，2020年城市人口占全国人口的比例要达到50%，需求很大。三是矿产资源开发的需求也很大。目前，矿业开发年岩土搬运量高达57亿~60亿吨，20世纪90年代末年岩土搬运量共390亿吨，其中农业226亿吨，牧业16亿吨，林业12亿吨，矿业48亿吨，建材14亿吨，基础建设53亿吨，城市21亿吨。四是全国缺水人口达3000万人，需要改水的地区人口达7000万人，地下水是人畜用水的重要来源之一。五是全国生态建设规划提出，还有30万平方千米的荒漠化土地需要综合治理。六是西部大开发基础设施建设也提出了极大的需求。

地质环境管理面临的重大任务，一是2010年人为地质灾害得到有效控制，改变人为诱发地质灾害日益加剧的局面。二是如何建立完善地质灾害的安全维护体系，孙文盛副部长提出要建立以地质灾害预警系统为基础，形成监测与预警，决策与技术支持为一体的地质灾害安全维护体系。三是强化地下水污染防治的管理，这是当前的薄弱环节。四是如何推进地质环境管理职能全部到位？地质环境管理职能包括区域地质环境管理、城市地质环境管理、矿山地质环境管理和地质灾害防治管理。目前，矿山和城市地质环境管理是薄弱环节。

二、正确处理好地质环境管理与水工环地质工作的关系

一般来讲，水工环地质工作是地质环境管理的基础和前提，地质环境管理指导水工环地质工作。要拓宽服务领域，拓宽服务功能，要将地质环境管理拓展到全社会。

方克定研究员将新时期国家地质工作定位在地质工作结构与功能的转变。寿嘉华副部长在最近的政协会上提出了“大地质”的概念（方克定研究员最早提出“大地质、大环境、大资源和大市场”)。相对于矿业地质工作来讲，水工环地质工作具有社会性强的特点。当前，水工环地质工作要按照“两个更加”来考虑其公益性、基础性和战略性工作，要从供给驱动型向需求驱动型转变。需求驱动型典型实例：一是段永侯主持的东北地区北水南调工程论证；二是南水北调西线工程地质与区域稳定性调查评价；三是大柳树水利枢纽工程论证。黄河水利委员会等有关单位采纳了我们的意见。不是真正的需求驱动型（贴标签的）典型实例也有，如西安西北地调中心承担的三北荒漠化调查，现在尚未做出成果，而国家环保局已经于2002年提交并出版了西部生态环境遥感调查成果。

因此，国家水工环地质工作需要进行一系列理论探索，将国家水工环地质工作调整到为国家综合部门和国家重大工程建设服务上来，调整到服务于国家关注的大事上来。

目前群测群防、群专结合的监测预警体系和地质遗迹保护工作已有起色。国家关注的大事包括生态、水资源、城市化、自然灾害和防治污染。我们应该在这些方面有所作为。城市化的五大经济密集区、八个聚集带的水工环综合调查研究目前还没有开展，水工环地质工作发展战略应该很好地加以研究。地调局水环部将“十五”后三年的工作调整为：监测、地下水资源、岩溶、调查，应首先对这些项目的价值进行评估。应该紧密地结合国家重点布局来考虑水工环地质工作部署，整体推进，重点突破。

三、环境院的建设、发展方向和主要任务

环境院的性质业已确定，为公益性事业单位，是具有为政府和社会服务职能的直属野战军，具有地质环境管理与水工环地质工作技术支撑的实力。部环境司与院的关系，在3月7日环境院发展思路座谈会上姜建军认为是“鱼水关系”，应该说部司局与环境院是“前店后厂”的关系，地质环境管理与水工环地质两个轮子一起转。

环境院有四个发展方向：一是可成为地质环境监测预报预警中心；二是可成为全国地质灾害防治技术研究咨询中心；三是可成为地质环境保护与水工环软科学研究中心或主要力量；四是可成为地质环境管理、水工环地质调查能力建设中心，包括有关技术标准的制定、试点示范工程、技术培训等，城市、矿山地质环境容量、质量指标体系的建立，如城市化抓石家庄、重庆、济南等几个重要城市作城市管理的试点，编制城市系列图，是很有希望搞出成果的。

对环境院建设的五点建议或五点任务，

一是健全完善院的运行机制，严格管理，全面提升院整体素质和水平。二是培养一批熟悉业务的管理型人才，项目管理要科学化、决策民主化。三是尽快掌握全国或区域性相关资料，各省1∶50万环境地质调查和1∶10万县市地质灾害调查与区划已经安排有专人负责，而全国31个省市完成的第二轮全国地下水资源成果汇总还没人负责落实。四是对过去5年来的工作做一个全面总结，统一认识，发挥优势，抓住主要环节，扬长避短。五是除地调局下达的任务之外，还可争取以下项目：①全国地下水水质与污染调查，可搞成一个计划，在“十五”后三年重点在668个城市、地方病多发区结合全国监测网点来紧密开展工作；②建立国家和地区的地下水资源环境信息系统与动态评价平台，将地下水监测、资源计算、动态评价融为一体。

2003年院工作要把县市地质灾害调查与区划成果做大。预计到今年6月份县市地质灾害调查与区划应完成425个县（市），最为直接的成果包括群测群防网络和县市地质灾害防治规划，群测群防网络在市场经济条件下如何巩固、如何维持是关键，保证网络正常运行是今年预报预警系统建设的头等大事。在县级地质灾害调查的基础上，要提出区划建议来，由地方政府制定、实施。

关于院的机构，可建立一个名副其实的“综合研究室（中心）”，为管理决策服务。这是重中之重，可以搞出综合性成果。中国地下水资源战略研究就是很好的例子。

在中国地质环境监测院发展思路专家座谈会上的讲话

哈承佑

（2003年4月7日）

一、环境院2003年工作要点

提出的院“三二二工程”符合实际。目前地下水监测网、地质灾害监测网、信息系统建设，应该是调整、巩固、充实和提高。

二、把院建设成全国水工环地质工作中心

温故而知新。环境院有很好的基础，具有天时地利优势，建议把环境院扩大成监测研究院，实现调查评价、监测和综合研究相结合。并重点作好三方面的工作：

（1）服务工作，为部、局作好技术支撑工作；

（2）要开展研究工作，作好跨省区、跨流域的综合性工作；

（3）要迅速建立评估中心，调整人员到位。

三、坚持“三结合、三为主、三面向”

宏观与微观相结合，以宏观为主；基础研究与应用研究相结合，以应用为主；长周期研究与短周期研究相结合，以短期为主。面向社会，面向经济发展，面向未来。

四、2003 年二个重点工作和三个重点管理

二个重点工作为：①1∶50 万环境地质调查综合研究和县（市）地质灾害调查综合研究。要抓出成果，要老、中、青三结合；②抓好两个规划。

拥护钟院长提出的“三反对，三提倡”。重点加强三个管理：行政管理、科技管理和财务管理。要立足当前，全面规划，做出实效。我看到了环境院的又一个春天的到来。

在中国地质环境监测院发展思路专家座谈会上的讲话

王瑞久

（2003 年 4 月 7 日）

2003 年院工作要点适应新的形势，切合实际。院的定位应该是部和地调局的业务助手（理），特别表现在水、工、环方面。

关于地下水环境监测，主要是把不同历史时期地下水的变化记录下来，使人们能够对诱发的环境变化进行理解和反思，从而指导人们制定地下水开发的方针和政策。其次是对现状的掌握，以及对趋势发展提出看法。美国自 1935 年开始建立了全国的地下水监测网，孔不在多，而在于连续。大概在 20 世纪 50 年代初美国连续发生 3 年干旱，地下水位大幅度下降，许多地方出现供水困难，当时美国总统曾专门召见地调局局长问及地下水事宜，地调局长汇报的材料就是地下水长期监测资料，说明浅层地下水位和降水有关，只要下雨还会升起来，而有些承压水集中开采区水位是在持续下降的，但这仅仅是局部地区，不是区域性的，至少打消了非专业人员的恐惧。

关于地质环境监测和地质灾害监测，这项工作能否在社会上起作用，关键在于以县为单位来操作。作为院组织的这项工作，最重要的是制定工作制度、操作规范、培训人员，使县一级人员能掌握这方面的知识。同时，通过省来监督实施。因为地质灾害都是个体存在、分散，只有通过群测群防才能达到减灾防灾的效果。

关于启动一项研究“中国 21 世纪初水工环地质工作发展战略研究”。对于这项工作，我认为不能单纯看成是一份研究报告，而应该由系列材料组成，包括我们 20 世纪 50 年工作的回顾，以及国家经济建设的方向及投资趋向，国内外有关新技术、新理论的发展等等。应该把这些背景材料系列出版，这是当好政府和决策部门参谋必须要做的基础工作，也是一项长期的工作。

我们每做一件事情都应把它看成是一次历史事件，“少而精”，求实效。院应该做好为政府服务的工作。院要有很强的适应性，适应政府决策的需要，张宏仁同志提出司与院是“前店后厂”的关系。多做资料的储备、人才的储备，为技术决策服务。

在中国地质环境监测院全员竞聘上岗动员大会上的讲话

张卫东

（2003 年 9 月 19 日）

同志们：

中国地质环境监测院“三定”方案在国土资源部和中国地质调查局领导的关心下，在部、局有关部门的大力协调下，在院领导的积极努力下，在广大职工的时刻关注下，已经部党组研究同意。至此，我院全员竞聘上岗工作历时 4 个多月的精心筹备，经反复征求各有关方面的意见和建议，从今天开始正式付诸实施。

下面，我就全员竞聘上岗工作讲几点意见。

一、竞聘上岗的重要意义

大家都知道，今年 2 月 13 日，寿嘉华副部长在这里宣布了我院新一届领导班子，并对院的工作提出了六点要求。

中国地质环境监测院新一届领导班子组建之日，正是《中国地质调查局直属单位结构调整方案》下达之时。为了切实贯彻落实该方案，我院组织开展了历时 3 个多月的调查研究，先后召开了 10 次专家座谈会，5 位院士、数十位高级专家、部多个司局的主要领导、局的多位领导和部室负责同志，省级地质环境主管部门和监测机构，以及全院同志参与了对我院业务定位和发展思路的讨论和研究。

根据新时期国家地质灾害防治和地质环境保护对地质环境调查与监测工作的新任务、新要求，我们在认真总结过去 29 年院从事水文地质、工程地质、环境地质工作和地质环境监测工作经验教训的基础上，经广泛深入的调查研究、分析论证和征求意见，研究制定了《关于中国地质环境监测院的业务定位和发展思路的初步意见》。

这就是：以邓小平理论和“三个代表”重要思想为指导，全面贯彻党的十六大精神和可持续发展战略，坚持保护资源和保护环境的基本国策，按照国土资源部和中国地质调查局的工作部署和要求，以调查评价、监测和综合研究为主要手段，以深化改革和严格管理为保障，继承和发扬环境院的优良传统，团结协作，开拓创新，全面提升地质环境监测能力、地质灾害监测与预测预警能力、区域环境地质调查评价能力、水工环地质综合研究能力和科技创新能力，将环境院建设成为全国地下水资源与环境监测调查评价与信息中心，全国地质灾害调查、监测、预报预警中心，区域环境地质调查研究中心和地质环境管理与水工环地质工作技术业务支撑与信息服务中心，最终发展成为全国水工环地质工作中心和全国地质灾害防治与地质环境保护科技业务支撑与信息服务中心。

按照这一业务定位和发展思路，我们深深地感到，随着地质调查与地质科技管理体制改革的不断深化和地质队伍“野战军”组建方案的实施，特别是国土资源行政主管部门地质灾害防治与地质环境保护职能的逐步到位和不断强化，院面临的形势和任务发生了一系列重大变化，原“三定”方案与我院已经扩展了的职能业务不适应，与院承担的日益繁重的工作任务不适应，与新时期地质环境调查与监测工作的新形势、新任务和新要求不适应。经过广泛深入的调查研究，院新一届领导班子认为，调整环境院的“三定”方案是全国地质环境监测网建设的迫切需要，是为部履行地质环境管理职能提供技术支持和信息服务的迫切需要，是新时期加强地质灾害防治、防灾减灾的迫切需要，是实现地质工作根本性转变的迫切需要，是地质“野战军”建设的迫切需要，是中国地下水信息中心建设的迫切需要，也是环境院调整优化人员结构的迫切需要。

无疑，这次全员竞聘上岗就是落实院“三定”方案的具体体现，对我院最终实现“全国水工环地质工作中心和全国地质灾害防治与地质环境保护科技业务支撑与信息服务中心”的目标具有非常重要的意义。

二、精心筹备和制定配套方案

应该说，我院“三定”方案的起草和竞聘上岗的筹备工作从4月份就开始了。院业务定位和发展思路明确后，在院领导班子多次讨论、研究和统一部署下，院领导和有关部门为起草“三定”方案作了大量、细致、周密的调研和咨询工作，院有关部门清理了与人员竞聘有关的规章制度，在较短的时间内形成了《中国地质环境监测院“三定”方案》、《中国地质环境监测院全员竞聘工作方案》、《中国地质环境监测院竞聘上岗办法》、《中国地质环境监测院全员竞聘内部政策暂行规定》、《中国地质环境监测院工作制度》、《中国地质环境监测院财务管理办法》、《中国地质环境监测院项目管理办法》、《中国地质环境监测院绩效津贴试行办法》等。这些办法、制度的出台，为做好这次全员竞聘工作奠定了非常扎实的基础。

在这次竞聘工作中，我们将认真总结院上一轮人员竞聘工作的经验和教训，比较借鉴兄弟单位人员竞聘工作的成功做法，根据院当前的实际情况和长远发展的需要，按照“公正、公平、公开”的原则和改革、稳定、发展相协调的原则，按照竞聘程序，积极、稳妥、坚定地按照竞聘工作方案，务求实现人尽其才，各得其所，最大程度地调动全院职工的积极性和创造性，为实现院发展目标提供保障。

同志们，2003年，我院在国土资源部和中国地质调查局的正确领导和大力支持下，在新一届院领导班子和全院职工的共同努力下，应该说在地质环境调查评价和监测等各项工作都取得了明显的成效。以实施“三二二工程”为重点工作思路的确定，全国地质灾害气象预报预警工作的实施，“中国地下水信息中心能力建设”的启动，《全国地质灾害防治规划》、《全国地质环境监测总体方案》的编制，为政府决策提供技术支撑和信息服务的加强，党建和精神文明建设及经济管理工作的推进，都为建设“全国水工环地质工作中心、地质灾害防治与地质环境保护技术业务支撑与信息服务中心”开创了新的局面，迈出新的步伐。这些成绩的取得，为我们中国地质环境监测院的建设、发展和壮大增添了新的亮点。也正是在这一非常好的形势和背景下，部党组经过认真研究，批准同意了我院的“三定”方案。在这里，我们确实要感谢部、局领导，部、局有关部门对我院的信任和支持。

温家宝总理指出：“使地质工作更加紧密地与国民经济与社会发展相结合，更加主动地为经济与社会发展服务。”这为新世纪水工环地质事业赋予了新的内涵。今天，我们在深入贯彻“三个代表”重要思想和十六大精神之时，又迎来了水工环地质事业全面发展的好机遇。承担起这一继往开来的历史使命，是时代赋予我们的重任。

要完成好这一历史使命，要有一个团结一致、开拓创新的领导班子，更要有一支敢为人先、勇于攀登的地质环境监测队伍，这就是我们所说的人才。

钟自然院长曾经多次提出，中国地质环境监测院要营造积极向上、团结协作、人尽其才的环境氛围和用人机制。一是要提倡“三种精神”（服务精神、创新精神、团队精神）；二是要强化“两个服务”（为政府决策服务，为社会公众服务）；三是要“三提倡三反对”（提倡团队精神，反对自由主义；提倡创新精神，反对因循守旧；提倡品牌意识，反对无所作为）；四是要优化用人机制，就是要用神圣的事业留人，用浓郁的感情留人，用一定的待遇留人；建立公平竞争、优胜劣汰的机制，创造珍惜人才、人尽其才的环境；形成吸引人才、培养人才、用好人才的态势，达到“人才资源是第一资源”的共识。

我们院的职能扩大了、机构增加了、编制增多了，按照现在的人员和编制，远远不能适应新的中国地质环境监测院事业发展的需求。今年，我们引进和接收了10多名应届毕业生，弥补和充实了一定的技术力量。在这里，我可以说，这次全员竞聘每个职工不但都有岗上，而且我们还要吸引社会人才，招聘拔尖技术人才，以适应我院的发展和壮大。

三、严格竞聘工作纪律

我刚才已经说过，新的“三定”方案关系到中国地质环境监测院的生存发展，全员竞聘上岗关系到人才的合理使用、新老交替和平稳过渡，合理用好每一个人则关系到地质环境调查与监测工作能否取得新成果，能否再上新台阶。以上这些，都关系到中国地质环境监测院的改革、发展、壮大和稳定。

改革必然涉及每个人的利益，作为领导要从全局出发，要从广大职工的利益出发考虑问题，作为专家和评委要站在公平、公正的角度考虑问题，而每个同志也要站在全局的高度、站在院的整体立场上考虑问题。所以，我们的党员、干部要发挥模范、带头作用，做好群众的政治思想工作，保证全员竞聘上岗工作顺利完成。

这次全员竞聘工作时间紧、任务重，前后也就10天时间。现在院里各个部门、各经营单位的工作都非常繁忙，即使在这种情况下，我们既要完成好各项工作任务，又要做好竞聘工作，两项工作同步进行，不能耽误，不能因为竞聘而影响当前工作，各单位领导要认真负责。

首先，每个职工都要正确对待这次竞聘上岗工作。大家要认真做好准备和答辩，要充分施展自己的才华和水平，使每个同志都竞聘上合适的工作岗位。

其次，在竞聘工作当中，大家要给每个职工做出客观、公正、公平的评价，要实事求是地为每个同志负责，要鼓励、促使其竞聘到合理、合适的工作岗位。

再次，要加强竞聘工作中的纪律，领导的一言一行，大家的一举一动要有利于竞聘工作的顺利进行。个别同志有一些意见是正常的，但要把意见和建议及时向领导和有关部门汇报，不要犯自由主义。

最后，要有大局意识，要从全院整体考虑问题。对某些岗位和个别人的问题要服从院的统一安排，要服从组织的协调和决定。

同志们，新的“三定”方案为中国地质环境监测院赋予了新的职能，新的机构设置和岗位为每个职工提供了施展才华的平台，新的形势和任务为我们做好地质环境调查与监测带来了机遇。我相信，有着光荣传统的中国地质环境监测院一定能通过这次不平凡的全员竞聘，一定能以崭新的姿态应对新的挑战，一定能在今后的工作中，为把中国地质环境监测院建设成为全国水工环地质工作中心和地质灾害防治与地质环境保护技术业务支撑与信息服务中心做出新的贡献。

谢谢大家！

在中国地质环境监测院全员竞聘上岗总结大会上的讲话

钟自然

（2003 年 9 月 30 日）

全体职工同志们：

经过 12 天的紧张工作，中国地质环境监测院全员竞聘上岗工作到今天为止已经落下了帷幕，107 位同志通过竞聘，走上了新的工作岗位。这 107 位同志加上 5 位院领导，共计 112 名职工，构成了中国地质环境监测院新的团队，在这新的团队诞生之际，我讲四点认识和意见，供大家参考。

一、关于院新的“三定”方案

2003 年 9 月 18 日，国土资源部第 16 次部长办公会议审议通过的中国地质环境监测院“三定”方案，与 1999 年 12 月 8 日国土资源部下达的全国地质环境监测总站“三定”方案有了重大的变化，具体体现在以下四个方面。

（一）对院的性质和定位有了大的变化

1999 年的“三定”方案表述是：“全国地质环境监测总站是国土资源部组织实施全国地质环境监测工作的直属事业单位。”2003 年 9 月 24 日国土资源部办公厅下达的新的“三定”方案表述是：“中国地质环境监测院是国土资源部的直属事业单位，承担全国地质环境监测网的建设与管理和全国地质灾害的监测、预报、预警以及相关研究工作，开展水文地质、工程地质、环境地质信息服务。”

（二）对院的职能变化体现在以下几个方面

一是由院划出的职能，2001 年把国土资源大调查中的地质灾害预警工程组织实施职能划归中国地质调查局。

二是转变和强化的职能，可分为 9 个方面。①1999 年的“三定”方案表述的是“组织实施地质环境工作规划与计划”。新的“三定”方案表述的是“参与编制地质环境调查评价与监测规划与计划”。②1999年的“三定”方案表述的是“拟定地质环境监测管理对策建议”。新的“三定”方案表述的是“提出地质灾害防治和地质环境保护的对策建议”。③1999年的“三定”方案表述的是“承担重大地质灾害的监测、调查和评价工作”。新的“三定”方案表述的是“承担地质灾害的调查、评价、监测、综合研究、预报预警”。④1999年的“三定”方案表述的是“参与起草地质环境监测工作规范和技术标准”。新的“三定”方案表述的是“参与拟定水工环地质工作和地质环境监测工作的技术标准和规程规范”。⑤1999年的“三定”方案表述的是“承担全国地质环境信息系统的建设与管理”。新的“三定”方案表述的是“承担全国地质环境监测网和地质环境信息系统的建设与管理”。⑥1999年的“三定”方案表述的是“承担全国地质环境数据的接收、汇总、分析和处理”。新的“三定”方案表述的是“承担全国地质环境调查、评价、监测数据的接收、汇总、分析、处理和综合研究”。⑦1999年的“三定”方案表述的是“向国土资源部提交各类监测成果和工作建议”。新的“三定”方案表述的是“为政府决策部门和社会公众提供信息服务”。同时，还把编制《中国地质环境公报》、《全国地质灾害灾情通报》、《全国地下水水情通报》列入到具体职责范围之中。⑧1999年的“三定”方案表述的是“开展地质环境监测的国内外技术交流与合作”。新的“三定”方案表述的是“开展地质环境调查评价与监测的国内外科技交流与合作，引进新技术、新方法的推广应用”。⑨1999年的“三定”方案表述的是“负责地下水动态及地下水环境动态网数据的采集、分析、处理和预测预报”。新的“三定”方案表述的是“组织实施全国地下水环境监测，开展地下水资源与环境调查评价的综合研究”。

三是新增加的职能，共有10项。①承担水工环地质调查评价与综合研究。②承担地质灾害防治与地质环境保护规划、政策和决策研究，以及开展地质遗迹、地热、矿泉水等资源的保护与科技应用。③对省级地质环境监测工作实施业务指导、协调和技术服务。④开展地下水模型方面的研究。⑤开展区域地质环境评价和综合研究，以及区域工程地质、重大基础性地质环境评价与综合研究。⑥开展农业、城市等环境地质评价与综合研究。⑦开展矿山环境综合评价与综合研究，开展国土整治，矿山土地复垦与治理以及国土资源环境影响评价。⑧开展水工环地质学科建设（环境地质学、地质生态环境经济、地质工程等）。⑨组织开展地质灾害防治和地质环境保护科普宣传。⑩将《中国地质灾害与防治学报》和《水文地质工程地质》两刊合并到编辑部。

（三）对院的内设机构进行了扩充

1999年的“三定”方案包括6个处、室、中心，到2000年又增加了一个，这7个处、室和中心包含三峡库区地质灾害监测中心。新的“三定”方案在序列中共有12个内设机构，增加了将近一倍。同时，我们还增设了科技情报资料中心、地质环境咨询评估中心，还在服务中心加挂了物业中心。

（四）对院的人员编制给予了增加

①人员编制由1999年的120人增加到2003年的211人，其中1999年的120人包括三峡库区地质灾害防治工作指挥部12人，其实际编制为108人。2003年编制的211人除挂靠我院的三峡库区地质灾害监测中心4人、三峡库区地质灾害防治工作指挥部12人和国土资源部国库支付中心7人共计23人外，我院实际编制188人，增加80人编制。②院领导职数由1999年的4人，到后来的5人，这

次又增加到6人。此外还将三峡库区地质灾害防治工作指挥部1名局级领导职数挂靠我院。

二、关于院的全员竞聘工作

（一）这次竞聘工作的基本情况

这次共聘任107人，其中处级干部37人，工作人员70人。具体情况侯金武副院长已代表院领导班子向大家通报，我不在作重复。

（二）这次竞聘工作的几点考虑

（1）这次竞聘工作的目的。主要是为了给大家提供一个解放个性，发挥潜能，表现才华的机会，以达到人尽其才，各得其所的目的。我们希望通过这次全员竞聘，给环境院创造一个稳定、平和的工作环境，创造更好的外部环境和内部条件，调动并保持全院职工的积极性和创造性。

（2）这次竞聘岗位设置的指导思想。对技术业务部门设置的原则是：保证重点，兼顾战略支点。重点就是我院的优势，即地质灾害监测和预报预警，地下水资源调查和环境监测。战略支点，一是新的综合研究室，通过对国家的规划、政策和国民决策的研究，开展水工环地质综合研究。二是区域环境地质调查工作，包括跨流域、跨区域、三大城市群，以及城市、农业等环境地质评价工作。三是矿山环境与国土整治。

另外，通过对技术业务部门的非专业人员进行适度处理，根据人员的具体状况，按照各自的比较优势、个人兴趣、填报志愿等进行调整，为引进新人创造条件。同时，对管理部门本着转变职能，精简人员的原则，在竞聘之前对办公室的职能进行了调整，将车队成建制的划归服务中心，并把负责院工作区和生活区的有关后勤保障行政管理职能划归服务中心。对经营管理部门按照调整、消化、加强、规范的原则进行岗位配置。在岗位设置工作中，我们对存在的一些问题予以充分的考虑，并采取了必要的措施。

（3）这次竞聘的人员标准。以德才兼备为基础和前提，适当兼顾各方面的意见。通过人员竞聘给环境院的长远发展创造稳定平和的工作环境，以便有更好的外部环境和内部条件，并能保护大家的积极性，调动创造性。

（4）这次竞聘工作的原则。力求公正、公平、公开。刚才侯金武副院长向大家作了竞聘工作的情况通报，田廷山总工程师宣读了竞聘工作期间所有的会议决定和会议纪要。在这次竞聘工作中，我们严格按照竞聘工作规则，执行了处级干部和工作人员志愿报名、资格审查、公开答辩、评委打分、民主测评、组织考察、个别谈话、党委研究和公示等制度。在今天全体职工大会召开之前，我们领导班子还向全院离退休老同志将这次竞聘工作的情况进行了通报。另外，我们还将这次竞聘工作中的所有考分、票数进入档案，在人事处备查。总之，这次竞聘工作完全按照程序，分步实施，没有跨越职能和违反程序的现象，而且组织者和参与者都严格遵守了竞聘工作纪律。

（5）对处级干部的职务安排。按照分步实施，逐步到位的原则，这次处级干部以主持工作为主，目的是为了作进一步考察和必要的调整。在这里，我还告诉大家，在座的各位还都有机会竞聘，你们在环境院发展的前途和命运掌握在自己的手中。

三、关于这次竞聘工作的几点体会

（一）院领导班子的体会

（1）有关各方对这次竞聘工作的领导、指导和支持，是这次竞聘工作顺利进行的根本保证。国土资源部和中国地质调查局领导，国土资源部有关司局和中国地质调查局有关部室领导对我院这次竞聘工作从方案的制定、论证、征求意见和具体实施都给予了及时的引导和指导。院“三定”方案和竞聘工作方案的制定，两次征求意见，一次听证会，以及竞聘过程中有关事项的处理，对处级干部和工作人员的意见等，在协调、研究和处理过程中都得到了上级有关部门的大力支持。

（2）院领导班子发挥整体功能，团结一致，通力合作，互相信任，互相理解，互相支持，是这次竞聘工作得以顺利进行的重要条件。

（3）全体职工的大力支持和积极配合，积极参与，是这次竞聘工作得以顺利进行的重要因素。

（4）有院70位离退休老同志的理解和支持。

（5）有7位考评专家的把关、帮助和支持。

（6）有人事处的辛勤工作和有条不紊的组织。

（二）我个人的体会和感受

（1）院领导班子是团结协调的，是有凝聚力的。关于这一点，部领导最近已给予了充分肯定。

（2）全院职工的政治素质是好的，是顾全大局的。

（3）职工的精神状态是好的，是积极向上的。这一点，7位评委已做出评价。

（4）院里有实现长远目标的技术优势和人才优势。

（5）考评专家评价，院处级干部、院长助理、副总工程师、副总经济师、部门以上负责人具备非常好的素质。

（三）我院各项工作的整体推进，在决策的科学化、民主化方面取得了一定的进展

（1）在考评专家组成上，院领导班子用心良苦。除请了水工环地质专家外，还聘请了部、局以及中国地质科学院的有关专家、党委书记等，构成了专业门类比较齐全、专家作风比较严谨、工作扎实认真的考评小组。

（2）这次竞聘工作充分体现了民主作风。院竞聘工作方案反复征求意见，在竞聘过程中产生的人选和针对存在的问题，分别广泛征求意见，认真听取有关方面的建议，充分发扬民主。

（3）这次竞聘工作充分尊重民意。通过民主推荐和组织考察相结合的原则，确定人选。对不同意见，进行认真研究和充分采纳。

（4）坚定实行民主集中制和集体决策制。党政一把手做到及时沟通和协商，领导班子集体研究，干部提拔党委研究，严格遵守党政领导干部选拔任用工作条例。

（5）大家订制度，制度管大家。七个月的工作实践表明，这是搞好我院工作的法宝。在制订制度时，我们反复征求意见，一旦各项制度出台，大家在制度面前人人平等。我是这样说的，也是这样做的，希望大家给予监督。

我到环境院工作时，对院里的形势通过调研，提出了发展环境院面临的“五大机遇”和“五大优势”，其中对我本身来说还有“五大难题”。我经常想，环境院有这么多40多岁上下的同龄人，部、局领导把这么艰巨的任务托付给我，我如果不真正做些事，不解决一些问题，我对不住部、局领导对我的信任，对不住环境院的每一位职工。

（四）这次竞聘工作暴露出的一些问题

（1）思想观念比较陈旧。因循守旧，自由主义，无所作为的“三反对”思潮依然存在，一些同志对平均主义的“大锅饭”仍然念念不忘。

（2）这次通过竞聘答辩，7位考评专家普遍反映，参加处级干部竞聘的同志对国家的宏观政策、大政方针，国土资源部工作目标和任务了解甚少。对院里的发展目标和工作任务都说不清楚，更有甚者，竟连自己所

在处、室的工作任务都答不上来。

（3）处、室之间缺乏必要的沟通、协调和联络，各自为政的现象普遍存在。

（4）人员结构和素质与新的“三定”方案职能要求不相适应。缺乏战略思维和创新意识，没有拳头产品，没有自己的品牌。

（五）关于竞聘工作的有关问题说明

（1）关于个别处室设置问题。对人事处（离退休干部管理处）、财务处（设备管理处）、地下水资源监测室（地下水模型中心）、科技情报资料中心（图书档案室）、服务中心（物业中心）等处室带括号问题，括号中的负责人对本处、室、中心的一把手负责，它不是独立的部门。

（2）关于副处长、副主任主持工作问题。对于现在已经是正、副处级而这次明确仍然是副处长、副主任主持工作的，要在半年试用期接受考察和考验。待试用期满后，表现优秀和合格的可予以提升；工作进步不明显的可继续主持工作；政绩平平，群众不满意的则予以调整。

（3）关于处级干部太年轻的问题。个别同志反映，这次新提拔的20名同志年轻。我对这一问题不想多说，试问大家，40多岁的同志到副处级领导岗位还年轻吗？

（4）关于新提拔干部多的问题。根据新的“三定”方案，中国地质环境监测院职能扩大了，机构增加了，编制扩充了。211名编制，要实现“两个中心”的发展目标，20个处室没有领导怎么办？

（5）关于使用所谓“裙带关系”人员问题。我院在职职工216人，16对夫妻涉及32人，院内有亲属关系的涉及10人，系统内有亲属关系的涉及11人，总计53人。这次参加竞聘工作的除去新分配来的学校毕业生还不足100人，如果在竞聘工作中考虑这些亲属关系，其余人员全部竞聘处级干部可能就没有选择的余地。大家试想，如果以这些所谓的“裙带关系”作为竞聘工作的衡量标准，是否符合我院的工作实际，是否能保证德才兼备人才的合理使用。

三、当前我院面临的形势和任务

（一）中国地质环境监测院已经处在发展的历史转折关头

中国地质环境监测院及其前身经历了四个比较大的发展阶段。第一阶段，中国人民解放军基建工程兵水文地质部队（1974年~1983年）。第二阶段，原地质矿产部水文地质工程地质指挥部（1983年~1988年）。第三阶段，中国水文地质工程地质勘查院（1988年~1999年）。第四阶段，全国地质环境监测总站和中国地质环境监测院（1999年至今）。

中国地质环境监测院有着光荣的历史和优良的传统，1974年5月3日组建时是中央最高领导层决策的。最近，我对院29年的发展史料进行了粗略的研究，从中看出我院经历了三次大的战略转变。第一次是1999年的地勘队伍实行属地化管理。在这之前，不管是基建工程兵水文地质部队，还是地质矿产部水文地质工程地质指挥部，以至中国水文地质工程地质勘查院，这其中最大的特点是行使带领和指挥队伍的职能。但是到1999年地勘队伍实行属地化管理后，我院从带领队伍的指挥机关转变为水工环地质工作项目的组织实施单位。第二次是2001年底，健全和完善中国地质调查局后，把我院组织实施地质灾害预警工程的职能交给了中国地质调查局，由地质灾害预警工程的组织实施单位转变为水工环地质项目的具体承担单位之一。第三次就是2003年国土资源部批准的我院新的“三定”方案。现在，我们能否实现这次战略性的转变，能否履行好国土资源部赋予我院“三定”方案的职能，能否实现建设

“两个中心”的目标，这个重大战略转变摆在全院每一位职工的面前，这是我院所处的地位和面对的环境。

（二）我院在外部面临的五大机遇（见第17期《地质环境调查与监测简报》）

（三）我院具备五个方面的有利条件（见第17期《地质环境调查与监测简报》）

（四）院的长远目标和工作任务已经确定，院的发展模式是立足中方案，力争实现高方案（见第17期《地质环境调查与监测简报》）

中国地质环境监测院履行国土资源部2003年批复的“三定”方案职能，实现建设“两个中心”的战略目标，具有7个方面的条件。

（1）新的“三定”方案为我院实现建设“两个中心”目标提供了组织保障。

（2）《地质灾害防治工作条例》即将由国务院颁布实施，对我院承担的部分工作以法律的形式给予保障。

（3）新的“三定”方案将我院与国土资源部、中国地质调查局以及与省级地质环境监测机构的关系作了明确界定。另外，国土资源部《关于加强地方公益性地质工作的意见》，对省级地质环境监测总站的编制、任务、经费都作了明确规定，这为理顺和建立院与省级地质环境监测总站的关系提供了良好的体制环境。

（4）地质环境调查与监测和地质灾害预报预警技术装备的配备，为实现“两个中心”目标提供了强有力的支撑。

（5）地质环境调查与监测和地质灾害预警专项费用，为院的发展和履行新“三定”方案，实现“两个中心”目标提供重要的资金保证。

（6）国土资源大调查为我们提供了重要的立项来源和重要途径。

（7）中国地质环境监测院有一个团结奋进的领导班子，有一支勇于创新的人才队伍，有国土资源部和中国地质调查局的大力支持，这为我们实现既定目标提供了有力的保证。

四、向全体职工提出几点要求

（1）加强政治和业务学习，努力提高政策理论水平和技术业务素质。

（2）解放思想，转变观念，继续深入地开展好“三提倡，三反对”活动。

（3）树立团队形象，重振院风。让正气和邪气作一番较量，让阳谋和阴谋作一番较量，让团结和分裂作一番较量。要“打压邪气，整顿院风，重塑形象”。

（4）今年后三个月各个部门的工作重点，要按照“调查研究，理清思路，理顺关系，急事先办”的16字方针开展，要制订近期工作目标和长远规划。要对照院2003年目标任务，特别是“三二二工程”，努力推进各项工作。

（5）加强制度建设，促进改革、稳定和发展相协调。要建章立制，继续完善有关规章制度，积极稳妥地推进绩效津贴实施办法和医疗费的改革。

同志们，新的处室负责人和工作人员的岗位已经非常明确，下一步我们要把主要精力放到调查研究和理清思路上来，要把主要精力放在抓工作、出成果上来。国庆节后一周之内三天完成工作交接和办公用房调整，第二周按新处室正常工作并举办处级干部培训班。新提拔的处室领导要补学习“三个代表”重要思想的课程，37名处级干部学习国家大政方针、院规章制度和院重大思路。结束时进行统一考试，由我出题和判卷。

各位同事，同志们，我今天向107位职工签发了聘任证书，我把履行国土资源部新批复的“三定”方案赋予我院的职责任务，实现环境院“两个中心”目标的担子交给大家，托付给大家，同时我也把我们领导班子对107位同志的信任、期望和对107位同志的责任以及对107位同志的要求一并签发给了大家。感谢107位同志对我和对我们领导班子的支持，107位同志对我、对我们领导班子的5个人都是重要的。

感谢大家！拜托大家！祝贺大家！

祝大家节日愉快，合家欢乐！

在中国地质环境监测院整顿党风院风活动动员大会上的讲话

张卫东

（2003年12月5日）

同志们：

今年我院领导班子组建以来，不断解放思想、转变观念，准确把握中央和部、局关于加强地质环境保护和地质灾害防治的大政方针，理清了今年的整体工作思路，确定了我院的业务定位和长远发展目标，提出了谋求我院有更大发展的“三定”方案建议，精心组织实施地质灾害预报预警，积极稳妥地组织开展全员竞聘上岗，院的整体形象不断提升。近来，院精神状态、工作状态有了很大改观，纪律方面有了明显好转，各项工作得到了全面推进。今年我院已申报争取中央国家机关文明单位标兵。院的发展势头总的是好的，但也不能盲目乐观，不可否认，还存在一些不容忽视的问题。如：①竞聘上岗不到一个月，有些单位就开始闹不团结；②院组织职工献血却有人说什么“重赏之下必有勇夫”的怪话；③聘用一个副处级的公示刚刚开始，毫无根据、信口雌黄的匿名告状信就到了领导机关；④有些单位门难进，脸难看，事难办；⑤有些干部职工纪律松弛，人心涣散，等等。这些问题和现象的存在，就好像战士在前方打仗，背后却有人打冷枪、捅刀子一样，实在不能容忍。不改变这种状况与风气，不解决这些问题，好人受到委屈，工作不能进行，我院发展的良好势头无法得以保持，实现院目标任务将受到严重影响。

为了弘扬正气、打压邪气、重振院风，坚持“四提倡，四反对”（提倡团队精神，反对自由主义；提倡首创精神，反对因循守旧；提倡品牌意识，反对无所作为；提倡开放、交流、合作，反对闭关自守、坐井观天、夜郎自大），建设一支“讲正气、作风好、业务精、纪律严”的高素质职工队伍，适应新形势、新职能、新任务的要求，切实改进工作作风，提高管理水平和工作效率，树立环境院的新形象。经院党委研究决定，在全院范围内进行一次“认真学习‘三个代表’重要思想，开展批评和自我批评，整顿党风院风建设”的活动。

一、活动的目标

弘扬正气、打压邪气、重振院风。

二、活动的时间和形式

从现在开始至春节前。在职职工以处室为单位，离退休职工以支部为单位。

三、活动安排——五个阶段

1. 动员部署（今天）

2. 学习教育，统一思想，提高认识

以处室或支部为单位，组织全体党员、干部和群众进一步认真学习“三个代表”重要思想，学习党的十六大和十六届三中全会精神，学习毛泽东同志《反对自由主义》，学习“八坚持八反对”和“四提倡四反对”，学习部局有关文件精神，学习院规章制度，统一思想，提高加强党风院风建设重要性的认识。

3. 对照检查，自我解剖，分析问题，整改落实

在学习的基础上以处室为单位对照检查，批评与自我批评。结合支部民主生活会，每人都要对照“三个代表”重要思想，对照“八坚持八反对”和“四提倡四反对”，自我解剖。检查自己在党风建设和院风建设方面的问题和不足之处，查找自身思想认识和实际工作上的差距。结合我院新的职责任务要求、长远目标实现的要求，结合本单位的实际，查找在党风、院风建设方面存在的问题，查找执行制度与纪律的差距，查找内部管理和工作实际中的不足。开展批评和自我批评，不回避矛盾，抓住问题实质，分析原因，增进理解，沟通感情，融洽关系。每个人要针对查摆出的问题，制定切实可行的整改措施。把当前工作中存在的突出问题作为整改的重点，明确时限，务求取得实效。使工作作风明显转变，劳动纪律明显增强，精神面貌明显改观。每个人都要写出书面材料，内容包括学习体会、对照检查情况、改进措施、意见和建议等。人人发言，处室总结。

4. 组织考核检查

院十分重视这次活动，对学习、检查、整改情况和结果，院将组织考核检查组逐一检查考核。考核检查组到每一个处室，就“存在问题—整改措施—承诺”全面检查，一个一个听发言，每人都要出一身汗，不能走过场。提出评价意见交党委研究。不合格的处室和个人，将被责令重新进行，直至合格。院考核检查组由张卫东书记任组长，马学明任副组长，成员有谢章中、沈建明、邓维东、马军。

5. 整改与总结阶段

院党委和党委中心组对整个“认真学习‘三个代表’重要思想，开展批评和自我批评，整顿党风院风建设”的活动进行总结。广泛征求对领导班子、中层干部的意见和建议，征求对队伍建设、制度建设等方面的意见和建议，征求对加强改进党风、院风建设的意见和建议。制定切实可行的改进措施，并抓紧落到实处。总结好 2003 年工作，为 2003 年度考核工作打好基础，安排好 2004 年工作，为以优良的风气、全新的面貌、饱满的精神投入 2004 年的工作开好头。

四、有关要求

1. 提高认识，精心组织

整个活动由院人事处牵头，院办、党群办协助。开展此项活动，关系到能否树立全面、协调、可持续的发展观，符合新时期国家地质灾害防治和地质环境保护对地质环境调查评价和监测的新要求；能否提高地质环境调查评价监测对社会经济可持续发展的保障能力，为全面建设小康社会提供强有力的地质环境安全保障；能否形成一支具有献身精神、创新精神和团队精神的队伍，实现我院的长远发展目标。各支部、各单位要高度重视，提高全体职工的认识，将此项活动同学习贯彻十六届三中全会精神结合起来，同年终总结考核结合起来，同设计安排明年工

作结合起来，精心组织，狠抓落实，为做好各项工作奠定坚实的基础。

2. 领导带头，发挥表率；党员带头，发挥模范带头作用

支部书记、处以上干部要充分发扬民主，倾听群众意见，创造良好气氛。带头查摆问题，带头开展批评和自我批评，带头整改，带动全体职工作风的改进，严格要求自己，切实改进工作作风和方式方法，着力提高自身素质和领导水平。把此项活动作为总结经验教训的过程，推动工作的过程，规划未来的过程。

3. 狠抓落实，做好总结

各支部、处以上干部要把此项活动和业务工作有机结合起来，以作风建设促进业务建设，在工作中体现整改成效，重振院风，树立环境院的新形象。

同志们，我们要通过这次活动，使我院的党风院风有极大的好转，要让搞阴谋诡计的人、搞邪门歪道的人、煽阴风点鬼火的人无立锥之地，就像老鼠过街，人人喊打。让爱岗敬业的人，开拓创新的人，甘于奉献的人受到保护，得到尊敬。使我院在推进改革、促进发展、实现目标的各项工作中，多出优秀人才、优秀成果，为全面建设小康社会做出最大贡献。

在中国地质环境监测院处级干部培训班上的动员讲话

张卫东

（2003 年 10 月 20 日）

同志们：

今天，我院全体处级干部综合培训班开幕了。

我院在上个月底顺利地完成了全员竞聘上岗工作，通过这次竞聘，为环境院创造一个稳定、平和的工作环境，全院 107 名同志从这个月起在新的工作岗位开始了新的工作，调动并保持了大多数职工的积极性和创造性。其中，有 45 名同志通过竞聘成为我院的中层领导干部（含享受处级或副处级待遇的 8 名），包括 20 名新聘任的中层领导干部，你们年富力强，具有极大的工作热情和丰富的工作经验，你们形成了我院的中层领导干部队伍，将和院领导班子一起，带领全院职工更加主动地学习，勤奋地工作，努力开创地质环境监测工作新局面。

为把我院中层领导干部队伍建设成为一支有凝聚力、有战斗力、有创新精神和团队精神、坚强有力的领导干部队伍，为了使我们每一个中层领导都成为高素质高水平的优秀领导者，院决定举办这次综合培训班，这是院对提高中层干部综合素质的一次集中培训教育活动，也为大家创造了一次极好的集中学习交流的机会。

一、目的和意义

毛泽东同志指出：政治路线确定之后，干部就是决定的因素。院新一届领导班子在明确院的定位和发展思路时提出院的发展目标是：将环境院建设成为全国水工环地质工作中心和全国地质灾害防治与地质环境保护技术业务支撑与信息服务中心。要完成这一历史使命，干部队伍素质是最关键的因素。因此，院新一届领导班子一直把干部队伍和职工队伍建设作为重要的工作，认真践行“三个代表”重要思想，坚持干部人事分配制度改革，进行第二轮全员竞聘上岗和实行绩效分配，充分调动各方面积极性；坚持制度建设，加强和改进作风；坚持实事求是，建设一支思想过硬、政治坚定、业务精通、作风正派的领导班子和工作队伍。这次全体处级领导综合培训班正是我院干部队伍和职工队伍建设工作的一个重要组成部分，也是加强院人才资源开发与管理的重要工作内容。

通过学习，我们将能进一步提高思想政治理论水平，更深入地学习贯彻马列主义、毛泽东思想、邓小平理论和“三个代表”重要思想，这是我们思想政治建设的重要内容，也是我们提高综合素质的一个重要方面；通过学习，我们将更多地了解国家和部、局的大政方针，进一步认清我院在全局中的定位，认识我院工作的重要性，明确自己肩负的重任和责任，从而增强责任感与紧迫感：在座的是我院中层领导干部，是我院真正的中坚力量，很多同志刚走上领导岗位，通过学习将能尽快地转换角色和转变观念，提高自己的大局意识、创新意识、责任意识、领导意识和服务意识。

二、学习内容

培训班的前一段，新聘任的处级领导补上了学习“三个代表”重要思想的一课。这样我们的处级领导都对“三个代表”重要思想有了比较深入的理解和认识。通过培训学习，使大家开阔了眼界，开拓了思路。同志们对“三个代表”重要思想的形成、“三个代表”重要思想的时代特征有了新的理解，对“一个科学体系”的认识有了新的提高，对“三个代表”重要思想的本质，即精髓是解放思想、实事求是、与时俱进加深了体会。在学习中，大家结合培训班提出的思考题，联系我院的发展思路和奋斗目标，围绕新时期国家地质灾害防治和地质环境保护对地质环境调查评价和监测工作的新要求，围绕全面提高地质环境调查评价监测对地质环境保护和社会经济可持续发展的保障能力，围绕今后要多出成果，出高质量、高水平的成果等重大课题，畅谈了下一步的工作思路和设想，取得了较好的成效。

接下来一周的学习时间里，我们将学习贯彻十六届三中全会精神；邀请部、局有关领导为我们讲课，学习了解国土资源部和地调局的有关大政方针和工作部署：进一步重温院“三定”方案、院业务定位和发展思路，重温院有关规章制度，学习有关党风廉政建设及精神文明建设有关文件和精神；我们要进行形式多样、内容广泛的研论，加深理解和掌握。做到把握全局，明确职责，理清思路，创新工作。

三、要　求

1. 结合工作、带着问题学

大家要把学习“三个代表”重要思想、学习国家有关大政方针与研究本处室、本部门的工作思路结合起来，提高自己的大局意识、创新意识、责任意识，提高综合素质、业务水平和组织管理能力。

2. 处理好学习和工作的关系

大家要安排好自己和本部门的工作，既要全力以赴，保证学习时间和质量，又要保持正常工作正常开展。

3. 遵守学习纪律

大家要做遵守纪律的模范，严肃纪律，不要犯自由主义。确实因工作需要不能参加学习的，半天（含）以上向院长、书记请假。听课和讨论时，不迟到，不早退。

4. 本次学习班结束时进行开卷考试，结束后半月内提交一篇论文

主要是结合本职工作和思考题进行撰写，目的是检验每位中层干部的学习效果和学习成果的转化情况。

同志们，院“三定”方案已定，院定位与发展思路已明，新岗位工作已开始，让我们认真学习贯彻“三个代表”重要思想和党的十六大、十六届三中全会精神，认真学习落实中央和部关于领导班子思想政治建设的决定要求，切实加强各级领导班子和职工队伍建设；全面推进地质环境调查评价、监测和研究工作，努力完成地调局下达的水工环地质调查工作任务，为部履行地质灾害防治和地质环境保护职能提供优质、高效的技术支持和信息服务，为各省地质环境监测工作提供积极的、及时的技术业务指导。按照部党组的有关要求和工作部署，确保今年各项目标任务的全面完成，理清本部门的发展思路和工作重点，安排好明年工作，努力开创我国地质环境工作的新局面。

祝培训班圆满成功。

在中国地质环境监测院处级干部培训班上的讲话

潘文灿

（2003 年 10 月 21 日）

今天，我想就国土资源规划工作，以及国土资源规划与地质环境监测院的关系，介绍一些情况，传递一些信息，谈一下认识和体会，供大家参考。主要讲七方面的内容：

第一，如何以“三个代表”重要思想为指导，做好国土资源规划工作。

第二，对温家宝总理关于编制规划的重要讲话和指示精神的学习体会。

第三，国土资源大调查、“十五”国土资源规划中有关水工环地质、地质灾害监测与防治等方面的工作。

第四，西部大开发规划和“十五”国家规划中有关水工环地质和地质灾害防治等方面的内容。

第五，国家发展与改革委员会组织编制“十一五”国家规划的一些新思想。

第六，我部对“十一五”规划的思考。

第七，方克定等同志为部编制“十一五”规划提出了一些重大项目，简要介绍其中与环境院有关的内容。

一、认真学习“三个代表”重要思想和十六届三中全会会议精神，做好国土资源规划工作

“三个代表”重要思想和十六届三中全会会议精神是我们工作的指导思想。胡锦涛总书记在关于“三个代表”的重要讲话中指

出，以广大人民的根本利益为出发点和落脚点，体现了我们党“权为民所用，情为民所系，利为民所谋”的重要原则。国土资源工作者要以“三个代表”重要思想为指导，结合自身工作，进一步转变工作作风，做好国土资源的规划、管理、保护和利用。

我多年来的一个体会是：我们科技人员水平很高，独当一面，搞项目可以，但是怎样进行宣传，怎样争取钱做项目，总感到还不够。我曾经讲过美国著名科学家吴健雄如何争取项目的例子，她（吴健雄）说，我这个老太太是做高能加速器研究的，但我首先想的是如何说服美国总统的科技顾问，高能加速器的经济效益怎么样？社会效益怎么样？对国家安全怎样？对国家有什么好处？对今后有什么好处？争取到钱后高能加速器怎么做是我的问题，最后会给国家有一个交代。所以她非常重视宣传，拿到钱以后，才带着研究生在实验室里埋头苦干。这个例子说明了争取项目的方法问题。我们也应该进一步转变观念，转变思路。例如，我们向国家发改委争取到15亿的地质调查技术装备资金，“十五”后三年每年5亿。用两个多月的时间写出了报告，不用说送到发改委，我自己都不满意，因为很多问题都没有说清楚。比如说，为什么要用这个设备？它起什么作用？对经济社会发展起什么作用？为什么要用这个型号？国内的设备要多少？国外的设备要多少？设备来了以后对我们的技术水平提高有什么作用？等等。因此，确实有一个思想观念转变问题。

江泽民同志在中央人口资源环境座谈会上指出：破坏资源环境就是破坏生产力，保护生态环境就是保护生产力，改善资源环境就是发展生产力。国土资源特别是土地资源支撑各行各业，影响千家万户，关系千秋万代。只有对国土资源保护和开发利用进行正确调控，对国土资源部门机构进行合理调整，优化布局，才能使生产力得到解放发展。我认为，学习“三个代表”就要实践“三个代表”，国土资源工作不仅是一个纯业务问题，更是一个政治问题，经济社会问题。我们务必要结合国土资源管理的实践，站在实践“三个代表”重要思想的高度，用政治眼光对待国土资源工作。国土资源规划是对我们国土资源调查、评价、勘查、开发利用和保护的统筹安排和合理布局，是国家进行宏观调控的一个重要手段，是国土资源科学管理的基础和重要环节。实现国土资源可持续发展的一个重要途径是做好规划，带动全局性、综合性、战略性的工作。所以，做好规划工作，可以避免经济高速发展过程中的资源浪费、环境恶化、重复建设、相互干扰、缺乏整合、步骤混乱、空间失衡等不合理现象。

国家已经制定了21世纪初的20年发展目标，在政治、经济、文化等方面要繁荣发展。国土资源管理规划工作应该解放思想，实事求是，与时俱进。实际上，经济越发达，国土资源规划工作越重要，世界上一些发达国家在国土资源规划中非常重视人类自身的发展需要和可持续发展问题。国土资源规划要特别体现以人为本的先进文明的发展观，体现国家战略意图和国家意识，明确政府工作的重点，体现社会公众需求，领导市场总体行为方向，确立国土资源规划工作战略指导思想、战略目标、战略部署和战略措施。

下面结合“三个代表”重要思想的学习，和大家探讨一下怎样在国土资源规划工作中加以贯彻落实。

第一，按照发展先进生产力的要求，国土资源规划要以提高经济社会可持续发展能力为目标。

先进生产力的发展离不开资源保证。绝大多数人类活动都发生在土地上，但土地开发利用粗放，土地退化、沙化严重，全国沙化面积176万平方千米，每年新增近3000平方千米，是一个非常严重的问题，所以我们必须关心土地规划、土地计划和土地管理等。实现2020年GDP发展目标，没有资源保证不行。我们与行业部门召开座谈会时，有色公司代表对我说，如果现在不再找矿，现在的储量还够开采7年，有的矿种只剩3年。我国矿产资源总量不足、结构失衡、后备资源紧缺，国内矿产可供性比较弱、品位低，开发利用粗放，进出口结构不合理，出口产品没有发挥作用。比如说稀土矿产占世界总量的90%，钨占65%，可是国内各单位无序竞争，竞相低价出口稀土和钨矿产品。中央三令五申强调油气安全，许多媒体都报道了，我当时不太相信，现在看来有道理。美国油气资源丰富，但不开采，到墨西哥湾去采，到中亚中东搞封锁、抢石油，并限制中国到那里去。日本的油气战备储量能用3个月，美国4个月，我国只有5到7天，对国家安全确实是一个大问题。这些例子说明，我国资源开发利用存在不同程度的问题，作为地矿工作者，应该加大找矿力度。

第二，按照代表先进文化前进方向的要求，国土资源规划工作必须加强四个创新，体现先进文化观、发展观，体现可持续发展理念。

第一个创新是加强思想创新，以大地质、大资源、大环境、大市场的新理念来指导我们的国土资源规划工作。大地质观，就是拓宽地质工作服务领域，不仅为矿产资源开发服务，还要为农业、城市和地区的经济社会可持续发展提供保证。大资源观，就是要对资源开发利用统筹规划，综合开发，实现保护和利用的协调发展，资源配置也要实现全球化。例如，大连港把印尼和中东国家的石油运来，送到大庆、辽化去，然后又把大庆的石油从大连港运到其他国家去。我国从智利进口铜矿、从巴西进口铁矿等也是如此。大环境观，资源开发要以人为本，实现资源、环境、经济和社会的四个统一。大市场观，要站在全球市场的高度考虑我国矿产资源的勘察和开发利用，既要考虑国内市场需求，又要考虑国际市场需求。概括起来，国土资源管理部门贯彻落实“三个代表”重要思想和十六届三中全会会议精神，在思想创新上要做到“四个大”，即大地质，大资源，大环境，大市场。

第二个创新是加强科技创新，提高国土资源开发利用水平。一方面，加强国土资源领域的技术改造。另一方面，要加快科技成果的推广应用。目的是加强国土资源的循环利用和综合利用，从单纯追求资源数量转变到以提高资源利用效率的轨道上来，转变到以经济效益为中心、兼顾生态环境上来。也就是说，从铺新摊子、求数量，转变为提高质量和效益，重视生态环境保护。

第三个创新是推进制度创新。一方面要大力加强和推进规划的法制建设，明确和提高土地利用总体规划、矿产资源规划、海洋资源规划等的法律地位，严肃查处违规行为，依法追究法律责任；另一方面，要不断加强规划管理的制度建设，做好规划，依靠一套严格的工作制度和高效的工作机制做保证。具体来说，应该做七件事：

（1）要建立健全规划公示制度。我们现在的规划缺乏科学性。在国外，不管各级行政首长怎么换，规划不变。我们呢，新官上任就要变规划。开展土地执法检查时，地方的同志跟我说，我们的规划是不严格的，也没办法用规划管理。广东有句话：“干也要死，不干也要死。”意思是说跟着国土资源部干，死的快；跟着地方干，死的慢，甚至死不了。为什么呢？跟着国土资源部干，地方政府不满意，不换脑子就换位子，或提前退休，马上就得死；跟着地方干，虽然违反上面的规定和政策，但为地方服务，地方首长保护我，帮我说好话，处分可以是降级，甚至调离了，所以不按照中央和部门的政策办事死不了。这就说明一个问题，规划工作虽然坚持了，但没有作公示。我到国外访问，对方告诉我，你们的规划是长官意志，人事变动也是长官意志，改革太快，半年就完成，而我们的改革两三年才完成，但定下来就不能随便动。我们确实存在这些问题，比如说道路规划，前一届领导说绿化放中间，道路放两边，下一届领导说不对，应该绿化放两边，马路放中间。这怎么能叫道路规划呢？规划制定者中应该三分之一代表中央，三分之一代表地方，三分之一是代表企业、社区和老百姓。如果要改变规划，必须有三分之二代表同意，超不过就不能随便变。在美国，如果联邦政府想要改变规划，必须说服其他三分之二代表，如果州政府的代表和公众代表说不行，你就不能变。所以规划的公示非常重要，有公众的监督，政府不能随便修改规划。我们是想怎么变就怎么变，群众不知道。因此，规划需要机制保证和制度创新。

（2）建立规划会审制度。

（3）建立项目预算制度。

（4）建立计划管理制度。

（5）建立规划监督、监察制度。

（6）建立规划考核、责任制度。

（7）建立规划资格制度。规划单位要有资质，设计人员要有规划资格。工厂有工程师，估价有估价师，建设方面有建筑师。国土资源部没有规划师，所以做出的规划总受到别人的指责。为什么呢？建设部门说我们有总建筑师、总规划师。国土资源部没有规划师，怎么证明做出的规划是正确的，让别人服从，所以很被动。这些都迫切需要制度上的创新。

第四个创新是规划的机制创新。现在大家对规划的意见很多，说规划就是“鬼话”，挂在墙上是“鬼画”，开过会后放在箱子底下“没话”。其实，外国政府就做两件事，一是法，另外就是规划。法规就是法律和规划。所以，我们与市场接轨需要考虑这个问题，建立规划编制、评估和实施的制度，改变重编制、轻实施、缺评估的状况。通过评估，发现规划中存在的问题，进行调整和修订。对不同性质的规划，应该采取不同的法律和必要的行政手段来保证实施。根据经济社会发展需要，按法定程序修改规划。

第三，按照代表最广大人民根本利益的要求，国土资源工作要增强民主性和开放性。

这里不再展开讲，归结到一句话，就是共同参与。

二、贯彻落实温家宝总理的讲话精神，做好规划工作

温家宝总理对规划工作十分关心和重视，多次做出重要指示，他还亲自担任国家科教领导小组组长和国家中长期科学和技术发展规划领导小组组长。在第一次国家中长期科学和技术发展规划会议上，温家宝总理做了重要讲话，我觉得他的讲话对任何规划的编制、对完成国家任务都具有非常重要的指导作用和教育意义，需要我们认真学习和领会。

温家宝总理指出：制定国家中长期科学和技术发展规划是党的十六大提出的一项重要任务，是本届政府必须致力做好的一项重要工作，是科技界的一件大事。温家宝总理还指出：希望我们制定新时期的规划能够为全面建设小康社会，加速实现现代化奠定一个好的科学的技术基础。温家宝总理提出了三点要求：

（1）要有一个准确的指导方针，这是我们制定规划的基础。

(2) 要确定主攻方向和目标，规划最终要落实到重点项目、重点课题上，我们要用一年零两三个月的时间做好规划的最终结果。

(3) 要实行决策的科学化、民主化，规划是一个庞大的系统工程，制定规划应该成为一个发扬民主、集思广益的过程。

为了做好国家中长期科学和技术发展规划工作，温家宝总理还提了十项原则和方法。这里只介绍标题，并结合国土资源工作，谈一点学习体会。

第一，未来10到20年是我国经济社会发展的重要机遇期，也是我们科技发展的重要机遇期。引申过来，今后10到20年，实现十六大提出的全面建设小康社会的奋斗目标，是国土资源工作的重要机遇期，要按照中央的要求，上下一条心，抓住这个机遇，做好我们的工作。因此，需要认真研究，实事求是地认清面临的机遇和挑战，这是至关重要的问题。

第二，要重视和做好规划的战略研究。我们马上要开展国土资源“十一五”规划、国土资源大调查“十一五”规划、西部大开发国土资源“十一五”规划等的编制工作，地质环境监测院应该积极参与这些规划的编制和战略研究，特别是地质环境监测的战略研究，考虑为达到今后10年和20年的GDP目标和全面小康目标，我们应该怎么做。20世纪90年代初，国家统计局制定过指标，当时中等发达国家的人均GDP是6800美元；瑞士最高，人均38000美元；新加坡排第18位，人均18000~20000美元。我们差距还很大，因此需要研究战略问题，而且是全局性、长远性、前瞻性的战略问题，一开始就要明白这一点。我们现在已经开始研究“十一五”的战略规划。环境监测院的专家也可以帮做一些这方面的规划工作。

第三，规划的内容要做到三个紧密结合，即必须与经济社会发展紧密结合，必须与国家安全紧密结合，必须与可持续发展紧密结合。国务院领导非常关心粮食安全、油气安全和淡水安全。我们好多事情是吃祖宗的饭、借子孙的钱、断子孙的路。我到英国和挪威考察北海石油时，发现两个国家对可持续发展持不同的观念。如果每年开采5000万吨，挪威的北海石油能够开采30年，但挪威政府和议会经过反复讨论，认为不能每年开采5000万吨，应该限制开采，每年2000万~3000万吨，可以连续开发60年，为子孙后代着想。英国政府则更顾及两大问题：失业人数不能增加，财政不能出现赤字。所以英国对北海石油开发没有考虑可持续问题，只要能解决就业、增加财政收入就行，结果出现了很多问题。因此，我们应该认真领会温家宝总理讲的与可持续发展紧密结合的问题。地质环境监测工作也是如此，比如地下水问题、城市环境问题。在向国务院、发改委和财政部汇报工作和争取资金方面应该向其他部门学习。我们的规划中应该说明今后20年或30年，我要用这么多钱，给全国人民做哪些好事，才能发挥真正作用。不能像报纸一样，只供领导看。比如水利部提出今后20年到30年的水利规划，不是专门给领导看的，是关于今后3年、5年、20年和30年怎样做的问题，向国家、总理和财政部要钱。1994、1996和1998年长江大洪水之后，国家投入300多亿修大坝，花200多亿搞移民建镇，最后水挡住了，农民搬进了新房子，老百姓都说共产党好、总理好，实际上是水利部做了实际工作，做出了实实在在的规划，变成项目，项目实施后解决了实际问题。我们也应该做些实际工作，不能总是研究，应该给老百姓带来实际利益。最近，国务院将召开有关淮河洪涝灾害治理的会议，也是要做点实实在在的事情，解决实际问题。

第四，要突出重点，有所为有所不为。这是规划的重点，应该认真研究论证，突出重点目标、突出重点发展领域，把有限的资金和资源用在刀刃上，大幅度提高国家创新能力，发展对经济增长有突破性重大带动作用的高新技术，来解决关系国计民生的重要问题，增强综合国力。规划应该有目的性、阶段性。面面俱到，什么都写，什么都做不成。有个领导曾说过，向中央领导汇报不要一次就是七八个问题。总书记来了汇报七八个问题，总理来了又是七八个问题，陪同的部长都说回去研究研究，结果一个都解决不了。应该汇报清楚，存在七八个问题，只要求解决一个或两个问题。这样来一个领导，解决一个问题，一年下来解决不少问题，比每天都汇报几个问题要实际得多。这是一个工作方法问题，我们应该改变思路。

第五，要做到军民结合，立足于民。做任何工作都要和经济社会发展密切结合，与国家安全、人民群众和现代化建设密切结合。

第六，要实行政府主导与发挥市场机制作用相结合。体现在国土资源规划中，就是公益性与商业性工作相结合。政府职能是主导，如何与市场经济相结合，如何发挥社会主义制度的优越性，集中力量办大事，政府的主导作用不能缺。只有生产力得到发展，才能提高人民生活水平，体现出社会主义制度的优越性。我们国土资源部门在引进外资、国际合作方面做的还不够，应该引进世界上最先进的矿产勘探开发技术。

第七，要统一领导，大力协同。国家中长期科学和技术发展规划要在党中央的统一领导下，各个地方、各个部门、各个单位、各个学科、各个专家之间大力协同，教育界、经济界、科学界、社会界要大力协同，特别要注意跟企业界的联系。国土资源规划也应该体现这个精神。

第八，要面向世界，面向未来，搞开放式的研究。规划应该是开放式的，要有国际性的视野，密切关注国际科技的新变化、新趋势和新特点，要关注国际经济、政治、军事发展变化对科技的影响。规划的制定，特别是前期的战略研究，要采取开放的形式，要注意借鉴和吸收世界各国的先进技术和先进经验。

第九，要处理好基础研究和应用研究的关系。国土资源部有限的钱应该用在国土资源勘探、调查和评价技术等应用研究方面，要把应用研究与科学研究的比例关系处理好。

第十，要努力形成发扬民主、鼓励争鸣、集思广益、科学决策的良好环境，要始终坚持“双百”方针。不仅制定出一个好的规划，也要培养锻炼出一支重视科技发展战略研究的队伍。在人才的应用上，在重视老科学家作用的同时，要大胆发现和起用杰出的年轻人才，包括报效祖国的海外杰出青年。

我个人认为，温家宝总理的三个要求和十项原则方法非常重要。

三、国土资源大调查和“十五”规划中的水工环地质工作

就如何在国土资源大调查、十五规划和水工环地质规划中贯彻中央领导的指示精神，部里专门召开了党组会。我们对国土资源大调查工作提了三个建议，得到孙部长和各司局的支持。

第一个建议是对大调查项目进行年度检查。大调查开展五年都取得了哪些成果，有哪些进展，要写出报告。对照项目计划，先自查，然后规划司、财务司检查，不能做成什么样就是什么样。

第二个建议是如何在“十五”大调查的基础上部署2004年和“十一五”的工作。

“十一五”大调查的50亿经费怎么用，应该有一个目标。

第三，目前成果的提交、推广应用和资料的汇交等工作十分薄弱。比如，50年来地质勘查工作都是由国家投资的，而某些省国土资源厅作矿产资源规划时，需要花钱买地勘局的资料，实在没有道理。

“十五”国土资源规划中关于地下水资源调查评价的主要内容是：全国要加强地下水资源远景评价，继续开展西北地区、西南岩溶石山和红层红壤地区的地下水资源勘查评价，开展重点地区地下水资源的调查和合理利用示范等。具体项目包括：开展新一轮全国地下水资源调查评价，西北地区地下水资源勘察评价，西南地区地下水资源勘察评价，东北华北地区的地下水资源调查评价。

“十五”国土资源规划中关于地质灾害预警工程的主要内容是：完成全国700个重点县（市）的地质灾害调查与防治区划，开展三峡库区地质灾害调查评价与预警系统工程建设，东部城市重要城市和经济区的缓变性地质灾害预测预警等，地质灾害监测网站和预警系统、地质灾害形势情报系统。具体项目包括地质灾害调查评价应急处理，重大地质灾害检察和防治示范工程，矿产生态环境建设评价。

最近我在《环球时报》上看到，上海市金融区有3000多栋高楼，由于不重视地质条件勘察，造成地面沉降。上海宝钢建设时，三号炉下面有一条暗河，因缺乏地质勘察，结果花了2000多万来处理桩基，如果把地质情况勘察清楚，也就花几十万块钱，或者把楼址挪一下，也不至于花了2000多万。所以，我觉得地质灾害问题，特别是东部重要城市，多少与我们有点关系。

这两天，部长给我出题目，问现在大家都对公安部比较满意，为什么？

第一，现在办签证容易了，老百姓都说好，好处是谁给的？公安部给的。

第二，公安部出台了一些规定，比如说，警察上班期间不能喝酒，下班不能带枪，老百姓都说好。国土资源部门能不能给全国农业事业做点好事，你们给我们出些点子，怎样做好，我们国土资源规划，是土地规划、矿产资源规划，咱们怎么能在这一方面给老百姓做些好事。如果我们中国环境监测院能把这个问题解决了，给上海、杭州出点点子，让他们把这些事情解决了，上海政府说好，老百姓说我的房子不裂了，这就是我们的工作。我这次到了抚顺，煤矿老开煤，老百姓住的房子很危险，裂缝很大，老百姓看见我们搞勘察都说：“你们能不能做好事，让我们搬家？”我们的钱不少，每年10亿，地质环境方面是一千万，我们能不能用这些钱为老百姓做好事，我们监测院应该想想这个问题。

我说了这么多，是因为这些事情跟我们院里的工作有密切的关系，你们这次大雨，报告滑坡泥石流的信息非常好。但是有一个问题，你今天报一件、两件、三件，说情况危险，这个雨下了不是一两天，而是五六天，第一天，下大雨，岩体没有动，第二天还没有动，到第三、四、五天也没有什么情况，到了第六天，小雨，或者没下雨，山体一下塌下来了，老百姓和当地政府就怀疑预报的准确性。我说这个问题，就是说，好事要做到底，要做好，要科学一点，要原则一点，这是一个自然规律，不是说你要滑就滑的。如果说这是体现“三个代表”，这就是一点，我们就把它做得好一点，这和咱们地质环境工作者有关系。我们可以把住宅区的人迁出来，这样就不怕滑坡了。总不能让咱们的部长和专家每天到那里去调查，给农民赔款。我们可以让滑坡滑到水塘里去，或者其他没有人的地方去，因为人死了是个大问题，以人为本，人活着多好。例如，两辆汽车撞了，汽车坏了，顶多50万，但关键是人死了没有，首先应问这个问题。汽车坏了，明天还可以造，人死了就没了。所以我有这样一个想法，举个例子，地质环境监测明年做个规划，看看谁做山体滑坡的，我就要说，制定措施让农民尽量搬出来，让他们搬出来，给他们两万块钱，计划搬迁不是随便搬的，国家出一万，当地政府出一万，农民自己出一万，这样的话，三层楼都盖起来了，孩子结婚都没有问题了。我的意思是说你不能老指挥人家搬家，要给他们实实在在的好处，国家和当地政府给钱，他们自己出一点，他们自己很高兴，地照种，房子也是新的，面积也大了，孩子也结婚了，房子也解决了。这才是政府工作的真正的职能，用的是纳税人的钱，应该给纳税人做好事。我们共产党人给人民做好事，引申过来也差不多。所以我想，触及这个实际问题不好弄，人家不听，我们要采取措施，市长，处长出面，你还不听，国家三令五申你还不听，这就不是我们的责任了，所以，在滑坡规划方面，要重视房子方面的问题。我在想，人都要死了，还不听吗？我们是为了保护生命安全，他们能不听？还有关键的一点，我们的措施不得力，我们的意见没有被当地政府听进去，不怪天，不怪地，只怪自己没本事。以上说的是关于“十五”规划的一些事。

还有一点，是西部大开发，这是我上面提到的一个题目，它和我们有点关系，我们应了解一下以指导我们做好地矿工作。我们国土资源部在西部大开发，支持西部建设方面，做了几件大事情，有以下几个方面：

（1）部里专门成立一个领导小组，成立一个规划司，健全这个组织机构。

（2）科学编写了17项国土资源大开发利用规划，包括发改委、国务院西部办。

（3）提出了西部大开发国土资源优惠政策及西部国土资源利用对策。

（4）我们组织开展调研，解决了西部大开发调研工作的实际问题，比如说部里领导班子下去调研，就是搞国土资源、西部资源大开发的战略规划，针对政策、规划、找矿、找水等重大问题进行检查调研，我们做了大量工作。

（5）努力做好国土资源管理和服务工作，比如说三峡问题、青海铁路问题。我是西部办主任，和国务院讨论上述问题时，朱总理说了，今年过年我就搞这个铁路，哪儿都有铁路，就青海没有，共产党伟大归伟大，但实际工作还要干，其中有400千米在海拔5500米以上，对冰上建铁路一定要评价，对铁路有什么影响，这是一个高科技问题。原来预算240个亿，现在262个亿都花进去了，所以我们要规划搞旅游，把矿产资源弄出来，让西藏赚钱，让西藏富起来。这个问题我们要考虑。上次我去昆仑山了，感觉轻飘飘的，可能是缺氧了，那边的工作人员说要注意安全。当时，我也看了他们的矿山环境，本来修铁路和我们没关系，但修的过程中，我们要考察地质环境，要考虑地质安全，考虑矿产的运输问题。

（6）我们要做好生态退耕还林和自然环境保护工作。

（7）我们布置国土资源开发工作，重点向西部大开发靠近63%，明年是65%。大调查资金的65%用于中西部大开发，这就是我们要做的工作，那么我们要为西部做点好事，结合中央的指示精神，做好加快开发利用矿产资源的基础工作，做好野外工作，咱们做两个小时，在西藏要做两天，那里的情况确实比较困难，下一步的工作有以下几项：

第一，继续落实和不断深化国土资源开发政策规划。现在中央领导同志提出来，要两条腿走路，一是西部12省怎样搞上去，二是东部要把老工业基地、东北三省，特别是资源省或资源城市存在的问题，如就业问题、环境问题作为重点来抓，这些问题是一个大问题。所以，家宝总理说，我们要坚持两手抓，一个东部，一个西部。我们院里是不是也为他们做点好事，做好规划，国务院也希望我们拿出意见来。我个人认为，西部大开发结构调整和我们各个部门都是密切相关的，以什么为中心，来测地下水，测深时多少，1996年测的，当年270千米，深度32米，现在这个深度已经到了30多米，形成了漏斗，导致海水倒灌。这个管道应该用两年的，因为盐碱化，这个管道半年就要换，这个问题值得我们考虑。我还有一句话，西部地区找水问题，我们做了这么多好事，还有好多事情没有解决。后来我们给西部办出了一个题目：西部要做两件大事，第一件大事是西部矿产资源聚集区，怎样开发油气资源，第一，以新疆柴达木盆地为中心的油气资源；第二，以鄂尔多斯陕甘宁为中心的聚集区，中国能不能在这两个地方搞两个大项目，国务院给钱，这是要加强的。

第二，我们环境院、地调局进行西北地区、西南红壤地区和四川岩溶地区找水，国家能不能给点钱，用我们的智慧、用我们的能源、用我们的图纸，结合实际情况给西部地区找水。现在好多问题还没有解决，如果2010年达到小康水平时，西部地区连水都喝不上，我看差远了。还有我想，给重点工程建设提供高效的服务，要在西部大开发的重点项目上面，围绕青藏铁路、西气东输、西电东送、三峡工程、生态建设等等这些重点工程做好我们的工作。国家投资西藏铁路260多亿，西气东输1400多亿，西电东送资金也不少，三峡工程1800多亿，这些钱我们能不能多做点好事，去参与一下，搞点项目，去搞点钱。我看事在人为，当然要有分工，我们环境院和一些院士为青藏铁路筹资400多万。现在国家在做水资源利用规划，主要由发改委和水利部负责，地下水的问题他们没有搞好。他们同意把这个钱给我们环境院，给我们院士，南水北调要搞公务委员会，要我们给三个人员，三个人一个是专家型的，一个是搞政策法规的，一个是搞工程的，南水北调成立了一个专门的委员会，和三峡工程一样，搞东线和中线，将来还要搞西线。

第三，要加强区域矿产资源调查和评价、勘测的力度。

第四，继续把西部找水的工作放在重要位置，推进并重视生态环境保护。国务院西部办提出来，进一步加强地下水资源的勘测开发力度，用先进的技术使找水工作取得明显的成效，来推进西部地下水的开发，发挥我们部在西部开发地下水的优势。重点开发甘肃、陕北、陇西、陇东、青海、宁夏、新疆、山西西部等严重缺水地区的找水工作，缓解380万～400万人的用水问题。西部农村办的一个领导对我们这个题目很感兴趣，他说在西部找水能给老百姓解决问题就好了，我到那里深有体会，能给他们找到水就是谢天谢地了。邹家华当副总理的时候，每年2000万用于西部找水计划，现在第一年给了，以后就没有了，所以我们还要找国家要，西部老百姓的喝水问题要解决，水都解决不了，还谈什么小康。另外援藏的，要不断给他们钱找矿，地质灾害的问题我们要给他们解决，人家说了一个笑话，你要是不给钱我们就向西藏的达赖喇嘛去要钱。我们组织了8个省24个单位，再加1个局，25个单位，我们给了820万，造个大楼，他们的王局长既是厅里面的，又是地调局里面的，现在他又跟我说，原来我是地调局的，现在当了厅长。楼是地调局的，所以我现在没有地方了。我们开了一个会，二把手和三把手都参加了。我刚去，吃了安眠药，第二天抓紧组织会议，会开的挺好，给人家解决了问题。所以说，西藏的滑坡等地质灾害工作要加强协调，我就汇报一下我们部里面的一些与大家有关系的工作。

第五，国务院有一个文件是全国地下水战略研究，是国务院办公厅9月7日第4期出的，这个也是我们的东西中与水有联系的，是我们部里向国务院汇报，向中央汇报，给各部部长、所有的人大、政协领导看，这里面就是一个地下水资源开采的趋势状况差异。现在我们面临的一个问题就是地下水资源紧缺和浪费，地下水资源污染的问题，大力开采地下水造成的地面沉降问题。全国各地的城市由于大力开采地下水造成的地面沉降，其中沉降最大的城市上海，沉降了有2米，天津塘沽那边沉降了有3.1米，所以地下水资源可持续开发战略研究问题要提出来：

（1）调整地下水开采的思路，实施地下水资源的可持续利用，支持我国经济社会可持续发展战略。

（2）要对地下水进行浅层为主，深层适度，咸淡结合的开发。

（3）地下水要合理调控，以丰补缺。

（4）保护水质，采取必要措施保护地下水资源，联合调蓄，统筹兼顾。地表水、地下水、上游下游统筹兼顾。要从以地表水调蓄为主，向地表水、地下水联合调控转移。按照地下水的分布规律，实施区域地下水资源的保护工作。这里，我们提出来，华北地区怎么办，沙漠地区怎么办，黄土高原地区怎么干，河套地区怎么办，同时也提出来，东北地区松嫩平原怎么干，辽河地区怎么干，还有我们西南的岩溶地区怎么干，还有沿海的珠江三角洲、长江三角洲等。希望大家多提点意见，这我就不多说了。

下面我想讲一下国家发改委马凯主任对于“十一五”计划应该做哪些方面的工作的建议，包括我们部里面下一步怎么弄。我想说一些情况，我想这样，国家发改委做了布置，我们国土部也应该做出积极的响应，当时开会的时候我和副部长一起去的。这次国家发改委他们有一点变化，因为以前每个五年都叫五年计划，到2005年，中国一共搞了16个五年计划。从解放到1953年，是一个调整时期，1953年以后才搞五年计划。以后“十一五”叫不叫计划，有一个新的变化，叫年度计划。两年三年计划，五年叫一个规划。第二个新变化是原来以计划为准，以产品指标为准，现在要与国际接轨，要考虑到社会的发展、地区平衡、地区经济发展是“十一五”的一个弱点，是以后要加强的。差距越来越大，东部有些城市富的流油，西部有些地区穷的连裤子都穿不上。这个我说的可能重了一点，上次在云南昆明开了一个会，他们给我说一个是思想转变，一个是差距拉大。这里我讲一个笑话。西部地区的人说：“你们用来擦屁股的纸，我们都用来擦嘴；我们连衣服都穿不上，你们却要将衣服上搞两个洞。”内部地区和沿海地区不管是思想观念还是其他方面都有很大的差距，所以发改委提出来要解决地区差距问题，德国、英国、美国等也有差距，像美国有东西差距、南北差距，我到意大利去，他们对我说，南北差距搞了20多年还没有解决，我对他们说我们也有差距，我们在解决。我到德国去，他们为了解决中东部的差距，花了9000亿马克，所以我想地区差距不是一朝一夕能够解决的，我记得原副总理李岚清对地区差距的扩大很担心。

第三个问题，部长给我出了一个题目，说“十五”中国土资源的内容和项目，在国家的财务里面体现了。在“十五”党的总结里对经济发展提了36处，交到部里了，交到国务院了，但好多问题没有提到，没有写进去。那么“十一五”这项政策修改，我们国土资源部想做的项目和意图应该发到哪儿去。我一直想这个问题，请你们帮帮忙，想想主意。我想先笼统谈谈“十一五”的变化，首先谈一下马凯同志强化总体规划功能的建议。

（1）要加强“十一五”的战略性、宏观性和政策性，突出战略方针，战略任务，战略布局，战略措施和重大政策。不搞过度量化指标，搞了那么多指标，最后自己收不到，人大一开会，说了也白说，规划计划没有权威，所以没办法完成任务，很被动，另外要把市场经济和国家宏观调控相结合。

（2）改变规划内容无所不包，过宽的状况。有些方面可以由市场机制去发挥作用。政府应该充实公共服务，在生态环境资源保护、优化生态环境等方面履行公共服务职能，这跟国土资源部、环境司、监测院都有关系。公共服务、生态保护、资源环境、政府公共职能，这是我们“十一五”的一个导向性的东西。

（3）加强空间指导和约束功能。目前，在东、中、西三个集中地带发展的基础上，根据不同地区的发展条件，确定资源保护区，生态环境保护区，水资源严重短缺地区，这是国家“十一五”考虑的问题。水资源严重短缺地区，地质灾害频繁地区，生态环境开发地区，明确各地区的主体功能和发展原则，为区域规划的编制和区域政策的制定提供依据，这也是规划的功能。

（4）增加制度创新的功能。总体规划不应有过多的具体的措施，强调竞争性产业的发展，具体描述竞争性产业的发展方向。产业化等方面，重点阐述政府如何通过完善体制，健全法制，制定政策，维护市场秩序，用这种方法解决问题，为市场主体创造一个良好的宏观环境、体制环境、政策环境和市场环境。省际规划要在三线统一规划当中，起承上启下的功能，不仅要体现国家的战略意图，也要突出地方特色，增强对所说的市县规划的领导，相邻地区要搞好规划，比如说，上海和江浙，江浙要和上海和山西等搞好关系，类似于这些方面都要搞好。

其次，要做实、做深三线规划。马凯同志说了三件事：土地规划、矿产资源规划、三线规划。那么土地问题、地质灾害问题、自然灾害问题是不是也是三线规划？当时，领导跟我说你怎么把这个规划弄到国土资源规划里去，要切合实际，争取下面的意见，我想，做实、做深三线规划，是不是应从以下三个方面考虑。

第一点，确定规划的领域，三线规划是什么？是政府的公共职责来制定的。比如说“十一五”经济发展，十六大提出来，2010年达到小康。我们土地规划怎么做，要搞个土地三线规划，矿产怎么保护，进口多少，自己产出多少，资源开发多少，这个方面，我们应该做规划。

第二点，这个规划应增强，应有针对性和可操作性。三线规划必须服从总体规划，确定发展方向和原则，深化和落实总体规划的战略和任务。国家通过十六大五中全会定下来我们新的“十一五”经济社会发展规划，通过以后，各个战线规划都应服从这个规划。马凯同志这样说，要改变所有战略规划都要坚持五年一次的惯例，更新规划对象特点和任务科学确定规划，所以他提出来科学的、教育的、能源的、交通的、水资源的、生态环境的、环境保护的等等包括土地在内的三线规划，可以规划到2020年。编制规划到下一个五年规划时，滚动修变，这样就是动态的，不是静止的，技术更新更快的，市场变化较大的产业，规划期也可以是3年或者4年，不一定要5年10年不能变。在这个方面我们有很多经验教训，土地规划10年20年刚性太强，结果大家意见很大。这里存在一个规划期的问题。目前水资源、能源的规划编制已经启动，各个部门应抓紧时间搞好本部门的规划编制工作，要认真分析，土地规划和资源规划这个工作我们正在做，其他的各个方面也要加强，数量不宜过多，要突出本地特点，不要简单重复国家规划的内容，这个规划要有我们自己的特色。

第三点，把区域化放在突出的位置。刚才我们说了，区域差距和格局我们没法弄，我们监测院是不是根据全国各地的不同情况，或者地质灾害、地下水等等一些情况，咱们在做规划的时候，可以根据不同的区间、不同的地区、不同的情况，各种不同形式下，我们要做不同的规划，所以马凯同志提出来，“十一五”期间，我们要针对一些跟经济联系更加紧密的城镇地区、重点灾害地区等进行规划，他提出来东北老工业基地、长江三角洲等要进行规划，我想这些可以根据他的要求来做，还是和我们有密切关系的。

此外，马凯同志还提出来要改革县市的规划，这一点我就不讲了。

我就想说你们要帮我考虑研究，做好“十一五”战略规划编制工作的几点要求，这和我们工作有关系。我们做好“十一五”战略规划编制工作的几点要求，必须全面贯彻江泽民同志“三个代表”重要思想。首先，按照发展要有新思路，改革要有新突破和开放要有新局面，各项工作要有新举措的要求，要加强调查研究，发扬民主，规范编制程序，注意衔接和协调，突出发展重点，强调规划的深度，提高规划的可操作性，这是总的规划要求，具体说有以下几点：

（1）加强调研，理清发展思路。这就需要分析国内外环境，要把握发展阶段，把握前进方向，结合前进性、战略性、前瞻性进行重大研究，在广泛听取专家意见的基础上，提出包括环境分析、总量平衡、结构调整、区域经济、科技教育、改革开放、社会发展、人民生活需要等8个方面40多个重大课题，这里面主要是如何解决目前小康的低生活水平、不全面、不平衡的问题。

（2）如何解决扩大就业，缓解就业压力。

（3）如何促进农民收入，解决吃饭问题。

（4）扩大消费需求，促进经济增长的趋势。

（5）如何统筹城乡经济社会发展。

还有就是，如何进一步推动西部大开发和振兴东北老工业基地，这些都是问题，如何实施科教兴国和促进发展战略，提高粮食、淡水、原油、重要矿产品等战略资源的保障程度，国家发改委对“十一五”、国土资源部做的规划和工作都报告进去了，如何提高粮食产量和供应淡水都和我们有关，尤其资源勘探开发，粮食安全就是耕地保护，如何利用国内和国外两个市场、两种资源，后面提出的两个问题和我们国土资源部有密切关系。

我们国土资源部“十一五”国土资源规划的前期工作，是不是按照以下几个方面来做。首先说指导思想，总的指导思想是未来的20年是我国经济社会发展的重大战略机遇期，完成党的十六大在这个时期的奋斗目标，特别是“十一五”期间，国土资源的调查、评价、规划、管理与保护应当采取什么样的思想和战略，应适应全面建设小康社会的要求，走轻型规划道路，实施西北大开发，实施可持续发展战略，搞好国土资源综合整治，促进经济企业协调发展、经济全球化发展等，我们应该在这方面作些研究，积极探索并科学回答一些重大问题。具体来说，国土资源规划前期工作的指导思想，“十一五”五年的指导思想应该是邓小平理论、“三个代表”的重要思想，认真贯彻实施党的十六大以及中央领导同志座谈会上的精神，以提高国土资源在经济社会发展中的保障能力和有效供给及有效支撑小康目标实现为最终目标，以改革发展稳定、开放、科学进步为主线，土地、矿产、海洋等国土资源所面临的形势重大战略问题、对策、措施为重点，突出以人为本的规划发展观，从全局性、战略性、前瞻性的高度，对国土资源的调查、规划、评价管理，进行一个五年的总体设计和五年安排，下面是我个人的观点。

（1）明确国家战略目标。马凯同志说国土资源部的规划必须明确国家“十一五”的战略目标、战略任务，我们国土资源部应该落实对可持续发展的保障服务，为全面建设小康社会服务，作为我们国土资源规划的一个主线，总体来解决“十一五”规划的宏观部署、宏观体制、宏观的建设问题，建立适合我国国情的国土资源规划体系。

（2）突出战略部署重点。我们的规划应着眼于国民经济、社会发展、产业结构调整、国土资源自身发展的全局高度，突出解决影响国家经济社会发展和人民群众生活等重大事件中国土资源领域的关键问题，确定“十一五”重点项目工程，要做到精心选择，突出重点。

（3）要体现规划的区域特色。我们国家各个区域情况不一样，所以这也是我们的国情，发展不平衡。每个当地政府的财政、当地政府的收入、当地人民的人均国民生产总值，和自身的产业结构都不一样，我想是不是根据不同地区、不同的国土资源情况，因地制宜，实事求是地制定我们的战略目标，提出我们的方向、重点和政策，更重要的是提出我们的管理措施。

（4）强化制度，科技创新。不创新，不强化，没出路，所以要进一步完善规划管理体制，注重理论创新、制度创新、方法创新、科技创新和手段创新。方法创新是指科技方法，手段创新是各个方面的国家政策措施，甚至说比较高明的手段来激励这个方面的工作，发挥规划管理制度来引导规划制定问题，进一步促进“九五”。“十五”以来我们好多工作还做得不够，怎样通过“十一五”来进行积极转变。

（5）注重规划的开放环境。开放的环境对于规划的前期研究工作来说就是广泛动员社会各方面的力量，强调政府产业研究，就是政、产、研相结合，充分发挥智囊团的水平，我们院就是将来国土资源部在这个领域的智囊团，是个摇篮，是个基地，我们要吸取专家的意见，真正使我们的研究工作，使我们“十一五”的规划编制工作，成为全社会的统一思想的全过程，这就是我所说的前期研究工作的指导思想。

下面我想讲一下研究的内容方面。

第一个专题方面，国土资源“十五”计划评估研究。现在已经到了2003年中期，我们应该评价一下两年来我们走的路怎么样，完成了多少，还剩多少，下一步怎么办，这些工作要研究。

第二个专题是新时期国土资源面临的新形势。新任务是什么要研究透，要系统地研究分析，适应经济全球化、资源全球化、可持续发展战略，全面建设小康社会，走新型工业化道路的要求，从土地、矿产、海洋国土资源方面进行调查评价，规划管理和保护利用，各个环节所面临的形势任务一定了解清楚，分析透，这样才能准确把握国土资源“十一五”规划的重点、热点、焦点、难点，为“十一五”的规划研究和编制提供研究工作。

第三个专题研究是新时期国土资源保护能力研究。

第四个专题是国土资源重大战略问题研究，比如说走出去请进来，这个问题怎么研究，重要的国土资源、危险工艺战略研究，国土资源开发与环境保护与发展战略研究，比如说你们国土资源部，西部大开发就是西部大开放，西部资源环境脆弱，如本来已经很缺水，环境很脆弱，你们大开发使水更缺，沙漠化更厉害，环境污染更严重，我们专家们是不是也应该考虑一下这个问题。

第五个专题研究“十一五”国土资源重大工程研究，“十五”的时候，部长把我找去，说我的文章写的比较好，他们也比较满意，但是地方省长来了以后，说你们这都是空话，任何工作都要通过项目，必须要提出项目，最后我们搞了好多项目，但是财政部不给钱。最后，我们确定了七大项目，交了以后，给了一点钱，所以我想我们应该有一个中期评估，向部里面汇报，向国家汇报，甚至向国家发改委、财政部汇报，你给了我钱，现在我正在动，如果“十五”完不成，“十一五”中可以体现，“十一五”能够拿到一点项目，这就是我说的工程计划问题。

第六个是“十一五”规划的目标问题。要好好研究，不能空洞，一定要远近结合，结合定期目标和长期目标，完成这些目标的作用要搞清楚，措施建议要制定。

第七个是研究经济社会发展和资源环境保护的问题，系统研究一下经济发展与资源保护的辩正统一的关系、资源在经济社会发展中的地位和作用关系，我们世界上主要发达国家是怎样进行经济发展与资源保护的，怎样能够借鉴到中国来。

第八个，尽量利用可持续发展国土资源市场的走向问题。

第九个，资源评价与资源安全问题、资源与环境问题、国土资源的科学管理问题。如何提出经济社会发展与资源保护的关系的措施和建议是一个重要的问题，要客观的评价和总结西部大开发的问题是什么，成效是什么，今后应该怎么办。中央提出来一手抓西部大开发，一手抓振兴东北老工业基地的研究。

第十个，国土资源规划的理论与方法研究。

第十一个，国土资源综合整治与规划研究。这个与我们院里的关系密切，如国土资源规划、建议、重大工程，加强生态环境、矿山环境治理，包括保护土地、海洋的环境整治都在我们的研究范围之内。

第十二个，国土资源的科技创新。我们院在“十一五”的五年当中，在科技规划以及各个方面，科技创新，科技发展存在的问题、发展的方向，科技发展的指导目标重点任务重大工程，到底应该怎么来认识。

第十三个，国土资源规划体制研究、规划问题。我想这个问题怎么解决，这里面有一个尖端技术问题、中期评估问题、规划期的修改的办法问题。

第十四个，国土资源规划要与保障措施结合起来。不能老说空话，办不到不行。

第十五个，国土资源规划框架体系研究。我主要是说了前面几点，现在还没有研究好，所以提出来。在“十一五”的时候，我们的研究很尊重老前辈、老专家的意见，请来高咨中心、中国矿联的专家。我们给他们出了一个题目，我对方克定老先生说，“十一五”快到了，你们应该出个什么主意，我们规划这么多，这个指导思想都还好写，但必须要有重大的、有带动性的项目，你们老先生能不能给我们出个题目。方克定召集了一些专家说，规划司给我出了一个题目，写了一个组织对国家“十一五”国土资源攻坚项目的前期论证。根据部里领导的指示，规划司于8月6号开会研究，研究“十一五”国土资源前期规划问题，这是一个有战略意义的工作。8月31号，国务院邀请了十多个专家正式座谈，拟了一个建议稿，供领导结合规划司参考，项目的资金不少，不是两亿、三亿的问题，是几十亿的问题。这其中提了七八个题目，水文地质与环境地质监测和整治问题，他提了一个大题目，其中涉及几个小问题。

其中第一个题目是，黄淮海地区地下水资源调查与评价。方克定认为黄淮海地区属于资源型缺水，不是工程型缺水，下雨下地少，我们南水北调是解决北京、天津地区地供水问题。他认为20世纪60年代，大量开采地下水给城市建设和农业灌溉造成超采，形成了地下水漏斗和地面沉降，冀鲁豫和京津地区变成地下水漏斗区，达到了漏斗面积4万多平方千米，漏斗中心水位还在不断地加深下降，这个问题不但造成了水污染，地面塌陷和地裂缝等地质灾害，特别是黄河上游地下水水位下降到50年来最低水位，海水倒灌，这个问题怎么办，这个问题需要研究。

第二个题目是西北内陆地区地下水资源调查、监测和可持续发展。西北内陆盆地地区地广人稀，自然资源丰富，开采潜力巨大，水资源问题是制约西部大开发的障碍。“八五”“九五”期间，我在原国家计委的时候，想给青海、甘肃搞一个项目。可研究了一年半，打消了我们的想法，为什么？因为没有水，人民要用水，工程项目要用水，搞城市建设要用水，西部地区严重缺水，地下水没有开发。内陆盆地的河流多，大多来源于高山的冰雪融水，化了就有水，不化就没有水，水流到盆地平原之后，造成了地表水和地下水转化的不合理，从而造成了西部的这种不合理状况。现在西北地区用饮水引灌，这样也可以，但是也造成了另外一种后果，使地下水位上升，土壤盐碱化加剧，比如说，你这个地方要引水引黄，上面好好的土壤就要盐碱化了。不能说水利部中央领导说句话，我们国土资源部就不敢说话了，我们应该说。比如宁夏，水引过去，水位升高了，可土壤盐碱化了。我到下面去调查，他们跟我说引水好，可是水位一高，土壤盐碱化，这个地方就报废了，我们引水，应该为老百姓造福，所以我们应该讲科学，科学设计一下路线。要给从事监测、地下水工作的人员说，你们这样搞不行，该怎么搞，在这些方面我觉得我们做得不够，好多专家都不敢说，认为那些不是我的事情，说出来说不定给我带一顶帽子，所以说针对这些问题，我们应该做一些工作。

第三个问题就提出来，天山北麓，塔里木盆地农业石油化工综合开发区，柴达木盆地经济开发区综合用水问题。我们院、国土资源部是不是应该提出一个想法，在水文地质勘探方面，在城市发展经济方面，西部地下水库的开发问题，工业城市用水问题等，有些地方一桶水16元，一个老汉为了水跑了16里。所以说“三个代表”能不能从这个方面给人们做点实事。比如贵州、广西、云南岩溶地区的碳酸盐化综合整治问题。南方以贵州为中心，在贵州、广西、云南、重庆、四川、湖南、湖北，包括广东边界地带，形成了62万平方千米的可溶性碳酸盐盐区，岩溶强烈发育9800多条，全长163000多平方千米，我们的地下河在50～500米以下，这些情况我们需要好好研究，他们提出来要进行区域地质地貌评价。

第四，全国土壤水资源的调查评价。这个我们院里是不是也应该考虑，我国半干旱气候地区分布比较广，怎么样才能在农业方面做点工作，土壤水的调查评价河地下水一样，这都是为社会服务，要有奋斗目标为人民做好事，农业地区的地下水研究要重视。

第五，全国地质环境监测网的建设。这个我们应该提出来，地质环境问题，特别是地质灾害问题，中央领导特别重视，江泽民、李鹏、朱镕基、胡锦涛、温家宝都提出来这个问题，“十五”计划里面有。“十一五”期间，我们能不能在生态环境、自然保护等国家的重点规划方面体现出来，到2010年，能不能以流域盆地为单位，建好全国的监测网，在华北平原长江三角洲等六大盆地建好地面沉降地裂缝的监测网。

第六，在综合地质灾害比较严重的1000多个县市，建立监测预警体系。

第七，与以中国气象局为中心地各省级气象部门合作，不断地完善全国地质灾害预报预警资料地采集、汇报、处理、会商和发布系统，预测预报的准确性。说个笑话，三天、五天雨没有下来，第六天雨却哗地下来了，所以会商和发布系统预测预报准确性要提高。老百姓都在反映这个问题我也有所体会，原来我也搞不懂，为什么前几天不下，突然“哗”地下来了，他们说到最后挂不住了，他们就下来了，一下一大堆，把房子给淹了。还有一点，建立完善的地质环境监测网络。我在环境司的时候向上面要钱建监测网，上面说那么多省怎么搞，我说好，先搞几个重点的，重点在厉害的地方，先把它建起来。我们要在这方面通过媒体宣传，通过公报形式在地质环境预测和防震减灾方面宣传，这个高度和强度还要加强，地质灾害要得到有效地控制，还要加强有效地宣传。另外一个方面，农业地质灾害调查工作在全国已经展开，听说52个地区在搞，大约15个省。我们明年的规划根据部长的要求和开会的意见，“十一五”期间实施，不管怎么说干好事是对的，这个大方向要确定，至于钱怎么来，怎么筹备，我们院也可以作为一个重要的方面来考虑。此外农业生存发展的环境研究、水文地质微量元素饲料和肥料等的研究、现代农业和调整农业布局的研究、东部地区农业地质调查的研究已经取得了初步的成果，在农业生态环境方面取得成效高，值得推广。明年我们列的15个省市还要推行这些规划，以上我提到的这些问题中也许有一些不成熟的地方，你们可以提一提建议，让我们为“十一五”共同努力。

在中国地质环境监测院处级干部培训班上的讲话

张洪涛

（2003 年 10 月 24 日）

建国初期，我国处于恢复建设时期，以地质勘探为主的地质工作呈现一派繁荣的景象。“是那山谷的风，吹动了我们的红旗”，当年地质工作者唱着这首豪迈的“勘探队员之歌”，风餐露宿、跋山涉水几乎走遍了祖国的大江南北，用实实在在的工作为国民经济建设提供了资源保障，用生命和热血谱写了一曲曲地质队员为之自豪的奉献之歌。但是随着时间的推移，传统的地质工作已经不能再适应社会发展的需要。特别是到了 21 世纪，新情况、新形势的不断出现对地质工作提出了新的要求，因此地质工作必须进行改革和创新才能适应经济社会的发展。

一、新世纪的四大新特点

新世纪第一个特点是新形势。新形势的最大特点之一是由传统的计划经济走向社会主义市场经济，这一重大的转向有利于社会的发展，也给地质工作提出了新的挑战；由中央统管转向队伍属地化，这一转向更加有利于地质工作的统一管理，但配套政策尚未完全到位。由单纯的找矿地质工作，开始延拓到经济建设和社会发展两个方面，但具体做法仍在探索之中。

第二个特点是新形式。其一，是从考虑局部（区域的、部门的、单位的）利益转向考虑国家层面利益（代表最广大人民的最大利益）；其二是项目运行机制从由下而上申报，转为从国家利益出发的自上而下部署；其三是由科研生产“两张皮”向以科研为先导、项目为依托、以推动生产力发展为目的的高度融合；其四是从计划经济的指令性下达任务，转向以社会主义市场经济为需求的业务指导、项目联系。

第三个特点是新视野。进入 21 世纪，科学技术进步的成果是我们可以通过新的视野去观测地球、明辨事物，我们认识事物在向微观性和宏观性两个不同方向进行延拓。更加“微观”，是由所谓的纯地质学，向表层岩石、矿物及其结构、微量元素、稀土组分、同位素、微结构、微构造等方面转变；更加宏观是由纯地质向地球物理场、地球化学场、光谱场、遥感、古地磁复原、飘移板块复位、生物年代重建、天体物理、宇宙起源、元素起源、超时间隧道等“宏元”、“系统”方面转变；其二是传统地质学向新兴学科的转变，通过学科的交叉、渗透，一些新兴、综合学科如地球化学场、地球物理场、放射性年代学、环境人文科学、（古）生物及生物工程学、计算机科学、新材料（纳米等）科学等；第三，考虑地质问题的视野由二维（平面/地表）转向三维（钻探/物探），再叠加上时间维，即转变为四维的角度去考虑问题、看待事物，更加有利于开阔视野，近年来更是“以人为本”，理科与文科进行交叉融合，有的称之为“人文地质学”。

最后一个特点是新技术。地质调查成果必须通过技术，向生产力进行转化。地质工作的传统工具是地质锤、罗盘、放大镜等。在科学技术高度发达的今天，这些简单的地质工具已经并正在被许多高新技术方法所代替，如遥感技术（高光谱分辨率、合成空间雷达探测等）、计算机技术（野外数字采集、GPS、GIS、SIG 技术等）、人工智能技术、地球物理技术（地震、电磁、放射性测量、井中物探、微观地球物理测量、太空空间技术等）、综合地球化学勘查技术、同位素技术、微区测试分析技术、深部钻探技术、洋底取样技术等，新的视野将产生认识上的飞跃。

二、地质工作的三大任务

从根本上讲，地质工作者面临着三大主要任务。

第一，是认识地球。人类迄今对由大气圈、水圈和岩石圈组成的地球，认识极为浅薄，特别是对于提供维持生命氧气的大气圈、涵养生命的水圈等知之甚少，人类面临着对认识地球的“瓶颈”性、基础性难题，就像伟大的哲学家罗素所说的：“我们是怎样谈论人的？会不会像天文学家看到的那样只是一点尘埃，无依无靠地在一颗不重要的行星上蠕动？或像化学家所说的是巧妙摆弄在一起的一堆化学品？或者像在哈姆雷特眼里看到的那样，人在理智上是高贵的，在才能上是无限的？或者兼有以上的一切？”

第二，是为国家安全提供资源保障。铜、金、铁、铝、石油、天然气等自然资源维系着人类的生存，制约着社会的进步。现在，任何国家都受资源和市场的双重制约。我国是一个资源较缺的国家，到 2005 年油气的对外依存度将达 40% 以上（实际上 40% 的能源对外依存度是世界各国的能源警戒线），由此可以看出能源在我国所处的地位和作用；紧缺矿产对外的依存度也非常严重，其中钾盐为 80%，铬铁矿 80% 等等，地质工作者不能视而不见。

第三，是关注人与自然环境的和谐共处。地质工作是人类生存环境的监护者、保卫者，要通过“适销对路”的地质工作及延拓服务，为国家的发展和公民的健康提供基础资料及相关建议，要优先对地质作用引发的地球浅部无数的地震、崩塌、滑坡、泥石流、火山喷发、地面沉降、地裂缝等地质灾害进行调查、研究、预测及预警。

三、改革与探索——关于国家地质工作

在 1996 年在中国举行的 30 届国际地质大会上，江泽民总书记在北戴河接见了世界地球科学家，他指出：“地质科学的根本任务在于认识地球，并利用这种认识，去保证人类生存发展所需要的自然资源，保护和改善人类的居住环境。”这就告诉我们，国家的地质工作在新世纪必须与时俱进，要通过改革谋求发展。一场非常深刻的变革发生在 1998 年，原来的地质矿产部、国家土地管理局、国家海洋局和国家测绘局四个部门组成了国土资源部。紧接着于 1999 年成立了中国地质调查局。同时地勘队伍的改革前所未有地予以全面铺开，原地质部门拥有的 40 万人的地勘队伍进行了属地化改革，到 2002 年包括原行业在内的地勘队伍精简到 9 万人，中央要求的组建一支 2 万 ~3 万人的能承担基础性、公益性和战略性地质工作的公益性地质队伍（“野战军”）建设进入了实质性阶段。2001 年部又通过健全完善中国地质调查局，寿嘉华副部长兼任中国地调局局长，实现了中国地质科学院等27个机构的重组，从而使地质队伍建设进入了新的阶段。根据中央的指示精神，中国地调局还要进一步深化改革，计划在近期完成。最近孙文盛部长对这一工作提出了具体要求，尽快按中央要求实现地质队伍的精兵加现代化。

关于地质工作，我们是经过反复学习和探讨的，认识也是逐步深化的。钟自然院长是专家，他在担任规划司的领导时，重点抓了全国地质工作规划的工作。全国地质工作应该包含三部分，一部分是国家地质工作，是中央财政管的；一部分是地方的或省一级的地质工作，也包括区域性调查；还有一部分是企业的地质工作，由市场驱动。在改革的进程中，我们反复比较、研究了发达的资源大国的经验，根据中国的实际情况，寿嘉华副部长明确提出了“国家地质工作”的概念。我的理解，国家地质工作是指国家出资的、体现国家意志的、服务于社会的、造福于全体公民的地质工作。它的任务有四个方面，一是以保障国家资源安全和可持续发展战略为宗旨，二是为重大工程项目与宏观决策开展的前期工作，三是满足社会需求的地学知识与信息需求，四就是发展地学。

要做好国家地质工作，必须树立三个新观念：一是要树立“大地质观”，实际上是要跳出传统的“地质学”领域，广泛了解社会需求，增加调查内容，实现地调信息、成果社会化服务，整体向经济、社会发展战略延伸，“大地质观”实际上是“地球科学”、相关学科、拟服务领域之和；二是调查与科研“融合观”，传统观念认为“研究”高人一头，“调查”是低级劳动，而没有认识到地质调查是地学研究的基础，地学研究是地质调查的深化，实际上地质工作就是调查和研究之和，如何调整、如何组织、如何融合，既是一项重大的研究命题，也是一篇永远做不完的大文章，我认为在当今条件下，应该破题了；三是“全局观”，就是说社会已经发展到了可以跨出学科、跨出专业领域、跨出单位、跨出部门的新时代，我们完全可以做到整体推进国家地质工作，在国家层面上强化统一规划、统一部署、多工种集成作业、多学科综合研究，在组织方式上发挥调查、研究和教学各方面的优势，在垂直方向上协调好中央与地方的关系。

参照国外地质工作的经验教训，我们打破了传统的以学科为线条的单一模式，提出了面向九大经济领域的九大目标。第一，面向各行各业的多目标合作填图；第二，保障国家资源安全的战略性矿产资源调查与评价；第三，支持西部大开发、振兴东北等老工业基地的资源与环境调查评价；第四，维系东部人口密集区可持续发展的生态环境评价；第五，面向未来的新能源战略调查；第六，配合国家重大工程建设的前期地质工作；第七，支撑政府决策、面向社会公众的信息化工程；第八，推动地质科技进步的创新工程；第九，参与全球资源配置的境外矿产战略调查。

为实现上述目标，我们必须要实现五个方面的全面提升。第一，是从解决实效性与战术性问题，转向解决前瞻性与战略性问题，提升地质工作为国家宏观决策服务的水平；第二，是从地质找矿拓展为资源与环境并重，提升地质工作面向社会服务的能力；第三，是从国内走向世界，提升我国地质工作的全球化水平；第四，是从传统工作方式转变为现代方式，提升地质工作技术层次；第五，是从封闭走向开放，提升地质工作的信息共享程度。

温家宝总理指出：“地质工作既是经济建

设的先行，又贯穿于长期建设的全过程，渗透在经济、社会发展的许多方面。”在2001年11月25日温家宝总理又批示：“中国地质调查局的组建工作已经落实，标志着‘地质野战军’的建设进入了实施阶段。要根据中央的要求，积极推进地质工作的根本转变，使地质工作更加密切地与国民经济与社会发展相结合，更加主动地为经济与社会发展服务。”在上述思想的指导下，国家正式批准设立“新一轮国土资源大调查”专项，项目周期12年，2010年结束，项目总经费120亿元，包括一项计划，即国家填图计划，五项工程，即土地资源调查监测工程、矿产资源评价工程、数字国土工程、地质灾害预警工程和新技术发展工程。目前，项目已经进行了四年，取得了一大批与国计民生密切相关的重大阶段性成果，大大鼓舞了地质工作者再接再厉、更进一步的斗志。

四、十大地质工作延拓领域（需要进一步补充完善）

第一，在基础地质研究方面坚持“有所为，有所不为”，以季强博士为代表的科研群体，在热河动物群研究取得突破性进展，查明以中国龙鸟和被子植物为特征的热河生物群地质生存环境及进行相关地层，提出埋藏鹦鹉嘴龙化石的火山灾变原因，研究提出古盆地和古气候的发生与生物群演化的关系；发现关岭生物群保存有完美的海生爬行动物和海百合化石，以多门类脊椎动物、无脊椎动物共同繁盛为特色的珍稀生物群，其化石保存之完美，类型之多样为世界罕见。

第二，以殷鸿福院士为代表的科研群体，发现、研究、建立了全球二叠三叠系界线层型金钉子剖面（浙江长兴县煤山剖面），这一成果得到了大多数国际同行的支持，并于2001年3月由国际地质科学联合会终审认定；建立了与金钉子化石H. Parvus相关的世界上最完整的二叠-三叠系界线牙形石序列，精度达到万年级；新发现90余属种化石，划分了28个化石带或组合带；为建立国家级地质遗迹保护区提供技术支持。

第三，大陆科学超深钻（IGDP，位于郯—庐断裂的江苏省东海县）进展顺利，该项目起止年限为2000～2004年，项目总经费将近2亿元，设立了20个研究专项，包括板块构造、火山与地震、全球环境与气候变化、天体碰击与灾变事件、地热与流体系统、大陆与地幔动力学等。主要目标是揭示大陆板块会聚边界的深部物质组成与结构；研究超高压变质岩的形成与折返机理；探索现代地壳流体-岩石相互作用与成矿机理，为资源开发和地震发生机制研究提供科学依据。在实践中攻克了世界难题，成功恢复岩心正确方位（地层的结构走向、倾向和作用力的方向等）；发现了数十种地球上没有见过的、极端条件下生存的微生物；发现了大量的地壳深俯冲的物质证据（柯石英等）；在476米处发现了没有任何生物成因的甲烷异常，在1001米处发现了氦异常等。截至2003年9月19日，科钻一井已完成3600米进尺。

第四，对三峡地质灾害开展调查、研究和预测。三峡工程带来了大量的地质问题，大规模移民又引发了大量的自然滑坡被斩断、滑坡失稳等新问题，急需进行地质调查和研究。为此，地质工作者及时开赴现场，开展了大量的调查、研究和预测预警工作，目前已经完成三峡库区19个县（市）地质灾害调查评价；一举完成了在第一期蓄水之前的航空摄影，当135米以下的物体永远消失在人们的视线时，我们已成功地将历史的画面和数据永久保存在地质工作的档案里，三峡库区以后各个阶段的建设和全区可持续发展仍将有据可依。

第五，西部找水告捷。开发西部，关键是水。西部地区降水时空分布极不均匀，旱灾频发；地表水已利用程度较高，潜力不大；引水工程受地形、距离、资金限制，近期尚不具备大规模移民和调水解决的条件。我们在西部安排了四期计划项目，工作项目22个。中国地质环境监测院也参与了这方面的工作。目前，已有一大批成果问世，包括查明鄂尔多斯盆地含水层分布、岩溶水赋存规律及补迳排条件、白垩系自流水盆地地下水潜力等，并于地下970米深处打出优质地下水；在西南岩溶地下水勘查方面，查明地下水赋存、运动机制，发现一批岩溶构造，圈定一批地下水源地。上述成果极大地支持了西部的经济开发，受到了当地政府、群众的欢迎。

第六，地质工作主流程信息化。这是传统地质工作方式的一场深刻革命，地质调查信息化工程分为五大部分，包括地学的基础数据库、地学的产品数据库、网络与管理系统、地质调查相关信息技术的研究开发与应用、评价信息化标准的研制等。在信息化工程中有一个重要的原则，是以1:25万的地质填图为最基础的第一手资料，以此建立原始数据库，可以延伸成三个系列，一个系列是标准的国家小比例尺图件系列，即1:50万、1:100万、1:250万和1:500万四种规范的地质图件，不同时期、不同地区、不同专业的图件将依此为标准进行规范和标准化，形成系列；第二个系列是填图系列，即面向经济建设和矿产勘查的大比例尺填图系列，分别为1:10万、1:5万、1:2.5万和1:5000；第三个系列是从标准的1:25万地质图的实际数据出发，研究编制系列专业图件和科普图件，如构造图、花岗岩图、岩相古地理图、水文地质图、成矿图等。

基础数据库是国家地质工作的重点之一，计划建立上百个基础数据库，通过网络（特别是SIG技术）实现社会共享，目前已有数十库正在建设，1:50万数字图库、1:250万的数字地质图空间数据库、1:20万数字地质图、岩心钻孔数据库等一批重要数据库已经建成，部分已经验收，有的已经无偿提供政府决策部门及社会使用。数据库建设必须规范和科学，因此部将恢复成立全国地质编图委员会，以利于对基础数据库、基础图件产品的统一规划。同时“3S”技术在地质工作中的运用得到充分重视，从2000年开始全面推广GIS技术，最关键的是，终于成功研制“野外数据采集系统”，实现了GPS、GIS、RS技术在掌式计算机上的内在统一，既能提高填图工作的效率，又能大大保证原始数据的质量。青藏高原1:100万航磁已经全面完成，实现我国1:100万航磁测量的全覆盖，并获得了大量珍贵的构造、地层、环境、矿物资源等信息。

第七，开拓地学服务新领域，农业地质、城市地质调查开始起步。农业是我国经济建设的重中之重，发挥我部勘查地球化学的学科优势，主动与农学进行交叉综合，服务于解决“三农”问题和农业产业结构调整，积极推进省部合作模式的多目标农业地球化学调查。在技术上发展土壤残留农药等有害有机物分析技术、开发Cd、Pb、Cr、Hg等重金属痕量分析技术基础数据库、开发数据处理成果表达技术。迄今已经与17个省区签订了省部合作开展农业地质调查的协议，覆盖规划面积108万平方千米，共筹资金达到7亿多元。与中国地质大学（北京）合作的生态地球化学研究中心即将成立。

城市地质工作也是开拓新领域的重要方

面，这方面工作也与中国地质环境监测院的工作紧密相关。国土资源部已经确定与北京市联合进行城市地质调查的项目，主要是“三圈”和“三层”。“三圈”是北京市市区一圈、近郊区一圈和远郊一圈。“三层”是建筑层、松散结构层和基岩层。由于地质工作在今年上海4号地铁线的塌方及抢救工作中起到不可忽视的作用，使得上海市对地质工作进行重新认识，提出与国土资源部合作一个上海市立体地质填图项目。国土资源部将给上海市提供一个数据模型、工作部署模型和管理模型。

第八，战略性矿产勘查工作取得重大突破。其中东天山、雅鲁藏布江、西南三江等将有希望成为我国新的世界级的多金属矿产基地。以东天山为例，对地质、地球物理、地球化学和遥感作综合部署，并利用深部钻探进行验证。1999～2002年期间，矿床远景规模猛增至特大型，并且又发现了灵龙铜矿、维权铜矿、卡拉塔格铜矿和雅满苏铜矿。通过上述勘查得出矿的产量是：铜426万吨（边界品位0.50%），铜703万吨（边界品位0.20%），伴生金100吨，伴生银3000吨。全区铜资源量超过100亿吨。

第九，全面开展青藏高原大普查。青藏高原总面积为240万平方千米，其中145平方千米属于地质调查空白区，因此，我们以1:25万的图幅为基础进行部署，面积大约为145万平方千米，104个国际分幅，组织了50多个单位6000多精兵强将奋斗在青藏高原，目的是查明地质与国土资源综合信息，寻找矿产资源，查明结构，研究高原隆升过程及环境效应。到2002年底已完成1:25万区调幅57万平方千米，未完成的65幅约103万平方千米。2003年河南、陕西、江西、西藏的几个队伍在青藏开展着900个项目。到2005年人类将第一次实现全国1:25万地质调查工作全覆盖，2008年将编制完成中国第一套中比例尺基础图件。同时在西藏发现了一批重要的大型矿产地，包括冈底斯北麓铜锑银金多金属富铁矿带，由江西地调院、成都理工大学等完成；拉宗—那德多金属成矿带，由河南地调院完成；扎布耶茶卡超大型硼钾盐等矿床由矿产资源研究所、成都理工大学等完成；阿牙克库木湖巨大砂岩型铜矿由陕西地调院等完成；可可西里湖大规模砂岩型铜矿和石膏矿床由青海地调院等完成；木孜塔格—慕士山铜多金属成矿带由新疆地调院、陕西地调院等完成。此外在西藏南部还发现了巨型铜矿带：在西藏冈底斯成矿带，发现化探异常80余处，矿点30余处，已发现10处斑岩型铜（钼）矿床。目前我国最大铜矿是西藏玉龙，铜矿大于900万吨，江西德兴铜矿大于800万吨。通过2～3年全面勘查，整个雅鲁藏布成矿带有望超过1000万吨，成为我国又一具有世界级规模的铜矿带，这对西藏开发和青藏铁路经济带建设具有重要战略意义。

第十，新型能源“可燃冰”取得突破。“可燃冰”又叫天然气水合物，形状为是白色冰块，成分是CH_4、C_2H_4和CO_2，赋存条件是温度0～10℃以下、压力大于10MPa、水深大于30米、埋深0～1100米。“可燃冰”的性能优越，洁净高效，1体积水合物可分解164倍的天然气及0.8倍的水；赋存条件广，陆域的20.7%，海底的10%（相当于4000万平方千米）；储量巨大，为陆地甲烷总量的3000倍、全球有机能源的2倍；公认为10～15年后的替代能源，足够人类使用1000年。因此“可燃冰”的首次发现是我国新能源调查的重大突破，也是我国今后20年能源发展的重大战略方向之一。美国早在20世纪70年代开始调查“可燃冰”，1999年美参议院列入战略能源国家计划，指定能源部和USGS组织实施，年投资2000万美元，迄今已投资3亿美元，计划2015年进行商业性试采。美国海域的天然气水合物资源量为3172万亿~19142万亿立方米（美常规天然气储量为40万亿立方米），其中布莱克海台资源量达350亿吨油当量，可满足美国105年的需要（美年生产量到2020年仅为0.79万亿立方米）。1996年日本设立“天然气水合物研究及开发推进五年计划”，总投资9000万美元，调查发现12处天然气水合物矿床。日本加快“可燃冰”的勘探，1999年底在日本南海海槽试钻，实现突破。2001年投资50亿日元，之后5年将投资超过200亿日元，计划2010年将进行商业性试采。由于“可燃冰”的各种优势所在，使得竞争日益激烈。印度于1995年立项对印度近海进行有关水合物的地质、地球化学和地震资料初查与复查，1996~2000年由国家投资5600万美元进行前期调查研究。前苏联早在100年前在西伯利亚发现天然气水合物。自20世纪70年代始作海域调查研究，80年代在白令海、鄂霍茨克海、千岛海沟、黑海、里海等地独立开展水合物调查，并发现有工业意义的矿体，即使近期经济困难，仍坚持在巴伦支海和鄂霍茨克海进行天然气水合物调查研究。海域水合物意外发现有一个事例，去年在加拿大温哥华以西130千米的海底，拖网渔船无意中捞到一块不明巨型冰块，重达1吨，引起政府重视。2002年8月，加拿大地质调查局派出研究人员开展调查，遥控潜艇下达850米深度发现可观的巨量水合物。初步测算，仅此矿床即可满足加拿大40年的能源需求。陆上水合物近有突破，加拿大与日、美、印等合作，在北美西北部永久冻土带施钻，孔深3200米，直接获取样品。台湾西南海域发现了冻结天然气，加快了其对天然气水合物的研究。江泽民总书记在十届五中全会上的讲话提出:“在技术可行和经济合理的前提下，研究开发替代石油的能源 。”温家宝在2000年12月25日在全国国土资源厅局长会议上明确指出：“在南海发现天然气水合物存在的似海底反射波，意味着这类新资源在我国零的突破。”这说明国家对能源的重视程度，也增强了地质工作者的责任感。我国对“可燃冰”进行的预研究是在1999~2000年，国土资源部利用地勘费920万元安排前期项目，在南沙海槽发现了130千米的勘探线异常。先行安排试点勘查工作。2001年国家财政安排专项经费3000万元，正式开展前期调查工作，拉开了我国全面评价这一资源的序幕。初步进行数据处理和解译，发现天然气水合物BSR（视海底模拟反射），正式确定我国海域赋存有巨大的天然气水合物资源。2000年水合物调查有了重大进展，发现480千米长的BSR显示，分布面积5652平方千米，水深340~2700米，深度112~740米，厚度49~457米。首次测算出天然气水合物远景资源量，至少达45.5亿吨。2001年进一步圈出有利成矿区面积8643平方千米，矿层平均厚度283米。2001年9月，首次获取海底水合物影像，在BSR分布区拍摄到由天然气水合物组成的碳酸盐结壳照片，取得天然气水合物资源调查的又一重大突破。2002年发现了天然气水合物的逃逸现象，又为水合物存在提供了直接的证据。在青岛海洋地质研究所建成了高压低温实验室，合成了国内第一个具有全过程摄像监控记录的天然气水合物样品。

上述成果仅仅反映了新时期地质工作的一个侧面，凝聚着广大地质工作者的心血和汗水。今后我们要根据中央的要求，积极推进地质工作的根本转变，使地质工作更加密切地与国民经济与社会发展相结合，更加主动地为经济与社会发展服务，把国家地质工作提高到新的水平。

再次感谢环境监测院的同志对地调局工作的理解和支持！

在中国地质环境监测院精神文明建设大会上的讲话

张卫东

（2003年4月21日）

同志们：

今天，我们召开院务会议，对今年我院文明单位创建工作进行再部署和再动员，隆重表彰荣获我院2002年度文明处室、文明职工的集体和个人。原定要召开全体职工大会，考虑到目前“非典”疫情比较严重，经院领导班子研究，为避免人员聚集，保证职工身体健康，临时改为开院务会议，但大家要把今天会议精神传达到全体职工。刚才，侯金武同志已宣读了部文明办关于我院通过中央国家机关文明单位复查的通报，马学明同志宣读了我院文明处室、文明职工表彰的通报。现在，我讲三个方面内容。

一、传达部直属机关创建文明单位工作会议精神

国土资源部成立以来，部党组对我部精神文明建设工作一直非常重视，部领导作了多次批示。

为了落实部领导的批示精神，4月15日，部召开了直属机关创建文明单位工作会议，对今年工作进行再动员和再部署。会议由部党组成员王世元主持，部党组成员、部直属机关党委孟宪来书记作了重要讲话；部文明办徐法奎主任就做好今年创建工作作了具体要求；土地整理中心、经研院、图书馆、矿产资源所四个单位介绍了抓创建工作，开展群众性创建活动，推动精神文明建设的做法、经验和体会。

孟宪来书记讲了三个方面意见：第一，提高认识，用“三个代表”重要思想统领精神文明建设。他指出，要进一步明确我部精神文明建设的指导思想，正确认识精神文明建设与开展群众性文明创建活动的关系，清醒认识和正确对待我们取得的成绩及存在的差距。第二，扎实工作，切实开展好群众性创建文明单位活动。他说，要切实围绕“重在建设，贵在坚持，务求实效”的工作原则开展工作，严格按照文明单位的标准，提高文明单位创建质量，切实加强部门和单位形象建设，大力营造广大干部群众能够充分发挥积极性和创造性的良好氛围和环境。第三，加强领导，努力形成党政工团齐抓共管、干部群众齐创共建的良好局面。党政一把手要“两手抓”，主管领导要亲自抓，将创建工作与行政业务工作一起规划、一起布置、一起检查、一起总结、一起奖惩，从组织、人员、经费等方面给予支持和保证，要落实责任制，形成“党委统一领导、党政齐抓共管、职能部门各负其责、干部群众积极参与”领导体制和工作机制，着力提高广大职工的创造意识和参与热情。

徐法奎主任在会上讲了四点具体意见：第一，各单位要抓好今年创建计划、部署和落实工作。今年部创建工作总的要求是：巩固成果、扩大队伍、提升质量、保持特色、全面创建，主要工作是四个方面：理论学习、道德建设、创建活动、自身建设，他强调各单位要切实抓好落实。第二，扎实开展创建，确保创建成功。今年是创建中央国家机关文明单位的申报年，要按照创建文明单位的10条标准，逐条对照，在深化上下功夫。第三，加强学习交流与调查研究，完善创建活动，提升创建质量。各单位要吃透文件精神，理清建设思路，明确创建目标，根据各自实际情况，确定提升质量、全面创建的重点，要立足单位、坚持特色、软硬并举、侧重软件。第四，根据今年创建任务、目标和要求，部文明办将积极组织创建调研、服务协调、申报工作。

二、通报2002年我院文明单位创建工作情况

2002年，在中央国家机关精神文明建设协调领导小组领导下，在部文明办的具体指导下，我院以邓小平理论和“三个代表”重要思想为指导，坚持“两手抓，两手都要硬”的方针，以促进地质环境工作改革与发展为中心，以开展群众性创建活动为载体，以加大综合治理力度为重点，认真落实部文明办提出的“软件要硬，硬件要精”的要求，巩固创建成果，并将创建成果转化为做好大调查与地质环境监测工作，增强了队伍的凝聚力和创造力，为确保我院各项任务的圆满完成，提供了坚实的思想基础和精神动力。

1. 不断加强学习，保证创建活动的正确方向

院党委高度重视思想建设，进一步加强政治理论学习，将思想建设和理论学习纳入2002年《院工作要点》和《党委工作要点》中，并制定了全年《理论学习计划》。全年开展了“国际形势与WTO知识”、“中央领导同志关于国土资源管理重要批示”和“地质野战军建设方案”、江泽民同志“七一”重要讲话和“5·31”讲话、“公民道德建设实施纲要”、“十六大精神”五个专题的学习，并穿插进行了“黎昌和同志先进事迹”、《江泽民论有中国特色社会主义（专题摘编）》及《党政领导干部选拔任用工作条例》等内容的学习。通过学习，提高了干部职工的思想政治素质和文明素质，并将学习成果转化和体现到精神文明建设的工作实践中，围绕院的中心工作，保证了创建活动的健康发展。

2. 认真落实措施，保证创建活动的顺利开展

2002年，在获得“中央国家机关文明单位”三连冠和“首都文明单位”荣誉后，我们认真落实保证措施，保证创建活动的顺利开展。调整了领导小组和办公室成员，整体部署创建工作，制定了工作计划，明确了目标任务，并狠抓落实。将精神文明建设费用纳入院年度预算，保证了经费投入。对全体职工进行了奖励和激励，提高了群众参与的热情。围绕我院的中心工作，坚持思想教育

工作常抓不懈，注意把解决思想问题与解决实际问题相结合（如大院综合治理中违章建筑拆除、职工生活困难等），逐步提高了职工收入，改善了职工工作环境和生活条件。组织开展了经常性的党风党纪和廉洁自律教育，杜绝了违法乱纪事件的发生。组织文明办成员走访了航遥中心，主动学习先进单位的经验，加强了自身建设。

3. 深入开展群众性创建活动，使创建活动经常化

一是认真开展建党81周年纪念活动。组织开展了以“树党员形象，迎十六大召开”为主题的“争先创优”、党课教育活动、重温入党志愿书等活动，评选出了1个先进支部、9名优秀党员和1名优秀党务工作者，1名党员得到了地调局的通报表扬。二是深入开展“文明处室”、“文明职工”、“五好家庭”群众性创建活动。评选出院文明处室3个，文明职工31人，“五好家庭”118户，先进居民干部7人，学法律积极分子36人。三是开展“维护办公环境，规范办公秩序”为内容的行为文明活动。坚持从小节着眼，从细微处抓起，提倡讲究公共卫生，维护良好环境，陶冶了职工情操，职工精神面貌得到了改善，工作效率得到了提高。四是全面总结文明建设工作成果，建设了荣誉室。五是积极组织各类文体活动，丰富职工文化生活。开展了乒乓球、羽毛球、游泳等文体活动；举办了春节联欢会和老干部团拜会；组织在职职工春游和离退休老同志赴华东五市和张家界参观疗养；开展了精神文明、综合治理、计划生育等知识竞赛；关心群众疾苦，开展送温暖活动，等等。这些活动既调动了职工积极性和创造性，活跃了职工的文化生活，又提高了公民道德建设，促进了职工文明素质的提高。

4. 进一步加强综合治理，推进文明单位创建活动

在前两年完成办公楼装修、家属楼贴建、供暖供电系统改造基础上，2002年我们重点加强了大院的统一规划，投入改造费用近130万元，对大院的环境进行综合整治改造，进一步改善职工的工作和生活环境。完成了大部分道路铺设、地下管道改造工作，拆除了部分违章建筑，新开了家属区大门，新建了自行车棚，粉刷了职工住宅楼楼道，装修了老干部活动室。对治安保卫等综治工作，年内进行了3次检查，开展了安全生产大检查，对发现的隐患边查边改。全年我院安全稳定无事故，在十六大召开期间我院稳定祥和，受到海淀公安分局的表扬。2002年12月25日和2003年1月27日，部文明办和中央国家机关精神文明建设协调领导小组组织有关人员，在我院召开了2次复查的现场会，我们接受了上级和兄弟单位的检查和指导，2次复查检查组对我院的创建工作给予了充分肯定。

总之，在广大职工的积极参与下，2002年我院文明单位创建工作取得了一定的成绩，通过了中央国家机关文明单位的复查，院获得了“全国地质灾害防治工作先进单位”、“部系统综合治理安全保卫先进单位”、“海淀区交通安全先进单位”、“北下关地区计划生育先进单位”等荣誉称号，党办（人事处）被评为部直属机关“文明处室”，李烈荣、刘传正、程荣欣、范宏喜等同志获得了“全国地质灾害防治工作先进个人”、“部社会治安综合治理保卫先进工作者”、“优秀记者”等荣誉。我院推荐的1名“部直属机关优秀青年”人选，上级有关部门正在评选中。

虽然我们取得了一定的成绩，但是，我

们要清醒地看到，对照文明单位的10条标准，我们的创建水平仍是较低的，还存在着许多不足，大院综合治理、违章建筑拆除还未完成，软件建设还要加强，创建工作还存在需改进完善、规范管理和深化提高的问题。

三、对推进2003年我院文明单位创建工作的意见

根据中央国家机关和国土资源部关于2003年精神文明建设工作的总体要求，我院已制定和下发了“院2003年精神文明建设工作计划”。

计划提出，2003年我院精神文明建设工作的指导思想是：以邓小平理论和“三个代表”重要思想为指导，认真学习贯彻党的十六大精神，按照全面建设小康社会奋斗目标提出“发展要有新思路，改革要有新突破，开放要有新局面，各项工作要有新举措”的精神，围绕地质环境监测工作的创新与发展，深入开展政治理论学习和宣传教育，提高干部职工思想政治素质和道德修养，实现文明单位创建工作新目标。

创建目标是：争创“中央国家机关文明单位标兵”，保持“首都文明单位”称号。

总的要求是：巩固成绩，争上台阶；创保结合，整体提升。

主要任务有四个方面：一是加强理论学习，保证精神文明建设健康发展；二是贯彻《公民道德建设实施纲要》，推进我院道德建设；三是开展群众性创建活动，增强队伍凝聚力；四是加强综合治理，提高管理档次。具体内容不再细说，“年度计划”已明确提出。

为了完成这些任务，实现我院今年的创建目标，“年度计划”也明确了5点保证措施，这里，我代表院党政班子再讲4点具体意见。

1. 加强领导，落实责任制

新一届领导班子成立后，对党建工作和精神文明建设高度重视，钟院长在多次会议上强调要加强党建、精神文明建设和思想政治工作，“院党委工作要点”五项工作的第三项是“加强思想政治工作，深入开展文明单位创建活动”，“院工作要点”第八项提出“坚持两手抓，全面落实2003年精神文明建设工作计划”。今后，我们要进一步加强对文明单位创建工作的领导，院机构调整和新一轮竞聘上岗后，将调整领导小组和办公室成员，完善精神文明建设领导和工作机制。我们文明单位创建的目的是提高职工思想道德和科学文化素质，培育“四有”新人，为地质环境调查评价与监测的改革和发展，为我院实施“三二二工程”提供思想政治保证，提供精神动力和智力支持。大家要明确这个目的，不能为创建而创建，创建要与我院总体发展相融合，要把创建工作融入我院各项改革和管理工作之中，做到人的全面发展与我院事业的全面发展相协调。各位处长、支部书记要认真履行“一岗双责”的职责，在任何时候，抓任何工作，都不能忘记自己肩负的两个文明建设的双重责任，要把精神文明建设、思想政治工作作为一项重要内容列入各处室的年度工作计划，将创建工作融入行政业务工作中，围绕中心工作，针对职工群众关心的热点、难点问题，有针对性地做好职能转变、竞聘上岗、有关改革措施出台时的思想政治工作，多做统一思想、凝聚力量、鼓舞士气的工作，多做得人心、暖人心、稳人心的工作，充分调动全体职工的积极性和首创精神，按照“精神文明工作计划”的要求，完成好各单位应承担的任务，保证全院目标任务的完成。全院形成“党委统一领导、党政齐抓共管、职能部门各负其责、干部群众积极参与”领导体制和工作机制。

2. 深化创建活动，强化创建意识

自我院获得“中央国家机关文明单位”称号以来，广大职工的创建热情越来越高，积极参与各项创建活动，为我院获得“四连冠”做出了贡献。经院领导班子研究，决定对全体在岗职工给予每人1000元的奖励，鼓励大家积极参与到精神文明创建工作中；对评选出的“院文明处室”、“文明职工”，我们不但要通报表扬，还要给予物质奖励，经研究，“文明职工”每人奖励300元，“文明处室”每个处室奖励2000元，鼓励其保持荣誉，激励大家争创文明处室、文明职工。今后，我们要继续通过开展各种活动来吸引广大职工群众参与到文明单位创建工作中，让大家在参与中不断强化创建意识，更加积极地投入到创建工作中，形成一个良性循环，增强集体凝聚力，树立院的良好外部形象，营造一个团结向上、心情舒畅的良好氛围。精神文明建设立足于人，但其活动要立足于事，因此，我们的创建工作也要与时俱进，按照“巩固、规范、创新、提高”的“八字方针”，要在“四大建设”（干部队伍建设、信息化建设、制度化建设、文明细胞建设）上下功夫，做好以“六大工程”（民心工程、基础工程、动力工程、信息工程、共建工程、形象工程）为内容的创建工作，不断深化我们的创建活动。

今年，我们将组织开展的主要活动有：第一，最近一段时间，大家各项工作都很辛苦，完成了许多紧急的任务。如：在2周内完成了地质灾害防治规划的7个专题的编制任务；在2天半时间内完成了中-荷合作项目的启动和21世纪初水工环地质工作发展战略国际研讨会的筹备工作；在很短的时间内，完成了全国地质环境监测工作座谈会5个会议材料的准备工作。经院领导研究，我们将在适当时候，组织全体在职职工进行一次春游，表示对大家的慰问，同时也通过活动来增强集体凝聚力。第二，开展建党82周年的系列纪念活动，初步计划安排一次赴井冈山的参观学习。第三，拟于下半年进行工会换届选举，成立职代会，充分发挥广大职工在民主决策、民主管理和民主监督中的作用。第四，组织开展各项文体活动和知识竞赛，丰富职工文化生活。如乒乓球、羽毛球比赛，发放电影卡，举办春节联欢会等等。院领导已决定将小白楼地下室腾出作为在职和离退休职工共用的活动室，责成工会与老干办落实好。第五，组织全体职工体检，女同志进行妇科检查，举办保健知识讲座。还有一些其他活动，我们也已做出了安排。

3. 狠抓检查落实，提升创建质量

部领导讲:“牌子拿到了，以后怎么办?”给我们大家都提出了问题，拿到牌子不易，保持牌子也不易，提高牌子内含质量更不易。对照文明单位的10条标准，我们的创建水平仍是较低的，仍存在着不少需要改进、完善、规范和提高的方面，我们要进一步加大这方面的工作力度，提高我院的创建层次和水平，创建活动要有量到质的提升，有了一定的活动基础和活动形式后，要在提高素质、提高品位上下功夫。院文明办要加强检查督促，及时协调关系，及时向领导小组汇报进展情况，督促完成各项创建任务。

有计划，有目标，不等于能实现。为实现我院今年争创“中央国家机关文明单位标兵”、保持“首都文明单位”称号的目标，各单位要根据部文明办的统一要求，结合各部门业务工作实际情况，抓紧时间认真落实“院2003年精神文明建设工作计划”，按计划、分步骤地抓好实施，按预定目标积极运作，切切实实地抓好落实。只要各个单位、各个部门工作到位，我们今年的创建目标就一定能实现。

4. 加强软件建设，做好申报准备

自2001年起，文明单位改为两年一评的届期制，今年是创建中央国家机关文明单位的申报年，院文明办要为年底的申报做好准备工作。要加强软件建设，一是加强院的制度建设，实现管理制度化、工作规范化，对规章制度该补充的要尽快补充，该修订完善的要尽快修订完善。院领导已提出今年要搞好队伍结构调整，明确我院的定位，理清发展思路，因此我们要把加强制度建设、提升管理水平作为一项重点工作来做好，这也是文明建设的一项重要内容。二是加强精神文明本身的软件建设，对我院文明单位创建情况，要进行不断总结、不断探索、不断思考，认真思考和分析我们现在面临的新情况、新问题，对我们的文明创建处于什么水平进行深层次思考，提出加强和改进创建活动的措施，做到“研究新情况，解决新问题，形成新认识，开辟新境界”，达到完善创建活动、提升创建质量的目的。创建申报工作、软件建设是提升文明单位质量的重要方面，要认真做好，文明办成员要以创新、进取的态度，积极主动地开展工作，系统总结好我院2002年、2003年两年的创建工作，准备好两年的系统材料，申报材料要做到图文并茂，为提质上档做好准备。

同志们，今年是我院深化改革、推进结构调整的重要一年，也是中国地质环境监测院发展的重要一年，形势喜人逼人，机遇和挑战并存，任务繁重，责任重大，我们新领导班子调整后，大家充满信心，团结协作，努力工作，有决心带领全院广大党员、干部、职工，克服困难，发扬成绩，开拓创新，努力开创新局面，再创新辉煌。

重要文件和规章制度

中国地质环境监测院工作规则

第一章 总 则

第一条 为使中国地质环境监测院工作规范化、制度化、科学化，提高工作质量和效率，依据中国地质环境监测院“三定”方案和国土资源部、中国地质调查局的有关规定，制定本规则。

第二条 中国地质环境监测院在工作中，要以邓小平理论和“三个代表”重要思想为指导，全面贯彻党的十六大精神和可持续发展战略，坚持保护资源和保护环境的基本国策，切实履行“三定”方案赋予的职责，按照国土资源部和中国地质调查局的工作部署和要求，以调查评价、监测和综合研究为主要手段，以深化改革和严格管理为保障，继承和发扬院的优良传统，开拓创新，全面提升地质环境监测能力、地质灾害监测与预测预警能力、区域环境地质调查评价能力、水工环地质综合研究能力和科技创新能力，逐步将中国地质环境监测院建设成为全国水工环地质工作中心和全国地质灾害防治与地质环境保护科技支撑与信息服务中心。

第三条 各处（室、中心）、单位（以下简称“部门”）要各司其职，各负其责，独立负责地做好工作。各部门之间要密切配合，相互协作，严格按照要求完成院的各项工作任务。

第四条 中国地质环境监测院的工作人员要树立全局意识、责任意识和服务意识，服从工作需要，恪尽职守，勤奋工作，廉洁自律；提倡团队精神，反对自由主义；提倡首创精神，反对因循守旧；提倡品牌精神，反对无所作为；解放思想，实事求是，团结协作，开拓进取，争创工作效率一流、成果质量一流、服务水平一流，在国家地质环境调查与监测工作中做出积极贡献。

第二章 领导制度

第五条 中国地质环境监测院实行院长负责制，院长领导院的全面工作。

第六条 副院长、监察专员、总工程师按照工作分工协助院长工作，对院长负责。

副院长、监察专员、总工程师可以根据院长的委托，负责专项任务（包括协助院长分管有关部门的工作），或者代表院进行外事活动；委托的范围由院长决定。

第七条 院长出访、出差或休假期间，由党委书记或者院长指定的一位副院长代行其职责，主持工作。副院长、监察专员、总工程师出访、出差或者休假期间，由院长或者院长指定的其他院领导代行其职责。

第八条 各部门主要负责人的工作对分管院领导负责。

办公室主要负责人负责院的行政日常工作。各部门主要负责人负责本部门的工作，在本部门的职责范围内行使职权，承担责任。

第三章 会议制度

第九条 院实行院务会议、院长办公会议、专题会议和全体职工大会制度。

第十条 院务会议由院长、副院长、监察专员、总工程师，院长助理，副总工程师、副总经济师、工会主席，部门主要负责人（含主持工作的负责人，下同）组成，由院长召集和主持。院务会议的主要任务是：

（1）传达贯彻党中央、国务院、国土资源部、中国地质调查局的重要文件和重要会议精神；

（2）审议通过由院制定的重要规章制度；

（3）审议通过院中长期发展规划、重要改革方案；

（4）讨论决定、部署院的重要工作；

（5）通报院内外重要情况；

（6）需要院务会议讨论决定的其他事项。

院务会议一般每月召开一次，或者根据需要召开。

第十一条 院长办公会议由院长或者院长委托的副院长召集和主持，院长、副院长、监察专员、总工程师出席。院长根据需要，可以指定院长助理、副总工程师、副总经济师、工会主席，或者有关部门的主要负责人列席会议。院长办公会议的主要任务是：

（1）研究落实院党委会和院务会议的决定；

（2）讨论修改上报的重要请示、报告或者印发的重要文件，以及院重要会议的主要文件；

（3）研究决定院重要工作、重要调研工作、出国组团、会议安排、培训等计划方案；

（4）研究院的内设机构设置、调整及重要职责配置、调整方案；

（5）研究决定年度计划、财务预算与决算和重大项目立项等事项；

（6）研究需要提请院长办公会议审议的其他事项。

院长办公会议根据需要召开。在充分讨论的基础上对有关议题形成方案，由院长或者主持会议的副院长行使最后决策权。

第十二条 院专题会议由院长、副院长、监察专员、总工程师按照分工召集和主持，有关部门的主要负责人参加，研究、协调和处理院日常工作中的一些专门问题。

院专题会议根据需要召开。

第十三条 院全体职工大会由院长或者院长委托的副院长召集和主持，全体职工参加。

院全体职工大会的主要任务是：

（1）传达贯彻党中央、国务院、国土资源部、中国地质调查局的重要文件和重要会议精神；

（2）传达贯彻院务会议、院长办公会议和院党委会议的重要决定；

（3）部署全局性工作，通报有关重要工作进展和重要情况；

（4）总结工作，表彰先进；

（5）其他重要事项。

院全体职工大会一般每半年一次，或者根据需要召开。

第十四条 院务会议、院长办公会议、院全体职工大会的议题由院长确定。院专题会议的议题由会议召集人确定。院务会议、院长办公会议、院全体职工大会由办公室负责组织；院专题会议由会议主持人指定的部门负责组织。院务会议、院长办公会议和院专题会议原则上提前一天通知。会议材料由会议组织者提前分发给与会人员。

与会人员会前应认真阅读会议材料，研究准备意见，并准时出席会议。因故不能出席者，必须向会议主持人请假，经请示会议主持人同意可委托他人列席会议。如对议题有意见或者建议，可以在会前提出。

第十五条 院务会议、院长办公会议由办公室负责记录；会议纪要由办公室编拟，会议主持人签发。院专题会议由会议主持人指定的人员记录，会议纪要由会议组织单位拟稿，会议主持人签发。会议记录、纪要及资料由办公室整理、归档。

办公室负责督促执行会议决定，并及时向有关院领导报告执行情况。

第十六条 院务会议、院长办公会议、院专题会议研究、讨论的各项内容，与会人员必须严格执行保密规定，未经批准，不得自行传达和扩散，违者视情节轻重予以处理。传达、贯彻会议作出的决定事项，以会议纪要为准，并按规定范围传达。

第四章 公文审批管理制度

第十七条 中国地质环境监测院的公文管理，是指文件、信函等公文的起草、收发、运转、审核、印发、归档、查阅、复制等工作。公文管理要按照《国家行政机关公文处理办法》、《国土资源部公文处理实施细则》的有关要求执行。

第十八条 公文运转力求迅速、准确，严格按照程序，不得越级办理。收文要严格坚持签收、登记、分发、送批、批办（承办）、注办程序；发文要严格坚持拟稿、核稿、会签、签发、文印、核对、盖章、登记、封发、注发、归档程序。

收发文实行特件特办，急件急办，特急件和急件都要在规定时限内办理。

第十九条 院收到国务院、国土资源部、中国地质调查局文件，由办公室阅批报送院长阅批，公文的阅批和审批按照院领导分工负责的原则办理。

院收到国土资源部各司局、中国地质调查局各部门的文件，由办公室按职责分工分送有关部门提出意见后，报送分管院领导阅批，重要文件报送院长阅批。

收到重要文件，必要时按规定立即复印，送达院领导班子全体成员。

与院技术业务有关的省（自治区、直辖市）地质环境调查与监测工作来文以及地方政府有关来文，送分管院领导阅批后办理。

审理批阅公文时，应签署明确的审批意见，并写明日期。对一般报告性公文，圈阅或者签名表示“已阅知”；对于有请示事项的公文，圈阅或者签署是否同意请示事项。

第二十条 中国地质环境监测院发文分为院发文（函）、办公室文（函）、各部门文（函）。

以院名义报送上级的请示、报告，院颁布的决定、规章制度、人员任免、重大工作部署的文件，由院长签发。以院名义发文，由承办部门拟稿，办公室核稿，经分管院领导审核，由院长或者受院长委托的副院长签发。

以办公室名义发文，系院领导指示办理的，由办公室主要负责人审核签发；如有需要，可由办公室主要负责人核稿，分管院领导或者院长签发。各部门要求以办公室名义发文的，经分管院领导同意后，由办公室主要负责人签发。

各部门办理公文要相互主动协商，不回避矛盾、问题，防止扯皮。涉及其他部门职责、业务范围或者需要其他部门审核、把关和知悉的，应进行协商、会签。

各部门文（函）是本部门职责范围内的专业管理文件，各部门在办理公文过程中，内容必须与院确定的原则相一致，涉及的业务数据必须与院确定的数据相一致。涉及两个部门以上发文必须以院或者办公室的名义发文（函）。除院领导直接交办的事项外，各部门呈请院领导审批的请示、报告，应由本部门主要负责人签字，必要时由相关部门会签、办公室主要负责人审核后报有关院领导签批。

第二十一条 进一步精简公文，加快办公信息网络化办公进程，提高办事效率。

第五章 催查督办制度

第二十二条 办公室负责催查、督办院领导批示办理的工作以及院务会议、院长办公会议决定办理的事项。办公室负责人负责将督办情况向分管院领导汇报。

第二十三条 各部门在执行院领导批示和办理公文时，当天能办完的当天办理，急文随到随办；会签文件应在三天内办理完毕，请示、报告应在七天内研究完毕，急件必须按规定时间办理完毕。

第二十四条 各部门设政务信息员（可兼职），对办公室催办、督办事项进行信息反馈，反馈内容包括办理情况、存在问题、下一步工作设想或者建议等。

第六章 印章管理使用制度

第二十五条 中国地质环境监测院的印章包括院印章和有关部门印章。办公室按规定负责院所有印章的刻制、印章使用的管理和作废公章的收缴等工作。

中国地质环境监测院印章由办公室负责管理。

办公室、人事处、财务处、科技外事与项目管理处按规定刻制印章，由部门主要负责人保管，对外用章时经分管院领导同意，重要事项经院长批准后使用。

编辑部、西峰寺培训中心、中元公司、物业中心、门诊部、地质环境咨询评估中心、招待所等经营单位对外投资、入股、提供担保或需要融资时使用本部门印章，须经分管院领导审批。

第二十六条 院印章使用范围：院发文、函，院对外重要事务联络。

使用院印章时，先由用章部门提出盖章事项并填写登记表格，经办公室主要负责人审核，该部门的分管院领导核准后，报经院长批准。院长出差或者休假时，由主持工作的副院长批准。

第二十七条 办公室印章使用范围：院及各部门对外联络、个人需要用章。

第二十八条 办公室等有关部门印章使用范围：对外工作联系以及与本部门工作相关的一些其他对外工作。使用印章必须事先登记，并经本部门分管院领导同意。

第二十九条 财务、人事、党办专用章是专门业务用章，管理办法另行制定。

第七章 内事活动和外事活动制度

第三十条 院领导外出考察、调研应尽量减少随行人员。根据需要，可安排有关部门负责人随行。办公室具体负责院领导外出活动的组织安排工作。

第三十一条 外单位邀请院领导参加会议或者活动，由办公室提出安排建议，报院长审批。外单位领导同志来访，由办公室负责事先请示院领导同意后具体安排。

第三十二条 院领导及部门负责人出访，由科技外事与项目管理处征求院领导和各部门意见后提出方案，经院长办公会议研究确定，报局、部批准。出访结束后，必须在一个月内提交考察报告。

第三十三条 院领导会见外宾、港澳台及海外知名人士，按有关规定办理。

第八章 重要情况报告和内部情况通报制度

第三十四条 院重要情况，政务、技术业务信息要及时向国土资源部和中国地质调查局报告，院内部重要情况要及时进行通报。重要情况报告和内部情况通报，由办公室负责组织，报分管院领导审批。报送国土资源部、中国地质调查局的情况报告须经院长批准。

第三十五条 各部门应按有关规定，及时报送半年及全年工作计划和工作总结，经办公室综合汇总，形成院工作计划和工作总结。

第三十六条 各部门政务信息员负责收集、整理当月本部门的重要工作情况和信息，汇交办公室。办公室汇总、研究拟定情况报告，经院长审核后，报送国土资源部、中国地质调查局或者其他有关部门。

提交新闻媒体报道或者上网发布的信息，涉及院有关工作的，必须事先报送院长审核。

办公室负责组织编发《地质环境调查与监测工作简报》和《要事专报》，由院长签发。

第九章 外出请示报告制度

第三十七条 院领导班子成员、院长助理、副总工程师、副总经济师、工会主席离院外出半天以内的，事先向办公室通报；外出半天以上的，事先向院长报告；院长外出半天以上的，向院党委书记报告。

部门主要负责人离院外出半天以内的，事先向办公室通报；外出半天以上的，事先向分管院领导报告。

其他人员离院外出的，事先向所在部门主要负责人请示报告。

第三十八条 院长离京出差或休假，应按有关规定向分管部领导请示；部领导同意后，由办公室负责向中国地质调查局办公室报告，并向其他院领导通报。副院长、监察专员、总工程师、院长助理、副总工程师、副总经济师、工会主席离京出差或者休假，应事先向院长报告，由办公室负责向其他院领导通报。

第三十九条 部门主要负责人离京出差或休假，必须填报出差申报单，明确外出任务、期限、地点等事项，报分管院领导审批。批准后，应确定一位副处长（副主任）主持工作，离京前由所在部门向办公室、人事处报告。部门主要负责人离京出差或者休假期限超过5天的，应事先请示院长同意。

部门副职（不含主持工作的副职）离京出差或休假，应在事先征得本部门主要负责人同意后，向分管院领导和办公室、人事处报告；离京15天以上的，须事先请示院长同意。

办公室、人事处要随时掌握各部门负责人离京外出的情况，及时向院领导报告。

其他工作人员离京出差，应事先向本部门主要负责人请假，并报告办公室。

工作人员休假按有关人事管理制度执行。

工作人员请事（病）假连续超过3天的，向人事处办理请假手续。

第十章 附 则

第四十条 编辑部、西峰寺培训中心、中元公司、物业中心、门诊部、地质环境咨询评估中心、招待所，需用院名义对外联系、洽谈业务，须事先请示分管院领导同意；重要事项须经院长同意。

第四十一条 党委工作按《中国地质环

境监测院（临时）党委工作规则》的规定执行。

第四十二条 违反本规则者，视情节轻重和后果给予处罚。

第四十三条 本规则由办公室负责解释。

第四十四条 本规则自公布之日起执行。

中国地质环境监测院地质项目管理办法

第一章 总 则

第一条 为了实现将我院逐步建成全国水工环地质工作中心和地质灾害防治与地质环境保护技术业务支撑与信息服务中心的目标，激励全院人员的创新精神，高效、优质完成地质调查与科学研究等各类项目，根据《国土资源部科技项目管理暂行办法》、《国土资源部科技成果登记办法》、《中国地质调查局项目管理制度》以及其他有关地质调查与科技项目管理的规定，制定本办法。

第二条 本办法适用于中国地质环境监测院承担的各类地质项目（不包括院基建和改造工程项目以及经营部门承担的经营性项目），根据项目来源和性质不同，分为以下三类：

（1）调查与监测项目：指列入国家、部委计划或有关专项计划的项目。包括国土资源大调查计划项目、全国地质环境监测与站网建设专项计划项目以及国土资源部系统其他单位下达或委托我院的列入上述计划中的项目。

（2）科研项目：指列入国土资源部科技发展（攻关）计划内的项目、国家自然科学基金、开放实验室基金、科技部科技攻关基金、部地质行业科技发展基金、部青年地质科学家基金、地方自然科学基金等基金项目以及部百名跨世纪科技人才培养计划项目等。

（3）横向项目：除以上两类项目以外的地质项目均属横向项目。

第二章 项目的组织管理

第三条 科技外事与项目管理处（以下简称科技处）是院项目计划与技术管理的职能部门，负责院各类项目的技术管理并提供相应的技术服务。

科技处负责以下技术管理工作：

（1）组织编报项目计划；

（2）负责下达或转发项目任务书；

（3）对项目执行进度及质量进行宏观监控；

（4）组织项目设计及成果的评审验收；

（5）督促项目成果资料的汇交；

（6）会同财务处办理项目终结手续；

（7）完成院领导交办的与项目有关的其他事项。

科技处负责提供以下技术服务：

（1）及时通告项目的计划或工作内容的变更情况；

（2）承办项目技术合同签订事宜；

（3）定期通报项目进展情况及行业相关最新成果信息；

（4）协助项目组组织专家咨询，解决有关技术难题；

（5）协助办理科研项目成果登记、促进成果的推广和应用；

（6）组织申报各种科技成果奖励等。

第四条 财务处是院项目经费管理的职能部门，负责监督项目经费按计划、按规定使用；负责项目经费的核算、结算与决算；会同科技处完成项目竣工决算、办理项目终结手续等。

财务处负责建立项目经费卡，及时向科技处、技术业务部门以及项目组通报经费支出情况，以及与技术业务进展匹配情况。

第五条 技术业务部门为院各类项目的工作单位。根据院项目管理工作的需要，技术业务部门主要负责人应当承担下列责任：

（1）负责协调和监督本部门承接的项目按计划实施，监督项目的进度及成果质量等，如出现问题，及时与科技处沟通或向分管院领导报告；

（2）负责协调本部门技术人员配置，保证项目的人力资源；

（3）组织本部门学术交流，协助项目负责人解决项目实施过程中的技术难题。

第六条 项目负责人根据本办法第四章的有关规定遴选产生。

项目负责人是项目实施的直接责任人，应接受院各职能部门的统一管理，接受本部门主要负责人的协调与监督，其权利和义务由本办法第四章规定。

第七条 项目参加人员应接受项目负责人的监督，按照项目负责人的要求完成各项技术工作。

项目参加人员应接受所在部门主要负责人的协调与管理。

在遵照院各项规章制度的前提下，项目负责人可以根据需要与项目参加人员签订工作协议，明确项目参加人员在项目实施过程中应享有的权利和应承担的义务。签订协议的，应报项目参加人员所在部门备案。

第三章 项目的计划管理

第八条 院地质调查与科研发展规划由科技处负责组织编制，经院务会审议后，报上级主管部门批准执行。

每一个规划期结束时，科技处应认真总结规划的执行情况，形成书面总结报院。

第九条 根据部、局、院等地质调查与科研发展规划，科技处按不同类别的项目组织拟定院年度地质调查与科研项目计划建议，经院长办公会审议后，报部、局等上级主管部门审批，形成院年度地质调查、监测与科研项目计划。此项工作于上年度10月底前完成。

第十条 在院年度地质调查、监测与科研项目计划的基础上，根据院基本支出预算，科技处编制年度地质调查、监测与科研项目执行计划，明确各项目的目标任务、工作量、年度执行预算等，报院长办公会审批执行。

第十一条 项目负责人应按照批准的项目年度执行预算，编制《项目年度经费预算表》，经所在技术业务部门、科技处、财务处审核后，报院领导批准，并由财务处归档监督执行。

第十二条 院承担的各类项目，均由院接受项目任务书或签订技术合同，科技处统一管理。

第十三条 项目在执行中，如需变更工作（研究）内容、实物工作量、进度等，项目负责人需提出具体变更方案，并填写《项目内容变更申请表》，经所在技术业务部门、财务处审核后，提交科技处并由科技处上报项目组织实施单位审批。

第十四条 在保证国家、部委计划内项目执行进度与质量的前提下，院鼓励承接横向项目。

以院名义承接横向项目，承接的技术业务部门或个人应提交有关材料，包括：立项背景、实施方案（或设计书）、合同书文本、经费预算、项目风险及效益评价、甲方单位的资信证明及相关材料等，经科技处会同财务处审核，报院领导批准后，以院名义签订技术合同，并纳入院项目计划统一管理。

第十五条 根据项目的实际需要，部分工作确需对外委托完成（以下简称外协工作）的，经院长批准后可以对外委托完成。

外协工作及预算必须列入项目设计书中，依托项目实施，不能单独申报和审批。

第十六条 外协工作承担单位的确定采取招标或直接委托的方式进行。招标的标书或直接委托的任务书由科技处组织起草，以院名义印发。

第十七条 科技处、财务处共同负责审核外协工作承担单位的独立法人资格、营业执照、技术装备情况、财务状况以及在项目工作区或领域内的工作程度等，报院领导批准，确定工作承担单位。

第十八条 外协工作技术合同文本由项目负责人提供，科技处会同财务处审核，报院领导审批。

外协工作技术合同以院名义与外协工作承担单位签订。

技术合同一经签订，即纳入院项目计划统一管理。

第四章 项目负责人的聘用及其权利与义务

第十九条 院对各类项目实行项目负责人制度。

第二十条 项目负责人原则上通过公开竞聘的方式产生。对综合性和应急性任务，院长可直接指定项目负责人。

第二十一条 项目负责人负责的调查与监测项目原则上不得同时超过两项。

第二十二条 项目负责人的产生按照“公开竞聘、择优上岗”的原则，由院邀请有关专家组成竞聘考评委员会，在全院范围内公开招聘、遴选项目负责人，提出推荐人选，报院长办公会审定。该项工作由科技处具体组织。

第二十三条 项目负责人的竞聘，按照公布项目和竞聘条件、个人报名、资格审查、演讲答辩、专家考评、院长办公会审定、公示、院长聘任等8个程序进行。

（1）公布项目和竞聘条件：公布项目名称、任务目标、执行预算、成果要求和项目负责人的竞聘条件等；

（2）个人报名：竞聘者在规定时间内向科技处提交《项目负责人竞聘报名表》，说明本人基本情况、工作经历、业务能力和在聘期内工作思路等；

（3）资格审查：对报名竞聘者进行资格审查，确定竞聘人选；

（4）公开答辩：采用公开答辩的形式，由竞聘者详细阐述项目的目标任务、技术路线、主要工作内容和实物工作量、预期成果和主要人员组成、经费使用计划等，并进行公开答辩；

（5）专家考评：根据应聘者的陈述与答辩情况，考评委员会以“赞成”、“反对”方式投票进行遴选，并提出遴选排序名单；

（6）院长办公会审定：将专家考评的遴选结果，报院长办公会审定拟聘的项目负责人名单；

（7）公示：院设立公示意见箱，将拟聘项目负责人的名单公示3个工作日；

（8）院长聘任：公示无异议的，由院长与其签订《项目负责人聘用责任书》，明确项目负责人的责任、权利和义务。

公示有异议的，将酌情予以解释、调整或重新竞聘。

第二十四条 项目负责人享有以下权利：

（1）负责组成项目组，确定每位项目参加人员的工作任务以及在本项目中的工作时间等，经所在技术业务部门主要负责人审核后，报科技处、财务处、人事处备案；

（2）组织、协调、监督项目参加人员按设计要求完成所承担的各项任务；

（3）对项目经费的支出具有支配权，但须按照本办法、《中国地质环境监测院财务管理办法》及国家其他有关规定执行；

（4）根据院绩效津贴管理办法，视项目参加人员对项目的贡献大小，提出绩效津贴分配方案，经所在部门主要负责人审核，提交人事处审核后，报院长审批实施；

（5）院长办公会研究决定的其他权利。

第二十五条 项目负责人应当履行下列义务：

（1）接受院各职能部门的统一管理，按照有关规定和要求汇报项目实施过程中技术、经费、人员情况等，及时上报项目进展情况，并不得组织不利于院科技发展的活动；

（2）接受本所在部门主要负责人的协调与监督，在项目执行过程中发生重大意见分歧或变故的，报院领导协调处理；

（3）协助科技处对已列入计划中的外协工作进行质量监督；

（4）按计划控制项目进度，按规定使用项目经费，保证项目在规定的期限内完成，对项目成果的质量负责；

（5）按照部、局、院的有关规定，汇交项目的技术资料和成果报告；

（6）院长办公会研究决定的其他义务。

第二十六条 项目负责人的权利和义务随项目终结结束。

项目终结后，该项目成果申报奖励，由该项目负责人视贡献大小提出人员排序建议。

项目获得科技成果奖励（参见本办法第九章）的，由该项目负责人负责提出项目参加人员奖金分配建议。

上述建议均须经所在部门主要负责人审核，报院长审批后执行。

第五章　项目执行过程管理

第二十七条 科技处负责向项目负责人所在的技术业务部门下达或转发各类项目任务书或科技合同书，明确任务目标、工作内容、起止时间、经费、提交成果等，并提出设计编制格式要求，作为项目负责人组织编写和提交工作设计的依据。

第二十八条 项目设计书编制完成，并经本部门审核后，提交科技处组织专家审查，形成审查意见，报分管院领导审核，加盖院章，提交项目的上级主管部门正式审批。

第二十九条 根据上级主管部门对项目设计的批复，项目负责人组织修改定稿，并填制《项目工作进度计划表》，经所在部门负责人审核后报科技处备案，并接受监督。

第三十条 院对各类项目进展情况实行报告制度。各项目负责人根据工作计划，按照不同类别项目规定的格式（该格式科技处即时发布），分季度、半年、年度编制项目进展情况报告和项目统计报表，经所在部门审核后，提交科技处。

第三十一条 科技处按季度、半年、年度向财务处通报项目进展情况，为项目经费管理提供依据。

第三十二条 院对各类项目实行全过程质量监控、定期检查制度。质检工作以野外、室内两种形式每年进行一至两次，或与上级主管部门对项目中期检查与评估同步进行。

第三十三条 项目执行开始时，科技处应建立项目管理档案。

项目档案内容包括：立项建议书、任务书、设计书及批复文件、合同书、项目中间成果（包括测试数据原件及取样说明书）、中期检查与评估文件、成果评审文件及最终成果等。

第六章 项目的成果管理

第三十四条 调查与监测项目完成后一个月内，项目负责人应向科技处提交《技术成果报告评审申请表》。

科研项目完成后一个月内，项目负责人根据不同计划项目的管理要求，向科技处提交结题报告，由科技处组织项目成果的评审验收。

第三十五条 项目成果报告验收后，项目负责人应填报《项目资料清单》，经所在部门主要负责人审核后，由科技处审核并向院资料管理部门提供该项目资料清单，项目负责人负责汇交成果资料。

除特殊要求外，各技术业务部门应在三个月内，按照院规定的统一格式印制项目成果，并按该项目资料清单，以纸介质和电子版形式汇交院资料管理部门，同时向上级有关资料管理部门汇交成果，取得资料归档证明。

科技项目还需到国土资源部信息中心办理成果登记和查新手续等。

第三十六条 项目成果包括因项目实施形成的专有技术和先期购置的所有资料、成果报告及图件、实验数据、设计、软件、实物等。

第三十七条 项目执行期内所取得的各类技术资料属院所有，项目组或个人不得进行留存、转让或出卖。测试数据原件、取样说明书、野外工作记录等须报院科技处存档，其复印件可提供项目组使用。项日终结后，由科技处移交院资料管理部门归档保存。

第三十八条 院对各类项目成果的印制实行统一管理。科技处负责制定统一封面、扉页、内容格式要求，由项目组自行印制。项目成果印制费用纳入项目支出预算。

第三十九条 科技处每年年底对院各类项目成果提交情况、成果内容和质量情况予以公布，并选择优秀成果采取多种形式进行宣传，追踪成果的社会及经济效益。

第七章 项目的终结

第四十条 项目完成后，项目负责人应办理项目终结手续。

第四十一条 项目终结按下列程序办理：

（1）填报项目决算表。调查与监测项目参照国土资源大调查项目竣工决算表式填写《项目竣工决算表》，同时提交成果资料归档证明、成果评审意见等。

科研项目根据不同要求填写规定格式的项目总结报告、项目终结报告、项目结题报告以及项目决算表等。

横向项目根据项目性质采用相应的表式填报。

各类报告（表）由科技处会同财务处审核，报经院领导审批后，由科技处上报项目主管部门。

（2）填报《项目终结表》。科技处对项目工作量完成情况、成果质量及归档情况进行审查，并签署项目终结认定意见。财务处对项目经费情况进行审核并签署财务终结认定意见。

《项目终结表》报经院领导批准后，与《项目竣工决算表》、项目总结报告、项目终结报告、项目结题报告以及项目决算表等一并由科技处、财务处归档，项目即为终止。

第八章 项目经费管理

第四十二条 项目经费在项目负责人名下执行。

项目经费的使用从执行预算批准开始，直至向院资料管理部门汇交正式印刷（包括电子文本）成果及其他全部技术资料，并履行所有项目终结手续后为止。

第四十三条 院对各类项目的经费实行“计划管理，预算约束，单独核算”。

第四十四条 《项目年度经费预算表》

中的各项经费必须严格控制在执行预算范围内。

第四十五条 院针对各项目组织的技术论证和咨询、野外技术交流与培训、中间成果检查与评估、成果审查与验收等活动所发生的费用，在各项目经费中列支。

第四十六条 外协工作的经费，由财务处会同科技处统一管理。

项目负责人根据项目任务书、批准的设计书和外协工作技术合同填报《外协工作经费拨付申请表》，经所在部门主要负责人审核后，提交科技处审查，并报院领导审批后，由财务处及时拨付。

外协工作经费的管理参照院相关财务管理办法。

第四十七条 需由项目经费购置仪器设备的，各技术业务部门应遵照有关规定和院设备管理办法的要求申报，科技处会同财务处审核，报院领导批准后，由财务处按有关采购办法执行。

第四十八条 根据本办法第二十条，院综合性和应急性任务的费用计划，由科技处会同财务处提出方案，经院领导审定后，按照本办法及《中国地质环境监测院财务管理办法》，纳入该项目负责人名下执行。

第九章 奖励与惩罚

第四十九条 项目成果可根据国家及部有关科技成果奖励办法申报奖励。

项目负责人提出申请，科技处审核并提交院科技委员会评审后，推荐参加部或国家级科技成果奖励评审。

第五十条 院实行成果奖励制度（成果奖励办法另行制定）。对本办法发布之日起，以院为第一完成单位获得国家科学技术奖励（包括国家自然科学奖、国家技术发明奖、国家科技进步奖、国土资源部成果奖）的各类优秀成果的完成人员，以及为院科技发展做出重要贡献的项目组进行奖励，奖励标准如下：

成果名称	获奖情况	院奖励标准 元
项目成果获国家或省部级奖	国家科学技术奖励一等奖	1000000
	国家科学技术奖励二等奖	500000
	省部级科技成果一等奖	200000
	省部级科技成果二等奖	100000
项目成果获院成果奖	院科技成果一等奖	50000
	院科技成果二等奖	30000
	院科技成果三等奖	10000
项目设计书	调查与监测项目设计达到优秀等级	1000

注：如遇同一个项目获不同级别奖励的情况，按表中相应的奖金额度，从低级到高级逐级补差奖金。

第五十一条 承担完成的重大临时性应急技术报告、项目立项论证报告、可行性研究报告、技术方案、各类计划等成果，根据成果的质量及取得的效益，比照第五十条的奖励标准执行。

第五十二条 项目成果出版或汇交后，如取得重大社会及经济效益，可由原项目负责人提出申请，提交院科技委员会评审，视具体情况给予奖励。奖金额度由院长办公会议审定。

第五十三条 院对各类科研项目和横向项目分别提留项目总经费的7%和15%作为管理费，纳入院收入预算。

第五十四条 对无正当理由，未按项目上级主管部门要求和院下发及转发的任务书（或合同）要求进行工作的项目，冻结该项目的经费，责令暂停工作，进行整顿。项目负责人及所在部门主要负责人要写出实事求是的总结报告，并承担相应责任。

通过整顿能继续执行的项目，由该项目负责人继续负责执行。但要扣除整顿期间项目负责人的绩效津贴和本部门主要负责人整顿期间的岗位津贴。

通过整顿，项目负责人仍不能履行责任，重新竞聘该项目负责人。对原项目负责人除扣去整顿期间绩效津贴外，院将张榜通告批评，并取消其参与项目负责人竞聘资格两年。

第五十五条 项目负责人或其所在部门主要负责人未履行本办法规定的职责和义务，对项目进度及其成果质量造成严重影响的，应承担相应的责任，并根据后果严重程度接受相应处罚。

项目参加人员因个人原因导致项目不能按要求完成的，必须承担相应责任，并根据后果的严重程度接受相应处罚。

第十章 附 则

第五十六条 本办法由科技外事与项目管理处负责解释。

第五十七条 本办法自2004年1月1日起实施，原中国地质环境监测院《项目管理办法》（中地环发〔2000〕132号）、原《中国地质环境监测院项目管理办法》（中地环发〔2003〕79号）和《项目负责人竞聘管理办法（试行）》（中地环发〔2002〕99号）同时废止。

中国地质环境监测院财务管理办法

第一章 总 则

第一条 为了规范中国地质环境监测院各部门和个人的财务行为，加强财务管理，提高资金和资产的使用效益，保障院逐步建设成为全国水工环地质工作中心和地质灾害防治与地质环境保护技术业务支撑与信息服务中心目标的实现，根据《中华人民共和国会计法》、《事业单位财务规则》、国家相关财务制度和会计制度及其他有关规定，结合院实际情况，制定本办法。

第二条 财务管理的主要任务是：合理编制预算，如实反映财务状况；依法组织收入，努力节约支出；建立健全财务制度，加强经济核算，提高资金使用的效益；加强国有资产管理，防止流失，保值增值；对全院各项资金的使用和资产的运营情况进行财务监督。

第三条 本办法适用于院各处、室、中心、编辑部、门诊部、西峰寺培训中心、中元公司（以下简称“部门”）的一切财务活动。

本办法所称的“经营实体”，是指独立核算的西峰寺培训中心、中元公司和水文招待所。

第二章 预算管理

第四条 预算是根据院事业发展计划和任务编制的年度收支计划，包括收入预算和支出预算。

第五条 财务处按照上级下达的部门预算、已批准的地质调查与监测项目计划、科研项目计划、横向项目合同等，组织编制院基本支出预算和项目支出预算，经征求院有关部门意见并提交院长办公会审议通过后，由院长签发下达，财务处监督实施。

科技处根据院批准的年度基本支出预算和项目支出预算，编制地质调查与监测项目、科研项目年度执行预算，报院长办公会审议通过后，由院长签发下达，财务处监督实施。

第六条 预算管理覆盖院经济活动的全过程。院一切收入和支出均纳入预算管理。

财务处按照“确保重点、兼顾一般”的原则，进行统筹安排，综合平衡。加强和改善预算的宏观调控、综合平衡、决策参谋和服务监督的职能，做好预算的编制、下达、实施、检查、调整、考核等管理工作。

预算的编制要实事求是、量入为出、留有余地，不编制赤字预算。

必须保持预算的严肃性和相对稳定性，任何部门和个人不得擅自变动和拒不执行已下达的预算。

第七条 院对各部门日常公用支出经费实行“总额包干、超支不补、节约奖励”的管理办法。

院对调查与监测项目、科研项目、横向项目经费实行“计划管理、预算约束、成本核算”的管理办法。

院对经营实体实行“独立核算，自主经营，自负盈亏，定额上交，超收分成”的管理办法。编辑部、门诊部参照执行。

第八条 技术业务部门或个人以院名义承揽的各类项目，应及时将项目合同或项目设计认定书提交财务处，由财务处统一列入预算，否则不予开支。

第九条 院从科研项目、横向项目中提取的管理费纳入收入预算管理。

第十条 各部门对每年列入政府采购目录的货物类、工程类和服务类项目，必须报财务处，纳入年度政府采购预算，经上级主管部门批准后方可执行。

第三章 收入管理

第十一条 收入指院开展业务及其他活动依法取得的非偿还性资金。主要包括：财政补助收入、上级补助收入、事业收入、经营收入、附属单位上缴收入、其他收入。

第十二条 院各项收入均纳入年度收入预算管理，计入相关收入科目，统一核算，统一管理。

第十三条 对财政补助收入，要严格按照国家规定的事业经费科目、内容、程序，进行申请、领拨、使用、核销，并按预算级次和预算科目进行明细反映。

对经营、服务性收入，要依法缴纳各项税、费。

经营实体不得虚列或隐瞒收入、推迟或提前确认收入，否则，取消超收奖的发放，并追究有关责任人的责任。

第四章 支出管理

第十四条 支出是指在开展业务及其他活动中发生的资金耗费和损失。主要包括：基本支出、项目支出、经营支出、对附属单位补助支出。

（1）基本支出包括：人员支出、日常公用支出、对个人和家庭的补助支出、固定资产购建和大修理支出。

（2）项目支出包括：行政事业性项目支出、基本建设项目支出、其他项目支出。

项目经费支出严格控制在预算核定的额度内。调查与监测项目、科研项目、横向项目费用支出与预算失调的，须写出书面申请，经科技处、财务处批准后方可报销。

任何部门和个人不得虚列项目、擅自改变项目设计、调整项目预算、截留、挪用、转拨资金。发现有上述情况之一的，院收回经费并据情节轻重追究有关人员和项目负责人的责任。

（3）经营支出是非独立核算的经营活动发生的支出。经营支出必须与经营收入配比。

经营实体不得随意改变费用、成本的确认标准或计量方法，虚列、多列或少列费用、成本。

第十五条 各部门一切支出须严格执行国家有关财务制度规定的开支范围和标准，本着勤俭节约的原则，在年度预算、经营计划范围内，按指定的资金用途，持合法的原始凭证，按规定的审批程序，办理费用报销手续。

第十六条 各项经费的报销、转账、拨（汇）款、付款、借款，实行审批权与使用权分离。

各部门办理报销、内部转账、拨（汇）款、付款、借款等业务，均须有经手人签字，部门主要负责人审核，由财务处核准。地质项目经费由经手人签字，项目负责人审核，部门主要负责人复核，财务处核准。一次办理金额在1万元以下的，报协管财务的副院长审批；一次办理金额达1万元以上的，报院长审批。

第五章 结余（利润）及其分配

第十七条 结余是院年度内全部收入与全部支出相抵后的余额。

结余除专项资金按国家规定结转下一年度继续使用外，可以提取50%“职工福利基金”，剩余部分作为“事业基金”，用于弥补以后年度收支差额。

经营实体的利润分配或亏损的弥补执行相应行业财务、会计制度。

第六章 专用基金管理

第十八条 专用基金是单位按照规定提取或者设置的具有专门用途的资金。主要包括：职工福利基金、修购基金、住房基金。

财务处、西峰寺培训中心和三峡地质灾害监测中心（以下简称“三峡中心”），必须按规定提取或者设置专用基金，按规定用途使用。

（1）职工福利基金：按当年可分配结余的50%转入；按工资总额14%计提转入。主要用于集体福利设施建设支出；对后勤服务部门的补助；职工公费医疗支出超支部分按规定由院负担的费用；按国家规定可由职工福利基金开支的其他支出。

（2）修购基金：按当年事业收入和经营收入的5%提取转入；固定资产变价收入转入。仅限于固定资产的购置与维修，不得用于其他方面的开支。

（3）住房基金：来源于国家财政专项补助、出售房屋收入、维修基金等。开支范围遵照国家有关规定执行。

第七章 资产管理

第十九条 资产是我院占有或使用的能以货币计量的各种资产、债权和其他权利等经济资源。主要包括：流动资产、固定资产和对外投资。

第二十条 流动资产是指在一年内变现或者耗用的资产，包括现金、银行存款、应收款项、暂付款项、预付款项和存货等。

（1）现金和银行存款是流动性最强的资产。财务人员必须按规定支付现金、使用银行存款，及时结账、对账，做到“日清月结”，账实相符。

现金支付范围：职工工资、津贴；个人劳务报酬；个人的各种奖金、劳保、福利费；出差人员必须携带的差旅费；支票结算起点（1000元）以下的零星开支。

各部门必须按国家有关规定开立账户，以办理有关存款、取款和转账结算业务。

（2）应收款项、暂付款项、预付款项是各部门的一种债权，是其他有关单位或个人对本部门资金的占用。因此要控制各款项额度和收回时间，及时组织结算和催收，以防止可能发生的意外或损失。

第二十一条 固定资产是指一般设备单位价值在500元以上、专用设备单位价值在800元以上，使用期限在一年以上，并在使用过程中基本保持原有形态的资产。单位价值虽未到达规定标准，但是耐用时间在一年以上的大宗同类物资，作为固定资产管理。

固定资产购置、使用和处置按院《物资、设备采购管理办法》和《设备管理办法》执行。财务处、经营实体和三峡中心负责固定资产的会计核算和日常管理工作，建立各自的固定资产内部控制制度，定期清查盘点，做到账、卡、物相符。使用固定资产的部门负责固定资产的保管与维修。

（1）各部门需购置和配备的物资、设备、配件，应事前向财务处提交设备购置清单和费用预算，报经院设备物资集中采购小组审查批准后统一购置。凡纳入政府采购项目的按照程序办理。

（2）固定资产使用期间，财务处、西峰寺培训中心和三峡中心要严格按照事业收入和经营收入的一定比例计提修购基金；中元公司、水文招待所按规定计提折旧。

（3）固定资产的报废和转让，一般经院长批准后核销。大型、精密贵重的仪器报废和转让，应当经过有关部门鉴定，报主管部门或者国有资产管理部门、财政部门批准。

第二十二条 院对中元公司、水文招待所的投资，应按规定报经主管部门、国有资产管理部门批准或备案。

第八章　负债管理

第二十三条 负债是各部门所承担的能以货币计量、需要以资产或者劳务偿还的债务。主要包括：借入款项、合同预收款项、应付款项、暂存款项、应缴款项等。

第二十四条 各部门要对不同性质的负债分别管理，及时清理并按规定办理结算，保证各项负债在规定的期限内归还和缴纳。

院对各经营实体的借款，实行有偿使用的原则，收取资金占用费，费率原则上不高于银行同类同期借款利率。

经营实体向金融部门贷款和其他单位借款或提供担保必须报院批准。

第九章　财务报告和财务分析

第二十五条 财务报告包括财务报表和财务情况说明书。

财务分析主要包括分析预算的编制和执行情况、资产、负债构成及资产使用情况、收入、支出情况、经费自给水平和财务管理情况等。

经营实体、三峡中心每月 10 日前向财务处提供财务报告，7 月 10 日前报送中期（上半年）财务报告及分析。

财务处负责收集、汇总、上报材料，按月及时向院长汇报全院收支预算执行情况、财务状况，并进行分析、评价，提出存在的问题及改进意见。向各部门主要负责人通报日常公用支出包干经费使用情况。向科技处和项目负责人及时通报项目经费预算执行和拨款进度等详细情况。

第十章　财务监督与内部会计管理制度

第二十六条 财务人员必须认真履行财务管理、监督、服务的职能，做到事前（预算）、事中（核算）、事后（决算）全面监督、全过程管理、全方位服务。在监督中服务，在服务中监督，寓监督于服务之中。

第二十七条 各部门的资金使用和资本运营，必须自觉接受财务监督与检查。

第二十八条 财务人员在强化监督管理的同时，努力提高自身业务素质和政策水平，强化服务意识，提升服务质量。

（1）遵守职业道德，树立良好的职业品质、严谨的工作作风，严守工作纪律，努力提高工作效率和质量。

（2）熟悉财经法律、法规、规章和国家统一会计制度，并保证提供合法、真实、准确、及时、完整的会计信息。

（3）熟悉本单位的业务管理和经营情况，运用掌握的会计信息和方法，为改善内部管理、提高经济效益服务。

（4）实事求是、客观公正、廉洁奉公。

（5）保守秘密。除法律规定和单位法人同意外，不能私自向外界提供或者泄露会计信息。

（6）加强业务学习，积极参加社会职称统一考试，不断提高自身综合素质。

第二十九条 监督的目标：保障单位经济目标的实现；保护单位资产的安全完整；保证会计记录的可靠性和及时提供真实的会计信息；保证单位各项经济活动符合效益原则；保证单位各项经济活动在法定范围内进行。

第三十条 监督的依据：财经法律、法规、规章；会计法律、法规和国家统一会计制度；部、局规定的具体实施办法、规定；单位内部制定的相关的规章制度；单位内部的预算、财务、经济、业务计划。

第三十一条 监督的内容：对原始凭证的审核监督；对实物款项的监督；对财务收支的监督；对财务报告的监督；对预算、财务、经济、业务计划执行情况的监督；接受财政、审计、税务部门的监督。

第三十二条 建立内部会计管理体系。院发生的一切财务活动，都应在院长的领导下，由院统一管理，分级核算。

（1）财务处、西峰寺培训中心、三峡中心执行全国统一的《事业单位会计制度》和《地质事业单位财务制度》。中元公司、水文招待所执行国家相关行业的财务和会计制度。

（2）财务处负责对院收入、支出从预算的编制、会计核算、财务决算、到监督检查、追踪问效实行全过程的管理。对经营实体、三峡中心进行业务指导、财务监督，定期开展财务检查。

（3）物业中心负责院物业管理相关费用收取。

（4）经营管理处负责经营实体年度经营计划的制定并监督实施，保证国有资产的保值增值。

（5）经营实体、三峡中心负责内部会计核算并在业务上接受财务处的指导和财务监督检查。

第三十三条 建立会计人员岗位责任制。主要包括：工作岗位设置、职责和标准、人员的具体分工、工作岗位轮换办法、考核办法。

第三十四条 建立账务处理程序制度、内部牵制制度、稽核制度、原始记录管理制度、财产清查制度、成本核算制度。

第十一章 附 则

第三十五条 本办法由财务处负责解释。

第三十六条 本办法自发布之日起实施，中地环发〔2000〕133号发布的《中国地质环境监测院财务管理办法》、中地环发〔2000〕136号发布的《中国地质环境监测院机关经费管理办法》和中地环发〔2000〕169号发布的《中国地质环境监测院费用开支报销暂行规定》同时废止。

中国地质环境监测院绩效津贴试行办法

为加强在岗职工的工资管理，保证职工合法收入，进一步调动全院职工的积极性和创造性，保障院发展目标的实现，根据中组部、人事部《关于加快推进事业单位人事制度改革的意见》和国土资源部、中国地质调查局关于人事制度改革的有关精神，结合院实际情况，制定本办法。

一、分配原则

（1）贯彻绩效优先、按劳分配和兼顾公平的原则，工资收入分配向关键岗位和优秀人才倾斜，使职工收入尽可能符合其劳动创造的价值和贡献。

（2）在执行国家现行工资制度的基础上，将院现执行的部分补贴纳入绩效津贴基数，并通过增量调整，逐步搞活内部分配。

（3）根据按业绩定酬、按任务定酬、按岗位定酬的精神，试行绩效津贴。依据工作业绩、工作难易程度与岗位的责任大小，合理拉开职工工资收入差距。

（4）绩效津贴实行院和部门、项目组二级管理，逐步扩大部门负责人和项目负责人的分配自主权。

（5）绩效津贴实行动态管理。半年考核与年终考核相结合，按月预支，半年（或项目竣工决算后）结算一次。其中80%按月随工资发放，20%待年终考核后兑现，多退少补。

二、分配方法

（1）职工工资结构由基础工资、岗位工资、福利性补助和绩效津贴四部分组成：

①基础工资是指国家和地方政府规定的工资和补贴，包括职务工资（含在工资构成中按规定比例提取的津贴）、地方政策性补贴等；

②岗位工资是体现职工履行现岗位职责的薪酬，根据岗位设置、责任大小确定岗位的工资标准；

③福利性补助是对职工内部工资分配的补充；

④绩效津贴是对职工较好地完成本职工作并为单位的建设做出贡献的报酬。

（2）绩效津贴的计算公式：

绩效津贴＝基数值×标准系数×考核系数

（3）基础工资、岗位工资、福利性补助由院发放。绩效津贴的基数值每年审核一次。由分管院领导牵头，人事处、财务处、科技处参加，提出建议方案，经院长办公会议审定后执行。

三、执行范围

（1）项目绩效津贴：技术业务部门人员；

（2）经营绩效津贴：经营单位人员；

（3）管理绩效津贴：院领导班子成员，院长助理、工会主席、副总工程师、副总经济师、管理处（室）人员。

四、实施方案

1. 项目绩效津贴

项目绩效津贴由院建部分补贴（上岗补贴和内部补贴）、项目实施绩效津贴两部分组成。

项目实施绩效津贴由各项目组按院本年度项目经费下达执行预算（扣除外协工作费、大型设备购置维护费等）的一定比例提取，院建部分补贴纳入项目实施绩效津贴合并计算。

项目负责人标准系数值为5。其他参加人员标准系数值为3～0。

基数值＝项目绩效基数值＋项目结余基数值

2. 中元公司、西峰寺培训中心经营绩效津贴

中元公司、西峰寺培训中心在保证国有资产增值保值和完成年度经营计划的基础上，实行绩效津贴与经营效益挂钩。经营绩效津贴由院建部分补贴（上岗补贴和内部补贴）、利润提成两部分组成。

总经理（主任）标准系数值为5，副总经理（副主任）标准系数为3.5。其他人员

标准系数值为3～0。

3. 管理绩效津贴

管理绩效津贴按院项目绩效津贴和中元公司、西峰寺培训中心经营绩效津贴的平均数计算。

管理绩效津贴标准系数表

档次	管理工作岗位	系数
九档	院长、书记	5.0
八档	副院长、副书记、纪委书记、总工程师	4.5
七档	院长助理、工会主席、副总工、副总经理	4.0
六档	室主任、处长	3.5
五档	室副主任、副处长、聘为教授级技术岗位	3.0
四档	聘为高级技术岗位	2.5
三档	聘为中级技术岗位、主任科员、工人技师	2.0
二档	聘为初级技术岗位、副主任科员、高级技术工人	1.5
一档	科办员及其他人员	1.0

注：主持工作的副处长（副主任）在原管理绩效津贴系数的基础上增加0.3个系数。

4. 物业中心、编辑部、门诊部经营绩效津贴

物业中心、编辑部、门诊部在完成院核定的经营和事业收入计划的前提下，按经营和事业收入的一定比例计提绩效津贴。其经营绩效津贴由院建部分补贴（上岗补贴和内部补贴）、年经营和事业收入提成两部分组成。

主任标准系数值为3，其他人员标准系数值为2.5～0。

五、绩效考核

试行绩效津贴，要建立考核与奖惩制度，要同经济责任制紧密结合，同职工的责权利挂钩，充分体现奖勤罚懒，奖优罚劣，考核结果直接与绩效津贴挂钩。考核结果分为优秀、称职、基本称职、不称职四档，对应的考核系数分别为1.2、1.0、0.8、0。

六、经费来源

管理部门发放的绩效津贴从基本支出中列支；技术业务部门发放的绩效津贴从项目支出中列支；经营单位（企业）发放的绩效津贴从经营成本或管理费用中列支。

七、实施步骤及条件

（1）项目负责人按照本办法提出项目绩效津贴分配方案，经所在部门主要负责人审核，人事处复核后，报院批准后执行。经营部门和管理部门负责人按照本办法分别提出经营绩效津贴实施方案和管理绩效津贴实施方案，由人事处审核，报院批准后执行。

（2）绩效津贴以各部门为核算单位。跨部门的项目，由科技处、财务处、人事处组织协调后，报院批准后执行。

（3）技术业务部门主任、副主任在保证完成本部门管理工作的基础上同时竞聘为项目负责人的，分别计算管理绩效津贴和项目绩效津贴，执行两种较高的一种绩效津贴标准。

（4）为发扬整体功能，提高技术业务水平，对本院项目参加人员作如下规定：执行预算50万元以上项目参加人员不少于4人；执行预算30万～50万元项目参加人员不少于3人；执行预算30万元以下项目参加人员不少于2人。每人参加项目数最多不得超过4个（包括项目负责人），特殊情况下确需参加4个以上项目的，须经院长批准。

（5）技术业务人员同时承担2个及以上项目的，在计算其项目绩效津贴时分别计算，进行累加。累计当年执行绩效津贴时间不超过12个月。

八、其他事项

（1）本办法所称的“项目”是指《中国地质环境监测院地质项目管理办法》第二条规定的调查与监测项目和科研项目，并经院研究决定分解后，用于项目负责人竞聘或院指定项目负责人的项目。

（2）本办法所称的“利润”是指国家有关企业会计制度规定的“利润总额”。

（3）本办法所称的“结余”相当于《中国地质环境监测院地质项目管理办法》的“节约”。

（4）在有资金保障的情况下，按院确定的绩效津贴标准执行，否则降低档次发放或停发。

（5）发生重大安全（技术）责任事故，一年内停发或减发相关人员的绩效津贴。未完成上级下达的任务指标者，按照《中国地质环境监测院地质项目管理办法》规定执行。

（6）月休病假累计10天、事假累计5天的人员（不含法定节假日，下同），按所享受的绩效津贴标准减半发放；月休病假累计11天、事假累计6天及以上人员，停发当月绩效津贴。

（7）因中途离岗、待岗、调离、借调、解聘等人员均从下月起停止发放相应的绩效津贴。新调入人员按所聘任岗位工作满一个月后，按规定标准领取相应的绩效津贴。

（8）本办法实施细则由院人事处会同有关部门另行制定，报院长办公会议审定后执行。

（9）本试行办法由院人事处负责解释。

中国地质环境监测院职工管理规定

目　录

中国地质环境监测院职工管理规定

第一章　总　则

第一条　为了维护正常的工作秩序，严肃劳动纪律，规范职工行为，促进社会主义精神文明建设和地质环境监测事业的发展，根据国家有关法律法规，结合院实际制定本规定。

第二条　加强职工的政治思想教育、劳动纪律教育、民主与法制教育、技术业务知识教育，使全体职工自觉遵守国家的法律、法规、政策和院的各项规章制度，奉公守法，爱岗敬业，讲究职业道德，团结协作，各司其职，积极主动地完成各项工作任务。

第三条　院实行奖惩制度。坚持思想政治工作与惩罚措施相结合。对业绩突出、表现优秀的职工，给予奖励。奖励要坚持精神鼓励和物质奖励相结合，以精神鼓励为主。对业绩平庸、违反纪律的职工，要酌情予以教育和惩罚。教育和惩罚要坚持以思想教育为主，教育与惩罚相结合的原则。

第四条　本规定适用于院全体职工。

第二章　全员竞聘上岗制度

第五条　根据院业务定位和发展目标，为了转变工作运行机制和管理模式，坚持按需设岗、评聘分开、双向选择、组织协调和公开、公平、公正、竞争上岗、择优聘用、群众公认、注重实绩的原则，进一步推进和完善以全员聘任制为重点的人事制度改革，变身份管理为岗位管理。

第六条 建立精简、效能、统一、合理的人力资源调配机制。依据岗位性质、责任轻重、难易繁简程度和所需任职条件，制定不同层次的行政管理和专业技术职务结构比例设置方案。坚持领导岗位高标准、严要求、宁缺勿滥。通过实行全员聘用制度，转变事业单位用人机制，实现由行政任用关系向平等协商的聘用关系转变。

第七条 处级干部的聘用，按照公布岗位、个人报名、资格审查、公开答辩、民主测评、提出考察人选、公示、组织考察、党委研究、试用聘任9个程序进行。工作人员的聘用采取公布岗位、报名申请、资格审查、公开答辩、确定拟聘方案、公示、提出聘用人选、试用聘任8个程序进行。

第八条 因机构调整、人员调动或者特殊工作需要出现岗位空缺时，属提拔聘任的，按第七条规定的竞聘程序进行；属平级、降级聘任或者解聘、辞聘的，经民主测评、组织考察、党委集体研究决定后，由人事处组织实施。

第九条 在平等自愿、协商一致的基础上，通过签订聘用合同，明确院和受聘人员与工作有关的权利和义务。聘用合同由院长或者院长委托的有关负责人与受聘人员以书面形式订立。聘用合同必须具备聘用合同期限、岗位及其职责要求、劳动纪律、工作条件、工资待遇、聘用合同变更和终止的条件、违反聘用合同的责任等条款。

第十条 竞聘工作要坚持按原则办事，按文件规定办事，按工作制度办事，充分尊重群众意见，坚持集体决策。试用聘用考核合格后，党群干部由院党委任命，其他干部由院长签发聘书。

第三章 目标责任与考核制度

第十一条 建立工作目标责任制度。根据院年度工作要点、项目计划任务书、经营计划任务，确定年度工作目标任务责任表，明确工作任务、工作目标、工作内容、实施进度、责任领导、责任单位、责任人。

第十二条 健全和完善考核制度，正确评价职工的德才表现和工作业绩，激励督促全体工作人员提高政治业务素质，认真履行职责，保证聘用制度的实际效果，并为其续聘、解聘、奖惩、晋级、培训、辞退、兑现绩效津贴等提供依据。

第十三条 以年度目标任务责任制、岗位职责和聘用合同为依据，建立适合不同岗位特点的考核指标体系。考核内容在坚持德、能、勤、绩、廉的基础上，以绩为主。考核要有相对具体、定性与定量相结合的标准。每半年进行一次考核，采取个人述职、民主测评和组织考察相结合的方式，力求做到民主、科学、客观、全面、公正。

第十四条 年度考核要严格坚持标准，符合实际。考核结果分为优秀、称职、基本称职、不称职四个等次，被确定为优秀等次的人数，一般掌握在本单位工作人员总数10%，最多不超过15%。

第十五条 为了褒奖先进，鞭策后进，奖优罚劣，充分调动广大干部职工的积极性，实行考核结果与绩效津贴挂钩、与年终奖金挂钩、与两年正常考核晋级挂钩、与申报技术职务资格挂钩，与行政职务竞聘资格挂钩的制度。

第十六条 对表现较差、在年度考核中难以确定等次的人员，实行告诫制度，暂不兑现考核结果，告诫期限为六个月。待告诫期满，依据所定等级办理。

第十七条 年度考核工作结束后，将考核结果存入本人档案。

第四章　工资管理制度

第十八条　工资分配要坚持绩效优先、按劳分配和兼顾公平的原则。依据工作业绩、工作难易程度与岗位的责任大小建立绩效津贴。坚持按业绩定酬、按任务定酬、按岗位定酬。合理拉开职工工资收入差距，向关键岗位和优秀人才倾斜。同时要扩大各部门的分配自主权，保证职工的合法收入。

第十九条　在岗职工工资结构由基础工资、岗位工资、福利性补助和绩效津贴四部分组成。

按照国土资源部《关于全国地质环境监测总站全员竞聘上岗办法、人员分流办法及人员编制的批复》(国土资函〔2000〕176号）执行，“内退职工按退休标准计发退休费，正常晋升工资，连续计算工龄，达到法定退休年龄时办理正式退休手续；待岗职工，在待岗的第一年享受国家规定的原工资待遇，待岗的第二年按原工资的60%发放，从第三年起，按当地职工最低工资标准发放，参加社会保险”。

第二十条　职工在规定的探亲假、年度休假和路程假期内，按照本人的应发工资标准计发工资。

职工在病假期间的工资待遇，按照国务院《国家机关工作人员病假期间生活待遇的规定》（国发〔1981〕52号文）执行。

旷工超过2天扣发当月工资和绩效津贴，事假超过规定天数扣发工资和绩效津贴。

第二十一条　院按国家现行政策规定核定经营单位（企业）工资总额基数，经营绩效津贴与经营效益挂钩。经营单位（企业）在院核定的工资总额内，有权自主使用，分配工资和奖金。也可将现行国家政策规定发放工资的全部或部分拿出来，结合职工的劳动成果进行浮动分配。

第五章　教育培训和职工队伍建设制度

第二十二条　在职职工、转岗职工、引进人才、新接收应届毕业生的教育培训，要制定规划、按需施教、学以致用、讲究实效、重点实施。要认真学习中央关于资源环境的大政方针，学习专业领域的新理论、新技术、新方法，以及经济、法律、管理知识，重视干部队伍的能力建设，不断调整改善职工队伍的知识结构，培养造就一批学术带头人、技术骨干和复合型人才。

第二十三条　加强职工队伍建设，实施“科技兴院、人才强院”战略。按照院科技创新计划，教育培训要注重针对性、实用性、科学性、先进性。以短期培训，业余学习为主。教学方式要灵活多样，可采用开班面授、专题研讨、实地指导、辅导自修、电视声像、函授学习等多种形式实施。

第二十四条　学历教育要适当控制脱产学习，支持在职函授教育，鼓励自学考试。处级以上干部五年内要累计参加三个月以上培训；新调入人员不少于三周的培训；特殊专业人员可定向或委托培训。职工不论参加哪种形式的培训，都应在学习前向所在部门提出书面申请，经人事处同意报院领导批准并与委培学校签订协议后方可参加学习。

第二十五条　职工教育经费按职工工资总额的1.5%比例提取，主要用于：①外送短期培训班学习的培训费、实习费；②委托代培进修的培训费；③经过统一入学考试或由单位推荐参加成人教育的学费或培训费；④自学考试的报名费和考务费。根据财政部、国家教委教财〔1990〕038号文规定，凡参加本专业高、中等学校成人教育及自学考试者，学习结束，考试合格，报销学费的2/3，个人负担1/3。考试不合格者，学费自理。

第六章　职工调动及引进特殊专业人才制度

第二十六条　职工调动要坚持“把好入

口，疏通出口，优化结构”的原则。

第二十七条 在技术业务部门、物业部门和经营部门，设置流动岗位，面向社会公开招聘优秀人才，公平竞争，择优录用，与院固定职工同工同酬。对社会招聘人员实行合同化管理，逐步实现人才资源配置的社会化、市场化。

第二十八条 专业技术人员和其他干部调入，须由本人提出申请，经面试、公开演讲答辩、专家评议、科技委员会讨论、组织考察后，由院长办公会议研究决定。

第二十九条 专业技术人员和其他干部调出，须由本人提出申请，所在部门签署意见，报院长审批。批准调出的，待完成本人承担任务和工作交接后，才能办理调出手续。

第三十条 引进特殊专业人才（院士除外）和接收应届毕业生，须由本人在院科技委员会作学术报告，经公开演讲答辩、专家评议、组织考察等程序，并经院长办公会议研究决定。

第三十一条 对引进的特殊专业人才，未享受国家实物分配住房者，除执行国家房改政策补贴及院新进人员住房临时补贴外，院另一次性支付部分购房补贴，具体数额由院长办公会议决定。

第三十二条 确定为院引进的特殊专业人才，须与院签订协议书，并到公证机关公证。引进特殊专业人才未满协议书规定的服务期限而单方面终止协议的，由其本人归还院一次性购房补贴款。

第七章 考勤制度

第三十三条 考勤制度是检查督促职工按时上下班，加强劳动纪律，提高出勤率和工时利用率，贯彻按劳分配原则的重要措施，同时也是计算工资和绩效津贴的重要依据，各单位必须严肃对待，认真执行。

第三十四条 请病假、事假、探亲假、倒休假、出差、离职学习的，必须履行相应的请假手续，否则按旷工处理。

第三十五条 上下班考勤，由人事处负责，院不定期抽查。对经常迟到早退者，按次数进行累计考勤。除批评教育外，每月超过3次，每次超过15分钟者，第一个月由各部门提出批评，第二个月由院通报批评，第三个月按旷工处理。

第三十六条 会议考勤，由会议组织单位负责。与会人员在接到会议通知后要做好参会准备，不得无故缺席。在会议开始前5分钟到达会场，关闭手机或放在振动位置，尽量不接手机，不在会下开小会。会议组织单位在每次会议前需做好会议签到，对迟到人员进行登记。迟到人员会后需以书面形式将迟到检讨报告送交院领导。

第三十七条 部门主要负责人必须亲自抓考勤工作，并指定专人负责，坚持按日考勤，按月上报。下月第一个工作日由部门主要负责人签字后交人事处审核。做到不漏、不重、不错，方可计发工资、奖金和津贴。考勤和请假情况将作为年度考核的内容之一，严禁弄虚作假。如发现问题，要追查有关负责人和考勤者的责任。

第八章 出差及请销假制度

第三十八条 院长、书记离京出差或休假，须按规定向分管部领导报告。部领导同意后，由办公室负责向中国地质调查局办公室报告，并向其他院领导通报。

副院长、监察专员、总工程师、院长助理、工会主席、副总工程师、副总经济师离京出差或者休假，应事先向院长请假，由办公室负责将其离京外出的时间、地点、联系电话等有关事项通报其他院领导。

各部门负责人出差或请假，须经分管院领导批准，报办公室和人事处备案。

一般干部出差，须经本部门主要负责人

批准，请假须经人事处批准。

第三十九条 职工两天内事假需经本部门主要负责人批准；三天以上事假及探亲假，应填写请假单，经本部门主要负责人同意后，按职工管理权限，处以上干部报院领导审批，一般职工由人事处审批；病假须递交合同医院或院门诊部诊断书，按职工管理权限审批。病事假结束后，当事人应主动到人事处销假。

第四十条 旷工或无正当理由逾期不归超过 15 天，或一年内累计旷工时间超过 30 天者，按人事部人调发〔1992〕18 号文《全民所有制事业单位辞退专业技术人员和管理人员暂行规定》中“经教育无效的，可以辞退”的规定执行。

第四十一条 职工年度休假和探亲假按国家有关规定，在不影响院正常工作的前提下分期分批休假，但须报人事处及院领导批准。如需延长假期，须按事假履行请假手续，待批准后方可延长，未获批准，不得延续。

第九章　奖惩制度

第四十二条 奖惩制度是指对劳动者在劳动过程中的一定行为给予奖励和惩罚的制度。奖惩制度要同经济责任制紧密结合，同职工的责、权、利挂钩，充分体现奖勤罚懒、奖优罚劣、按劳分配。

第四十三条 职工在年度考核中被确定为称职以上等次的，按照有关规定晋升工资档次和发给奖金；连续三年考核被确定为称职以上等次的，具有续聘职务的资格；连续两年以上被确定为优秀的，具备优先续聘职务的资格；专业技术人员年度考核被确定为称职以上等次的，具有续聘职务的资格；工勤人员连续两年考核被确定为优秀的，具有聘任上一级工种的资格。

第四十四条 年度考核被确定为不称职等次的，不发年终奖金，扣发全年已发绩效津贴，并给予批评教育，情节严重者可以解聘。年度考核被确定为基本称职的，扣发部分年终奖金和绩效津贴，并实行告诫期。考核不称职，以及两年中只有一年考核称职的人员，不得晋升工资档次。连续两年考核被确定为不称职等次的，根据不同情况，可予以降职、调整工作、低聘或解聘。不服从组织安排或重新上岗后考核仍不合格者，予以辞退。

第四十五条 院在给予职工奖励时，除按国家政策规定进行奖励外，还可以同时发给一次性奖金，费用在年度奖金总额内列支。对于违反劳动纪律，经常迟到、早退、旷工、消极怠工、完不成工作任务、玩忽职守、造成严重经济损失的或犯有其他严重错误的，可分别情况给予行政处分或者经济处罚。

第十章　离退休职工管理制度

第四十六条 达到国家规定的退休年龄：男年满 60 周岁，女干部年满 55 周岁，女工人年满 50 周岁的职工，均应按时办理退休手续，不需要本人提出申请，由人事部门从到达退休年龄的下月起通知本人，并按规定办理完退休手续，不再列为在编职工。

第四十七条 离退休职工原则上不返聘。少数身体健康，具有特殊专业特长的离退休干部，因工作特殊需要，可以由用人单位写出书面申请报人事处，经院长批准后，按照政策规定予以返聘。其返聘费用全部由用人单位承担的项目经费中列支。

第四十八条 院职工离退休后，政治待遇、生活待遇按国家有关规定执行。

第四十九条 坚持和完善离退休同志阅文和学习制度。组织参加有关活动，使他们及时了解党和国家的路线方针政策和国内外大事。及时通报院重要会议和重大活动情况，坚持组织生活制度。按照国家和地方政府规定，及时发放离退休费和各种补贴，按规定报销医药费。对有特殊困难的离退休职工要尽量给予照顾，使他们老有所养、老有所乐、安度晚年。

第十一章 临时工管理制度

第五十条 在上级核定的劳动用工计划内，根据工作需要，按照北京市的有关规定，经人事处批准，可以使用临时工、季节工。

第五十一条 使用临时工必须签订劳动合同，合同内容包括生产和工作任务、劳动条件、合同期限、工资待遇、保险福利、劳动纪律、经济补偿与赔偿以及双方的责任和权利等。

第五十二条 临时工不实行熟练期，执行计时工作制或综合计算工时工作制，工资按月发放。按国家和北京市社会保险的有关规定缴纳养老、失业、工伤和大病医疗统筹及其他社会保险费用。

第五十三条 因履行合同发生的劳动争议，当事人可以向院人事处申请调解；调解不成，当事人一方要求仲裁的，应当自人事争议发生之日起60日内向国土资源部或当地人事争议仲裁委员会申请仲裁。对仲裁不服的，可以向人民法院提起诉讼。

第十二章 附 则

第五十四条 本规定未尽事宜或与上级有关规定相悖的，按有关规定执行。

第五十五条 本规定由院人事处负责解释。

第五十六条 本规定自2004年1月1日起施行。

中国地质环境监测院经营管理办法

第一章 总 则

第一条 为规范我院的经营工作，规范各经营单位（企业）的组织及经营行为，保护出资人和经营者的合法权益，促进院经济健康发展，依据国家有关法律、法规，结合院实际制定本办法。

第二条 院对各经营单位（企业）实施监督管理。院对所属经营单位（企业）的国有资产依法拥有所有权。作为国有资产代理人，院享有出资人的权利，承担相应义务。企业（公司）拥有包括国家在内的出资者投资形成的全部法人财产权，是享有民事权利，承担民事责任的法人实体。

第三条 通过理顺产权关系，转换经营机制，使经营单位（企业）成为自主经营、自负盈亏、自我发展、自我约束的市场竞争主体，实现国有资产的保值增值。在企业（公司）中建立产权明晰、权责明确、事企分开和管理科学的现代企业制度，建立相互独立、相互制衡和相互协调的法人治理机构。

第四条 院对经营实体实行“独立核算，自主经营，自负盈亏，定额上交”的管理办法，按照资产经营责任制建立经营指标考核体系。对其他经营单位实行收支两条线的管理办法，按照经营目标责任制建立经营指标考核体系。

第五条 本办法所称的经营单位（企业）包括经营实体（企业）和其他经营单位。经营实体（企业）系指中元基础工程有限公司（简称中元公司）、国土资源环境咨询评估中心（简称评估中心）、北京东方水文招待所、西峰寺培训中心；其他经营单位系指编辑部、门诊部、服务中心（物业中心）。

第二章 组织结构及权限

第六条 院经营管理处是管理经营工作的职能部门，负责院的经营管理工作，管理协调院属经营单位（企业）并提供相应的服务。

经营管理处负责以下工作：

（1）拟定经营单位（企业）改革方案、发展规划、年度计划并督促实施；

（2）监督协调管理院的经营活动，监督管理经营实体（企业）国有资产，保障国有资产保值增值；

（3）审核经营单位（企业）财务报告，组织经营单位（企业）经营业绩考核；

（4）对经营单位（企业）主要负责人的经营工作进行监督、评价，并提出奖惩建议；

（5）根据经营单位（企业）的要求，提供咨询意见；

（6）对中元公司的管理，依照《中元公司章程》规定的权限进行。

第七条 院作为出资人，对各经营单位（企业）进行监督管理，行使以下职权：

（1）决定经营单位（企业）的经营方针和投资计划；

（2）决定经营单位（企业）经营者的任免（聘任、解聘）及报酬；

（3）审核批准经营单位（企业）的年度经营计划；

（4）批准对外投资方向和决定对外投资数额，对国有资产对外参股行使股东权；

（5）决定国有产权的变动和重组；

（6）制定对经营单位（企业）及经营者的考核指标并组织对其考核；

（7）行使国家法律、法规、政策规定的其他权利。

第八条 经营单位（企业）实行经营管理主任（经理）负责制。主任（经理）组织领导经营单位的经营管理工作。

主任（经理）行使下列职权：

（1）执行院有关决议并向院报告工作；

（2）组织实施经营单位（企业）年度生产经营计划和投资方案；

（3）拟定经营单位（企业）的财务预算、决算和利润分配、弥补亏损方案；

（4）拟定经营单位（企业）内部机构设置方案，任免内部机构负责人；

（5）制定经营单位（企业）内部管理制度；

（6）聘任或者解聘应由出资人聘任或解聘以外的管理人员；

（7）院授予的其他职权。

第三章 资产管理

第九条 国有资产是指：国家、部、院以各种形式对经营实体（企业）投资及投资收益形成的财产，以及依据法律、法规认定的其他国有财产。院代表国家行使对国有资产的监督管理权。

第十条 院对经营实体（企业）承担的财产责任以投入的资本额为限。除法律、法规另有规定外，院不得以任何形式抽取注入的资本金，不得随意调取经营实体（企业）财产。

法人企业以其全部法人财产独立承担民事责任。

第十一条 经营单位（企业）对授予其经营管理的财产可以自主经营，享有占有、使用的权利。

独立法人企业对院授予其经营管理的财产依法自主经营，享有占有、使用和依法处分的权利，对全部法人财产及其净资产负有保值增值责任。

第十二条 独立法人企业可以依照法律规定，经院批准，以授予其经营管理的资产向外投资、出租和抵押。

第四章 财务管理及收益分配

第十三条 经营实体（企业）应根据《会计法》、“两则”和相应行业财务会计制度，做好财务管理和会计核算工作。按照会计规范配备相应的财会人员，建立内部控制制度。正确计算收入、支出、成本、费用以及利润，维护出资人的合法权益。

第十四条 经营实体（企业）财务管理的核心是资本金的管理，管理目标是确保资产保值增值。

第十五条 经营单位（企业）设备大修费用应通过预提或待摊方式筹集解决。固定资产的建造、购置、更新、转让、报废，应报院批准。

第十六条 经营实体（企业）要打通融资渠道，增加融资意识和能力。因生产经营需要贷款和借款必须报院批准。

第十七条 经营实体（企业）要严格按照成本管理条例和财务制度规定的成本项目和范围进行成本核算。下列费用，应按规定提取：

（1）按照工资总额的14%提取职工福利费上交院；

（2）按照工资总额的2%提取工会经费上交院工会；

（3）按照工资总额的1.5%提取职工教育经费；

（4）按照固定资产原值的15%（其中：房产3%、电子产品50%）提取折旧费，按照事业收入5%提取修购基金；

（5）按照年末应收账款的2%计提坏账准备金；

（6）建立住房公积金制度，按规定计提比例提取上交院财务处；

（7）按照国家统一规定提取养老保险金、医疗保险金、失业保险金及工伤保险金。在未纳入社会保险体系前，提取的以上费用暂由经营实体专户储存。

第十八条 经营实体（企业）应正确计算税后利润，对实现的净利润，必须按财务制度规定进行利润分配。

第五章 劳动工资管理

第十九条 经营单位（企业）应在每年年底，将下一年度劳动用工计划报院经营管理处和人事处。在院核定的劳动用工计划之内，根据工作需要，按照北京市的有关规定，使用合同工。

第二十条 经营单位（企业）使用合同工、临时工必须签订劳动合同。其中服务中心（物业中心）、编辑部、门诊部使用合同工、临时工由院审批。

第二十一条 经营单位（企业）的劳动工资总额由院下达计划。工资分配要坚持工资总额增长低于经济效益增长，职工平均工资增长低于本单位劳动生产率增长的原则。

第二十二条 经营单位（企业）在院核定的工资总额内，有权自主使用、分配工资和奖金。

第二十三条 经营单位（企业）在保证国有资产保值增值和完成年度经营计划的前提下，实行效益结构工资制。职工工资结构由基础工资、岗位工资、福利性补助和经营绩效津贴四部分组成。

具体实施办法参照《院绩效津贴实施细则》执行。

第六章 考核及奖惩

第二十四条 院按年度与经营单位（企

业）签订资产经营责任书和经营目标责任书，明确双方权利义务，确定年度资产保值增值及各项经营考核指标。

第二十五条 院对经营单位（企业）的经营状况进行全面考核，考核内容为经济指标、工作（成果）质量、管理与精神文明建设和安全生产，对考核优秀者给予表彰与奖励。具体考核办法和奖励办法按院有关规定执行。

第二十六条 审计部门在经营单位（企业）自我考核基础上进行审计，并提交审计报告作为考核、奖惩经营者的依据。

第二十七条 经营者有下列行为之一的，由院责令改正；造成严重后果的，依照法定程序免除（解聘）其职务，或者给予降职、撤职处分。

（1）经营管理不善，连续两年亏损，且亏损额继续增加的；

（2）在产权变动的过程中，弄虚作假，造成国有资产流失的；

（3）对外投资，未在财务报告中如实反映收益情况或未足额收取应得收益，造成国有资产流失的。

第七章 附则

第二十八条 本办法由院财务处会同经营管理处负责解释。

第二十九条 本办法自2004年1月1日起试行。

中国地质环境监测院设备管理办法

第一章 总则

第一条 为提高地质环境调查评价、监测、研究、预警预报等工作的科学技术装备水平，保证地质环境调查评价、监测、研究、预警预报设备正常运行和安全生产，充分发挥设备效能，特制定本办法。

第二条 设备是可供长期使用，并在使用中能基本保持原有实物形态的物质资料，是固定资产的主要组成部分。一般是指人们生产或生活所需各种机械、仪器的总称。一般包括机械、机器、装置、仪器、车辆等。

第三条 设备管理的主要任务是对设备的规划、购置、使用、维修、改造、调剂、报废等进行综合管理，从技术、经济、行政等方面采取措施，实物形态与价值形态管理相结合，获得最佳使用效益。

第四条 设备管理坚持使用与维护相结合、改造与更新相结合、技术管理与经济管理相结合、专业管理与全员管理相结合，充分发挥仪器设备的作用。

第五条 本办法适用于院各部门的设备管理（不含中元公司、水文招待所、西峰寺培训中心、三峡地质灾害监测中心）。

第二章 设备管理职责及范围

第六条 设备管理的主要职责

（1）财务处负责设备的全面、综合管理，其主要职责是：

①贯彻执行上级有关设备管理的方针、政策和法规，根据院实际情况，制定有关管理办法；

②审核、编制和上报设备购置、更新、改造计划，组织设备、仪器购置计划的实施；

③建立设备管理台账及信息数据库，掌握设备的分布、使用、技术状况，及时、准确提供各类设备统计报表；

④负责设备的调度、调剂、处置；

⑤负责院管设备的转让、报废的审批；

⑥会同科技情报资料中心建立、健全设备技术档案，确保设备原始资料齐全，作好设备管理的基础工作；

⑦负责对所属单位设备的使用、维修及管理进行监督、检查指导和服务，组织实施设备检修工作；

⑧负责做好设备统计及数据管理工作，及时、准确向上级主管部门报送有关报表，定期开展设备清查核对工作，做到账、卡、物相符，确保国有资产完好；

⑨会同有关部门组织设备管理维修人员的业务、技术学习。

（2）院物资设备集中采购小组（简称集中采购小组）按院批准的设备、仪器采购计划负责院大宗物资设备及按固定资产管理的设备采购。

（3）各经营实体和三峡地质灾害监测中心负责本部门设备的价值及实物形态的管理。

（4）各使用部门负责设备的使用、保管、维护及日常管理。

第七条 设备管理的范围

（1）《固定资产目录》的全部仪器设备。

（2）《固定资产目录》以外但同时具备以下条件的仪器设备：单价在500元以上（专用设备800元以上）；使用年限为1年以上；能够独立使用。

（3）购入的设备附件、附属设备及技术文件。

第八条 按照设备的价值，将单价5万元（含5万元）以上的仪器设备作为大型设备管理，单价5万元以下的作为一般设备管理。

第三章 设备购置与验收

第九条 院各部门购置设备应事先提交购置计划，包括详细的论证材料和费用预算，报院审批后由集中采购小组集中采购。（详见采购管理办法）。

第十条 进口设备由使用部门根据技术要求、经济效果选定，财务处组织办理进口手续，并索取相关资料存档。

第十一条 订购设备必须签订订货合同，设备到达后，及时验收，发现问题及时与有关部门交涉处理索赔。

第十二条 一般设备交货时，院集中采购小组应及时组织验收工作，向供应商索要装箱单、出厂合格证、保修单（卡）等。并根据装箱单、采购合同清点设备及附件。

（1）设备管理人员填制“固定资产验收单”一式三联（一联资产管理人员留存，一联送交会计人员，一联仓库保管员留存），存入库房的固定资产，“固定资产验收单”上要有设备管理人员、经办人的签字；经办人员要按院财务管理办法要求，履行完报销审批手续后，凭发票、验收单，到财务处报销。

（2）设备管理人员根据发票、固定资产验收单，登记固定资产卡片。固定资产卡片要写明：固定资产名称、购置日期、出厂日期、凭证号、完全价值、规格、型号、主机型号、生产厂家、附属设备名称、价值，需要安装的还要登记安装费用、存放地点以及报废、调出等变更内容。资产管理人员根据固定资产分类目录，设置固定资产台账，登记固定资产原值、已提折旧、净值等情况。组织对账，做到账账、账实、账卡相符。

第十三条 验收过程中需开机调试的设备，使用方须调试合格后方可入库。

第十四条 大型设备、成套设备由财务处牵头组织有外请专家参加的验收小组进行验收，验收合格并出具验收报告后方可入库、使用。

第十五条 验收小组由各部门负责人组成专家库，视情况从中抽取三名以上（单数）组成院设备验收小组。特殊情况可以外请专家参加，外请专家不低于总数的1/3，由财务处组织。院设备验收小组验收后要出具验收报告。

第四章 设备的使用、维护与储存

第十六条 设备购置后由财务入账，建立设备台账及卡片，使用部门履行领用手续。

第十七条 各部门使用仪器设备时应当建立规范的使用、维护、保养及操作办法，专用设备操作人员必须经过专业培训，做到“四懂三会”（懂原理、懂构造、懂用途、懂性能；会操作、会维护、会排除故障）。

第十八条 各部门主要负责人为本部门设备管理的第一责任人。

第十九条 各部门须设置兼职设备管理员（报财务处备案），负责本部门设备的日常管理工作。一般设备按季检查，重要设备按月检查，并做好检查记录备查。

第二十条 属于个人使用设备，遵循谁使用谁负责的原则，由使用人负责日常的保管与维护。

第二十一条 大型设备的使用必须指定专人负责。随时检查设备运行状况，做好日常的维护、保养工作，保证设备技术性能处于良好状态。大型设备不得随意拆卸、挪用；大型仪器的安装位置不得随意变动。确需变动时，应经部门负责人和财务处资产管理人员同意；变动位置后应重新调试，鉴定合格后方能启用。

第二十二条 设备使用过程中发生故障，属于保修范围内的，由各部门负责与供应商联系维修；超出保修范围内的，须立即报财务处，由财务处负责组织事故鉴定小组鉴定后再处理。

第二十三条 财务处对各部门设备的使用、维护情况进行定期检查和不定期抽查。定期检查与盘点工作相结合。

第二十四条 设备的调度、调剂、处理，必须经院批准，办理相关手续。调度、调剂的设备要保证附件齐全，不得私自拆留，技术档案与资料要随同设备转移。院内调度、调剂由财务处监督交接。向院外调度、调剂、处理设备，使用部门应将设备妥善封存，并到财务处注销领用手续。

第二十五条 大型设备需要大修的，应编制设备年度修理计划，报院审批后组织实施。

第二十六条 设备修理以预防保养维修为主。重点设备实行预防保养维修，一般设备实行事后修理，对常发故障部位，实行改善修理。

第二十七条 设备维修过程中所发生的维修费用由设备使用部门承担。

第二十八条 设备转让或人员调离时，必须办理设备及相关资料的转让或归还手续。

第二十九条 设备管理的基础工作

（1）建立健全设备技术档案，其主要内容包括：

①设备管理卡片；

②设备购置技术经济论证原始资料及订购合同；

③设备使用说明书或手册，技术图表、验收报告等资料；

④设备运行记录及交接记录等；

⑤设备检修记录及其他维修记录；

⑥重大设备更新、改造技术资料；

⑦设备事故报告及有关文件；

⑧设备报废鉴定书及审批报告；

⑨其他有关设备的原始凭证及资料。

单价5万元以上设备自设备购置之日起，即须建立技术档案，由使用单位和设备管理部门填写并保存。设备调拨时，档案随设备转移。批准报废的设备，档案随之注销（设备管理账、卡保存五年）。

（2）建立设备原始数据库，及时准确地掌握设备的技术、经济状况和使用情况，并及时修正数据库的有关内容，实现设备数据信息的动态化管理。

（3）及时收集、整理国内外有关设备技术资料及市场经济信息，以便工作查阅。

第三十条 承担野外作业项目所使用设备的管理。

此类设备除按以上办法管理外，因其使用上有其特殊性，还应遵守以下规定：

（1）项目规划时需提出设备配置计划报财务处，配置计划须提出配置时间。

（2）财务处根据现有设备状况统一安排院内调配或购置。需要购置的设备由财务处编制采购计划，报院领导审批后由院集中采购小组组织采购。

（3）此类设备日常未使用时，由财务处负责统一管理。

（4）各项目于每年外出野外工作前，在财务处办理领用手续。

（5）各项目每年完成野外工作回院后，十日内将所领设备完好交回财务处，办理交库、销账手续。

（6）在野外工作过程中，发生设备损坏，须立即报财务处备案，财务处视情况安排维修方式。

（7）如有不能（或不需）带回的设备，各项目要安排好设备的储存、保管工作，并将情况报财务处备案，但项目完成后必须将设备（未报废）运回院，交财务处。

（8）项目完成后，各项目要将所领设备全部完好交回财务处，由财务处统一保管，以备后用。

第三十一条 所属企业化经营开发实体占用的设备，应办理非经营性资产转经营性资产手续，并作为投入资本。

第五章 设备损坏、丢失的处理

第三十二条 设备发生损坏，由财务处组织院设备事故鉴定小组进行鉴定。鉴定结果属于人为责任的，由直接责任人负责；一般损坏，尚可修复的，由直接责任人承担修理费（含材料费）的20%；造成报废的，责任人承担设备现值（评估后）的10%。

第三十三条 院设备事故鉴定小组由各部门负责人组成专家库，每次鉴定前，视情况从中抽取三名以上（单数）组成院设备事故鉴定小组。特殊情况可以外请专家参加，外请专家不低于总数的1/3，由财务处组织。院设备事故鉴定小组对事故鉴定后要出具书面鉴定报告。

第三十四条 设备维修由财务处负责组织进行，各使用部门配合。

第三十五条 设备使用人私自借出或不慎造成设备丢失的，按照设备现值（评估后）赔偿。

第三十六条 未经院批准，设备使用人私拆占用设备造成损坏的，应承担直接经济损失。

第三十七条 未经院批准，设备占用单位或使用人自行处理设备，视同丢失，按照设备现值（评估后）赔偿。

第六章 设备更新改造与报废

第三十八条 各部门根据工作需要编制设备更新、改造年度计划。对大型设备更新、改造，要进行充分的技术、经济论证，报财务处。财务处综合平衡提出方案报院，经院批准后实施。

第三十九条 对于汽车等特别设备报废，要按国家规定处理。

其他设备报废须符合下列条件之一，由财务处根据有关程序办理报废手续：

（1）超过规定使用年限；

（2）老化、技术性能落后，耗能高、效率低，继续大修后，仍不能满足工作要求的；

（3）大修虽能恢复精度，但不如更新经济的；

（4）严重污染环境，危害人身健康与安全，进行改造又不经济的；

（5）机型已淘汰，性能低劣，又不能降级使用的；

（6）由于重大事故造成设备严重损坏难以修复的。

第四十条 经过技术鉴定，并报院批准后报废的设备，使用部门到财务处办理手续后，由院统一处理。延期使用的必须保证完整。

第七章 设备盘点

第四十一条 设备盘点工作由财务处负责，各部门配合。财务处每半年组织一次设备盘点，时间为每半年最后15个工作日内进行。

第四十二条 财务处做好盘点记录，做到账、卡、物三相符。盘点后将盘点情况上报院领导。编制“固定资产盘点表”一式四份，资产管理人员、财务人员、使用部门、院领导各一份，向院提交检查报告。

第四十三条 盘点中遇有盘盈、盘亏情况，要分析原因，分清责任，由资产管理人员会同使用部门编制“固定资产报废、盘盈、盘亏清单”，并在清单上写明原因，由使用单位负责人、设备管理人员、财务处长签字后，报请主管院长审批。财务处根据院里的处理意见，进行账务处理，保证固定资产的账面记录与实物相符。确因个人工作失误原因造成的损失，应追究当事人的责任。

第八章 奖励与惩罚

第四十四条 坚持开展设备管理评优活动，对设备管理工作和使用设备成绩显著的部门和个人给予表彰和奖励。

第四十五条 对于玩忽职守、违章指挥、操作，造成设备事故和经济损失的部门和责任者，要根据情节轻重，分别追究经济责任和行政责任；由于保管不善造成设备丢失，要给予经济处罚，必要时给予行政处分。

第九章 附 则

第四十六条 本制度由财务处负责解释。

第四十七条 本制度自颁布之日起施行。

中国地质环境监测院物资、设备集中采购管理办法

第一条 为规范我院物资、设备采购行为，加强财务管理，提高资金使用效益、推动廉政建设，依据国家有关法律、法规，结合我院实际情况，特制定本办法。

第二条 我院除具有独立法人资格的企业外，其他各部门使用财政性资金（包括预算内资金和预算外资金）发生的采购，均适用本办法。

第三条 本办法所称物资、设备的采购是指以购买、租赁、委托等方式获取货物、工程和服务的行为。

第四条 实行集中采购的范围：固定资产单价在500元以上，使用年限一年以上列入固定资产目录的设备；设备的备品、配件、一次性采购在五千元以上的物资；固定资产新建、扩建、改建、装修、拆除、修缮工程；由院对外委托的服务项目。

第五条 集中和分散采购应当遵循公开、公正、效益、为使用部门服务的原则。

第六条 物资、设备采购计划的编报

（1）各部门编制次年预算的同时，向财务处提交年度物资、设备采购计划。财务处汇总上报院。采购计划应详细说明采购的目的、用途、数量、质量、技术规格、交货时间和资金来源等内容。

（2）各部门采购预算经院批准后，于本季最后15天前编制出下季度采购计划，提交财务处。财务处于10日内汇总报院，批准后执行。

（3）属于项目使用的设备，须在项目计划书中提出设备配置计划，报财务处。

（4）财务处所报计划分为两部分：

①按国家规定需由上级部门统一政府采购的物资、设备；

②政府采购以外的集中采购的物资、设备。

（5）为了维护预算的严肃性，预算确定后不得变更；如遇有特殊情况需要调整的须经院领导审批。

第七条 采购计划的执行。

（1）采购职责范围的划分

①办公家具由院办公室负责牵头组织提出方案，集中采购小组采购；

②院内的修缮、改造等工程类项目由服务中心负责牵头组织提出方案，集中采购小组采购；

③其他物资、设备、配件的采购以及设备的维修由财务处负责牵头组织提出方案，集中采购小组采购；

④三峡地质灾害监测中心、西峰寺培训中心自行组织。

（2）采购方式

集中采购采用公开招标、邀请招标、竞争性谈判、询价、单一来源等方式进行。具体方式由采购小组根据采购项目的具体情况确定。

（3）供应商的确定

①备选供应商不能少于三家；

②供应商应提供资质文本复印件，企业业绩说明；

③物资、设备、工程的报价单；

④集中采购小组打分确定。

第八条 集中采购活动中，成批量采购、大型设备、工程项目、服务项目需签订正式合同，具体按照《合同管理办法》办理。

第九条 本办法自下发之日起实行。

第十条 本办法由财务处负责解释。

中国地质环境监测院公费医疗管理办法

第一章 总 则

第一条 为了加强公费医疗管理，进一步健全和完善医疗管理制度，保证干部职工基本医疗。根据《国务院关于城镇职工基本医疗保险制度的决定》(国发〔1998〕44 号）和近几年上级有关规定，结合我院实际情况，制定本办法。

第二条 公费医疗管理的实施应贯彻“积极预防疾病，保障基本医疗，合理负担，力戒浪费”的原则，积极做好思想教育工作，确保公费医疗管理工作的顺利进行。

第三条 院门诊部要坚持“因病医治，合理检查，合理用药，依法收费”的医疗原则，改善服务态度，提高医疗质量，模范遵守和执行公费医疗制度，保证全院离退休职工、在职职工及统筹子女有病能得到及时治疗。

第四条 院门诊部要建立职工健康、病历档案，随时掌握职工的健康状况，并积极开展疾病预防、卫生防疫、劳动保护、普及医疗保健知识和合理用药常识等工作。

第五条 在编正式职工、离退休职工、病退职工以及参加统筹的 18 岁以下子女享受公费医疗。各部门聘用的临时工、合同工、借调人员以及外单位兼职人员不享受公费医疗。

第二章 职工和统筹子女因病就诊

第六条 享受公费医疗人员就诊：

在编正式职工、离退休职工、病退职工以及参加统筹的 18 岁以下子女看病，以院门诊部就诊为主。

院门诊部不能诊治的，应经门诊部主任同意（门诊部主任外出期间，由其指定的医生同意），并开具转诊单，到合同医院诊治（周六、周日、急诊除外）。转诊患者必须到转诊的科别就医。自行改变和任意增加科室的，药费自付。

合同医院诊治仍有困难的，经合同医院副主任医师以上的医生开具转诊证明，转到有关医院就诊。

第七条 住大院内的职工可就近选择 2 个三级以上综合医院（限北医三院、人民医院、北大医院、海淀医院）或者 1 个三级以上综合医院（范围同上）和 1 个专科医院（或者中医院）作为合同医院。

住大院外的职工参照院内职工就近选择 2 个医院（部队医院、康复医院、职工医院除外）作为合同医院。

选定合同医院后，须报院门诊部核准，一年内不得更换。

第八条 职工急诊须到合同医院就诊。不能到合同医院就诊者，可在就近区级以上医院就诊一次，并开具医院急诊处方或证明。需继续治疗的应到合同医院就诊。急诊留观且收住院的病人，其住院前七日内的留观费用可与医疗费合并计算（部队医院、康复医院、职工医院除外）。

第九条 病情紧急者可直接到就近区级医院就诊，事后应告知院门诊部，由本人或者家属凭急诊处方、病历及诊断证明报销。

第十条 门诊处方一次西药及中成药不

超过四种。门诊就诊一般疾病处方只限3日药量，慢性病不超过1周药量，60岁以上患慢性病职工可放宽至1个月药量，中药汤剂一般为5剂，最多不超过7剂，超量部分和重复药方不予报销。

第十一条 职工因病需住院的，持合同医院住院证明经院门诊部审核并报人事处核准同意后，方可在合同医院住院（急诊除外）。

危重病人确因合同医院床位紧张收住困难时，应持合同医院开具的转院通知（证明），报院门诊部审核同意后，可转有关医院住院（部队医院、康复医院、职工医院除外）。

出院带药按就诊医院有关规定执行，多带部分不予报销。

第十二条 职工因公外出、探亲就诊规定：

慢性病职工外出或假期探亲需带药者，经院门诊部批准可适量带药。

外出期间患病（含离退休人员、停薪留职人员），限在区、县一级医院就诊。报销时应附药品处方及病历。

离退休人员、停薪留职人员到国外所发生的医疗费用全部自理。

第三章 医疗报销

第十三条 职工就医特种药品报销：

凡注有“适”字的药品，只能在规定的适应症（或病种）范围内使用。超出规定使用范围的不予报销。

标有限制医院级别或医师级别使用的药品在所限制的医院级别或医师级别以外使用的不予报销。

第十四条 职工就医大型医用设备报销：

因病情使用列入“大型医用设备报销范围”的设备，包括HOT、CT、ECT伽马照相、核磁共振、单光子发射电子计算机扫描装置、心脏及血管造影X线机、彩超、冠脉造影，进行检查、治疗的，对200元以上的项目，根据卫生部、财政部卫政发〔1997〕第9号文件精神，个人负担所需费用的20%，退休减半，离休干部、老红军、在乡二等乙级以上革命残废军人不负担。

第十五条 检查、治疗项目中使用单项费用超过500元（含500元）的贵重医用材料（含一次性医疗器械、一次性进口医用材料等）的，公费医疗经费报销所发生费用的50%（吻合器只限食道、直肠吻合术）。

使用贵重医用材料需由经治医生填写“贵重医用设备及材料检查、治疗审批表”，家属签字，医院公费医疗办公室审批备案后，方可按公费医疗管理规定报销。

第十六条 职工就医器官置换及器官移植报销：

因病情需要安装进口人工器官，报销50%或以国产最高价为报销标准，其余部分自费。

因病情需要器官移植，移植器官费用全部自付，在手术过程中所需的医疗费、手术费按报销比例报销。

器官移植、组织移植列入公费医疗报销范围的项目为：肾脏、角膜、皮肤、血管、骨、骨髓移植。其他器官移植、组织移植费用不予报销。

器官移植、组织移植中的器官源、组织源及其相关的费用不予报销。

第十七条 门诊放化疗的医疗费用，职工负担比例参照住院医疗费用比例执行。

第十八条 职工患病自行到药店购药不予报销。特殊情况凭门诊部或合同医院加盖外购印章的处方可以报销。

第十九条 公费医疗不予报销的医疗项目如下：

因打架斗殴、酗酒、自杀、交通肇事、医疗事故造成的伤残所发生的一切费用，以及减肥、戒烟、戒毒、食疗门诊费用不予报销。

各种不属于公费医疗报销的自费药品、未经批准的外购药品、就医的路费、急救车费、会诊费、会诊交通费、挂号费、特护费、陪护费、出诊费、伙食费、卫生费、文娱费、赔偿费、计账单费、病历费、医疗手册费、担架费、中药煎药费（包括药引子费）、电话费、医疗咨询、医疗保险、优质优价（指医院开的特诊）、气功费、按摩费、特价住院费、伙食费、特别营养费、婴儿费、保温箱费、产妇卫生费、取暖费、空调费、电炉费、病房内电视电冰箱费等不予报销。

非公费医疗管理部门组织的各种体检、预防服药、接种、中风预测、健康预测的检查治疗费、未经批准自去疗养康复、休养的医药费用不予报销。

北京市公费医疗规定的各种不予报销的项目不予报销。

第二十条 职工按国家有关规定执行的医疗项目如下：

因公负伤人员凭区级以上劳动部门公伤鉴定证明，按公伤有关规定报销。职工因公负伤，在诊治该伤患时所用医疗费不计入个人药费报销额度。

职工因计划生育发生的费用，按国家计划生育有关规定执行。

高干、离休干部医疗费报销，按有关规定执行。

院组织的职工体检费用不计入个人药费报销额度。

第四章 职工、统筹子女公费医疗报销标准

第二十一条 院在职（内退）职工，每月随工资发放的医药费标准为：

35 周岁以下每月 80 元；

36～40 周岁每月 90 元；

41～45 周岁每月 100 元；

46～50 周岁每月 110 元；

51～55 周岁每月 120 元；

56 周岁以上每月 140 元。

第二十二条 在职（含内退）职工，超出医药费标准部分按三个年龄段报销，门诊部就诊报销比例为 50%，合同医院就诊报销比例为 40%。当年结余部分可结转下一年度使用。

35 岁以下或者 10 年以下工龄，每年报销所得限额为 300 元；

36 岁～50 岁或者 11～25 年工龄，每年报销所得限额为 500 元；

51 岁～60 岁或者 26 年以上工龄，每年报销所得限额为 800 元。

第二十三条 院退休职工停发随工资发放的医药费，实行个人医疗账户制度，按三个年龄段建立医疗账户，医疗账户款当年未用完者可结转下年使用。账户内金额 100% 报销。

60 岁以下，每年 1000 元；

61 岁～70 岁，每年 1500 元；

71 岁及以上，每年 2000 元。

超过医疗账户金额部分，按年龄段确定个人报销比例和报销额度：

60 岁以下，门诊部就诊报销 80%，合同医院就诊报销 75%，最高报销所得限额为 1800 元；

61 岁～70 岁，门诊部就诊报销 85%，合同医院就诊报销 80%，最高报销所得限额为 2300 元；

71 岁以上，门诊部就诊报销 90%，合同医院就诊报销 85%，最高报销所得限额为 2800 元。

第二十四条 职工到合同医院住院报销比例

35 岁以内或者 10 年以下工龄，住院报销 75%；

36 岁～50 岁或者 11～25 年工龄，住院

报销80%；

51岁~59岁或者26~34年工龄，住院报销85%；

60岁以上或者35年工龄以上，住院报销90%。

每次发生的医疗费用（包括门诊及住院）均须记录在个人医疗卡中。一个年度内（1月1日至12月31日）住院费累计超过5万元时，超过部分个人负担比例下降5%。下一年度重新累计恢复原比例。

第二十五条 职工到非合同医院就诊报销

在北京市范围内经批准到非合同医院（部队医院、康复医院、职工医院除外）就诊的医疗费，其个人负担在原比例基础上上浮30%（离休人员自费15%），住院医疗费在原比例基础上上浮20%（离休人员自费10%），有合同医院转诊证明或者转院通知的，仍按原比例报销。

第二十六条 子女统筹报销比例

本院职工18岁以内的子女，患病可到市儿童医院或住地附近选择一个区级以上医院就诊。

职工每年交72元统筹费。

职工子女在门诊部就诊按80%报销，在合同医院就诊按60%报销，全年报销限额为1000元。

子女住院费用不予报销。

第五章 公费医疗报销办法

第二十七条 住院治疗需在院财务处领取支票时，个人应预交10%的现金作抵押。

住院费一律按北京市医保局规定标准报销，即普通职工住院床位费一天24元。出院后须持医院结算的明细清单方可报销。

第二十八条 医药费报销由门诊部审核、人事处核准签字，计入个人账户，再按院财务管理办法，到财务处报销。

第二十九条 报销时间为每月后5日下午。

第三十条 遇有特殊情况，参照北京市医保局公费医疗管理办法，提交院办公会议研究决定。

第三十一条 到规定医院和院门诊部看病一律交现金，其单据应在当月报销（在职职工超出医药费标准部分）。

第三十二条 门诊部每半年公布一次医药费报销情况。对弄虚作假者，视情节轻重予以警告，按违规报销金额的3~5倍予以罚款，直至取消其公费医疗待遇。

第六章 附 则

第三十三条 本规定自2004年1月1日起实施，原水勘院《关于印发〈公费医疗管理制度实施细则〉的通知》（水勘院发〔1999〕115号）同时废止。

第三十四条 本管理办法由院人事处负责解释。

中国地质环境监测院职工考核办法

第一章 总 则

第一条 为加强中国地质环境监测院队伍建设，强化目标管理，全面、客观地评价各部门和职工的工作实绩，激励全体职工不断提高业务素质和工作效率，确保工作质量和进度，促进地质环境调查、监测、综合研究的改革创新，根据中共中央组织部《党政领导干部考核工作暂行规定》（中组发〔1998〕6号）和人事部关于印发《事业单位工作人员考核暂行规定》（人核培发〔1995〕153号）等有关文件精神，特制定本办法。

第二条 考核基本原则：

（1）全面、客观、公正；

（2）目标管理，注重实绩；

（3）定性和定量考核相结合；

（4）部门自评、个人自评与上级考核相结合。

第三条 考核对象分为院各部门和全体在岗职工。

第四条 考核分为半年考核和年度考核。半年考核在每年7月初进行，年度考核在次年1月进行。

第二章 考核内容

第五条 部门考核的内容包括目标任务、技术经济指标、内部管理、党建与精神文明建设四个方面（见附2、3、4）。

第六条 部门有下列情况之一者，实行一票否决，定为不合格等次。

（1）发生重大安全责任事故的；

（2）地质项目设计、成果未通过评审、验收的；

（3）决策失误，造成严重经济损失的；

（4）职工违法、违纪受到党纪政纪处分的；

（5）职工参加“法轮功”等邪教组织的；

（6）未完成年度目标责任任务的。

第七条 个人考核内容。包括德、能、勤、绩、廉五个方面。

（1）技术业务部门人员。对从事地质调查、监测、研究工作的能力与取得的效果情况进行综合考核。

（2）经营部门人员。对全年经营目标任务、经济效益等经营指标完成情况进行综合考核。

（3）管理部门人员。对工作完成情况、管理效率、服务质量情况进行综合考核。

第三章 考核标准

第八条 部门考核的等次分为优秀、良好、合格、不合格。

考核采用百分制，总得分值以 S 表示，等次标准为：

优秀：$S \geqslant 90$ 分；

良好：75 分 $\leqslant S < 90$ 分；

合格：60 分 $\leqslant S < 75$ 分；

不合格：$S < 60$ 分。

第九条 个人考核的等次分为优秀、称职、基本称职、不称职。考核采用百分制，总得分值以 S 表示，等次标准为：

优秀：$S \geqslant 90$ 分；

称职：75 分 $\leqslant S < 90$ 分；

基本称职：60 分 $\leqslant S < 75$ 分；

不称职：$S < 60$ 分。

第四章 考核程序

第十条 成立考核工作领导小组，下设考核办公室，具体负责考核日常工作。

第十一条 院领导由部、局进行考核。院长助理、工会主席、副总工程师、副总经济师、部门负责人向全体职工述职，在全院范围内考核。其他人员分口（技术业务、经营、管理三类）述职、考核。

第十二条 部门考核。根据考核内容按照自查自评、民主测评、确定考核等次、通知考核结果等步骤进行。

（1）自查自评。被考核部门应对半年、全年工作进行认真总结，写出自评报告。自评报告内容包括本部门主要工作完成情况

（重点是院年度目标责任表中确定的本部门工作目标任务）、取得的成绩、存在的问题；尚未完成的工作及原因；今后工作目标、措施等。

自评报告分别于当年七月、次年一月报考核办公室。

（2）民主测评。考核办公室组织民主评分，填写“部门考核评分表”。

（3）确定考核等次。考核办公室统计出被考核部门的民主测评得分，提出考核等次建议，经主管领导审核后提交考核领导小组审定。

（4）考核办公室将考核结果以书面形式通知被考核部门。被考核部门对考核结果如有异议，可申请复核。

第十三条 个人考核。分为个人述职、民主测评、确定考核等次、通知考核结果等步骤。

（1）个人述职。被考核对象应对半年、全年工作进行认真回顾，写出述职报告，在本人考核范围内述职。述职内容包括本人主要工作完成情况（重点是院年度目标责任表中确定的本人工作目标任务）、取得的成绩、存在的问题；尚未完成的工作及原因；今后工作目标、措施等。

（2）民主测评。个人述职后，与会人员当场填写“个人考核评分表”，由考核办公室统一收回。

（3）确定考核等次。考核办公室统计出被考核人的民主测评得分，提出考核等次建议和考核评语，经主管领导审核后提交考核领导小组审定。

考核评语包括德、能、勤、绩、廉五个方面的主要表现、主要缺点和不足。考核评语归入人事处专门设立的考核档案，作为对照检查的依据。对考核评语中指出的缺点和不足未做整改的，不得定为称职或优秀等次；有整改表现，但效果不明显的，不得定为优秀等次。

（4）考核办公室将考核结果和考核评语以书面形式通知被考人。被考核人对考核结果如有异议，可申请复核。

第五章 考核结果

第十四条 部门考核。对获优秀、良好等次的部门和部门负责人予以适当奖励。获良好等次部门的主要负责人（含主持工作的副职）按照优秀等次奖金的60%计发；副职人员的奖励按照正职的70%计发。

考核不合格的部门，从其工资中扣除该部门主要负责人（含主持工作的副职）本考核期的全部绩效津贴，副职人员按照主要负责人的70%扣发。

第十五条 被考核部门提供的材料必须真实可靠。如弄虚作假，撤销其奖励，并根据情节轻重，给予相关人员批评或行政处分。

第十六条 个人考核结果与个人利益实行“五挂钩”制度。

（1）与绩效津贴挂钩。优秀、称职、基本称职、不称职的考核等次所对应的绩效津贴考核系数分别为1.2、1.0、0.8和0。

（2）与年终奖金（第13月工资）挂钩。年度考核结果为优秀、称职、基本称职、不称职的，年终奖金为其第13月工资分别乘以1.2、1.0、0.8和0。

（3）与两年正常考核晋级挂钩。考核为基本称职或不称职的，不执行考核期正常晋级。

（4）与申报技术职务资格挂钩。考核为基本称职的，一年内不得申报专业技术职称；考核为不称职的，三年内不得申报专业技术职称。

（5）与行政职务竞聘资格挂钩。考核为基本称职或不称职者，不得竞聘上一级行政职务。

第十七条 个人考核要严格坚持标准，符合实际。优秀等次的人数，一般掌握在总人数的10%，最多不超过15%。

第十八条 对在考核中被确定为基本称职或不称职的人员，先实行告诫，期限为六个月，暂不兑现绩效津贴和年终奖金。待告诫期满后依据所定等次办理。

第六章 附 则

第十九条 本办法由院人事处负责解释。

第二十条 本办法自2004年5月1日起试行。

附：1. 指标解释
2. 技术业务部门考核指标及评分标准
3. 经营部门考核指标及评分标准
4. 管理部门考核指标及评分标准
5. 年度考核登记表
6. 项目绩效津贴考核评分表
7. 经营绩效津贴考核评分表
8. 管理绩效津贴考核评分表

附1：

指标解释

一、部门分类和人员范围

（1）管理部门：院办公室、人事处、财务处、科技外事与项目管理处、党群办公室、经营管理处、科技情报资料中心。

（2）技术业务部门：综合研究室、地质灾害调查监测室、地质灾害预警预报中心、地下水资源环境调查监测室、环境地质评价室、矿山环境与国土整治评价室、信息室、编辑部、三峡地质灾害监测中心。

（3）经营实体部门：中元基础工程有限公司、西峰寺培训中心、服务中心、国土资源环境咨询评估中心、门诊部。

（4）个人为院长助理、工会主席、副总工程师、副总经济师及院各部门的工作人员。

二、计划任务指标

（1）工作量：由院下达的各类地质调查、监测与科研项目任务书或合同书所规定的工作量。实物工作量以年度统计报表、地质调查年报为依据，其他项目来源的科研项目以项目评估或项目验收文件为依据。

（2）工作质量：包括项目设计审查、报告验收的优良率和项目实施过程中责任事故。优良率是指承担地质项目的设计审查、报告验收的优良率。责任事故是指地调工作中未按任务书要求完成实物工作量、运用化验不合格的数据、项目进展过程中弄虚作假以及剽窃他人成果等。

（3）工作成果：当年应提交的地质项目报告（送审稿、审定稿、正式报告）资料汇交情况。

送审稿、审定稿、正式报告以统计指标解释为准。完成的时间界定标准为：本部门负责审查的以审查结束时间为准，上级部门负责审查的以提交到上级部门的时间为准。

其他来源的项目以验收文件、项目评估文件为依据。

论文发表，以提供刊物原件为依据。

资料汇交情况是指按上级部门和院年度计划要求保质保量完成资料汇交工作。以上级部门资料处和院科技情报资料中心提供的数据为依据。

三、经济指标

（1）基本支出预算：指院下达的部门年度工作经费支出计划。

（2）专项支出预算：指院批复的项目年度经费执行计划。

（3）经营指标：指院下达经营计划制定的各项经济指标。

四、其 他

（1）“决策失误造成严重经济损失”是指经有关部门认定一次直接经济损失超过10

万元以上的。

（2）院考核领导小组和考核办公室组织考核打分，科技外事与项目管理处负责“计划任务”考核，财务处、经营管理处负责“经济指标”考核，办公室、人事处负责“内部管理”考核，党群办公室、人事处负责“党建与精神文明建设”考核。

地质环境调查与监测工作

综合研究

中国地质环境监测院综合研究室

编写完成《全国地质环境监测网建设（三网建设）总体构想》征求意见稿，由27个省（自治区、直辖市）地质环境监测总站（院、中心）和部分国土资源厅（局）地质环境处提出具体修改意见和建议。5月27日，向国土资源部寿嘉华副部长及有关司局和中国地质调查局的领导做了汇报。

受国土资源部地质环境司的委托，完成了《国家地质灾害监测工程项目建议书》的编写修改工作，提交国家发展和改革委员会高技术产业司，并作了专题汇报。

起草完成了中国地矿经济学会环境经济专业委员会2002年工作总结及2003年工作安排；完成了《环境经济论文集》及《中国地矿经济学会环境经济专业委员会成立大会文件汇编》的组稿、编审以及出版印刷工作；参与组织承办了在新疆召开的中国地矿经济学会环境经济专业委员会2003年年会暨学术交流会的各项筹备工作，起草了会议的有关文件。

配合国土资源部地质环境司起草完成了《关于北京、天津和河北城市供水水源应急方案的建议》，提交2003年4月6日国家发展和改革委员会组织的"京津冀城市供水水源应急方案"座谈会，寿嘉华副部长代表国土资源部在会上发言。座谈会之后，代表国土资源部参与了国家发展和改革委员会向党中央、国务院领导汇报材料（综合报告）和多媒体的准备工作。

受国土资源部地质环境司委托，以新一轮全国地下水资源评价成果和全国地下水监测资料为主要依据，撰写了《2003年我国部分缺水城市的状况和对策建议》，地质环境司领导审改后提交《国办信息》。

根据国土资源部和中国地质调查局的安排，承担并完成了"全国地质工作规划纲要编制研究"课题中的水工环地质专项研究（环境地质组），11月底提交了《我国水工环地质工作规划调研工作报告》。参与完成《全国地质工作规划纲要编制研究调研报告》的编写和《全国地质工作规划纲要》（第三稿）修改工作。编制《全国地质工作规划纲要》是根据温家宝总理的指示开展的一项非常重要的工作，国土资源部党组把开展规划纲要编制研究作为2003年的重大调研课题，由寿嘉华副部长和鹿心社副部长共同负责。

完成申报“国家级地质环境监测与预报”中央财政专项的可行性报告编写和修改工作。11月5日，代表院向财政部经济建设司和国土资源部财务司作了专题汇报，对财政部安排1000万元“地质环境监测与预报”专项资金做出了积极贡献。

协助国土资源部部长顾问、中国地质环境监测院高级顾问方克定先生等开展了《组织对国家“十一五”涉国土资源重点项目的前期论证》，提出的十项重大工程建议得到国土资源部领导和规划司的高度重视和赞赏，为编制国土资源“十一五”规划提供了技术支持。

代表中国地质环境监测院撰写完成了《21世纪的地质环境监测工作》一文，提交国土资源部宣传教育中心《21世纪的国土资源工作》丛书编委会。9月11～13日，“21世纪的地质环境监测工作”一文提交在陕西西安召开的“2020年我国地质工作发展研讨会”，与有关专家进行了交流。

编制完成了《典型山洪灾害区域泥石流、滑坡预警信息发布技术与方式研究》。该项研究是《全国山洪灾害防治规划专题研究》的二级子课题。《全国山洪灾害防治规划专题研究》由国家防汛抗旱总指挥部委牵头，国土资源部、建设部、国家环保局、国家气象局联合参加。

完成《中国地质环境监测院高级咨询中心章程》起草编制工作，11月4日，中地环发〔2003〕119号文件正式印发。11～12月出版了三期专家建议。

为启动《西北地区地下水资源战略及生态环境可持续发展战略研究》和《中国可持续发展水工环地质工作发展战略研究》作了大量调研和准备工作，初步编制出工作方案。

与中国地质调查局发展研究中心等六家单位合作举办了“国土资源管理与人才培养”高级论坛。张卫东书记代表中国地质环境监测院作了“21世纪初全国地质环境监测工作总体构想”的大会主题演讲。

配合张宗祜等五位院士完成了“我国地质灾害的预警预测与科学防治对策研究”的前期准备工作，研究工作正式启动。为了贯彻落实科学民主决策精神，编制和实施好国民经济和社会发展第十一个五年规划，国家发展和改革委员会委托中国科学院（发改办〔2003〕710号函，2003年8月25日）对“十一五”规划中的六个重大问题进行咨询研究。六个重大问题中的第五个问题是“我国自然灾害的预测预警与科学防治对策研究”，主要包括四个方面的内容，即气象灾害、地震灾害、地质灾害和海洋灾害。中国科学院委托张宗祜院士牵头开展“我国地质灾害的预测预警与科学防治对策研究”。张宗祜先生（中国科学院院士、中国工程院院士）会同袁道先（中国科学院院士）、薛禹群（中国科学院院士）、王思敬（中国工程院院士）、刘广润（中国工程院院士）等先生和有关专家进行研究讨论，确定以中国地质环境监测院为依托单位，综合研究室为具体联系部门。中国地质环境监测院把上述任务要求和研究工作组织情况及时向国土资源部领导呈送了报告，孙文盛部长和寿嘉华副部长做出重要批示，并要求中国地质环境监测院全力配合各位院士做好这项工作。

提交了“全国县（市）地质灾害调查与区划”年度成果，中国地质调查局和中国地质环境监测院组织专家进行审查，报告被评为优秀。

地质灾害调查监测

中国地质环境监测院地质灾害调查监测室

一、国土资源大调查——地质灾害预警工程项目研究取得明显进展

以重点地区（四川雅安、三峡库区）地质灾害预警示范区建设、全国地质灾害防治规划编制研究为重点，开展了项目的研究工作：

1. 全国地质灾害防治规划编制研究

《全国地质灾害防治规划》编制工作于2002年12月启动，专门成立了规划编制领导小组和规划编写组，并邀请著名专家、有关领导组成专家顾问组。规划编写组包括综合组和13个规划专题研究组。规划编制主要依据《地质灾害防治条例》、国家有关规划、全国地质灾害调查成果和各省地质灾害防治规划。规划以2003年为基期，2010年为规划期，展望到2020年。

开展了13个规划专题研究，包括：①国际地质灾害防治现状，②全国地质灾害现状和趋势分析，③地质灾害减灾工程综合研究，④中国地质灾害易发程度区划研究，⑤全国地质灾害重点防治区研究，⑥全国地质灾害调查规划研究，⑦全国地质灾害监测预警体系建设规划研究，⑧全国地质灾害减灾工程规划研究，⑨全国地面沉降防治规划研究，⑩全国地质灾害防治科技规划研究，⑪全国地质灾害防治信息系统建设规划研究，⑫全国地质灾害防治规划实施的经费估算和效益评价，⑬全国地质灾害防治规划实施的保障措施研究。形成了专题研究报告和专项规划文本，完成了规划总文本讨论稿的起草和数次修改。并初步完成规划附表和规划附图(1:500万)的编制工作。

2003年4月中旬形成《规划讨论稿》初稿，并在4月中旬的全国地质环境工作会议上，征求各省国土资源行政主管部门和技术业务单位的意见，并广泛征求了全国不同部门有关专家意见，根据各省市反馈的意见和专家意见，对《全国地质灾害防治规划》规划文本（讨论稿）又进行了10余次的修改。2003年11月11~14日，召开由14个地质灾害重点省（市）国土资源厅行政主管部门负责人参加的规划修编座谈会。2003年12月14日，再次邀请了有关部委和中国科学院的专家对规划文本（讨论稿）进行咨询讨论。2003年12月17~18日，31个省（自治区、直辖市）国土资源厅行政主管部门负责人对规划文本（讨论稿）进行讨论。

2. 四川雅安地质灾害预警示范区建设

编写了该项目2003~2005年总体设计，并通过局审查。开展了示范区野外地质灾害调查工作，共调查地质灾害点50个。开展日常监测工作。开展监测网络的优化调整，补充监测设施。总结区域地质灾害发生的降雨临界值；依据监测数据，进行峡口滑坡变形机理和预测模型研究，研究开发峡口滑坡监

测预测信息系统；启动区域地质灾害的遥感技术解译研究和应用3S技术进行区域地质灾害危险性评价研究；启动基于北斗卫星的峡口滑坡监测数据远程传输试验研究。该项目在局组织的专家组的执行情况野外检查中得到充分肯定。

3. 县市地质灾害综合研究

完成县市地质灾害调查综合研究项目中四川、湖北和河北100余份报告研读、数据提取、数据库建立、分区统计及研究报告编写以及其他工作。完成县市地质灾害调查综合研究项目五张图件的编绘，即：已调查县市地质灾害发育程度图，已调查县市地质灾害隐患点发育程度图，已调查县市地质灾害损失现状评价图，已调查县市地质灾害隐患点损失预测评价图，全国县市地质灾害调查程度图。

4. 三峡工程库区滑坡灾害预警分析系统建设

编写了该项目2003年总体设计，并通过局审查；启动三峡库区地质灾害数据库建设。

二、国土资源大调查项目成果通过专家审查，获得优秀评价

承担的两项大调查项目：《三峡库区地质灾害调查评价综合研究报告》、《地质灾害监测预测新技术研究与推广》通过专家审查，获得优秀评价。

1. 三峡库区地质灾害调查评价综合研究

《三峡库区地质灾害调查评价综合研究》是中国地质调查局于2000年9月下达的“地质灾害预警工程”项目。该项目研究基于三峡库区19个县（区）1∶10万地质灾害调查成果，填表登录了地质灾害点5706处，其中滑坡3830处、不稳定斜坡1107处、崩塌549处、泥石流90处、地面塌陷85处、地裂缝45处。采用1∶25万数字化地理底图，建立了基于MAPGIS的三峡库区地质灾害空间数据库和分层图形库。在研究了三峡库区地质灾害分布与地形（高程、坡度）、水系、植被、工程地质岩组、地质构造形迹、斜坡类型、降雨量分布和地震活动等的统计关系基础上，筛选提取了地质灾害空间评价预警研究的发育因子（响应因子）、基础因子、诱发因子和易损因子。采用2.5千米×2.5千米的网格进行区域剖分，形成9309个网格。基于区域地质灾害评价预警的递进分析方法，分别计算了三峡库区地质灾害的发育度、潜势度、危险度和危害度，并分别编制了相应的区划图。在此基础上，提出了三峡库区地质灾害监测预警与防治区划和地质环境开发利用对策。

2. 地质灾害监测预测新技术研究与推广

《地质灾害监测预测新技术方法研究与推广》是中国地质调查局于2000年9月下达的“地质灾害预警工程”项目。综合分析、对比了国内外滑坡泥石流监测预警研究的现状，提出了我国滑坡泥石流监测预警技术发展的方向；系统总结了多种类型滑坡监测指标及目前国内外数十种监测技术及设备资料，总结出适用于各种滑坡灾害监测的技术系列；总结分析了滑坡空间预测和时间预报的模型和方法；总结分析了国内外泥石流灾害监测预测方法；分析介绍了国内外8个典型滑坡泥石流监测预测实例。通过区域研究和实地调查研究，选定了四川雅安的峡口滑坡和甘肃永靖黑方台的焦揭滑坡作为示范区进行滑坡监测预测新技术示范研究；自2001年度开始重点开展峡口滑坡的监测预测新技术示范研究；开展了包括GPS监测系统设计，高密度电法和TDR技术应用、滑坡地下水和裂缝自动连续观测系统应用等的监测技术应用。

三、积极开展地质灾害调查与监测的科技研究工作

1. 科技研究项目成果

开展地质灾害防治领域的中长期科技发展规划前期研究，合作完成《地质灾害防治领域预报中长期科技发展规划前期研究报告》。

完成中国东西部地貌边界带新构造运动及其对环境分异的影响子课题“中国东西部地貌边界带新构造与地质灾害研究”。

开展中国与 CCOP 合作项目——《利用 GIS 和 RS 技术进行滑坡等地质灾害分析预测》研究，并选定重庆市云阳县新城区为示范区进行地质灾害危险性预测评价。

参加了“三峡移民区重大地质灾害防治工程”终审报告的编写。

2. 科技项目立项

组织编写了部重点科技攻关计划项目《地质灾害监测预报关键技术研究》项目的可行性研究报告。

入选部科技创新人才“百人计划”，完成《降雨诱发滑坡监测预警系统》项目申报和可行性研究报告编写。

合作完成国家 863 计划项目的课题《北斗 1 号用于地质灾害自动化监测预警示范系统研究》项目申报和可行性研究报告编写。

（3）科技论文

2003 年共发表论文 9 篇：

周平根. 中国重大地质灾害信息系统的设计与实现，CCOP 关于 RS 和 GIS 在滑坡等地质灾害中的应用. 国际研讨会论文.

周平根. 古滑坡稳定性人工神经元网络模型及其应用. 地球科学（中国地质大学学报）.

周平根. 中国地质灾害早期预警体系建设与展望，地质通报.

周平根. 滑坡监测的指标体系研究. 地质力学学报.

孟晖. 中国东西部地貌边界带中南段地质灾害空间分布特征分析. 中国地质（待发表）.

张加桂. 三峡库区隐伏岩溶特性的地球物理探测. 工程勘察.

张加桂. 工程开挖的结构效应与防治对策——以兰州西郊滑坡为例. 工程地质学.

张加桂. 亚洲大陆东部若干深部流动挤压带. 地球学报（增刊）.

张加桂. 三峡地区泥灰质岩石中几种表生构造及其与地质灾害的关系. 中国地质.

四、其他工作

（1）完成院交办的全国地质灾害预警系统建设综合研究项目设计和监测专项中“地质灾害监测数据库运行维护与分析”工作内容编写。

（2）参加“全国地质灾害监测工程”和“全国地质环境监测预报”专项的立项论证工作，完成要求的工作。

（3）参加“地质野战军装备”的立项论证和可行性研究报告编写工作，承担地质灾害调查监测装备部分的工作。

（4）参加陕西省铜川市、宝鸡市和安康市“8·29”滑坡崩塌泥石流灾害调研和调研报告编写；参加山洪灾害防治规划编制组组织的三省工作检查和技术指导，并编写工作报告；配合中国地质调查局赴贵州、四川检查重点地质灾害治理项目勘查情况。

（5）参加国土资源部《2002 年国土资源公报》、国土资源部《2002 年国土资源报告》、《中国地质环境公报》的编写工作，并承担地质灾害部分编写。

地质灾害预报预警

中国地质环境监测院地质灾害预警预报中心

一、职责任务

地质灾害预警预报中心于2003年9月底成立，职责是：承担全国地质灾害调查评价和监测数据的综合分析处理，划定预报区域和预报等级，制作预警预报成果，发布全国地质灾害预警预报信息，对省级地质灾害预报预警实施业务指导、协调和技术服务。

二、地质灾害预报预警工作

2003年4月7日，国土资源部和中国气象局签订了《关于联合开展地质灾害气象预报预警工作协议》，具体业务工作由中国地质环境监测院和国家气象中心承担。

1. 技术会商

中国地质环境监测院和国家气象中心分别于2003年4月10日和2003年5月16日在中国地质环境监测院进行了两次会商和讨论。

2003年4月10日，中国地质环境监测院和国家气象中心分别介绍了《中国地质灾害气象预警预报工程实施方案》和《地质灾害潜势预报服务实施方案》，并就下一步工作安排、交换资料的内容和时间以及长期合作意向进行了商谈和约定。

2003年5月16日，中国地质环境监测院和国家气象中心商定了进行预警预报的具体工作流程和细则，确定了互相提供信息的内容、传送时间和传送方式，制定了双方会商机制。

2. 研究编制《全国地质灾害气象预报预警实施方案》

中国地质环境监测院研究编制了《全国地质灾害气象预报预警实施方案》。工作过程中，收集整理了中国地质环境监测院完成的全国地质灾害调查与监测数据库、县市地质灾害调查与区划和地质灾害时空预警示范区建设等成果，以及有关部门和单位的多种成果资料和数据。根据致灾地质环境条件和气候因素，将中国内地划分为七个大区、28个预警区。根据对历史时期所发生的地质灾害点与灾害发生之前15日内实际降水量及降水过程的统计分析，初步建立了各预警区的预报预警判据图；根据检索到的研究资料建立了部分预警区的判据校正图。

3. 方案审查

《全国地质灾害气象预报预警实施方案》形成后，中国地质环境监测院共组织了8次专题讨论会或专家论证会，研究地质灾害气象预报预警工作中的关键技术问题。

2003年5月21日，中国地质环境监测院有关领导和专家听取了汇报。

2003年5月23日，中国地质环境监测院向国土资源部地质环境司和中国地质调查局水环部的领导和专家汇报了实施方案。

2003年5月25日，中国地质环境监测院召开了由张宏仁、方克定、李裕伟、叶天竺、曹树培、岑嘉法、钟立勋等参加的高级专家咨询会。

2003 年 5 月 27 日，国土资源部寿嘉华副部长率办公厅、政策法规司、规划司、财务司、地质环境司、国际合作与科技司和中国地质调查局等部门的领导到中国地质环境监测院听取了实施方案汇报，做出重要指示。

2003 年 5 月 30 日，中国地质环境监测院邀请中国工程院王思敬院士主持了由国家气象中心、中国科学院、国土资源部、中国地质调查局和北京地质研究所的高级专家作为评审委员的专家评审会，通过了对实施方案的技术审查。

4. 模拟运行

根据《全国地质灾害气象预报预警实施方案》，在每天收到中国气象局国家气象中心的全国降雨预报数据和图像以及前期降雨数据半小时内，对所预报的次日降雨过程是否诱发地质灾害、诱发灾害的空间范围和可能性程度进行预报预警。

2003 年 5 月 30 ~ 31 日，中国地质环境监测院与国家气象中心密切合作，进行了气象信息传输、数据转换和分析、预警产品制作等预警预报全过程模拟，最终完成了全国地质灾害气象预报预警技术准备。

5. 地质灾害气象预警预报过程

2003 年 6 月 1 日，中国地质环境监测院和国家气象中心正式开始汛期地质灾害气象预报预警工作。主要工作过程如下：

（1）国家气象中心降雨资料传送

每日下午 3:40 以前，国家气象中心以电子邮件方式将下列数据传送至中国地质环境监测院：

①当天 08 时前 24 小时雨量实况数据文件；

②当天预报的未来 24 小时雨量数据文件（当日 20 时至次日 20 时）；

③当天的地质灾害预报结果（数据、图片）。

（2）预警产品制作

中国地质环境监测院预警中心接到国家气象中心发来的数据后，根据各预警区判据模型，判定未来 24 小时内地质灾害发生区域和等级，并将预报预警结果报有关领导签发。

（3）会商

预报预警结果于当日下午 4:20 以前传回国家气象中心。当对预报预警结果有不同意见或预发布 5 级警报时，中国地质环境监测院和国家气象中心进行电话会商。

（4）预警产品发布

根据双方会商结果和领导批示，达到 3 ~ 5级预警标准时，在当晚中央电视台天气预报节目中播出，并在中国地质环境信息网上发布。

6. 预警预报情况

2003 年汛期地质灾害气象预警预报工作历时 122 天，共制作预警产品 122 份。其中未达到预警预报标准的 12 份，达到 3 级预警预报标准 109 份，达到 4 级预警预报标准 31 份，达到 5 级预警预报标准 4 份。

2003 年 6 ~ 9 月，地质灾害气象预警信息在中央电视台 19:30 天气预报节目中共发布 56 次，在中国地质环境信息网上共发布 109 次。

地质灾害气象预警预报信息播出后，取得了良好的社会效益和经济效益。据不完全统计，2003 年汛期（6 ~ 9 月）全国降雨诱发的危害较严重的突发性地质灾害 264 起，其中有 101 起（至少 878 处）地质灾害发生的时间和地点位于预报预警范围内。此外，地质灾害气象预警预报在广大观众中尤其是地质灾害多发区产生了良好反响。

全国地质灾害气象预报预警工作得到地方各级政府的赞同和积极响应，湖南、浙江、河北、山西、山东、安徽、青海、湖北等省相关部门陆续开展了全国地质灾害气象预报预警工作。

7. 建立信息反馈机制

在国土资源部地质环境司领导下，中国地质环境监测院地质灾害气象预警工作组起草了地质灾害气象预警信息反馈工作通知，发至各省、自治区、直辖市国土资源行政主管部门地质环境处、地质环境监测总站。

8. 建立汛期地质灾害反馈信息数据库

为了校验全国地质灾害气象预警预报效果，中国地质环境监测院地质灾害气象预警工作组还多方收集汛期地质灾害灾情信息，建立了汛期地质灾害反馈信息数据库，共收集信息264条。这些信息为分析2003年的预警预报准确度提供了依据。

9. 编写《2003年全国地质灾害气象预报预警工作总结报告》

10. 与院有关处室共同协助环境司筹备“全国汛期地质灾害气象预报预警工作经验交流会”，预报中心负责技术材料准备工作

11. 编写“全国汛期地质灾害气象预报预警工作经验交流会”总结报告

12. 在分析总结研究国内外地质灾害区域预测预报文献资料的基础上，构思和设计2004年地质灾害气象预警预报工作计划

三、主要项目工作

2003年中心成员承担和完成的主要项目工作情况如下：

1. 编写2002年度《中国地质环境公报》

2. 负责年度全国地质灾害统计与数据库建设项目

该数据库为2003年全国地质灾害气象预警预报提供了数据支持，发挥了巨大作用。

3. 负责编写“全国地质灾害防治规划”第一专题研究报告《我国地质灾害现状与面临的形势》

4. 进行2003年上半年全国地质灾害灾情统计和2003年全国各省地质灾害趋势预测总结，作为《环境司汛期简报》第1期内容

5. 参与“全国地质环境监测预报”专项立项报告编写，主要负责“全国地质灾害趋势会商”部分编写

6. 完成“全国地质灾害趋势预测与数据集成”项目设计预算编制

7. 参与“三峡库区地质灾害调查评价综合研究报告”的编写

8. 参与“地质灾害典型区监测预警示范区建设研究（中间成果）”

地下水资源环境调查监测

中国地质环境监测院地下水资源环境调查监测室

地下水资源环境调查监测室的主要职能是：负责地下水动态及地下水环境的监测和综合研究；承担地下水资源与环境调查评价；负责国家级地下水监测网的建设、管理和监测数据的采集、分析、处理、预测预报；负责编制全国地下水水情通报；负责地下水监测技术指导。跟踪研究地下水模型的国际发展动向，引进、开发和推广应用国际

先进的地下水模型软件系统；承担地下水管理决策支持系统的开发、运行和维护；组织开展以流域或者盆地为单元的地下水模拟，为地下水资源的可持续利用和地下水环境保护提供科学依据；承担地下水调查评价与监测新技术、新方法的推广应用和培训。

一、中日黄河流域地下水均衡、循环、利用模拟和预测研究

该项目是由中国地质调查局和日本产业技术研究所合作开展的研究项目，于2003年3月正式启动。中国地质环境监测院作为牵头单位、地下水资源环境调查监测室作为项目参加单位，主要负责黄河流域地下水监测网点调查、监测仪器布设和维护等工作。2003年基本完成了黄河流域地下水监测网点的现状调查和各相关省级总站的协调工作，同时完成了部分自动水位监测仪的安装调试工作。其具体工作时间和内容如下：

2003年4月7日，中国地质环境监测院与日方合作单位日本产业技术综合研究所的石井武政博士和田口雄作博士，就黄河流域的水文地质环境地质状况进行了座谈交流。

2003年4月8～11日，配合中国地质调查局与日本专家一起访问了位于西安的陕西省地质调查院和位于呼和浩特市的内蒙古自治区地质调查院。考察了两省（自治区）的部分国家级地下水监测孔。

2003年8月14～23日，中国地质环境监测院和水文地质研究所专家一起陪同日方的石井武政博士、内田洋平博士、松冈宪知教授（筑波大学）、未吉哲雄博士（瑞士联邦理工大学）一行5人，访问了青海省地调院和青海省地质环境监测院，对青海省境内的地表水和地下水进行了水质和同位素样品的采集和分析；同时在黄河的源头进行了多年冻土调查，在青海省境内的青藏公路沿线，安装了11个地温监测仪。

2003年9月17～26日，与日方专家一起访问了河北、河南和山东三个省的地质环境监测总站，对三个省的地下水监测孔和监测状况进行了较详细的调查，同时采集了水质样品、测量了水温。共安装了自记水位仪7套（其中河南5套，山东2套）。

2003年10月16～24日，与日方专家一起对青海、甘肃、宁夏的地下水监测孔进行调查并安装了9套自记水位仪（青海2套、甘肃2套、宁夏5套）。同时完成了水质取样和水温测量工作。

2003年12月11～12日，中日项目组成员在北京召开项目工作会议，中方介绍了监测仪的布设方案。

二、华北平原地面沉降调查与监测

该项目是由中国地质调查局组织实施的全国地质灾害预警系统建设的项目，由中国地质环境监测院牵头，会同北京、天津和河北省地质环境监测总站共同完成，何庆成博士作为项目总负责，在接到项目后带领项目综合组成员共同完成了以下项目工作：

2003年8月6～8日，中国地质环境监测院项目综合组召集北京总站、天津总站和河北总站地面沉降项目组成员就已编写的《华北平原地面沉降调查监测规划方案》报告进行讨论，并按照项目的整体规划进行了修改。

2003年8月9日，华北平原地面沉降调查与监测项目综合组负责人何庆成博士向中国地质调查局水文地质环境地质部领导和中国地质环境监测院领导汇报了《华北平原地面沉降调查与监测规划方案》，北京总站、天津总站和河北总站分别汇报了各自的工作现状和后期计划。

2003年8月20日，聘请GPS专家王悦东、刘长庆两位先生介绍了GPS基准站的布设、GPS观测点的布设、GPS点的误差来源和减少误差的方法；举例说明了中国地壳形

变监测网的布设和上海 GPS 台站的建立；并就华北平原地面沉降监测网 GPS，进行了布设方案的咨询。

2003 年 8 月 29 日，项目综合组成员到中国地质大学测量工程系，就华北平原地面沉降调查与监测 GPS 基准站和区域 GPS 观测点的布设问题，咨询了有关专家教授，形成了华北平原地面沉降调查与监测 GPS 基准站和 GPS 观测点的初步布设意见和方案。

2003 年 9 月 9 日，中国地质调查局聘请陈梦熊、张宗祜、王思敬、薛禹群、王秉忱、沈照理、田开铭、岑嘉法、方鸿琪、孙培善、王瑞久和伍法权等专家组成的强大的专家组对华北平原地面沉降调查与监测工作方案进行了论证。

2003 年 9 月 27 日，应项目综合组负责人何庆成博士的邀请，美国 Texas Agricultural Experiment Station 专家 Zhuping Sheng 博士来院进行访问，并就含水层力学和地下水资源管理作了学术报告。项目综合组与 Zhuping Sheng 博士讨论了华北平原地面沉降调查与监测相关学术问题，了解了美国地面沉降治理和研究情况，双方均表示了进一步开展学术合作的意向。

2003 年 10 月 13 日，项目综合组就野外工作开展进行了部署。明确本次出野外的主要目的就是和项目合作单位河北地质环境总站、天津地质环境总站和沧州水文地质四队共同讨论协商华北平原地面沉降调查与监测 2003 年和 2004 年工作的具体实施，以及工作量的具体安排；收集华北平原地面沉降资料，对华北平原地面沉降严重城市沧州的沉降现象进行野外调查与踏勘，对地裂缝现象进行实地的考察；学习天津地面沉降的研究、调查与监测经验，观看天津地面沉降监测基础设施基岩标和分层标。

2003 年 10 月 15 ~ 20 日，项目综合组野外考察地面沉降现象。分别对河北平原以沧州重点沉降中心的地面沉降带的地面沉降现象进行了考察和研究，对河北任丘市的地裂缝进行了考察和测量；对天津的地面沉降现象和地面沉降监测设施进行了实地的考察。

2003 年 10 月 29 日，华北平原地面沉降调查与监测总体设计通过了中国地质调查局组织的专家评审。

2003 年 11 月 6 日，中国地质环境监测院项目综合组对北京地质环境监测总站最新建立的基岩标和分层标进行现场的学习和考察。

三、全国主要城市地下水水质调查

全国主要城市地下水水质调查是根据地质环境监测计划下达的调查试点项目开展的。2001 年开始完成了北京市、石家庄市、保定市、呼和浩特市、包头市、太原市等城市水质调查试点工作；2002 年度启动了山东省区域及济南、青岛、淄博、枣庄、烟台、潍坊、济宁、泰安、威海和德州 10 个城市的地下水质调查工作，调查面积约 8000 多平方千米，采集水质样品 849 个。成果报告和图件的编写工作已完成。

四、黄河三角洲国家地质公园综合规划研究

对黄河三角洲开展多次野外实地考察，完成了“黄河三角洲地质遗迹综合考察报告”、“黄河三角洲国家地质公园总体规划报告”、“黄河三角洲国家地质公园申报书”、“黄河三角洲国家地质公园地质博物馆展示方案”、“黄河三角洲国家地质公园地质遗迹及景观标示牌”、“黄河三角洲国家地质公园导游手册”六份报告，制作了“综合旅游资源分布图”、“地质公园总体建设规划图”、“地质遗迹景区规划图”、“地质遗迹保护规划图”、“地质公园基础建设规划图”等图件和介绍地质公园总体情况的多媒体光盘。

五、全国地质环境监测规划

负责完成了《全国地质环境监测规划》征求意见稿的编写工作，并于2003年12月24日提交给专家和各省国土资源厅、地质环境监测站征求意见。

六、全国地质灾害防治规划

参与《全国地质灾害防治规划》的编制工作，负责完成了其中的专项规划之一，即“全国地质灾害监测预警体系建设规划”的征求意见稿。

七、国家自然科学基金项目研究

国家自然科学基金项目《长江上游河水侵蚀作用的地球化学与锶同位素》，完成野外调查、水质样品采集与测试分析工作。已进入最终成果编写阶段。

2003年9月4日至24日，会同中国地质科学院水文地质环境地质研究所专家赴青藏高原，开展野外调查和取样工作。共采集水样49个，涉及21条河流，路径4500千米。

2003年完成论文有：

《长江河源区的河水主元素与锶同位素来源》，刊载在《水文地质工程地质》。

《唐古拉山发源的河水主要元素与锶同位素及环境意义》，已提交《科学通报》。

《Consumption of atmospheric CO_2 during the chemical weathering processes of Rocks in Changjiang、Huanghe and XiJiang basins》，已提交《J. Hydrology》。

《长江流域化学侵蚀作用对 CO_2 消耗的贡献》，提交《地球科学进展》。

八、地下水水情通报和地质环境公报

按时提交了2003年度全国地下水水情通报和全国地质环境公报中地下水环境部分。

九、中国地下水信息中心能力建设

中国地下水信息中心能力建设是中国-荷兰合作研究项目，该项目经过中荷双方的努力，2003年正式启动。该项目选取北京市平原区、乌鲁木齐市乌鲁木齐河流域、济南市岩溶泉流域作为示范区，利用荷兰先进的地下水监测设备、数据分析处理软件，通过荷兰专家的培训，全面提升我国地下水监测和信息采集、分析、处理、发布能力。该项目正按设计正常运行。

2003年3月24日，中国-荷兰合作项目《中国地下水信息中心能力建设》启动会议召开。会后荷方专家向全体项目参加人员介绍了项目情况，中荷双方项目参加人员就项目合作事项进行了讨论，确定了项目工作计划和年度工作任务，并对2003年度工作进行了具体部署。

2003年11月1日至12月20日在北京分别举办了“示范区地下水监测网优化设计”和“区域地下水信息系统（REGIS）应用”培训班。

2003年10月18日评审通过了年度项目“国家级地下水环境信息采集与处理”设计。

十、规程规范和技术要求的编制和修订

2003年度积极开展了规程规范的编制和修订工作，完成了“地裂缝调查与监测技术要求”项目设计及“地裂缝调查与监测技术要求”成果初稿、“地面沉降调查与监测技术要求”项目设计及“地面沉降调查与监测技术要求”成果初稿、“地下水监测规程修订”项目设计及“地下水监测规程”成果初稿。

十一、全国地下水监测工程专项申请

由院组织、全室人员参加编写工作，经过专家多次反复讨论，完成了《全国地下水监测工程》专项申请报告。

环境地质评价

中国地质环境监测院环境地质评价室

一、增设组建环境地质评价室

环境地质评价室于2003年9月下旬通过竞聘组建，10月份正式开展工作。

二、环境地质调查评价

接转承担了2003年度“全国1∶50万环境地质调查综合研究与编图”和“全国1∶50万环境地质调查信息系统集成”等项目。组织完成内蒙古、青海、西藏和新疆四省（自治区）共470万平方千米环境地质调查。

系统收集已完成的25个省（自治区、直辖市）(除内蒙古、青海、西藏、新疆、重庆、天津外）1∶50万环境地质调查成果；完成山东、浙江、广东、湖南、甘肃、云南等6个省环境地质调查报告和14张附图数字化；完成25个省（自治区、直辖市）环境地质调查报告整编，文字编排420万字，插图、附表录入100余张；完成25个省（自治区、直辖市）环境地质调查成果附图整理；进一步完善了全国1∶50万环境地质调查信息系统（成果展示版）结构框架，并完成了包括25个省（自治区、直辖市）环境地质调查成果的信息系统。

对分省主要地质灾害类型、规模、分布及主要诱发因素等进行了初步汇总分析，发现全国共有崩塌、滑坡、泥石流多发区15个：横断山区、黄土高原地区、川北陕南地区、川西北龙门山地区、金沙江中下游地区、川滇交界地区、汉江安康—白河地区、川东大巴山地区、三峡地区、黔西六盘水地区、湘西地区、赣西北地区、赣东北上饶地区、北京北郊怀柔—密云地区、辽东岫岩—凤城地区；对长江三角洲区域环境地质问题进行了较为系统的分析，完成了《长江三角洲地面沉降基本规律及防治对策》阶段成果。完成全国25省（自治区、直辖市）崩塌、滑坡、泥石流分布等信息的初步汇总。

承担完成2002年度“重大地质灾害治理与应急调查综合研究”项目。截至2002年，全国共实施500多项地质灾害前期勘查和230余项地质灾害防治工程，其中滑坡治理160项，泥石流治理53项，有效地维护了国家和人民生命财产安全。总结了滑坡、泥石流勘查治理、汛期地质灾害应急治理的技术方法和效果效益，并针对典型治理工程实例进行了分析评述，提出当前我国地质灾害治理工作中存在的问题以及今后地质灾害防治对策建议。编制了包括30项地质灾害勘察与治理示范在内的工程实录。

三、农业地质

查阅了国内外农业地质文献资料，汇总形成了中国地质环境监测院农业地质工作初步设想，承担中国地质环境监测院“典型地区农业地质调查评价示范”项目，形成了农业地质地球化学评价体系总体框架，并以Cd为例建立了农业地球化学评价思路。通过调研协调，基本确定参与“浙江省农业地质环境调查”项目的综合研究工作，合作承担“浙江省上虞市农业地质环境调查与绿色土地资源研究”子项目。

承担完成中国地质调查局交办的有关技术支撑工作，编写了《农业地质环境评价体系立项建议书》（草稿）；起草了《农业地质手册》（提纲）和《农业地质理论与实践》（提纲）。

参加了中国地质学会与中国土地学会联合举办的“地质环境与土地利用研讨会”；组织召开了“2003年全国农业地学学术研讨会”（广西桂林）。

四、城市地质

承担中国地质环境监测院设计“城市环境地质调查技术要求”项目，启动城市地质工作。参加了重点城市环境地质调查及脆弱性评价研讨会（浙江杭州）。编写完成了《城市环境地质调查技术要求大纲（初稿）》。

矿山环境与国土整治评价

中国地质环境监测院矿山环境与国土整治评价室

一、矿山环境与国土整治评价室的职能

中国地质环境监测院“三定”方案赋予矿山环境与国土整治评价室的职能为：承担矿山环境调查评价和综合研究；承担矿山环境保护和恢复治理以及矿山土地复垦、整理政策措施的研究；承担国土综合开发整治的调查评价和有关政策措施研究；承担国土资源规划的环境影响评价。

二、矿山环境与国土整治评价工作

（1）参与了“全国矿山地质环境调查与评估”项目的组织实施工作，承担了中国地质调查局下达的工作任务“全国矿山环境地质信息系统建设”项目，完成了阶段成果报告的编写和信息系统的开发与测试。

（2）完成了中国地质调查局2003年度下达的工作任务“全国矿山地质环境调查信息系统建设与综合研究”项目设计书的编写，并通过了中国地质调查局组织的专家评审。

（3）参加了国家环境保护总局于2003年8月26～30日在吉林省延吉市举办了第一期规划环境影响评价培训班，编写了《国土资源规划环境影响评价工作指南》讨论稿。

（4）参加了国土资源部关于《矿产资源法》修改的调研工作，参与编写了“矿山环境保护”部分的调研报告。

（5）协助国土资源部地质环境管理司组织了全国矿山地质环境治理项目可行性报告专家审查会。

（6）2003年11月28～29日在河北组织召开了12省矿山地质环境调查与评估技术人员碰头会，会上检查了12个省的数据录入和信息系统的建设情况，解决了各省在信息系统建设中遇到的问题，交流了工作经验，并对各省现有矿山地质环境调查信息系统进行升级。

（7）参与了院地质技术装备前期论证、

可行性研究报告编写以及技术装备详细需求说明文件的编写工作。

(8) 圆满完成了“全国地下水环境监测数据库建设”项目阶段成果，并通过了院组织专家的评审。

(9) 参加了2003年11月1~2日在陕西省西安市举行的全国矿山环境保护研讨会，并发表了“矿山地质环境调查评价与综合研究”和“全国矿山地质环境调查信息系统设计与实现”两篇论文。

地质环境信息

中国地质环境监测院信息室

一、区域水文地质图空间数据库建设

自1999年国土资源大调查数字国土工程开始实施以来，根据中国地调局信息化工作的整体安排，在基础地质空间数据库系列项目中，结合水工环工作的实际情况，在全国范围内安排了“1:20万水文地质图空间数据库”、“1:5万重点城市和经济区水工环地质空间数据库”和“小比例尺水工环地质空间数据库”三项水工环的基础数据库的建设项目，由点到面形成我国最为基础的和有代表意义的水工环地质基础信息空间数据库体系。目前“1:20万水文地质空间数据库”已经累计完成图幅工作量700幅；“1:5万水工环空间数据库”已经累计完成图幅工作量100幅，正在进入数据汇总和整编；“小比例尺水工环空间数据库”已经完成24个省的建库工作量。

二、地质灾害调查数据库系统建立

地质灾害预警工程实施以来，已经在全国重点地区开展了500余个县市的地质灾害调查和区划工作，此项工作的主要意义是以县市为单元，查明工作区范围内的地质灾害现状与发展趋势，开展地质灾害灾情和险情的评估，划分出地质灾害易发区和危险区，提出地质灾害防治规划和防治措施的建议，进而推进群专结合的监测网络建设，以最大限度地减少因地质灾害造成的损失。“地质灾害数据库系统”项目的实施，就是在此项工作的基础上，以地理信息系统为基础平台，建立全国地质灾害调查信息系统，该系统汇总全国地质灾害调查信息，提供综合统计和分析评价功能。本项目已经完成500个县的数据汇总工作，到2005年将全面完成全国700个重点县的地质灾害调查数据库的建设。部分省（自治区、直辖市）也在地质灾害调查成果的基础上，开始建立全省范围内的地质灾害调查信息系统。

三、全国1:50万区域环境地质调查空间数据库建设

在全国1:50万区域环境地质调查的基础上，完成环境地质调查信息的综合处理，建立全国区域地质环境调查空间数据库。通过多用户需求分析，筛选确定全国1:50万区域环境地质调查信息系统集成的标志和指标，建立信息系统集成的框架；充分利用计算机信息技术，把分省分区的环境地质信息系统集成为具有特色的国家环境地质信息系统；进行跨省份的、跨地区的以及国家重大工程建设的区域环境地质信息标志和指标的综合动态分析，集成深化全国环境地质的基本规律、演化趋势，为政府宏观决策等提供依据。本项目正在进行数据汇总工作，到2005年将全面完成全国区域空间数据库的建设。

四、三峡库区地质灾害信息系统建设

“三峡库区地质灾害地理信息系统（GU-GIS）”的建立，为特定区域地质灾害的评价分析和监测提供信息采集、存储、管理、检索、分析及编图等全过程的分级计算机处理软件工具系统。该系统的建立将面向三峡库区地质灾害调查、综合评价、监测、预警分析工作，是一个专业型地理信息应用系统，同时也是全国地质灾害信息系统的重要组成部分。本项目的研究意义是在三峡库区原有工作的基础上，结合新的信息处理技术和方法，在三峡库区建立一套服务于三峡中心站和基层监测站的两级完整的信息处理体系和信息处理流程，为长江三峡地质灾害监测预警系统的建立提供有效的技术保证。目前该系统已经完成了基础数据库建设、基本完成了三峡库区的信息传输网络建设及地质灾害勘察信息系统建设，正在开展预警分析系统建设和综合信息发布系统建设。

五、地下水资源评价信息系统建设

配合新一轮地下水资源调查评价项目的开展，在全国范围内开展了地下水资源信息系统的建设工作，制定了地下水资源评价空间数据模型，开展了地下水流三维模拟系统以及地下水动态评价软件平台的研究工作。此前，本系统已经完成基础数据库管理系统的建设，系统总体建设已经在华北地区全面开展。

六、地质环境及地下水资源野外采集系统建设

根据地调局主流程信息化工作的总体安排，目前正在开展地质环境野外采集系统、地下水资源调查野外采集系统的开发工作，已经基本完成野外采集系统的数据标准和野外采集系统的数据录入平台。目前该系统正在积极组织试点工作以及野外数据采集标准化的完善工作。

七、信息化基础网络建设

继续健全完善以中国地质环境监测院为中心的网络系统，在中国地质环境信息网站的基础上，在北京已经形成部级水工环数据中心的总体框架，目前中国地质环境信息网站内容包括地质灾害、地下水资源与环境、水工环勘察与评价、地质遗迹、矿山环境、科研成果、地质环境管理信息、规程规范、科普知识、行业动态、资料文档等20余类专题信息。基本涵盖了本领域的数据内容。目前，网络传输能力已经扩充到20兆。同时正在积极建设与中国地质调查局信息网、国土资源部信息网的专线连接。

八、标准化制定

在已经完成的各类信息化标准之上，目前正在建立完善的水工环地质信息化标准体系。水工环地质信息标准化体系建设，是根据国家信息化发展需求，围绕水工环信息化发展的总体目标，遵循国土资源信息化指导方针，充分吸收国内外先进经验，在已有国家标准和行业标准基础上，建立能够实现水工环信息化的有效的、操作性强的地质环境信息化标准化体系，为实现地质环境信息化建设提供强有力的信息标准化支撑体系。

九、矿山环境地质调查信息系统建设

矿山环境地质调查信息系统建设已经粗

具规模，已经完成了矿山环境地质调查信息数据库标准化工作、已经完成矿山环境地质调查信息管理系统的开发工作。目前已经开始在12个省建立矿山环境地质调查信息系统。

十、地质灾害气象预警系统建设

随着地质灾害气象预警工作的深入开展，在全国范围内已经逐步开展了地质气象预警分析的建设工作。国家级系统正在建立从数据自动传输、预警信息分析、数据管理、灾害信息反馈的地质灾害气象预警系统。在四川、江西、浙江等部分省也已经开展了气象预警分析系统的建设工作。

十一、地质环境动态监测数据传输系统建设

地质环境监测是实施地质环境管理重要基础性工作之一，高速、有效的信息采集和传输技术，已经在地质环境监测工作中得到应用，目前，已经在北京、山东、四川等省（直辖市）开始实施了地质环境动态监测数据的自动采集系统和自动传输系统，在部分地区也开展了动态监测数据的远程无线自动传输系统建设的试点工作。

十二、地质遗迹（地质公园）信息管理系统开发与培训

为了规范地质遗迹保护信息的采集、输入及管理，通过制定信息数据库基本框架，尽快收集整理各地质遗迹保护项目中的信息资源，以求统一地质遗迹保护数据标准化体系，加强地质遗迹保护管理，促进国家地质遗迹保护和有效利用。该信息管理系统主要包括了地质遗迹、地质公园有关管理信息和基础信息的21张数据表，除了包含常用的数据库管理功能外，还具有图形管理和图形引导浏览功能。本系统已经在全国推广实施。

十三、“海量异构地质扩建数据一体化分析与处理”系统的专题研究

“海量异构地质扩建数据一体化分析与处理”系统的专题研究工作是国家863项目专题研究项目。主要研究内容是：研究网格环境下的组件和Web服务技术，建立基于大型GIS的Web应用服务，以地质矿产调查分布式多元地学空间数据库为基础，建立矿产资源评价系统；结合地下水资源调查工作，建立地下水资源动态评价系统，为实现地下水资源的动态评价和年度预报提供工具。

十四、信息化在水工环地质调查工作中的应用

自1999年开展地质调查工作以来，信息化工作就已经广泛的应用于水工环地质调查的各个领域，主要包括：水文地质、环境地质、生态环境、地质灾害、地下水资源等专业领域。尤以地下水资源和地质灾害信息的管理和分析处理为主。可以说是在水工环地质领域得到了比较广泛的应用。在信息化应用中，主要以信息系统的建设为主，也可以说是基于空间数据库的地理信息管理系统。从提供的主要功能上看主要是基本的、通用的图形数据的简单管理和简单查询。通过在不同项目中实施信息化工程，使大部分工作单位掌握了空间数据库的建设基本方法、工作流程、文档编录和成果表达方法。为今后更好地开展水工环空间数据库的建设奠定了坚实的基础；锻炼了一批水工环信息化工作者队伍，使水工环地质工作得到了促进，实践证明，在地质调查项目中广泛地实施信息化工作，是可行和有效的。

三峡库区地质灾害监测

三峡库区地质灾害防治工作指挥部

三峡库区地质灾害对三峡工程建设和百万移民构成严重威胁。2001 年，经国务院批准，成立了“三峡库区地质灾害防治领导小组”，国土资源部为组长单位，成员单位有原国家计委、财政部、水利部、建设部、国务院三峡建委办公室、重庆市和湖北省人民政府。领导小组下设办公室，其派出机构为三峡库区地质灾害防治工作指挥部，属国土资源部直属单位。

指挥部主要承担三峡库区地质灾害防治规划和管理、全库区地质灾害监测预警和库区地质灾害防治科研等工作。2001 年 10 月，指挥部编制完成了《三峡库区地质灾害防治总体规划》，通过国家级专家组评审、领导小组审议、国务院批准。其中与二期蓄水、二期移民相应的地质灾害防治规划称二期规划，二期规划治理崩塌滑坡 198 处，搬迁避让 232 处，库岸防护 79 千米，高切坡防护 214 处，深基础处理巴东、巫山、奉节三个新县城，规划资金 40 亿元。二期规划由湖北、重庆两省市实施，2003 年 6 月以前完成水下工程，保证了三峡大坝 2003 年 6 月坝前 135 米水位如期下闸蓄水发电。2003 年底二期防治工程基本全面竣工。经 10 个月蓄水运行，二期地质灾害防治效果良好。

2003 年，指挥部主要完成下列工作：

（1）编制完成了《三峡库区三期地质灾害防治规划（崩塌、滑坡、塌岸）》，2003 年 12 月通过国家级专家组评审、领导小组审议，现已由国土资源部报国务院。

（2）全力抓好三峡库区地质灾害防治工作进度和竣工验收。指挥部编制了国土资源部《三峡库区地质灾害治理工程竣工验收办法》和《三峡库区地质灾害治理工程质量评定标准》，为了三峡工程能如期下闸蓄水发电，冒着“非典”的威胁，组织 4 个验收组对库区 10 个区县内共 26 个治理工程进行了国家级竣工阶段验收，编制了国家级竣工验收报告。

（3）完成了《三峡库区二期移民工程地质安全评价报告》。国务院三峡工程建设委员会于 2001 年底委托国土资源部负责完成三峡库区二期移民工程地质安全评价工作。根据委托书的要求，指挥部编制了《长江三峡二期移民工程地质安全评价实施方案》和《长江三峡二期工程地质安全评价实施细则》，于 2003 年完成了库区 12 个区县的 385 处城集镇和农村集中居民点的地质安全评价工作，编写了全库区二期移民工程地质安全评价报告，通过专家组审查，全面完成了三峡库区二期移民工程地质安全评价的任务。

（4）初步完成了全库区地质灾害监测预警工程的建设并投入监测运行，在坝前 135 米蓄水后初见成效。指挥部负责全库区地质灾害监测预警工程的设计、建设实施和监测运行。其中包括组织建设、能力建设、信息系统建设、专业监测体系和群测群防体系建设。在库区各区、县国土资源局建立了地质环境监测站，配置了先进的监测设备。专业监测采用全球卫星定位系统（GPS）监测、遥感（RS）监测、综合立体监测等。2003年共建成124个重大崩塌滑坡专业监测网。对全库区1216个崩塌滑坡建立了群测群防监测。2003年6月坝前135米蓄水后，专业监测成功预警了6处重大滑坡，群测群防监测成功预警了12个滑坡，保护了3900余人的生命和财产的安全。

（5）负责三峡库区二期地质灾害防治总体科研项目“三峡库区滑坡塌岸防治专题研究”的实施。指挥部编制了总体设计，完成了5个专题28个课题立项、评审、审批并组织实施。

（6）技术标准编制取得多项成果。2003年编制完成了《三峡库区地质灾害治理工程质量验收评定标准》、《三峡库区地质灾害治理工程文件归档规定》、《三峡库区滑坡与塌岸防治工程地质勘察技术要求》、《三峡库区崩塌滑坡监测技术要求》、《三峡库区崩塌滑坡与塌岸地质灾害防治工程地质勘查费用规定》。

2003年，指挥部获“全国地质灾害防治工作先进集体”称号。

期刊编辑与出版

中国地质环境监测院编辑部

一、两刊出版情况

1.《水文地质工程地质》期刊

全年6期刊物已全部出刊。截至12月底，收到稿件（论文）458篇，刊发165篇，刊发信息50余条。

从2003年开始，由原84页扩版至120页，既丰富了期刊的内容，又增加了刊物的容量。在调整封面和栏目的同时，对期刊内容作了相应调整。紧密结合温家宝总理“两个更加”要求，采用组稿、约稿方式，吸纳科研院所、高校和海外学者的资源优势，增强了对国家基金资助项目和各大部委重大基础与科研成果的刊载力度，为将科研成果转化为生产力提供了有效平台。提升期刊在新时期和新形势下的新形象，积极主动与国内外相关行业的科研院所及检索机构取得联系，扩大期刊的交换范围，为进入核心期刊开展全方位宣传。制定了一系列期刊编辑和出版的规章制度，为进一步提高办刊水平和期刊质量提供保障。与中国地质大学（武汉）工程学院合作，组织出版《水文地质工程地质》2004年初增刊的筹备工作。

2.《中国地质灾害与防治学报》期刊

自10月始由中国地质学会地质灾害研究分会划归编辑部统一管理。截至12月，共收到稿件（论文）219篇，刊发118篇。

在侧重做好滑坡研究、工程与灾害防治、矿山与环境保护、地质灾害危险性评估等领域新思想、新观点、新理论、新技术、新方法传播的同时，增加了图片专页，直观反映了一些地质灾害发生现象和治理效果，受到了有关专家和读者与作者的好评。通过和编委的经常性联系，使期刊的办刊思路和定位得到了进一步明确。充分发挥了主编把关、编委和专家审稿作用，提高了刊物质量。

二、加强自身建设

2003 年 10 月新的编辑部整合后，按照院“调查研究，理清思路，理顺关系，急事先办”的要求，在面临人员进行重大调整、网络不通、人手不够的情况下，大家按照新的岗位分工，尽快进入角色，积极开展工作，为期刊的正常出版提供保障。

一是先后召开了多次全体人员工作会议，统一思想，明确分工。二是咨询部、局、院有关专家，为办刊提供思路，并形成了《编辑部工作思路（征求意见稿）》。三是制订了 12 项岗位职责或工作制度（征求意见稿）和两刊《读者调查表》。四是建立和完善了稿件处理流程、编辑印刷流程、组（约）稿基本要求、论文质量监督调查表和征稿简则等。五是确定了 2004 年两刊的封面和包装内容；拟定了顾问、编委会、主编、副主编调整建议名单。六是开展了《中国地质灾害与防治学报》移交和融合工作。七是提出了两刊广告和发行思路。八是为进入核心期刊作前期准备，为争取《水文地质工程地质》进入核心期刊和《中国地质灾害与防治学报》进入《中国核心期刊（遴选）数据库》做申报工作。

科技情报分析与研究

中国地质环境监测院科技情报及资料中心

2003 年主要工作任务：

（1）建立资料汇交及管理方面有关制度；

（2）全面收集水工环地质工作成果资料及国内外水工环地质科技情报信息，开展国际国内科技信息交流，发布水工环地质最新研究与发展动态；

（3）介绍推广新技术、新方法、新成果；

（4）创办《水工环地质工作动态》内部刊物；

（5）着手建立成果资料和图书期刊数据库及检索系统；

（6）建立和运行水工环科技情报信息网；

（7）日常管理成果资料、图书期刊、各类文档，提供借阅服务。

一、开展调查研究，确定发展思路和主要任务

为理清工作思路，做好长远发展规划，制定了调研计划，编写了调研提纲。对中国地质调查局、中国地质调查局发展中心、国土资源部信息中心、全国地质资料馆等单位进行了调研，掌握了相关单位的科技情报资料工作的相关信息。在调查的基础上，结合院发展的需要，形成了环境院科技情报工作发展思路。

二、创办《水工环地质工作动态》刊物

作为院创新服务方式的服务窗口，为及时提供水工环工作动态信息，创办了《水工环地质工作动态》刊物（内刊），2003年11月编发首刊。2003年共编发2期，及时发至有关领导、专家及单位。

为办好该刊，编写了办刊设计，并从多方面，想尽办法收集信息。于12月1日，将院中地环函〔2003〕27号发至各省（自治区、直辖市）环境处、总站，地调院、水工环地质调查及科研机构，建议这些单位由专人负责提供本单位有关信息，建立覆盖全国的水工环地质工作信息情报网。

三、建立有关制度，规范成果资料、图书期刊、各类文档管理

起草了资料汇交制度、图书期刊管理制度、各类档案管理制度。三个制度的草稿发至院各有关处室，征求修改意见，按各处室的修改意见进行了修改。

四、着手开展科技情报资料管理计算机及网络化信息服务

为贯彻国务院349号令《地质资料管理条例》和国土资源部《地质资料管理条例实施办法》要求，提高地质资料的处理、保管水平，建立地质资料信息服务网络系统；抓紧开展了建立成果资料和图书期刊数据库及检索系统的工作，编写了建库设计，进行资料整编入库。另外，在中国地质环境信息网上增设了“水工环科技情报网”专页。

五、日常管理成果资料、图书期刊、各类文档，提供借阅服务

1. 资料管理与汇交

按地调局要求，做好资料汇交工作。完成对资料汇交单位的电子文档制作的指导及验收；接收院项目承担单位的汇交资料近千份。整理、编目资料200多份；购置了水工环专业图书及标准规范，为专业技术人员完成地调项目及研究工作提供参考依据；做好资料的日常管理及提供利用服务工作。

根据需要，于2003年12月举办了由环境院相关处室人员参加的“成果地质资料汇交电子文件系统培训班”，共16人参加了培训。

2. 图书期刊管理及借阅服务

主动、热情为科技人员提供图书、期刊借阅、查询服务。

根据图书室藏书情况，把院历年来的所有图书、期刊、工具书等进行分类整理，录入电子版进行管理，以便广大职工借阅、查询。

在征求广大职工和离退休人员的意见后，完成了2004年的科技图书、期刊、文娱文化类杂志和报纸征订工作。共征订和购买中外文期刊78种，科技图书、标准规范236本，专业图件30多份。

3. 各类档案管理工作

完成了监测院7年8个单位的会计档案收集、整理、归档工作，累计记账凭证1351册、账簿275册、报表106册，并编制成分类目录输入计算机，建立了会计档案管理台账，编写了会计档案管理制度。一年来共办理查阅、借阅会计档案65人次，为院经济决策和重建设备管理台账提供了可靠的原始依据。

国土资源环境咨询评估

中国地质环境监测院国土资源环境咨询评估中心

一、评估中心的职责任务

（1）承担与国土资源开发利用和保护有关的咨询、评估、辅助决策工作。

（2）承担与地质灾害防治、地质环境保护有关的技术咨询、评估事务。

（3）承担国土资源规划环境影响评价工作。

（4）开展与地质环境管理有关的辅助决策与服务工作。

（5）开展水文地质、工程地质、环境地质、地质工程等技术咨询服务工作。

（6）开展数码图文输出工作。

二、评估工作

（1）完成《国土资源规划环境影响评价研究》工作。精心组织实施了《国土资源规划环境影响评价研究》工作，组织编写了《国土资源规划环境影响评价管理办法》和《土地利用规划环境影响评价技术要求》以及《国土资源规划环境影响评价工作指南》。并通过多次专家咨询会的形式，征求各方面的意见和建议。工作已得到国家环保总局、国务院法制办、部规划司、环境司领导的高度赞赏和大力支持与关注。上述管理办法和技术要求，征求了全国人大环资委、国务院法制办、国家发改委、国家环保总局、部规划司、环境司、信息中心、中国地调局、北京大学城市与环境学院、人民大学土地管理系、中国土地勘测规划院、中国国土经济研究院、地调局发展中心等单位的意见，研究修改后形成文件，上报国土资源部。

（2）开展《城市环境地质调查技术要求大纲》的编写工作。根据地调局要求，组织编写了《城市环境地质调查技术要求大纲》。通过发放调查表、查询资料、专家咨询等多种形式，不断完善《城市环境地质调查技术要求大纲》的内容和完整性。并形成报告一份和21类环境地质问题的调查表。

（3）承接北京、天津、河北、山东四省市完成京沪高速铁路地面沉降专题研究报告项目，并组织实施。

（4）协助环境司组织开展地质灾害防治工程的资质管理工作，并做好其他方面的服务。每月组织1～2次建设用地地质灾害危险性评估审查会。承办其他司局交办的任务，并做好服务。

（5）开展文印中心的工作，为院各部门提供全面周到的数码图文输出服务。

（6）参加完成县市地质灾害调查综合研究报告编写和四川雅安地质灾害监测预警示范区建设项目设计编写。这两个项目分别获得优秀报告和优秀设计奖。

三、成果介绍

国土资源部负责的土地利用规划和矿产资源规划是《环境影响评价法》规定必须开展的规划环境影响评价的重要组成部分。为了更好地贯彻《环境影响评价法》，开展国土资源规划环境影响评价工作，从源头上减少或者避免因国土资源规划的实施而产生的不良环境影响，促进国土资源开发利用与生态环境和社会经济协调发展，院开展了《国土资源规划环境影响评价研究》。根据部有关司局领导关于分别起草技术要求和管理办法的意见，为了国土资源规划环境影响评价工作更有针对性和操作上的方便，依照《环境影响评价法》，结合国土资源规划的特点，编写了《国土资源规划环境影响评价管理办法》和《土地利用规划环境影响评价技术要求》及《国土资源规划环境影响评价工作指南》。

编写过程包括编写大纲、草稿、初稿、讨论稿、征求意见稿五个过程。论证和征求意见分别采用面对面交流、文字反馈、电话讨论、电子邮件交换意见、集中咨询和讨论等多种方式，征询了法律法规、国土资源规划、战略环境影响评价、土地利用规划、矿产资源规划等不同专业的领导和专家的意见和建议。邀请了全国人大环资委、国务院法制办、国家发改委、国家环保总局、国土资源部规划司、环境司、部信息中心、高咨中心、中国地质调查局水环部、北京大学城市与环境学院、人民大学土地管理系、中国土地勘测规划院、中国国土经济研究院、地调局发展中心、部分省市的国土资源厅规划处、环境处和省土地勘测规划院等单位和部门的专家学者，召开了三次大型咨询会，认真听取了有关部门和专家的意见和建议。根据《环境影响评价法》、《土地管理法》、《环境影响评价法解释与实用指南》、《地质灾害防治条例》、《矿产资源法》等有关法律法规和《全国土地利用总体规划》、《全国土地开发整理规划》、《全国矿产资源规划》等规划文件，经过反复研究、讨论、修改，形成《国土资源规划环境影响评价管理办法》和《土地利用规划环境影响评价技术要求》以及《国土资源规划环境影响评价工作指南》（送审稿）。

1.《国土资源规划环境影响评价管理办法》的主要内容

《管理办法》共分六章，共计28条。其主要内容包括：

第一章为总则，共6条，分别阐述开展国土资源环境影响评价的目的、任务、范畴，规划环评工作要全面考虑社会、经济、环境等综合因素并融入规划管理的全过程，还明确要求规划环评工作要鼓励公众参与、提高科学性、设立国土资源规划环评的指导机构和专家顾问组等方面。

第二章为规划环境影响评价的编写，共5条，明确哪些规划需在规划中编写环境影响评价篇章或说明，哪些规划要专门编写环境影响评价报告书，并明确了环境影响评价篇章或说明以及环境影响评价报告书主要阐明的内容以及报审前程序性和公众参与性的要求。

第三章为规划环境影响评价的审查，共7条，主要是为确保规划环境影响评价成果质量，对程序性方面的严格规定和审查意见书的主要内容。

第四章为规划环境影响评价的承担单位，共5条。明确承担单位应具备的基本条件和资质、承担单位的工作责任。

第五章为法律责任，共2条，分别明确了规划环评单位和规划审批行政机关如弄虚作假或失职，应承担的法律责任。

第六章为附则，共3条。授权省级政府对县级国土资源规划的环评工作，可结合省的实际做出规定；另明确了享有对本办法解释权的行政机关和本办法的施行时间。

2.《土地利用规划环境影响评价技术要求》的主要内容

《土地利用规划环境影响评价技术要求》（送审稿）共有四部分内容。

第一部分总则。包括主题内容与适用范围、术语、土地利用规划环境影响评价的目的和原则三方面的内容（其中评价原则共包括科学、客观、公正原则，早期介入原则，综合性原则，一致性原则，可持续利用的原则，适应性原则，突出重点的原则，公众参与原则）。

第二部分土地利用规划环境影响评价的工作程序。包括三个阶段，即：准备工作、分析与评价、结论与跟踪监测评价三个阶段；工作程序分为十个步骤。

第三部分土地利用规划环境影响评价内容与方法。包括规划分析、现状调查与分析、环境影响识别、环境目标和评价指标确定、土地利用规划环境影响现状评价、土地利用规划环境影响的回顾和预测评价、评价结论、监测与跟踪评价八个方面的内容和方法。

第四部分土地利用规划环境影响评价成果编写要求。包括环境影响评价报告书的编写要求和环境影响评价篇章或者说明的编写要求。

第五部分附录。包括土地利用规划环境影响评价指标体系和土地利用规划分类及环境影响评价成果要求。

3.《国土资源规划环境影响评价工作指南》的主要内容

共包括七部分内容：

第一部分　总则

第二部分　国土资源规划分类及其对应的成果要求

第三部分　评价的内容和指标

第四部分　评价的工作程序

第五部分　评价的方法

第六部分　报告的编写要求

第七部分　参照的法律依据和技术标准

综合管理工作

行政管理

中国地质环境监测院办公室

一、会议情况

截至2003年12月31日，院共召开院长办公会（党政联席会、院务会、专题会）50次，形成会议纪要50份，8月18日后院办公室还组织或协助组织了院职工代表、处长培训班、各类专题会议等20余次。

为加强会议纪律，院下发了“关于加强会议纪律的通知”(中地环发〔2003〕121号)，对会议纪律作了明确的规定，全院职工参加会议的纪律性有了明显的提高。

二、文秘工作

改革了上级来文的批办方式，加快了来文的处理速度，加快文件的传阅速度，并尽量反馈完成落实情况，加强了院领导之间、院领导与中层干部之间的信息传递，努力做到政令畅通。

院发文是院办的常规工作，2003年共发院文178件。

“要事专报”和“地质环境调查与监测工作简报”是院2003年新创办的两个文件。要事专报主要向领导报送重大信息，共报出8期，主要是报送全国地质灾害预报预警的有关情况。要事专报的创办，加快了向部、局领导传递信息的速度，有效地宣传了院的工作。地质环境调查与监测工作简报也是院今年创办的文件，主要刊登重要讲话、院主要工作动态、有影响的科研成果，共出28期。工作简报加强了院与部、局，与相关行业部门、各级地质环境监测单位之间的信息传递。

三、政务信息工作

加强政务信息工作是院办的重要职责之一。政务信息包括向部办公厅督察室上报院重要信息，贯彻落实院会议纪要的决定，加强院领导与各部门、各部门之间的信息沟通等工作。为加强政务信息工作，院办自11月起创办了“院务信息通报”，目前已出了4期，同时摘取重要信息向部报送。“院务信息通报”的创办，加大了督办、催办的力度，有力地促进了政令畅通，保证了院各项决定的贯彻落实。

四、加强协调、服务工作

办公室作为综合管理部门，协调、服务是其重要职责，协调各部门工作，起草有关文件，以保证全院工作有序进行。9月底院进行新一轮竞聘上岗后，院办的工作人员有了较大的调整，在以往院办工作的基础上，院办的新老同志都能竭尽所能、竭尽全力，协调各项工作，解决矛盾，努力完成各项工作。

五、其他工作

9月底新一轮竞聘上岗后，制定了院办公用房调整建议方案，院办公家具配置、采购建议方案，院房屋的调配建议，参加院有关办法的起草讨论工作，组织协调向财政部、国家发改委的专题汇报，组织全国地质灾害气象预报预警工作座谈会。

经济管理

中国地质环境监测院财务处

2003年，中国地质环境监测院财务工作贯彻落实国家财政管理制度改革精神，围绕院各项重点工作，提供保障和服务。2003年，院资产总额21144万元，负责总额2494万元，净资产（所有者权益）总额18650万元。

一、优化资金支出结构，保证重点工作的资金需求

为全力推进“三二二工程”的实施提供经费保障。增加汛期地质灾害监测预警和全国地质环境监测站网建设专项资金投入，用于建立和完善以地下水和地质灾害为主的国家地质环境监测体系，与防汛、气象等部门密切合作，成功地预报了多起地质灾害，避免了大量人员伤亡和财产损失。

二、落实部门预算，切实抓好增收节支工作

（1）坚持“综合预算，收支平衡”的原则，将单位预算内、外各项财政资金和其他收入纳入单位综合财务收支预算，统一管理、统筹安排。细化2003年监测院基本支出计划和项目年度经费支出计划。

（2）贯彻党中央、国务院增收节支会议精神，落实财政部、国土资源部《关于狠抓增收节支工作确保完成全年预算的紧急通知》的要求，从加强预算管理、优化支出结构、完善财务制度、加强财务监督等方面，提出中国地质环境监测院强化增收节支工作的具体措施和要求。

（3）依法、规范实施政府采购。按照国土资源部批复的政府采购预算，严格政府采购预算的执行。根据《招标投标法》和《政府采购法》及相关制度规定，实行规范的招投标和政府采购工作。2003年，实施金额1376万元。

（4）落实部门预算。2003年中国地质环境监测院各项收入总额6164万元，其中：财政拨款5525万元，事业收入313万元，事业单位经营收入245万元，其他收入81万元。2003年总支出7726万元。年末累计结余13074万元，其中：三峡工程建设基金结余10983万元。

三、完善规章制度、强化财务监督

制定适应财务管理制度改革的办法、制度，使财务管理工作做到有章可循。印发了《中国地质环境监测院财务管理办法及实施细则》、《中国地质环境监测院设备管理办法》、《中国地质环境监测院物资、设备采购办法》。

四、调整财务机构，夯实会计基础

（1）按照财务集中管理、资金集中运作、会计集中核算的原则，成立财务处，整合中国地质环境监测院财务管理工作，配备会计机构负责人，完善会计岗位。

（2）加强会计人员继续教育工作。2003年组织培训25人次，包括《会计职业道德》、《会计监督与内部控制》、《全面预算管理》、《政府采购讲座》及会计电算化知识培训等内容。

科技外事与项目管理

中国地质环境监测院科技外事与项目管理处

一、根据院业务定位和发展思路，组织或参与编制了三个“专项计划”、两个“全国规划”、两个“技术方案”

根据院“整合三个网络、启动两个机制、强化两个服务”的指导思想，在院领导下组织或参与组织编制了七项规划或计划。主要有《全国地质环境监测规划》、《全国地质灾害防治规划》、《华北地面沉降监测网建设总体方案》、《全国主要城市地下水水质调查工作方案》等。

1. 三个“专项计划”

三个“专项计划”包括《中国地质环境监测院地质环境调查与监测技术装备发展计划》、《2004年地质环境监测专项计划》、《2004年地质灾害预警工程项目计划》。申请国家2004年大调查项目计划1710万元、2004年地质环境监测专项计划1120万元、“十五”地质环境调查与监测技术装备发展计划6268万元（其中：2003年投资2065万元，2004年投资2377万元，2005年投资1826万元）。通过努力，在局总体削减大调查水工环地质项目经费预算的情况下，基本保住了院2004年项目经费预算的额度，并与财务处一起首次向财政部申请成功全国地质环境监测专项1120万元，为院地质工作新局面的展开奠定了一定的经费基础。

2. 两个“全国规划”

两个“全国规划”全面阐述了我国地质环境监测与地质灾害防治工作现状，从技术和行政管理的角度提出了工作部署的重点和方案，为部、局、院在今后三年，乃至更长时间范围内，部署水工环地质工作提供了依据。

3. 两个“技术方案”

两个“技术方案”中《华北平原地区地面沉降监测网建设总体方案》已通过由五名院士参加的技术咨询和审查。及时组织该项目小组人员赴日本进行地面沉降监测技术考察，在充分吸取日本成功经验的基础上，对方案做了优化，目前已得到地调局认可。针对该方案的内容，2004年局将预算1350万元建设华北地区地面沉降监测网，届时院将作为组织实施单位和技术总负责单位，逐步落实该技术方案，通过3~5年的努力，初步建成一个系统的、技术先进的以地面沉降监测为主的地质环境监测示范区，该示范区也将成为院的技术研究基地和培养人才的摇篮。

二、认真组织实施六个国土资源大调查项目，加强对160多个工作项目的监督管理

根据院年初工作要点强调的“加强地质环境监测和地质大调查项目的组织实施和监

督管理”的任务，在局水环部的直接指导下，今年组织实施县市地质灾害调查与区划项目121个、西部1:50万环境地质调查项目5个、全国地质灾害预警系统建设项目11个、典型地质灾害调查与示范治理项目4个、全国矿山地质环境调查评估项目5个、数字国土工程项目14个。上半年下发和转发任务书57份，组织了近160个工作项目年度设计审查和典型地质灾害治理项目的立项论证。

三、根据院下半年工作计划，以“抓质量、促成果、出精品”为主要目标，精心组织设计编写和成果审查验收

2003年院承担大调查项目共计22项，执行计划将其分解为42个工作项目。其中新开27项，续作15项。在8月份中国地质调查局主持的项目设计审查中，院承担项目的设计均受到专家和领导的好评，评分等级均在良好以上，其中《全国地质灾害趋势预测和数据集成》项目设计、《地裂缝灾害调查与监测技术要求》项目设计以及《三峡库区地质灾害综合调查报告》被评为优秀项目设计和优秀调查成果。项目负责人刘传正博士、何庆成博士也按照院新的地质项目管理办法获得相应奖励。

按照院2003年工作目标，将“县市地质灾害调查综合研究与信息集成”、“1:50万环境地质调查综合研究与信息集成”、“四川雅安地质灾害监测示范区”、“三峡工程库区地质灾害综合调查”等项目列为重点管理项目。对“四川雅安地质灾害监测示范区建设项目”进行了中期评估，召开了主管部门和专家参加的中期成果检查会，配合总工程师完成了以上项目的中期汇报和检查。

四、精心编制院2003年度地质项目执行计划，组织完成了42个工作项目的项目负责人竞聘，竞聘结果得到全院广泛认可

配合院提升“五项能力”的要求，全面开展调查评价、监测和综合研究的工作方针，在2003年院承担的大调查项目及全国地质环境监测专项计划的基础上，精心编制了2003年度中国地质环境监测院地质项目执行计划，合理设置了42个工作项目，为实现院科技发展的目标（中方案）奠定了一定的基础。

根据《中国地质环境监测院地质项目管理办法》，组织项目负责人竞聘，对全面落实院“四反对、四提倡”调动和发挥群体的积极性和创造性，具有十分重大的意义。为此，在部有关司局、地调局以及院领导的正确关心和支持下，严格按照《中国地质环境监测院地质项目管理办法》规定的程序完成了竞聘组织工作。

本次竞聘工作充分发挥和调动了全院技术人员的积极性，基本改变了地质项目负责人由少数人担任的局面，形成了以项目负责人为主体、多专业、多目标的技术业务群体，既突出了项目负责人的科技带头作用，又为项目组成员的整体优势创造了良好氛围。经院内调查，其中对整个竞聘工作满意率达97.1%。

五、参与制定院各项规章制度和管理办法，强化职能部门服务意识，理顺处内、处外业务管理程序

——起草完成了地质项目管理办法：共包括十章六十条，对项目管理的全过程包括项目合同制定、项目负责人竞聘、科技成果奖励等做了规定，办法中附工作用表9份，包括项目变更表、经费预算表、外协经费拨付申请表等，建立了与院各业务部门及职能部门的工作渠道及办事程序，经院批准后，目前已在执行。

——配合人事处起草绩效工资管理办法。

——为了适应新时期地质环境调查评价、监测和研究工作的需要，全面提升院科学技术水平，经2003年9月11日院长办公会讨论决定，承办完成了中国地质环境监测院科学技术委员会成立事宜，拟定了科技委员会章程。

——起草了院科技创新人才的培养与管理办法。

——完成了地质环境监测预报费用标准(征求意见稿)。

六、科技工作

2003年院共签订各类科技项目合同6项，经费总计259万元。包括地质灾害领域关键科学和技术问题研究项目，地质灾害防治科技发展规划、典型地下水环境问题研究项目以及地质科技成果信息化研究项目等。

1. 地质灾害防治领域关键科学问题研究

院承担了三峡库区重大地质灾害防治专项“三峡库区滑坡塌岸防治专题研究”中的两项科研项目，分别是“三峡库区巴东县新城区滑坡和堆积体成因机制与防治对策研究”和“三峡库区大型滑坡滑带成因和微观结构研究”。这些工作都具有重要的理论意义，为正在进行和即将开展的三峡库区滑坡防治工程设计提供理论依据。

院完成部科技司项目——中国东西部地貌边界带新构造运动及其对环境分异的影响子课题“中国东西部地貌边界带新构造与地质灾害研究”。周平根博士入选部科技创新人才“百人计划”，并利用“百人计划”的资助开展了《降雨诱发滑坡监测预警系统》项目研究。

2. 地质灾害防治领域关键技术问题研究

虽然目前地质灾害监测和预报预警工作取得了一些成绩，但是仍然有很多关键技术问题需要改进和解决。为解决地质灾害监测数据采集和自动传输的问题，院与清华大学联合启动了《北斗1号用于地质灾害自动化监测预警示范系统研究》。为推动GIS和RS等高科技手段在地质灾害领域的应用，院编写了中国与CCOP合作项目——《利用GIS和RS技术进行滑坡等地质灾害分析预测》可行性研究报告，并选定重庆市的云阳县新城区为示范区。同时，部重点科技攻关项目《地质灾害监测预报关键技术研究》项目的立项工作已基本完成。

3. 地质灾害防治科技发展规划

受国土资源部国际合作与科技司的委托，院与中国地质科学院地质力学研究所联合开展地质灾害防治领域的中长期科技发展规划前期研究，合作完成《地质灾害防治领域预报中长期科技发展规划前期研究报告》(初稿)。

4. 典型地下水环境问题研究

地下水砷污染是威胁地区居民身体健康和生活水平提高的重大环境地质问题之一。近年来，地下水砷污染不仅发生在亚洲诸国和地区，同时在北美、南美的一些国家和地区也有发生，已成为一个世界规模的全球性的地下水环境问题。内蒙古河套平原是中国地下水砷污染的主要地区之一，2003年，我院开展了《河套平原地下水砷污染的研究》。该研究的目的不仅是想查明河套平原地下水砷污染状况及污染区的分布，更主要的是想查明其污染机制，了解和掌握砷在发生地球化学作用过程中的一些物性。

5. 地质科技成果信息化研究

院参加了国家863计划《给予SIG的资源环境空间信息共享与应用服务》的第一子课题《资源环境空间信息共享与应用服务》的子课题研究任务之四——《海量异构地质空间数据一体化分析与处理》技术服务，研究内容包括地学信息在线分析与数据挖掘技术研究、分析模型、信息封装与接口技术研究和分析处理技术平台的建立等方面。

受国土资源部国际合作与科技司的委托，院承担了《国土资源科技奖励管理信息系统研究》项目。该项目实施可以为国土资源部科技奖励工作提供信息采集、存储、管理、检索及分析等全过程的计算机处理工具。

七、国际合作与交流

2003 年院执行国际合作项目 11 项，其中派出项目 6 项 11 人次：包括赴韩国参加 CCOP《利用 GIS 和 RS 技术进行滑坡等地质灾害分析预测》、赴泰国参加 CCOP 第 41 届指导委员会会议、赴法国参加依云天然矿泉水考察、赴日本进行地面沉降考察等。接待项目 5 项 9 人次，专家来自荷兰、澳大利亚、日本、越南等国家，与院在地质环境监测站网建设、GPS 和 InSar 等遥感技术在地质灾害调查与监测领域的应用及干旱区地下水资源可持续利用等领域进行了技术交流。

通过以上外事活动，院在地面沉降监测网建设、地质灾害遥感监测及地下水自动监测技术推广等方面有了大的收获。例如日本，在地面沉降监测、地下水资源综合管理、防止地面沉降进一步发展方面堪称世界一流，但他们始终把地下水和地面沉降监测工作作为防治地面沉降的基础，将先进和传统技术方法巧妙结合，通过比较为院实施华北平原地面沉降调查监测提供了很好的思路和可供借鉴的方法，为下一步提升工作水平打下了良好基础。

通过参加 CCOP《利用 GIS 和 RS 技术进行滑坡等地质灾害分析预测》国际学术交流会议，拓宽了思路，知道了我们在系统组织开展不同比例尺地质灾害调查评价（全国、区域和县）方面，走在了 CCOP 成员国的前面，在 GIS 技术的开发方面也不落后，但是我们没有具有国际影响的成果和著作。在 3S 技术的集成应用方面，与发达国家相比仍然有不少的差距。由此在下一步国际合作中应该注意选择一些典型项目，开拓这方面的合作。

从 11 月份开始，相继组织了“地下水监测网络优化设计”和“区域地下水信息系统（REGIS）应用”两期培训班。对来自北京、山东、新疆三个研究示范区监测总站的 11 位专业技术人员以及来自中国地质环境监测院项目组 10 位技术人员进行了国际培训。由来自荷兰的专家讲课，课程主要为提高地下水监测网优化设计水平以及地下水监测信息分析能力而专门设计的，具有很强的针对性和实用性。通过培训，学员的技术业务水平和外语水平有了明显的提高。

人事教育管理

中国地质环境监测院人事处

一、圆满组织了中国地质环境监测院新一轮全员竞聘工作

为了广泛选拔优秀人才，建立充满生机与活力的用人机制，院新一届领导班子组成后，决定在全院进行第二轮全员竞聘上岗工作。根据中共中央《党政领导干部选拔任用工作条例》（以下简称《条例》）、国务院办公厅《关于在事业单位试行人员聘用制度意见的通知》以及国土资源部有关推行聘用制度，在院“三定”方案确定后，9 月份院进行了第二次全员竞聘上岗工作（院第一次竞聘上岗是在 2000 年 3 月）。在竞聘工作中力求做到“公正、公平、公开”。自9月19日召开院全员竞聘工作全体职工动员大会开始，到9月30日召开全体职工大会宣布全员聘任名单、颁发聘任证书为止，历时12天，经历了9个程序，实际试用聘任处级干部37人(其中同职级聘任17人，提职聘任20人)，70名工作人员。经民意测评，对处级干部聘任的满意度为83%，对工作人员聘任的满意度为90%，对本人岗位聘任的满意度为88%，对整个竞聘工作的满意度为88%。

本次竞聘由于正确领导、精心筹备、组织有方、实施有序，所以取得了较大的成绩，主要体现在：一是充实加强了处级领导班子。本次竞聘设置处级领导岗位42个，按照德才兼备、群众公认、注重实绩、坚持民主集中制、严格按规定程序选拔、宁缺勿滥的原则，实际聘任37人。二是人员岗位变动大，力求人尽其才，各得其所。原有处级干部24人，本次竞聘同级不同岗留任16人，在新聘任的37名处级领导干部中，有32人变动了工作岗位。参加工作人员竞聘的58名同志中有24人变动了工作岗位。三是处级干部平均年龄明显降低，原处级干部平均年龄46.1岁，竞聘上岗后，平均年龄40.8岁，降低了5.3岁。四是学历层次大大提高，竞聘上岗的37名处级干部中，硕士博士有16名，占处级干部的41%。五是通过竞聘上岗工作，职工的精神面貌明显改变，劳动纪律得到了加强，工作积极性得到了提高。

二、建立绩效津贴，实行工资分配制度改革

根据“效率优先，兼顾公平”的原则，为了改变收入上的平均主义现象，使职工个人的收入与本人的贡献大小和技能水平高低相联系，将技术、管理等生产要素参与工资分配，逐步建立起符合中国地质环境监测院自身特点的工资分配和激励机制，中国地质环境监测院从2004年1月起实行新的工资分配办法。

新的职工工资模式是由基础工资、岗位工资、福利性补助和绩效津贴四部分组成。基础工资是指国家和地方政府规定的工资和补贴，包括职务工资（含在工资构成中按规定比例提取的津贴）、地方政策性补贴等；岗位工资是体现职工履行现岗位职责的薪酬，根据岗位设置、责任大小确定岗位的工资标准；福利性补助是对职工内部工资分配的补充；绩效津贴是对职工较好地完成本职工作并为单位的建设做出贡献的报酬。

绩效津贴按岗位性质的不同分为三个执行范围，即技术业务部门人员执行项目绩效津贴；经营单位人员执行经营绩效津贴；院领导班子成员，院长助理、工会主席、副总工程师、副总经济师、管理处（室）人员执行管理绩效津贴。

为了实施新办法，在调查研究和征求各方面意见的基础上，出台了中国地质环境监测院《绩效津贴试行办法》。配套的《绩效津贴实施细则》及《中国地质环境监测院考核办法》也已经起草完毕。

三、安全生产工作

成立了安全生产领导小组和安全生产办公室，由院长任组长，党委书记任副组长，其他院领导和有关部门负责人分工负责。院长与所属各部门签订了《安全生产目标管理责任书》，并逐步完善了院《安全生产管理办法》等一系列规章制度。强化了领导、单位、岗位、人员的安全责任。建立健全安全工作的检查、督办、考核制度，对安全问题实行一票否决。

上半年要求三峡中心、中元公司、服务中心、西峰寺培训中心、招待所、门诊部等单位对交通安全、消防设施、易燃易爆和有毒有害物品管理、安全组织机构建设、规章制度健全完善和责任追究规定执行等情况进行了全面地自查。下半年院抽查了西峰寺培训中心、中元公司等安全重点防范单位，对发现的安全隐患做到了及时的整改，杜绝了各类安全事故的发生。

四、人才引进与交流工作

中国地质环境监测院2003年度引进人才和接收应届毕业生共26名（应届毕业生9人），其中博士和博士后8人、硕士7人、本科10人、大专1人。2003年度办理退休1名、调出6名。

中国地质环境监测院在引进人才方面，严格按照《条例》和人员调动有关程序和手续办理，对特殊人才给予住房补贴等方面的优惠，使大家来得高兴，工作得舒心。在院举办的2003年新进人员学习班上，通过集中学习与老职工互动交流等方式，让新进人员都感受到了中国地质环境监测院这个集体的温暖，感受到院领导对大家的重视和关怀，感受到前途是光明的，感受到自己的任务艰巨、责任重大，并且是大有作为的。

五、探索和完善聘后管理工作

院正在探索和完善聘后管理。10月第三周，院举办了处级干部综合培训班，邀请了部、局有关领导来学习班讲课。把学习“三个代表”重要思想、学习《条例》、把学习国家有关大政方针与院、研究本处（室、中心）的工作结合起来，同时学习和重温院“三定”方案、工作布置及有关规章制度等，使每个处级干部的大局意识、改革意识、创新意识，提高综合素质、业务水平和管理领导能力不断提高。10月22日组织了2003年院新进人员学习班，让新进人员进一步了解院发展历史和水工环工作历史，并集中学习了院相关规章制度。年底，进行了年终考核，进一步完善考核制度和聘后管理。

六、建章立制，规范管理

为使人事、工资管理进一步规范，中国地质环境监测院除了严格执行《条例》及相关的制度规定外，2003年中国地质环境监测院还制定出台了院《绩效津贴试行办法》。同时制定了配套的《绩效津贴实施细则》及《绩效津贴考核暂行办法》。

七、完成上级和领导交办的任务

按部要求，完成了职工队伍调研工作，通过了贯彻《党政领导干部选拔任用条例》验收，接受部、局领导和工作组来院进行职工信息库维护、劳动工资等调研和检查。另外还完成了上级和领导交办的其他任务。

离退休干部管理

中国地质环境监测院人事处

为更好地作好老干部服务工作，根据部批准的院“三定”方案，院增设了离退休干部处。

一、政治上关心

组织老同志政治学习，让老同志了解党和国家大事，了解国土资源部和地调局的大政方针，了解院的实际工作情况。

1. 学习

根据院党委的学习安排，结合院老同志的实际，采取了多种形势，以兴起学习贯彻“三个代表”重要思想新高潮为主线，认真学习十六大和十六届三中全会精神。老干部支部坚持至少一个月集中学习一次，传达有关会议和文件精神，讨论有关形势和具体事项。使老同志在思想上做到同党中央保持一致，在学习中结合院工作实际，关心、支持和参与院的发展。

2. 通报

及时向老同志通报情况。2003 年院组建了新一届领导班子，在新班子的带领下进行了一系列重大改革，明确了发展思路和工作目标，协调报批了新的“三定”方案，进行了内设机构调整和新一轮全员竞聘上岗工作，开展了地质灾害气象预报预警等多项有影响的工作，取得了一大批调查与科研成果。院得到了上级的肯定和好评，院的地位和影响逐步提升。这些变化和发展，都及时地向老同志通报，让大家为院的发展献计献策。

3. 答疑

在学习中对大家关心的问题，认真研究，尽量予以解答，能解决的尽量解决，一时解决不了的，就去学习和调研，向院领导汇报，研究提出建议，尽量给他们一个答复，尽最大努力营造一种互相关心的氛围。

二、生活上照顾

老干部工作的主题就是服好务，让他们感到组织和集体的温暖。

1. 配置老干部工作机构和人员，职责更明确具体

根据部批复的“三定”方案，院设立了离退休干部处，配有专职和兼职的老干部工作人员，工作职责任务更加明确具体。老干部工作人员对待工作认真负责，耐心细致，制定了工作制度和计划并予以实施，较好地完成了任务。

2. 落实经费，保证老干部活动开展

院在老干部活动经费安排和使用上，考虑得周到细致，每年都从项目费和经营收入中拿出资金补贴离退休费用，保证了各项活动的落实。2003 年国家核定的离退休费用为 120 万元，全年实际开支总额是 241.6 万元，其中工资 173 万元，医疗医药费 36.6 万元，节假日补贴 26 万元，活动经费 6 万元。按国家规定院全年活动经费应该是 2.5 万元，但实际上近几年来活动经费一直计划为每年 6 万元，最多的 2002 年实际活动经费开支超出计划 2.3 万元。院还落实了专门的老干部活动场地。

3. 关心老干部身体健康

老干部的身体健康是院关注的重点。在 2003 年体检的基础上，为所有离退休老同志建立了身体健康卡片，对老同志身体状况做到心中有数；对生病住院的老同志，不论休息与否都尽量在第一时间去探望，送去组织和领导的关心；坚持过生日制度，让老同志感觉温暖。

2003 年上半年突如其来的“非典”，使院处在疫区，成为被包围的“孤岛”。大家对此在思想上高度重视，在行动中坚守岗位，反应迅速，工作细致。根据院统一部署，宣传预防知识，布置预防措施。在第一时间把疫情和院里的要求传达给每一个老同志，及时发放口罩、体温表、宣传手册和各种药品，经常打电话询问身体较弱的老干部情况，并且还冒险护送危重病人住院。由于预防工作得力，70 多名老干部全部安然无恙。

4. 组织丰富多彩的活动，让老干部老有所乐

（1）组织老同志外出参观学习，扩大视野，感受发展。今年因为“非典”的原因，原定外出参观旅游计划没有实施，组织他们到京郊平谷县金海湖景点进行了参观休养采摘活动，因为事先进行了较为周密的安排，整个活动老同志们普遍反映很好。

（2）组织各种学习和文娱体育活动

除了按照上级和院安排组织学习外，坚持每月组织一次政治学习，不定期地组织丰富多彩的文娱体育活动。老年合唱团和乒乓球队坚持每周活动。此外还组织了棋类比赛和海淀区集邮协会组织集邮展等活动。

三、工作上重视

老同志是宝贵财富，院十分重视发挥他们的作用，充分利用离退休老专家的业务专长。院成立了高级咨询中心，对院的重要发展和重大课题及技术人才引进等，请他们提出咨询意见。为领导班子决策的科学化、民主化，发挥了重要作用。院在确定业务定位和发展思路、研究“三定”方案等大事上，专门召开老专家咨询会，听取意见；在地质环境调查、评价、监测和研究项目开展的过程中，请老专家参谋把关。不少老专家被返聘到有关部门和项目组工作，有的老专家被聘为院高级顾问、院高咨中心成员。他们为院工作尽心尽力，2003 年取得的成绩和院的发展都凝聚着全体老同志的心血。

由于院领导的高度重视和关心，在各位老同志的大力支持和配合下，今年的离退休工作真正做到了“四有”：有专人负责，有专项经费，有专门活动场地，有一套工作制度和计划。

经营管理

中国地质环境监测院经营处

院现有经营实体三个：中元基础工程有限公司、西峰寺培训中心、国土资源咨询评估中心。为了加强经营管理，2003 年 10 月，成立了经营管理处，主要为经营工作服务。归口管理的后勤服务部门有服务中心、门诊部及编辑部的一些经营活动。

一、加强管理与服务，全面完成了经营工作目标

各经营单位加强管理与服务工作，严格推行目标责任制，工作目标层层分解，责任到人。领导负总责，层层抓落实，确保了全面完成 2003 年的经营工作目标。

2003 年完成总收入 996.5 万元，占年度计划（817 万元）的 122%；年营业盈余完成 126.5 万元，占年度计划（37.5 万元）的 337%；劳动者报酬完成 128 万元，占年度计划（125 万元）的 102.4%；提取折旧 32.5 万元，占年度计划的 100%；生产税净额完成 36.25 万元，占年度计划（29.8 万元）的 121.6%。全年没有出现安全等级事故，一般事故率小于 2%，违章违纪率小于 1%。

二、依托优势，打造品牌，不断提高市场竞争力

中元公司依托院的专业优势、人才优势

和资源优势，以水工环地质科技产业为主导，通过重大工程项目，全力打造公司品牌形象。公司抓住契机，承担了具有战略意义的西气东输工程、中俄原油管道工程（满洲里—大庆）地质灾害危险性评估和三峡库区地质灾害勘察、设计工作，依托院的强大技术支撑，通过先进的技术方法和手段，为上述重大工程建设提供了可靠的地质科学依据和勘察设计成果，得到了业主和专家的高度评价，取得了显著的经济效益和社会效益。岩土工程施工是中元公司又一拳头产品，完成的几十项岩土施工工程的工程质量均获得了甲方的赞誉。在抓工作质量的同时，中元公司注意自身资质就位和提升，目前中元公司持有工程咨询甲级证书，国家二级施工企业资质证书，地质灾害勘察、设计、监理甲级资质证书等。通过打造品牌，提升了公司的市场竞争力。

国土资源咨询评估中心是新成立的从事商业性地质工作的经营单位。为了在未来的市场竞争中占得先机，咨询评估中心以院的技术优势、人才优势、专业优势和信息优势为后盾，与矿山环境室合作编写了《国土资源规划环境影响评价指南》，承担了《国土资源规划环境影响评价工作管理办法》和《国土资源规划环境影响评价工作技术要求大纲》的编写工作，文件的起草工作得到了有关部门的高度赞赏和大力支持。通过上述工作，咨询评估中心树立了良好的品牌形象，为将来在市场中提高竞争力奠定了坚实的基础。

西峰寺培训中心依托区位、窗口和资源优势，在完成修缮改造工程基础上，制定了形象设计方案，以“酒店式经营、园林化管理、个性化服务”为目标，树立了“见证历史，回归自然”的品牌形象，提升了向部、局和院提供优质服务的能力，增强了竞争力。

三、加快产业结构调速步伐，努力实现规模化经营

2003年，院产业结构按照“做强主体，拓展两翼，逐步剥离辅体”的总体发展思路进行调整，同时努力实现规模化经营目标。

在过去几年工作实践的基础上，2003年中元公司加快步伐开拓地质灾害危险性评估、地质灾害勘查、地质灾害防治工程设计等市场，已经初步形成了以岩土工程施工、地质灾害危险性评估、地质灾害勘查、地质灾害防治工程设计、地质灾害防治工程监理等为主的产业格局，并建立了相应的技术管理体系和专家支持体系，全方位、多元化的产业结构已粗具规模。

地质灾害领域的工作是中元公司产业调整的重中之重，目前已经完成了西气东输管道工程地质灾害危险性评估后续服务、陕京二线管线地质灾害危险性评估后续服务、西气东输支线地质灾害危险性评估后续服务、西南成品油管线地质灾害危险性评估后续服务，出疆石油管线、冀沪管线的建设用地地质灾害危险性评估也正在进行中。

在地质灾害的勘查设计等方面，先后完成了奉节县宝塔坪滑坡、卧龙岗滑坡、白衣庵滑坡的勘查、可研、初设、施设及后续服务工作；组织完成了石榴树包滑坡的可研、初设、施设工作；完成了黄土坡滑坡的初设、施设工作以及相关的设计变更与设计优化工作。

信息化、集团化是开拓市场，将中元公司做大、做强的必然之路。经过充分分析，公司认识到可以走企业联合的方式来弥补公司不足。通过先后与21个单位的合作，从中选择了信誉好、实力强的地勘单位及研究单位作为合作伙伴，形成利益共同体，按照“利益共享、风险共担、取长补短、共同发展”的原则，以模拟集团化管理的方式形成相对松散的联合体来组织施工生产，坚持发挥中元公司的龙头作用。2003年8月起，初步建成的中元公司联合体就是这一发展思路的尝试，通过几个大型的工程项目（出疆石油管线项目、三峡库区高切坡规前勘、三峡库区III期地质灾害规前勘等）的实践，证明这一思路是切实可行的，是符合目前中元公司情况的较好的发展模式。

为适应物业管理的新形势，在总结院物业管理经验的基础上，结合实际情况，制订了院物业管理暂行办法，为院物业管理与北京市物业管理规定接轨，推进物业管理社会化，打下了良好基础。

四、加强制度和组织建设，规范经营工作

经营处制定了《中元公司章程》，以此推进现代企业制度建设。中元公司按照公司章程的规定成立了董事会、监事会和经营者组成的“三权分立式”的组织结构，三机构相互独立、相互制衡又相互协调，为中元公司建立产权明晰、权责明确、事企分开和管理科学的现代企业制度打好了基础。

在调查研究的基础上，经营处制定完成了《中国地质环境监测院经营管理办法》（以下简称《办法》）。《办法》的实施将为规范各经营单位的组织及经营行为，保护出资人和经营者的合法权益，促进院经济健康发展，提供有力的制度保证。

中元公司按照“做大、做强、做规范”的要求，借鉴现代化企业的管理模式，结合公司的实际情况，设立了公司内部组织机构，目前公司已成立了生产经营、施工、技术、财务、办公室等部门，明确了岗位职责，各种管理制度正在根据公司章程的规定进行修订。

西峰寺培训中心加强了职工队伍建设。按照新定位，完善了内部机构设置，选拔了业务骨干和服务人员，进行了岗位培训。

由于历史原因，中元公司在股权结构、注册资金、组织机构等方面存在缺陷。经营处在调查研究的基础上，提出了中元公司产权调整方案。咨询评估中心工商注册登记工作正在抓紧进行中。

五、扎实工作，全面完成西峰寺修缮改造工程

西峰寺培训中心修缮改造工程克服工程时间紧、任务重，受到“非典”影响等诸多困难，通过扎实的工作，奋力拼搏，全面完成了第一阶段基地修缮改造任务。基建领导小组根据所面临的情况，统筹规划，合理安排，严格按基建程序进行招投标，在确保质量的前提下，加快了施工进度。由于修缮改造工程规模较大，在实际工作中，克服各种困难，合理安排了各项工作程序，正确处理和协调好与所在地供电、消防、环保、园林、文物等单位的关系，确保了修缮改造工程顺利进行。修缮改造工程于12月10日全面竣工，12月15日正式投入使用。

修缮改造工程共完成基建投资1238万元。主要完成了三项内容：一是基础设施建设。包括电增容、污水处理工程、电锅炉改造及水塔建设。二是环境改造。在尊重历史、崇尚自然的总原则下，环境改造以大门、山门、大殿、上院为中轴线，对培训中心各院落进行布局和改造。为充分开发和利用后山土地资源，修建了小循环、大循环甬路及亭台，并进行了美化。三是对原有房屋和建筑物进行全面修缮和改造。

六、强化服务功能，做好后勤保障工作

措施得力，取得了抗“非典”工作的胜利。按照院预防“非典”领导小组的工作方案和部署，服务中心和门诊部制订了工作计划和防“非典”预案，及时了解、掌握疫情的最新动态，定时消毒；对大院实施了封闭式管理，由于措施得力，部署得当，院干部职工及大院居民未发生一例“非典”感染。

确保“两会”期间的安全。对重点部位进行了自检自查和整改，加强了值班、门卫、巡逻力量，确保了院“两会”期间的安全。

针对大院车辆管理的矛盾，服务中心采取了“有疏有堵、疏堵结合”的方法，制订了大院车辆管理办法。该办法的实施，基本缓解了机动车进院停放的矛盾，得到了广大职工的拥护。

服务中心还完成了大院综合治理的续做工程及新增工程，改善了院的办公和生活环境。通过召开大院居民代表座谈会，融洽了关系。

门诊部积极开展特色门诊、家庭门诊、家庭护理、家庭病床等医疗保健服务。2003年对院内外年老多病的患者上门服务200多人次。承担和完成了职工和大院居民的体检、预防免疫、孕产妇围产、新生儿保健、儿童统筹、高干医疗、医疗大病保险等诸多医疗行政管理工作。

七、吸纳前沿思想，提高刊物质量

2003年，《水文地质工程地质》期刊全年6期刊物已全部出刊。从2003年开始，由原84页扩版至120页，丰富了内容，增加了容量。吸纳科研院所、高校和海外学者的资源优势，增强了对国家基金资助项目和各大部委重大基础与科研成果的刊载力度，为将科研成果转化为生产力提供了有效平台，为提高刊物质量奠定了基础。积极主动与国内外相关行业取得联系，扩大期刊的交换范围，为进入核心期刊开展全方位宣传。

编辑部还完成了《中国地质灾害与防治学报》4期期刊的出刊，并完成了《中国地质环境监测年鉴》的框架结构。

八、加强思想政治工作，为各项工作的开展提供强有力的思想保障

各经营单位把兴起学习贯彻“三个代表”重要思想的新高潮，学习贯彻党的十六大精神和中央经济工作会议精神，当作首要政治任务，认真组织学习。并结合自身情况，联系工作实际，开展了研讨活动，增强了用“三个代表”重要思想开展工作的自觉性和坚定性。

开展深化“企业观、就业观、分配观”的教育，促进干部职工进一步转变了观念，树立市场经济、经济效益为中心的观念，树立工效挂钩和以收定支进行分配的观念。

通过学习，把职工的思想统一至院总体发展思路上来，统一到年度工作目标任务上来，引导广大干部、职工解放思想，扎实工作，为确保全年任务的完成提供了强有力的思想保障。

设备与资产管理

中国地质环境监测院财务处

一、资产总体情况

（1）截至2003年年底，全院共有资产3288.52万元。其中一般设备2835台，合计1650.56万元；车辆8台，合计301.22万元；房屋10幢，合计1336.74万元。

（2）此外，有土地两处，合计使用面积40589.67平方米，其中，院本部使用面积为11897.6平方米，西峰寺培训中心使用面积为28692.07平方米。

（3）根据2003年的设备情况，于2003年年底对全院设备进行了清查与报废处理工作，共报废设备212件195.05万元。其中计算机62台，计108.96万元；打印机30台，计23.07万元；计算机外围设备26台，计27.56万元；各类空调16台，计5.52万元；通讯设备22台，计9.49万元；一般设备48台，计10.34万元；地质专用设备8台，计10.11万元。

2003年资产存量比上一年度有较大幅度增加，并且资产结构进一步得到改善。全年共增加地质专用设备53台402.65万元，其中监测预警GPS设备46台301万元；全站仪7台101.65万元。新增监测预警信息系统网络设备54台317.41万元。这些新增加的地质专用设备不仅使院的技术装备水平上升了一个台阶，也为院在全国水工环地质事业的发展中做出贡献奠定了一定的物质基础。但是，目前院的技术装备总体水平还不高，在总资产中所占比例仍然很低，离“精兵加现代化”仍有很大差距，需进一步加强。

二、政府采购工作

2003年政府采购工作在国务院系统在京单位（含二级预算单位）中全面实施。院作为国土资源部直属事业单位，2003年也正式实施政府集中采购工作。同时，也是第一次正式开展政府集中采购工作，边学习边实践，按时上报了政府采购预算，为政府集中采购工作的开展提供了资金保证。

（1）2003年全年实施政府采购各类物资1375.62万元。其中，国家集中采购机构采购766.58万元；部门集中采购508万元；部门分散采购101.04万元。

（2）在实施政府采购工作中，严格按照《政府采购法》的规定，符合公开招标条件的一律采取公开招标的形式进行采购，全年共进行两次公开招标采购。一项为三峡库区地质灾害防治工作指挥部监测预警系统综合设备720.06万元的招标采购工作；另一项为西峰寺培训中心装修改造工程508万元的招标采购工作。同时，针对国家机关采购中心确定的协议供货厂商，不单单拘泥于网上公布的价格。根据当时的市场行情，反复进行市场调研，多争取优惠，降低了采购成本。

（3）根据国家机关采购中心对车辆保险、车辆维修、印刷项目的定点采购工作安排，对目录上的部分定点供应商进行调研，从中选定了符合院的供应商，定点采购工作得以顺利开展。

三、地质技术装备工作

根据国土资源部地质队伍“野战军”技术装备建设的精神要求，按照“装备精良，以高新技术为支撑，调查与科研相结合”和“国内一流、国际先进”的指导思想，以信息化带动现代化，全面提高院的综合能力，结合院所承担的地质调查项目的实际需要。反复调研，多轮讨论，并向有关部门作专项汇报编制了2003～2005年《中国地质环境监测院地质队伍“野战军”技术装备建设专项投资计划》以及技术方案。三年共申请设备400余台（套）计6367万元。主要包括：

（1）野外用车及车载设备5台，计229万元。

（2）地面物探设备5台（套），计312万元。主要有地质雷达、电磁仪、野外便携浅震仪等设备。

（3）钻探设备14台（套），计1106万元。主要有小型快速钻进系统、各型钻机、空气压缩机等设备。

(4) 水文地质工程地质调查设备315台(套)，计1823万元。主要有高精度GPS自动监测仪、便携式野外水质分析仪、全站仪、数据自动传输设备、地质形变监测仪等设备。

(5) 地质调查实验测试设备6台(套)，计177万元。主要有光学显微镜、光度计、液相色谱仪等设备。

(6) 地质调查成果信息服务设备56台(套)，计2720万元。主要有信息网络设备、大型桌面图形工作站、大型信息处理软件系统、高性能计算机等设备。

四、制度建设工作

2003年，为提高地质环境调查评价、监测、研究、预警预报等工作的科学技术装备水平，保证地质环境调查评价、监测、研究、预警预报设备正常运行和安全生产，充分发挥设备效能，制定了《中国地质环境监测院设备管理办法》。《办法》中规定了设备的管理范围。明确了各部门的主要管理职责，其中财务处负责设备的全面、综合管理工作；院物资设备集中采购小组（简称“集中采购小组”）按院批准的设备、仪器采购计划负责院大宗物资设备及按固定资产管理的设备采购；各经营实体和三峡地质灾害监测中心负责本部门设备的价值及实物形态的管理；各使用部门负责设备的使用、保管、维护及日常管理。此外，对设备的购置与验收，设备的使用、维护与储存，设备损坏、丢失的处理，设备更新改造与报废，设备的盘点等工作一一明确。

其次，为规范院物资、设备采购行为，加强财务管理，提高资金使用效益、推动廉政建设，推进政府采购工作开展，依据国家有关法律、法规，结合我院实际情况，制定了《中国地质环境监测院物资、设备集中采购管理办法》。办法中规定了实行集中采购的范围，物资、设备采购计划的编报，明确了采购职责范围，确定了采购方式，以及供应商的确定办法等。

通过以上两个办法的实施，使设备管理工作有章可循，明确了职责，规范了采购行为。

后勤物业管理

中国地质环境监测院服务中心

一、服务中心职能及人员情况

服务中心是中国地质环境监测院后勤管理和综合服务的职能部门，其主要职能有：承担全院的后勤服务保障和院生活小区的物业管理与服务工作，承担车辆交通管理与服务工作，水文招待所经营管理工作。

二、2003 年工作完成情况

1. 预防“非典”工作

按照院预防“非典”领导小组的工作方案和部署，服务中心制订了工作计划和防“非典”预案。对办公楼、大院、住宅楼等公用部位定时消毒，大院实施了封闭式管理。由于措施得力，部署得当，未发生一例“非典”疑似病例。

2. 物业管理

（1）强化“三级防范”体系。“两会”期间组织人员对院重点部位进行自查，对存在问题进行了整改，加强值班、门卫、巡逻力量。由于思想重视，组织有序，确保了“两会”的安全。

（2）加强机动车管理，探索有偿管理方式。随着机动车辆的增多，大院车辆管理的矛盾日益突出。经过深入的研究和探讨，积极引入市场有偿机制，按合同管理，基本缓解了机动车进院停放的矛盾。

（3）完成院机构调整后办公室搬腾的组织工作。在涉及范围广、情况繁杂、时间紧迫的情况下，精心组织，细密分工，采用“填充式”搬腾方案，在规定的时间内出色地完成了任务。

（4）物业管理逐步正规化。为适应物业管理的新形势，在总结多年来物业管理经验的基础上，结合实际情况，制订了院《物业管理暂行办法》，为物业管理与中央国家机关及北京市物业管理改革同步接轨，打下了良好的基础。

（5）实施“阳光”服务。为加强与大院住户的沟通，增强双方的理解，服务中心物业部召开了大院代表座谈会，开展“三个一”活动（即一张笑脸、一杯热茶、一句暖心话）。

3. 综合治理

（1）完成了大院综合治理的续做工程及新增加工程。对大院综合治理一期工程进行了结算。

（2）制定了院“重大突发事件（消防、治安）应急预案”。与海淀分局、派出所、街道办事处建立了工作联系网。

4. 基建工作

（1）完成了小白楼、办公楼加层的论证和到市规划局报批的相关工作。

（2）完成了办公楼一层的局部改造。

（3）为情报中心、评估中心、服务中心办公室的装修工作提供了招标技术资料（设计、预算、工作量清单）。

5. 房改工作

（1）完成中央在京单位职工住房档案软件的填报和录入及院产权房的登记与审核工作。

（2）完成产权证的发放。

6. 车辆管理

为了使车辆管理逐步规范化、制度化，按照院要求，中心组织人员到部及在京单位调研，制订了“院机关车辆使用管理办法”。

7. 企业经营工作

2003 年招待所受到了来自“非典”及院办公室内部调整的双重影响，使招待所经营受到了很大的冲击。在经营面积减少的情况下，坚持依法经营，保证了经营工作正常进行，完成了全年经营任务。

医疗卫生服务与管理

中国地质环境监测院门诊部

一、主要职能

（1）负责全院职工及家属医疗、保健服务，同时将医疗服务向周边开放，接纳周边居民就医，拓宽医疗服务范围，增加门诊部对外影响力和效益。

（2）承担院医疗行政管理工作。

（3）开展医疗保健知识宣传工作。

（4）开展院内其他医疗保健工作。如突发性医疗事故的预防、处理；协助院有关部门起草医疗改革文件；解决医疗纠纷问题等。

二、特色门诊工作情况

1. 骨质增生专科门诊

1987 年建科，距今已有 16 年历史。目前拥有牵引机、红外线仪、超短波、药离子导入仪、骨质增生治疗仪等仪器。科主任在部队医院从事外科、骨科工作 30 多年，是骨质增生疾病研究多年的老专家。治疗颈椎病、腰椎间盘突出、各种腰肌劳损、骨质增生等疾病疗效显著。2003 年理疗及外科就诊人数达 3760 人次。

2. 心脑血管专科门诊

1992 年建科，自开诊 10 多年以来，一直把老年心脑血管疾病作为专攻方向，长期聘请大医院从事心脑血管疾病治疗的教授、主任医师进行把关治疗，2003 年与内科就诊人数共 5886 人次。

3. 口腔专科门诊

1992 年建科，口腔科主任原是部队中心医院口腔科主任，从事口腔临床 20 余年，能熟练从事口腔内科、外科、修复科、正畸科、美容科等各项门诊诊断治疗。将各科技术融会一起，对患者所有牙病进行综合评价、综合治理，为患者选择最为合理和最经济的治疗方案，2003 年门诊总量达 1085 人次。

三、医疗管理及其他工作

（1）对内、外科常见病、多发病进行诊治。

（2）开展家庭出诊、家庭护理、家庭病床等医疗保健服务。2003 年上门服务 200 多人次。

（3）提供双向转诊服务。开展妇女、儿童、老年人、慢性病人、残疾人等重点人群的保健服务。

（4）承担和完成职工和大院居民的预防免疫、孕产妇围产、新生儿保健、精神卫生、儿童统筹、计划生育、高干医疗、组织义务献血、医疗大病保险等医疗行政管理工作。

四、积极投入抗“非典”预防工作

门诊部在 2003 年春季抗击“非典”疾病中，主要做了以下工作：

制作张贴预防“非典”材料，随预防药物发放宣传资料 1000 多份；给全院熬制发放预防中药两周；前期办公楼空气消毒工作；

购置和发放预防“非典”消毒剂、药品、体温计等物品；参加防“非典”各种宣传、咨询活动；院防“非典”疫情值班工作。大院封闭期间，门诊部对其他病患者进行观察、输液工作，为院没有发现一例“非典”病人及疑似病人做出了自己的贡献。

五、医疗情况

就诊人数：10710人次，其中内科5886人次，理疗科外科3760人次，口腔科1085人次。

党 群 工 作

党群管理工作

中国地质环境监测院党群办公室

一、党委日常工作

（1）完成了“2003 年党委工作要点”、“2003 年理论学习计划”、“2003 年精神文明建设工作计划”、“党风廉政建设和反腐败工作要点”的起草和计划任务的督办落实。

（2）做好了 2002 年度领导干部民主生活会的服务工作，并完成了生活会材料的整理及向上级机关的总结报告。

（3）为 5 次党委中心组学习做好服务工作，包括进行专题学习的安排的草拟、会议记录、材料的归档整理等。

（4）完成了“2002 年党委工作总结”的起草、上报。

（5）完成了 25 次党委会议（党政联席会）记录和整理、会议纪要的编发、会议决议的催办和落实。

（6）完成了 32 份党委文件的草拟、修改、印发工作。

（7）完成了全年党费的收缴工作。及时办理党员组织关系的接转工作。

（8）完成了部、局要求上报或来院检查党建、精神文明建设工作等汇报材料的起草工作。

（9）系统核查和整理党员信息，做好党内统计工作。2003 年度党内统计报表被中国地质调查局直属机关党委评为“优秀报表”。

（10）及时传阅中央文件和上级党组织文件，并做好文件的登记、办理事项的落实、归档工作。

二、党建工作

1. 认真组织理论学习，落实学习计划

（1）落实理论学习计划，组织各支部开展了“党的十六大基本精神”、“全面建设小康社会奋斗目标与资源基本国策”、“新党章与党的建设新的伟大工程”、“经济、政治、文化建设及其体制改革”四个专题的学习，穿插开展了“两会”精神、国土资源厅局长会议精神、向郑培民同志学习、“三个代表”新高潮的学习。

（2）为各支部及党员或职工及时购买、发放各类学习材料，督促检查各支部的学习。

（3）参与组织举办了 2 期处级干部“三个代表”重要思想基本精神培训班（原处级干部、新提拔处级干部），邀请 2 名中央党校教授来院作现场讲课。承担培训班的筹备和组织工作。

（4）完成了我院学习贯彻“三个代表”重要思想的总结汇报材料的起草。

2. 认真组织开展建党82周年纪念活动

（1）草拟了《建党82周年纪念活动的安排意见》和《兴起学习贯彻“三个代表”重要思想新高潮的通知》，各支部按党委统一要求组织学习。

（2）组织开展了“争先创优”活动。共评选出院先进支部3个、优秀党员13人、优秀党务工作者4人，起草下发了通报表彰文件，制作了奖杯、奖状，办理了奖励事项；组织部直属机关先进支部（1个）、优秀党员（2人）、优秀党务工作者人选（1人）事迹材料的整理、修改、上报等，受到了部直属机关的表彰。

（3）组织开展了精神文明、党的十六大精神、新《党章》3次知识竞赛。

（4）组织各支部开展了重温入党志愿书活动。

3. 按照党委部署，做好党支部建设的有关工作

（1）竞聘上岗前，对3个支部提出了调整意见；竞聘上岗后，对党支部进行了重新划分，指导各党支部开展选举工作，新组建了15个党支部，加强了支部的组织建设。

（2）按照党委的布置，参与组织召开了支部书记会议，对有关工作进行布置和检查落实。

（3）向各支部返还部分党费，作为支部集中活动经费，以增强党支部自主活动能力，发挥支部党建工作的首创性。

4. 加强对党员的教育和管理，做好组织发展的基础工作

（1）组织党员收看“两会”开幕式和闭幕式，组织有关十六大、新党章等专题的集中学习，加强了党员的学习。

（2）根据中央国家机关工委、部机关党委的要求，围绕党员队伍思想、组织和作风的状况，基层组织的状况，对先进性教育活动的认识，组织党员和群众开展了调查问卷工作。

（3）组织有关人员参加中国地质调查局“落实党风廉政建设责任制”专题讲座、“法律道德文明纪律”知识讲座、“部直属机关纪念建党82周年暨表彰会”、“部机关直属机关团委报告会”、“优秀青年评选表彰会”等有关会议。

（4）按照发展党员的方针，征求各支部对入党积极分子发展入党的意见，起草了2003年度组织发展请示，对2003年发展入党人员制定计划报党委审查。收回了机构改革前原支部保管的入党积极分子的培养材料，并移交到新支部进行培养。与中国国土资源报社联合举办了入党积极分子培训班，院6名同志参加，进一步加强对入党积极分子的培养考察。承担了培训班的筹备和组织工作。对8名同志进行了政治历史情况调查等有关前期工作，全年发展了2名党员，1名预备党员转正。

5. 加强思想政治工作

围绕院发展思路和目标的制定、各项改革方案的制定和实施，党群办向30多名党员、群众征求了如何在新形势下做好党建工作、精神文明建设工作、开展理论学习的方式方法、增强队伍凝聚力的意见和建议，与有关人员（入党积极分子、发生矛盾的人员）进行了谈心谈话，及时开展思想政治工作。

6. 加强了制度建设

完成了党建、精神文明建设、党风廉政建设5个制度、办法的修改、征求意见、印发。对精神文明建设领导小组、党风廉政建设领导小组、党风廉政建设责任制考核领导小组提出了调整意见。

三、精神文明建设工作

(1) 参与筹备和督办落实中央国家机关精神文明建设领导小组、部文明领导小组3次来院检查文明建设情况有关准备工作。

(2) 完成了2003年度文明单位的申报工作。侯金武副院长代表院于11月12日向部精神文明建设领导小组进行了申报“文明单位标兵”的汇报。部领导小组于11月19日来院进行了现场检查，查阅了创建的文书档案资料，参观了院地质灾害预警预报演示和网站运行情况，并检查了办公环境和大院环境，给予了好评。11月28日，国土资源部精神文明建设领导小组就推荐上报情况进行了网上公示，院被推荐上报为“中央国家机关文明单位标兵”的四个单位之一。

(3) 做好软件建设，进一步系统收集和整理了近几年来的大量创建资料，包括：文明建设的规章制度、各类计划和安排、各类汇报和总结、领导发言和讲话、每年申报资料等文书档案。

(4) 筹备了院“文明单位创建工作部署动员暨表彰会”。

(5) 对院获文明单位四连冠提出了奖励意见，对获院文明处室（3个）、文明职工（31人）制作奖牌、证书，进行了表彰和奖励。党办（人事处）被评为“院文明处室”，同时被评为“部直属机关文明处室”。

(6) 完成了院荣誉室建设的善后处理和布置。

四、工青妇、统战、计划生育工作

(1) 完成了工会换届和职代会成立筹备工作方案的实施，起草了工会工作报告、经费审查报告、选举办法等会议材料，完成了向院党委和上级工会的请示，完成了会议的准备、组织和承办工作等。10月27～28日顺利召开了我院第一届职工（会员）代表大会，成立了职代会，选举产生了工会委员会和经费审查委员会。经过精心组织和筹备，会议取得了圆满成功。

(2) 制定了2003年工会、计划生育工作安排；与部、街道计生委签订了计划生育责任状。参加了部、街道组织的工会、计划生育工作会议。

(3) 组织召开了春节联欢会；评选表彰了2002年15名工会积极分子，并发放了奖金、奖品。

(4) 组织举办了秋季趣味运动会，广大职工积极参加，反响很好。组织团队参加了部举办的乒乓球赛。

(5) 完成了工会会员会费的核定、收缴，为全体职工用好了有限的经费。

(6) 完成了2002～2003年工会财务预算、决算工作。完成了统战、计划生育等工作情况报表的统计上报。

(7) 为丰富职工文化生活，发放了全年电影票费和电影卡；开展《工会法》和计划生育知识竞赛；参加了部工会组织的全民健身活动学习班；“非典”时期院、工会为职工锻炼身体购买了体育用品（乒乓球台、球拍、球、跳绳等）；为职工购买了卫生洗涤用品。

(8) 春节慰问病号，发放生活困难补助费；对生病、家庭丧事的职工进行慰问和发放补助。

(9) “三八”妇女节组织女同志参加了部工会召开的座谈会，并发放了纪念品。

(10) 根据院领导的指示，“六一”儿童节向职工子女发放了慰问信及礼品、礼金；并收集和向院领导报告了职工和子女的反响。

(11) 为院职工子女（48人）完成医疗统筹工作；为女同志（18人）和独生子女（20人）办理了妇科、独生子女商业保险。

(12) 根据部、街道文件要求组织院职工为贫困母亲捐款1648.60元；为配合2003年世界人口日宣传活动，组织了计划生育知识答题。

（13）调研和参与起草了“院公费医疗管理制度实施细则”。

（14）完成职工住院公费医疗报销、子女统筹医药费报销的日常工作。

（15）完成了2003年度的职工体检和献血的组织工作。

（16）对工会小组进行了调整和组建，正在起草工会有关制度、办法。

五、宣传报道工作

（1）在《中国国土资源报》、《中国矿业报》报道地质环境保护、地下水资源开发、地质灾害防治等新闻稿件35篇。

（2）参与中-荷合作项目《中国地下水信息中心能力建设》启动会议、中国地下水信息中心成立及授牌仪式新闻稿件（6份）撰写与准备工作。

（3）布置宣传橱窗二期。

（4）利用参加报社记者会之机采访福建省地质环境保护和地质灾害防治成果。

（5）完成了2004年度各处室、部门报刊征订的征求意见和订阅工作。

（6）范宏喜同志被中国国土资源报社评为2003年度优秀记者，两篇作品获奖。

六、纪检审计工作

（1）组织在职党员、处以上干部进行廉洁从政知识竞赛，开展了《江泽民论党风廉政建设和反腐败斗争》的学习教育，向全院党员和处以上干部发放了学习书籍。

（2）配合部财务服务中心完成了对李烈荣同志“任期经济责任审计”的服务工作。

（3）落实院办公会议决定，完成了“院综合治理已完工程”的审计工作。

（4）按部、局要求，完成了小汽车的清理工作，并向部、局进行了书面报告。

七、完成领导交办的其他工作

（1）草拟了“院领导班子2002年度考核汇报材料”，并承担部、局来院考核的有关服务工作。

（2）起草了局属单位2002年度考核之我院“自查自评报告”。

（3）完成了领导班子思想政治建设汇报材料的起草工作。

（4）草拟了向部党组成员、部直属机关党委书记孟宪来同志汇报我院工作情况的材料。

（5）完成了院学习贯彻“三个代表”重要思想汇报材料的起草工作，部检查组11月3日来院听取了院领导的汇报，给予了高度的评价。

（6）完成了部直属机关学习贯彻“三个代表”重要思想座谈会会议材料的起草、修改、上报工作。

（7）参与了全院竞聘上岗干部考察工作。

（8）起草了院庆30周年筹备工作方案、《院史》编著方案。

（9）中-荷合作项目《中国地下水信息中心能力建设》启动会议期间，完成了《院简介》的编印工作。

（10）根据院领导指示，于12月14日完成了《院简介》（最新版）的资料收集、整理、设计、征求意见、修改和校对和印制工作。

（11）完成了办公楼三楼展板的设计方案。催办和督促有关部门设计完成了四五层展板方案。

（12）按照院统一安排，参加了院“非典”预防的有关工作。布置了宣传栏，制作和张贴宣传材料、标语，参与起草“我院‘非典’预防工作方案”，每天向上级上报疫情报告及有关统计材料，组织开展了募捐活动，并交卫生部。完成了2次总结报告的起草。

（13）参与“治理整顿党风院风活动”

的有关工作。

（14）参与了2002年度职工考核有关工作。

（15）完成了3期《地质环境调查与监测工作简报》的起草。

（16）参加筹备老干部春节团拜会有关事项和会议组织。

（17）参与人事劳动工资分配制度改革的有关调研。

（18）参与院采购小组对办公家具、用品的考察调研工作。

（19）参与12月10日居民选举的有关工作。

（20）完成《水文地质工程地质》杂志定位及发展方向调研和建议。

（21）参与中国地质环境公报编写工作。

（22）组织整理院发展思路专家座谈会发言录音。

（23）赴三峡库区采访地质灾害防治工程竣工验收。

党建工作

中国地质环境监测院党群办公室

2003年，中国地质环境监测院以邓小平理论和“三个代表”重要思想为指导，按照国土资源部党组、中国地质调查局党组的总体部署，坚持围绕中心、服务大局，以学习贯彻“三个代表”重要思想为主线，以党支部建设和党员教育为重点，以推动党建工作上新台阶为目标，进一步创新工作方法和方式，切实加强领导班子建设和队伍建设，着力提高广大职工的积极性和创造性，大力增强党组织的凝聚力和战斗力，努力推进与单位性质和职能更加适应、与行政和业务工作更加融合、与干部和职工需求更加贴近的党建工作，为实施“三二二工程”和实现长远发展目标提供思想政治保障。

一、用科学的理论武装广大党员干部，进一步加深对“三个代表”重要思想的理解和认识

党的十六大在全面建设小康社会的战略部署中，将保护资源的基本国策写入大会报告中，并将实施可持续发展战略写进了党章，对进一步加强国土资源工作，提出了更加严格的要求。地质环境调查评价和监测工作是地质环境保护、地质灾害防治的基础工作。国土资源部批准中国地质环境监测院的“三定”方案赋予了八项重要的职责任务，重要的责任和艰巨的任务要求必须有坚实的理论来武装。因此，中国地质环境监测院新一届领导班子组建后，院党委根据部党组、部机关党委要求，制定了具体的学习计划。从党的十六大精神的学习，到兴起学习贯彻“三个代表”重要思想新高潮，领导班子精心组织，周密安排。先后组织开展了“十六大基本精神”、“全面建设小康社会奋斗目标与资源基本国策”、“新党章与党的建设新的伟大工程”、“经济、政治、文化建设及其体制改革”、“三个代表”新高潮等专题的学

习。每个专题都提前做出安排，出好思考题，在抓好自学的基础上，认真组织党委中心组学习和支部的集中座谈讨论。

中共中央发出《关于在全党兴起学习贯彻“三个代表”重要思想新高潮的通知》后，根据部党组的总体部署，院党委随即研究决定在中国地质环境监测院迅速兴起学习贯彻的新高潮。制定了具体学习贯彻的专项安排意见，并召开全体职工大会进行了动员部署。

中国地质环境监测院领导班子全体成员，分期参加了国土资源部举办的“三个代表”重要思想培训班，党政一把手都在大会上作了发言。2003 年 8 月 13 ~ 16 日，中国地质环境监测院以深入学习贯彻“三个代表”重要思想、努力推进水工环地质工作中心建设为主题，举办了处级干部“三个代表”重要思想培训班，邀请中央党校两位教授作学习辅导，并收看辅导录像，开展研讨交流。全员竞聘上岗结束后，对新提拔的 20 位处级干部补上了“三个代表”重要思想的一课。处级以上干部培训率达 100%。对这两次培训班，领导班子高度重视，制定了详细的培训方案，党委书记张卫东同志在两次培训班上作了动员；院长钟自然同志围绕长远发展目标的实现，亲自给大家出了 22 个思考题，对处级干部以“三个代表”重要思想指导工作实践提出了要求；院领导侯金武、马学明、田廷山同志也分别作了讲课。

在学习贯彻“三个代表”重要思想活动中，我们注意做好四个方面的结合：一是把理论武装与加强党性修养相结合，以“三个代表”重要思想为指导，改造自己的主观世界，为地质环境调查评价监测事业的创新发展提供坚实的思想基础；二是把理论武装与学习中央关于地质工作的重要指示和部、局党组重要工作部署相结合，不断增强政治意识、大局意识、改革意识、责任意识，紧密联系各部门和本职工作实际，理清工作思路，不断提高工作的系统性和创造性，提高工作能力和水平；三是把理论武装与中国地质环境监测院的改革创新和发展稳定相结合，以科学的理论为指导，积极推进各项工作的开展；四是把理论武装与提高全体职工思想政治素质相结合，做好职工的思想政治工作，增强班子的凝聚力，提高队伍的战斗力，提升职工的紧迫感。

通过“三个代表”重要思想的学习，使党员干部在理论认识上达到“三个加深”（加深了对“三个代表”重要思想科学体系的理解，加深了对党的十六大和十六届三中全会精神的理解，加深了对中国特色社会主义事业的理解）；在指导实践上得到“四个增强”（增强了运用“三个代表”重要思想的理论方法研究解决实际问题的自觉性和能力，增强了实现全面建设小康社会目标的信心，增强了实现改革开放与现代化建设和中华民族伟大复兴的信心，增强了工作的责任感、使命感和紧迫感）；在推动工作上突出“三个推进”（推进了新的业务定位和发展思路的形成，推进了干部队伍和人才队伍建设，推进了观念转变、职能转变、作风转变），取得了较好的成效。

二、以提高创造力、凝聚力和战斗力为目标，加强组织建设和制度建设

一是认真贯彻党的十六大提出的以改革的精神加强和改进党的建设的要求，加强对党支部的领导，向党支部提供活动经费，用于党支部集中活动，鼓励支部结合各自特点创造性地开展工作，提高支部自主活动能力和解决自身问题的能力。

二是机构调整和全员竞聘上岗后，调整完善了党支部组织，通过选举组建了 15 个党支部。

三是认真组织建党82周年纪念活动。组织开展了“争先创优”活动，评选出中国地质环境监测院先进党支部3个、优秀党员13人、优秀党务工作者4人，1个党支部、2名党员、1名党务工作者受到了国土资源部直属机关的表彰；组织开展了精神文明、十六大精神、新《党章》知识竞赛及重温入党志愿书活动。

四是按照发展党员的方针，进一步加强对入党积极分子的培养考察，与国土资源报社联合举办了入党积极分子培训班，发展了2名新党员，1名预备党员转正。

五是完成了《党委工作规则》、《党支部工作细则》、《先进党支部、优秀党员和优秀党务工作者评选办法》、《党风廉政建设和反腐败工作责任制暂行规定》、《领导干部廉洁自律和制止奢侈浪费行为的规定》等制度和办法的修订，形成了一套较为完善的党建工作制度体系。

六是为了进一步落实部党组关于推进民主决策与科学管理的要求，实现决策的科学化、民主化，2003年10月27～28日，召开了中国地质环境监测院第一届职工（会员）代表大会，选举产生了新一届工会委员会和工会经费审查委员会，成立了职代会。

三、加强廉洁自律工作，增强领导干部廉洁从政的自觉性

一是领导班子自身要求高。严格遵守党员领导干部廉洁从政的各项规定，带头按制度办事，使各项工作程序制度化、管理规范化，在群众关注的问题上努力做到公正、公平、公开，为全体职工做出表率，从而进一步增强了班子的凝聚力、向心力、号召力。

二是加强了对党员干部的廉政教育。为了建设一支“团结协调、清正廉洁、有凝聚力、有战斗力”的高素质干部队伍，对竞聘上岗的处级干部，由分管院领导逐一进行了谈话，提出廉洁自律的要求。组织开展了警示教育，强化职工自我约束的意识，提高党员干部和职工拒腐防变的能力。

三是强化对职工队伍的管理。为了建设一支“讲正气、作风好、业务精、纪律严”的职工队伍，领导班子坚持以制度和严格管理为手段，提出和实施“四提倡、四反对”的管理理念。

四是充分发挥纪检监察部门监督保证的作用。坚持“预防为主，标本兼治”的方针，坚持纪检监察工作为院的经济工作和中心工作服务的原则，深入到实际工作和重要的经济活动中去发挥监督保证作用，深入到大院综合治理、西峰寺培训中心维修改造和经营实体的经营活动中，取得了良好的效果。

四、围绕中心工作，做好思想政治工作

一是围绕中国地质环境监测院的长远发展目标和中心工作，院党委始终坚持思想政治工作常抓不懈，注意在增强主动性、针对性、实效性上下功夫，注意做好正面引导。

二是结合中国地质环境监测院发展思路和长远发展目标的确定、规章制度的修订、全员竞聘上岗的准备和实施、分配制度和医药费等改革措施的出台等情况，召开各种形式的座谈会、听证会，充分发扬民主，深入群众，倾听群众呼声，积极征求广大职工的意见和建议，了解职工在想什么、干什么。

三是结合做好“非典”预防工作，关心职工身体健康，关注职工的思想情绪，了解职工和家属身体状况，给职工创造一定条件，兼顾好工作及家庭。

四是组织新分配来院工作的学生，召开座谈会，了解他们来院一段时间来的工作和生活情况，听取他们对院的发展和有关工作的意见和想法，帮助解决有关生活困难，给他们提出要求。

五是开展了新形势下做好党建、精神文

明建设、理论学习的征求意见工作。

六是与入党积极分子、个别发生矛盾的人员进行谈心，化解矛盾，较好地疏导了思想情绪。

五、进一步加强了文明单位创建工作

围绕争创“中央国家机关文明单位标兵”和保持“首都文明单位”称号的目标，院党委进一步加强了对文明单位创建工作的领导，整体部署和推进。

一是调整了领导小组和办公室成员，做到机构落实、经费落实、措施落实。二是开展“文明处室”、“文明职工”评选表彰。三是获中央国家机关文明单位标兵四连冠后，对全体职工进行了奖励，提高了职工积极参与的热情。四是对文明单位创建工作进行了全面总结，完成了荣誉室的建设。五是进一步加强综合治理。健全和修订了综合治理的规章制度；完成了院大门路面的重新翻修，院外修建了围墙铁艺栏杆，院内修建了花池，开展了绿化工作；按照“群防群治、防治结合、预防为主、消除隐患”的工作原则，加强了安全保卫、消防、值班、排查等工作，确保了我院的稳定祥和。六是积极组织文体活动，开展了知识竞赛，举办了春节联欢会、老干部团拜会、复转军人座谈会、老同志中秋茶话会，开展了“送温暖”和“献爱心”活动，举办了趣味运动会，丰富了职工的业余文化生活。

六、工作体会

（一）部党组、部领导和局党组、局领导的关注、关怀和支持是做好工作的重要基础

自新一届班子组建以来，部党组和局党组对中国地质环境监测院的工作，对新一届领导班子，给予了高度的关注、悉心的关怀、坚强的支持和殷切的期望。孙文盛部长、寿嘉华副部长、孟宪来书记等部、局领导多次来院检查指导工作，对院各项工作做出了一系列重要批示，提出了一系列明确的要求，在经费、项目、装备、人员编制等方面给予了充分的关照，部领导、局领导的指示和批示充分肯定了中国地质环境监测院的发展思路和工作目标，为中国地质环境监测院的工作指明了方向，这是做好地质环境调查、监测和综合研究中心工作的重要前提。

（二）必须坚持解放思想、实事求是、与时俱进的思想路线，研究解决重大问题

当前我国地质工作正处于重大转折时期，中国地质环境监测院面临着严峻的形势，任务艰巨，正处于事业振兴和发展的非常有利的战略机遇期。只有不断解放思想、转变观念，才能增强创新意识，才能在解放思想中统一认识，才能在开拓创新中寻求发展。因此，中国地质环境监测院党政领导班子始终坚持解放思想、实事求是、与时俱进的思想路线，准确把握中央和部、局关于加强地质环境保护和地质灾害防治的大政方针，紧紧围绕改革和发展这个“执政兴院”的第一要务，认真研究地质环境调查评价和监测事业发展中全局性、前瞻性和战略性的重大问题，积极、主动、及时研究和解决涉及改革发展的重大问题，集中精力抓大事。一年来，认真贯彻部、局关于中国地质环境监测院职能定位的要求，大力推进职能转变；加强制度建设，积极稳妥地推进各项改革；把握难点，突出重点，积极推进业务建设；大力加强队伍建设；加强思想政治建设；高度重视和切实加强党风廉政建设和精神文明建设。从而较好推进了各项工作，取得了较好的成效，得到了广大职工的认可和赞誉。

（三）必须坚持民主集中制，进一步加强领导班子建设

实现中国地质环境监测院发展目标的首要条件是，必须有一个强有力的领导班子。

领导班子建设至关重要的一个方面，是必须坚持民主集中制，充分发挥整体功能，不断增强领导班子的创造力、凝聚力和战斗力。2003年2月13日，寿嘉华副部长在宣布中国地质环境监测院领导班子时，提出了“坚持民主集中制，加强团结，发挥整体功能”的要求。新一届领导班子组建一开始，就提出“要以提高素质、优化结构、改进作风、增强团结为重点，努力把中国地质环境监测院的领导班子建设成坚决贯彻部党组、局党组决策的领导班子，建设成团结协调、有凝聚力和战斗力、富于创新精神和团队精神的领导班子，建设成清正廉洁、大多数群众拥护和信赖的领导班子”。一年来，领导班子严格遵守民主集中制的各项规定，坚持集体领导和个人分工负责相结合的制度，坚持和完善党的组织生活制度，坚持领导班子议事规则和重大问题决策程序，用规则、程序、制度来保证民主集中制的贯彻落实。按照制定的党政会议制度，重大事项坚持集体讨论决定，按原则办事、按政策办事、按制度办事。

在发挥整体功能方面，领导班子成员注意强化团结意识，从细微处爱护班子的团结，维护班子的形象。党政一把手相互配合，讲大局、讲原则，彼此尊重，谈心交心，密切配合，按照部领导提出的“整体功能最大化、最优化”原则，注意发挥好班子每个成员的积极性，带头发挥整体功能。班子其他成员做到团结协作，维护班长的权威和班子的团结，理解支持班长，切实负责好分管工作。

（四）必须坚持干部人事分配制度改革，调动广大职工的积极性和创造性

中国地质环境监测院长远发展目标的实现，必须依靠一支具有献身精神、创新精神和团队精神的高素质的人才队伍来完成。因此，为了广泛选拔优秀人才，创造珍惜人才、人尽其才的环境，吸引人才、培养人才、用好人才，建立公平竞争、优胜劣汰、充满生机与活力的用人机制和激励机制，充分调动全体职工的积极性和创造性，新一届领导班子组成后，就研究决定在全院进行第二轮全员竞聘上岗和实行绩效分配，进一步推进干部、人事、分配制度改革，并做好人才引进工作。

实行全员竞聘上岗，是我院人事制度的一项重大改革，是选拔优秀人才的一项重大举措，是实施“科技兴院”战略的一项重大措施，也是全体职工非常关注的一件大事。对竞聘工作的全过程，做到政策公开、竞聘条件公开、办事程序公开、竞聘结果公开，增加工作透明度。在公示期间，对职工反映的每一个问题都认真进行了调查核实，整个工作都是在双重监督下进行的，竞聘工作结果得到了绝大多数职工的认可。为优化我院技术人员的年龄结构、专业结构、学历结构，2003年共引进各类人才和接收应届毕业生共26名。通过人才引进和接受应届毕业生，我院专业人员比例、高学历人员比例都有明显增加，年龄结构渐趋合理。

（五）必须坚持制度建设，切实加强和改进作风

优良的作风是增强领导班子创造力、凝聚力的根本保证，关系到院风的好坏，关系到队伍的形象，关系到事业的兴衰。制度是管根本、管全局、管长远的。加强领导班子和干部队伍、职工队伍建设，制度是保证。新一届领导班子组建以来，根据形势和任务的变化要求，进一步加强了制度建设，坚持“大家定制度、制度管大家”，组织修改完善了《环境院工作规则》、《财务管理办法》、《项目管理办法》等制度和办法，规范办事程序，形成了一整套包含行政管理、党建、

经济、技术、精神文明建设等内容的制度体系。

针对中国地质环境监测院存在的不良苗头和迹象，明确提出了“四提倡、四反对”，组织开展了“学习贯彻‘三个代表’重要思想，治理整顿党风院风”活动，目的在于弘扬正气，树立“开放、求真、务实、团结、创新、发展”的新院风。通过此项活动，广大干部、职工的精神风貌、工作状态发生了很大改观，责任感、紧迫感得到了进一步增强，积极性、主动性得到了进一步发挥，工作态度、工作热情得到了进一步改变，达到了预期目的。

文明单位创建工作

中国地质环境监测院党群办公室

在中央国家机关精神文明建设协调领导小组领导下，在国土资源部精神文明建设领导小组办公室的具体指导下，中国地质环境监测院认真贯彻《中央国家机关文明单位建设及管理暂行办法》要求，坚持“两手抓，两手都要硬”的方针，以“三个代表”重要思想为指导，以促进地质环境调查评价监测工作改革发展为中心，以加强和改进作风建设为动力，以群众性创建活动为载体，以加大综合治理工作力度为重点，巩固和发展创建成果，在保持“中央国家机关文明单位”四连冠的基础上，2003 年度跨入了“中央国家机关文明单位标兵”行列，并连续四年保持“首都文明单位”称号，为确保各项任务的完成提供了坚实的思想基础和精神动力。

一、领导班子坚强有力

中国地质环境监测院党政领导班子坚持“两手抓，两手都要硬”的方针，将文明单位创建工作摆到重要议事日程，统筹规划创建目标任务，不断开拓创新，寻求新形式，追求新成效，予以整体部署和推进。班子自身建设好，团结协作，带头按制度办事，使各项工作程序制度化、管理规范化，在群众关注的问题上努力做到公正、公平、公开，发挥了整体功能，班子的凝聚力、向心力、号召力得到了较大幅度的提高。这是一个坚决贯彻部党组、局党组决策的领导班子，是一个团结协调、有凝聚力和战斗力、富于创新精神和团队精神的领导班子，是一个清正廉洁、大多数群众拥护和信赖的领导班子。领导班子受到了中国地质调查局的通报表扬和奖励。

二、创建工作机制健全

根据机构和人员变动情况，调整了领导小组和办公室成员，党政一把手分别任正、副组长。实行分级管理、责权明确的目标责任制，做到机构落实、经费落实、措施落实，不断完善了“党政统一领导，书记院长亲自抓，党政工团齐抓共管，职能部门各负其责，依靠群众支持和参与”组织领导体系和工作机制。创建工作纳入了“行政工作要点”和“党委工作要点”，制定了《精神文明建设工作计划》，并召开会议进行部署和动员，做到两个文明统一部署、统一实施、统一检查、统一考核、统一奖惩。积极组织开展“文明处室”、“文明职工”、“五好家庭”、“文明楼门”等细胞建设，3 个部门和 31 名职工被评为中国地质环境监测院文明处室和文明职工，1 个部门被评为国土资源部直属机关文明处室。组织纪念党的生日、“争先创优”、重温入党志愿书、“维护办公环境，规范办公秩序”行为文明等活动。完成了行政和党委工作规则、财务和项目等管理办法的修订，做到创建工作制度化、经常化。以质的提升、品位的提高、整体的推进，保持了群众性创建活动的经常化，职工积极参与的热情得到了不断提高，成效显著。

三、队伍作风建设好

通过实行全员竞聘上岗，深化了干部人事分配制度改革。坚持以制度建设和严格管理为手段，提倡团队精神，反对自由主义；提倡首创精神，反对因循守旧；提倡品牌意识，反对无所作为；提倡开放、交流、合作，反对闭关自守、坐井观天、夜郎自大。队伍建设得到了进一步加强，集体凝聚力不断增强，职工积极性和创造性不断提高，精神面貌不断改观，单位整体形象不断提升，营造了一个团结向上、心情舒畅的良好氛围，形成了一支“团结协调、清正廉洁、有凝聚力、有战斗力”的高素质干部队伍和一支“讲正气、作风好、业务精、纪律严”的职工队伍。4 个部门和 10 名职工被评为中国地质环境监测院先进单位和先进个人。

四、思想道德建设好

坚持依法治国与以德治国相结合，认真学习贯彻《公民道德建设实施纲要》，深入开展“三观”教育，进行以为人民服务为核心、以集体主义为原则、以诚实守信为重点的社会主义道德教育，不断提高干部职工社会公德、职业道德和家庭美德。抓好重点部门、关键岗位人员的道德教育，对于服务范围广、涉及面大、干部群众比较关注的部门和岗位，强化道德意识和服务意识。围绕中国地质环境监测院的长远发展目标和中心工作，始终坚持思想教育和思想政治工作常抓不懈，在增强主动性、针对性、实效性上下功夫。全体职工自觉遵守党和国家的法律法规，遵守《首都市民文明公约》。先后 7 次开展了“救助贫困母亲”、捐助希望小学、南方水灾、“预防非典、奉献爱心”等捐助活动，用良好的道德风尚，推动文明建设的健康发展。

五、党风廉政建设好

积极开展以警示教育为主的党风廉政教育和形势宣传，建立了党风廉政建设责任制，制定了年度工作要点和保障措施，并抓好贯彻落实，向党员和干部发放了《党员领导干部廉洁从政手册》等书籍，强化了干部职工的自我约束能力。对竞聘上岗的处级干部，由分管院领导逐一进行任职前谈话，并召开院务扩大会，领导班子每位成员再次提出廉洁自律的要求。几年来，无违法乱纪现象发生。

六、先进文化占领阵地

围绕培养“四有”新人，提高职工的思想政治素质、科学文化素质、文明道德素质，重视文化建设和智力投资。2003 年通过举办多期处级以上干部培训班、党课等方式，认真组织开展党的十六大精神、“三个代表”重要思想等专题的学习，并穿插形势教育、先进模范人物的学习。党员干部和职工的思想政治素质和文明素养得到了不断提高，创建意识得到了不断增强。同时，加强对在职人员的业务知识的培训，200 多人次参加了各类业务知识培训班学习，10 人次在读硕士和博士学位。设有阅览室、多功能厅、活动站等文体活动场所和设施，完成了荣誉室的建设。经常开展乒乓球、羽毛球等文体活动，组织党史、党章、综合治理、计划生育等知识竞赛，举办趣味运动会、春节联欢会、老干部团拜会、中秋茶话会、复转军人座谈会等，组织离退休同志赴外地和京郊高科技农业园区参观疗养，引导老同志开展健康向上的健身活动，丰富职工业余文化生活。

七、安全稳定无事故

2003 年，社会治安综合治理、交通安全管理机构及管理制度健全，措施落实，组织开展预防教育、消防演习、安全大检查、重点部位检查整改等活动，进一步加强了消防、治安保卫、交通安全等工作，无消防事故，无重大安全事故，无重大刑事案件，无重大交通责任事故。受到了北京市公安局颁发的荣誉保卫集体嘉奖，连续六年被评为“海淀区交通安全先进单位”。

八、环境整洁优美

2002～2003 年，先后投入 300 多万元资金，进一步加强综合治理，规划和实施了办公区、家属区综合改造。完成了院大门修建，院外围墙修建了铁艺栏杆，更换了院内地下管网，铺设沥青路面 1563 平方米，铺设花岗岩路面 561 平方米，铺设嵌草水泥砖路面 113 平方米，铺设步行道彩色水泥砖路面 760 平方米，铺设雨水管 393 米，砌花池围墙 114 立方米，新建自行车棚 203 平方米；植树 1320 棵，种花 3655 株，种草 1073 平方米，拆除违章建筑 317 平方米，职工住宅楼楼道粉刷 3883 平方米，完成义务植树和养护任务，办公楼前、楼内、院大门摆放了绿树红花，做到三季有花，四季常青，黄土不露天，绿化面积达到可绿化面积 95% 以上，环保工作达标。并加强了安全保卫、消防、值班、排查等工作，整顿了办公区、家属区的车辆停放，大院整洁优美、平和稳定，为职工创造了一个良好的工作和生活环境。2003 年被评为海淀区北下关地区绿化先进单位。

九、计划生育工作达标

制定年度工作要点，设立了专兼职计生人员，定期开会，专题研究。与各经营实体、外地来京务工人员分别签订责任书。通过组织职工听课、试卷问答、宣传橱窗、板报等形式，宣传和学习《人口和计划生育法》、《妇女权益保障法》，使职工提高了对基本国策的认识。多年来，没有计划外生育和超生现象，计划生育、晚育、综合节育率都保持在 100%，晚婚率达 100%，无违反计划生育政策现象，连续十多年被海淀区北下关街道评为“计划生育先进单位”，连续 3 年完成了国土资源部计生委下达的 11 名献血指标。

十、认真执行卫生法规

有健全的卫生制度和明确的卫生责任制，每天定点清扫、消毒，封堵了家属楼的 65 个垃圾道，拆除了院内临时厕所，坚持随脏随扫的制度，保持了办公区和家属区的环境清洁。积极参与首都城市综合整治活动，院内外环境干净整洁，无卫生死角，认真落实门前“三包”。全力做好“非典”预防工作，及时断然采取预防措施，建立了预防工作预案和快速反应机制，认真落实值班、零报告、消毒等预防措施，全院未出现一例确诊病例和疑似病例。中国地质环境监测院所属的西峰寺培训中心食堂卫生达标，无食物中毒事件发生。

十一、中心工作成绩斐然

中国地质环境监测院准确把握中央和国土资源部关于加强地质环境保护和地质灾害防治的大政方针，全面落实保护资源的基本国策，全面落实可持续发展战略。理清了“三二二工程”的工作思路，提出了长远发展目标。组织完成了全国 400 多个受地质灾害威胁严重的县（市）地质灾害调查和全国

1:50万环境地质调查工作。精心组织开展全国地质灾害气象预报预警，建立汛期地质灾害防治应急系统，从2003年6月1日起，与国家气象中心合作开展了“地质灾害气象预警预报”研究，在中央台《天气预报》节目由国土资源部与中国气象局联合发布“全国地质灾害气象预报预警”，同时在“中国地质环境信息网”上发布。得到了国务院领导的高度重视，引起了社会各界的极大关注，产生了良好的反响。温家宝总理、曾培炎和回良玉副总理都圈阅了有关报告，国土资源部领导11次作出批示，给予充分的肯定，提出严格的要求。组织开展了三峡库区地质灾害监测预警系统建设。组织承担了西气东输工程等建设用地地质灾害危险性评估。完成了“三峡库区移民开发区环境地质研究”等多项国家科技攻关课题。承担了《中国地质环境公报》的编制并以国土资源部名义向全社会发布。开展了“中国21世纪初水工环地质工作发展战略研究”、“西北地区地下水资源和地质生态环境战略研究”、“全国地质环境监测总体规划”、“全国地质灾害防治规划”等战略和规划的研究，积极为政府决策和社会公众提供技术支撑和信息服务。荣获“全国地质灾害防治工作先进集体”荣誉称号，1项成果获国土资源部科技成果奖二等奖，6项成果获中国地质环境监测院科技成果奖。

纪检监察审计工作

中国地质环境监测院党群办公室

2003年，在国土资源部党组的统一领导下，在中纪委驻部纪检组监察部和中国地质调查局纪检组的具体领导下，中国地质环境监测院把党风廉政建设和反腐败工作，作为一项重要工作纳入党委年度工作计划，贯穿于院的中心工作和“三个文明”建设的始终，注重于抓龙头、苗头、源头上的反腐败工作，为加强领导班子建设和队伍建设、顺利完成部、局赋予的各项任务、全力推进“三二二工程”保驾护航。

一、以“三个代表”重要思想为指导，切实加强廉政教育

（一）坚持“四个同步”，开辟“四条途径”，搞好“四个结合”

为了更好地用科学的理论武装广大党员干部，在学习“三个代表”重要思想的过程中，采取了“坚持四个同步、开辟四条途径、搞好四个结合”的方法。“四个同步”是：把“三个代表”重要思想的学习计划、学习效果与院的中心工作同步安排、同步考核、同步总结、同步奖励。“四条途径”是：通过落实党委的学习计划，掀起持久的学习热潮；通过中心组的学习带动全体党员、干部的学习；通过聘请教授、专家进行专题辅导，加深理解和认识；通过指导实践来推进工作，转化学习成果。“四个结合”是：把理论学习与党的建设相结合；把理论学习与党员干部的廉政教育相结合；把理论学习与

提高全体职工政治素质和提高思想品德相结合；把理论学习与当前反腐败斗争的形势相结合。通过学习，增强了职工掌握物质文明、政治文明、精神文明辩证关系的能力，提高了干部职工的思想政治素质和文明素质，并将学习成果转化和体现到廉政建设、综合治理和精神文明建设的工作实践中，提高了思想政治建设和廉政教育的效果。

（二）搞好干部培训，开展研讨交流

2003 年，中国地质环境监测院先后进行了三次处级以上干部“三个代表”重要思想理论培训班，邀请中央党校两位教授来院现场作了《“三个代表”与执政党建设》和《“三个代表”的基本内容与历史地位》学习辅导，邀请部相关司局、地调局有关领导讲课，收看了《“三个代表”的时代背景与实践基础》和《“三个代表”与执政为民》的辅导讲座，安排了自学，开展了研讨交流。院领导班子对这三次培训班非常重视，制定了详细的培训方案，处级以上领导干部100%参加了学习，培训取得了预期的效果。

二、认真贯彻落实党风廉政建设责任制

领导干部和领导班子的廉洁自律工作是加强党风廉政建设、推动反腐败斗争深入开展的关键。领导干部和领导班子只有身正行直，以身作则，才能真正取信于民，才能得到群众的拥护，才能使反腐倡廉工作更具科学性、针对性、有效性。

（1）加强公仆意识教育。通过公仆意识教育，不断提高各级领导干部的思想政治素质，使每一个领导干部牢固树立共产主义理想和信念，坚持正确的政治方向，坚持坚定的政治立场，以正确的世界观、人生观和价值观为指导，严于律己、廉洁从政，切实做到立党为公、执政为民，践行“三个代表”重要思想。

（2）依据《党员领导干部廉洁自律有关规定》、《国土资源部党风廉政建设责任制和责任追究实施办法》、《中国地质调查局关于贯彻落实党风廉政责任制的实施意见》，结合中国地质环境监测院的实际情况，院党委修订了《中国地质环境监测院党风廉政建设和反腐败工作责任制暂行规定》和《中国地质环境监测院领导干部廉洁自律和制止奢侈浪费行为的规定》，提出了党风廉政建设和反腐败的具体要求和防范措施。

（3）结合反腐败斗争的实际，运用正反两方面的典型，对广大党员干部尤其是领导干部开展了警示教育。号召党员干部以孔繁森、郑培民等优秀党员干部为榜样，立党为公，执政为民；以王宝森、闫建宏等腐败分子为反面教材，敲响警钟，洁身自好。

（4）对各级领导干部严格要求、严格管理、严格监督，党委成员进行了明确的分工，并调整了党风廉政建设领导小组和办公室，建立了自下而上、自上而下以及党组织内部的监督制度，落实了党风廉政建设责任考核制度和责任追究制度。

（5）继续狠抓领导干部廉洁自律各项规定的落实。2003 年，在领导干部廉洁自律方面，重点开展了领导干部配偶和子女从业行为、领导干部不准收受有关单位和个人的现金和有价证券、禁止领导干部到附属部门或分管单位报销应由个人支付费用等规定的落实，对处以上领导干部离职和退休后三年内从业情况、银行账户等进行了清理。由于狠抓了领导干部这个龙头，有效地促进了廉洁自律工作。

三、狠抓作风建设，为职工多办实事

1. 狠抓制度落实，促进作风建设

（1）监督各项规章制度的贯彻落实。几年来，中国地质环境监测院在行政、经济、技术、党建、精神文明建设等方面制订了二十多项规章制度。2003 年，又制订或修订了

《行政工作规划》、《党委工作规划》、《党支部工作细则》、《党风廉政建设和反腐败工作责任暂行办法》、《领导干部廉洁自律和制止奢侈浪费行为的规定》、《财务管理办法》、《项目管理办法》等规章制度。通过抓各项规章制度的监督落实，大院的综合治理、西峰寺培训中心的修缮改造、经费预算管理、项目管理等方面都进行得比较正常。

（2）强化财务管理与监督。严格了报销手续，规范了签字权限；监督落实资金预算管理的规定，规范预算单位的收支行为，继续落实“收支两条线”的规定和清理小金库工作。

（3）深化干部人事制度改革工作。积极支持、监督落实中央《深化干部人事制度改革纲要》和《党政领导干部选拔任用工作条例》；加强对干部选拔任用工作的监督，对领导推荐提名、考察考核、任前公示、全员竞聘上岗等全过程进行监督。

（4）规范手机费用报销范围和标准。为规范手机费用报销的范围、标准，实行了手机费用限额报销、超出自付、节约归公的办法，并明确报销的经费渠道。

（5）为贯彻驻部纪检组《关于转发中纪委关于元旦、春节期间加强廉洁自律反对奢侈浪费的通知》的精神和要求，采取了四项措施：一是不准用公款送礼，不准用公款请客；家庭在外用餐，餐费自理，不准以任何形式、借口或巧立名目用公款报销。二是确因工作需要在外就餐，必须注意节约，严格掌握就餐标准，就餐前必须经主管领导批准，不准奢侈浪费。三是就餐的报销发票，由院长亲自审批，把好报销关。四是不准用公款参加娱乐活动，自费参加娱乐活动的要洁身自好，吸取反面典型的教训，做到警钟长鸣。

2. 抓好难点热点问题，为职工办实事

（1）依据公开、公平、公正、竞聘上岗、择优聘用的原则，完成了全员竞聘上岗工作。纪委监察人员参与了竞聘方案的制订，并对竞聘全过程进行了监督。

（2）为加强地调科研项目的监管工作，协助制定了地质调查项目负责人竞聘办法，按照公布职位、个人报名、资格审查、演讲答辩、专家评审、院长聘任等6个程序，项目负责人一律实行竞聘的办法产生。

（3）对地调科研项目进行审计或跟踪审计，加强对项目费用的监管工作。对已经结束的项目经费进行了清算，掌握项目运作的全过程和经费的使用情况，了解技术干部的工作态度和廉洁状况。

（4）积极参与大院综合治理总体规划、设计、施工队伍选择、招投标和经费预算等工作的全过程。大院综合治理经费原预算为100万元，最后以90万元招标。2003年，顺利完成了院内的市政工程、绿化工程，改善了职工的工作和生活环境。

（5）参与了西峰寺培训中心修缮改造工程的总体规划、设计审查、施工单位选择、招投标、经费预算全过程，为经费的正常使用提供了保证。

（6）严格执行政府集中采购制度。2003年，院机关添置的部分计算机、西峰寺培训中心修缮改造需要购置的空调等贵重设备，均由有关部门组织采购小组，到市场进行质量、价格考察和价格协商，经报主管领导批准后实施。

（7）协助做好“非典”预防工作。参与制订“非典”预防方案，由于领导班子把“非典”预防工作作为重中之重的工作，果断决策，适时做出一手抓“非典”预防、一手抓中心工作的重大决策，各项工作落到实处，全院人心稳定，秩序井然，全院职工安然无恙。

（8）加强群众来信来访工作。进一步畅通、拓宽信访举报渠道，切实维护、保障群众的民主权利，化解矛盾，保持稳定。2003年，收到涉及综合治理上访信件6件，接待来访10余人次，通过协调和深入细致的思想工作，保持了大院的稳定，妥善处理了部分群众关心的热点问题，深受群众拥护。

（9）加强国有资产监督管理，规范企业经营行为。对中元公司完善了法人治理结构，建立了董事会、监事会、经理层，监督保证国有资产保值增值。

四、坚持开展内部审计工作

2003年，紧紧围绕中国地质环境监测院的工作中心开展审计工作。审计工作的基本定位是“服务导向型”的内部审计，即立足于本单位内部管理的需要，为管理服务，并将监督寓于服务之中。开展的重点工作是协助对原行政负责人的任期经济责任审计、综合治理专项审计、院属经营实体经济指标完成情况的考核以及对以往审计有关问题的复审工作。审计工作还提出了诸多意见及建议，对企业规范内部管理、纠错防弊、堵塞漏洞、提高经济效益起到了应有的作用，为领导决策提供了信息，当好了参谋和助手。

五、工作体会

（1）反腐败是一项复杂而长期的社会系统工程，必须标本兼治，综合治理。必须坚持“党委统一领导，党政齐抓共管，纪委协调，部门各负其责”的原则。

（2）纪检监察工作应贯穿于中心工作、综合治理及文明单位创建活动的始终。始终以经济建设为中心，围绕着本单位经济工作这个中心去发挥经常的、及时的、有效的监督作用。

（3）必须解决知情权的问题。有了知情权，才能深入到工作实际中，才能进行有效的监督。

（4）反腐败工作的关键是要把住重要环节，守住容易产生腐败的关口，才能防患于未然。

工会工作

中国地质环境监测院工会委员会

2003年，在部、局机关工会的正确领导下，按照院“调查研究，明确思路，理顺关系，急事先办”的工作方针，坚持理论学习、开拓进取、团结协作，勤政廉政、带领全体会员努力工作，从推进职工参政议政、民主决策与科学管理入手，积极稳妥地推进各项改革，较好地完成了各项任务。

一、坚持和完善以职工代表大会为基本形式的民主管理制度，认真落实职代会各项职能

（1）为保证民主决策和民主监督，完成了环境院组建30年来的首届职代会和工会换届选举工作。起草了工会工作报告、经费审查报告、选举办法、领导讲话、决议案等会议材料。完成了向院党委和上级工会的请示、会议的筹备、组织和承办工作等。10月

27～28日召开了院第一届职工（会员）代表大会，成立了职代会，选举了工会委员会和经费审查委员会，会议取得了圆满成功。

（2）认真贯彻执行《工会法》、《劳动法》、《妇女权益保护法》等有关法律法规，把组织职工参与院内部事务管理作为重点，在保障职工的知情权、参与权和监督权，推进院的政治文明建设，保护和调动职工群众的积极性上多做工作。突出维权职能，切实把广大职工的积极性、主动性和创造性保护好、引导好、发挥好，努力将职工的积极性引导到推动院改革和开放上来。

（3）主持调研并制定院开展建设“职工之家”活动规划，组织全体职工进行讨论，经院党委讨论通过后已下发执行。各工会小组都已开展建立“职工之家”、“职工小家”活动。

（4）召开第一届职代会第二次会议，审议并通过《院2003年度工作总结和2004年度工作要点》、《院2003年财务决算》、《院职工管理规定》、《院公费医疗管理办法》，并形成三份决议。每位职工代表都本着高度负责的精神，认真履行自己的职责，行使自己的职权，认真审议会议文件，提出了许多宝贵的意见和建议，增强了职工参政议政能力。

二、关心职工生活办实事，实施“送温暖工程”

（1）能够依法维护职工的正当权益，协助和督促行政部门做好院有关社会保险、劳动保护工作，维护女职工的特殊权益。能够通过正常渠道反映职工的正当要求和呼声，并督促解决。努力做到在符合政策规定的前提下，多为职工办实事。

（2）开展访贫问苦、送温暖活动。走访慰问了17名军队离休老干部和本院部分离退休老同志；为院9名困难老职工发放了困难补助费；为2名遗属代发了全年生活费。

（3）组织全体职工参加部妇工委发起的向“中华健康快车”基金会捐款活动，捐款2305元；为“救助贫困母亲”捐款2150元，捐款数额在部直属单位名列前茅。

（4）关心单身职工和困难职工生活，对患病住院、家庭丧事的同志进行了慰问和补助，对新婚的同志进行了祝贺并送去礼品。

（5）为解决撤销食堂后职工的就餐问题，联系多家就餐单位并发布告示，供职工选择食堂就餐。

（6）关心职工身体健康。院将原两年一次的职工体检改为每年一次；为48名职工子女办理了医疗统筹工作；为18名女职工和20名独生子女办理了商业保险；按照院长办公会议决定，参与了医疗改革的准备工作；主持调研和起草了“院公费医疗管理办法”；根据职工体检情况，决定实行工间操制度；购置体育活动器材，组织体育活动，免费为职工注射流感疫苗等。

三、经常开展有益于职工身心健康的文体活动，不断提高职工的思想道德和科学文化素质

（1）积极配合院党政领导做好职工的思想政治工作，开展职工“三热爱”、“四自”、“四有”和法制教育活动。积极参与文明单位创建活动，严格遵守《公民道德建设实施纲要》和院文明公约。教育全体职工“爱国守法、明礼诚信、团结友善、勤俭自强、敬业奉献”，全院职工没有发生任何违法违纪行为。

（2）改善职工工作条件。协助行政主管部门，积极改善职工的工作环境、办公设备、工作条件，逐步提高职工的福利待遇。如为丰富职工的文化生活，为全体职工购买了北京市2004年公园年票、电影卡和文艺演出节目票。

（3）开展了《工会法》和计划生育知识竞赛；参加了部工会组织的全民健身活动学习班；组织模特表演训练；“非典”期间，为职工锻炼身体，购买了体育用品和卫生洗涤消毒用品；举办秋季趣味运动会和体育比赛等，职工反映很好。

（4）加大了文明单位创建力度。围绕院整体部署和中心任务，推进了文明单位创建工作。按照唱响主旋律，打好主动仗的要求，开展了一系列积极向上、寓教于乐、群众喜闻乐见的创建活动，为院完成各项任务提供了坚实的思想基础和精神动力。号召职工弘扬中华民族的传统美德，积极参加各种扶贫募捐活动。2003 年，院援藏捐赠电脑和钱款 20 万元，为贫困母亲、失学儿童和受灾地区累计捐款 3 万余元；被批准为“中央国家机关文明单位标兵”，并保持了“首都文明单位”称号。

经营工作

国土资源西峰寺培训中心

一、2003 年工作完成情况

2003 年西峰寺培训中心较好地完成了院交给的各项工作任务。

(1) 在经营管理工作方面，2003 年西峰寺培训中心在完成基地修缮改造任务的同时，全面完成了院下达计划经营收入指标 130 万元，提取修购基金 6.5 万元，提取职工福利费 5.6 万元，上缴税金 1.1 万元。

(2) 加强了对固定资产管理工作。针对西峰寺培训中心固定资产、设备、设施管理现状，设专人进行管理。一是对历年来形成的设备、物资及设施等进行清理，做到账物相符；二是对新增加固定资产、设备、设施进行登记造册；三是开展了对债权债务清理工作，做到心中有数。

(3) 组织完成了西峰寺培训中心整体形象设计方案，明确了发展思路，确定了经营模式和市场定位，经营特色、企业文化内涵、营销策略，并结合西峰寺培训中心今后的战略目标与工作思路完成了组织机构建设；完成了对外接待、服务工作流程和岗位职责。

(4) 在职工队伍建设方面，结合西峰寺培训中心确定的经营模式，按照新的定位选拔了业务骨干和服务人员。

(5) 加强了安全管理工作。西峰寺培训中心地处重点防火地区，同时基地建设项目又是最集中的一年，施工队伍最多时达 5 家以上，施工人员达 250 多人，室外生火做饭点达 5～6 处，火灾隐患随时发生，针对这种状况，组织施工队伍的领导召开会议，层层落实，重要防火点设专人负责，加强防范意识，并指定两人进行昼夜巡查，发现隐患及时采取措施。由于措施得力，实现了安全工作的零目标。

二、基地建设完成情况

在部、局、院的亲切关怀和院西峰寺基地建设领导小组的直接领导下，基地建设在面临时间紧、任务重，同时上半年又受到“非典”影响的困难时，领导小组针对修缮改造任务，统筹规划，合理安排，严格按政府采购统一要求，对各单项工程进行公开招投标，在确保质量的前提下，加快了施工进度。由于西峰寺基地修缮改造规模较大，在实际工作中克服各种困难，正确处理和协调好所在地供电、消防、环保、园林、文物、规划部门等单位的关系，确保基地修缮改造工程进展顺利。于 2003 年 12 月 10 日完工，12 月 15 日交付使用。

(一) 完成修缮改造任务及内容

（1）西峰寺基地修缮改造任务按照基地总体规划设计方案、指导思想的要求，本着设计和建设应具有环保、生态的理念，真正体现以人为本、回归自然的居住目标，以保护历史自然文化遗产，尊重历史、崇尚自然为己任，在建设中确保自然景观和人文景观的完美结合和协调一致。逐步实现规模达到200~220人功能齐全，可接待各种会议、培训、疗养、度假的综合性培训基地。

（2）基地修缮改造工程建设第一阶段（2002~2003年）主要完成三项内容，一是基础设施建设，包括电增容、污水处理项目、电锅炉改造工程及水塔、建设移动通讯及电缆、电视、电话线路埋设工程；二是环境改造，在尊重历史、崇尚自然的总原则下，以大门、山门、大殿、上院为中轴路，对基地各院落进行布局和改造、美化，为充分开发和利用后山土地资源，修建了小循环、大循环甬路及亭、台并进行美化；三是对现有房屋和建筑物进行全面修缮和改造，包括上院平房仿古修缮和改造、大、小殿仿古修缮、原小餐厅改造小会议室、偏殿修缮、地宫修缮、餐厅改扩建工程、会议楼、客房楼内部装饰工程等，修缮改造面积5000平方米。以上内容共完成部下达的投资1248.77万元。

（二）基地修缮改造实施采取的措施

1. 加强组织领导，建立组织机构

成立了院西峰寺基地建设领导小组，由院领导侯金武任组长、马学明任副组长、院计财处、西峰寺培训中心等7人组成。

2. 认真做好招投标工作，选定队伍

严格按招投标程序操作。对古建筑和餐厅修建及培训楼、会议楼装修均进行了公开招标，在众多（8家）的投标施工队伍中，根据报价、资质和施工力量及技术水平，选定施工队伍，配套工程项目施工由相应部门的专职队伍承担。

3. 统一安排，严密组织，精心施工

由于修缮改造时间紧、任务重，且上半年受“非典”影响，无法正常施工，将大量工作都拖到下半年完成，故造成工期紧张，难度加大。其次，多项工程齐头并进，多家队伍同时施工，高峰时达250多人。

针对这一情况，我们将各项工程逐一排队，排出施工顺序，完成时间。要求施工队伍制定施工组织方案，排出施工进度表，制定保障措施。

在实施中，不间断检查，发现工期延后，立即召集施工队伍有关人员查找原因提出补救措施。同时，为集中精力施工，减少相互扯皮，定时和不定时召集相关施工队伍负责人参加协调会。在会上各自通报施工进展和工作安排，需协调的事项，在会上解决，尽管如此，在施工中各方仍经常发生摩擦，一旦发生，及时化解矛盾，从而调动了各方积极性，保证了修缮改造任务按期完成。

4. 严把质量关

在整个施工过程中始终贯彻了“百年大计质量第一”的指导思想。具体作法如下：

（1）配有专职监理人员，施工队伍除施工工程师外配有专职质检员，共同把关，共同对质量负责。

（2）严把进料关，主材必须选样和提交产品合格证认同后，方可进料，决不让不合格产品进入工地。同时对钢材、水泥必须送检合格方可使用。

（3）在施工中，监理人员、西峰寺领导和施工队伍工程师和质检员始终坚守在工地，发现问题及时纠正、返工，甚至推倒重来；所有隐蔽工程做到及时检查验收，决不漏检；每一步工作完成后都进行检查验收，合格后，方能开展下一步工作。对施工用料严格检查，决不允许以次充好和使用不合格产品。

（4）中间阶段性验收除请施工队伍负责人及工班长参加外，还请设计人员共同参加验收，共同把关。

（5）竣工验收组织双方有关人员共同参加，分项检查，找出问题后，限期整改。

5. 严格控制投资使用，加强审核

（1）加强预算工作的审核

在签订合同时，对施工队伍所报预算，根据设计图纸和北京市定额逐项审核，避免了多报和少报费用的现象，以便施工顺利进行。同时，对合同报价和审核价送标办审查和咨询。

（2）加强对决算审核工作

竣工验收后，对施工单位所作决算报告，按竣工图纸和设计对所有项目完成工作量逐一审查核实，对所套用定额是否准确进行认定，删除重复计算和多算工作量。完成以上工作后按北京市定额重新计算其价款，防止资金流失。

（3）严审合同外项目和市价材料价格

签订合同时，做到不漏项，实行费用包干，出现合同外项目时，现场及时核实计算。对市价材料领导小组成员亲自去市场考查，弄清准确价格后实行增减。做到基础工作扎实，避免了决算差错出现。

（4）压缩各种管理费用支出，节省工程投资

尽管修缮改造任务重，项目多，工期紧，管理人员少，但为了节俭开支，采取一人多岗，节假日不休息，加班加点的做法，做到工作再多不增人；严格控制活动经费支出。

中元基础工程有限公司

一、中元基础工程有限公司概况

中元基础工程有限公司成立于1995年，是中国地质环境监测院所属，具有独立法人资格，自负盈亏、自主经营的国有企业，在董事会的领导下实行总经理负责制。

二、2003年主要成绩

1. 各项经济指标完成情况

合同额920万元，实际完成收入701万元，占年度计划的131.2%；

生产税净额完成32.75万元，占年度计划的174.2%；

年营业盈余完成105万元，占年度计划的131.25%；

劳动者报酬完成55万元，占年度计划的105.8%；

设备完成20万元，占年度计划的100%；

资金回收率完成76.2%。

2. 强化项目成果管理

在2003年的项目管理中，强化项目质量管理，所有项目均做到了项目开展工作之前有设计、中期有检查、报告提交之前先内审的管理流程，通过强化项目管理提高项目成果的质量水平。

2003年中元基础工程有限公司承担的项目有：

（1）陕京二线建设用地地质灾害危险性评估；

（2）重庆市奉节县白衣庵滑坡防治工程施工图设计后期服务；

（3）重庆市奉节县宝塔坪滑坡防治工程施工图设计及设计图变更；

（4）湖北省巴东县黄土坡滑坡区滑坡与塌岸防治工程施工图设计及后期设计变更与设计优化；

（5）湖北省巴东县石榴树包滑坡塌岸防治工程初步设计、施工图设计；

（6）北京富安国际大厦基坑支护、土方、降水施工工程；

（7）西南成品油管线工程建设用地地质灾害危险性评估。

2003年共提交项目设计6份，成果报告8份，项目技术要求3份，所有项目成果均保质保量达到了业主合同要求，并经过了评审、验收。

3. 努力实现规模化经营

全方位、开放型的市场经济，要求必须破除小而全、固步自封的传统管理模式，信息化、集团化是开拓市场，将中元基础工程有限公司做大、做强的必然之路。中元基础工程有限公司最大优势在于技术和市场占有，相对不足之处在于人力资源、设备资源与所承担的任务相比明显不足，为此通过先后与21个单位的合作，从中有目的、有选择地与信誉好、实力强的地勘单位及研究单位结为合作伙伴，形成利益共同体，按照利益共享、风险共担、取长补短、共同发展的原则，以模拟集团化管理的方式形成相对松散的联合体来进行生产和经营，并坚持发挥中元基础工程有限公司在其中的龙头作用。2003年8月起，初步建成的中元基础工程有限公司联合体就是这一发展思路的尝试，通过几个大型的工程项目（出疆石油管线项目、三峡库区高切坡规前勘、三峡库区III期地质灾害规前勘等）的实践，证明这一思路是切实可行的，是符合目前公司情况的较好的发展模式。

4. 健全完善公司内部组织结构

根据中国地质环境监测院院领导将中元基础工程有限公司“做大、做强、做规范”的要求，借鉴现代化企业的管理模式，结合中元基础工程有限公司的实际情况，成立了生产、经营、施工、技术、财务、办公室等部门，明确了岗位职责。在公司总体管理上遵循“专业分工，统一指挥及高效能”的原则，实行总经理负责制。副总经理向总经理负责，部门负责人向分管经理负责，项目责任人向部门负责人负责，在情况紧急或者责任重大时，项目责任人可以直接对总经理负责。形成统中有分、分中有统、层层分解、任务到人的管理模式，各部门既各司其职又相互协作。到2003年12月底，总经理向董事会汇报工作两次，召开经理办公会议7次。

5. 推行经济目标管理责任制

根据2003年中国地质环境监测院下达的中元基础工程有限公司经营目标进行目标责任分解，落实责任到人，并进行目标责任制考核，兑现奖惩，逐步形成了一套目标责任制管理办法。

在勘察、设计中实行成本承包加节约提成奖励的管理办法，根据国家有关预算定额及市场实际，通过核算工作量，比较准确地核算出工作成本，有效地控制项目成本。在已经完成的宝塔坪、白衣庵、卧龙岗等滑坡的勘查设计工作中，已经贯彻执行这一工作思路。

在施工工程中推行工程成本承包加节约提成或利润保底加超额上缴分成的管理办

法，根据北京市预算定额及市场价格，核算出施工工程成本，进行承包，在北京富安国际大厦基坑工程中就采取了利润保底加超额上缴分成的管理办法。

通过这些举措，明晰了管理责任，实现了责、权、利的有机结合，极大地激发了员工的工作热情，提高了工作效率和经济效益。

6. 继续调整产业结构

根据中国地质环境监测院对中元基础工程有限公司加快产业结构调整的要求，2003年中元基础工程有限公司加快步伐开拓地质灾害危险评估、地质灾害勘查、地质灾害防治工程设计等市场，已经初步形成了以岩土工程施工、地质灾害危险性评估、地质灾害勘查、地质灾害防治工程设计、地质灾害防治工程监理等为主的产业格局，并建立了相应的技术管理体系和专家支持体系，全方位、多元化的产业结构已粗具规模。

中元基础工程有限公司是一个施工工程公司，岩土工程施工仍是目前公司发展的基础，公司的资质之一就是地基与基础工程施工。2008年奥运会为公司在基础工程施工中有所作为提供了契机，作为岩土工程施工主要内容之一的基础工程施工是公司未来的生存空间之一。2003年公司针对性地加强了岩土工程施工管理力量，施工形势明显好转。

地质灾害领域的工作是中元基础工程有限公司产业调整的重中之重，截至2003年12月公司已经完成了西气东输管道工程地质灾害危险性评估后续服务、陕京二线管线地质灾害危险性评估后续服务、西气东输支线地质灾害危险性评估后续服务、西南成品油管线地质灾害危险性评估后续服务，出疆石油管线、冀沪管线的建设用地地质灾害危险性评估也正在进行中。

在地质灾害的勘查设计等方面，先后完成了奉节县宝塔坪滑坡、卧龙岗滑坡、白衣庵滑坡的勘查、可研、初设、施设及后续服务工作；组织完成了石榴树包滑坡的可研、初设、施设工作；完成了黄土坡滑坡的初设、施设工作以及相关的设计变更与设计优化工作。

7. 重视安全生产管理

安全生产是公司效益的保障，在各项工作中，均把安全工作放在首位，做到施工有专职安全员，施工前必须签订安全责任书，并且有安全教育、安全技术交底；施工过程中各项安全管理措施有专人负责实施，保证了公司各项施工工作的安全运行，实现了全年安全生产无事故。在地质灾害评估、勘查工作中，对安全工作也给予了充分重视，每项工程签订安全责任书，落实安全责任到人，实现了全年安全无事故。

各省（自治区、直辖市）地质环境调查与监测工作

北京市地质环境调查与监测工作

北京市地质环境监测总站

主要完成的工作成果有：

一、地下水水位动态监测工作

北京市地下水动态长期监测孔主要分布在平原区，监测网控制面积6500平方千米，目前北京市有地下水动态长期监测孔647眼，其中承压水、潜水各占50%，有150眼为专门观测孔，国家级观测孔36眼。

1. 地下水监测工作

完成地下水位监测46584次，取得地下水动态资料49504个；并安装了60台WS－1040地下水动态自动监测仪。

2. 廖公庄均衡试验场

完成地下水蒸发与降水入渗观测365次，取得地下水蒸发与降水入渗资料17520个；气象常规观测365次，取得气象资料8760个。

3. 监测孔的维修维护工作

2003年加强了专门观测孔的旧孔修复工作，对城近郊区及大兴区、通州的专门观测孔进行了修复工作，具体方法是机械施工，进行清堵；另外采用空压机进行洗井；完成17眼观测孔的修复工作。

4. 资料整理工作

电脑录入2002年地下水动态资料49514个；绘制地下水动态曲线647条；绘制降水入渗曲线24条；绘制地下水蒸发曲线24条；绘制气象变化动态曲线24条；绘制2003年6月、9月、12月地下水等水位线及埋深图共6张；绘制2003年6月、9月地下水位与2002年同期水位比较图共4张。

5. 信息发布工作

完成了北京市平原区地下水情月报12期；完成了北京市平原区地下水枯水期地下水情预报；完成了北京市平原区地下水丰水期地下水情简报。

6. 新建监测孔

2003年新建地下水分层观测孔4组12个，总进尺1410米，分别建在：顺义区李家桥、通州区宋庄、通州区牛堡屯、大兴区榆垡（西马各庄）。

二、地下水水质监测工作

北京市水文地质工程地质大队于2003年6~7月即枯水期对北京市平原区包括延庆盆地在内的6528平方千米范围内309个监测井进行采样监测。其中地下水监测点304个，地表水监测点5个。地下水监测点中潜水监测井115眼，承压水监测井189眼，分布在城近郊区潜水井54眼，承压水井67眼，共121眼；分布在远郊区县潜水井61眼，承压水井122眼，共183眼。

1. 监测范围：

本年度地下水污染监测工作范围为北京市平原区包括延庆盆地在内，总面积约为6528平方千米。

2. 监测层位

本年度地下水污染监测层位北京市平原区第四系地下水主要开采区。

3. 监测项目

pH值、$NO_3^- - N$、$NO_2^- - N$、Cl^-、SO_4^{2-}、HCO_3^-、Na^+、K^+、Ca^{2+}、Mg^{2+}、$NH_4^+ - N$、总硬度、COD、溶解性总固体等。挥发酚类、氰化物、汞、砷、铬（六价）、氟化物等，共计21项。

有机物监测指标：

苯系物：苯、甲苯、乙苯、间对二甲苯、邻二甲苯、异丙苯等。

氯代烃：二氯甲烷、三氯甲烷、二氯乙烯、四氯化碳、三氯乙烯、四氯乙烯。

4. 监测结论

（1）在城近郊区，2003年地下水监测井超标率与2002年相比略有上升，地下水中总硬度和硝酸盐氮超标面积分别达到350平方千米和165平方千米，地下水中溶解性总固体、氯化物、硫酸盐在城市的东南郊地区的地下水中含量较高，在龙潭湖、天坛地区、丰台镇的监测数据时有超标。

（2）远郊区县监测井地下水水质，与2002年监测井地下水水质相比，除房山区超标井略增加外，其余各区县地下水监测井不论是监测井数量，还是监测项目含量指标均有不同程度减少或降低。从水质上看平谷、密云、怀柔水质较好，延庆、顺义、昌平水质一般，大兴、通州区相对较差。

5. 存在问题

有机物监测点较少、没有专门监测井、监测手段相对原始。

三、地面沉降网站建设工作

北京市地质环境监测院于2001年9月29日开始建设北京市地面沉降监测网站预警预报系统（一期）工程建设项目，项目总投资为2753万元。建设王四营、望京和天竺三个地面沉降监测站，站内设置基岩标孔3眼，分层标孔24眼，地下水长期观测孔16眼，孔隙水压力观测孔7眼。天竺站、望京站、王四营站完成标孔钻探工作（进尺分别为3859.23米、1776.86米和1422.55米），土建建筑面积望京和王四营站均为228.16平方米。天竺站为2469.66平方米，总建筑面积为2925.98平方米。外围动态监测井钻探工作完成39眼，累计进尺3513.5米，修复地下水动态监测井200眼，构成了针对地面沉降研究的地下水位动态观测网。野外调查工作完成调查面积接近3000平方千米。站内高程测量、外围动态监测井的高程测量累计完成一等水准约100千米、四等水准近50千米。完成外围地质孔20个，总进尺1300米，取土样244块（其中：44块高压固结样、180块常规样、20块孢粉样）并完成实验分析。各站分别以基岩标为基准点，通过自动化监测设备，定时观测分层标的变化量，结合站内、站外地下水水位、孔隙水压力变化数值，网站建设已经完成，2004年4月开始进行正常监测。

四、其他工作

1. 中-荷项目

2003 年 3 月份进行项目启动，收集资料、数据录入、数字化图件，外语培训 5 人参加，监测网优势培训学期 20 天 4 人次，地下水信息系统培训 20 天 4 人次。

2. 华北项目

由中国地质环境监测院实施的“华北平原地面沉降调查与监测”项目于 2003 年在北京市建设 GPS 基准站一座，GPS 永久观测墩 13 座，高精度地面沉降专门监测点 14 处，预计到 2004 年底投入使用。

3. 怀柔水源地、平谷水源地

怀柔水源地工程所完成的工程量包括：水文地质调查、钻探工程和地面物探工作 3 大项。其中钻探工程包括 18 对 36 眼水源井、4 眼 120 米专门观测孔和 5 眼 250 米专门观测孔，1 眼 42 米观测孔和 1 眼 80 米观测孔。该地区地层情况因地而异，在不同地区地层颗粒大小、结构、厚度不同。实际施工中根据物探测井解译成果确定成孔深度和成井深度。浅井的终孔深度一般在 121～125 米，成井深度在 120～122 米；深井的终孔深度一般在 251～258 米，成井深度在 245～253 米。在观4-2施工中，钻进深度达 80 米时遇到基岩，不能继续钻进。经过讨论决定观 4-1。观4-2不再继续钻进，分别在 42.00 米和 80.00 米深度终孔，成井深度分别为 40.50 米和 78.50 米。在 21 号水源井场南侧选择合适位置施工 250 米深层观测孔。本工程实际施工总进尺为 8659.56 米，其中：水源井 6778.06 米，专门观测孔 1881.50 米。

平谷应急水源地工作完成的主要内容：完成区域地质、水文地质调查工作，调查面积 1400 平方千米，水源地水文地质测绘 321 平方千米。调查了平谷地区基岩地下水的开采量、取水层位、水位动态等情况。分析了基岩地下水开采量与水位的相互关系，为评价基岩地下水的可开采资源量和应急水源地开采后的地质环境评价提供基础资料。完成 1400 平方千米遥感解译。完成 40 平方千米地球物理勘探。查明了中桥地区第四系厚度、富水情况、基岩埋深，圈定富水地段，为下期勘察工作提供基础资料。完成 4 眼基岩探采结合孔，钻探总进尺 3708.05 米。并对 2003JK-2、2003JK-3、2003JK-4、2003JK-5 进行单孔抽水试验，共 84 台班。群孔抽水试验 1500 台班。完成水化学全分析水样 68 件，氢、氧同位素 60 件，碳同位素 5 件。完成水位普测工作并建立了长观孔，共 65 个。完成地下水资源计算与评价。

4. 回灌工作

目前开展地下水回灌监测工作，一是北京市西山塑料制品厂，年回灌量为 69.2 万立方米；二是北京市海淀区四季青兴业氧气厂，年回灌量为 28.8 万立方米。

5. 完成各类报告

地质灾害评估报告 5 份（其中一级 1 份、二级 2 份、三级 2 份），水资源论证报告 14 份，环境评价报告 1 份，矿泉水开发利用方案 8 份。

天津市地质环境调查与监测工作

天津市地质环境监测总站

一、天津市地质环境监测总站概况

天津市地质环境监测总站与天津市地质调查研究院合署办公，主要从事天津地区地质环境调查与监测工作，业务上接受中国地质环境监测院的指导。2003 年度职工队伍稳定，全面完成各项地质环境调查与监测任务。

天津市地质环境监测总站人员机构状况表

直属科室（分站）		托管分站		总站隶属关系	现有职工人数——人
直属科室分站数——个	直属科室（分站）名称	托管分站数——个	托管分站名称		
6	1. 环境地质研究室 2. 地面沉降监测与研究室 3. 市区及近郊区监测分站 4. 滨海新区监测分站 5. 五县（区）监测分站 6. 地矿信息中心	1	大港分站	隶属地勘局	53

二、地质环境调查工作

2003 年度天津市地质环境监测总站开展的地质环境调查工作主要有：天津市蓟县地质灾害调查与区划、天津蓟县国家地质公园地质遗迹调查和环渤海地区（天津部分）地下水资源与环境地质调查评价。

1. 蓟县地质灾害调查与区划

中国地质环境监测院为项目组织实施单位，天津市地质环境监测总站为项目承担单位。取得的主要成果有：

（1）总结了蓟县地区地质灾害现状，基本查明了地质灾害的种类、分布规模、危害程度、形成条件及影响因素。编制了蓟县地区地质灾害现状及区划图（1∶10 万）、蓟县地区地质灾害防治规划图（1∶10 万）。

（2）确定地质灾害隐患点 63 处。查明了本区主要的地质灾害种类为崩塌、泥石流，其次为滑坡和地裂缝。另外在出头岭乡首次发现非震成因的地裂缝。

（3）在综合调查基础上，对本区地质灾害发育程度进行了分区和综合评价，确定了北部山区主要为地质灾害中易发区（分别为黄崖关—赤霞峪崩滑流亚区、盘山崩塌泥石流亚区、大星峪—铁岭子崩塌亚区、桑园—杨庄—道谷峪崩滑流亚区、庄果峪—田家峪崩滑流亚区、别山崩塌亚区）、平原区的蒙圈—下仓一带为地裂缝中易发亚区，其次为地质灾害低易发区（分别为草房峪—穿芳峪—朱耳峪崩滑流亚区、翠屏山崩塌亚区、赵家铺—鲁家峪崩滑流亚区），于桥水库周边及山前平原为地质灾害不易发区。并对重要的地质灾害点危险性进行了初步评估与预测。

（4）对蓟县地区地质灾害防治进行了分区与评价。确定了重点防治的灾害种类和重点防治的乡镇、居民点及工程设施。对重要地质灾害隐患点的勘查、监测、防治和分期安排提出了建议。

（5）为蓟县地区制定减灾防灾、国土开发与整治、经济建设和社会发展规划及地质灾害监督管理提供了参考依据。为编制地质灾害防灾预案、建立群测群防体系的依据提供了基础资料。

2. 天津蓟县国家地质公园地质遗迹调查

建设蓟县国家地质公园是天津市委、市政府2003年度改善天津城乡人民生活20件实事之一，天津市地质环境监测总站承担蓟县国家地质公园的地质遗迹调查与研究工作。取得的主要成果有：

（1）调查面积240.6平方千米。工作中采用点面结合、路线追索等方法，对蓟县境内各类地质遗迹进行了较为全面深入的调查，基本查清了工作区内地质遗迹的分布和特征。

（2）调查研究报告对各景点的地质特征、形成原因、学术价值和旅游价值进行了详细的阐述，除完成研究报告外，还提交了附表附图、博物馆设计方案、VCD光盘、导游手册、导游图、景点集及电子文档等相关资料。

（3）本次调查工作对蓟县地质遗迹资源共划分为10类28个亚类，共圈定了7个景区，86个景点。调查报告在阐述了地质遗迹开发利用现状的基础上，提出了地质遗迹的保护原则、保护内容与保护措施，并对地质遗迹的开发规划和今后工作方向提出了建设性的意见。该成果对充分发掘我市地质遗迹资源，普及地学知识等具有重要意义。

2003年9月29日天津市规划和国土资源局组织有关专家对项目进行了评审验收。2003年11月8日，天津蓟县国家地质公园正式揭碑开园，为振兴天津市旅游业做出了贡献。

3. 环渤海地区（天津部分）地下水资源与环境地质调查评价

该项目为中国地调局国土资源大调查项目，项目总体目标是：

（1）建立区域第四纪地层结构模型，开展海岸带沉积环境专题研究。

（2）评价区域地壳稳定性。

（3）开展区域水文地质调查，评价地下水资源及可持续利用潜力。

（4）查明海水入侵、海岸带侵蚀与堆积、地面沉降等主要环境地质问题，并预测其发展趋势。

（5）建立环渤海地区地下水资源与环境地质空间信息系统。

2003年完成的主要工作量包括：

（1）进行天津市蓟县、宝坻区、静海县野外综合调查，共调查155个点，完成重点地区调查面积2000平方千米，完成一般地区调查面积1600平方千米，并采取全分析+重金属+8项分析水样10个。

（2）地下水水位及地面沉降分层标监测100点次。

（3）进行野外调查资料的数据库录入工作和空间数据库的建设。

（4）编制完成环渤海地区区域地壳稳定性图，比例尺1∶100万。

（5）编制完成地区报告相关图件。

（6）进行地区报告和专题报告的编写。

截至目前，本项目编制完成了2003年地区和2号专题设计；已完成2003年度1∶25万的野外综合地质调查工作；水样采集已完成设计工作量。已编制完成了天津市第四系地质图、环渤海地区区域地壳稳定性图、地下水等水位线图、地下水水化学图、水质评价图、水文地质图、环境地质问题现状图、环境地质综合评价图和对策图等主要图件和报告插图；完成了环渤海地区地壳形变研究专题报告；完成了天津市汉沽地区地下水及地面沉降数学模型预测评价；地区报告和专题报告初稿已编写完成，并已汇交到项目综合组。

通过该项目的开展，对环渤海地区（天津部分）地下水资源与环境地质问题认识更加清楚，为天津经济和社会可持续发展提供了基础资料。

三、地质环境监测工作

1. 地下水环境监测

地下水环境监测范围包括天津平原地区，控制监测面积约10600平方千米，占全市总面积的90%以上。2003年度天津地下水环境监测主要开展地下水位监测、开采量调查、地下水水质监测等项工作。共设立地下水位监测点536个，全年完成水位观测26042点次；检查委托点1204点次；完成地下水位统测1360点次；完成地下水水质检测150个样品；完成天津中心城区540平方千米开采量调查工作。

对全年监测资料建立了数据库和相关信息系统，编制了有关图件。同时向有关部门提交了《天津市地质环境监测报告》（2003年度）和《天津市地下水水情通报》（2003年度）、《天津市地下水水情预报》（2004年度）。及时发布地下水环境信息，为城市建设和国土资源规划服务，为地下水资源与环境保护服务，取得了比较好的社会效益。

2. 地面沉降监测

地面沉降是天津市平原区最主要的地质灾害，几乎涉及宝坻断裂以南的整个平原地区，面积达8000余平方千米，与河北省沉降区连成一片。天津市区及近郊区和天津滨海地区地面沉降尤为明显，已形成了市区、塘沽、汉沽、大港及海河下游工业区等沉降中心。从有监测记录以来，天津市区最大沉降值已超过2.8米；塘沽区最大沉降值已超过3.1米，并造成8余平方千米地带低于海平面。

地面沉降监测主要在天津中南部城市地区开展，控制监测面积约2155平方千米，其中天津市中心城区540平方千米、塘沽区200平方千米、汉沽区270平方千米、大港区及中塘地区295平方千米、海河下游工业区及官港330平方千米、静海县东部520平方千米。2003年度地面沉降水准监测共实施一、二等水准测量4176千米。我站管理的地面沉降分层标有10组，沉降水位长观孔16个，孔隙水水头观测孔54个，主要开展分层标水准测量和分层标水位观测。

四、地质环境保护与宣传

4月22日是第34个世界地球日，天津市地质环境监测总站配合天津市规划和国土资源局进行了“善待地球，保护资源”为主题的大规模宣传活动。分设多个宣传活动场所，制作了宣传展板，发放了有关宣传材料，向过往行人宣传保护地球和保护地质环境的重大意义，并解答了人们比较关心的一些问题。

天津市地质环境监测总站还进行了天津市控制地面沉降的宣传活动。在天津大直沽分层标房制作了宣传展板，展示了天津控制地面沉降的历程、技术手段、取得的经验和成就，并对下一步控沉工作进行了合理规划。

五、地质灾害防治与治理

按照国土资源部和天津市规划和国土资源局的要求，天津市地质环境监测总站编制了“天津市蓟县地质灾害防治预案（2003年度）”，对蓟县主要地质灾害隐患点提出了防治预案。

1. 重点防治区

分布在黄崖关—九山顶—八仙山、盘山及县城北侧大星峪—铁岭子—骆驼岭三个亚区，总面积137.92平方千米。根据地质灾害类型划分为崩滑流防治亚区、崩塌泥石流防治亚区和崩塌防治亚区。

（1）崩滑流重点防治亚区

该区位于黄崖关—九山顶—八仙山一带，面积为61.93平方千米。区内旅游景区分布较多，其中黄崖关、九山顶、八仙山均为著名的旅游风景区，此外还分布有龙泉山游乐园、劲松园、黄乜子景区和中上元古界地质剖面等。该区地质环境条件差，崩滑流为该区主要的地质灾害，许多房屋建在沟道中或沟口附近，如果发生泥石流将遭受到较大损失。许多景区及公路两侧分布有崩塌隐患，给游客及车辆安全构成威胁。

重点防治点有：黄崖关崩塌。

次重点防治点有：小东沟滑坡。

防治预案：此区内的灾害防治措施应以生物措施为主，辅以轻型水利工程措施。生物治理主要通过大力植树造林，防止水土流失以减慢碎屑物聚集速度来达到防治泥石流的目的。在沟道内修建一些拦沙坝、塘坝及小水库等水利工程，使泥石流得以全面、合理的治理。对旅游区及公路沿线的崩塌危险地段进行治理，减少崩塌产生的可能性。对存在地质灾害危险的隐患点应加强监测预报。

（2）崩塌泥石流重点防治亚区

该区位于蓟县西部盘山旅游风景区及骆驼庵一带，面积为44.85平方千米。根据天津市蓟县总体规划，盘山地区为绝对保护区，因此，地质环境的保护也是重中之重。该区地质环境条件较差，崩塌、泥石流为该区主要的地质灾害，许多房屋建在沟道中或沟口附近，如果发生泥石流将遭受到较大损失。景区及公路两侧分布有崩塌隐患，给游客及车辆安全构成威胁。

重点防治点有：双安西沟及西北沟二处泥石流。

次重点防治点有：田家峪东沟泥石流。

防治预案：新建工程厂址不宜选在泥石流沟的形成区、流通区和堆积区，对采矿弃渣、工程建设弃土要规划选择可靠的堆放场地，不能在山坡上、沟谷中随意乱堆乱放，提高山区新建水库工程质量，杜绝溃坝事件的发生，对泥石流沟内水库，要经常进行检查、维护，杜绝坝下和坝肩的渗漏和溃坝。生物治理主要通过大力植树造林，防止水土流失以减慢碎屑物聚集速度来达到防治泥石流的目的。对旅游区及公路沿线的崩塌危险地段进行治理，减少崩塌产生的可能性。对地质灾害的隐患点应加强监测预报。

（3）崩塌重点防治亚区

该区位于县城北侧大星峪—铁岭子—骆驼岭一带，面积为31.14平方千米。根据天津市蓟县总体规划，县城西移至五名山南麓，因此，地质环境的保护也是重中之重。该区地形为低山丘陵，交通便利，采石场较多，人类工程活动是产生崩塌滑坡灾害的主要因素，集中降雨和人为因素均能诱发崩塌灾害的发生，人工崩塌灾害是该区主要地质灾害，同时崩塌碎块及尾矿渣也是潜在的泥石流灾害的物源，这些地质灾害隐患严重威胁本地区人民生活，公路两侧分布的崩塌隐患，给游客及车辆安全构成威胁。

重点防治点有：五名山滑坡。

次重点防治点有：大星峪崩塌。

防治预案：此区内的崩塌、滑坡灾害防治措施应加强对现有崩塌隐患的监测工作，必要时采取工程措施，包括消方减载、消除临控面，减小变形作用力，增强变形体自身稳定性，搞好地表及地下水排水，同时辅以生物措施，生物治理主要通过大力植树造林，防止水土流失以减慢自然因素对不稳定岩体的风化作用，对旅游区及公路沿线的崩塌危险地段进行治理，减少崩塌产生的可能性。对存在地质灾害危险的隐患点应加强监测预报。

2. 次重点防治区

分布在北部山区腹地大部分低山丘陵地

区及西部山区庄果峪、新房子一带。另外，平原区蒙圈—下仓一带亦为地裂缝灾害的次重点防治区。此类防治区的总面积为387.03平方千米。根据地理位置分为罗庄子腹地防治亚区、庄果峪—新房子防治亚区和下仓防治亚区。

(1) 山区腹地崩滑流防治亚区

分布在山区腹地罗庄子、芳峪、穿芳峪一带。面积225.61平方千米。崩滑流为主要地质灾害。该区历史上多次发生泥石流灾害，发育有较多的泥石流沟谷，区内分布的保护区及一些村庄受到泥石流灾害的威胁。此外，人类不合理的工程活动形成的崩塌、泥石流隐患也对区内道路、行人及车辆构成威胁。

次重点防治点有：新水厂滑坡。

防治预案：此区内应实施生物治理措施，植树造林，整治荒坡，减少水土流失，减少泥石流灾害产生的物质储备。并对不合理的人类工程进行必要的治理，减轻地质灾害威胁，对存在泥石流灾害危险的保护区及村庄应在汛期加强监测，遇到危险及时避让。对公路沿线的崩塌危险地段进行治理，清理危石，削坡固坡，减少崩塌灾害的产生。

(2) 庄果峪—新房子崩滑流防治亚区

该区位于蓟县西部白涧乡、许家台乡庄果峪、新房子一带，面积为36.30平方千米。区内地形高差较大，地质环境条件差，崩滑流为该区主要的地质灾害，许多房屋建在沟道中或沟口附近，如果发生泥石流将遭受到较大损失。公路两侧分布有崩塌隐患，给行人及车辆安全构成威胁。

重点防治点有：庄果峪崩塌。

防治预案：此区内的灾害防治措施应以生物措施为主，重点地段应辅以工程措施，消方减载、消除临控面，减小变形作用力，增强变形体自身稳定性。生物治理主要通过大力植树造林，防止水土流失以减慢碎屑物聚集速度来达到防治泥石流的目的。在沟道内修建一些拦沙坝、塘坝及小水库等水利工程，使泥石流得以全面、合理的治理。对公路沿线及村庄附近的崩滑危险地段进行治理，减少崩滑产生的可能性。对存在地质灾害危险的隐患点应加强监测预报。

(3) 下仓地裂缝防治亚区

位于南部平原的蒙圈乡、大横上乡和下仓镇一带，总面积125.70平方千米，地貌类型为冲积平原，第四系厚度200~300米，为基岩浅埋区。地下水的开采是产生地表裂缝的主要原因。自1984年起，陆续发现了地面开裂、房屋裂缝、大堤及机井等水工建筑物破坏等现象，严重威胁蓟运河行洪和居民生活安全。

防治预案：对于此区的地裂缝灾害的防治工作，应进行地裂缝成因的课题研究，进一步研究其产生的机理。利用已有的勘探成果及长期积累的水源地开采量、水位以及地裂发展等方面观测资料，进一步校核水源地可采量，制定更为科学合理的开发方案，以防止水源地地区地裂缝的进一步发展，也为新水源地的勘探开发提供参考。另外，应布设地形变监测设施，开展地形变监测工作。

河北省地质环境调查与监测工作

河北省地质环境监测院

一、地质环境调查工作

河北省地质环境调查工作基本在重要地市级城市进行，2003年启动了石家庄、秦皇岛、邯郸、衡水、沧州等五市城市地质环境调查评价工作。河北省地质环境监测院只承担了石家庄、邯郸两市的地质环境调查与评价工作，目前该项工作尚处于进行中。

二、地质环境监测工作

2003年地质环境监测工作在2002年基础上，继续克服了监测经费严重不足的困难，在各级领导的关怀、支持和广大监测职工的努力下，全面完成了年度地质环境监测工作，主要包括：

1. 地下水位动态监测

地下水动态监测，全省共完成监测点2696个，其中国家级121个、省级888个、市域级1687个。监测频率为国家级和城市省级监测点6次/月，区域省级监测点3次/月，市域级监测点在6月和12月统测两次，除衡水站全部及其他城市部分监测点实施专业人员自测外，其余均委托群众监测。对委托群众监测点，年度内均进行了2～4次检查工作。

2. 地下水质监测

对地下水水质长期监测点及重点地区进行了水质监测，保证了地下水水质监测的连续性。共采取水样538件，其中城市取样253件、区域取样285件。唐山、廊坊、保定、石家庄、邢台、邯郸、承德等站水质分析样均按地下水质量标准分析项目进行，并进行了全（简）分析。

3. 地下水量监测

地下水开采量试验点4处，开采量调查779眼井，各市地下水开采量以收集有关部门资料为主。城市工业及生活用水以收集自来水公司和节水办公室的实际开采量统计资料为主，区域以收集水利统计资料用灌溉定额及地下水动态资料加以核实确定。

4. 地下水温监测

全省地下水水温监测71处，同时在枯水期水质采取水样的同时监测水温。

5. 其他监测项目

秦皇岛在沿海海水入侵地带进行了海水入侵监测；海岸蚀退调查及监测，并设有7条监测剖面；承德小流域监测3处；2003年我省还进行了地热监测6处；泉水流量监测13处；河流监测4处，矿泉水监测18处，酸雨监测2处。

6. 地质环境问题及地质灾害

河北平原地面沉降，由于没有进行实际监测，其沉降量多为推测数据，2003年正式启动了河北平原地面沉降监测网建设。

汛期开展地质灾害调查和地质灾害气象预报工作，分别在汛前、汛期和汛后进行山区突发性地质灾害调查三次，出动总人次约176人次，取得地质灾害防治主要成果包括：

（1）进行了全省11市汛期地质灾害调查。

（2）建立了汛期地质灾害气象预报和业务培训制度，进行预报13次，在省电视台等大众媒体上发布8次，成功预报了承德县刘家店乡金厂村泥石流。唐山、邯郸、邢台、承德等大部分市也进行了预报工作，并在媒体上发布，收到了良好效果。

（3）制定了全省及分市地质灾害防治规划；全省64个山区县（市）地质灾害调查与区划通过验收，建立了地质灾害管理信息系统；对县（市）地质灾害调查与区划成果进行了汇总出版。

7. 地下水均衡试验场

地下水均衡试验场分设在沧州、保定两市。沧州地下水均衡试验场完成地下水动态监测井7眼，地中渗透仪12套/4组，并有降水、蒸发等观测项目；保定均衡试验场分东、西两场，东场有地中渗透仪1米、2米、3米、5米四组12套，并有降水、蒸发、酸雨等观测项目。西场有地中渗透仪3米、5米、9米试皿5套。

两试验场均没有资金维修、保护。仪器设备老化、损坏，多年不能购置，暂维持运行。

山西省地质环境调查与监测工作

山西省地质环境监测中心

一、地质环境监测工作现状

1. 概况

山西省地质环境监测中心原名山西省地矿局环境地质总站，是根据原地质矿产部地劳〔1985〕201号《关于成立山西省地矿局环境地质总站》的批复于1987年正式成立的，编制80人，建制县团级，为全额拨款事业单位。承担全省地质环境监测与评价工作。

根据晋编字〔2000〕125号文，单位于2000年12月划归国土资源厅管理，更名为“山西省地质环境监测中心”，仍为县处级建制。按照国土资发〔2001〕73号文《省国土资源厅在属事业单位“三定”方案》其主要职责是：承担编制地质环境保护规划、地质遗迹保护与合理利用规划、地质灾害防治规划的具体事务；具体实施地质环境监测规划、计划；承担全省地质环境监测数据和资料的汇总、分析及处理；承担全省地质环境和重大地质灾害的监测、调研和评价，以及重大地质灾害治理工程的技术服务。基本情况如下：

山西省地质环境监测中心为山西省国土资源厅直属事业单位，由山西省编委核准的编制为68人，中心领导职数3人（其中主任1人，副主任2人）。

现有在册职工68人（包括离退休人员9人），在岗人员59人，平均年龄39岁，其中在岗的技术人员46人，教授级高工2人，高级工程师18人，工程师18人，助工8人，技术人员占78%，大多为1993年前毕业的大学本科生，研究生4人，大专以上学历占83%，属于技术密集型单位。

根据职责工作任务，山西省地质环境监测中心经山西省国土资源厅批准现设置九个科室。其中职能科室3个（包括行政办公室6人，党群办公室3人，计划财务科4人），管理人员13人。业务科室6个，其中综合科9人（包括微机信息资料复制），地下水环境监测科10人，地质灾害勘察科8人，矿山环境监测科6人，地质灾害预警预报室5人，物探测量分队8人，一线人员所占比例为73%。

2. 各分站隶属关系

属地化后，山西省地质环境监测中心无直属分站，各分站现为山西省地勘局管理，现下设太原、大同、长治、侯马、忻州、朔州、晋中七个分站，由于无隶属关系，只是业务指导，因此在工作中产生许多不便。

3. 地下水监测现状

经过数十年的建设，形成了基本控制山西省区域地下水位、水质的监测网络，控制面积25949平方千米。共有407个地下水位监测点（其中国家级点11个，省级点274个，地级点122个），454个地下水水质监测点，4个水量监测点，234个水温控制点，监测点运行情况为自动化监测点数9个，毁坏监测点数178个。

各分站基本情况：

大同站主要监测范围为大同市城区，控制面积625平方千米，主要监测第四系松散层孔隙水。原有监测点64个（其中国家级点2个，省级点40个，地区级点22个）。

忻州站主要监测范围为忻州盆地的第四系松散层孔隙水，控制面积3000平方千米。原有监测点54个（其中省级点28个，地区级点26个）。

太原站主要监测太原市附近平原区地下水及部分奥陶系岩溶水，监测控制面积1165平方千米。原有监测点81个（其中国家级点4个，省级点33个，地区级点44个）。

晋中站主要监测太原断陷盆地（除去太原分站部分）第四系松散层孔隙水，监测控制面积4222平方千米。原有监测点61个（其中省级点44个，地区级点17个）。

侯马站主要监测运城、临汾断陷盆地第四系松散层孔隙水，监测控制面积11487平方千米（其中运城盆地5981平方千米，临汾断陷盆地5506平方千米）。原有监测点109个（其中国家级点2个，省级点107个）。

长治站监测范围为长治断陷盆地及沁水向斜山地区，监测控制面积3909平方千米。监测类型为长治盆地第四系松散层孔隙水及辛安泉、延河泉、三姑泉三个泉域的岩溶水。原有监测点39个（其中国家级点2个，省级点22个，地区级点15个）。

朔州站监测范围为朔州地区平原区松散层孔隙水，拟选监测点56个（其中国家级点1个，省级点55个）控制面积1000平方千米。

关系的不顺和监测资金投入严重不足等诸多原因，多数分站对已所属监测范围井（孔）的监测资料不向中心汇交。尤其是2002年以后，仅有太原、大同和侯马分站汇交了地下水动态监测资料。

大同分站：2003年初正常观测的长观孔有38个，其后由于选用民井淤堵、卡线等原因，致使房子村C_{62}、东河口C_{36}、化纤厂西C_{42}号观测孔不能观测。因此到2003年11月底，正常观测的长观孔仅剩35个，其中专门观测孔27个，选用民井8个。

太原分站：2003年度共有长期监测点77个，漏斗统测点200个，水质监测点48个。

侯马分站：进行地下水位监测井孔只有15个（运城盆地9个、临汾盆地6个）。

4. 地质灾害监测现状

山西省地质灾害种类多，分布广，灾情重，损失巨大，制约着国民经济的发展，威胁着人民的生命和财产安全。随着国土开发强度加大，人类对地质环境的破坏程度增强，地质灾害发生的频度和强度逐年增加。山西省地质灾害包括崩塌、滑坡、泥石流、地裂缝等灾种，灾害所造成的直接经济损失约占各种自然灾害损失总和的1/10以上。据不完全统计，20世纪80年代以来各类地质灾害造成的直接经济损失超过30亿元，死亡人数超过2000人，地质灾害已经成为山西省制约经济健康发展和影响社会稳定的重要因素之一。

截至2003年底，完成地质灾害调查与区划项目20个县（市），确定灾害隐患点数2616个，群测群防点数1059个，控制面积32863平方千米。

二、完成的主要工作

1. 县市地质灾害调查与区划

2003年度中国地质环境监测院下达的高平市、交口县、太原市晋源区、临汾市尧都区等4个县（市、区）地质灾害调查与区划项目已完成全部工作（待评审），野外工作量见下表。

2003年度地质灾害调查与区划项目完成工作量统计表

工作内容	项　目	单位	完成实物工作量				备注
			高平市	晋源区	尧都区	交口县	
资料搜集	气象	年	1958～2000	1960～2001	1971～2001	1960～2000	
	区域地质、矿产地质	份	6	2	3	3	
	水文地质	份	1	4	2	1	
	环境地质	份	2	1	2	2	
	县志、规划等	份	4	2		3	

续表

工作内容	项　目	单位	完成实物工作量				备注
			高平市	晋源区	尧都区	交口县	
野外调查	地质灾害调查面积	km^2	946	291.75	1306.71	1257	
	调查路线长度	km	1300	340	2000		
	调查村庄	个	461	96	700	474	
	调查矿山	座	38	10	10	62	
	滑坡	个	6	16	40	29	
	崩塌	个	8	2	4	17	
	采空塌陷	个	16	3	3	17	
	地裂缝	处	54	11	70	28	
	泥石流	条	0	3		10	
	不稳定斜坡	段	22	18	18	42	
	地面沉降	处		2			
	拍照	张	178	202	124	160	
	建立群测群防网络监测点	个	53	17	88	90	
	新发现地质灾害点	个	106	46	130	108	
	填写地质灾害点卡片	张	106	55	135	143	

高平市、交口县、太原市晋源区、临汾市尧都区共完成1∶5万调查面积2801.46平方千米，调查地质灾害点439个（处），其中高平市106个（处），太原市晋源区55个（处），临汾市尧都区135个（处），交口县143个（处）；共发现地质灾害隐患点156个（处），其中高平市33个（处），交口县45个（处），太原市晋源区20个（处），临汾市尧都区58个（处），对这些隐患点全部发放了监测、避灾明白卡，明确了监测责任人，并对监测人员进行了培训，为预防地质

灾害、最大限度地减少人民生命财产损失奠定了技术基础。

2. 矿山地质环境调查与评估项目

（1）山西省矿山地质环境调查与评估

山西省矿山地质环境调查与评估主要工作量为填表调查（发放调查表7483套，回收7263套）、矿山地质环境实地调查与核查（调查与核查矿山478个）、遥感解译以及信息系统建设等，已完成。

通过矿山地质环境调查资料初步统计：山西省矿山开采造成的地面塌陷800多处，地裂缝地质灾害1100余处（群），崩塌19处，滑坡60处，泥石流10次，矿坑突水40多处。山西省矿山占用破坏土地共23020.11公顷，其中矿山占用破坏耕地18319.80公顷，为总占用破坏土地的79.6%；矿山占用破坏林地1985.54公顷，为总占用破坏土地的8.6%；矿山占用破坏草地1650.68公顷，为总占用破坏土地的7.2%；矿山占用破坏其他类型土地1064.09公顷，为总占用破坏土地的4.6%。山西省矿山废水包括矿坑水、选矿废水、堆浸废水和洗煤水。据本次调查资料统计，全省矿山废水年产出量为68891.36万吨，年循环利用量为23878.62万吨，综合利用率为34.7%。

矿山废渣包括尾矿、废石（土）、煤矸石、粉煤灰和其他类型废渣。据本次调查资料统计，全省矿山废渣年产出量为12040.41万吨，年循环利用量为1157.22万吨，综合利用率为9.6%。

（2）山西省矿山地质环境综合调查与评估

山西省矿山地质环境综合调查与评估项目2003年3月接到地调局任务书后开始工作，2003年8月通过设计审查，主要进行专项环境地质调查、工程物探、采集土样、水样及山地工程等野外工作，由于受“非典”疫情影响，野外工作有所延误。至2003年底，完成了大部分野外工作，目前正在进行遥感解译工作，同时进行整理资料、编制报告及有关图件。

山西省矿山地质环境综合调查与评估项目完成工作量一览表

序号	工作项目	设计工作量	完成工作量
1	1:5万专项环境地质调查/km^2	1500	1530
2	遥感解译/km^2	4000	1500
3	综合物探/km^2	5	5
4	山地工程/m^2	2000	2000
5	水样/组	200	200
6	土壤样/组	100	101
7	煤矸石样/组	20	20

三、队伍建设和业务建设

（1）根据国土资发〔2003〕358号文，山西省地质环境监测中心积极与地方各有关部门联系，经常性支出和基本建设经费已纳入了地方财政预算。

（2）为了不断提高技术人员的业务素质，山西省地质环境监测中心采取了一系列措施：聘请有关专家学者进行讲座；鼓励技术人员撰写论文投稿或参加与水工环地质相关的学术交流会；鼓励技术人员进行硕士、博士学位的攻读；对地质调查成果质量优秀的项目组进行奖励等等。

（3）承担地方公益性地质调查工作、发挥地方公益性地质工作主导力量方面的典型事例：

作为政府的地质环境业务支撑单位，各地只要发生地质灾害，山西省地质环境监测中心立即协助山西省国土资源厅派出技术人员进行调查，查明原因、布置监测、提出防治措施，受到了各级部门的好评。2003年共进行地质灾害应急调查10多次，包括宁武县东寨镇石窑沟村煤层自燃、地面塌陷，河曲县沙泉乡石槽沟村黄土崩塌，隰县黄土镇义泉村黄土湿陷、洪洞县淹底乡下安村黄土崩塌，左云县鹊山镇采空地面塌陷，蒲县蒲城镇荆家庄黄土崩塌等地质灾害的调查。

（4）受各级政府和部门表彰情况：

山西省地质环境监测中心承担的2002年度沁水县、平顺县、五台县、柳林县等4个县地质灾害调查与区划成果全部被评为优秀报告，2003年省国土资源厅推荐山西省地质环境监测中心为山西省劳动竞赛委员会“一等奖”获得单位及省精神文明建设先进单位。

四、存在主要问题

（1）地下水监测作为地质环境监测的一项主要内容，已引起部有关部门的高度重视，国土资环函〔2002〕6号又对今年地下水监测及水情通报作了系统的安排。但在地下水动态监测方面，目前仍存在体制不顺，难以适应部环境司及中国地质环境监测院的具体业务要求。

（2）矿山地质环境的监测目前刚刚起步，缺乏必要的高、精、尖监测仪器及交通工具，使监测工作难以适应新形势下地质环境管理的要求。

（3）大部分技术人员都已毕业超过10年，知识老化、亟待学习、更新。

五、今后工作建议

根据山西省水工环地质调查工作现状及社会需求，提出如下工作建议：

1. 进一步理顺对各监测分站的业务管理关系

通过大中型地下水环境及矿山地质环境勘察评价项目，应用新技术逐步调整全省地下水动态监测网络并向矿山地质环境监测方面逐渐拓展。配备必要的监测仪器及设备，提高监测工作的科技含量。

2. 对山西省地质灾害较发育的县（市）继续开展地质灾害调查与区划工作

尽早查明全省各县（市）地质灾害的现状，划出地质灾害易发区、危险区及隐患区。对危险地段、危险灾害体及时勘查、评价，以便提出切实可行的防治措施。

3. 开展山西省太原、大同城市平原区地面沉降及地裂缝现状调查与监测工作

鉴于山西省太原、大同两大城市出现的地面沉降、地裂缝已造成了严重的经济损失，因此以查清太原、大同城市平原区地面沉降及地裂缝现状为目标，开展山西太原、大同城市平原区地面沉降及地裂缝现状调查工作，对地面沉降及地裂缝实施区域监测，研究地面沉降及地裂缝发生机理，为政府有关部门有效地行使地质环境管理职能、合理制定社会经济发展规划、减灾防灾提供科学依据意义重大。

4. 开展城市地质灾害防治工程综合研究工作

随着城市化进程加快，城市已成为人类活动对地壳表层影响强烈的地区。城市地质灾害防治主要研究内容：城市地质作用与灾害、城市地质环境条件的勘查与评价、城市土地资源利用与合理规划论证、城市地下空间开发利用、城市地下水资源开发利用和保护，建立城市地质灾害防治信息系统。

5. 开展地质灾害综合风险区划工作

以全省1∶50万环境地质调查、1∶5万县（市）地质灾害调查与区划及矿山地质环境调查等资料为基础，运用地理信息系统（GIS）技术，建立潜在地质灾害危险性和社会经济易损性为函数的风险性评估模型，提出灾害风险分区图，为全省国土资源开发和地区经济布局提供科学依据。

6. 开展地质灾害监测预报网络体系建设

工作

防灾减灾是有关政府部门的一项长期任务，应基于经济、环境的现实，广泛开展防灾、减灾教育宣传活动，提高广大群众的防灾意识，尽快建立健全地质灾害群测群防网络体系，让全社会都关注减灾、防灾工作。①突发性地质灾害群测群防网络建设。突发性地质灾害监测预报重点是群测群防。监测应统一要求，专家指导，专业监测和群众监测并重。地质灾害隐患点监测一般由当地乡（镇）或行政村指派专人按要求进行监测；对危险性、危害性大的较大规模地质灾害隐患点，由当地政府负责指派经过一定监测培训的人员采用多种监测手段进行监测。重点建立地质灾害群专结合监测点600~1000个，并由山西省地质环境监测中心统一监督管理。在对地质灾害隐患点系统监测基础上，实施中期、短期和临灾预报。②专业骨干网络建设。建议开展太原西山矿区地质灾害监测网建网勘察工作，尽早建成监测网并开始正常监测。专业骨干监测网络建设中应尽可能采用最新的监测技术与监测手段，提高监测工作的科技含量。

7. 开展地质灾害气象预警预报工作

山西省大多数突发性地质灾害是由于大气降雨直接诱发，因此及时开展地质灾害气象预报预警工作，对有效减轻地质灾害对人民生命财产造成的危害，提高全体公民的防灾减灾意识，提高地质灾害群测群防的针对性、有效性，推动各级地方政府的地质灾害防治工作，具有重要的现实意义。

内蒙古自治区地质环境调查与监测工作

内蒙古自治区地质环境监测院

一、监测工作

内蒙古自治区地质环境监测院是专门从事全区地质环境监测工作的公益性事业单位，自2003年1月1日起隶属于内蒙古自治区国土资源厅。目前下设呼和浩特、包头、赤峰、通辽、乌海、集宁、河套七个直属监测站，东胜监测站为托管站，由内蒙古第二水文地质工程地质勘查院主管。

地质环境监测工作主要进行呼和浩特、包头、赤峰、通辽、乌海、集宁、东胜等7个城市及近郊的地下水位、水温、泉流量动态及水质监测，河套分站目前仅有1个国家级长观点进行水位、水质监测。监测总控制面积4217平方千米，现有各类地下水监测点1149个，其中水位长期监测点373个，水位统测点379个，水质采样点397个，全年总监测次数20813次。此外，对包头市石拐区大发滑坡和红旗山危岩体进行了监测，其中大发滑坡共设置了9个位移监测点和1个地下水监测点，监测面积2平方千米；红旗山危岩体设置6个位移监测点，监测面积1平方千米。

二、地质环境调查工作

1. 内蒙古自治区 1∶50 万区域环境地质调查

该项目为续作项目，项目起止时间为 2001～2003 年。2001 年完成了中西部四盟市调查及资料搜集工作，2002 年度完成了中部四盟市（包头市、呼和浩特市、乌兰察布盟、锡林郭勒盟）的野外调查工作，2003 年完成了通辽市、赤峰市、兴安盟、呼伦贝尔市的调查工作。共完成调查面积 82.3 万平方千米，遥感解译 34 万平方千米，环境地质调查点 650 个，采取土样并进行室内试验 195 件，实地拍摄照片约 200 张，实地录像 2～3 小时，完成了地理信息系统建设及成果报告送审稿的编制，于 2004 年初提交国土资源厅审查。

2. 内蒙古自治区兴和县地质灾害调查与区划

该项目是中国地质环境监测院于 2003 年 3 月下达至内蒙古自治区地质环境监测院。工作起止时间为 2003 年 3 月至 2004 年 3 月。野外调查工作始于 2003 年 6 月，至 2003 年 9 月结束。对全县 14 个乡、镇的 161 个行政村、6 个居委会逐点开展了详细调查。共完成调查面积3519 平方千米，调查点 477 个，实测剖面 10 条计 550 米，开挖探槽 150 立方米，采取岩土样 2 件，水样 8 件，实地拍摄照片 100 张，录像 80 分钟。通过调查，确定地质灾害隐患点 29 处，该县地质灾害类型主要有泥石流、崩塌、滑坡、地面塌陷。其中，泥石流 15 处，崩塌 12 处、滑坡 1 处、地面塌陷 1 处。

本项目野外调查工作于 2003 年 10 月通过了内蒙古国土资源厅组织的质量检查，并同时通过了内蒙古地质环境监测院组织的野外验收和质量检查。

3. 内蒙古自治区包头市石拐区煤矿矿山环境恢复治理项目

2002 年 1 月 17 日，国土资源部地质环境管理司以国土资环函〔2002〕3 号文给内蒙古国土资源厅下达了“内蒙古自治区包头市石拐煤矿矿山环境恢复治理”项目，项目工作年限为 2 年。内蒙古国土资源厅责成我院具体组织实施该项目，其中调查工作及项目设计书由内蒙古地质环境监测院负责，治理工程由包头市石拐区国土资源局实施。

按照“设计书”要求开展的工作有：平整矸石、表土覆盖、整修边坡、种植树木；排水沟、台阶砌筑及草坪种植；工程整修完善及树木花草养护。

4. 内蒙古扎兰屯东山泥石流治理示范工程

内蒙古扎兰屯东山泥石流治理示范工程是中国地质环境监测院于 2002 年 11 月下达给内蒙古自治区地质环境监测院的工作任务。受“非典”影响，2003 年上半年工作无法正常展开。2003 年 9 月，由内蒙古自治区地质环境监测院编制的《扎兰屯东山泥石流治理示范工程设计书》通过了内蒙古自治区国土资源厅的审查。

2003 年 9 月，内蒙古地质环境监测院就治理工程与扎兰屯国土资源局签订协议，决定扎兰屯东山泥石流治理示范工程施工由扎兰屯国土资源局组织实施。内蒙古地质环境监测院派两名技术人员在现场对工程进行监督、指导。

治理工程施工于 2003 年 10 月 5 日正式开始，截至 2003 年 11 月 10 日，共投入 304 个人工日，各类机械 64 个台班次。完成削坡工程量 3960 立方米（占设计工程量的

80.32%）、平整工程量4300立方米（占设计工程量的79.04%）、护坡挡土墙基础开挖500立方米（占设计工程量的28.14%）。

因进入封冻期，从11月11日始停止施工，进入备料阶段。计划于2004年5月1日前恢复施工。

辽宁省地质环境调查与监测工作

辽宁省地质环境监测总站

一、地质环境调查工作

1. 辽宁省铁岭市（调兵山市、银州区、铁岭县）地质灾害调查与区划项目

该项目由中国地质环境监测院以中地环函〔2003〕13号文（水〔2003〕011－05）下达任务，委托辽宁省地质环境监测总站承担。完成的主要实物工作量有：地质灾害调查面积2687平方千米，调查点108个，访问点120个，监测点84个，摄影照片129张，提交文字报告一份，附图5张，附件2件及各类附表。辽宁省国土资源厅于2004年6月28日审查验收，评分93分，评分等级为优秀。

（1）在充分收集，利用该地区已有水文地质、工程地质、环境地质、灾害地质等资料的基础上，以专业调查、现场走访与群众报灾相结合，遵循“以人为本”的原则，以地面塌陷、地裂缝地质灾害调查为主，对重要地质灾害隐患点投入了详细工作，并采用地理信息系统、卫星全球定位系统等技术，突出了重点，技术方法先进。

（2）报告重点评述了地面塌陷、崩塌、滑坡等地质灾害的发育现状，发育特征及分布规律，对其形成条件进行了分析，对23处重要地质灾害隐患点进行了评估、预测，为防治对策及规划提供了科学依据。

（3）依据生命损失、资产损失、资源损失三项内容，对铁岭市地质灾害导致的人口、房屋、耕地等直接经济损失进行了现状评估和预测评估，评估模型合理，结果可信。

（4）根据地质灾害发育的地质条件、分布特征、人类工程活动、地质灾害强度等因素，将铁岭市划分崩塌、滑坡高易发、中易发区。地面塌陷高易发、中易发区和低易发、不易发区，共划分了6个大区，20个亚区。其结果符合铁岭市的实际情况。

（5）依据地质灾害形成的背景，易发区特征等因素确定地质灾害中、远、近期防治目标，划分地质灾害重点防治区、次重点防治区、一般防治区等五个大区，十六个亚区。提出三级群测群防网络和预警体系建设的建议，具有社会性、公众参与性和可操作性。

2. 辽宁省本溪县地质灾害调查与区划

本溪县地质灾害调查与区划项目共完成的野外调查控制面积3400平方千米，调查乡镇14个，行政村133个，路线长度6000千

米，调查卡片209张，遥感解译面积3400平方千米，提交文字报告一份，附图5张，附件2份。辽宁省国土资源厅于2004年4月23日审查验收。评分90分，评分等级为优秀。

（1）坚持“以人为本”的原则，突出城镇、矿山、村庄、重要交通干线及风景名胜和保护区附近地质灾害调查与评价，采用“3S”技术，重点突出，技术方法先进。

（2）在评述本溪县自然地理及地质环境条件的基础上，论述了全县地质灾害发育类型，分析了成因及危害，基本上查明了地质灾害现状，其结果符合地质实际情况。

（3）在地质灾害现状评估、预测基础上，依据生命损失、财产损失，对地质灾害造成经济损失进行了评估，具有参考价值。

（4）通过对本溪县已发生的地质灾害发育强度和潜在发育强度进行分析，将工作区划分成高易发区、中易发区、低易发区16个亚区，具有一定的科学依据，符合地区特点。

（5）根据地质灾害形成的地质环境、地质灾害易发程度、危害程度，结合本溪县社会发展规划，确定地质灾害防治总体目标及分期目标，划分重点防治区、次重点防治区、一般防治区等11个分区，并提出相应的防治对策及具体措施，具可操作性。

3. 辽宁省矿山地质环境调查与评估项目

中国地质环境监测院中地发〔2002〕62号文水〔2002〕021－12任务书，委托辽宁省地质环境监测总站承担《辽宁省矿山地质环境调查与评估》项目，该项目属《典型矿山地质环境评估》项目的子项目，子项目编号200212300008。2004年6月17日中国地质调查局水文地质环境地质部组织专家对该报告进行评审，专家评分92.4，评定等级为优秀。

（1）在充分收集前人资料的基础上，发放调查表5840份，回收、审核5263份，实地调查大型矿山47个，中型矿山44个，群采矿区11处，闭坑矿山6个，建立矿山地质环境信息系统1套。

（2）通过调查，基本摸清了矿山地质环境背景条件，矿山资源及其人类开发活动对矿山地质环境的影响。

（3）通过综合分析、研究，阐述了省内主要矿山环境地质问题及危害，分析结果符合实际情况。

（4）建立矿山地质环境问题综合评价方法和指标体系，对全省矿山地质环境进行综合评估分区依据充分，具可操作性。

二、地质环境监测工作

辽宁省地质环境监测工作在全省14个地级市中设有13个市级监测站。地下水监测项目中有国家级监测点52个，省级监测点167个，市级监测点725个，水质监测点228个。地下水动态监测频率一般每月5次或每月3次（专业监测每月3次，群众监测每月5次）。统测频率为每年枯、丰水期各一次，水质检测除沈阳站为每年二次外，其余各站均为每年一次。具体监测工作量见下表。提交成果有辽宁省地下水水情通报、辽宁省地下水水情预报、辽宁省地质灾害情况通报等。

辽宁省2003年度地质环境监测工作汇总表

分站名称（地质环境监测总站）	监测控制市（县）名称及面积/km²	年底实有监测点数/个																												
		总计	按级别分			按监测内容分																			计划新增监测点	实际完成	完成计划	计划处理淤堵井孔	实际完成	完成计划
						地下水监测点				矿泉水监测点				地热监测点				地质灾害监测点												
			国家级	省级	一般	水位	水温	水质	水量	地表水	水位	水质	水量	水位	水温	水质	水量	地面沉降	崩塌	滑坡	泥石流	地面塌陷	地裂缝	海水入侵						
总计	69785	944	52	167	725	916	816	228	21	3				1	1	1				8		10	4	124						
沈阳	8000	140	7	10	123	134	140	28		3																				
大连	10000	111	4	15	92	111	98	4																108						
鞍山	9185	30	4	5	21	30	30	18																						
抚顺	1800	60	3	7	50	60	60	42																						
本溪	4800	40	5	10	25	27	40	10	13											8		10	4							
丹东	1500	51	4	17	30	48	50	36	2					1	1	1														
锦州	7000	113	6	12	95	110	25	14																8						
营口	2600	65	2	12	51	63	64	15	1															8						
阜新	7000	40	5	29	6	40	20	20																						
铁岭	4900	136	4	23	109	136	136	11																						
朝阳	5000	96	4	19	73	95	99	11	5																					
盘锦	4000	24	3	2	19	24	16	8																						
葫芦岛	4000	38	1	6	31	38	38	11																						

吉林省地质环境调查与监测工作

吉林省地质环境监测总站

吉林省地质环境监测总站成立于1978年10月，原称吉林省环境水文地质总站，早期主要承担吉林省全省境内的地下水环境动态监测工作，1993年经上级批准更名为吉林省地质环境监测总站，隶属于吉林省地质矿产勘查开发局。现从事业务受中国地质调查局、中国地质环境监测院和吉林省国土资源厅领导，总站在全省8个地区2个市县设有直属管理的地质环境监测站，它们分别是长春、吉林、延吉、四平、辽源、通化、松原、白城以及珲春、通榆地质环境监测站。全站现有在编职工总数108人，专业技术人员81人，占在编职工总数的80%，其中教授级高工3人、高级工程师36人、工程师25人。

多年来总站除完成全省地下水环境监测工作任务外，还相继完成了国土资源部下达的国家地质大调查项目，吉林省县（市）地质灾害调查与区划、吉林省矿山地质环境调查与评价、吉林省地下水资源评价等工作任务。国土资源部358号文和地质环境监测单位新的“三定方案”出台后，更赋予总站新的工作职责和使命，最近吉林省编委重新审批调整了吉林省地质环境监测总站职能，调整后的职能是负责全省地下水环境、矿山生态地质环境、农业地质环境、城市地质环境监测；全省地质灾害监测、评价、预警与防治；负责地下水环境质量及水情预报、地质环境监测信息统计处理，编制地质环境公报；从事地质公园、地质遗迹、矿泉水资源、地热资源的调查、评价、规划与保护等。随着事业单位改革的进程，吉林省地质环境监测总站将成为一支装备精良、高素质的公益性地质调查队伍，为政府地质环境管理提供技术支撑。

一、工作情况

2003年，吉林总站领导班子重新调整，新班子审时度势，本着与时俱进、开拓创新的工作作风，提出了“监测立站、科技兴站、服务富站、管理强站”的基本工作方针，并注意处理好各方面的关系，努力创造稳定、和谐的工作环境，班子成员之间齐心协力，精诚合作，为单位的生存和发展尽心尽力。过去的一年在全体职工的共同努力下，全面完成了上级下达给我站的各项工作任务。

（一）地质调查工作情况及取得的主要成果

吉林省地质环境监测总站2003年共承担计划内项目9项，其中常规地下水动态监测1项，中国地质环境监测院地质灾害预警工程项目2项，即吉林省舒兰市地质灾害调查与区划、吉林省敦化市地质灾害调查与区划；吉林省地方地质勘查项目3项，即辉南县金川矿泉水勘察、抚松县清水饮用天然矿泉水勘察、吉林市伊舒地槽九站—桦皮厂段地热资源调查；吉林省财政厅、国土资源厅矿产补偿费项目2项，即安图县长白山天然矿泉水资源勘查评价、白城市洮北区饮用天然矿泉水资源勘探评价；吉林省地质矿产勘察开发局地质勘查项目1项，即长白县含锂矿泉水评价。续做项目2项，即吉林省矿山地质环境调查与评估、吉林省长白山地区（靖宇县）地下水与环境地质调查评价。全年共承担计划外项目51项。另按照中国地质环境监测院的要求，做好地质灾害预报预警工作。

1. 城市、区域地下水动态监测

城市、区域地下水动态监测多年来一直是吉林站的基础性地质工作，虽然近年来监测经费不足，给监测工作的开展带来较大困难，但此项工作从未中断，按时向全国总站汇交监测资料，确保了吉林省地下水动态监测资料的延续性。

2003年完成了地下水动态监测面积：城市2409平方千米，区域76128平方千米。地下水动态监测点849个，其中：国家级点109个、省级点106个、地级点634个，国家级水质监测点115个。向中国地质环境监测院、吉林省国土资源厅汇交了2002年度吉林省十城市地下水水情通报、2002年度吉林省地下水动态监测工作总结。向中国地质环境监测院提交了2003年度长春、四平、白城等城市地下水水情预报、2003年度吉林省十城市地质环境监测年度报告。完成了吉林省十城市及平原区地下水动态监测年鉴。同时也完成了新版地下水动态监测管理信息系统安装工作及2003年度城市及区域地下水动态监测数据库建设。向中国地质环境监测院提交吉林省国家级地下水监测孔基本情况报告。

2. 吉林省舒兰、敦化两市地质灾害调查与区划项目根据上级任务书安排，我单位组织进行了野外现场踏勘，分别编写工作设计，并经省国土厅专家审查通过。2003年9月开展了野外地质调查工作，对舒兰市4557平方千米和敦化市11882平方千米的地域范围内地质情况进行了详细的调查。

舒兰市地质灾害项目完成地质灾害调查点50个，其中泥石流点4个、崩塌点25个、塌陷点19个、地裂缝点2个；完成调查访问点200个，已超过设计标准总量。落实地质灾害群测群防监测点16个，建立了监测网络，落实到人，逐级签订了责任书。

敦化市地质灾害调查与区划项目，对371个村、464个自然屯进行了详查。完成地质灾害调查点140个，其中崩塌点34个、泥石流点106个；完成调查访问点155个；落实群测群防监测点40个，并按要求填制了明白卡。

以上两个项目得到了地方政府及有关部门的大力支持和配合，通过调查，查明了区域内地质灾害的分布范围、规模、结构特征、活动周期、影响因素和诱发因素，并对其稳定性和危害性进行了评价，圈定了易发区，下发材料对当地群众进行防灾培训，强化了地质灾害防治意识。现两个项目已全部完成，报告通过审查验收。

3. 辉南金川矿泉水勘察

接到项目任务书后，认真组织编写工作设计，审查通过后，立即投入工作，着手办理勘查登记，按设计要求开展了工作区地质、水文地质调查及矿泉水测流工作，为查明龙湾泉附近构造裂隙发育及岩性变化情况，对工作区开展了物探工作，完成了物探电测深物理点8个，放射性静电α卡探测点16个，同时开展了一个水文年的矿泉水监测工作，取得了矿泉水动态观测记录数据24个，完成了枯、丰、平水期三次四套水样的采集、检测工作，经化验偏硅酸含量40.47～40.92mg/L，水化学类型为重碳酸镁钙型，水质符合《饮用天然矿泉水》（GB8537—1995）国家标准要求，为偏硅酸型饮用天然矿泉水。辉南县金川镇共有日流量2000吨以上天然泉水20余处，近万吨天然泉水6处以上，资源极其丰富。

目前该项目已进入资料分析整理、报告编写阶段，预计近期通过省矿泉水评审委员会的评审鉴定。

4. 抚松清水饮用天然矿泉水勘查

工作设计于2003年4月通过审查后，10月份进行野外工作，开展了1:5万水文地质调查工作，完成了枯水期的水样采集、检测工作，建设了泉水动态监测设施1处，开展了泉点长观工作，进行动态监测、野外采样分析、资料汇总、此项目已提交。

5. 吉林市伊舒地槽九站—桦皮厂段地热资源调查

此项目由吉林分站承担，2002年已做了一些基础性工作，完成了地热田地质及水文地质综合调查40平方千米，布设了5眼监测井（其中常温层地下水井3眼、地下热水井2眼），建立了常温地下水与地热水动态监测网点，取得了水位、水温监测数据各48个，由于经费问题，工作开展受到了影响。今年立项申请报告通过审查后，项目组立即编写了工作设计，开展野外工作，收集了相关资料10份，完成了综合调查面积380平方千米。物探测井1947米，水文地球化学调查点8个，进行了1眼井的抽水试验，布设动态监测井5眼，查明了地热田类型、热源及热储特征，计算了地热资源的储量及单井可开采量，对地热流体的物理性质及化学成分进行了评价，并提出了进一步勘察工作的建议。

6. 白城市洮北区饮用天然矿水资源勘探评价

任务书下达后，项目组立即编写了工作设计，进行了区块复核，办理了勘察登记，开展了野外调查工作，完成了丰水期水样采集、测试工作，开展了地下水动态观测工作。

7. 安图县长白山天然矿泉水资源勘查评价

任务书下达后，总站立即组织相关技术人员，开展了野外调查工作，由于任务书下达的项目经费与原申报的《吉林省安图县矿泉水资源调查工作设计》中经费预算相差较大，现有的经费不能满足原工作设计中的工作量所需经费，因此我们对原有工作设计中的工作量进行了适当的调整，并及时上报厅勘察处。此项目工作现已完成了三个乡镇调查（永庆、两江、二道），野外调查点40个，并填制了调查卡片（其中泉点33个、环境点7个），取矿泉水分析样9个、全分析样13个、界限指标样9个，并进行了化验分析，现场测试点3个（测试游离CO_2），新发现流量大于200立方米/d的泉7个，有2个已列为重点开发目标。下一步工作重点是进行全县普查，编制报告。

8. 长白县含锂矿泉水评价

此项目任务书下达后，总站立即责成项目组编写了工作设计，相继开展了野外工作。2002年我站在长白县马鹿沟做了稀有类型矿泉水勘察工作，在此基础上，对工作区0.6平方千米范围内进行了1:1万环境水文地质调查，现已完成了枯、丰水期的水样采集、动态监测已接近了一个水文年，预计明年3月份提交成果报告。

9. 吉林省矿山地质环境调查评估续做项目

在原工作基础上，2003年完成了3100张矿山地质环境调查卡片的输入，野外实地核查120个矿山点，完成了数据库建设及图件编制并已提交报告。

10. 吉林省长白山地区（靖宇县）地下水及地质环境评价项目

在2002年工作基础上，2003年进行了补充采样、长观点收取、数据库建设及报告编写，并已通过国家地调局的审查验收。

11. 吉林省蛟河市地质灾害调查与区划续做项目

此项目为中国地质调查局国土资源大调查地质灾害预警工程项目，在2002年工作的基础上，2003年完成了报告编写及各阶段收尾工作，该项目各阶段工作都得到了专家的好评，报告被评为优秀。

12. 地质灾害预报预警工作

地质灾害调查、评价、防治及预报预警工作是各省地质环境监测总站的主要职责，2003年，在对8个县（市）地质灾害调查的基础上，与吉林省气象部门合作，开展了吉林省突发性地质灾害隐患点的调查统计，为地质灾害气象预报预警工作做好前期准备工作。

2003年吉林省地质环境监测总站立足于本专业，在完成计划内各项生产任务的同时，积极发挥单位的技术优势，在继续从事原有的矿泉水勘查、环境影响评价和工程勘察技术服务的同时，及时抓住机遇，不断拓宽地质灾害危险性评估市场领域，从而建立了新的经济增长点。2003年共签订地质市场合同52项，合同额254.34万元，全年实现地质市场收入162.28万元。通过地质市场项目的开展，使全站技术人员业务上得到了锻炼和提高，拓宽了专业服务领域，赢得了良好的经济效益和社会效益。

（二）积极深化内部改革，建立和完善单位各项规章制度

2003年，吉林总站针对职工关心的热点和焦点问题，广泛开展讨论，并下发征求意见表，充分发挥职工的民主权利，对职工提

出的有益于单位发展的合理化建议进行积极采纳，同时继续深入进行内部配套改革，建立和完善单位各项规章制度，2003 年，总站机关各管理科室重新修订和完善了适合本部门的工作制度，并建立了岗位责任制。从而使单位的管理工作走向了制度化、规范化。

（三）基础管理工作进一步加强

2003 年，吉林总站技术合同管理不断走向正规；技术质量管理实行内部审查制度，提高了项目报告提交的质量；努力抓生产管理，特别是在地质项目经费使用方面，改变了原有的以包代管的管理模式，实行项目预算和目标管理，从而节约了资金，减少了成本；充分考虑生产的需要，进一步加大对基础设施的投入，增加办公和生产设备，单位现拥有微机及笔记本电脑 16 台，GPS 9 个及其他办公和通信设备共计 33 台，生产用车 7 台，物探测井仪 1 台，测绘仪器 2 台，数码相机等生产设备 8 台。安全生产方面，认真贯彻落实上级文件精神，积极开展安全生产大检查活动，2003 全年没有发生安全事故。

（四）积极进行产业结构调整

改变以往技术服务单一的产业结构，有效地发挥了吉林总站现有的资质优势、人力资源优势和存量资产的优势，建立起了以技术服务为主、以施工业为辅和多种经营为补充的产业格局。积极申请资金购置工程勘察设备，并使勘察资质提升为二级。进一步加强对多种经营工作的管理，对经营不善的矿泉水销售公司，采取果断措施，及时终止了公司的经营，减少了进一步的损失，并对其进行股份制改造，实行约束机制，使其经营走向正轨，并实现了安置效益。

（五）精神文明建设继续加强

2003 年，全站职工能够认真学习党的十六大精神和江泽民同志“三个代表”重要思想，全面领会和把握精神实质，并结合实际抓好贯彻落实。加强基层党支部建设，重新选举了基层党支部书记；进一步加强同“法轮功”邪教组织斗争的力度；充分做好“非典”防治工作，做到了生产和防“非典”两不误；加大了单位的宣传力度，通过吉林地矿报等宣传媒体，对单位的经济活动和文化活动进行宣传报道；组织开展职工计算机普及应用及业务知识学习活动，引导职工树立正确的人生观、价值观，全面提高职工的综合素质；进一步加强党风廉政建设和反腐败工作，实行党政班子及领导干部公开承诺制度，“学、做、创”活动扎实推进；巩固和规范单位的站务公开工作，进一步发挥广大职工在民主决策、民主管理和民主监督中的作用。认真接待职工来信来访，做好思想工作，及时化解矛盾，做好稳定工作；进一步转变机关工作作风，树立服务意识；继续开展扶贫送温暖活动，对特困职工全年进行定期补助；老干部待遇得到全面落实。

二、2004 年工作思路

2004 年是我国全面贯彻落实党的十六大精神，向着全面建设小康社会的奋斗目标迈进的一年，也是吉林省地质环境监测总站第九届新班子上任后迎接事业单位改革、适应需要、建立起适应新形势、新体制要求十分关键的一年，新一届领导集体将以求真务实的工作态度，带领全体职工稳步发展吉林总站经济、增强单位实力，全面提高职工生活水平。

1. 坚持“监测立站、科技兴站、服务富站、管理强站”的工作方针

为充分体现地质环境监测总站“公益性”的职能，切实发挥吉林总站的优势，吉林总站确定了今后一个时期内“监测立站、科技兴站、服务富站、管理强站”的基本工作方针。为坚持好这个工作方针，单位领导和职工注意人人摆正位置，正确处理好各种

关系，加强团结，努力营造一个稳定和谐的工作环境，为吉林总站的深化改革和长远发展奠定坚实的基础。

2. 完成好国家下达的各项工作任务

地质环境监测工作是立站根本，根据中国地质环境监测院的要求，2004 年吉林总站将认真做好全省城市和区域地下水动态监测及相关工作，继续完成国家下达的县市地质灾害调查区划项目，做好地质灾害防治及气象预报预警工作，保质保量地完成全年的各计划内项目任务。

3. 面向市场，进一步拓宽服务领域

抓住“振兴东北老工业基地”的契机，积极开展市场调研，寻找单位工作同社会需求的结合点，在保持已取得的建设用地地质灾害危险性评估市场占有率的基础上，努力提高评估的技术水平和质量水平，树立好市场的形象和信誉，使吉林总站的业务范围向更广泛的领域拓展。

4. 加强安全生产管理

继续完善安全生产责任制，强化安全意识教育，确保单位生产安全无事故。

5. 加强队伍结构调整

按照国土资源部关于建设一支高素质的公益性地质调查队伍的精神，吉林总站将进一步加强队伍结构调整的力度，加强现有技术人员的培训，提高单位技术人员的业务水平，积极吸收引进大学毕业生，充实年轻技术力量。

6. 加强精神文明建设

深入开展党的十六大文件精神的学习，深刻领会“三个代表”重要思想，贯彻公民道德守则，倡导先进文化，积极开展健康向上的文体活动，响应省局的号召，继续开展精神文明创建活动，树立先进典型，增强职工队伍的凝聚力、向心力。

吉林总站全体职工有决心、有信心在未来的改革和工作中，以高昂的工作热情，以求真务实的工作态度，积极为增强单位经济实力而努力工作，使吉林总站经济得到更快、更健康地发展。

黑龙江省地质环境调查与监测工作

黑龙江省地质环境监测总站

一、概 况

黑龙江省地质环境监测总站始建于 1979 年，原为黑龙江省地勘局水勘院的二级单位，2000 年 7 月归属于黑龙江省国土资源厅管理。归属后，黑龙江省编委批准黑龙江省地质环境监测总站下设哈尔滨、齐齐哈尔、牡丹江、佳木斯、五大连池及鸡西、黑河（待建）等七个分站，编制人数 100 人。目前黑龙江省总站（含哈尔滨站）为黑龙江省国土资源厅直属事业单位，其他分站的行政管理仍隶属于黑龙江省地质勘查局。

黑龙江省地质环境监测总站内设六个科室：办公室、综合研究室、地下水动态研究室、地质灾害研究室、矿山环境研究室、结算中心，现有在职职工39人，其中各类专业技术人员31人，行政管理人员3人，工人5人。

一年来，黑龙江省地质环境监测总站以推进黑龙江省地质环境监测网络体系建设、提高技术支撑与服务能力为核心，逐步拓宽工作领域和监测内容，各项工作取得了一定的成效。

二、地下水环境监测

黑龙江省地下水监测网由城市监测网、区域监测网、特殊区域监测网组成，覆盖哈尔滨市、齐齐哈尔市、牡丹江市、佳木斯市四市区，松嫩平原、三江平原、兴凯湖平原三个区域，五大连池和镜泊湖两个特殊区域，监控面积共计为17.55万平方千米，地质环境监测点907个。2003年共完成地质环境监测19693次，采取全分析水样305套。同时，继续坚持以人为本原则，调整了监测网布局，增加城镇监测点密度，对不适宜继续监测的群观点进行补充调整。

完成了哈、齐、牡、佳四城市的2003年地下水水情预测预报。同时，连续第二年向监测网范围内的50个城市通报了上一年度当地地下水水位动态变化、水质状态及地下水超量开采的地质环境问题。今年的通报更加科学直观，便于当地政府利用。从反馈情况看，在一些县市国土资源管理部门，水情通报已成为地质环境管理重要的依据。

提交了《黑龙江省地下水资源战略研究》、《哈尔滨市、齐齐哈尔市、牡丹江市、佳木斯市、五大连池市及松嫩平原东部、西部、三江平原、兴凯湖平原等2002年度地下水环境质量报告》等一批科技成果，这些成果系统总结了黑龙江省各主要城市及平原区地下水环境质量的变化情况，为地下水行政管理提供科学的依据，指出了地下水资源合理开展利用的方向。

三、调查评价

1. 黑龙江省矿山地质环境调查与评价

调查出黑龙江省矿山地质环境36种问题，主要有矿山地质灾害、采矿占用破坏土地资源、地下水位下降对土壤及水体的污染、对地貌景观的破坏等5种环境地质问题。查明全省突发矿山地质灾害共有218处，影响范围51510.67平方千米，主要有地面塌陷、滑坡、地裂缝、矿坑突水等灾种，确定了因矿山开发造成的水土流失、土壤盐碱化、土壤沙化、草原退化等四种缓变性地质灾害的分布地区、分布面积，统计出全省矿山共占用破坏土地面积达59120.94平方千米，全省排放废水、废液的矿山企业有887个，年排放量84960.76万立方米，全省排放废渣的矿山企业有2146个，共有2555个废渣堆放点，累计存放量为47426.5万吨。并按照严重破坏区、中度破坏区、轻度破坏区及未破坏区的分类，把全省各地区的矿山生态地质环境进行了综合评价。

2. 县（市）地质灾害调查与区划

2000~2003年，先后开展了鸡西、牡丹江、鸡东、七台河、穆棱、鹤岗和双鸭山市地质灾害调查与区划工作，调查工作紧密结合各地防灾需要，突出“以人为本”的原则，对7个县市辖区内的城镇、乡村、厂矿、学校、公路铁路交通沿线以及水库等重要工程设施进行了全面调查，调查总面积22106平方千米，共查出地质灾害隐患点556处，根据调查结果，确定了地质灾害群测群防点167个，建立了县市、乡镇、村三级监测网络，实现了汛期内每个重要点都有人管，天天有人管的监测体系。

2003年黑龙江省总站承担了鹤岗市区和双鸭山市区地质灾害调查与区划项目。通过两市县的野外调查工作，共发现地质灾害隐患点130个，其中滑坡2个、地面塌陷50个、地裂缝6个、塌岸4个、水土流失6个、潜在崩滑体（不稳定斜坡）47处、水土侵蚀

1处，另外还有瓦斯突出、矿坑突水等矿山地质灾害14处。这些灾害造成了9.6亿元的经济损失。

四、地质灾害监测

1. 群测群防监测工作

为强化汛期防灾工作，黑龙江省除对做过县市地质灾害调查与区划工作的鸡西、牡丹江、七台河、鸡东、穆棱进行了群测群防的工作部署，还对其他地区已发现的重大地质灾害隐患点进行了监测工作部署，监测工作由当地国土资源局负责，建立了市（县）、乡（镇）、村三级监测网。2003年共部署群测群防监测点131个，特别是对重要隐患点加强了防灾、应急等措施，另外还建立了200多个防灾“明白卡”。通过2003年的地质灾害调查与区划工作，还拟建了51处地质灾害群测群防点，将在2004年部署落实。

2. 汛期地质灾害防治工作

2003年汛期，黑龙江省总站根据黑龙江省国土资源厅的要求，编制了《黑龙江省2003年汛期地质灾害防灾预案》，并经国土资源厅报请省政府批准实施。汛期中，黑龙江省总站密切关注本监测区地质灾害区、段的发展趋势，特别是对重大、易突发、对人民生命财产造成威胁的灾害点，根据降水情况不定期进行监测。同时，黑龙江省总站抽调主要技术骨干协助省厅完成汛期地质灾害检查工作，对地质灾害易发区和重点防范区进行检查。通过检查，掌握了各地对地质灾害重视程度和防灾措施的具体落实情况，帮助当地国土资源部门做好汛期防治地质灾害防治工作。汛期，总站以电话等方式加强与各地的联系，及时了解灾害发生情况，督促各地填报地质灾害防灾明白卡200余份。

同时加强了对地质灾害易发区内群众地质灾害防灾减灾知识宣传，提高了群众的防范意识。为提高工作人员，特别是群测群防人员的监测、防治水平，黑龙江省总站对地质灾害易发区的有关工作人员、群测群防人员200余人进行了培训。

五、科研工作

1. 黑龙江省典型矿山生态环境定量化研究

这项研究是在2003年进行黑龙江省矿山环境评估项目的同时开展相应工作的。黑龙江省地质环境监测总站经过多年工作实践，认为我省作为矿业大省，矿山生态环境建设已成为当务之急，矿山环境问题已经严重制约了矿区的社会、自然、经济、环境的协调发展。但在国内还没有一套对各矿区矿山生态环境问题进行准确的、定量化的评价方法，使矿区清楚知道矿山环境到底处于什么状态，特别是对拟建矿山，将来对环境会带来怎样的影响，应采取什么对策。而各级政府在矿产资源开发利用前，也没有定量化的方法来评价拟建矿山产生的环境生态问题对整个地区发展的影响，需要一套科学的决策依据。就此，黑龙江省地质环境监测总站与吉林大学共同开展了典型矿山生态环境定量化评价研究。

这项研究成果选择了在黑龙江省矿山中具有突出地位和代表性的能源矿山、金属矿山和非金属矿山等三大类6个矿山作为典型矿山。采用三维定量评价模型（RMMER），即自然禀赋指数维、生态环境指数维和区域人文指数维，来对矿山生态环境进行综合评价；运用层次分析法（AHP）建立了评价因子体系和评价等级、评价标准，建立了一套具有可操作性，可适用性的矿山生态环境评价模型体系。这项研究探索了矿山生态环境评价因子体系的独特性，建立了适应矿山生态环境现状定量的评价方法，制定出有利于政府管理及矿山企业进行矿山生态治理的矿山生态环境现状体系。从而规范矿山生态环境现状评价工作，为我国矿山生态环境现状评价工作提出总纲，使国内的矿山生态环境现状评价工作将有“模式”可依。该模式的建立，为今后矿山行政管理部门对已建矿山和新建矿山进行环境评估，开展环境治理提供科学依据，同时避免矿山的不合理开发所造成的危害和经济损失。

这项研究不仅具有重要的理论价值，而且对矿区环境、社会、经济协调发展具有重要的指导意义。这项成果通过了黑龙江省科委的成果鉴定，专家们认为这项研究成果具有很强的前瞻性和创新性，达到了国内领先水平。

2. 黑龙江省土地沙化治理研究

黑龙江省是土地沙化较重的省份，土地沙化及其引发的地质环境问题给人民生活水平和经济的可持续发展带来了严重影响。2003 年黑龙江省总站选择了黑龙江省的国家级贫困县和防沙治沙重点县泰来县，开展了土地沙化治理初步研究。技术人员收集了大量的当地基础水文地质、土地和生态环境等资料，包括土地、林业、草原、土壤、植被等资源调查资料，土地沙化的调查、预防、治理资料，地质灾害的分布范围、类型及发展趋势的研究成果，气象、水文资料。在此基础上，会同黑龙江省内其他行业专家多次到现场勘察，调查走访了当地主管部门官员、乡镇有关部门人员、治沙能手和群众 100 余人次，获取第一手资料，掌握了当地土地沙化的分布范围、类型及发展趋势，形成了以防沙治沙、改造原生地质环境，以生态效益带动经济效益为目标，以林草复合式进行沙地治理的思路。沙地治理模式以种草为主，林、草、田、水结合，形成高低错落的立体式治沙体系。采用目前成功的网格式治沙方法，在每个单元格的周围布设防护林，防护林采用乔、灌结合，并在主害风方向加密防护林，在单元格内部以种植牧草为主，兼种豆科植物和瓜果。草本植物根系发育，形成盘根错节固着力，既有良好的固沙效益，同时作为畜牧饲料经济价值亦非常可观。牧草业发展带动畜牧业的发展，而畜牧业产生的农家肥回播项目区，又可增强沙化土的肥力，形成良性化发展的生物链。同样，豆科植物（小豆、花生）和瓜果，既适合沙化土地的生长，又有一定的经济价值，亦可改良沙化土壤，增加土壤有机含量，使其生态环境逐渐向良性化发展，兼顾了生态效益和经济效益。

3. 黑龙江省地下水资源开发利用战略研究

这项成果是黑龙江省总站利用多年的地下水监测资料，并在新一轮我省地下水资源评价基础上，系统分析了黑龙江省地下水的质量、储量，以及地下水资源开发利用现状和今后发展需求完成的。

该成果全面评价了我省地下水资源状况，指出黑龙江省目前地下水天然补给资源为 314 亿 m^3/a，允许开采资源为 215 亿 m^3/a，现状开采资源为 65 亿 m^3/a，黑龙江省总体地下水开采程度不高，剩余开采资源达允许形体资源的 69.8%，但从地域分布上又存在着不均一性，相当数量的地区资源超采非常严重。针对黑龙江省地下水资源分布现状及生态省建设规划需求，提出了切实可行的地下水资源开发战略和保护措施。该成果已通过省科委组织的成果鉴定。

六、精神文明建设和党建工作

1. 精神文明创建

黑龙江省总站坚持两手抓，两手都要硬的方针。2003 年，全面开展了以“十星”创建为载体的文明行业先进系统建设和省直文明单位标兵两项创建工作。以“十星创建”活动促进各项工作全面发展，以文明单位创建活动，推动党风、政风的健康发展。经黑龙江省国土资源厅验收，被评为“十星”单位。在创建中开展爱岗敬业，无私奉献和公民道德建设宣传教育，提高职工整体素质，充分调动职工的积极性，让职工关心总站，支持总站。同时，注重解决职工的实际困难，为职工着想，多办实事，多办好事。不论哪个职工有了困难，班子成员都带头问寒问暖，帮助职工渡过难关，每逢年节，都要到困难职工家里慰问，来体现对职工的关心，增强队伍的凝聚力和向心力。

2. 党的建设工作

充分发挥基层党支部的战斗堡垒作用和党员的先锋模范作用，开展“四学四比”活动，“四学”：学习邓小平理论、“三个代表”重要思想和党的十六大精神；学习法律、法规和规章制度；学习业务知识；学习先进人物；“四比”：比作风、比素质、比成果、比创新，积极探索党员管理工作的新机制、新方法，从根本上加强党的思想、作风、组织建设，提高了总站党支部的凝聚力和战斗力。

3. 思想教育工作

（1）深入开展“三个代表”重要思想学习教育活动。系统地学习了江泽民同志“5·31”重要讲话、“七一”重要讲话和党的十六大报告，使广大干部职工对“三个代表”重要思想的精神实质有了更深刻的理解和更全面的掌握，达到了在学习中武装头脑、在领会中统一思想的目的。

（2）开展“两风”教育工作。以黑龙江省委开展党风廉政和工作作风建设的契机，组织干部职工落实厅党组的“两风”建设工作方案，认真查摆问题，制定整改措施，树立责任意识，提高思想政治觉悟。

（3）开展“人民好公仆”的示范教育。通过开展向王培金同志学习的活动，用王培金、郑培民等先进人物事迹来教育干部职工忠于职守，爱岗敬业，克己奉公，勇于奉献。

上海市地质环境调查与监测工作

上海市地质环境监测总站

上海地处长江三角洲东南缘，我国南北海岸线的中点，黄金水道长江的入海口。交通便捷，经济发达，尤其是20世纪90年代以来，大规模的城市建设，城市面貌日新月异，正在形成与产业布局密切结合、人与自然和谐、城市基础设施及功能相匹配的现代化国际大都市。2003年，全市实现国内生产总值6250.81亿元，占全国GDP总量的5.3%，财政收入2828.87亿元，占全国财政收入的13%，在长江三角洲乃至全国经济建设和社会发展中具有十分重要的地位和作用。今后，随着2010年世界博览会的举办和新一轮城市总体规划的实施，将塑造21世纪生态型城市形象。

但是，上海处于长江河口平原地区，地面高程一般为2.2～4.5米（吴淞高程），全区主要由长江水流携带泥砂堆积而成的巨厚第四纪松散沉积物组成，软土发育，地质环境总体比较脆弱，新一轮城市建设快速发展对地质环境的压力越来越大，人口、资源、环境之间的关系以城市水土污染、软土变形、地下水资源紧张、地面沉降等形式表现出来。其中，地面沉降曾经对上海的发展构成了严重的危害。

因此，上海市地质环境调查，特别是地面沉降的调查与监测防治研究，一直受到国土资源部及市委、市政府的高度重视与关心，地面沉降防治与监督管理工作取得了较大进展。在地质环境与环境地质问题调查、评价、灾情监测预报和治理等工作，尤其在地面沉降控制与研究方面，取得了比较显著的成绩。

2003 年上海市地质环境调查与监测工作分述如下：

一、地质环境调查

1. 上海市三维城市地质调查可行性研究

随着我国长江三角洲区域化发展程度的快速推进，上海作为长江三角洲都市圈的中心城市，已提出建设生态城市目标。按上海新一轮城市总体规划和承办世博会的要求，城市发展空间将不断扩大。因此，对城市地质信息的需求非常迫切。同时，国土资源部以保障国家可持续发展为使命，将国家地质工作重心由过去以找矿为主转变为资源与环境并举，推动地质工作向多目标、多功能方面实行战略转移。为此，在国土资源部与上海市政府的共同关心下，在中国地质调查局、上海市房地资源管理局的指导下，上海市环境地质站完成了“上海市三维城市地质调查项目可行性研究”报告，提出以科学发展观为指导，围绕上海城市发展战略和目前面临的紧迫地质问题，开展城市地下三维地质结构与空间资源、地质灾害与空间安全等方面开展调查与评价，为上海城市规划、建设和管理提供基础数据和可视化决策平台。整个项目计划于 2007 年完成。2003 年 10 月，由上海市房地资源局邀请了市建委、市规划局、市水务局、市交通局及华东师范大学、同济大学的有关专家、领导进行了咨询与初审工作；2003 年 11 月正式上报了上海市人民政府，为 2004 年启动该项目奠定了基础。

2. 长江三角洲地区地下水资源与地质灾害调查评价

该项目是国土资源大调查首批项目之一，其目标是建立长江三角洲地区第四纪沉积结构模型、基岩地质构造模型及地下水系统结构模型，开展长江三角洲地区地面沉降专题研究及提出长江三角洲地区地面沉降监测网络规划和建设方案。

《上海市地下水资源合理开发与地面沉降调查评价》在上海市房地资源局支持下，经过全面系统的调查研究，在许多方面取得了显著的成绩：在进一步进行古生物鉴定的基础上，重新修订了上海地区岩石地层层序，对古生界志留系、奥陶系有了新的认识；对与地下水赋存及人类工程建设活动关系密切的第四纪地层进行了研究，建立了古地理、古气候等沉积环境演化历史与地层对比模式；对地面沉降规律与机理进行了总结研究，使地面沉降防治取得了新的成效，进一步提高了地面沉降防治能力与理论依据水平；开展了地面沉降与城市建设、地下空间开发、防汛（涝）的相互影响研究及地质环境变化对城市防汛设施防御能力影响的应用研究，提出地面沉降防治对确保防汛能力具有积极作用；进一步完善了地下水资源评价模型，为制定上海市地下水资源开发规划、年度地下水开采与人工回灌计划奠定了基础，确保了地下水资源的合理开发并提高了资源的管理能力；加大了高新技术的应用，采用GPS、GIS、自动化监测、网络传输等新技术与方法，建立了覆盖全市的地面沉降监测网络，提高了地面沉降监测的效率与科技水平，实现了地面沉降实时在线监测与网络化管理。

3. 长江三角洲地区地面沉降调查与监测

2003年4月8日，中国地质调查局在北京主持召开了“长江三角洲地区地面沉降监测工作协调会”。

根据“长三角”地区在全国的经济地位及其发展趋势，中国地调局确定了今后地面沉降监测工作的总体目标和工作思路，决定于2003年正式启动“长江三角洲地区地面沉降监测网络建设”。

会议明确上海市环境地质站牵头负责编制区域地面沉降监测规划设计、技术标准及监测数据综合集成，各省（直辖市）域内的网络建设则由江浙沪地调院、环境总站分头实施。会议还特别强调应按统一规划设计、统一技术标准、统一数据平台，分省（直辖市）实施的原则，建立国家级区域地面沉降监测网络，同时要注重实时传输技术的应用和加大科普宣传的力度。

为此，由中国地质调查局地面沉降研究中心和江浙沪地调院与环境总站共同编制《长江三角洲地区地面沉降调查与监测方案》，2003年9月9日于北京通过中国地质调查局组织的专家评审。在此基础上，上海市环境地质站完成《上海市地面沉降监测网络建设工作设计》，2003年10月28日通过了中国地质环境监测院组织的专家评审。根据中国地质调查局的任务要求，在大量收集以往资料并开展广泛调研的基础上，2003年底编制完成《长江三角洲地区地面沉降监测网络建设总体设计》和《长江三角洲地区地面沉降监测网络建设和监测技术标准》（讨论稿），从而为建设统一的长江三角洲地区地面沉降监测网络提供了技术支撑。

“长江三角洲地区地面沉降监测网络建设”项目，是呼应“长三角”地区经济一体化发展的重要举措，随着这一项目的正式启动，必将推动三地一体的合作进程和优势互补，为本地区的地面沉降灾害综合防治和经济的可持续发展产生重要影响。

4. 上海市城市地质环境综合研究与应用

项目重新修订了区域岩石地层与断裂构造体系，首次确定了“长江口潜在震源区”；建立了上海地区第四纪地层结构模形与沉积环境演化模式，提高了工程地质结构与区域对比的研究程度，可优化区域性重大工程、新城镇规划的地基基础设计；分析了含水层弹性—弱塑性—塑性变形演变过程与各阶段的应力—应变特征，揭示了含水层非线性变形与“临界水位”的存在，提高了地面沉降防治的能力；建立了准三维地下水渗流与一维地面沉降耦合数值模型，对地下水流场及地面沉降的时空变化进行了同步模拟与预报，使地下水资源开发与地质环境保护进一步结合；并首次对上海区域性地质环境进行了评价与综合研究，编制出版了覆盖全市、历史跨度长达50余年的《上海市地质环境图集（1:50万）》。

5. 上海地面沉降监测标技术与重大典型建筑密集区地面沉降防治研究

报告重点对基岩标、分层标设计原理与施工技术作了详尽分析论述，对上海迄今为止的标组结构形式作了全面系统的总结，理论与实际并重，有助于技术进步与成果推广。在设计原理的理论阐述上注重系统性与全面性，具有学术性和科学性；在施工技术的工艺流程阐述上具有针对性与指导性。为技术输出和提高社会共享程度创造了条件，提供了途径。对基岩标、分层标组运行质量有客观、全面和定量化的评价，有说服力与权威性。作为钻探工程专业分支的重要内容，将对该领域学科建设与发展，具有贡献与推动作用。对重大市政工程及典型建筑密集区地面沉降与防治对策进行了初步研究。该成果已成为上海地面沉降地质灾害防治示范工程的重要组成部分，使科研成果文献报告与实体工程相辅相承。

6. 上海市 1:5 万综合地质调查

“上海市 1:5 万综合地质调查”是上海市房地资源管理局结合新一轮“上海市城市总体规划（1999 ~ 2020）”，为沿江沿海新城、中心城镇建设和加快地下空间开发进行的一项基础性地质调查工作，至 2003 年完成了上海陆域北部 17 图幅的区域第四纪地质、工程地质、水文地质和环境地质的调查研究，目前继续开展南部地区综合地质调查。

7. 上海市地面沉降预警预报系统研究和监控中心建设

项目通过建设上海市地面沉降监控中心以及探索 GPS 监测地面沉降的方法，进一步完善上海地面沉降监控体系，并在综合分析 20 世纪 90 年代以来地面沉降发育特征、对城市的综合影响、预测发展趋势等研究基础上，开展地面沉降预警预报研究，以地面沉降地理信息系统提高上海市地面沉降预警预报能力。

8. 上海市土地利用总体规划（2003 ~ 2020）环境影响评价及耕地后备资源（滩涂）调查评价

报告通过调查回顾评价“上海市土地利用总体规划（1997 ~ 2010）”实施过程中的土地利用结构变化及其对城市环境的影响，分析上一轮土地利用总体规划实施过程中存在的不足与相关环境问题。同时，结合上海市新的环境规划指标分析新一轮“上海市土地利用总体规划（2003 ~ 2020）”实施对地质环境、土壤、水、大气、噪声和社会等环境因素产生的影响程度和范围，提出规划是否可行和协调城市环境的措施建议，为上海城市建设和发展提供依据。

上海市环境地质站按评价技术规定对属国家的 15 处的耕地后备资源进行实地调查和评价，查清调查区后备资源区所处的自然条件、生态环境状况及其资源特征，并开展土壤、地下水、地表水取样工作，评价土壤质量以及环境地球化学特征，分析了解其土壤类型、数量和质量状况，对围垦产生的影响作了分析，为最终提出围垦的总原则提供依据。

9. 长江河口地质环境对上海沿岸的影响及保护对策

近年来，随着长江三角洲地区经济一体化的形成，上海经济发展在长江流域和东部沿海地区的龙头地位进一步得到加强，特别是经济全球化，沿江岸带的区位优势迅速凸显。沿江地区的开发热潮再次兴起，伴随各种重大项目与越江工程的规划建设，开展了一系列针对性的地质调查工作，尤其是工程地质勘察，使长江河口地区的地质研究成果进一步得到丰富。一定程度上也弥补了以往的地质工作在陆域地区投入较多，而岸带和水域地区相对略显薄弱的不足。

通过本次工作，主要解决了三方面的问题：上海沿江岸带重点开发区段环境地质问题分析；上海沿江岸带重点开发区段工程地质特性及其工程建设的适宜性评价以及提出了上海沿江岸带开发利用规划的对策建议。

10. 上海石化海堤地质环境与质量现状调查评价

本项目依托上海雄厚的城市地质工作基础和丰富的地质环境、海洋水文系列资料，结合海堤的设计、施工作业文件资料，利用当代先进的地质雷达、面波、电法等地球物理勘查技术，同时借助历次航空遥感成果解译与GPS和精密水准控制测量，并补充地质钻探和原位测试，查明了海堤及其周边地区微地形、海岸带冲刷与淤积、填土与暗浜、砂土液化等不良工程地质问题，海堤内的裂隙、堤下坑洞、大坝的完好程度、护坡及盖板的损坏情况等海堤质量现状，近岸水下地形及深水槽的发育状况和水下滑坡与风暴潮灾，并以MAPGIS为平台建立空间数据库反映成果资料和图件。在此基础上，分析评价了地质灾害危险性，根据预测结果确定了海堤高程的设防标准，提出了确保海堤安全的针对性对策措施。

11. 海港新城（一期）可行性阶段工程地质调查

根据上海市总体规划确立的国际航运中心目标，规划兴建洋山深水港，同时在上海南汇嘴利用滩涂围垦建立一座新城——海港新城，其定位是作为上海国际航运中心面向全国及世界的现代综合物流基地；同时也是相对独立、功能完善、并以具有自由贸易区特征的现代物流业为产业依托的有滨海特色的中等规模城市；并且是南汇区新的政治、经济、文化中心。

该成果在充分收集已有地质资料的基础上，对规划区的区域地质条件进行了分析评价，采用工程地质钻探、原位测试、室内试验等综合手段，初步查明了规划区0～80米深度范围内地基土的分布规律、埋藏条件和工程地质特征，为新城总体规划提供了地质依据；该成果建立了本区的工程地质标准层序，并对规划区进行了工程地质分区和建筑适宜性评价，对本区详细规划的制定以及今后工程建设的勘察、设计具有指导意义；成果对规划区冲填土、软土地基和地面沉降等不良地质问题进行了分析评价，为后期工作提供了参考；成果还研制开发了“芦潮港新城（一期）工程地质信息系统”，为今后工程地质信息存储与查询提供了有力的技术支持。

该成果是上海首次将地质工作具体服务于城区实际规划的重要技术报告。该项目的成功实施，反映了上海城市地质工作向城市建设、城市规划渗透，拓宽自己服务领域的创新意识与服务意识，也是上海市环境地质站深化城市地质工作、拓展研究领域的重要尝试。

12. 其他

近年来上海市环境地质站将地面沉降监测研究与重点工程建设紧密结合，2003年度中还开展了“地面沉降对上海市防汛（涝）影响研究”，“‘西气东输’上海输气管网沉降监测与应用研究”、“上海市地质环境对地下空间开发影响研究”、“影响上海城市建设与管理的若干典型地质问题研究”等课题，为城市建设当好先锋。

上海市环境地质站依据城市建设对地质工作的需求，积极参与新区规划、重大市政工程建设等方面，开展了“2010年中国上海世博会场址地质调查”、“临港新城一期地质调查”、“崇明越江通道工程地质调查”等项目。

地质工作还积极为上海城市的规划、水务管理等政府职能部门服务，开展了“城市地面沉降对规划制定与实施管理的影响研究”，完成新一轮“上海市地下水资源评价（地下水）”、“上海市地下水开发利用与规划”等项目，使城市规划和管理充分考虑地质资源和地质环境的承载能力。

上海市环境地质站在地质灾害危险性评估工作上做了大量的研究，评估项目多为市政设施、轨道交通、电力、水利设施工程、海事港口等工程，2003 年度完成了几十项工程的评估工作，积累了丰富的经验，成果卓著。

二、地质环境监测与防治

1. 地面沉降监测网络完善

上海市是我国开展地面沉降勘察、监测、研究最早的地区。为进行地面沉降调查，自 1961 年开始系统地建立区域地下水动态监测网，兴建或利用已有地面水准点进行市区地面沉降监测，逐步建立基岩标、分层标监测不同土层的变形特征。至 1980 年代，市区地面沉降监测网络日趋完善。随着上海城市大规模建设，部分网点受到损害，故“九五”期间在市政府支持下又在全市开展了新一轮的地面沉降监测网络修建工程。在此基础上，通过 1999 年以来所做的调整和进一步建设，由此构成了本市目前地面沉降监测网络的格局。

随着“上海市地面沉降监测网络修建工程”的竣工验收，地下水动态监测网络已覆盖全区；由地面精密水准监测网以及地下不同深度的基岩标、分层标构成的立体监测系统已经初具雏形；随着新技术新方法的引进，GPS、自动化监测以及信息技术已经开始在本地区地面沉降监测中得到了应用。

2010 年举世瞩目的世博会将在上海召开，上海市环境地质站为适应形势发展需求，2003 年地质环境监测工作围绕与城市发展相结合的目标部署，着重对地质环境监测范围、内容、监测方法和监测频率做进一步调整和完善，地质环境监测网络以实现“一网兼顾多用、宏观监控与重点监控相结合”，拓展网络功能，理论研究与监测技术方法不断有所创新为原则，结合上海地质环境现状与趋势、充分发挥地质环境监测网络的功能，完善了“2003～2010 年上海市地质环境网络建设”和“2003 年地质环境监测工作优化调整方案”。满足科研工作向深度与广度拓展及与其他学科交叉融合的要求。

为了进一步提高现代监控技术的监测精度，通过 2 个 GPS 固定站的建设，提高了数据采集的质量。

在进一步验证了地面沉降自动化监测技术的精度上，2003 年又进行了两组水位监测孔的自动化监测设施的调试和安装。

2. 监测工作安排

2003 年度监测工作主要为常规的地下水动态与地面沉降动态两大方面。各类监测点总计 2644 个，其中水环境监测点 1666 个（包括 64 个国家级监测点），地面沉降监测点 978 个。

2003 年观测水位 12000 次、水温 752 次、取水质全分析样 360 套；I 等精密水准测量 1206 千米，II 等精密水准测量 950 千米，分层标精密水准测量 336 组次。共取得地质环境监测数据 13448 余个，提交报告 5 份，监测简报 16 份。

3. 地下水采灌现状

2003 年，上海市地下水开采量为 9802.98 万立方米，其中夏季 7、8、9 月开采量相对较多。地下水开采主要集中在第四承压含水层，且开采量较 2002 年增加 180.21 万立方米。从层次上来看，第四、五承压含水层开采量有所增加，第二、三承压含水层开采量有所减少。

地下水回灌量为 1209.10 万立方米，其中冬季和初春回灌量相对较多。地下水回灌主要集中在第二承压含水层，且地下水回灌量较 2002 年减少 125.78 万立方米。从层次上来看，各含水层回灌量均有所减少。

4. 地下水位与地面沉降动态

上海市地面沉降自20世纪60年代中期得到有效控制以来，1990年以后，由于大规模城市建设及对地下水的需求日益增长，地下水位持续下降，地面沉降也开始进入微量加速阶段。地下水的开采强度也逐步增长，地下水位也开始逐年下降，使地面沉降也逐年呈增大的态势。1997年以来，市政府加大了地面沉降防治力度，对全市地下水开采总量实施压缩控制等措施，促使地下水位抬升，地面沉降微量加速趋势减缓。中心城区平均地面沉降由1999年的12.12mm减缓至2002年的11.16mm。

2003年度，上海市地下水位继续处于回升态势，地面沉降保持减缓的态势。全市地面平均沉降量为10.48mm，较2002年少沉0.68mm。由于受地下水采灌季节性变化影响，年度地下水位呈冬升夏降的变化规律，但年变幅较小，故地面沉降在夏季逐步增大，冬季逐步趋缓，局部地段的个别土层仍有回弹。

根据分层标监测资料，由于地下水以第四承压含水层开采为主，故2003年中心城区该层变形量仍然占地面沉降量的50%以上，局部超过60%～70%。

根据精密水准测量资料，由于叠加了工程建设的影响因素，2003年中心城区地面不均匀沉降仍然严重，局部沉降量大于40mm，以致对上海的生命线工程（防汛墙、轨道交通、越江大桥）及地下空间开发产生了影响，对城市构成了安全威胁。

虽然2003年度地面沉降继续保持减缓趋势，但地面沉降形势仍然不容乐观。为进一步加强地面沉降的防治工作，市政府于2003年11月10日召开了地面沉降防治专项工作会议，要求“坚决把地面沉降控制在mm级范围，为新一轮城市建设和发展创造良好的外部生存环境”，明确了至2010年全市地面沉降控制在5mm，并实现地下水采灌平衡的总体目标，提出了一系列控制地面沉降的措施，包括大幅压缩地下水开采量、加大地下水回灌力度、减少城市建设活动对地面沉降的影响等。同时明确了由上海市房屋土地资源管理局对地面沉降防治进行统一管理，为进一步开展地面沉降防治工作奠定了基础。

江苏省地质环境调查与监测工作

江苏省地质环境监测总站

江苏省地质环境监测总站现有在职职工400余人，高级职称以上技术人员130余人，中级技术人员150余人，拥有博士后2人、博士12人、硕士29人，专业覆盖面广，人才结构合理优化，技术力量雄厚。其下属的环境地质研究所，共有环境地质专业技术人员60余名，下设南京（包括镇江）、常州、无锡、苏州、扬州、南通、淮安、徐州和连云港等九个市级分院（站），主要工作职能是承担省域内的地质环境监测、地下水资源和地质环境调查评价工作。

一、江苏省生态环境地质调查与监测项目取得较大进展

我院承担的部、省合作项目“江苏省生态环境地质调查与监测”，下设《江苏省国土生态地球化学调查》、《长江三角洲地面沉降监测网建设》和《苏–锡–常地区浅层地下水资源前景和开发利用示范》三个子课题，2003 年 8 月中国地调局组织专家对《设计书》进行了评审，均为优秀。目前，三个子课题进展顺利，并取得了较为满意的阶段性成果。

二、县市地质灾害调查与区划成果取得优异成绩

2003 年度完成南京市、盱眙县、溧阳市和苏州市吴中区四个项目的调查与区划工作，调查总面积 7399 平方千米，地质灾害调查点 1067 处，建立了较为完善的地质灾害群测群防网络。该四个项目的设计、野外验收、报告评审及信息系统检查均为优秀。尤其是南京市在 2003 年汛期发生了百年未遇的大降水，地质灾害灾情较为严重，由于群测群防网络布置周全，监测手段合理，9 处规模较大、危害较重的灾害点均被成功预报，并监测控制，无人员伤亡事件发生，有效避免和减轻了国家及人民生命财产损失，经济、社会效益显著。

三、地质环境监测内容更加全面

为适应我省社会经济发展对地质环境监测工作的需求，本年度根据省内地质灾害的分布发育规律及政府管理工作的需要，监测工作重点由监测地下水动态变化为主转向了专项地质灾害监测、汛期地质灾害应急调查、地质灾害的预警预报等方面，切实做好政府地质环境管理工作中的技术支撑。年度取得各类监测数据 40258 组，提交了全省地质环境监测年报、公报、苏–锡–常地区地面沉降季报、主要城市及地区地下水水情通报、汛期地质灾害调查报告共计 32 份。

四、淮河流域（江苏段）环境地质调查进展顺利

由中国地调局和省国土资源厅下达的“淮河流域（江苏省段）环境地质调查”、“江苏省沿海地区地面沉降调查”项目，已完成了盱眙、洪泽、淮安、泗洪、泗阳重点地区约 3000 平方千米的地下水开发利用现状的调查及资料收集，采集地下水水质样 450 个，完成钻探进尺 140 米，地面沉降测量 100 千米，获取了较为丰富的资料，为下一步工作的全面开展提供了良好的基础。

五、完成全省露采矿山地质环境调查

在省国土资源厅统一规范要求下，对全省 3409 个主要宕口进行了调查，建立了相关的数据库、图片库，编制了分布图。这项调查成果是我省第一份详细、系统的露采矿山环境资料，对今后整治规划编制、管理规范化提供了宝贵的基础数据。

六、建设用地地质灾害危险性评估成果显著

该年度我院完成了沪宁高速公路扩建等重点工程地质灾害危险性评估报告 300 余份，确保了各类建设工程项目免受地质灾害的危害。其中“苏通长江公路大桥地层沉降影响研究”课题，荣获江苏省科技厅一等奖。

七、地质灾害治理

完成江苏省盱眙县第一山滑坡应急治理工程，取得了较好的社会效益。

浙江省地质环境调查与监测工作

浙江省地质环境监测总站

一、地质环境监测总站体制

浙江省地质环境监测总站成立于1986年，为全额拨款事业单位，一直从事地质环境监测工作，机构规格为县处级。2002年，浙江省国土资源厅《关于印发浙江省地质环境监测总站“三定”方案的通知》中明确：“浙江省地质环境监测总站是我省组织实施地质环境监测工作的省国土资源厅直属事业单位”，并赋予七项职能和任务。2003年，浙江省编委又重新明确“浙江省地质环境监测总站是纯公益类事业单位”。

二、地质环境综合研究与监测

浙江省2003年加大了地质环境监测与研究工作的力度，取得了较大的成绩，为浙江经济社会可持续发展做出了贡献。继续开展全省地下水动态监测和环境地质调查，监测面积达9665平方千米；加快了地面沉降监测网建设，建成了杭-嘉-湖平原一组地面沉降监测标和温黄、温瑞平原地面沉降监测网，监测网的控制面积达4500平方千米，并进行了监测和研究，开展了地面沉降监测方法和频率分析研究的编制；编制了《2002年度浙江省地质环境公报》，于2003年4月向全社会发布，《公报》反映了浙江省2002年突发性地质灾害、地下水环境、矿山地质环境、地质遗迹、地热与矿泉水和地质环境工作大事记的基本情况，引起了各级政府和人民群众的关注；编制了《浙江省2003年汛期防御地质灾害预案》，《预案》回顾了2002年浙江省地质灾害概况及防灾预案执行情况，列明了2003年需重点防范的隐患点，提出了2003年地质灾害防灾对策及措施，《预案》以浙土资发〔2003〕40号文下发全省实施；新开展了5个县（市）的地质灾害调查与区划工作，全年共完成14个县（市）调查与区划的野外验收和24个县（市）调查与区划成果的审查验收，至2003年浙江省共编制完成了杭州等8个市和淳安等55个县（市）的地质灾害防治规划；开展了浙江省突发性地质灾害气象预报（警）工作研究并进行了试运行，取得良好的效果，浙江省科技厅和国土资源厅联合组织开展的《浙江省突发性地质灾害预警预报系统研究与应用示范》项目也已完成系统建设；完成了长江三角洲（长江以南）地下水合理开发与环境地质调查评价项目工作，于2003年11月3日通过中国地质调查局组织的专家组最终成果验收，并获得了优秀；编制了《浙江省地下水资源调查评价及开发利用规划》，2003年3月29日通过专家评审，经浙江省水利厅和国土资源厅审查批准后，分发到省级各有关部门及市、县（市、区）使用；开展并基本完成了温黄平原地质环境调查评价工作；在全国首省进行农业地质调查，该项工作进展顺利，取得的成果显著，在全国起到示范作用；开展了浙江省城市地质调查数个市的可行性调查研究，进行了温州、义乌、绍兴等城市地质调查；开展并基本完成了浙江省矿山地质环境调查与评估工作；加强了地质遗迹保护与地质公园建设，进行了矿泉水监测和杭-嘉-湖地热资源勘查；开展了建设用地地质灾害危险性评估工作；加强和完善了浙江省地质环境监测信息系统网络建设，完成了一批成果的建库工作。

三、地质灾害调查监测与防治

1. 突发性地质灾害调查与监测

浙江省2003年共发生滑坡、崩塌、泥石流、地面塌陷等突发性地质灾害62起，造成1人死亡，直接经济损失454.55万元。地质灾害仍以滑坡为主，共44处，占71%；其次为崩塌14处，占22.6%；泥石流和地面塌陷各2处，各占3.2%。突发性地质灾害主要由降雨所诱发，同时与人类工程活动密切相关。截至2003年底调查统计，浙江省共有滑坡、崩塌、泥石流、地面塌陷等突发性地质灾害点及隐患点5480处，其中滑坡3513处，占64.1%；崩塌1511处，占27.6%；泥石流和地面塌陷分别为242和214处，分别占4.4%和3.9%。受突发性地质灾害威胁人口达13.44万人，威胁财产20.63亿元。

2. 地面沉降调查与监测

浙江省开展了地面沉降监测方法和频率分析研究的编制。继续开展杭-嘉-湖、宁奉、温黄等平原地区的地面沉降监测。宁波市地面沉降分层标（1组10个）全年共监测57组次，水准测量一等线路长为44.84千米，二等线路长为280.67千米。杭-嘉-湖地区进行一等水准复测工作，路线长度200千米，实测点数85个。

2003年杭-嘉-湖平原地面沉降有进一步加剧趋势，截至2003年底，地面沉降已波及平原大部分地区，地面累计沉降量超过100mm的面积超过2500平方千米，沉降中心仍位于嘉兴市城区，沉降漏斗中心沉降量18.4mm，累计沉降量达860.0mm；宁波市地面沉降继续得到有效控制，2003年中心沉降量4.6mm，沉降速度较2002年有所下降，中心累计沉降量489.2mm；温黄平原除北部地区未见地面沉降迹象外，大部分地区也发生了不同程度的地面沉降，累计沉降量大于100mm的区域面积达435平方千米，沉降中心累计沉降量超过1000mm；温瑞平原中心累计沉降量大于200mm，近年来地下水位持续急剧下降，沉降中心沉降速率在30mm/a左右。

3. 地质灾害防治

（1）县（市）地质灾害调查与区划：浙江省2003年新开展了5个县（市）的地质灾害调查与区划工作，全年共完成14个县（市）调查与区划的野外验收和24个县（市）调查与区划成果的审查验收。调查灾害点1159处，新发现灾害点934处，查明威胁人口22129人、财产41533.99万元，建立群测群防点749处。截至2003年底，浙江省共开展并完成地质灾害调查与区划项目45个计55个县（市、区），基本覆盖了浙江省地质灾害多发的丘陵山区，累计调查面积8.18万平方千米，占全省陆域面积的80%以上，建立地质灾害群测群防点2530处，编制重要地质灾害点的防灾预案745处，明确了防灾重点和防治措施。县（市）地质灾害调查与区划工作的实施，基本查清了全省的地质灾害隐患，划定了地质灾害易发区与危险区，初步建立了全省地质灾害群测群防网络，为地质灾害防治及防治规划的编制提供了依据。至2003年全省共编制完成了杭州等8市和淳安等55个县（市）的地质灾害防治规划。

（2）汛期地质灾害检查与巡查：浙江省2003年切实加强了汛期地质灾害防治，坚持险情巡查，应急值班，灾情速报制度。编制了全省汛期防御地质灾害预案，经省政府批准转发各市、县（市）人民政府实施。召开了全省地质灾害防治电视电话会议，全面部署全省汛期地质灾害防治工作。组织检查组对全省25个重点市、县地质灾害防治工作进行现场检查，指导防治工作，全省共组织汛期防灾检查1461组次，防灾检查7277人次，发放明白卡6255份。

（3）地质灾害勘查与治理：浙江省各级政府积极筹措资金，对危害大的地质灾害隐患点进行勘查与治理。2003年全省开展地质灾害勘查与治理项目126个，投入资金6562万元，完成了义乌市上溪镇马岭村、建德市安仁镇王家村等滑坡勘查和淳安县威坪镇道鹰山、东阳市八达乡八达村等滑坡治理工程，组织实施了15处村庄的避灾搬迁工程，使上百户村民摆脱了地质灾害隐患的威胁，走上下山脱贫之路。

（4）建设用地地质灾害危险性评估：浙江省2003年完成杭千高速公路、桐柏抽水畜能电站、兰溪电厂等建设工程地质灾害危险性一级评估项目23个、二级评估项目67个、三级评估项目226个，为建设工程避免和预防地质灾害奠定基础。

（5）地质灾害防治工程资质管理：浙江省2003年进一步加强了地质灾害勘查、设计、施工、监理单位资质的管理，进行各类资质的年度审查。全省通过资质年度审查单位25家49个资质。其中地质灾害防治工程勘查资质单位20家，地质灾害防治工程设计资质单位11家，地质灾害防治工程施工资质单位14家，地质灾害防治工程监理资质单位4家，为保证地质灾害防治工程质量奠定了基础。

四、地质灾害监测预报预警

浙江省2003年完成杭–嘉–湖平原一组地面沉降分层标建设，征用土地1244.8平方米，共施工钻孔16个，其中鉴别孔1个、基岩标1个、分层标8个、地下水位监测孔6个，累计完成钻探工作量1640.21米。以GPS区域控制为骨干、实时快速的杭–嘉–湖地面沉降监测网建设项目也已启动；温瑞平原建成由34个地面标组成的地面沉降监测网。

浙江省基本建立了突发性地质灾害群测群防网络，设立专业地质灾害监测点32处，其中5处安装了滑坡监测仪，27处埋设了监测桩并开展定期位移监测。2003年开展了突发性地质灾害气象预报（警）工作并进行了试运行，取得良好的效果。研制了基于SPV－ANN/GIS的突发性地质灾害气象预报（警）系统（LAPS），建立了数据传输专线，根据浙江省气象局实时提供的降水观测和降水预报数据，对全省突发性地质灾害进行五个等级的概率预报，预报结果在浙江省国土资源网站上发布，3、4级（地质灾害发生可能性较大、大）发布预报，5级（地质灾害发生可能性很大）发布警报。由浙江省科技厅和国土资源厅联合组织开展的《浙江省突发性地质灾害预警预报系统研究与应用示范》项目也已完成系统建设。

五、地下水资源环境调查监测

浙江省2003年按要求继续开展以城市为中心、滨海平原及金衢盆地为重点的地下水动态监测。截至2003年底，全省共有各类监测井716眼，其中国家级监测点34眼、省级监测点106眼、地区级监测点576眼；按监测内容分水位点274个、水量点529个、水质点162个、水温点28个，监测控制面积9665平方千米，全年累计监测13157井次。完成全省地下水水样采集工作、2002年度浙江省地下水动态监测年报、工作总结及2003年季报、半年报等，2002年全省国家级监测点水位、水质数据的整理、录入和2002年度数据转换工作，编制完成《2002年地下水水情通报》与《2003年主要城市地下水水情预报》等；编制地下水禁限采区划分的报告。

1. 地下水开发利用调查监测

2003年浙江省各类地下水开采量6.72亿立方米，其中河谷潜水开采量3.70亿立方米，占55%；沿海平原孔隙承压水开采量1.62亿立方米，占24%；红层孔隙裂隙水开采量0.88亿立方米，占13%；岩溶水、基岩裂隙水开采范围较广，开采量0.53亿立方米，占8%。开采井集中在城镇为中心的沿海平原、河谷平原和金衢盆地。

2. 地下水动态监测

（1）地下水水位：浙江省沿海平原孔隙承压水除宁奉平原外，均呈下降态势。宁奉平原因地下水开采量削减，水位继续回升；杭-嘉-湖平原水位继续下降，主要城市水位下降幅度0.78～2.42米；温黄平原水位在2002年短暂上升后，2003年又趋下降，下降幅度0.95～1.96米；温瑞平原水位有加速下降之势，其中温州市永强漏斗中心水位急剧下降；金衢盆地红层孔隙裂隙水水位略有下降，义乌市地下水出现较大范围的降落漏斗；河谷平原区孔隙潜水、杭州西部山区岩溶水、基岩裂隙水等水位基本稳定。

（2）地下水水质监测：浙江省大部分地区地下水水质较好，丘陵山区河谷孔隙潜水为淡水，水质普遍为一至二级水，部分地段pH值偏低。杭-嘉-湖、温黄平原孔隙承压水以淡水为主，其余平原以微咸水、咸水为主；杭-嘉-湖平原水质基本为二级水，温黄平原水质为二至四级水；温瑞平原因铁、锰、氟等组分超标，也以四级水为主。红层孔隙裂隙水、基岩裂隙水、岩溶水基本为淡水，多属一至二级水，水质优良。地下水水质大多保持天然状态，基本未受人为污染，与2002年比较，水质基本稳定。

3. 地下水开采引起的地质环境问题

滨海平原由于地下水超量开采，造成地下水位区域性下降，水位降落漏斗规模逐年扩展，咸水内侵，水质恶化等环境问题。

（1）区域水位下降，水位降落漏斗持续扩展：除宁奉平原外，滨海平原孔隙承压水各含水组水位降落漏斗继续扩展。杭-嘉-湖平原第Ⅱ承压含水组地下水位降落漏斗中心位于嘉兴市区，2003年漏斗中心年平均水位-45.57米，较2002年下降2.02米，低于-30米水位面积3926.5平方千米，比上年扩展303.8平方千米；第Ⅲ承压含水组地下水位降落漏斗中心位于嘉善县魏塘镇，2003年漏斗中心平均水位-46.05米，较上年下降1.07米，低于-30米水位面积2404.8平方千米，比上年扩展323.9平方千米。温黄平原地下水位降落漏斗中心位于台州市路桥，第Ⅰ承压含水组漏斗中心年平均水位-44.36米，较2002年下降1.95米；低于-30米水位面积292.6平方千米，比上年扩展44.1平方千米；第Ⅱ承压含水组中心平均水位-35.42米，较上年下降0.62米，低于-30米水位面积105.7平方千米，比上年略有收缩，但漏斗规模总体仍在扩展。温瑞平原第Ⅰ承压含水组地下水位降落漏斗中心位于永强平原永中，2003年漏斗中心年平均水位-33.47米，较2002年下降5.42米，低于-30米水位面积18.5平方千米；第Ⅱ承压含水组地下水位降落漏斗中心位于瑞安市新华，2003年漏斗中心平均水位-30.59米，较上年上升1.46米，但水位漏斗继续扩展。宁奉平原由于开采量继续减少，水位回升，降落漏斗逐步消失。

（2）淡水体缩小，水质恶化：滨海平原的台州、温州永强等咸淡水分布区的局部地段，由于地下水超量开采，区域水位下降，地下水流场改变，导致咸水扩张内移，淡水体缩小，水质恶化现象。

六、矿山地质环境调查评价与治理

1. 矿山地质环境调查现状

截至2003年底浙江省有各类矿山企业

5222家，比2002年减少405家。开采矿种73个，年产矿石量3.77亿吨，比2002年增加0.79亿吨。以小型、露采矿山为主，矿种多为建筑石料、石灰石、水泥配料、建筑用砂及砖瓦用粘土。

浙江省2003年完成了矿山地质环境调查工作，基本查明了全省矿山地质环境现状，初步建立了矿山地质环境数据库，提出了矿山地质环境保护与恢复治理建议。调查结果显示，浙江省2003年矿山占用土地面积约31323公顷，约占全省陆地面积0.31%；矿山固体废料排放量1921.64万吨，废水、废液排放量836万吨，其中未经处理排放343万吨；矿山固体废料和废水废液排放造成地表水体污染面积10000公顷，地下水污染面积4000公顷。浙江省矿山地质问题主要包括采空区地面塌陷、崩塌、滑坡、泥石流、石煤自燃、侵占和破坏土地、水土流失、土壤和水质污染等，矿山地质环境恢复治理虽已取得一定成效，但矿山地质环境问题依然严峻。至2003年全省共有矿山次生地质灾害201处，其中采空区地面塌陷145处，崩塌38处、滑坡15处、泥石流5处、石煤自燃3处，矿山地质灾害总面积52.93公顷，其中采空区地面塌陷面积42.46公顷，占80%。温州矾矿矿区于2003年6月、8月和9月发生数次塌陷，塌陷影响范围1.3公顷，危及采空区上方居民住宅的安全；部分矿山废渣任意堆放，阻塞沟谷，造成泥石流隐患。

2. 矿山生态环境治理

浙江省2003年开展了“百矿示范，千矿整治”的矿山生态环境保护与治理工作。在全省8000余座废弃矿山中，确认1336个作为近期需要治理的矿山，面积4469公顷，其中应复垦的面积约251.13公顷；建立了矿山生态环境保护与治理工作数据库、矿山生态环境治理备用金数据库及相应报表制度；组织编制《浙江省露天开采矿山自然生态环境综合治理技术要求》和《浙江省露天开采矿山自然生态环境综合治理工程施工质量验收要求》；启动市、县两级矿山生态环境保护与治理专项规划的编制，开展废弃矿山治理的试点工作，完成了安吉县山川乡马家弄石矿自然生态环境治理等一批示范工程。2003年浙江省矿山生态环境治理投入资金10259万元，对261个矿山进行了治理。其中复垦投入资金2567.17万元，复垦还绿面积41.6公顷，占应复垦还绿面积的16.6%。湖州市仁皇山、道场堂子山矿山等首批“百矿示范”治理工程全面启动。

七、地质遗迹保护与地质公园建设

浙江省地质遗迹资源种类齐全，据不完全统计，已知的地质遗迹点约有285处，其中地层类约75处、构造类5处、岩石类型1处、矿床类8处、化石类19处、古人类文化遗迹19处、泉类9处、洞穴类6处、峡谷类3处。2003年开展了浙江省地质遗迹资源调查与评价项目，完成了衢州市地质遗迹资源调查与评价、天台晚白垩世盆地恐龙化石拟建地质遗迹保护区科学考察和地质公园规划、景宁畲族自治县熔岩地质遗迹资源调查与评价等地质遗迹调查工作。2003年新批准有雁荡山和新昌等2个国家地质公园，浙江省已建成省级以上地质遗迹自然保护区、地质公园7处，面积约61841公顷，其中国家级4处。2003年10月26日，经过近两年的规划建设，浙江省第一个国家地质公园——临海国家级地质公园正式开园。常山国家地质公园建设于2003年基本完成，并于2004年1月2日揭碑开园，正式对外开放。

八、地热、矿泉水的监测与评价

浙江省矿泉水资源丰富，截至2003年经勘查评价并经国家、省级技术鉴定的矿泉水水源地共160处（85处为国家级鉴定），换证后现持有省级以上鉴定证书的水源地 80 处，其中国家技术鉴定水源地 43 处。2003 年浙江省有采矿许可证的矿泉水生产企业 50 余家，年生产量 30 万～35 万立方米，涌现“中国 1 字”、“人地”、“维希”、“太白”等受消费者欢迎的矿泉水品牌。2003 年结合矿泉水采矿权人开发利用年度监督检查，对 52 家企业进行了省级矿泉水注册登记。对苍南县云山、富阳市万洲、宁波市鄞州区宝幢饮用天然矿泉水进行了技术鉴定，并颁发了省级技术鉴定证书和注册登记证。

浙江省具有区域地热资源的形成条件和潜力，2003 年开展的杭–嘉–湖平原地热资源勘查项目已取得阶段性成果。截至 2003 年，已发现水温大于 25℃ 的地下热水点 29 处，地热异常点 53 处，允许开采水量约 $14413m^3/d$，有较好的勘查前景。

九、地质环境工作大事记

（1）2003 年 1 月 11～13 日，中国地质调查局在杭州市萧山区召开全国农业地质环境调查现场会。国土资源部寿嘉华副部长和浙江省委常委、常务副省长章猛进出席了会议并讲话。浙江省国土资源厅王松林厅长、潘圣明副厅长在会上介绍浙江省农业地质环境调查项目的进展与初步成果。

（2）2003 年 2 月 28 日，天台县发现新种恐龙化石。浙江省国土资源厅组织化石挖掘现场考察，中国科学院古脊椎与古人类研究所董枝明研究员解答省内各大媒体记者提问，各大报纸纷纷刊登天台恐龙发现记。经中国科学院初步鉴定，该恐龙已被命名为“天台懒龙”。

（3）2003 年 3 月 19～21 日，浙江省第二期地质环境管理培训班在杭州举办，全省各市、县地质环境管理干部参加，通过学习提高了业务工作水平。

（4）2003 年 4 月 15 日，经浙江省政府同意，浙江省国土资源厅将《浙江省 2003 年汛期防御地质灾害预案》印发各市、县（市、区）人民政府，省级各有关部门执行。

（5）2003 年 4 月 22 日，全国地质环境管理工作会议在北京召开，浙江省国土资源厅华宣奎副厅长在会上作“以规划为龙头，全面推进地质环境管理工作”的典型发言。浙江省国土资源厅、丽水市国土资源局等 3 个单位和 7 名个人被评为全国地质灾害防治工作先进集体和先进个人。

（6）2003 年 5 月 22 日，浙江省地质灾害防治电视电话会议在杭召开，浙江省国土资源厅王松林厅长部署 2003 年地质灾害防治工作，潘圣明副厅长宣读省厅对全省地质灾害防治工作先进集体、先进个人，并授予 1 个单位地质灾害成功预报奖的表彰决定。

（7）2003 年 6 月 10 日，浙江省汛期地质灾害防治应急指挥部成立，浙江省国土资源厅华宣奎副厅长任指挥长。各市、县都成立了应急指挥部与应急小分队。

（8）2003 年 7 月 23 日，在杭州举行浙江省地质灾害危险性评估工作座谈会。省国土资源厅华宣奎副厅长为第一批受聘的地质灾害防治成果评审专家，颁发了聘书。

（9）2003 年 7 月 29 日，浙江省国土资源厅与省气象局联合召开“浙江省突发性地质灾害气象预警（报）工作试运行实施方案论证会”，并决定从 2003 年 8 月 1 日起开始地质灾害气象预警（报）试运行。

（10）2003 年 8 月 4 日，浙江省人民政府办公厅下发《关于切实抓好地质灾害防治工作的通知》（浙政办发明电〔2003〕82 号）。要求各市、县（市、区）人民政府、省级有关单位做好地质灾害防治工作。

（11）2003 年 8 月 15 日，浙江省委书记习近平在《关于浙江省地质遗迹保护工作情况的报告》（浙土资发〔2003〕64 号文）上批示“把地质遗迹保护工作做好，也是生态省建设的重要内容，应逐项加以落实”。

(12) 2003年9月13～21日，浙江省政府法制办公室高杰副主任、省国土资源厅张延华副厅长率政策法规处、地质环境处、地质环境监测总站负责人赴新疆、甘肃两省进行地质环境保护立法调研。

(13) 2003年10月26日，浙江省第一个国家地质公园——临海桃渚国家地质公园正式开园。全国政协人环资委王克英副主任、办公室党德兴主任、省政协人环资委韩春根主任、国土资源部地质环境司陶庆法副司长、省国土资源厅潘圣副厅长为临海国家地质公园开园揭碑。

(14) 2003年11月22～23日，温州雁荡山、新昌拟建国家地质公园在北京进行的第三批国家地质公园申报评审会上，获得各位评审专家的好评，评分分别名列45个申报公园的第三名、第十一名。

(15) 2003年12月9～12日，国土资源部和国土资源报社在浙江举办“矿山生态环境保护与治理培训班”，并考察湖州仁皇山矿山生态环境治理现场。

安徽省地质环境调查与监测工作

安徽省地质环境监测总站

安徽省地环境监测总站是由安徽省编制的从事地质环境监测工作的专门机构，有教授级高工6名，高级工程师30名。2003年工作任务完成情况如下：

一、地下水动态监测工作

完成全省400余点监测孔的地下水环境监测的水位、水温、水质监测，向省和中国地质环境监测院报送：安徽省地质环境监测工作年报、地下水水情通报、地质环境状况公报、部分城市地下水水情预报等业务报告。

二、地质灾害调查

向政府部门报送安徽省汛前、汛期地质灾害简报，安徽省地质灾害防治预案，地质灾害通报。

三、水工环地质项目

取得主要工作成果如下：安徽省地质灾害防治规划项目，成果通过省、部审查验收；1:10万黄山市屯溪徽州区、东至县地质灾害调查与区划项目，报告质量分别为优秀、良好；开展了1:10万金寨县、太湖县地质灾害调查与区划项目的野外调查工作；完成了金寨县梅山镇红村烈士陵园地质灾害应急勘查评价，并通过省厅审查验收；完成了阜阳市地热资源勘查项目，并通过局审；开展了淮河流域（安徽部分）环境地质调查部分工作；完成并提交淮北市、阜阳市城市环境地质调查、安徽省西部地热资源勘查，安徽省重点地区矿山区域地质环境调查评价，安徽省地质灾害预警预报，安徽省东至县铁炉乡放射性污染调查评价设计书（等同竞标书）等立项建议书。开展了界首市地热资源勘查工作。

福建省地质环境调查与监测工作

福建省地质环境监测中心

一、概　况

福建省地质环境监测中心负责全省86个县（市、区）地质灾害调查与区划项目管理，组织开展了14个县（市）地质灾害调查与区划工作，调查面积33031平方千米，查出地质灾害隐患点1625处；完成建宁县地质灾害应急处理任务；负责省、部分市、县地质灾害防治方案编制；成功预报了6起重大地质灾害，避免了231人伤亡和2017.3万元的直接经济损失；通过开展500多项地质灾害危险性评估，纠正了25宗不合理的建设用地，制止了约15.75亿元不合理的项目投入；初步建立了地质灾害气象预报预警模式，预报成功率达60%；参与编制《福建省地质灾害防灾预警体系建设方案》、《福建省处置地质灾害紧急情况工作预案》和《福建省山洪灾害防治规划》；参与全省地质公园评审和申报工作。

完成全省10个监测区面积821平方千米的地下水、地下热水动态监测，获得数据共17646组；承担56家矿泉水开采企业（单位）的注册登记申请、年检工作；承担"福建省水资源综合规划"的子项目，提交《福建省水资源综合规划地下水水资源质量评价报告》；对政和县金峰矿业公司铜矿山进行水环境应急调查；分别就三处矿泉水水源地提交开发利用方案。

二、地质环境调查、监测及其成果

（一）地质灾害调查、防灾体系及专项治理工程

1. 地质灾害调查及其成果

①2003年地质灾害防治工作方面主要组织开展闽清、大田、永定、蕉城、邵武、平和（上述为续作项目）、清流、宁化、周宁、永泰、福安、漳平、建阳、武夷山等14个县（市）地质灾害调查与区划工作，调查面积33031平方千米，占全省总面积的27%。查出地质灾害隐患点1625处（其中滑坡1096处，崩塌327处，泥石流22处，地面塌陷23处，潜在不稳定斜坡157处），并开展了建宁县地质灾害应急处置和溪口中学滑坡工程治理工作。此外，公布了2225处重要地质灾害危险点，建立了5542处地质灾害群测群防监测点，落实监测责任人6284人，义务监测员2000多人和130多个应急抢险分队。

②提交了闽清、大田、永定、蕉城、邵武、平和等6县（市）的地质灾害调查与区划报告、地质灾害防治规划、重要地质灾害隐患点防灾预案、地质灾害数据库建设报告。已基本查明上述6县（市）地质灾害的类型、特征、分布、形成条件和主要控制影响因素，建立地质灾害信息系统、群防群测和群专结合的监测网络，圈定了地质灾害易发区，编制了地质灾害防治规划，同时对区内地质灾害临灾降雨量和房前屋后高陡边坡成灾规律进行了较深入的研究，提出了地质灾害预报预警界限建议值，为各级人民政府防灾减灾提供了有力的技术支持。

③通过编制、启动2003年全省地质灾害防灾预案，取得了显著的防灾效果。由于灾情预报准确，防灾措施得当，撤离人员及时，避免了231人伤亡和2017.3万元的直接经济损失。成功预报的地质灾害中较为典型的有6处：泰宁县大田乡鱼川村料青坑自然村滑坡、泰宁县尤安乡张地村张地自然村滑坡、平潭县“6·12”红山村滑坡、琅岐经济区度假区金鸡山海威楼滑坡、漳州市南靖县船场镇台山自然村滑坡、三明市尤溪县联合乡联东村东山头自然村滑坡。

④通过与气象部门合作开展地质灾害气象预报预警工作，初步建立了地质灾害气象预报预警模式，推动了各县（市）人民政府地质灾害防治工作，提高了公民的防灾减灾意识和加强了群测群防体系的针对性和有效性。据各地反馈的信息统计，预报成功率达60%。

⑤2003年汛前、汛期全省共组织防灾检查5506人次，共开展汛期地质灾害应急调查处置97批次计221人次。特别是在抗击“5·16”强暴雨和7、9、11、13号强台风中发挥了应有的作用。据统计2003年全省发生各类地质灾害96起，灾害类型主要为滑坡、崩塌，共造成9人死亡，6人受伤，176间房屋受损，1043亩农田损坏，直接经济损失1139.60万元。与往年相比，发生灾害数减少99%，死亡人数减少了90%，直接经济损失减少了96%。

⑥通过开展500多项建设用地地质灾害危险性评估，纠正了25宗不合理的拟建用地项目，制止了约15.75亿元不合理的项目投入。

2. 地质灾害防灾体系

（1）地质灾害预警体系建设方案

为了做好福建省地质灾害防治工作，减少地质灾害引起的人员伤亡和经济损失，根据福建省建设“十大”防灾体系的要求和福建省人民政府专题会议精神，结合福建省社会经济条件和地质灾害实际情况，制定了《福建省地质灾害预警体系建设方案》。要求在这个总体方案的指导下，经过若干年努力，构筑起一个比较完善的地质灾害防御体系，做到：①基本查明福建省地质灾害现状、地质灾害形成机理、发生规律，摸清隐患，了解潜在威胁；②完成省、市、县（市）各级地质灾害防治规划，做到科学、统筹安排预防和治理工作，有计划地分步实施；③建立起比较完善的群测群防网络和专业监测网络，对福建省的地质灾害进行全面监测；④建立地质灾害信息传递、资料查询、险情分析、决策、应急调查、应急措施、抢险救灾迅速的地质灾害信息系统和应急反映系统，以应对各类地质灾害的发生，减少和减轻地质灾害造成的危害；⑤重大危险点得到治理。通过调查、规划，监测预报，应急处理，科学治理，使福建省地质灾害预防水平有较大的提高，实现地质灾害防治与国民经济、社会协调发展。该方案已经省人民政府批准。

（2）建立健全群测群防体系，不断提高防灾效果

针对福建省地质灾害点多、面广、规模小、危害性大以及多发生在房前屋后高陡边坡等特点，积极探索适合福建省特点的防灾组织、防灾形式和防灾手段是彻底解决地质灾害防治问题的根本方法。通过近年来的防灾实践，证明建立群测群防体系，走群专结合的防灾路线是符合福建省防灾实际的。依照“谁受威胁，谁监测”、“谁管辖，谁监督”的原则，在全省建立了群测群防的防灾网络。南安、安溪等县组织了一支义务监测队伍，做到了镇乡有监测技术员，村村有监测责任人。通过群测群防网络的建立和实施，取得了良好的防灾效果。2003年6月、8月两次大暴雨期间，由于群测群防工作抓得实，全省共组织转移群众3896名，最大限度地减少了地质灾害给群众造成的损失，较典型的例子主要有：

①6月中旬洪灾期间，宁化县安远乡共监

测地质灾害点3处，安全转移人员200多人。

②6月中旬洪灾期间，南平市国土资源局加强对全市地质灾害隐患点、危房的防范工作，安全转移群众1789人，做到："险情检查不漏一处，险处值守不离一步，危险地区不留一人"，避免了500余人伤亡。

③6月30日，将乐县光明乡张坑村后山发生山体开裂的滑坡前兆，由于组织转移及时，避免了42户159人伤亡。

④8月2日，305省道平潭虎潮山路段发生滑坡，由于发现早，组织及时，39户133人得到安全转移，避免了人员伤亡。

⑤8月5日，德化县水口镇发生山体滑坡，由于镇领导提前挨家挨户做思想工作，群众及时得到转移，避免了3户11人伤亡。

⑥8月9日，闽清县东桥镇湖洋村发生山体滑坡，由于群测群防做得好，共避免了9户35人伤亡。

3. 地质灾害专项治理工程

2003年全省共开展完成地质灾害防治专项治理工程169项，其中重大治理专项工程16项，共投入资金7787万元，受益人数达15920，保护财产2.2560亿元。地质灾害重大治理工程见下表：

2003年福建省地质灾害重大治理工程表

工程名称	地理位置	工程期 年	国家投资 万元	地方投资 万元	保护人数 人	保护财产 万元
安溪县感德镇潘田矿区蔗头山滑坡治理	安溪县感德镇	3	250	750	1000	2000
尤溪县联合乡连云村山体滑坡治理	尤溪县联合乡	2	80	100	2000	800
安溪县金谷中学滑坡治理	安溪县金谷中学	2	20	60	500	800
长泰县青阳小学滑坡治理	长泰县青阳小学	2	20	30	600	500
霞浦县下浒镇中心人民小学滑坡治理	霞浦县下浒镇	2		80	1000	500
安溪县虎邱镇金榜中学滑坡治理	安溪县虎邱镇	3	60	120	1200	1000
延平区夏道镇夏道中学滑坡治理	延平区夏道镇	2	80	150	1000	1000
福鼎市白琳玄武岩矿区北坡渣场滑坡治理	福鼎市白琳	3		200	600	1500
上杭县紫金山矿区泥石流治理	上杭旧县乡	3		5000	2000	10000
建宁县溪口中学	建宁县溪口	2	40	290	1200	1000
将乐县余坊张都滑坡治理	将乐县余坊	1		25	120	250
福清市南岭镇马斜村滑坡治理	福清市南岭镇	1		38	100	150
仙游县游洋中心小学滑坡治理	仙游县游洋	1		58	1500	600
蕉城区石后中心小学滑坡治理	蕉城区石后中心小学	1		68	1200	500
南安市东田中学滑坡治理	南安市东田中学	1		58	1500	1000
福州市龙腰新府潜在滑坡	福州市	2		210	400	960
合　计			550	7237	15920	22560

（二）地下水、地下热水动态监测及其成果

1. 概况

福建省布置了以监测地热田热水动态为主的福州盆地、漳州盆地、莆田涵江、莆田城厢4个监测区，以监测岩溶水动态为主的龙岩盆地、连城盆地、永安盆地3个监测区，以监测海岛型砂层孔隙水为主的东山岛监测区，以及监测仙游盆地和莆田南部半岛的地下水等共10个监测区。监测网点控制面积821平方千米，观测路线长度每次为759千米。各类监测点总数252个（国家级11个，省级168个，地区级73个），其中地下水监测点189个（国家级9个，省级111个，地区级69个），地下热水监测点56个（国家级2个，省级51个，地区级3个），地表水监测点7个（省级6个，地区级1个）。

监测项目包括：①地下水位观测点136个，其中长观点93个，水位统测点43个；②地下热水水位长观点44个；③地下水水质检测点79个；④地下热水水质，检测点15个；⑤地下水水温，长观点45个，系统测温点1个；⑥地下热水水温，观测点43个，其中长观点35个，系统测温点18个；⑦地下水自流量，长观点11个；⑧地下热水自流量，长观点2个；⑨河流枯季测流，5条河流6个断面。

2. 监测网点分布情况

（1）福州盆地地下水、地下热水监测区

该监测区的监测重点是福州热田热水动态，监测网点控制面积76平方千米，其中热田9平方千米。2003年各类监测点总数57个，其中地下水监测点31个，包括国家级1个、省级18个，地区级12个；地下热水监测点26个，包括国家级2个、省级23个、地区级1个。与2002年比较，因监测点损坏减少了2个水位长观点、1个冷水水质点，补充了1个热水水质点和1个冷水水质点。至2003年末荷泽新村、潘边村及岩洲村3处冷水水位监测孔又因毁、堵或其他原因而停测。

（2）龙岩盆地地下水监测区

该监测区的监测重点是龙岩盆地岩溶水动态，监测网点控制面积186平方千米。2003年各类监测点62个（第四系孔隙水2个，岩溶水54个，地表水6个），包括国家级点4个，省级40个，地区级18个。与2002年比较因监测点损坏减少了2个专门水位统测孔，至2003年末浮蔡（国家级孔）、溪南人造板厂2处岩溶水位孔因堵或破坏而停测。

（3）连城盆地地下水监测区

该监测区的监测重点是连城盆地岩溶水动态，监测网点控制面积300平方千米。2003年各类监测点27个（岩溶水25个、红层孔隙裂隙水2个），包括国家级4个，省级18个，地区级5个。与2002年比较因监测点损坏减少了2个岩溶水水位长观孔，1个岩溶泉水质点（干涸）；至2003年末又有北团下江坊、朱余村、新安桥和岗尾村四个岩溶水位长观孔因水位下降至大井以下（井内安水泵）而测不到水位。

（4）东山岛地下水监测区

该监测区的监测重点是东山岛第四系砂层孔隙水动态，监测网点控制面积50平方千米。2003年各类监测点41个（第四系孔隙水39个，基岩风化裂隙水1个，露天矿坑水1个），包括省级16个，地区级25个。与2002年比较减少了1个基岩水水质点，至2003年末又有梧龙外砂龟嘴第四系孔隙水位、水温兼水质长观孔因塌井而停止观测。

（5）漳州盆地地下水、地下热水监测区

该监测区的监测重点是漳州地热田热水动态。监测网点控制面积18平方千米，其中热田面积7.9平方千米。2003年各类监测点28个（基岩裂隙水4个，地下热水24个），全为省级点。与2002年比较，减少了一个第四系孔隙水点。

（6）永安盆地地下水监测区

该监测区的监测重点是永安盆地岩溶水动态，监测网点控制面积71平方千米。2003年各类监测点20个（岩溶水17个，基岩裂隙水1个，岩溶低温热水2个），包括省级18个，地区级2个，各监测点及监测内容与2002年相比无变化。

（7）莆田涵江地热田、城厢区（广化寺）地热田、南部半岛地下水及仙游城关盆地地下水监测区莆田市四个监测区的监测工作重点是地下水和地下热水动态监测。建站设计四个监测区控制面积120平方千米，其中涵江区地热田设计网点控制面积10平方千米，现监测点2个；城厢区地热田设计网点控制面积10平方千米，现监测点2个；南部半岛地下水监测区设计网点控制面积80平方千米，现监测点7个；仙游城关盆地设计网点控制面积20平方千米，现监测点6个。与2002年比较，监测点未改变，但城厢区地热田1处流量兼水温监测点因故减少了流量监测项目。

3. 地下水水位监测与降落漏斗

（1）地下水

①岩溶水

岩溶水监测区主要分布在龙岩、连城和永安盆地，2003年岩溶地下水水位总体变化趋势为基本平衡—弱上升，变化幅度较上年变化值以减小为主，变幅减小0.38～1.29米，局部变幅增大0.83米，变化主要原因是开采量的变化。

岩溶地下水水位降落漏斗主要分布于龙岩和连城盆地，水位降落漏斗规模为较小型，漏斗面积1～2平方千米。

漏斗中心水位变化趋势：龙岩盆地漏斗中心水位基本稳定，连城盆地漏斗中心水位变化幅度较大，比去年下降2.98米，漏斗面积扩大0.38平方千米，是局部开采量增加所致。

②裂隙水

基岩裂隙水、残积层孔隙裂隙水监测区主要分布于福州盆地马鞍区和莆田市南部半岛、仙游盆地城关一带。2003年福州盆地马鞍区和莆田市南部半岛基岩裂隙水、残积层孔隙裂隙水水位总体变化趋势为弱—强下降，仙游盆地城关基岩裂隙水、残积层孔隙裂隙水水位总体变化趋势为弱上升。变化幅度较上年变化值以减小为主，变幅减小1～3米。主要原因是降雨量减少。

③孔隙水

第四系孔隙潜水、孔隙承压水监测区主要分布于东山岛砂层和福州盆地闽江古河道。2003年孔隙潜水、孔隙承压水水位总体变化趋势基本平衡，幅度较上年变化不大，略减小0.15～0.30米。

（2）地下热水

地下热水监测区主要分布于福州、漳州盆地和莆田涵江区地热田。2003年地下热水水位总体变化趋势以基本平衡为主，变化幅度较上年变化值以减小为主，变幅减小0.02～0.28米，局部增大0.90～1.48米，其原因是开采量减少或降雨量减少。

地下热水水位降落漏斗主要分布于福州盆地地热田，形成降落漏斗时间长，漏斗面积9.0平方千米，整个地热田基本为降落漏斗区，漏斗中心水位多年变化趋势以下降为主，原因是集中开采区地下热水开采量变化不大，漏斗尚难恢复。

4. 地下水开发利用及其引发的地质环境问题

（1）地下水开采情况

全省七个市、县（福州、龙岩、连城、东山、漳州、永安、莆田）城区地下水开采量约为8963.45万m^3/a，其中岩溶水开采量7170.6万m^3/a，占7个监测区地下水开采总量的80%；孔隙水、裂隙水开采量1792.85万m^3/a，占20%，地下水开采以岩溶水为主。与上年相比，地下水开采量减少360.97万m^3/a，其中岩溶水开采量减少325.06万m^3/a，主要原因是厂矿企业停产减少开采量。

（2）部分地区地下水受到不同程度污染

岩溶水水质总体受轻度污染或未污染，

局部受中度污染。岩溶水水质质量大部分为良好—较好，局部优良或较差。主要污染超标元素为 NH_4^+、NO_2^-、F^-、Mn^{2+}、ΣFe、pH 值和酚，其超标率大都小于 20%。与上年相比，除龙岩盆地岩溶水局部水质有恶化趋势外，连城、永安盆地岩溶水质变化趋势较稳定。

基岩裂隙水、残积层孔隙裂隙水水质总体受轻度污染，局部未污染或受中度污染。水质质量大部分较好，局部较差。基岩裂隙水水质较残积层孔隙裂隙水水质好。主要污染超标元素为 pH 值，检出值多小于 6.5；其次为 NO^{2-}、NH_4^+、F^-，主要受原生环境污染。与上年相比，总体水质变化趋势以稳定为主，局部恶化或好转。

地下水水质状况，岩溶水、裂隙水大部分水质较好，局部受轻度—中度污染；孔隙水水质总体较差—极差，受中度—重度污染，其主要原因以原生环境污染为主；其次，随着社会经济发展，人民生活提高，局部地下水亦受到次生环境污染。

（3）地下水开发对地质环境的影响

福建省地表水资源丰富，全省供水系统以地表水为主要水源，地下水仅作为辅助水源，地下水开发利用程度较低。据统计，地下水开采量仅占全省地下水资源的 5%。因此由开采地下水引起的环境地质问题并不十分突出，主要表现在岩溶水集中开采区的局部小型降落漏斗及偶发岩溶塌陷，以及福州地热田的降落漏斗及局部地面沉降。

5. 地下水、地下热水环境监测主要成果

完成全省 10 个监测区面积 821 平方千米的地下水、地下热水动态监测，获得数据共 17646组，其中水位数据 10740 组、水质数据 186 组、水温数据 5359 组、泉（孔）自流量数据 911 组、开采井开采量数据 150 组。

完成矿泉水注册、年检工作。该项工作由省国土资源厅向厦门等 9 个设区市国土资源局（国土资源与房产管理局）及 74 家已办理了采矿许可证和参加 2002 年水源年检的企业发出通知，并要求各级国土资源主管部门应尽快督促辖区内所有矿泉水开发利用单位开展注册登记工作。根据国土资发〔2003〕327 号及闽国土资综〔2003〕410 号文的要求，监测中心受理了 56 家矿泉水开采企业（单位）的注册登记申请。

此外，受省水利厅委托，承接“福建省水资源综合规划”的子项目，于 2003 年 8 月至 2003 年 11 月对区域、监测区及主要水源地地下水水质进行评价，提交了《福建省水资源综合规划地下水水资源质量评价报告》；受政和县人民政府委托调查矿山开采是否影响村民饮用的地下水问题，并提交调查报告，解决了用水争端。2003 年 8 月对金峰矿业公司铜矿山进行水环境应急调查，提交了《关于星溪乡长际村上山岗自然村水源与金峰矿业公司采铜矿坑涌水量关系补充调查情况的复函》；并于 2003 年 5 月至 2003 年 10 月期间分别就三处矿泉水水源地及矿泉水厂的开发建设进行调查，分别提交《福清市南岭镇狮头山饮用天然矿泉水资源开发利用方案》、《福建省惠安县紫山紫皇饮用天然矿泉水资源开发利用方案》、《福建省长乐市鼎云矿泉水厂云山饮用天然矿泉水资源开发利用方案》。

（三）矿山地质环境调查及其防治措施

1. 福建省矿业开发过程中存在的地质环境问题

（1）矿山开采中废气、粉尘、废渣排放，造成大气污染和诱发酸雨

福建省矿山开采引起大气污染和酸雨等问题，以煤炭和硫化工矿山最为严重。据统

计，目前福建省共有煤矿矿山企业近1000家，原煤年产量600万吨，每年的有害物质排放量达2.11万吨，使矿山地区大气环境遭受不同程度的污染。硫化工矿山废气污染，在矿山周围形成酸雨，使土壤的酸性增强，导致大量农作物与牧草死亡。

（2）矿山开采造成水土流失

矿业活动，特别是露天开采造成植被破坏和所产生的废弃渣等松散物质也易发生流失，增加了矿山地区的水土流失量。全省因开山采石造成的水土流失面积达251平方千米。

（3）矿山开采对土地的侵占

据资料统计，福建省因矿山采掘破坏的土地面积以每年6平方千米的速度增加，造成矿山占地的原因主要是露天采场及各类矿渣、工业垃圾堆置所致。

（4）矿山开采造成的土壤污染

由于废渣矿在地表堆放，经雨水长期淋滤，渗滤出含重金属的酸性废水，这些酸性废水和各种矿山废水聚集在土壤中，降低了土壤的pH值并使有害金属大量富集，明显改变了土壤的理化性状，造成土壤的污染，破坏农田质量。

（5）矿业活动对水资源、水环境的影响

①水均衡遭受破坏：由于疏干排水，使矿坑地下水位下降数十米甚至数百米，导致区域性的地下水位下降，从而破坏了形成地表水、地下水均衡系统，造成大面积疏干漏斗、泉水干枯、水资源逐步枯竭以及河水断流、地表水入渗或经塌陷坑灌入地下等问题，影响矿山地区的生态平衡。

②水质污染：这是福建省矿山普遍存在的环境问题。矿山附近地表水体，常常作为废水、废渣的排放场所，成为纳污水体而遭受污染。福建省因煤矿开采产生的废水多直接排入山间溪流中，矿山废水pH值低、呈酸性、具腐蚀性、且硫化铁含量高，随溪流流入农田灌溉，造成农作物减产、绝收，甚至危及下游居民的饮水卫生和生活安全。

2. 矿山地质环境防治措施

目前，福建省的矿山地质环境保护管理基本上包括两大内容：一是“三废”（废气、废水、废渣）的防治；二是采空区地面塌陷、滑坡、泥石流等地质灾害防治。

（1）“三废”污染防治、综合利用与效果

①废气处理：针对煤矿矿山由于“尘害”而导致的职工和周围生活的群众患上矽肺病，福建省的漳平、永安、大田等地的煤矿企业不断加大环保投入，加强矿山废气等治理。据统计，这些煤矿每年用于防尘专项资金均在10万元以上，而且注重新科技、新工艺的投入，重点抓好掘进面湿式凿岩、放炮喷雾等综合防尘技术工作。如漳平煤矿认真落实“一通三防”责任制，严格综合防尘工作管理制度，矿井连续6年保持“省甲级通风防尘矿井”，同时还被原煤炭部确认为“部通风防尘示范矿井”。在福建省三明等地，由于加强了对土法炼硫的环境管理，坚决取缔土炉，同时推广炼硫新技术，土法炼硫污染的防治工作已初见成效。新罗区在办理采矿许可证过程中，不断要求矿业主不断改进落后的采煤工艺，合理布置巷道，形成正规的生产系统，同时督促业主加大安全投入，并做好矿山废气等有害物质的处理工作。

②废水处理：福建省矿山排放的废水种类主要有酸性废水、含悬浮物的废水、含盐废水和选矿废水等。为防止对环境的污染，目前主要从改革工艺、更新设备达到减少废水和污染物排放，提高水的复用率和将废水作为一种资源综合利用等三个方面进行治

理。如大田县利用本地丰富的石灰石矿，采取石灰石中和法、石灰石—石灰中和法处理酸性矿坑水。并采取合理的预防性措施减少矿山开采过程中产生的废水，如拦截地表水减少矿坑汇入量，确定合理的排水系统，封闭废旧巷道等方法防止酸性矿坑水的形成，对露天矿床则采取开沟导流方式拦截地表径流流入采矿场，达到减少矿坑和露采区的酸性水排放。福建省紫金山金矿采用漂白粉法处理矿山废水，即利用漂白粉的次氯酸根离子把废水中的氰根氧化为氯化氰，氯化氰在碱性废水中水解为氯酸盐，氯酸盐在过量次氯酸根离子的氧化下，最终生成氮气和二氧化碳。据统计，采用该法后紫金山金矿年可回收废水 24 万吨，回收利用率达到 70% 以上，将废水中的微量金及氰根进行回收后从中可再创经济效益约 150 万元。

③矿山废渣处理：矿山废渣包括煤矸石、废石、尾矿等。目前对其处理，主要是综合利用。这也是一项保护环境、保护一次原料、促进增产节约的有效措施。如南平闽宁铌钽矿业开发公司为有效利用矿产资源，委托国内权威的科研单位进行尾矿中的云母与绢云母分离、深加工攻关及长石粉提纯试验，获得成功，并及时将该技术在生产过程中加以应用。使得该矿首期项目建成后，年综合回收锡石精矿达 60 吨、钾钠长石粉 10 万吨、云母粉 1.5 万吨，从而使该矿的尾矿产品产值达到总产值的 40%，而尾矿排放量也只有 40% 左右。

（2）采空区地质灾害防治

①采空区土地及废渣场土地复垦：土地复垦，是矿山开采造成采空区地面塌陷、滑坡、泥石流和尾矿堆及闭坑后露天采场治理的最佳途径，不仅改善了矿山的环境，还恢复大量土地，因而矿区土地复垦具有深远的社会效益、环境效益和经济效益。福建省的南安市康美镇从 1993 年以来，先后投入 1300 多万元用于“康美黑”矿山土地复垦工作，并按照“宜林则林、宜草则草、宜果则果”的原则，开垦环山梯田 50 亩、种草 12 亩、种果 60 亩，使该矿的植被覆盖率从过去 5% 提高到现在的 40%，昔日的弃土场成为一片碧绿的果林场，从而初步实现了康美人提出的“矿山永远是个宝”的美好愿望。

但总的看，福建省目前矿山土地复垦率还较低，只是局部性或零星地恢复利用，据不完全统计，全省矿山土地复垦率仅 3% 左右，可见其复垦工作的艰巨性。

②矿山水均衡遭受破坏的防治：为防止因疏排地下水引起的地面塌陷等环境问题，福建省一些矿山主要采用防渗帷幕、防渗墙等工程，堵截外围地下水的补给，取得了较好的环境效益和经济效益。如龙岩市的马坑铁矿采用防渗帷幕工程后，河水补给被大部分截住，堵水效果达 40%。

③泥石流的防治：目前福建省对矿山泥石流的治理大多采用工程治理措施，主要是建设拦档、排导及跨越设施。如南平铌钽矿在其选矿厂下方建造一座钢筋混凝土斜墙砌石坝尾矿库，总容量达 87 万立方米，设计服务年限 20.9 年，待坝内淤满后，再用工程措施将坝逐渐加高，从而取得良好的拦挡尾矿渣产生泥石流的效果。福鼎玄武岩矿山在治理矿山泥石流方面，先后投入 50 多万元，修建 2.2 千米排水渠道，将主堆渣场（东坡）北侧的两股山涧水引离，达到避免发生泥石流的效果；同时还投入 8 万元添置国内先进的电子全站仪，建立渣场、尾坝位移动态监测系统，并于去年 11 月成功预报一起体积量达 30 万方矿渣泥石流，并通过抽水冲击、削坡减载等方式及时消除了安全隐患。

④采空区地面塌陷、滑坡的防治：主要采用早期预测、预防为主，治理为辅，防治相结合的办法。

（四）地质公园建设和地质遗迹保护区工作成果

福建省的漳州滨海火山、福建大金湖分别列入了国家地质公园建设名单；除此以外，全省还建立了福鼎太姥山、宁化天鹅洞群、晋江深沪湾等3个省级地质公园。

在厅党组和部环境司的重视下，地方政府及主管部门齐抓共管，大力协作，在原有工作的基础上，积极做好地质公园的初期建设和开园的准备工作。目前，漳州滨海火山、福建大金湖国家地质公园的各项建设基本符合国土资源部地质公园建设的规范要求，已揭碑开园。同时，积极向国土资源部申报了福鼎太姥山、宁化天鹅洞群、福建深沪湾国家地质公园项目，列入第三批国家地质公园建设名单。

近年来，福建省共投入地质遗迹类自然保护区建设的经费已达2.5亿多元，其中国土资源部拨款70万元（用于漳州滨海火山国家地质公园建设），其余由当地财政和承担景区开发的管理机构自行解决。

三、地质环境科研工作

（一）福建省土质滑坡隐患区预测和防治

本项目是福建省2003年重点科技攻关项目，与冶金二院、省地质遥控中心联合开展，已完成报告初稿，正式报告于2004年6月份提交专家评审。

（二）福建省地质灾害气象预报预警方法研究

按照国土资源部和中国气象局《关于联合开展汛期地质灾害气象预报预警工作的通知》（国土资发〔2003〕229号）的要求，省国土资源厅与省气象局从2003年9月份起联合开展了地质灾害气象预报预警工作。地质灾害气象预报预警工作主要由福建省地质环境监测中心和福建省气象台联合承担，并联合开展福建省地质灾害气象预报预警方法研究工作，其开发内容主要为：①建立全省诱发地质灾害的地质环境条件、气象要素等基本参数数据库；②研究全省地质灾害（主要指滑坡、崩塌、泥石流，下同）的发育和分布规律、危害程度和发展趋势，建立致灾因素概率模型；③研究降雨对地质灾害的诱发条件、发生频度及时空分布特征，建立降雨诱发地质灾害发生的危险性概率模型；④建立降雨诱发的地质灾害预报预警模型，确定危险程度分级标准，进行地质灾害危险性分区；⑤探索地质灾害气象预报预警向各级政府和公众发布的方式、程序；⑥探索地质灾害气象预报预警图形、数据、文字等信息的传输、交换、处理等方式。

（三）地质灾害专业网点建设

福建省地质灾害专业监测网点目前尚未建设，现正处于申请准备阶段。福建省地处东南沿海低山丘陵区，地质环境脆弱，人类工程活动强烈，地质灾害点多，分布面广，突发性强，危害性大，是全国地质灾害主要易发区和多发区之一。据统计，全省具有滑坡、崩塌、地面塌陷、泥石流等突发性地质灾害共2.2万处，威胁近12万人的生命财产安全，每年造成直接经济损失1000万元左右，造成人员伤亡最多达110人。

专业监测网络方面福建省目前仍是空白，急需进行地质灾害形成机理方面的研究，为福建省防灾减灾和地质灾害预报预警提供服务，而这些问题的解决需以专业监测所得数据为基础，因此开展地质灾害专业监测网是迫在眉睫的重大事情，根据福建省地质灾害分布特点，结合国民经济与社会发展总体规划，按轻重缓急分，建议近期拟建以下地质灾害专业监测：

（1）闽南金三角地质灾害监测预警区：安溪县感德镇潘田村滑坡，其规模为1050万立方米，受威胁人数3100人。

（2）闽西山区地质灾害监测预警区：较为典型的滑坡监测是尤溪县联合乡连云村滑坡，该滑坡属于蠕滑型，活动历史较长，其规模为262.5万立方米，受威胁人数3600人。

四、地质环境监测中心机构及业务管理

（一）机构管理

2001年7月经福建省编办批准原福建省水文地质环境监测研究中心更名为福建省地质环境监测中心，为福建省国土资源厅直属全额拨款正处级事业单位。监测中心设主任1名、副主任1名、总工程师1名；内设4个职能科室：综合科3人；地质灾害防治科5人；矿山地质环境科4人；地下水监测科4人；下设11个监测站，其中已建站7个（福州、漳州、龙岩、三明、莆田、东山、连城），还有4个设区市未建站（厦门、泉州、南平、宁德）。

监测中心现有在职员工45人，其中高级工程师9人、工程师14人、助理工程师5人、技术员3人、工人10人、行政人员4人。

（二）项目管理

1. 地质灾害项目工作管理

项目技术工作严格按照中国地调局、中国地质环境监测院项目技术、项目管理办法组织、实施和验收工作，确保项目成果的科学性、可行性及规范化。

2. 矿山地质环境保护管理

坚持矿产资源开发利用与生态环境保护并重的原则，坚持“预防为主、防治结合、综合治理”的方针，严格执行环境评价制度、“三同时”制度、土地复垦制度和排污收费制度，最大限度减轻矿业活动对生态环境的破坏，防治矿山地质灾害，使矿产资源开发利用与矿山生态环境保护协调发展。做好矿产资源勘查、矿山设计、矿山基建和生产、矿山闭坑4个阶段全过程的综合防治。

3. 地下水环境管理

对福建省福州市等中心城市和主要水源地10个监测区的地下水、地下热水进行动态监测，监测区面积821平方千米，同时配合水利厅开展福建省水资源综合规划地下水资源质量评价，对政和县星溪乡等地下水资源保护进行调查工作。

4. 福建省矿泉水管理

福建省饮用天然矿泉水自1985年开发以来，有230余处水源地通过省级或国家级矿泉水技术评审委员会的鉴定，其允许开采量大于27540 m^3/d。据2002年福建省瓶装饮用水行业协会资料统计，现有开采生产矿泉水的水源地约70处，其中60家生产企业产量约29万 m^3/a。估计福建省饮用天然矿泉水产量现不会超过35万 m^3/a。

2003年国土资源部决定开展矿泉水注册登记工作，省厅确定由监测中心负责矿泉水注册登记资料的受理审核，有49家矿泉水企业及水源地通过注册登记。

江西省地质环境调查与监测工作

江西省地质环境监测总站

一、水、工、环工作基本概况

江西省地质环境监测总站2003年计划内新开项目分别为：①江西省万安县、上犹县、莲花县地质灾害调查与区划；②遂川县大汾镇热水洲热泉开发研究。计划内续作项目分别为：①江西省修水县、定南县、崇仁县地质灾害调查与区划；②江西省矿山地质环境调查与评估；③南昌、九江、吉安、赣州、萍乡、景德镇等六城市及区域国家级监测点地下水动态监测。

年初向部、中国地质环境监测院和省厅提交了2002年度南昌、九江、吉安、赣州、萍乡、景德镇等六城市地下水水情通报；南昌市、九江市2003年地下水水情预报。5月向省厅提交江西省万安县、莲花县、上犹县地质灾害调查与区划设计书，其中莲花县地质灾害调查与区划设计书经厅审为优秀，万安县、上犹县地质灾害调查与区划设计书经厅审为良好；7月向省厅提交江西省修水县、定南县、崇仁县地质灾害调查与区划报告，并通过厅审，三份报告质量均为良好。9月向省局提交了遂川县大汾镇热水洲热泉开发研究设计书。

根据省厅2003年《江西省汛期地质灾害防灾预案》，江西省地质环境监测总站的吉安、赣州、萍乡及景德镇分站对其所在地区（市）23处地质灾害危险点进行了汛前实地调查，并根据灾害点地质环境条件提出了防治措施；各分站应地方国土资源主管部门的要求对其所在地区（市）18处地质灾害应急点进行了调查，并向省厅提交了调查简报。

二、各项目取得的主要成果

（一）地下水动态监测

1. 南昌市

（1）第四系孔隙水

①地下水水位：2003年11月南昌第四系孔隙水漏斗面积为247平方千米，与2002年相比，漏斗面积扩大32平方千米。第四系孔隙水水位标高年平均值为11.42米，与2002年相比，水位总体呈下降趋势，平均下降幅度为0.16米。

②地下水质量、地下水污染程度：2003年第四系孔隙水枯水期除化工原料厂等局部地段地下水质量为优良—良好级，大部分监测点地下水质量均为较差级。地下水污染程度为轻污染级和中污染级地下水，其余地段均为未污染级地下水。

（2）红层地下水

①地下水水位

2003年漏斗面积约255平方千米，与2002年相比扩大约15平方千米。红层地下水水位标高年均值为 11.83 米，与去年相比整体呈下降趋势，平均下降幅度 0.12 米。

②地下水质量、地下水污染程度

2003 年地下水质量均为较差—极差级；与 2002 年相比，局部地段地下水污染程度有所加重。

2. 九江市

第四系孔隙水年平均水位 13.81 米，与去年相比水位总体呈上升趋势，水位上升幅度 0.33 米。

九江市国棉三厂降落漏斗面积约 15.4 平方千米。与 2002 年相比，漏斗形态、面积变化不大。

3. 吉安市

第四系孔隙水：吉州区本年度地下水漏斗面积较上年总体扩大。青原区河东地下水位上升，水位升幅 0.59 ~ 0.91 米；吉州区地下水水位总体下降，水位降幅 0.09 ~ 1.21 米。

4. 赣州市

监测区第四系孔隙水地下水水位与去年相比，总体呈下降趋势，水位下降幅度 0.03 ~ 1.34 米。

5. 萍乡市

(1) 第四系孔隙水

第四系孔隙水地下水位与 2002 年同期相比，地下水水位下降 0.03 ~ 0.53 米。

(2) 红层地下水

红层地下水水位与 2002 年同期相比，水位下降 0.86 ~ 2.21 米。

(3) 岩溶地下水

岩溶地下水降落漏斗面积约 3.95 平方千米，较去年扩大 0.15 平方千米；与 2002 年同期相比，2003 年水位下降 0.09 ~ 1.72 米。

6. 景德镇市

(1) 第四系孔隙水

监测区第四系孔隙水平均水位 25.39 米，与 2002 年同期相比，地下水位总体呈下降态势，水位下降幅度0.08 ~ 1.46 米。

西市区园林场漏斗面积约为 1.85 平方千米，比去年同期相比扩展 0.35 平方千米。

(2) 岩溶地下水

监测区岩溶水 2003 年平均水位 20.69 米，与 2002 年同期相比，地下水位总体呈下降态势，下降幅度为2.74 ~ 6.86 米。

地下水水质：本年度岩溶地下水无超标成分。

(二) 地质灾害调查与区划

1. 修水县、定南县、崇仁县地质灾害调查与区划

该项目为今年的续作项目，于 7 月向省厅提交了修水等三个县地质灾害调查与区划告，并于 8 月初通过省厅审查，三个报告质量均为良好。

2. 万安县、莲花县、上犹县地质灾害调查与区划

①万安县地质灾害调查与区划

a. 完成调查面积 2046.43 平方千米，调查乡镇 17 个、村委会 150 个、村小组 1934 个。其中重点调查区完成调查面积 1301.67 平方千米（乡镇 12 个、村委会 74 个、村小组 999 个）。共调查矿山 6 座、水库 29 座、公路 10 处，其地质灾害调查实物工作量见下表。

b. 地质灾害发育特征：本县地质灾害比较发育，以山地型小型滑坡和崩塌为主。

②莲花县地质灾害调查与区划

万安等三县（市）地质灾害调查实物工作量一览表

<table>
<tr><th rowspan="2">调查县（市）名称</th><th rowspan="2">调查面积 km²</th><th colspan="6">地质灾害建卡点/个</th><th rowspan="2">备注</th></tr>
<tr><th>滑坡</th><th>崩塌</th><th>地面塌陷</th><th>泥石流</th><th>不稳定斜坡</th><th>合计</th></tr>
<tr><td>万安县</td><td>2046.43</td><td>269</td><td>107</td><td>5</td><td>1</td><td>203</td><td>585</td><td>地面塌陷：2处为隐伏型岩溶塌陷，3处为采空型地面塌陷。沿途描述点351个</td></tr>
<tr><td>莲花县</td><td>1062.62</td><td>139</td><td></td><td>128</td><td>5</td><td>114</td><td>386</td><td></td></tr>
<tr><td>上犹县</td><td>1542.83</td><td colspan="2">411</td><td>1</td><td>1</td><td></td><td>413</td><td>沿途描述点365个。地面塌陷为采空塌陷</td></tr>
<tr><td>合计</td><td>4651.88</td><td colspan="2">926</td><td>134</td><td>7</td><td>317</td><td>1384</td><td></td></tr>
</table>

a. 完成调查面积为1062.62平方千米，均为重点调查区。本次调查13个乡镇、153个行政村，对所有国道、省道及部分县、乡道路、中型和小（一）型水库、部分其他水利设施及较大矿山等均进行了调查。

b. 地质灾害发育特征：县内地质灾害以地面塌陷为主，单个规模多为小型；滑坡次之，规模以小（二）型为主。

③上犹县地质灾害调查与区划

a. 完成调查面积1542.83平方千米，调查14个乡镇（9乡5镇），调查行政村133个，调查村庄小组2260个，调查公路617.5千米，矿山5个，水库5座。

b. 地质灾害发育特征：本县为地质灾害较为发育的县之一，地质灾害类型以崩塌、滑坡为主，规模一般较小，以小（二）型为主。

（三）遂川县大汾镇热水洲热泉开发研究

9月中旬完成了该项目的设计审稿，10月下旬至12月下旬进行了为期两个月的野外工作，取得如下初步认识：

初步掌握热水洲热泉形成的地质条件（热源、通道及出露条件），对地温场的特征有了初步认识，热泉温度有随季度变化的特点；地温场分布范围为100米×200米；单井热水量为288m³/d，出口水温达50℃。

（四）江西省矿山地质环境调查与评估

1. 工作进展

该项目为今年的续作项目，已完成报告编写。

2. 实地调查（核查）

共对306座矿山进行地质环境现状调查（核查）工作，其中大中型矿山73座（按矿山建设规模分），共拍摄照片600余张、录像240分钟，完成1∶5万矿山地质环境现状调查460平方千米。

3. 遥感解译

采用数据为Landsat TM数据，部分地区采用了分辨率为15米的ASTER数据，数据时段有1996、2001、2002年等几个年份数据，累计完成解译面积5万平方千米。

4. 信息系统建设

采用中国地质环境监测院提供的全国矿山地质环境信息系统，对所有回收及实地调查矿山的矿山地质现状数据均录入了系统，并完成了所有照片的扫描工作。

（五）地质灾害汛前及应急调查

1. 地质灾害汛前调查

今年我站的吉安、赣州、萍乡、景德镇分站协助所在市国土资源局对其所在的市重要地质灾害危险点共23处进行了汛前调查。其中：滑坡10处，崩塌、泥石流各3处，地面塌陷7处。

2. 地质灾害应急调查

我站及各分站在汛期进行地质灾害应急调查18处，其中滑坡11处，崩塌4处，泥石流2处，地面塌陷1处。地质灾害点主要发生在吉安、赣州、景德镇等地区。

山东省地质环境调查与监测工作

山东省地质环境监测总站

山东省地质环境监测总站成立于1985年11月，2001年初划为山东省国土资源厅直属事业单位，现有在职职工127人，其中各类专业技术人员89人（高级职称36人，中级职称40人，初级职称13人）。目前山东地质环境监测机构由省总站、17个分站及德州、潍坊、临沂新成立的3个隶属市国土资源局的分站组成。专业监测队伍总人数达到218人。

山东省地质环境监测机构构成表

<table>
<tr><th rowspan="2">总站名称</th><th colspan="2">直属分站</th><th colspan="2">托管分站</th><th rowspan="2">托管分站隶属关系</th></tr>
<tr><th>直属分站数/个</th><th>直属分站名称</th><th>托管、新建分站/个</th><th>托管分站（试验场）名称</th></tr>
<tr><td rowspan="17">山东省地质环境监测总站（隶属山东省国土资源厅）</td><td rowspan="17">3</td><td rowspan="5">济南地质环境监测分站</td><td rowspan="17">17</td><td>青岛地质环境监测分站</td><td>山东地勘局</td></tr>
<tr><td>枣庄地质环境监测分站</td><td>山东地勘局</td></tr>
<tr><td>东营地质环境监测分站</td><td>山东地勘局</td></tr>
<tr><td>潍坊地质环境监测分站</td><td>山东地勘局</td></tr>
<tr><td>济宁地质环境监测分站</td><td>山东地勘局</td></tr>
<tr><td rowspan="6">淄博地质环境监测分站</td><td>泰安地质环境监测分站</td><td>山东地勘局</td></tr>
<tr><td>威海地质环境监测分站</td><td>山东地勘局</td></tr>
<tr><td>日照地质环境监测分站</td><td>山东地勘局</td></tr>
<tr><td>莱芜地质环境监测分站</td><td>山东地勘局</td></tr>
<tr><td>临沂地质环境监测分站</td><td>山东地勘局</td></tr>
<tr><td>德州地质环境监测分站</td><td>山东地勘局</td></tr>
<tr><td rowspan="6">烟台地质环境监测分站</td><td>聊城地质环境监测分站</td><td>山东地勘局</td></tr>
<tr><td>滨州地质环境监测分站</td><td>山东地勘局</td></tr>
<tr><td>菏泽地质环境监测分站</td><td>山东地勘局</td></tr>
<tr><td>临沂地质环境监测分站</td><td>临沂市国土资源和房产管理局</td></tr>
<tr><td>德州地质环境监测分站</td><td>德州市国土资源局</td></tr>
<tr><td>潍坊地质环境监测分站</td><td>潍坊市规划与国土资源局</td></tr>
</table>

山东省地质环境监测总站办公地点位于济南市浆水泉路15号，占地面积6687.40平方米，为国有划拨土地，持有国有土地使用证。至2003年9月底，资产原值569.01万元,其中房屋资产114.13万元（办公楼一幢），交通运输生产用车13辆，原值194.75万元，生产设备（测试、绘图仪器）193.42万元，其他资产66.71万元。

山东省地质环境监测总站是山东省惟一从事公益性、基础性地质环境监测的专业队伍，主要业务范围是：地质环境监测与评价、地下水资源勘察与评价、地质灾害勘察与防治、地质灾害预报预警、建设用地地质灾害危险性评估、矿山地质环境调查与评价、地质公园勘察、地热、矿泉水勘查与评价、岩土与水质测试分析、工程地质、建设项目水资源论证、地形测绘、基坑降水。持有山东省环保局颁发的乙级《环境影响评价证书》、国土资源部颁发的《地质勘查单位资格证书》、甲级《地质灾害防治工程勘查单位资质证书》、丙级《地质灾害防治工程设计单位资质证书》、《地质灾害防治工程监理单位资质证书》及山东省技术监督局颁发的《计量认证合格证》。

2003年山东省地质环境监测总站在承担并完成大量的公益性、基础性监测科研项目的同时，通过市场竞争承担了一部分社会性地质服务项目，全年对外签订合同66份，完成总收入1540万元，实现节余30万元，与去年相比略有增长。不仅扩大了山东省地质环境监测总站的社会影响和社会知名度，也树立了良好的外部形象。

山东省开展地下水环境监测已有50余年，建立了国家级、省级、市（地）级和统测等四级地下水环境监测网络，历史实有各类监测点1725个，目前已完成1991～2003年山东省地下水动态监测（14年）数据库的建设工作，为新一轮全国地下水资源评价、地质环境保护工作提供了大量宝贵、连续的第一手资料，成果经专家评审在全国名列前茅。

2003年能够正常发挥监测功能的实有国家级、省级、市级地下水水位监测点分别为151个、284个、190个，水量监测点11个，水温监测点185个。水位、水温测量工具主要为万用电表、测钟、普通温度计，常规监测点由各分站委托当地群众观测，专业人员进行定期和不定期检查和抽查，发现问题及时解决，获取数据及时可靠，枯、丰水期水位、水温统测，枯水期水质常规取样、水质分析。2003年，通过中日黄河流域水均衡研究项目，引进先进的监测仪器，日本产业技术综合研究所专家在中方专家陪同下赴山东进行实地调查，并对菏泽、滨州、德州、潍坊的部分国家级监测点安装了自动监测仪，提高了地下水环境监测研究水平。

山东省2003年地下水监测网点现状调查表

水位监测点数/个					水量监测点/个		水温监测点/个	水质监测点/个		监测点目前运行情况/个		
国家级点	省级点	地级点	统测点	其他点	泉水点	开采量点		国家级点	省级点	自动化监测点数	毁坏监测点数	淤塞监测点数
151	284	190	52		7	4	185	55	122	4	247	3

山东省是矿产资源相对丰富、水资源严重短缺的省份之一，由于不合理的矿产资源

开发和过量开采地下水资源，引发地面沉降、岩溶塌陷和地裂缝、沿海地区的海（咸）水入侵等一系列的地质灾害；山地、丘陵区地形地质条件复杂多样，加之人类不合理的工程经济活动和降水时空分布不均，导致崩塌、滑坡、泥石流等突发性地质灾害时有发生。

2003 年度山东省发生地质灾害 44 起，主要有崩塌、滑坡、地面塌陷、地裂缝。其中崩塌 4 起，滑坡 2 起，地面塌陷 34 起，地裂缝 4 起。造成 10437 间房屋、18642.4 亩农田受损，直接经济损失 1912.62 万元。地面塌陷造成的经济损失占 99%。

山东省 2003 年突发性地质灾害统计表

地质灾害类型	数量/起	毁房/间	毁坏耕地/亩	经济损失/万元	经济损失比重/%
崩　塌	4			0.02	0.0
滑　坡	2		6	17	0.89
地面塌陷	34	10437	18636.4	1893.21	98.99
地裂缝	4			2.39	0.12
合　计	44	10437	18642.4	1912.62	100

2003 年，为落实防灾、减灾预案，各级国土资源行政部门加强了对地质灾害险情巡查工作。山东省国土资源厅先后派出三个巡查小组到济南、潍坊、烟台、威海、泰安、济宁、枣庄、临沂、青岛等 9 个市进行了巡视检查，指导落实防灾工作。并在汛中调度各市的地质灾害防治工作。各市也加强了汛期地质灾害险情巡查和预测预报工作。2003 年全省各市共派出检查组 457 组、3087 人次，预报地质灾害 63 次，组织实施了 46 个地质灾害防治项目，投入资金共计 4141.3 万元，避免经济损失 1501.2 万元，避免人员伤亡90 人。

为加强地质灾害防治，减少地质灾害造成的损失，编制完成了《山东省地质灾害防治规划（2003～2020 年)》，对山东省主要地质灾害分布、发育现状进行了全面论述，对地质灾害防治工作进展和取得的成绩进行了认真总结，同时也对存在的主要问题作了客观、深入的分析；根据地质灾害类型及其分布发育规律，结合地质环境条件，合理地进行了地质灾害易发区划分。根据社会发展规划划分了防治区和防治地段，并根据山东省实际提出了近、中、远期地质灾害防治任务，增加了规划的可操作性；提出了健全组织机构、建立健全地质灾害防治工作基本制度和加强法制建设及建立健全地质灾害防治工作经费投入机制，积极推广地质灾害防治新技术及新方法，提高全民对地质灾害的认知程度及防灾减灾意识等措施，有较强的针对性。2003 年底《山东省地质灾害防治规划(2003～2020 年)》已通过国家评审。山东省人民政府以鲁政字〔2004〕8 号文批准印发各市、县人民政府、省直各部门实施。

至 2002 年底以前累计完成县（市）区地质灾害调查与区划 14 个，2003 年在承担并完成中国地质调查局下达的威海乳山市和青岛平度市两个“县（市）区地质灾害调查与区划”（1:10 万）项目的同时，承担完成了济南市政府立项并出资开展的济南市东部燕翅山地质灾害详查项目，为国土资源行政主管部门制定防灾减灾方案提供科学依据。完成“山东省泰安市岱岳区下港乡上木营沟泥石流地质灾害防治工程”、“山东省青岛市广饶路地质灾害勘察与边坡治理”两个地质灾害治理项目，充分体现了“以人为本”的宗旨。

根据国务院办公厅和山东省政府要求，

国土资源厅和省气象局联合下文，开展山东省地质灾害气象预报预警工作，山东省地质环境监测总站和省气象中心承担具体业务工作。

2003 年山东省地质灾害气象预报预警自 8 月 20 日起启动至 9 月 30 日，省国土资源厅和省气象局根据相关标准，在山东省人民广播电台发布三级（注意级）预报四次，四级（预警级）预报一次。

2003 年完成了中国地调局下达的《山东省矿山地质环境调查与评估》工作，项目采用资料收集分析、实地调查与核查相结合的方式，充分利用先进的“3S”技术，查明全省矿山企业共有 9482 个；主要矿山环境地质问题分为资源毁损、地质灾害和环境污染三大类，包括地面沉陷（矿山采空塌陷及岩溶塌陷）、地裂缝、土地与水资源污染与破坏、生态环境破坏等，以矿山采空塌陷造成经济损失最为严重。首次系统全面地调查评估了山东省矿山地质环境现状，提出了矿山地质环境保护规划建议，建立了矿山地质环境信息系统，为山东省矿产资源的合理开发利用与环境保护提供了基本信息。

承担了中国地质调查局研究性质项目《山东省淄博市煤田闭坑矿山地质环境恢复治理研究》，试图通过对淄博闭坑矿山环境调查试验研究，为闭坑矿山环境恢复治理尤其对老矿坑水串层污染治理，摸索出经验，充分利用矿坑水，以缓解供水不足的矛盾。该项目具有典型性和示范性，填补了国内空白。同时完成《陶枣煤田地质环境调查与保护对策研究》和《淄川区矿坑水对淄川区水资源影响评价及应用研究》，通过项目实施，为保护矿山地质环境提出了防治对策，探索出一条新路，技术方面具有一定创新性。

山东省地质环境监测总站隶属省国土资源厅以来，技术力量明显增强，集水文地质、环境地质、工程地质、地热地质、经济管理、测试分析、测量绘图等技术优势为一体。近年来完成的大中小型项目越来越多，成果质量越来越高，经济实力不断增强，社会知名度和信誉不断提高，我们已有能力完成各级政府批准的各类公益性地质环境调查及监测项目和社会性地质调查、评价、勘查项目。现在我们正在按照地质环境管理的新要求，调整内设机构，努力推进全省地质环境监测网络建设。在理顺体制和运行机制、加强基础和技术装备建设的同时，积极努力把山东省地质环境监测总站打造成为一支人员精干、装备精良，以高新技术为支撑、调查与研究相结合，能够担当重大战略任务，善于攻坚打硬仗的高素质专业化队伍。

河南省地质环境调查与监测工作

河南省地质环境监测总站

一、机构建设

2001 年 5 月，经河南省编委（豫编〔2001〕19 号、豫编办〔2001〕109 号文）批准，原河南省地质矿产厅环境水文地质总站更名为河南省地质环境监测总站，并划归河南省国土资源厅管理，是河南省国土资源厅负责组织实施全省地质环境监测工作的公益性事业单位。其主要职责：协助政府履行地质环境管理职能，起到业务支撑和决策参谋作用；负责组织实施全省地质环境监测、管理和监测资料的汇总；建设管理全省地质环境信息系统，开展地质环境战略问题研究，承担地质环境与地质灾害调查、监测、防治项目。主要工作任务：监测地下水的过量开采及水质污染；地质灾害调查、监测与防治；矿山地质环境调查评价；城市地质环境调查评价；地质环境监测网和地质环境信息系统的建设与管理；地质遗迹及地质公园保护规划；地热和矿泉水资源保护规划；地质环境战略问题研究；开展地质环境调查评价与监测的国内外科技交流与合作，以及新技术、新方法的推广应用等。2003 年底，在职职工 135 人，其中各类专业技术人员 96 人，具有高级职称 26 人，中级职称 40 人。主要业务科室有：科技与项目管理办公室、综合研究室（水文地质、工程地质、环境地质）、地下水资源环境调查监测室、地质灾害调查监测室、地质环境评价室、地质灾害气象预报预警中心、矿山环境与国土整治评价室、地质灾害评估评审中心、地质环境信息室、实验测试中心等。除济源市外，河南省有 17 个市级监测站，其中郑州、开封、商丘、周口 4 个市级监测站直属河南省地质环境监测总站管理。洛阳、新乡、南阳、驻马店等 13 个市级监测站由河南省地质矿产勘察开发局下属的地质队代管，河南省地质环境监测总站对各市监测站进行业务指导。

二、地质环境监测

（1）河南省区域地下水环境监测。河南省地质环境监测总站继续对全省 127 个国家级监测点进行正常监测和管理工作，监测控制总面积 10.6 万平方千米，获取国家级点水位、水温监测数据 14994 个，为河南省地下水资源的合理开发利用与保护提供了依据。

（2）城市地下水环境监测。继续对全省 17 个省辖市的城区地下水进行动态监测，其中国家级点 90 个、省级点 230 个，控制面积 7577.8 平方千米，分别提交了年度监测报告。

（3）地下水均衡试验观测。继续对郑州、商丘两个地下水均衡试验场进行日常观测和研究工作，编制了年度工作总结报告。

（4）3 月完成了 2002 年度的河南省地质环境监测资料的汇总、上报工作，编制了《河南省地下水水情通报（2002 年度）》和《2003 年度郑州市地下水水情预报》。

（5）完成了《河南省地质环境公报（2002 年度）》编写出版工作。

三、县（市）地质灾害调查与区划

2003 年完成了河南省修武、泌阳、光山、内乡四县（市）地质灾害调查与区划项目。修武、内乡等四县（市）地质灾害调查与区划是中国地质环境监测院下达的 2002 年度地质灾害预警工程项目，河南省地质环境监测总站在项目实施过程中，从设计编写、设计审查、野外调查、野外验收、资料整理、成果编制等方面均严格按照《县（市）地质灾害调查与区划基本要求实施细则》进行，2003 年 5 月完成报告编写、图件编制及数据库建设工作。2003 年 10 月 29 日通过河南省国土资源厅组织的评审验收，各项工作质量都得到了专家组的认可和好评。这些成果为四县（市）建立地质灾害群测群防网络，开展地质灾害勘查、规划、防治提供了科学依据。2003 年度新开的嵩县、桐柏、辉县、淇县、永城五县（市）地质灾害调查与区划项目，其工作设计于 2003 年 4 月 18 日通过河南省国土资源厅组织的评审，2003 年 11 月底全部完成野外调查工作。各县（市）完成的野外调查主要工作量见下表。

2003 年河南省县（市）地质灾害调查与区划项目完成工作量统计表

县（市）	调查面积 km²	调查行政村	填表/份	地质灾害调查/处					
				崩塌	滑坡	地面塌陷	地裂缝	不稳定斜坡	石流沟/条
嵩县	3008.9	316	132	61	62	3	2	4	
辉县市	2007	534	108		46	2	7	46（含崩塌）	7
桐柏县	1941	214	39	13	6	4	1	7	8
永城市	1994.4	750	25	2		20	3		
淇县	591	176	50	10	10	14	1	12	3
合计	9542.3	1990	354	86	124	43	14	69	18

四、地质灾害应急调查

为加强汛期地质灾害防治工作，河南省国土资源厅建立了全省汛期地质灾害防治应急指挥系统，坚持了防灾预案、险情巡查、汛期值班、灾情速报等汛期地质灾害防灾制度，成立了以河南省地质环境监测总站为主的豫北、豫西、豫南3个汛期地质灾害应急调查分队。2003 年汛期，全省相继发生了161起地质灾害，造成20人死亡，2人受伤，直接经济损失1.4亿元。按照河南省国土资源厅指示，河南省地质环境监测总站先后对陇海铁路渑池段吴庄滑坡、河南省巩义监狱山体滑坡、郑州市中原区沟赵乡地裂缝、郏县茔良镇三岔沟村地面塌陷、新县城区滑坡、滑县城关镇刘店村和王庄镇新集村地裂缝、安阳县磊口乡泉门村老爷山和善应乡西善应村山体裂缝、荥阳市贾峪镇老邢村滑坡、平顶山市石龙区青草岭地裂缝、灵宝市尹庄镇官庄村二组地裂缝、巩义市站街镇巴沟村地裂缝等地质灾害进行了应急调查，分别编写了各地质灾害的应急调查报告，并提出了相应的应急防治措施与建议。

2003 年河南省地质灾害统计表

省辖市	地质灾害类型及数量/起					经济损失 万元	人员伤亡/人	
	合计	滑坡	崩塌	泥石流	地面塌陷		伤亡	死亡
济源	14	1	11		2	15		
商丘	6				6	530		
许昌	1	1				18		
三门峡	9	7		2		9137		
洛阳	57	30	24	1	2	2130		
南阳	13	7	6			124.5	5	3
信阳	13	13				305	3	3
焦作	4		2	2		6.3		
安阳	4	2	1		1	13		
平顶山	7	4	1		2	500		
郑州	29	18	10	1		1206.2	14	14
鹤壁	4	3			1	15		
合计	161	86	55	6	14	14000	22	20

五、河南省首份市级地质灾害防治规划通过评审

2003年8月26日，《焦作市地质灾害防治规划（2003～2015年）》在焦作市通过专家评审。该规划是继河南省地质灾害防治规划完成后，编制的第一份市级地质灾害防治规划，对推进其他省辖市地质灾害防治规划的编制工作具有指导意义。

六、河南南阳大河铜矿矿山环境恢复治理工程

该项目为国土资源部首批矿山环境恢复治理示范工程，2002年1月开始项目实施，历时近2年，通过尾矿库加固、塌陷区治理及生物工程的实施，基本消除了对矿山生产、生活及居民生命财产的威胁，矿山环境基本得到恢复，具有明显的减灾效益、环境效益、社会效益和经济效益，达到了预期的目的。2003年12月12日，该项目顺利通过了由国土资源部环境司、河南省国土资源厅在郑州组织的评审验收。

另外，由河南省地质环境监测总站承担监理工作的河南省光山县马畈泥石流、禹州市刘庄滑坡地质灾害治理项目，均通过了河南省国土资源厅组织的评审验收。

七、河南省矿山地质环境调查与评估

该项目是中国地质环境监测院以“中地环发〔2002〕75号”文下达河南省地质环境监测总站承担的全国地质调查子项目。2003年4～8月完成矿山地质环境实地调查与核查工作，共核查大型矿山34个，中型矿山45个，小型矿山145个；收集资料76份，回收“矿山地质环境现状调查表”6471份，其中生产矿山5812份，在建矿山200份，停产、关闭、闭坑矿山459份。2003年9～12月完成资料整理、图件编制、报告编写及数据库建设工作。

八、1∶50万河南省水文地质编图

河南省地质环境监测总站承担完成的1∶50万河南省水文地质编图项目，2003年9月通过专家评审，被评为优秀成果。河南省水文地质图是在充分收集利用近年来水工环地质调查研究成果并补充野外调查的基础上，首次以地下水系统理论和方法，综合研究编制而成。该成果详细论述了河南省地下水含水层系统、流动系统和水化学系统及同位素特征，对全省地下水系统进行了三级划分，为地下水资源评价奠定了基础，并根据河南省水文地质条件的变化，对全省地下水资源进行了重新计算和评价；对全省地下水水质和地下水环境质量进行了全面评价研究，为河南省地下水资源的合理开发利用、规划和科学管理提供了依据。

九、河南省汛期地质灾害气象预报预警工作

根据国土资源部、中国气象局《关于联合开展汛期地质灾害气象预报预警工作的通知》（国土资发〔2003〕229号）和河南省国土资源厅有关指示精神，河南省地质环境监测总站及时成立了汛期地质灾害气象预报预警项目组，编写了《河南省汛期地质灾害气象预报预警工作方案》。并在充分分析研究全省地质灾害发育特征、分布规律及气象水文资料的基础上，编制了河南省汛期地质灾害易发区分布图和河南省第一代地质灾害气象预警判据图，完成了预报区域和预报等级划分，建立了地质灾害气象预警判据，制定了预报发布标准，编写了《河南省第一代汛期地质灾害气象预警判据研究报告》。

十、世界地质公园申报工作

2003年2月3～7日，联合国教科文组织地学部在巴黎召开国际地质对比计划第31届理事会，专门讨论了地质遗迹保护和世界地质公园建设问题。根据国土资源部关于组织申报世界地质公园的要求，河南省组织编制了登封嵩山和焦作云台山的申报材料。经国家地质公园评审委员会的评审和现场考察，河南省登封嵩山和焦作云台山均入选世界地质公园候选名单。2003 年 11 月 12 ~ 14 日，以联合国教科文组织地学部主任 W. Eder 博士为组长的联合国专家考察组对河南省申报的登封嵩山和焦作云台山两个世界地质公园进行了实地考察，W. Eder 博士赞扬嵩山地质公园“这里融合了地球的历史和文化，全世界期待来此参观，希望它有更大的发展”；评价“云台山地质公园是独一无二的、无可比拟的地质公园”。

十一、河南南阳恐龙蛋化石群国家级自然保护区

2003 年 6 月 6 日，国务院办公厅（国办发〔2003〕54 号）批准建立“南阳恐龙蛋化石群国家级自然保护区”，这是河南省建立的第一个古生物遗迹类国家级自然保护区。该保护区位于西峡、内乡、淅川等县范围内，面积 78015 公顷，其化石分布之广、数量之多、类型之多样、保存之完美，堪称世界之最，且恐龙蛋化石与恐龙脚印化石共生、与恐龙骨骼化石同存，属国内惟一。

十二、河南省国家地质公园建设

根据国土资源部的要求，河南省登封嵩山、内乡宝天曼两个国家地质公园分别于 2003 年 7 月 1 日和 9 月 15 日举行了隆重的揭碑开园仪式。另外，河南省申报的济源王屋山、遂平嵖岈山、西峡伏牛山国家地质公园，于 2003 年 11 月通过国土资源部组织的专家评审。

十三、河南省省级地质公园建设

2003 年初，河南省地质遗迹保护（地质公园）领导小组批准了西峡恐龙蛋化石、遂平嵖岈山、泌阳神农山、卢氏狮子坪等 4 个省级地质公园。2003 年 12 月 23 日，河南省申报的辉县市万仙山、辉县市关山、灵宝市女郎山等 3 个省级地质公园全部通过省地质遗迹保护（地质公园）评审委员会的评审。

十四、河南省 2003 年地下水资源概况

依据地下水动态监测结果计算，2003 年河南省地下水天然补给资源总量为 225.08 亿 m^3/a，其中平原区为 185.05 亿 m^3/a，山区为 46.10 亿 m^3/a，二者重复量为 7.88 亿 m^3/a。浅层地下水可开采资源量为 223.51 亿 m^3/a，其中平原区为 187.82 亿 m^3/a，山区为 35.69 亿 m^3/a。深层承压水可开采资源量为 13.61 亿 m^3/a。

十五、全国首台地下水动态自动化监测仪在河南安装

2003 年 9 月 21 ~ 23 日，由中国地质环境监测院地下水资源环境调查监测室和日本产业技术综合研究所一行 5 人来到河南，在河南省地质环境监测总站技术人员的陪同下，分别在河南省东部平原区的郑州市区、安阳市内黄县、新乡市封丘县、开封市兰考县、商丘市宁陵县安装了 5 台日产地下水微电脑遥测水位计，这标志着中日合作开展的黄河流域地下水均衡研究项目及我国华北平原地下水动态自动化监测网建设正式启动。该遥测水位计在监测频率为 1 小时的情况下可以连续监测并储存 2 年的监测数据。地下水微电脑遥测水位计的安装标志着河南省地下水动态监测工作步入自动化阶段。

十六、河南省地质环境监测网开通

2003 年 10 月 1 日，河南省地质环境信息网（http：//www. hndzhj. gov. cn）正式开通运行。该网站是以河南省国土资源厅地质环境处管理的业务范围为主体，由河南省地质环境监测总站负责建立和日常维护，面向

社会的服务性网站，为社会提供业务咨询和技术服务。网站内容包括工作动态、新闻报道、地质灾害气象预报预警、技术服务、学术活动、科普知识、成果发布、网站论谈、留言簿等主要功能模块。网站的开通为河南省地质环境信息化建设拓展了新的空间，促进了地质环境的信息交流与合作，加大了地质环境管理保护的宣传力度。

十七、河南省地质灾害评估评审中心成立

2003 年 11 月，成立了河南省地质灾害调查评估评审中心，负责全省二级以上地质灾害危险性评估报告评审的组织工作。

十八、全国地质调查项目设计预算编制培训班在郑州举办

为加强全国地质调查项目预算管理，规范地质调查项目设计预算编制工作，2003 年 8 月 21 ~ 28 日，由中国地质调查局主办，中国地质环境监测院、河南省地质环境监测总站承办的全国地质调查项目设计预算编制培训班在郑州黄河迎宾馆举办。2003 年 8 月 21 日，中国地质调查局财务部主任樊春福，河南省国土资源厅党组成员、巡视员段子清，中国地质环境监测院副院长侯金武，河南省地质环境监测总站站长杨昌生等同志出席了开班仪式。中国地质调查局、全国地质环境监测总站系统及部分省（直辖市、自治区）地调院等 40 多个单位的 71 名预算编制人员参加了这次培训，学员通过严格的考试，全部取得了结业证书，获得预算编制资格。通过此次培训，使预算编制人员系统地掌握了地质调查项目预算的基本概念、基本理论和预算编制方法，达到了学会预算的编制，了解预算的审查，理解预算编制和审查的标准三个方面的要求。为促使全国地质调查项目设计预算编制工作的规范化、制度化、科学化奠定了良好基础。

十九、“4·22”世界地球日宣传活动

2003 年 4 月 22 日，河南省国土资源厅组织开展了纪念第 34 个“世界地球日”宣传活动，河南省地质环境监测总站制作了 200 面彩旗和 8 块宣传展板，参与了省厅统一组织的活动，进行普及地质环境科学知识的宣传，增强人们对地质环境的保护意识。

湖北省地质环境调查与监测工作

湖北省地质环境监测总站

一、英山县地热详查

通过勘查，扩大了地热田范围，对湖北省英山县南汤河—卢家湾地区的地热分布情况及导水导热构造、多期活动性有了全面认识，初步圈定南汤河东部的彭家畈和西汤河西部的细湾、邹家湾等地带为地热远景区。

二、湖北省地质灾害调查与区划项目

完成了英山、阳新、随州、谷城、黄石、神农架 6 县（市）地质灾害调查与区划报告。调查面积17328.8 平方千米，完成灾害点调查692个，建立地质灾害群测群防监测点674个，其中专业监测点58个。向各县国土局及地方政府提交7份地质灾害调查通报。

三、地质环境监测工作

1. 地下水监测

2003年度湖北省地质环境总站系统开展对湖北省主要城市和地区地下水动态监测，对117个（含2处地表水）监测点进行水位（温）监测11019次，完成187个监测点丰、枯水期水质分析样370组，监测面积5841.9平方千米。按计划提交2003年湖北省主要城市和地区的地下水水情通报、2004年湖北省主要城市和地区地下水水情预报、2003年湖北省主要城市和地区地质环境监测工作年度报告。

2. 地质灾害监测

湖北省地质环境总站负责湖北省三峡库区秭归、兴山、巴东、宜昌夷陵四县（区）的地质灾害监测预警工程中的群测群防管理和巴东县15个地质灾害崩塌、滑坡点的专业监测工作。湖北省地质环境总站组织上述四县（区）落实库区范围内群测群防地质灾害监测点建点工作，指导县（区）地质环境监测站确定工作对象和内容，实地落实主要监测内容和范围，与各县（区）国土资源局签订责任书，并且对各地质环境监测站群测群防监测点的落实情况进行了检查。

3. 地质灾害群测群防工作

汛期派出应急调查小组赴鄂州、赤壁、秭归、巴东、咸宁等地现场完成地质灾害调查15处，协助国土资源厅环境处对十堰、襄樊、咸宁市和神农架林区汛期地质灾害群测群防工作进行了巡查。

四、服务地方建设，承担地质项目

湖北省地质环境总站发挥资质和技术优势，完成了一批建设用地地质灾害危险性评估项目，其中包括武汉天河机场二期扩建工程、武汉绕城公路、阳逻长江大桥等大型建设项目；三峡库区三期地质灾害防治规划崩滑体搬迁避让调查（巴东和兴山两县）；公路地质勘查监理1项；垃圾场地质环境评价2项；矿泉水水源地勘查评价2项及其他项目等，产生了较好的经济效益和社会效益。

五、编制湖北省地质灾害气象预报预警方案，确定了业务流程，并在湖北卫视试播

湖南省地质环境调查与监测工作

湖南省地质环境监测总站

一、地质环境监测工作

1. 地质灾害预警建设工作

（1）2003年4～6月，湖南省地质环境监测总站先后派出4个技术巡查组深入11个市（州）50余个县对30余处重大的地质灾害隐患点和已建立的群测群防网络进行巡视性监测和技术督查。湖南省地质环境监测总站采取四个地质环境监测科室分片包干的方式，对汛期突发性地质灾害做到反应快、行动快、反馈情况快，有效减少了地质灾害对人民生命财产的损失。与省气象台合作的2003年地质灾害区域预警与2002年相比有了很大提高，群测群防、群专结合、气象地质灾害联合预报达到预期效果，2003年成功避免地质灾害事件71起，其中滑坡58起，崩塌9起，泥石流4起，避免人员伤亡2448人，避免经济损失约5000万元。

（2）完成地质灾害易发程度分区研究项目；针对汛期地质灾害防治工作组织编制2003年度防灾预案；完成的2003年度8个县（市）地质灾害调查与区划项目，进一步完善了地方群测群防和省级地质灾害预警体系建设；全省地质灾害防治规划阶段性完成。其中：2003年度实施的临武县、湘乡市、凤凰县、冷水江市、岳阳市、常德市武陵区、鼎城区、桃源县、祁阳县等8县（市）的地质灾害调查与区划项目完成调查总面积18055平方千米，平均每县（市）2256.9平方千米，其中桃源县最大，4441平方千米，冷水江市最小，438平方千米。2000平方千米以下的有3个（临武县、凤凰县、冷水江市）；2000～3000平方千米的5个（湘乡市、常德市武陵区、鼎城区、岳阳县、祁阳县）等县（市），大于3000平方千米的1个（桃源县）。调查乡（镇）、农场、居委会234个，平均每县29个；行政村4688个，平均每县586个，平均26村/100平方千米。调查区涉及1∶10万图幅32幅，1∶5万图幅96幅。编制完成8个县（市）地质灾害调查与区划工作的实施计划1本、设计8本、报告8本、附图16张。调查各类地质灾害点1486处，落实群防群测点788处，监测单位348个，监测责任人1006名，建立重要地质灾害隐患点警示牌788个。对调查区内已经发生并存在复活可能性或具有危险隐患的各类突发性地质灾害点进行了详细调查。经调查发现崩塌158处，其中大型6处，中型49处，小型103处；滑坡501处，其中大型5处，中型65处，小型431处；泥石流44处，其中巨型1处，大型3处，中型15处，小型25处；危险斜坡38处，其中大型1处，中型4处，小型33处；地面塌陷94处；地裂缝11处，管涌19处；受威胁人口94923人，受威胁财产114359.7万元。圈定地质灾害易发程度高、中、低易发区，其中高易发区23处，其灾种主要为崩塌、滑坡，其次泥石流、采空塌陷及岩溶塌陷。划出了重点防治区21个。

2. 矿山环境地质调查及评估工作

（1）今年湖南省矿山地质环境调查与评价项目在全省全面铺开，完成了全省112个县（区）4556个执证矿山地质环境现状调查工作。调查矿山160处，核查矿山180处，区域填表调查矿山4325处。

（2）调查结果显示全省平均每年矿业废水排放量1.66亿吨，废渣4497万吨。目前，矿业开发占用及破坏土地的总面积为46788公顷。从1990～2003年，全省共有2231处矿山因矿业活动引发了各类地质灾害，其中矿山崩塌217处，滑坡193处，泥石流95条，地面塌陷843处，地面沉降15000公顷，地裂缝318条，诱发地质灾害14000余宗，造成500多人死亡，900多人受伤，毁房6000余间，直接经济损失13.5亿元。截至2003年底，全省因采矿共造成896个村1903人饮水困难，并造成1.2万公顷土地灌溉困难，1700余处井泉干枯。

（3）建立了全省矿山地质环境调查信息系统数据库，编制《湖南省矿山地质环境现状调查实际材料图》、《湖南省矿山地质环境现状图》，对全省矿山存在的环境地质问题进行了初步总结，基本摸清湖南省矿山地质环境的家底，填补了我省矿山地质环境基础工作的空白。

(4) 完成矿山地质环境影响评估25个，提供矿山环境纠纷鉴定2个，为政府决策提供了科学依据。

3. 地质灾害防治工程设计监理工作

(1) 完成矿山环境治理工程设计2个，地质灾害防治工程设计2个。

(2) 编写完成矿山地质灾害治理可行性研究5个。

(3) 获得了“张家界雷公坪地质灾害治理工程”监理资格，使湖南省地质环境监测总站正式进入地灾防治工程监理行列。

4. 地质遗迹保护工作

(1) 开展全省地质遗迹调查工作，编写完成“湖南省地质遗迹名录”，收录地质遗迹15类，信息895条。

(2) 编写了张家界、花垣排碧剖面地质遗迹保护可行性研究报告。

(3) 承担张家界世界地质公园的申报工作，向联合国教科文组织提交了全面翔实的申报材料。

5. 地下水动态监测工作

(1) 地下水环境监测网点部署：全省现有地下水监测分站6个，各监测分站监测网点情况如下：

①长沙分站：主要监测层位 Q_2—Q_3 松散堆积层孔隙水。2003年共有22个监测点，其中国家级点2个、省级点10个，基本满足区域和本地地下水动态监测要求。

②韶山站：主要监测层位 P_g—P_m 岩溶地下水。2003年共有监测点7个，其中国家级点1个、省级点6个，集中分布在火车站—球山水文地质单元，基本能满足区域地下水水位动态监测要求，但在地下水丰富的银田镇因无监测孔而不能顾及。

③湘潭站：主要监测层位 K_2^{1-1} 底部灰质砾岩岩溶孔隙水。2003年共有监测点33个，其中国家级点2个、省级点14个，大体能满足区域和本地地下水动态监测要求，但针对地下水开采降落漏斗的控制程度仍显不足。

④邵阳站：主要监测层位 C_{2h} 和 K_{1S}。2003年共有监测点4个，其中国家级点2个、省级点2个，监测控制程度较低。

⑤岳阳站：主要监测层位 Q_2，2003年共有监测点8个，其中国家级点2个、省级点6个，基本能满足区域和本地地下水动态监测要求。

⑥郴州站：主要监测层位 C_{2+3}，2003年共有监测点31个，其中国家级点3个、省级点21个，基本能控制区域和本地区地下水动态。

6. 监测质量评述

(1) 组织6个分站30名监测人员坚持展开逢5、10的每月六次常规监测工作，完成了全省6个市107个地下水监测点5项常规指标的动态监测，共获取水位监测数据7360组，水温数据7040组，气温数据7820组，水量数据462组，水质数据36组，提交监测工作（月、季、半年）数据112份，提取水样28个，提交水样化学数据1400个，监测点钻孔维护8个。

(2) 查出由地下水开采而导致的险情险灾9起，提出合理化建议15条。由监测数据得出：6个城市地下水水位较去年均有不同程度的下降。

(3) 向湖南省政府、国土资源部及有关行政主管部门提交《湖南省部分城市2002年度水情通报》。

二、遥感技术应用工作

2003年遥感技术的应用首次拓展到了国土资源土地动态监测方面，工作区域由原来的局限于本省，扩展到全国范围内。

(1) 承担了“呼和浩特、唐山、株洲等城市的土地利用动态遥感监测”，查出违规用地16起，更新了土地利用现状基础图件（数据库），检查了城市用地规划执行情况，为国土资源管理提供了快捷、及时、到位的业务支撑。

（2）利用cm级高分辨率卫星数据完成长沙、岳阳等4个城市的园林绿化遥感调查，成果质量均为优秀级，为各城市申报省级园林式城市提供了必备的园林绿化数据和指标，成为湖南省建设厅确认的惟一一家遥感调查机构。

（3）承担“南岭成矿带矿产资源遥感调查应用”项目，划分出成矿远景区12个，为矿产资源调查进入下一轮的工作提供了基础资料和理论依据。

（4）参与“湖南省洞庭湖生态地球化学遥感调查”，利用遥感技术对洞庭湖的生态地球化学环境进行了综合性的调查，在地理、地质、环境等方面获取了一批基础性的数据，为洞庭湖的治理与农业结构调整奠定了基础。

（5）承担“海南省1∶50万国土资源遥感综合调查”项目中两个子课题的任务，即“海南省旅游资源遥感综合调查”和“海南省GIS系统的建立”。

（6）利用高分辨率卫星数据完成益阳市1∶2000地形图线性地物遥感修编、中南大学新校区遥感规划以及洞庭湖区1∶5万遥感地质图研制等工作。

三、国土资源规划工作

1. 矿产资源规划业务技术工作

2003年湖南省地质环境监测总站首次进入国土资源规划领域，通过自身努力，完成2003年承担的所有矿规项目，以良好的成果质量获得了地方政府及上级领导的好评。

（1）承担全省18个县（市）的矿产资源规划任务，其中A类规划16个，B类规划2个。分别按规定提交了规划文本、规划编制说明、专题研究报告、规划附图、规划附表。

（2）划分出鼓励开采区87个，限制开采区74个，禁止开采区77个。规划安排了公益性地质调查评估项目79个，商业性矿产勘查区83个。

（3）完成18个县的矿规评审验收，其中汨罗、安化、冷水江、新宁、蓝山、江华等6个县的矿规获一致通过，12个县的矿规获通过。

2. 土地管理业务技术工作

（1）完成11个县的土地开发整理项目可行性研究工作，编写了7个科研报告，全部通过省厅的评审。

（2）完成云溪、祁阳等7个县的1∶1万土地详查数据库的建设工作。

四、行政管理工作

单位行政管理工作不断创新。2001年由于推行“七统一”管理模式，使单位内部运转实现了有序化；2002年正确处理好了“五个对立统一”的辩证关系，给管理部门带来了活力；2003年则坚持了“三以”方针，即“以严格管理为特色，以优质服务为前提，以职工满意为目标”，使行政管理工作又上了一个新台阶。

1. 加强行政管理，执行制度不放松

一个单位的各项规章制度能否贯彻执行，能否落到实处，与管理部门的管理水平密切相关。2002～2003年湖南省地质环境监测总站制定了一系列的内部管理制度，如何才能更好地把握制度、执行制度，抓好制度的落实，是管理人员的职责之所在。行政部门两大科室综合办公室和计划财务室，几乎囊括了湖南省地质环境监测总站的所有日常管理工作，综合办公室包括行政、技管、人事、物业、后勤、采购、文印等，计划财务室则协助领导参与了所有内部经济承包合同的签订和执行，以及对外经济承包合同的执行和一些合同款项的回收。为使各项制度的监督执行到位，确保单位各方面工作的正常运转，管理部门在一人多岗，工作量大、类多的情况下，从两个方面入手，一是提高管理者的自身素质；二是正确把握制度执行的力度和方法。管理者努力学习、不断进步，现都已成为本岗专家。在严格管理和执行制度方面管理人员以身作则，没有一丝一毫的懈怠，使湖南省地质环境监测总站的严格管理成为一大特色。

2. 面向生产第一线，提供高效优质服务

管理人员既是制度的制订者、执行者，又是生产部门的服务者、参与者。湖南省地质环境监测总站管理部门为了更好地为生产第一线提供高效优质的服务，放弃了日常的休息和节假日休息，随时处于待命状态。哪里有技术人员的奋战，哪里就有管理人员的服务，从而使管理人员和技术工作者劲儿往一处使，心往一处想。如在申报张家界世界地质公园的30多个日日夜夜里，湖南省地质环境监测总站的后勤、资料、文印等多项管理工作都为技术部门提供了及时到位的服务。他们抛开了家庭、个人需求，昼夜奋战在生产第一线，在服务中体现了自身的价值，加深了与技术部门的感情交流，使双方均体会到了各自的艰辛，加深了相互之间的理解，使管理工作得到了技术部门的认可和配合。

3. 以职工满意为目标，让管理工作成为一项凝聚人心的事业

管理部门是整个单位的中枢系统，管理部门的工作千头万绪，千丝万缕，很多都涉及职工的切身利益，如职称、工资、医保等。湖南省地质环境监测总站管理人员在坚持原则的同时，以饱满的热情、强烈的责任心为每一位职工的实际利益着想，把职工的事当成自己的事来办。解决好生产技术人员的后顾之忧，提高单位职工对管理人员的信任度，提高管理人员自身的服务理念、诚信意识，树立良好的管理者形象成为管理部门追求的目标和准则。

4. 抓好综合治理，营造良好环境

2003年湖南省地质环境监测总站管理部门为单位职工办了几件实事：建起一座职工食堂；开办一间娱乐室；迎进一批新人；装修了一层职工宿舍；改造了两层办公楼，营造了一个美好的工作、生活环境。

为了给单位营造一个好的工作及生活环境，行政管理部门狠抓安全文明及综合治理工作。在2003年五月“非典”时期，物业管理人员在单位领导的亲自指挥和带领下，一切从职工的身体健康出发，积极主动，及时到位地完成了上级机关布置的各项防“非”工作，在湖南省地质环境监测总站职工的心目中留下了美好的形象。单位在综合治理方面加大管理力度，坚持了“四项”制度，一年里无任何“黄赌毒”现象，偷盗、刑事案件发生率均为零。雨花区综合治理办公室负责人检查完我们的工作后，称赞湖南省地质环境监测总站是一方“净土”。

2003年湖南省地质环境监测总站获得四大荣誉，一是被国土资源部评为全国地质灾害防治先进单位，二是被评为省直单位先进基层党组织，三是被省直工委指定为基层党建示范点创建单位，四是被评为长沙市卫生文明先进单位。同时保持了“省直双文明先进单位”的光荣称号。

广东省地质环境调查与监测工作

广东省地质环境监测总站

一、概 况

广东省位于祖国大陆南端，陆地面积为17.98万平方千米。地势总体北高南低，地貌类型有山地、丘陵、台地和平原，分别占陆地面积的33.6%、24.9%、14.2%和21.7%；河流和湖泊占土地面积的5.6%。气候属南亚热带季风区，温湿多雨，台风频繁。全省平均气温22.3℃，年平均降雨量1777mm。广东省设21个地级市，人口7858.58万人。2003年全省国内生产总值12935.24亿元。

广东省地质环境监测总站根据省编办《关于省国土资源厅所属事业单位机构改革方案的批复》(粤机编办〔2002〕126号）为厅属正处级事业单位。编制20人，设地质灾害室、地下水监测室、综合研究室、地质灾害预警室和办公室。各地级市下设广州市、深圳市、湛江市、茂名市、佛山市、肇庆市、韶关市、河源市、梅州市和阳江市地质环境监测站，每个监测站4～8人。

二、地质灾害调查基础工作稳步推进

2003年完成了连平等15个县（市）地质灾害调查与区划工作，完成调查面积33857.36平方千米，调查各类地质灾害点5316个，落实群测群防点2224个。

三、地下水环境监测进一步加强

2003年地下水环境监测面积2769平方千米，其中广州市（广花盆地）800平方千米；肇庆市测区60平方千米；茂名市测区389平方千米；佛山市（南海区、禅城区）520平方千米；湛江市测区1000平方千米。地下水水位监测孔（井）184个（含统测监测孔、井)，其中承压水水位监测孔105个，潜水监测孔、井79个；地下水水质监测点82个，其中承压水水质监测点45个，潜水水质监测点37个。编制完成广东省地下水水情通报和水情预报。

四、地质灾害治理初见成效

恩平市洪窖中学滑坡治理竣工。2002年12月至2003年6月完成了恩平市洪窖中学滑坡治理工程和生态恢复工作，并于2003年10月成果资料汇交宜昌所和中国地质环境监测院。

1. 和平县东山岭滑坡群治理已进入施工阶段

2002年12月～2003年2月完成了和平县东山岭滑坡群治理工程可行性研究报告，2003年3月通过了国土资源部组织的专家审查，2003年9月完成了和平县东山岭滑坡群治理工程设计，并通过了省国土资源厅组织的专家审查，正在进行治理施工，截至2003年12月底已完成搬运滑坡体土石方130万方，风水坑填方98万方。

2. 翁源县岩庄镇滑坡治理工程勘察和设计已通过评审

2003年3月至9月完成了翁源县岩庄镇

滑坡应急调查和勘察，2003 年 9 月至 11 月完成了翁源县岩庄镇滑坡应急调查报告，并通过了省国土资源厅组织的专家审查，正在进行治理工程设计。

五、地质灾害气象预报预警起步

2003 年完成了地质灾害气象预报预警系统建设招标工作。到 2003 年底已开展了地质灾害预警系统需求分析、建立地质灾害预警数学模型、确定地质灾害调查数据项目和灾害调查表、地质灾害属性数据库设计、预警产品远程传输子系统的分析设计、地质灾害预警模型的部分设计和编码工作、灾害数据库系统数据安全模块设计。完成了 1∶25 万地理地质图空间数据库，根据地质灾害与地层岩性的关系，编制和划分 1∶25 万广东省岩组图，并编制了广东省 1∶25 万地形坡度图（<10°、10°~25°、25°~45°、>45°），编制了不同暴雨频率（2%、5%、10%、20%）等值线图，筛选了历史上地质灾害与降雨密切相关的滑坡、崩塌和泥石流灾害点 1948 个，其中，滑坡 1523 个，崩塌 368 个，泥石流 57 个；根据灾害的密度和出现的频率与岩性及坡度叠加分析，划分了地质灾害易发区图，并进一步编制 1∶25 万广东省地质灾害气象预报预警分区图。

2003 年提交连平等 10 个县（市）地质灾害调查与区划报告获得良好等级；广东省地氟病与环境地质关系及防治措施研究成果被省科技厅评为科技进步三等奖。

六、地质环境监测管理与时俱进

按照省国土资源厅和中国地质环境监测院的工作部署和要求，以深化改革和严格管理为切入点，整合三个网络，启动两个机制，强化两个服务。整合三个网络是：通过全省县市地质灾害调查与区划建立地质灾害群测群防网络，进一步优化全省地下水环境监测网，建立广东省地质环境信息网。两个机制是：进一步加强和完善全省地质灾害预报预警机制和汛期地质灾害应急调查处理机制。两个服务是：强化为政府地质环境管理与决策和为社会公众服务的意识。

广西壮族自治区地质环境调查与监测工作

广西壮族自治区地质环境监测总站

一、地下水动态监测

2003 年广西设有南宁、柳州、桂林、北海、玉林、河池、黎塘等 7 个监测区，对区内重要的水源地、地下河、名泉、温泉等进行监测，总监测面积 5056.5 平方千米，共设地下水监测点 691 个，按级别分：国家级监测点 14 个，省级监测点 344 个，地区级监测点 333 个；按监测内容分：水位长观点 211 个，水质全分析监测点 172 个，Cl^-监测点 20 个，水位统测点 388 个，水质水位同点处 80 个。监测内容有水位、水质、水量和水温。水位长观点监测频率以 5 天 1 次为主，另有极少数的监测点安装了自记水位仪，监测频率为每天一次。水质水温监测一般 1 年 2 次。

地下水开采量调查每年进行1次，调查面积1938平方千米，调查开采井1012个。全年获取地下水水位数据15514个，采集水质全分析样361套，Cl^-样80个，获取地下水水质数据26072个，每季度按时向中国地质环境监测院地下水资源环境调查监测室汇交地下水监测数据，编写了2003年广西壮族自治区地下水监测季报、半年报以及《2002年广西地下水水情通报》和《2003年广西地下水水情预报》。

二、地质灾害监测与预报预警

2003年主要对南宁市青秀山滑坡、柳州市马鞍山危岩、梧州市叶琪山滑坡、桂林市尧山滑坡、永福县凤山滑坡、龙胜县龙塘界滑坡、藤县藤州中学滑坡、资源县大塘湾滑坡、平乐县云盘岭滑坡等9处地质灾害点进行重点监控，汛期中加强对这些点的巡查，监测监控这些点的变化变形情况，特别是在强降雨时段加密进行监测。监测结果表明，上述重大地质灾害点中有个别点在汛期强降雨时段产生微小变化，大部分点保持相对稳定。

年内编制了《广西地质灾害专业监测工作基本要求》。

2003年7月20日~9月30日，自治区国土资源厅和气象局在广西电视台联合发布汛期地质灾害预报预警，广西壮族自治区地质环境监测总站承担这项工作的具体实施任务，每天收集全区各地地质环境监测资料和气象信息，编制预报方案，编制了1:50万地形地貌、地层岩性、地质灾害分布等图件并进行了数字化，按时向区气象台传送地质灾害监测预报资料，准时在电视台天气预报时间发布全区地质灾害气象预报预警，从7月21日开始试播至2003年9月29日汛期末，总共预报了62天（次）。

2003年成功预报了5起地质灾害，协助当地政府及时采取避让措施，避免了人员伤亡，经济损失也减少到最低限度。

2003年4月，在全国地质环境管理暨地质灾害防治工作会议上，广西地质环境监测总站被评为地质灾害防治先进单位，2名工程技术人员被评为先进个人，受到了表彰。

三、突发性地质灾害调查

2003年，广西全区共发生地质灾害658处，其中崩塌566处、滑坡69处、岩溶塌陷14处、采空塌陷1处、泥石流6处、地裂缝2处，灾害造成人员死亡33人，失踪1人，伤21人，摧毁房屋172间，直接经济损失1032.5万元，间接经济损失2005.05万元。广西地质环境监测总站对全区境内的110处重要突发地质灾害点进行了现场调查，查明地质灾害形成的原因及发展趋势，提出预防与防治的措施建议，为地方政府的减灾防灾服务。年内编写了《广西突发性地质灾害调查半年报（2003年）》、《广西突发性地质灾害调查通报（2003年）》汇交上级主管部门。

四、汛期地质灾害巡查防治

配合自治区国土资源厅、各县（市）国土资源局，对各地重大地质灾害隐患点进行巡查，核查各地重大地质灾害隐患点的变化变形情况，检查防灾、避灾预案及防治措施的落实情况，并进行技术指导，共出动59人次，合计巡查次数23次，分别到44个县（市）进行巡查。

5月27日，自治区国土资源厅发出“关于建立全区汛期地质灾害防治应急指挥系统的通知”，建立了全区汛期地质灾害防治应急指挥系统，广西地质环境监测总站组建了8个应急调查分队，按照指挥部的要求，常备待命，随时奔赴现场进行应急调查，协助各地防治灾害。

协助各市、县编制了《2003年汛期地质灾害防灾预案》。

五、县（市）地质灾害调查与区划

在继续完成2002年已开展的28个县（市）地质灾害调查与区划报告编写的基础上，2003年开展了大化、那坡、武宣、浦北、扶绥、玉林、临桂、钦州等8个县（市）的区划野外调查工作，调查面积20191.91平方千米，调查地质灾害点1893处，建立群测群防点119处。至2003年，全区地质灾害群测群防体系已设有地质灾害群测群防点500多处。广西地质环境监测总站负责地质灾害群测群防工作的技术指导及技术服务工作，配合各地国土管理部门进行汛期地质灾害巡查，对群测群防点进行检查、核对，收集监测数据，发现问题及时纠正。

六、矿泉水和地热资源管理

根据上级安排，广西饮用天然矿泉水和饮用天然泉水水源地年检频率为每两年一次，2003年在全区范围内对饮用天然矿泉水和饮用天然泉水水源地统一进行检测。广西地质环境监测总站协助各地国土资源管理部门对27处饮用天然矿泉水和11处饮用天然泉水水源地进行年检，共提交年检报告38份。水质测试结果各项指标均符合GB8537—1995《饮用天然矿泉水标准》或符合GB5749—85《饮用天然泉水标准》，但个别水源地各级卫生防护设置不完善。

2003年加强了地热资源的管理，共设龙胜温泉、贺州市路花温泉、昭平县黄花山温泉、全州县炎井温泉、象州温泉、陆川温泉、容县温泉等地热资源监测点7处，主要监测地热资源的水温、水量、水质。监测结果表明，这7处温泉在当地均作为旅游资源开发，当地政府都对温泉进行了相应的保护，水温、水量、水质均保持稳定，无异常变化。

七、地质遗迹管理与保护

制订了区内的地质遗迹资源监测工作计划，5月给各分站下发了《关于加强地质遗迹管理与保护工作的通知》。各分站积极配合当地国土资源管理部门对我区的资源县丹霞地貌国家地质公园、桂林市南边村国际泥盆—石炭系界线副层型剖面保护区、乐业县岩溶天坑群地质公园等10处地质遗迹进行保护状况的巡查监测，了解其保护状况及受破坏的情况。巡查监测发现，象州县大乐泥盆系地质剖面受到轻微破坏，而桂林市南边村国际泥盆—石炭系界线副层型剖面保护区、资源县丹霞地质公园2处地质遗迹保护现状良好。北海市涠洲岛火山地貌地质公园的火山地貌、海蚀地貌及海岛周围海域中珊瑚等得到了很好的保护，火山地貌区及海蚀地貌区基本上没有人为破坏的情况出现，前几年盛极一时的盗采活体珊瑚的歪风也得到了有效的遏制。北流泥盆系地层标准剖面保护区于1986年立标，1999年12月北流市地质矿产局设立了北流泥盆系地层标准剖面保护办公室，该保护区范围设有界桩，并设标志碑1个，保护碑4个。北流泥盆系地层标准剖面在1999年以前局部遭受破坏较严重，1999年12月以后，有关部门成立了专门管理机构，加强了管理与保护，清除了保护区内所有采石场，检查时未发现有采石等破坏现象，保护状况较好。对横县六景泥盆系剖面巡查监测时发现剖面保护区内有采石、取土、建房、设坟、采掘化石标本等现象，使剖面受到不同程度的破坏，保护标桩大多被破坏，保护区范围界线不清等。自治区国土资源厅已拨出修建经费，派出专家进行指导，重新划定地质剖面区范围，确定为2.5千米长的条带保护范围，对地层的各组、段分界定点，建立岩组界线保护大碑5座、小碑4座；分层小碑6座；沿保护区周界按20~25米埋设一界桩，共设界桩301根，为长期、有效地保护六景泥盆系剖面奠定了良好基础。但目前广西六景泥盆系剖面没有设立专门的管理机构，周边区域群众保护广西六景泥盆系剖面的意识较为淡薄。

2003年承担完成了《广西资源县丹霞地貌地质遗迹资源开发与保护研究》课题的报告编写。

八、地质灾害防治工程勘查设计及监理

编写了2002~2003年度《广西地质灾害防治规划》，协助各地市编制了减灾防灾规划等。

2003年承担完成了柳州市驾鹤山、乐群路南一巷和一中桐油山危岩的勘查设计、监理，提交了相应的勘查、设计、监理报告及图件。

对大新德天瀑布下游河岸滑坡进行了补充勘察，查明该滑坡形成的地质环境条件，滑坡的分布、规模、形成原因、变形和破坏机制，评价其稳定性，提出该滑坡的防治建议。提交了《大新德天瀑布下游河岸滑坡补充勘察报告》，并通过自治区计委评审。

完成了隆林县委乐中学滑坡勘查，编写了《隆林县委乐中学滑坡防治设计》、《隆林县委乐中学滑坡勘查报告》及相关的图件，于7月通过区国土厅评审。

承担陆川县马坡镇田子垌滑坡勘察与防治设计工程，于2003年7月开工，2003年10月提交了《广西陆川县马坡镇大良村田子垌滑坡勘查报告》，并通过了区国土厅评审。

开展梧州市万秀区重点地段地质灾害勘查，共完成5个重点地段的地质灾害勘查工作，提交《梧州市万秀区重点地段地质灾害勘查报告》。

对梧州市叶琪山滑坡治理工程进行施工监理。

2003年10月，承担了梧州市区重点地段地质灾害治理可行性研究工作，编写了《梧州市区重点地段地质灾害治理可行性研究报告》，该报告于2003年12月通过广西国际咨询工程公司的评审。

2003年10月完成贵港市港南区新塘镇龟山危岩治理可行性研究报告，为地方政府防治地质灾害提供技术服务。

九、地质环境公报

2003年1~3月，受自治区国土资源厅委托，编制了2002年地质环境公报，公报内容主要包括地质灾害、矿泉水、地质遗迹保护、地下水环境、地质环境保护立法及规划等。

十、技术业务学习培训

2003年举办了技术负责培训班，就地质调查项目设计预算、县市地质灾害调查与区划数据库建设、地质灾害气象预报、建设用地地质灾害危险性评估等有关知识进行了学习培训；举办了监测组长学习班，学习研讨了地质环境监测业务技术知识；还举办了财务学习班，组织财会人员和科室负责人学习了税法和会计法等有关知识。2003年还对2001~2002年度的各类业务技术报告、论文进行了1次内部评比。2003年11~12月，先后派出了20名专业技术人员参加了国家环保总局举办的建设项目环境影响评价上岗资格培训与考试。

开展地质灾害防治知识宣传教育。4月以来，先后在百色市、桂林市、浦北县、那坡县、扶绥县等市县举办了有市、县国土局和乡一级国土所地质环境管理工作人员参加的地质环境管理知识培训班，讲授了地质灾害防治、群测群防、地质环境管理法律法规等相关知识。

2003年9月在桂林承办了2003年全国农业地质会议，10月协办了全国地质灾害防治工程学术论坛。受自治区国土资源厅委托，编写了《关于开展广西农业地质工作的初步设想》（初稿）。

海南省地质环境调查与监测工作

海南省地质环境监测总站

2003 年度，海南省地质环境监测总站开展的海南省地质环境调查与监测工作主要在海南省陆域主体——海南岛范围内进行，重点在地下水环境监测和地质灾害调查与区划等方面。

一、地下水环境监测

全省共布设地下水环境动态监测点 45 个，其中国家级监测点 14 个，省级监测点 31 个。主要监测海口市地下水环境，监测项目主要为地下水位、水质和水温。水位监测频率为海口市中心区每 10 天监测一次，外围区每 15 天监测一次。在万宁兴隆、琼海官塘、儋州蓝洋和三亚等地区各建立有国家级监测点，监测这些地区的地下水和热矿水，水位监测频率为每月监测 3 次。全省全年监测孔水位共监测 1245 点次，漏测 105 点次。海口市水质和水温监测频率为每年 1 次，监测时间为 10 月，2003 年采取水质监测样 17 个。

1. 地下水水位动态

(1) 海口市

现有监测点 39 个（其中国家级监测点 8 个），比去年减少 2 个，监测面积 1100 平方千米，控制 6 个含水层。其中潜水监测点 12 个，第一层承压水监测点 2 个，第二层承压水监测点 15 个，第三层承压水监测点 7 个，第五层承压水监测点 2 个，第七层承压水监测点1 个。

①潜水，水位受大气降雨影响较大。2003 年 6、7 月水位较低，9、10 月水位较高。

松散岩类潜水：年平均水位标高为 18.66 米，比去年上升 0.12 米。

火山岩类潜水：年平均水位标高为 40.70 米，比去年下降 1.10 米。

②承压水，中心区水位相比去年有所回升，外围监测点水位与去年相比以下降为主，水位年内变化较大，峰值出现在 1、2 月。

第一层承压水：年平均水位标高为 -7.04 米，比去年下降 0.18 米。其中心区年平均水位标高为 -9.05 米，比去年上升 0.43 米；外围区年平均水位标高为 5.02 米，比去年下降 0.77 米。

第二层承压水：年平均水位标高为 -3.17 米，比去年下降 0.34 米。其中心区年平均水位标高为 -17.00 米，比去年上升 0.38 米；外围区年平均水位标高为 -0.08 米，比去年下降 0.42 米，局部有上升。

第三层承压水：年平均水位标高为 -10.1 米，比去年下降 0.37 米。其中心区年平均水位标高为 -14.30 米，比去年上升 0.04 米；外围区年平均水位标高为 -7.98 米，比去年下降 0.55 米。

第五层承压水：年平均水位标高为

-9.61米，比去年下降0.35米。

第七层承压水：年平均水位标高为-3.73米，比去年下降0.94米。

（2）其他地区

共有国家级监测点6个，分布于以下地区：

①琼海市官塘地区：热矿水监测点1个，热矿水年平均水位标高为25.29米，比去年下降0.34米。

②万宁市兴隆地区：热矿水和常温地下水监测点各1个。热矿水年平均水位标高为16.10米，比去年下降0.68米；常温地下水年平均水位标高为23.59米，比去年下降0.55米。

③三亚市地区：热矿水和常温地下水监测点各1个。凤凰温泉山庄地区热矿水年平均水位标高为16.28米，水位稳定；三亚市荔枝沟地区常温地下水年平均水位标高为2.67米，水位稳定。

④儋州市蓝洋地区：热矿水监测点1个，由于其他原因，2003年度未监测。

2. 地下水水质动态

2003年在海口市共采水质分析样17个，其中第四系松散岩类孔隙潜水和火山岩类潜水水样8个，承压水水样9个。地下水质量评价根据《地下水质量标准》(GB/T14848—93)，并以其中适用于集中式生活用水水源及工、农业用水的Ⅲ类水为地下水评价标准，下文中的"超标组分"均指该项含量超过Ⅲ类水标准。

海南省海口市2003年度地下水水质状况见下表。

（1）潜水

第四系松散岩类潜水的地下水质量综合评价分值 F 为3.27，水质较去年有所改善。其中府城地区（M85井）地下水质量综合评价分值 F 为2.19，水质良好。长流地区（M87井）地下水质量综合评价分值 F 为4.35，水质较差，超标组分为亚硝酸盐，含量达0.2mg/L。

火山岩类潜水地下水质量综合评价分值平均值为3.60，水质较去年下降。除部分地区（那甲泉、地矿局水井）水质良好外（地下水质量综合评价分值 F 为2.18~2.20），其余地区地下水质量综合评价分值 F 为4.30~4.32，水质较差，超标组分主要为亚硝酸盐、氨氮，含量分别为0.2mg/L和0.3mg/L。

总体上，第四系松散岩类潜水水质较去年有所改善，而火山岩类潜水水质较去年下降，局部超标项为亚硝酸盐及氨氮，为人类生活污染，需处理后方可饮用。

（2）承压水

第二层承压水：地下水质量综合评价分值平均值为2.55，与去年相比，水质稳定。但局部地区（M53井）地下水质量综合评价分值 F 为4.32，水质较差，超标项为锰，含量为0.156 mg/L，属背景值超标。

第三层承压水：地下水质量综合评价分值平均值为3.60，水质较去年下降，局部超标项为铁和氨氮，含量分量为1.2mg/L和0.3mg/L。但有些地区（如M61孔）地下水质量综合评价分值 F 为2.16，水质良好。

总之，承压水水质良好，局部地区水质较差，超标项为铁、锰和氨氮，饮用时需要处理，并应保持井口及周围环境卫生。

二、地质灾害调查与区划

1. 海南省五指山市地质灾害调查与区划

在2002年完成项目野外工作基础上，通过资料整理，编写了成果报告并通过了审查。

海南省海口市 2003 年度地下水水质状况

城市（地区）	含水层类型①	项目	主要污染指标/（$mg \cdot L^{-1}$） 总硬度	矿化度	硫酸盐	硝酸盐	亚硝酸盐	氨氮	氯化物	氟化物	酚	氰化物	砷	汞	铬	铁	锰	耗氧量	pH值	变化趋势评价④	备注⑤
海口地区	松散岩类潜水	含量	173.5		55	54.95	0.102	0.11	38.9	0.083	0.002	0.004	0.005	0.0005	0.004	0.06	0.011		7.93	减轻	局部
		超标率②				0.7															
		与上年比较③	减轻		加重	减轻	减轻	稳定	减轻	减轻	稳定	稳定	减轻	稳定	稳定	减轻	减轻		加重		
	火山岩类潜水	含量	105.9		19.67	17.67	0.075	0.12	26.77	0.075	0.002	0.005	0.005	0.0005	0.004	0.173	0.01		8.27	加重	局部
		超标率②				0.25															
		与上年比较③	减轻		减轻	加重	加重	加重	减轻	减轻	稳定	加重	稳定	稳定	稳定	加重	减轻		加重		
	第二层承压水	含量	147.3		25.7	1.03	0.005	0.086	25.0	0.15	0.002	0.0023	0.0083	0.0005	0.004	0.13	0.075		8.37	稳定	局部
		超标率																			
		与上年比较	稳定		稳定	稳定	稳定	稳定	稳定	稳定	稳定	稳定	减轻	稳定	稳定	稳定	稳定		稳定		
	第三层承压水	含量	143.6		38.7	0.49	0.004	0.14	21.2	0.15	0.002	0.0046	0.005	0.0005	0.004	0.54	0.044		8.42	加重	局部
		超标率														0.8					
		与上年比较	稳定		稳定	稳定	减轻	加重	稳定	稳定	稳定	稳定	稳定	稳定	稳定	加重	稳定		稳定		

注：①含水层类型：指浅层孔隙水、深层孔隙水、岩溶水、裂隙水；

②超标率：超标率 =（污染组分含量 − GB《地下水质量标准》Ⅲ类水标准值）/标准值；

③与上年比较：为“减轻、稳定、加重”三个级别；

④变化趋势评价：综合主要污染指标“与上年比较”的结果，为“减轻、稳定、加重”三个级别；

⑤备注：栏中说明水质监测点的代表性，是代表局部还是代表区域。

通过项目的开展，基本查清了五指山市地质灾害发生的地质环境背景，地质灾害发育种类、各灾种的分布、规模、发育特征、危害程度、稳定状态、形成条件及影响因素。查明五指山市境内主要灾种为崩塌、滑坡、泥石流及不稳定斜坡等。在综合研究的基础上，对境内重要地质灾害点危险性及经济损失进行初步评价和预测。用定性评价和信息系统空间分析等方法，把全市划分为地质灾害中易发区、低易发区、不易发区三个区。确定了风门岭滑坡、什空率滑坡和冲山镇不稳定斜坡群等为五指山市的重要地质灾害隐患点。通过对地质灾害防治区划，将五指山市划分为地质灾害重点防治区、次重点防治区和一般防治区三区，并针对各区的特点，提出了相应的防治措施。此外，还为当地政府举办防灾培训班，建立了滑坡临时观测点，编制防灾规划和预案，建立了群测群防网络。该项目的信息化建设也同时完成。在2003年10月由海南省国土环境资源厅组织的专家评审中，项目质量被评为良好级。

2. 海南省三亚市地质灾害调查与区划

2003年6月完成项目设计书的编写，10月开展野外调查，年底完成全部野外调查工作。完成调查面积1919平方千米，调查乡镇5个，国营农场5个，调查人口48.6万人，111个村（居）委会，850个自然村，填写调查卡片47张，拍摄野外地质照片128张，调查线路约3000千米。调查区内地质灾害类型，以河岸侵蚀、海岸侵蚀和公路边坡造成的小型崩塌灾害为主，库区或碳酸岩类分布区未发现有严重崩塌及岩溶塌陷现象。调查统计，三亚市每年因地质灾害造成的经济损失在30万~40万元。

3. 海南岛琼中—屯昌地质灾害调查与区划

该项目由海南省财政拨款，于11月30日起动，完成了项目设计书的编写及召开了项目协调会，12月开展野外工作。

三、其　他

海南省地质环境监测总站作为海南省地质环境行政主管部门的技术支撑单位，2003年度还完成了海南省国土环境资源厅交办的《2002年度海南省地质环境公报》、《海南省地质灾害防治规划（2001~2020年）》、《海南省2003年地质灾害防灾预案》以及《海南省地下水、矿泉水和热矿水水资源开发与保护论证报告》等的编制工作，并参加车键或 Alt + S 发送了海南省汛期地质灾害应急调查工作。2003年4月，在实地调查研究的基础上，确定保亭县八村乡南头村滑坡群系属于发育阶段的缓慢型小型滑坡，近期内在自然状况下不会发生大规模的山体移动。参照国内同类滑坡勘察治理经验，在现阶段，宜采取避让措施较为安全、经济。该结论为海南省政府对南头村（24户共126人）实施整体搬迁提供主要的决策依据。

商业性地勘工作，主要是岩土工程勘察、测量和供水钻井工程。2003年共完成项目88项，涉及政府单位、水厂、院校、医院、药厂、酒店、交通、银行等部门和行业。其中岩土工勘项目70项，总进尺11500.9米；测量项目12项；水井施工6眼，总进尺1990.27米，包括完成海口地区地热井1眼，井深756.46米，获得热矿水出水量960m^3/d，水温47℃。

重庆市地质环境调查与监测工作

重庆市地质环境监测总站

2001 年 8 月 22 日，经重庆市编制委员会批准（渝编〔2001〕33 号），重庆市地质环境监测总站正式挂牌成立，为全额拨款处级事业单位，直属于重庆市国土资源和房屋管理局，定编 30 人。内设机构：办公室、计划财务科、规划设计科、地质环境监测科、地质灾害防治科、地质环境信息科。

基本职能：为国家建设提供地质环境监测服务。按照地质环境监测工作的规划、计划，提出地质灾害预警工程项目的设施建设，承担地质灾害预警监测、调查研究和评价，收集、汇总、分析和处理地质环境监测数据和资料，指导各区县（自治县、市）地质环境监测站搞好地质灾害预警监测，为行政决策提供技术支撑。

2003 年，在重庆市国土房管局党组，及中国地质调查局、中国地质环境监测院的领导下，主要开展了以下工作：

（1）全面推进人事制度改革。

根据《重庆市国土资源和房屋管理局直属事业单位人事制度改革实施方案》（渝国土房管发〔2003〕364 号）及市委组织部、市人事局《重庆市事业单位人事制度改革总体方案》（渝人发〔2000〕118 号）的要求，结合重庆市地质环境监测总站实际完成了事业单位人事制度改革。基本建立起符合总站特点的单位自主用人、人员自主择业、经济利益与职责任务挂钩的竞争激励机制；形成人员能进能出、职务能上能下、待遇能升能降，优秀人才能够脱颖而出的充满生机活力的用人机制；基本实现人才资源的优化配置和人事管理的科学化、制度化、规范化。推行起了重实绩、重贡献，向优秀人才和关键岗位倾斜，灵活的分配激励机制。

注重在强化内部管理上下功夫。一是明确了各岗位职责，二是制定了以下规章制度：总站工作人员考核办法、职工工资奖金分配方案、职工聘用管理办法、总站工作人员奖惩办法等，所有规章制度全部由全体职工大会讨论通过。

（2）完成《重庆市 2003 年地质灾害防灾预案》的编制工作，并经市局报请重庆市人民政府批准，在全市发布执行。

另外还结合三峡库区实际编制了《重庆市三峡库区二期蓄水淹没影响区地质灾害专项防灾预案》，巫山、奉节、云阳、万州、忠县、丰都、涪陵等 8 区县也相继编制了本辖区内的地质灾害专项防灾预案。

（3）为了加强对全市各类地质灾害的监测和预防工作，重庆市地质环境监测总站和重庆气象台进行合作，完成了地质灾害气象预报工作的可行性研究工作，并建立了重庆市地质灾害气象预报制度。

根据各地降雨的强度，预测滑坡、崩塌、

泥石流等地质灾害出现的概率，将地质灾害发生概率分一、二、三、四、五个等级，当地质灾害发生概率达三、四、五级时，由总站和重庆市气象台联合在重庆有线一台和重庆卫视向全市发布，取得了较好的社会效益。

(4) 开展《地质灾害监测预警及决策支持系统重建关键技术研究与示范》国家“十五”科研公关项目的研究，建立起了万州区吴家湾滑坡、申明坝滑坡两个重大滑坡监测示范基地，促进了地质灾害监测先进技术在我市的推广。

(5) 进一步建立和完善全市地质灾害监测网络，受三峡库区地质灾害防治工作指挥部的委托，完成了《三峡库区重庆市22个区县（自治县、市）地质灾害监测预警工程设计》及重庆市三峡库区22个区县地质灾害监测规划图（1∶10万）的编制工作。重庆市库区142个崩滑体，59段（52千米）库岸，及942个地质灾害群测群防点（含82个专业监测点）均已开始实施监测。

(6) 加强地质灾害信息系统建设。

继2002年完成了《重庆市地质灾害防治规划图》、《重庆市地质灾害易发程度分区图》、《重庆市三峡库区崩滑体防治规划图》、《重庆市三峡库区地质灾害监测规划图》等26种专业图件的编制工作后，2003年又完成了各种数据的录入工作，地质灾害数据库建设基本完成。

(7) 加快编制地方性技术规范。

2003年由总站组织完成了《重庆市地质灾害危险性评估规程》、《重庆市地质灾害防治勘查规范》、《重庆市地质灾害防治工程设计规范》三个地方性规范的编制任务。值得一提的是，三规范的编制在全国各省、自治区、直辖市均属首创。

(8) 加强人员培训，全面推进地质灾害群测群防工作。

2003年度对全市40个区县（自治县、市）国土资源局分管地质灾害防治工作的领导、地质环境管理科科长、地质环境监测站站长及技术负责人进行了业务培训，参训学员共近400余人，有力地推动了全市地质灾害群测群防工作。

(9) 受市局委托编制《重庆市地质灾害防治规划》，截至目前，规划文本已通过市级专家组和市相关部门的审查。

四川省地质环境调查与监测工作

四川省地质环境监测总站

四川省地质环境监测总站在2003年地质环境调查、监测、科研、成果、管理等方面都取得了较大的成绩。

一、地质环境调查

2003年四川省地质环境监测总站完成名山、泸州纳溪、高县三个县（市）的地质灾害调查与区划工作。根据《县（市）地质灾害调查与区划实施细则》，突出“以人为本”，四川省地质环境监测总站有针对性地开展了三县（市）地质灾害调查、访问等工作。其中，名山县完成地质灾害调查面积614.27平方千米、乡（镇）20个、行政村192个，调查各类地质灾害及隐患点80处（其中滑坡66处，潜在不稳定斜坡12处，崩塌2处），完成野外调查卡片80份，照片456张，形成会议纪要22份，建立标准数据库卡片80份，初步落实地质灾害隐患点防灾预案76份，收集相关资料12份；泸州市纳溪区主要完成工作量地质灾害调查面积1150.6平方千米、镇12个，调查路线1200千米，完成野外调查卡片61份，照片240张，形成会议纪要14份，落实防灾预案54份，建立标准数据库卡片61份。建立群测群防点59个。高县主要完成地质灾害调查面积1320.27平方千米（重点工作区约487.18平方千米，次重点工作区453.64平方千米，一般工作区379.45平方千米），对285个行政村重点调查110个、走访175个，调查各类地质灾害点127个（其中滑坡103处、崩塌（危岩）12处、地面塌陷7处、不稳定斜坡2处、地面裂缝2处、泥石流1处），建立地质灾害点卡片127个，其中滑坡103处、崩塌（危岩）12处、地面塌陷7处、不稳定斜坡2处、地面裂缝2处、泥石流1处，制定落实防灾预案110处。

2003年四川省地质环境监测总站完成《四川省矿山地质环境调查与评估》项目，该项目中国地质调查局向四川省地质环境监测总站下达。完成建立了矿山地质环境调查表6037份，实地调查核查矿山与开采矿山数大型为100%、中型为82.9%、小型为3.3%，资料收集（矿山地质环境调查与评价报告90份，水、工、环地质及其他资料14份），对攀枝花煤及钒钛磁铁矿区、石棉县石棉矿区、龙门山中段煤磷矿区、广旺煤矿区、华蓥山煤矿区、芙蓉山煤矿区六个典型矿区进行了详细调查（调查面积1500平方千米）、遥感解译（解译面积5000平方千米）、山地工程（2000立方米）、土壤分析（120组）、水样测试（120组）、综合物探工作（5千米），并在此基础上通过全国矿山地质环境信息系统软件建立了四川省矿山地质环境信息系统。通过对四川省矿山地质环境调查与评估，摸清了四川省矿山基本现状及其开发对生态环境的影响，初步查明了已存在的主要环境地质问题及潜在危害，为合理开发矿产资源，保护矿山地质环境、矿山环境整治、矿山生态系统恢复与重建，实施矿山地质环境监督管理提供基础资料和依据。

二、监测工作

1. 成都市地下水监测工作

成都市地下水监测为续作项目，监测范围为300平方千米。目的是为了掌握市区内地下水动态变化规律，了解地下水水质遭受污染程度及地质环境变化情况。

2003年度成都市地下水位监测点17个，其中国家级地下水位监测点4个，其控制程度为1个/75km^2，省级地下水位监测点2个，控制程度为1个/150km^2，地区级地下水位监测点11个，控制程度为1个/30km^2。地下水水温监测点16个，控制程度为1个/20km^2。地下水水质监测点13个，其中有5个国家级监测点，省级监测点8个，控制程度为1个/23km^2。地表水水位监测点2个。全区地下水水环境监测网点布置符合国家地下水动态监测规范要求。

成都市地下水监测内容是：地下水开发利用情况、地下水水位动态变化特征、地下水水质变化情况以及因地下水开采所引起的地质环境问题。

2003年度共完成1237次水位观测、1232次水温观测和26件水分析样，获得水位监测数据1237个、水温监测数据1232个、水质监测数据988个。

编制完成《成都市2002年度地下水水情通报》、《成都市2003年度地下水水情预报》和《成都市2002年地下水环境监测年度报告》。

2. 德阳市地下水监测工作

德阳市地下水监测为续作项目，监测范围为德阳市城区及近郊，约80平方千米。至本年年底，区内共有监测网点29个。其中，地下水水位监测点26个，水温监测点25个，水质监测点16个，地表水水位水温监测点3个。

在26个地下水水位监测点中，有国家级2个，省级8个，地区级16个。16个地下水水质监测点中，有国家级3个，省级10个，地区级3个。主要对区内集中采水区和主要污染源分布区的“上部含水层”地下水进行监控，控制着德阳市城区及近郊约80平方千米的范围。

2003年度监测内容为地下水动态监测和地下水质量监测两个部分，共完成1163次水位水温观测和28件水分析样，获得水位监测数据1163个、水温监测数据1163个、水质监测数据1064个。

编制完成《德阳市2002年度地下水水情通报》、《德阳市2003年度地下水水情预报》和《德阳市2002年地下水环境监测年度报告》。

3. 成都平原地下水监测工作

本项目为续作项目，2003年度监测区范围与往年相同，以平原为主体，监测控制面积6473平方千米，按主管部门要求，本年度地下水位、水质、水温监测点和地表水水位监测点共44个（其中国家级监测点8个，控制程度1个/809km^2，省级监测点8个，控制程度1个/809km^2，地区级监测点22个，控制程度1个/294km^2，地表水点6个），地下水水质监测点枯水期20个（其中国家级点8个，省级点12个），丰水期19个（其中国家级点8个，省级点11个），水质监测点测试项目为常规离子及污染元素分析，监测网点布置符合国家地下水动态监测规范要求。

监测目的是为了掌握市区内地下水动态变化规律，了解地下水水质遭受污染程度及地质环境变化情况。监测内容是地下水开发利用情况、地下水水位动态变化特征、地下水水质变化情况以及因地下水开采所引起的地质环境问题。

2003年度共完成1869次水位观测、1869次水温观测和39件水分析样，获得水位监测数据1869个、水温监测数据1869个、水质监测数据1482个。

编制完成《成都平原2002年度地下水水情通报》、《成都平原2003年度地下水水情预报》和《成都平原2002年地下水环境监测年度报告》。

2003年度成都市、成都平原、德阳市地下水监测各监测数据均按要求按季、按时向中国地质环境监测院进行汇交，按规程规范重新整理了2001～2003年地下水动态监测资料，按照中国地质环境监测院标准数据库重新进行地下水动态监测数据录入。重新编制了成都市、成都平原地下水动态监测点分布图。进行了成都平原地下水监测点的调整并进行了野外实地调查。

三、科研项目和成果

2003年四川省地质环境监测总站完成三个科研项目。其中，《黄龙钙化景观形成及水循环系统研究》是在四川省国土资源厅的组织下完成了“九寨沟—黄龙景观及地质环境演化趋势研究”项目中的子项目，完成时间为2002年12月~2003年10月。该项目系统地进一步查明了黄龙地质背景与水文循环系统，为九寨、黄龙可持续发展、环境保护与整个干旱河谷的治理奠定了良好基础。该项研究除发现了局部黄龙水环境与钙化变质问题除降水原因外，地表漫流方式的变换与地下水改道是使部分景观变黑、坍塌的另一重要原因。因而“增钙、减漏、涵养”技术是改善黄龙环境的一个重要途径。使用物探与地球化学分析方法对确定钙化体的分布，地下水通道或运移特征具有非常重要的意义，能够取得良好效果。得出黄龙上游五彩池水量与水质的多年或季节性稳定主要是上游七大泉群的流量与水质的相对稳定等基本结论。该研究的完成为下一步运用生态地质学、景观生态学、生态旅游学等新理论，“3S”技术、生态工程恢复技术、地质环境修复技术、计算机模拟技术等新方法和新技术，研究、监测九寨沟—黄龙生态地质环境、水循环系统及景观奠定了重要的基础。

《四川省地质灾害地理信息系统研究》项目是四川省科技厅2002年安排的重点科研项目，四川省地质环境监测总站、四川省国土资源厅、四川省气象局联合组织实施。从2002年6月至2003年7月底历时13个月，通过研究，项目技术路线不断完善，研究成果逐步深化，并在地质灾害预报模型建立和地理信息系统软件开发过程中使流程得到优化和完善，科技含量达到了较高的水平。2003年10月，项目完成科技成果技术鉴定。该项目通过对地质灾害形成的地形地貌、地层岩性、地质构造等基本因素的统计分析，运用地质灾害发生概率的思想对地质灾害形成条件因子进行概率量化，建立了相关关系，并运用效果测度分析法对概率量化关系式中的概率系数进行了深入分析，对区域性地质灾害的统计分析有创意，是一个重要突破和技术创新。项目研究运用危险性概率思想与方法，建立了单元危险性概率模型，对全省1353个计算单元求出危险性概率值，把单一因素分析演变成组合因素分析，将地质灾害危险性区划从定性评价上升到定量评价。以单元危险性概率值为基础，制定了全省地质灾害危险性分级标准，将全省划为地质灾害高易发区（$H>0.6$）、中等易发区（$H=0.4\sim0.6$）、低易发区（$H=0.2\sim0.4$）和非易发区（$H<0.2$）。项目地理信息系统软件开发运用国产MAPGIS6.2提供的二次开发包作为图形库的支撑环境，操作系统选用Windows2000环境符合目前软件设计通用性的目的。系统按照地质灾害数据库和地质灾害预报预警模型两大结构类型设计是合理的。地质灾害数据库模块功能在信息输入、数据库维护、信息查询、信息输出的基础上，从行政管理的角度增加了防灾预案、防灾工作明白卡、避险明白卡及群测群防等地质灾害管理、统计分析等内容；地质灾害预报预警模块功能主要突出危险概率（H值）查询、降雨量预报值查询、易发区域预报值（T值）查询、修改等。软件功能齐全，实用性强，易于基层单位技术人员和各级管理人员使用，为全省乃至全国在汛期地质灾害预报预警工作方面提供了快速评价的方法和技术等信息资源。

《典型地质灾害监测预警示范区建设》项目，2001~2003年期间的研究工作由中国地质环境监测院全面负责，四川省地质环境监测总站具体负责野外观测站网的建设和运行，四川省雅安市国土资源局配合工作，中国地质科学院探矿工艺研究所负责斜坡岩土体含水量和渗流仪的研制与现场观测试验。取得的主要成果：①提出了区域地质灾害时空预警的研究思路和方法；②根据调查资料，统计研究了降雨型滑坡的几何特征；③建成了由 20 台遥测雨量计构成的降雨观测网；取得了自 2002 年 4 月以来的降雨资料；④利用降雨观测资料，结合以往的历史降雨数据记录，初步研究了雅安雨城区的降雨特征；⑤研制成功了斜坡渗透性观测仪；⑥自 2003 年 4 月开始斜坡岩土体渗透野外观测试验，已取得 5～9 月的自动记录数据；⑦创建了基于 MAPGIS 的地质灾害时空气象预警模型，当得到区域未来降雨预报资料时，可以进行地质灾害气象预警；⑧以 2003 年 8 月23～25 日降雨过程资料为例，进行了地质灾害时空预警模拟反演研究。

四、管理工作

四川省地质环境监测总站按照国家的法律、法规、政策，结合单位的实际情况，在 2002 年管理工作经验的基础上，进一步修改制定了一套适合总站发展的管理办法，其中包括：党风廉政建设工作实施办法、劳动人事管理办法、财务管理办法、内部经济责任制管理办法、生产经营管理办法、差旅费实施办法、会议制度、办文制度、劳动安全生产管理办法、职工培训管理暂行办法、内部资质管理办法、车辆使用管理办法和通讯设备及费用管理办法。通过一系列制度来管理单位，使单位的各项管理工作迈上了新的台阶。

贵州省地质环境调查与监测工作

贵州省地质环境监测总站

2003 年，是贵州省国土资源厅、贵州省地矿局决定在省会贵阳重新组建贵州省地质环境监测总站的第一年。由于新建单位涉及编制、人事、财政等一系列问题正在审批之中，为了在过渡时期一如既往地发挥总站作为国土资源行政管理部门在地质环境保护和地质灾害防治职能方面的技术支撑作用，不影响正常的生产工作秩序和不致使工作出现断档，总站采取了以原总站（第二工程勘察院）人马为主体，局内有关地勘单位给以配合的工作方式。一年来，在中国地质调查局、中国地质环境监测院和贵州省国土资源厅、贵州省地矿局的领导下，贵州省地质环境监测总站坚持“三个代表”重要思想，克服了重重困难，全面完成了国家和省下达的各项任务。

一、总站基本情况

贵州省地质环境监测总站成立于 1984 年，现辖贵阳、遵义、安顺、六盘水、凯里五个监测分站，监测控制面积 1986 平方千米。

2003 年度贵州省地质环境监测总站管理模式仍然采用厅局共管模式，即贵州省地质环境监测总站人事管理属贵州省地矿局主管，业务上由贵州省国土资源厅管理。各监测分站归各分站所在地地勘单位管理。

总站机构人员结构表

单　位	高　工	工程师	助　工	技术员	观测工	行政人员	合　计	主管单位
总　站	5	3		3		2	13	省地矿局
遵义分站	1	2	2		4		9	二勘院
安顺分站		3			6		9	112 地质队
六盘水分站		3	2		2		7	113 地质队
贵阳分站	2				7	1	10	一勘院
凯里分站		1	5		4		10	101 地质队
合　计	8	12	9	3	23	3	58	

二、完成的主要工作

1. 开展常规地下水环境监测——为政府决策当好参谋

已设立的五个监测分站，监测控制面积 1986 平方千米，2003 年度各监测分站根据计划继续进行原监测的地下水监测工作。通过 302 个监测点（其中国家级点 18 个）对地下水水位、水量、水质和水温进行长期动态监测，建立了相应的数据库，定期编制地下水水情通报。为社会和政府决策机关了解、掌握地下水现状及发展趋势，为科学规划城市建设、基础设施建设、重点工程建设提供了生态环境依据。

各监测分站 2003 年监测工作完成的情况见以下两表。

贵州省 2003 年度地下水监测网点情况表

监测区域	控制面积 km²	监测点总数	按级别		按监测内容分			
					地下水监测点			
			国家级点	省级点	水　位	水　质	水　温	水　量
贵　阳	688	72	4	68	42	72	4	4
遵　义	371	80	3	77	34	80	10	10
安　顺	430	66	4	62	31	66	10	10
六盘水	282	51	4	47	22	38	30	28
凯　里	215	34	3	31	12	43	5	5
合　计	1986	303	18					

贵州省 2003 年度完成主要工作量统计

<table>
<tr><th rowspan="3">监测站名称</th><th colspan="4">地下水动态监测</th><th colspan="2">地下水水质监测</th><th rowspan="3">维修测站</th></tr>
<tr><th rowspan="2">面积
km^2</th><th rowspan="2">水位
次/点</th><th rowspan="2">水量
次/点</th><th rowspan="2">监测点
个</th><th colspan="2">采集、分析水样</th></tr>
<tr><th>枯季/件</th><th>雨季/件</th></tr>
<tr><td>贵 阳</td><td>194</td><td>4284/42</td><td>408/4</td><td>46</td><td>72</td><td>72</td><td>无</td></tr>
<tr><td>遵 义</td><td>250</td><td>2448/34</td><td>693/10</td><td>44</td><td>80</td><td>80</td><td>无</td></tr>
<tr><td>安 顺</td><td>130</td><td>2707/31</td><td>870/10</td><td>41</td><td>66</td><td>66</td><td>无</td></tr>
<tr><td>六盘水</td><td>282</td><td>2240/22</td><td>3214/28</td><td>38</td><td>75</td><td>150</td><td>4</td></tr>
<tr><td>凯 里</td><td>215</td><td>864/12</td><td>660/5</td><td>17</td><td>14</td><td>14</td><td>无</td></tr>
<tr><td>合 计</td><td>1071</td><td>12543/141</td><td>5845/57</td><td>186</td><td>307</td><td>382</td><td>4</td></tr>
</table>

贵州省地质环境监测总站和各监测分站分别提交了 2003 年度地质环境监测年报和 2003 年度贵州省地下水水情通报。

2. 开展重点县市地质灾害调查与区划——为编制省地县三级地质灾害防治规划和预案提供基础资料

2003 年完成了国家计划资金实施的织金县、赤水市、凤冈县、册亨县、凯里市、兴义市、贵定县、铜仁市共 8 县（市）地质灾害调查与区划项目，已取得阶段性成果。共计调查国土面积 16510.6 平方千米，调查地质灾害隐患 1087 处（重要隐患点 185 处，一般隐患点 902 处），其中：滑坡 793 处，崩塌 180 处，泥石流 37 处，地面塌陷 21 处，地裂缝 56 处，为有关县（市）政府编制重要隐患点三级（县、乡、村）防灾预案 185 份。目前正进行报告编制和空间数据库的建设工作。

另外还完成了贵阳市政府合同资金安排的清镇市、云岩区、小河区、南明区、乌当区、白云区、花溪区、金阳区 8 个县（市）地质灾害调查与区划任务。共计调查面积 3969.65 平方千米 。调查地质灾害隐患点 571 处（重要隐患点 95 处，一般隐患点 456 处），其中：滑坡 281 处，崩塌 183 处，泥石流 7 处，地面塌陷 47 处，地裂缝 53 处，为有关县政府编制重要隐患点三级（县、乡、村）防灾预案 95 份。

截至 2003 年，国家计划资金下达 35 个县（市），地方合同资金安排 8 个县（市），共完成 43 个县市地质灾害调查与区划任务，已占全省国土面积的 50%。掌握 1.2 万余处地质灾害隐患点，圈定重要隐患点 4400 处，需要实施治理的 654 处，建立群测群防监测点 3119 处。每年定期为政府编制地质灾害防治预案，培训并指导地方政府和国土资源部门建立监测点、编制预警预案、宣传普及地灾防治知识，为编制省、地、县三级地质灾害防治规划提供了基础资料。

3. 编制全省地质灾害防治预案和地质灾害防治规划——为地质灾害防治纳入法制轨道奠定了坚实的基础

在开展县（市）地质灾害调查与区划和 1:50 万贵州省环境地质调查的基础上，为落实国务院 394 号令《地质灾害防治条例》，为国土资源厅编制全省 2003 年度地质灾害防治预案。根据国土资源部统一安排，贵州省地质环境监测总站编制完成了《贵州省地质灾害防治规划》（2003～2015年），为地质灾害防治纳入法制轨道奠定了坚实的基础。

4. 开展典型地质灾害示范治理——为全面开展地质灾害治理探索新路子

2002年三峡库区地质灾害治理工程启动以后，贵州省地质环境监测总站集中优势兵力积极跻身于国家重点工程，承接了秭归龙王庙滑坡、兴山滑坡、夷陵区库岸治理工程，合同金额1380万元。2003年续作并完成三处工程治理工程的施工任务。2003年，采用地方出资、国家补贴办法，本年度开展实施了思南白虎岩滑坡二期治理、沿河县城滑坡群勘察与应急治理工程，完成国家投资120万元。另完成了思南县电杆厂滑坡综合防治可行性研究报告。在地质环境相对脆弱、经济条件相对落后的欠发达省份，取得了明显的治理成就，为规范地质灾害治理，逐步建立起稳定的地质灾害治理资金渠道和探索治理新机制、新路子起到了一定的示范作用。

5. 快速应对突发灾害——认真履行保障职责

根据贵州在主汛期突发性地质灾害点多面广的特点，配合贵州省国土资源厅进行汛前排查、汛中巡查、汛后复查工作，及时编制地灾灾情通报。在主汛期贵州省地质环境监测总站还集中专业技术人员106人次组成快速反应队伍，力争在第一时间奔赴现场，协助政府及时采取减灾防灾措施。2003年，贵州省地质环境监测总站共完成中型以上突发性地质灾害应急调查32起，成功避让5处地质灾害。

6. 开展岩溶石山地下水资源调查和岩溶石山综合整治示范——为抑制石漠化献计献策

贵州省是西南岩溶石山最为集中的地区，集老、少、边、穷于一体，石漠化面积已达3.25万平方千米，占全省国土面积的18%。贫困的自然原因主要就是石漠化和地表水缺乏。根据中国地调局安排，选择部分典型地下河流域进行岩溶生态地质环境调查、查清岩溶与岩溶地下水分布规律，采用引、提、堵、蓄等地质工程手段，合理开发岩溶地下水，通过表层岩溶带生态水涵养水源的恢复，进行石漠化治理示范，使耕地有效灌溉面积和土地生产率得以提高。此项工作与省地调院密切协作进行，2003年度完成国家投资200万元。2003年提交了道真县上坝地下河和平塘县大小井地下河开发利用可行性研究报告，其中大小井地下河项目正在实施之中。

7. 开展全省新一轮地下水资源评价——满足社会经济发展需要

从摸清家底、查清现状，满足社会经济发展需要的角度，开展了全省新一轮地下水资源评价。目前全省地下水开采使用量达16.03亿立方米，约占总供给量的16%。摸清了地下水分布规律，为防止主要城市过量开采地下水，总站提出了限采建议，力求实现采补平衡，既缓解了供水矛盾，又有效保护了生态环境。完成的《贵州省地下水资源评价报告》2003年被中国地质调查局评为优秀成果。

8. 开展地质灾害责任纠纷鉴定、矿山地质环境评价与建设用地地质灾害危险性评估——发挥技术优势为减灾防灾做贡献

地质灾害的发生除自然因素外往往与人类工程活动密切相关。为维护社会稳定，明确治理责任，总站每年要抽派得力技术干部进行灾害责任纠纷鉴定。在完成公益性任务的前提下，充分发挥技术优势开展矿山地质环境评价与建设用地地质灾害危险性评估工作。这项工作的开展使得减灾防灾工作具有了前瞻性、超前性和主动性。2003年，共开展灾害责任纠纷鉴定12起（其中中型以上5起），矿山地质环境评价25个，建设用地地

质灾害危险性评估35项 。其中由中国地质环境监测院下达的西南成品油管道工程贵州段地质灾害危险性评估项目，提出在3个采空区避让的改线方案已被建设方采纳。

2003年5月11日贵州省三穗至凯里段高速公路平溪特大桥3号桥墩施工现场发生山体滑坡，造成35人死亡、1人受伤的特大灾害事故。国土资源部寿嘉华副部长从现场了解到该公路的地质灾害危险性评估工作由贵州省地质环境监测总站完成，报告中准确预测评估到了平溪特大桥在施工过程中易诱发滑坡灾害的情况后，对贵州省地质环境监测总站的工作给予了高度评价。

2003年受安顺市煤炭工业管理局的委托，完成了安顺市27个煤矿的水文地质勘查及评价工作，为安顺市的煤矿合理改扩建及煤炭的合理开发利用提供了水文地质科学依据。

另外，受安顺市国土资源局的委托，开展并完成了安顺市灾情较严重的15处地质灾害点的调查与复查工作。编写了调查报告，对各灾点提出了防治措施，成果通过了贵州省国土资源厅组织的专家组评审。为当地政府对地质灾害点的防治提供了科学依据。

三、取得的主要成果

2003年度贵州省地质环境监测总站抓住"国土资源新一轮大调查"、"西部大开发"的机遇，圆满地完成了国家和地方投入的各项工作任务，为国家和地方经济发展做出了一定的贡献。提交的主要成果有：

（一）地下水、地质灾害监测及水文地质勘查

1.《2003年贵州省地质环境监测年报》

2.《2003年贵州省地下水水情通报》

3.《2003年贵州省地质灾害通报》

4.《安顺市27个煤矿水文地质勘查报告》

（二）科研成果

1.《平塘县大小井暗河开发利用可行性研究报告》（合作完成）

2.《道真县上坝地下河开发利用可行性研究报告》

3.《思南县电杆厂滑坡典型示范治理可行性研究报告》

（三）地质灾害防治及重点项目地灾危险性评估

1.《贵州省地质灾害防治规划》（2003~2015年）

2.《西南成品油管道工程贵州段建设用地地质灾害危险性评估报告》

3.《沿河县县城滑坡岩土工程勘察报告》

4.《思南县白虎岩滑坡二期治理工程竣工报告》

5.《三凯高速公路平溪特大桥滑坡勘察报告》

（四）地质灾害调查

1. 完成了国家资金计划的赤水市、织金县、凤冈县、册亨县、凯里市、兴义市、贵定县、铜仁市等8个县（市）地质灾害调查与区划项目报告及地质灾害信息系统建设

2. 完成了地方合同资金安排的清镇市、云岩区、小河区、南明区、乌当区、白云区、花溪区、金阳区等8个县（市）地质灾害调查与区划项目报告及地质灾害信息系统建设

3.《安顺市重大地质灾害调查及复查报告》

4. 完成了全省32处地质灾害应急调查报告

云南省地质环境调查与监测工作

云南省地质环境监测总站

一、基本情况

1. 单位性质和管理体制

云南省地质环境监测总站成立于1980年，是我省专门从事地质环境监测、评价的工作机构，是具有独立法人资格、实行差额拨款的全民所有制事业单位。目前，行政上归口省地勘局领导，同时接受省国土资源厅的业务工作指导，为国土资源厅行使地质环境和地质灾害管理职能提供技术支持。

2. 技术人员结构现状

全站在册职工68人，其中在岗职工54人。在职人员中，有行政管理人员10人，工人8人，专业技术人员50人。在专业技术人员中，硕士2人，再读硕士生5人，高级工程师12人（含正高工2人），工程师22人，助工和技术员16人。

3. 项目来源和经济状况

总站近年来的项目来源主要以市场项目为主，项目类型主要包括建设用地地质灾害危险性评估、建设项目环境影响评价、建设项目水土保持方案编制、建设项目矿产压覆调查、地质灾害防治工程勘察与可行性研究、地质灾害防治工程设计和施工监理等。市场项目收入一般占总收入的70%～80%。云南省地质环境监测总站成立24年来，已提交各类技术报告近300余份，有9份技术成果获得省部级奖励。

全站经济收入从2000年的200万元发展到2003年的600多万元，职工人均产值从2万元增加到12万元；新增固定资产180余万元；职工科学技术和综合素质全面提升；服务工作领域大大拓宽。

4. 资质情况

近年来，我站立足地质环境优势，狠抓基础业务建设，提升资质、开拓市场，取得了地质灾害防治工程勘察甲级资质；环境影响评价、地质灾害防治工程、水保设计、地下热水资源评价乙级资质；地质灾害防治工程监理丙级资质。

二、2003年完成的主要工作

1. 地质环境监测工作现状

地质环境监测工作主要有以下几个方面：

（1）地下水常规监测

2003年各监测分站根据计划进行地下水监测工作，通过974个监测点（其中国家级点46个）对地下水水位、水量、水质和水温进行长期动态监测，建立了相应的数据库，定期编制地下水水情通报，监测控制面积2872平方千米，为政府掌握地下水现状及发展趋势，科学规划城市建设、基础设施建设、重点工程建设提供了依据。

各分站机构人员结构见下表。

各分站机构人员结构表

单　位	高工	工程师	助工	技术员	观测工	行政人员	合计	主管单位
总　站								
昆明分站	1	5	3		2		11	
楚雄分站	1			1	2		4	
大理分站	1	1	2		1		5	
玉溪分站	1	1			1		3	
开远分站		2	2	3	3		10	
景洪分站							2	
曲靖分站							2	

各分站2003年监测工作完成的情况见右上表和下表。

各分站监测网点情况表

站　名		昆明站	开远站	曲靖站	玉溪站	楚雄站	大理站	景洪站	合计
监测面积/km²		1555	135	220	210	164	500	88	2872
动态监测点类型/个	水　位	88	20	10	12	28	24	6	188
	流　量	18	8	9	6	5	1	2	49
	开采量	350	69	0	86	0	0	8	513
	水　质	135	17	11	20	15	23	6	227
国家级监测点/个		25	4	4	4	3	4	2	46

2003年度完成主要工作量统计表

分　站	地下水动态监测				地下水水质监测	
					采集、分析水样	
	面积/km²	水位 次/点	水量 次/点	监测点	枯期/件	丰期/件
昆明分站	1555	2540/85	424/18	453	132	133
楚雄分站	164	1440/23	252/5	28		
大理分站	500	396/17	264/8	25	35	35
玉溪分站	210	792/11	288/4	110	22	22
开远分站	135	1245/20	386/8	91	34	34
景洪分站	88	653/6	72/2	18	14	14
曲靖分站	220	396/10	396/9	19	11	

（2）地质灾害应急调查

年内组织精干技术队伍，共派出21次，行程3万余平方千米，先后赶赴滇西、滇东北、滇南等地进行地质灾害应急调查和巡查。同时，注意强化对地质灾害防治基础知识的宣传和培训工作，先后在昆明、红河、楚雄、大理等地办班培训，培训人数达300余人。

（3）矿山地质环境调查

收到各地州市报来的矿山地质环境调查表共3026份，对曲靖、玉溪、文山、红河、昭通、昆明、大理、丽江、迪庆、怒江等10个地州市的287家企业进行了实地调查、核实。进行矿山地质环境现状调查数据库录入工作，共录入表格3026份。

2. 完成的主要工作

云南省地质灾害防治规划已通过省验收。

云南省地质环境监测总站组织完成了绿春县、德钦县、凤庆县、河口县、泸水县、红河县、镇沅县、会泽县、西盟县等9个县地质灾害调查与区划工作，调查面积31633平方千米，调查村委会1022个，查处地质灾害危险点：崩塌56个，滑坡1567个，泥石流249条，不稳定斜坡342个，地面塌陷9个。协助当地县政府建立群测群防点2128个，编制县级防灾预案9份。

云南省永胜县城泥石流治理工程全部完工并通过验收，共完成拦砂坝5座，谷坊9座，固床坝7座，副坝1座，排导槽847米。工程量：完成土方开挖6997.298立方米，石方开挖402.744立方米，回填方1794.006立方米，M5.0浆砌毛石2002.49立方米，M7.5浆砌毛石4351.606立方米，M10浆砌块石797.928立方米，C8毛石砼2264.796立方米，C18钢筋砼13.502立方米,C25钢筋砼0.315立方米，钢筋制安1047.4千克。生物工程完成了人工造林5050亩，退耕还林770亩，封山育林485公顷。工程完工后，减缓了泥石流对县城的危害，取得了较好的经济效益。

云南省盐津县城崩塌和泥石流治理工程完工并通过验收，完成格拦坝1座，土方开挖896.3立方米，M10浆砌石1150.8立方米，固床坝3座，土方开挖536.32立方米，浆砌石901.13立方米，谷坊3道，土方开挖303.6立方米，浆砌石627.36立方米，护堤2段，土方开挖288.3立方米，浆砌石690立方米，喷锚4216.2平方米。云南省元谋县泥石流治理工程完工并通过验收，完成排导槽200米，导流270米，固床坝2座。

盈江县泥石流防治工程开展了施工设计。

云南省矿山地质环境调查与评估项目野外工作已完，对调查内容进行综合研究，确定矿山地质环境调查评估的主要内容、评价因子、主要评价方法。进行矿山地质环境综合评估，制定矿山地质环境保护和整治对策建议。

在其他公益性工作方面，主要做了以下一些工作：

（1）地方政府地环管理干部培训。

（2）普及地质灾害防治知识。为了面向社会普及地质灾害防治知识，2004年建立了公益性网站；从2003年开始，编印了《滑坡泥石流避灾常识》并广泛散发；派专家参与省广播电台举办的地质灾害防治宣传节目；为中小学生举办地质灾害防灾科普讲座。

（3）编制预案和公报。受省国土资源厅委托，承担了《云南省地质环境公报》、年度地质灾害防灾预案、云南省减灾年鉴（地质灾害部分）、《云南省地质灾害防治规划》的编制工作。

（4）为农村居民地搬迁选址40余处，考虑到当地政府财政紧张，村寨群众较贫困，绝大多数类似工作都是免费服务。

西藏自治区地质环境调查与监测工作

西藏自治区地质环境监测总站

2003年是西藏自治区地质环境监测总站自2002年挂牌成立以来承前启后、继往开来的一年。西藏自治区地质环境监测总站在中国地质环境监测院、西藏自治区国土资源厅的正确领导、亲切关怀和大力支持下，在西藏自治区地质环境监测总站领导集体的精心组织、全体职工的共同努力下，全面履行了西藏自治区地质环境监测总站的职能：

——编制、组织实施全区地质环境监测工作规划、计划；参与制订地方地质环境监测工作标准及技术规范，参与国家、行业地方地质环境监测工作的制定和修订。

——负责提出地质灾害预警工程项目的设置建议，承担区内重大地质灾害的调查、监测、研究和评价工作；负责收集、分析、汇总全区地质环境监测数据资料，建立全区地质环境监测信息系统。

——开展地质环境科学研究工作；负责对区内各地（市）、县地质环境监测技术、业务指导。具体体现：

一、地质环境调查与监测工作

1. 业务工作完成情况

（1）减灾防灾

2003 年西藏自治区地质环境监测总站与交通厅、民政厅等部门密切合作，全力以赴做好汛期地质灾害巡检和应急调查工作，对急需治理的地质灾害及时开展勘查与研究，并在此基础上提出治理建议。本年度主要对以下地区进行了汛期地质灾害巡检、应急调查和重大地质灾害隐患点的调查与研究工作：

①西藏拉萨市墨竹工卡县中学滑坡地质灾害应急调查；

②西藏措美县古堆乡日若村地质灾害应急调查；

③西藏林芝地区 318 国道色季拉山段泥石流地质灾害应急调查；

④西藏自治区聂拉木县樟木口岸新近发生的地质灾害应急调查；

⑤昌都镇鲁然滑坡地质灾害应急调查；

⑥西藏自治区日喀则地区汛期地质灾害巡检；

⑦西藏自治区昌都地区汛期地质灾害巡检；

⑧西藏自治区山南地区汛期地质灾害巡检；

⑨西藏自治区林芝地区汛期地质灾害巡检；

⑩318 国道公路沿线地质灾害防治工作巡检；

⑪樟木口岸滑坡应急处理。

（2）地下水动态监测

2003 年西藏自治区地质环境监测总站继续对拉萨市、日喀则市开展了地下水动态监测，并向中国地质环境监测院及自治区有关部门和单位提供了预测、预报数据及研究成果，为西藏的工程建设、城镇发展规划、合理利用地下水资源、环境保护、防灾、减灾工作提供了科学依据。

①拉萨市地下水动态监测

拉萨市监测控制面积 300 平方千米，累计完成水位监测 1020 点次，完成水质监测采集分析 42 件，微生物分析样 18 件，地下水温监测累计 40 点次。

地下水开采量监测：每年一次，主要对全市集中供水的市政供水系统和开采量较大的企事业单位进行调查，本年度拟在 11 月进行。

②日喀则市地下水动态监测

日喀则市监测控制面积 80 平方千米，累计完成水位监测 150 点次，完成水质监测采集分析 22 件，地下水温监测累计 120 点次。

（3）地质遗迹及地质公园

易贡国家地质公园纪念碑、标志碑以及博物馆等首批建设项目的可行性研究、工程设计及环境影响评价等工作已在本年度完成。

日多温泉地质公园建设立项前期工作已告结束，成果资料通过了自治区国土资源厅组织的专家评审。

札达土林、塔格架地热间歇喷泉、群让枕状熔岩等三个自治区级自然保护区前期建设项目的相关工作已准备就绪，一旦经费落实便可投入实施。

（4）地质灾害调查、区划

①县（市）地质灾害调查与区划

西藏自治区地质环境监测总站承担的中国环境监测院2002年下达的两个县市地质灾害调查与区划项目，成果已通过国土资源厅组织的评审，其中《西藏自治区曲松县地质灾害调查与区划报告》被评为优秀报告。两个县的数据库报告也通过了国土资源部有关部门的审查。

2003年西藏自治区地质环境监测总站承担了国土资源部地质调查局下达的边坝、芒康和丁青三个县的地质灾害调查与区划工作。接到委托任务后，西藏自治区地质环境监测总站及时与参加单位组成项目组，搜集相关资料并进行现场踏勘，根据中国地质环境监测院颁发的《县（市）地质灾害调查与区划基本要求》实施细则及其《空间数据库系统建设技术要求》，编写地质灾害调查与区划工作设计，按评审修订后的设计组织野外调查和室内资料整理，按进度要求进行数据库、图件、防灾预案、调查与区划报告的编写，此项工作进展顺利。同时，2002年度财政贷款开展的洛隆县、加查县、谢通门县等地的地质灾害调查与区划工作进展顺利。

②西藏自治区地质灾害防治规划

由西藏自治区地质环境监测总站承担的西藏自治区地质灾害防治规划工作按照《西藏自治区地质灾害防治规划工作设计》的要求开展工作，2003年已完成大部分县的野外调查工作。

③西藏自治区1∶50万环境地质调查

中国地质环境监测院中地环发〔2002〕69号文将《西藏自治区1∶50万环境地质调查》项目下达给西藏自治区地质环境监测总站，西藏自治区地质环境监测总站根据各项技术要求和中国地质调查局地质调查子项目任务书的具体规定将任务委托给四川地勘局915水文工程地质队，该项目在2003年完成野外调查和室内研究分析工作的基础上，继续进行下一步工作。

（5）环境影响评价

西藏自治区地质环境监测总站2003年承担了部分环境影响评价项目，编写环境影响评价报告表、报告书。同时，根据《西藏自治区地质环境管理条例》，西藏自治区地质环境监测总站对一些新建和改扩建工程进行了地质环境影响评价。为西藏的经济建设和环境保护做出了一份贡献，也为总站创造了效益，同时也锻炼了职工队伍。

（6）建设用地地质灾害危险性评估

根据国土资源部第4号令《地质灾害防治管理办法》(1999年3月)、国土资源部国土资发〔1999〕392号文《关于实行建设用地地质灾害危险性评估的通知》和西藏自治区人民政府令〔2000〕第36号《西藏自治区地质灾害管理暂行办法》以及《西藏自治区地质环境管理条例》（西藏自治区第八届人民代表大会常务委员会公告〔2003〕1号的要求)，西藏自治区地质环境监测总站2003年承担了区内部分建设用地地质灾害危险性评估，编写了建设用地地质灾害危险性评估报告。

（7）其他

①按照赋予总站的职能，西藏自治区地质环境监测总站及时向上级和社会发布了全区的地下水水情及地质灾害预报、通报、半年报以及年报等。

②西藏自治区地质环境监测总站积极参加了2003年自治区及国土资源厅举办的世界环境日、世界地球日等的宣传活动，从人员

组织到宣传材料都及时的准备到位，以唤起人们对赖以生存家园的爱护，提高全民环保意识。

2. 取得的主要成绩

（1）履行地质灾害防灾减灾职能取得新进展

西藏自治区地质环境监测总站自成立以来把承担汛期地质灾害应急调查作为一项职能认真履行，认真编写地质灾害应急调查报告，提出防灾减灾的措施和建议，为当地政府部门搞好防灾减灾提供了良好的服务，有效地减少了因地质灾害造成的生命财产损失，同时也积累了丰富的工作经验。

（2）地下水动态监测稳步进行

在以往监测工作的基础上，西藏自治区地质环境监测总站根据具体情况对拉萨和日喀则两市的监测点和监测频率都做了一定调整，但两市地下水动态监测范围没有改变，同时对人员做了一定调整，提高了工作效率，保证了监测质量。

（3）地质遗迹保护和地质公园建设成效显著

为了搞好地质遗迹的保护和地质遗迹资源的适度开发利用，做到“在保护中开发”和“在开发中保护”并举，西藏自治区地质环境监测总站在做好易贡地质公园建设的同时，于2003年9月对拉萨市墨竹工卡县日多温泉地进行调查评价，日多温泉被批准为自治区级第一个区级地质公园，以此为契机，使我区地质遗迹保护工作再迈一个新的台阶。

最近西藏自治区地质环境监测总站又在积极着手札达土林、群让枕状熔岩、搭格架地热间歇喷泉三个自然保护区的前期工作。

（4）科技进步明显，承担任务的能力不断加强

全站职工为了很好地履行总站的职能，不断加大地质环境监测工作的科技含量，使我区的地质环境监测工作能与全国全面接轨，不断采用新技术、新方法、新理论，采用“请进来”和“走出去”的办法不断学习和吸收区内外先进的经验，积极承担上级下达给西藏自治区地质环境监测总站的各项工作，同时利用市场项目锻炼队伍，强化了内部素质，使西藏自治区地质环境监测总站具备了承担各类地质项目的能力。

二、其他工作

（1）随着西部大开发战略的实施，西藏自治区战略地位的日益提升及社会经济快速健康发展，西藏自治区地质环境监测总站既面临着难得的发展机遇，也面临人才特别是高层次专业技术人才不足所带来的挑战，西藏自治区地质环境监测总站意识到了这一点，本年度加强了野外一线专业技术人员的引进和聘任工作，先后从内地及区内地勘单位调入和聘请长期从事地质灾害防治工作，具有丰富的理论知识和实践经验的野外一线专业技术人员和援藏干部到西藏自治区地质环境监测总站工作，极大充实了西藏自治区地质环境监测总站专业技术人员特别是野外一线专业技术人员队伍，显著改善了专业技术人员结构，为西藏自治区地质环境监测总站开展野外生产、科学研究提供了强有力的人力资源保证；同时西藏自治区地质环境监测总站还加大了对于高层专业技术人员的培养力度，鼓励职工参与研究生考试，2003年西藏自治区地质环境监测总站有一名职工考上中国地质大学环境工程博士研究生（在职），一名职工考上天津大学环境工程硕士研究生（脱产），一名工程硕士研究生通过本年度考试后即将毕业，职工队伍的专业素质特别是野外一线专业技术人员的业务素质得以稳步提高，为西藏自治区地质环境监测总站开展竞争奠定了雄厚的人力资源基础。

（2）根据西藏自治区地质环境监测总站的工作职责，积极申办开展工作所需要的各类资质证书，为今后更好地开展工作打下了坚实的基础。

经过努力，西藏自治区地质环境监测总站已基本具备开展职责范围工作的相关资质，目前已经具备的资质包括：

①地质勘察资格证书；

②编制开发建设项目水土保持方案资格证书（丙级）；

③工程勘察证书（乙级）；

④地质灾害防治工程勘察资质（甲级）；

⑤地质灾害防治工程施工资质（甲级）；

⑥地质灾害防治工程设计资质（乙级）；

⑦地质灾害防治工程监理资质（甲级）；

⑧建设项目环境影响评价资质（乙级）。

通过成功地申办各类资质，为更好地履行政府赋予西藏自治区地质环境监测总站的职能创造了条件，也为今后西藏自治区地质环境监测总站更好地开展工作、参与市场竞争奠定了坚实的基础。

（3）西藏自治区地质环境监测总站重视加强并提高职工自身素质，为更好地进行建设项目环境影响评价工作，总站先后派出9名同志参加了环评资格上岗证学习，并取得了证书。为很好地完成中国地质调查局国土资源大调查的预算工作，2003年总站又派出1名同志参加了中国地质调查局举办的预算学习班并取得了证书。

（4）西藏自治区地质环境监测总站始终把安全生产放在首位，专门成立了安全生产领导小组，并与各部门签订《社会治安综合治理责任书》、《安全生产目标责任书》，极大地保证了西藏自治区地质环境监测总站各项工作特别是野外一线生产技术工作的顺利开展。

（5）2003年3月西藏自治区地质环境监测总站被西藏自治区环境保护局评为全区环境保护先进集体光荣称号。

2003年4月西藏自治区地质环境监测总站站长及总工程师被国土资源部授予全国地质灾害防治工作先进个人。

（6）正式成立自治区地质环境与灾害防治科学研究所。

在国土资源厅的亲切关怀和大力支持下，申请成立了自治区地质环境与灾害防治科学研究所，这对于西藏自治区地质环境监测总站以一个合适经济主体资格进入市场开展一些社会地质工作具有一定的现实意义和社会意义。

陕西省地质环境调查与监测工作

陕西省地质环境监测总站

陕西省地质环境监测总站是陕西省国土资源厅地质环境保护与管理的技术支撑单位。承担全省地质灾害调查与防治项目的管理与技术指导，地质灾害、地下水动态监测与研究，全省地质灾害汛期值班与突发性应急调查及地质环境空间数据库建设等工作。

一、地质灾害防治工作

1. 地质灾害调查

2003年全省新开展25个县（市）地质灾害调查与区划项目（其中中国地质调查局下达5个项目），共完成调查面积60868.46平方千米，查出地质灾害隐患点1442处。省总站负责完成了项目招标、设计评审、野外检查验收及成果报告审查等工作。从2000年至2003年12月，全省已有87个县（区）完成了地质灾害调查与区划工作，共完成调查面积195264平方千米，占全省面积的94.97%，覆盖了陕南、陕北全部县（区）和关中大部分地质灾害重点县，共查出地质灾害隐患点8040处，基本查清了全省地质灾害隐患，实现了从家底不清到基本掌握的转变，为今后地质灾害防治提供了依据。

2. 编制了地质灾害防治规划、防灾预案与地质灾害图册

在已完成87个县（区）地质灾害调查与区划的基础上，按照省国土资源厅安排，省总站承担编制了安康市、汉中市、商洛市地质灾害图册，分发政府和有关部门使用，获得了好评；还编制完成了《陕西省地质灾害防治规划（2000～2015年）》和《陕西省2003年度地质灾害防灾预案》。规划经多次讨论审定，已报部审查；防灾预案于2003年4月中旬由省政府下发各市和有关单位执行。全省10市及98个县（区）发布实施年度地质灾害防灾预案。

3. 地质灾害勘查治理

2003年省国土资源厅积极争取部、省资金，多方筹资，安排完成了略阳县狮子山滑坡危岩灾害治理，山阳中学滑坡、佛坪关山滑坡、紫阳一中滑坡、宁陕小学滑坡勘查，黄陵印台山滑坡治理等8个项目；宁陕等“8·29”大面积遭灾后，又安排了宁陕县城后山滑坡泥石流勘查及应急治理、镇坪县狮子凸崩塌治理、岐山县雍川镇王家村崩塌治理等11个应急治理项目。各市、县除配套完成省国土资源厅确定的勘查治理项目外，也积极开展了一批勘查治理项目。据统计，全年共实施各类调查、勘查和治理项目202项，投入资金6664.5万元。

4. 地质灾害汛期值班及应急调查

省国土资源厅成立了陕西省汛期地质灾害防治应急指挥系统，组建了应急分队，制订了工作制度，保障了汛期地质灾害防治工作。省总站承担了汛期值班及应急调查工作。2003年汛期，值班室接报灾、险情6567起，接打电话12800余次，接发电传2820次，向各市电传气象预报832次。全年共实施应急调查1319次，其中省厅开展24次，编发调查报告24份，进行防灾检查741组8122人次。

5. 地质灾害气象预警

2003年8月初，陕西省国土资源厅与省气象局正式签订了《关于联合开展地质灾害气象预报预警工作协议》，具体工作由省总站和省气象台承担完成。省总站编制了《陕西省地质灾害气象预报预警实施方案》，短期内完成了大量技术准备工作，保证按期正式运行。8月15日开始，在省电视台等新闻媒体发布地质灾害预报预警。共发布20次预报，其中14次在预报地区和时段发生了灾险情408次，成功预报了10起地质灾害，避免了200余人伤亡和重大经济损失。

6. 地质灾害危险性评估工作

2003年全省共开展了45个项目的地质灾害危险性评估工作，其中一级评估11个，二级评估12个，三级评估22个。有效地保证了建设项目的地质环境安全。

二、地质环境监测

2003年大部分地区主要开展地下水动态监测以及西安、咸阳市区的地裂缝、地面沉降与地热水动态监测；而崩塌、滑坡等灾害主要采取群测群防监测，仅有少量滑坡专业

监测。

1. 地下水动态监测

陕西省地下水动态监测工作始于1956年(西安市),1978年后其他城市相继开展。目前有西安、咸阳、宝鸡、铜川、汉中、安康、榆林等市开展,主要对城市水源地及部分郊县或重要地区的地下水水位、水质、水量、水温进行监测。

2003年共有各类监测点451个,水质监测点113个。控制面积约1750平方千米,涉及城市供水水源地30余个,有国家级监测点36个,省级监测点184个,市级监测点171个,统测点60个。包括潜水、承压水及少量岩溶水,共取得水位、水量等监测数据34997个,获取水质全分析及有毒分析资料113份。共编发地下水季报与报告38份,为各级政府及有关部门提供了适时的地质环境动态信息。

2003年由于降水量普遍增加,地下水水位多年持续下降的趋势有所缓解。但咸阳、渭南等城市水源地因持续超量开采,地下水水位仍呈下降趋势,其中潜水水位年平均下降0.06~2.26米,承压水水头年平均下降0.15~5.62米,地下水水位降落漏斗面积约328.84平方千米。而西安、宝鸡等城市由于地表水供水量不断增加,采取控制地下水开采措施,区域地下水水位有所回升,其中潜水水位年回升0.03~3.2米,承压水水头年回升0.04~9.01米。

2003年大部分地区地下水水质较好,但部分地区潜水水质污染较承压水严重。

2. 地热水动态监测

2003年主要是西安、咸阳市区开展地热水监测工作,关中其他地区刚刚起步。截至2003年底关中盆地已成井186眼,主要开采盆地中的新生界碎屑岩热储以及秦岭山前基岩断裂裂隙热储和渭北古生界碳酸盐岩岩溶热储。2003年开采地热水总量约600万立方米,主要用于洗浴,兼有采暖、游泳健身、养殖、种植和饮用。

西安市区现有地热井88余眼,咸阳市区有20余眼。地热井深度区间为1103~4000米,多为1700~3000米。目前有90余眼地热井在不同程度地开发利用。自1994年相继开始动态监测,监测点大多为生产井,2003年监测点约50眼左右,监测项目包括水头、水温、水量,取得了大量的监测数据。

通过监测,2003年地热井水头仍以不同幅度呈持续下降势态,一般水头年下降小于10米,部分兼采暖地热井年水头下降15~30米,个别井超过50米。大部分地热井水温变化不大,但个别井出水量减少。

3. 地质灾害监测

(1) 群测群防监测

截至2003年底,陕西省已完成87个县(市、区)地质灾害调查与区划,共查出8040处地质灾害隐患点,建立了6619个群测群防监测点,群测群防人数达到10362人;2003年列入省、市、县三级预案的地质灾害隐患点数分别为42处、486处、6091处。

(2) 滑坡专业监测

依托勘查工程,建立了山阳中学滑坡、紫阳一中滑坡、佛坪关山滑坡和宁陕小学滑坡4处滑坡专业监测点,采用深部变形仪等进行滑坡深部位移及地面形变等专业监测。2003年共取得监测数据2383个。

通过地质灾害监测和气象预警等工作,大大提高了防灾减灾效果。2003年全省成功预报地质灾害176起(如宁陕县城坡面泥石流、泾阳高庄滑坡、临潼峡口滑坡、金台区摩天院滑坡、延川永坪中学滑坡、洛川凤栖滑坡等),避免了4867人伤亡和3307万元直接经济损失。特别是宁陕县城紧急转移6300余人,避免了重大人员伤亡。

4. 地面沉降及地裂缝监测

2003年主要开展西安、咸阳城区地裂缝与地面沉降监测。

（1）西安城郊区经勘查确认的11条地裂缝，出露总长度70余平方千米，延伸长度约115千米，分布在南起三爻村，北至井上村—辛家庙一线；西达丈八沟（皂河），东抵灞桥热电厂约155平方千米的黄土梁、洼地貌区范围内。地面沉降范围西起鱼化寨、东到纺织城、南抵三爻村、北至辛家庙，总面积达150平方千米。1980年开始采用千分卡尺简易监测，自1989年后采用一等精密水准测量和仪器站监测。2003年地裂缝监测主要有跨地裂缝短水准短剖面14条、对点27组、仪器站2个；地面沉降监测有一组5孔分层标。

（2）咸阳市区地裂缝监测刚刚起步，2003年开始监测，仅有跨地裂缝水准短剖面2条、对点3组。

2003年地裂缝与地面沉降监测共取得各种数据7176个。

甘肃省地质环境调查与监测工作

甘肃省地质环境监测总站

一、地质环境调查

2003年总站承担中国地调局下达的甘肃省兰州市区、西和县、成县、康县、徽县五个县（市）地质灾害调查与区划任务，主要完成西和县、成县、康县、徽县四县调查面积9231.81平方千米，调查各类地质灾害点283个，建立群测群防监测点137个，查明受威胁人口4万余人，受威胁财产6亿元以上。提交了西和县、成县、康县、徽县地质灾害调查与区划报告。

完成了监测院下达的漳县殪虎桥线家沟泥石流治理勘察项目，其中1:25000工程地质测绘10.07平方千米，坑槽探630立方米，工程地质剖面测绘3225米，1:1000沟道纵剖面测绘4280米，采集分析岩土样及泥石流堆积物颗分样数十组。提交了相应成果。

二、地下水监测工作

地质环境监测机构现有总站和直属的兰州、西峰两个分站，隶属于一勘院、四勘院和水勘院的天水、平凉、酒泉、张掖、武威五个分站，总站及其各分站承担全省日常的地下水动态监测工作。全年完成地下水位、水质动态监测434个点11126次。其中水位监测点332个点9477次，水质监测点224个点335次，水温监测点50个1314次。编制完成了7份地下水监测年报。

三、科研工作

完成甘肃省国土资源厅下达的“甘肃省地质灾害防治规划”任务，甘肃省2003年地质灾害防灾预案，全省汛期地质灾害应急调查救援技术指导，全省地质灾害气象预报预警等多项工作。在《甘肃科学学报》、《中国地质灾害防治学报》、和《甘肃科技》等国家级和省部级刊物上发表论文16篇。在甘肃省国土资源厅组织的全省地质灾害防治成果评奖中，荣获一等奖5项，二等奖5项，三等奖5项的优异佳绩。

四、取得的主要成果

（1）提交了甘肃省地质灾害防治规划报告，西和县、成县、徽县、康县等地质灾害调查与区划报告，漳县殪虎桥线家沟泥石流治理勘察报告。协助地方政府在地质灾害严重的隐患处建立了群测群防监测点，编制了重要地质灾害隐患点防灾预案，结合调查宣传和讲解地质灾害的防治知识，培训了群测群防人员，提高了广大干部群众的防灾减灾意识，同时对受地质灾害威胁的人民生命财产安全等提出具体的防治措施和防治规划，为地方经济建设和发展及地质灾害防治提供了较为详细的基础资料依据，打下了坚实的基础，取得了良好的社会效益。

（2）全省地质灾害气象预报预警是2003年国土资源部安排开展的一项全新的工作，也是一项科学技术含量较高的业务。工作量大，时效性非常强。根据省国土资源厅的要求，在没有落实任何经费的情况下，我站于2003年8月1日至9月30日与省气象局合作共同开展了汛期地质灾害气象预报预警工作，其间共做出Ⅲ级以上预报15次；其中成功预报了10次，特别是对定西、平凉地区发生的降雨情况，及时预报了滑坡、泥石流灾害，避免了大量的人员伤亡和财产损失，显示了地质灾害气象预报预警的成效性，受到了政府和广大人民群众的关注和支持，取得了良好的效果。

（3）2003年全省共发生突发性地质灾害17起，造成了37人死亡，13人受伤和直接经济损失2308.3万元。在厅环境处、局水工环处的组织协调下，全年共委派地质灾害应急调查、救援与技术指导12次，为应急救灾、最大限度地减少地质灾害造成的损失，保障人民生命财产安全和地质灾害趋势预测等提出了科学的指导意见。

（4）通过地下水动态监测工作的持续进行，初步掌握了全省区域地下水动态情况，得出重点监测的河西走廊、渭河河谷及陇东黄土塬区地下水位呈逐年下降趋势，兰州断陷盆地地下水位呈逐年上升趋势，而水质变化相对比较平稳。

五、市场情况

承揽完成了部分地质灾害防治与评估项目，主要有甘肃省九甸峡水利枢纽及引洮供水一期工程建设用地地质灾害危险性评估（引洮供水一期部分），兰武二线乌鞘岭特长隧道环境影响评价（水文地质部分），迭部县达拉河口水电站建设用地地质灾害危险性评估，国道212线木寨岭隧道及引线工程建设用地地质灾害危险性评估，康县城区供水碾河坝孙家院水源地水文地质勘察，兰州市拱星墩乡东岗村小街住宅区地裂缝勘察，兰州七里河十佛沟变电站等二项建设用地地质灾害危险性评估，甘肃省临洮县洮河海甸峡水电站建设用地地质灾害危险性评估，临潭县冶力关省级地质公园综合考察，临夏盆地古生物化石群地质遗迹保护，环境影响评价等十余个项目，为地方社会经济建设与发展做出了贡献。

六、管理工作

由于各方面原因，甘肃省地质环境监测机构有隶属于二勘院的地质环境监测总站及直接管理的兰州、西峰两个分站；隶属一勘院的天水、平凉分站；隶属四勘院酒泉分站；隶属水勘院的张掖、武威分站；承担着全省日常的地下水动态监测工作。总站对其他各分站的管理仅为宏观的业务管理和资料汇总。原总站作为二勘院的下属公司，其他行政管理均由其负责。

为落实国土资源部国土资发〔2003〕

385号文件精神，甘肃省地矿局党委决定重新组建地质环境监测院，于2003年10月14日任命了甘肃省地质环境监测院领导班子，并积极进行筹备组建工作。2003年12月10日将甘肃省地质环境监测院组建实施方案（讨论稿）和“三定”方案完成并上报上级主管部门，现等待省有关部门审批。

新成立的甘肃省地质环境监测院由原总站和原地矿部兰州水文地质中心人员组成，根据地质环境监测院的工作任务与性质，在省编办“三定”方案未批前，暂时内设综合办公室、总工程师办公室、经营办公室、地质灾害应急调查技术指导办公室等4个职能管理科室，地质环境监测站、水资源与地质环境调查评价室、地质灾害勘查设计室、矿山环境与国土整治评价室等4个专业调查监测研究室（站）。建立了相对完善的行政和业务管理体系，为确保监测院各项业务的顺利开展奠定了基础。

青海省地质环境调查与监测工作

青海省地质环境监测总站

一、地质灾害工作

1. 突发性地质灾害调查

2003年青海省共发生突发性地质灾害13起，造成1人死亡、直接经济损失3905.07万元，较大级以上地质灾害6起，其中以玉树藏族自治州结古镇泥石流、互助县青海特种水泥厂滑坡灾害最为严重。主要危害城镇、工厂、农村、公路、农田、水利及电力设施，有1789户11728人受灾。

2003年全省共发生滑坡、崩塌、泥石流、地面塌陷4种灾害，其中滑坡8起、崩塌1起、泥石流3起、地面塌陷1起。主要分布在青东8县，另外同仁县、玉树县、达日县、祁连县各1起。

2. 地质灾害基础调查

（1）青海省1:50万环境地质调查

2000～2003年组织实施了该项目，按总体设计的工作部署，完成了各项野外调查工作，青海省现有地质灾害点2036个，其中崩塌345个、滑坡671个、泥石流1020条。遥感图像解译覆盖全省，面积达72.12万平方千米。通过调查基本查明了全省地质环境条件，主要地质灾害类型和环境地质问题的发育特征及分布规律。

青海东部河湟地区以崩塌、滑坡、泥石流灾害为主，兼有地下水污染；西部柴达木盆地、青海湖盆地、共和盆地以土地沙漠化、盐渍化为主，局部有崩塌、滑坡、泥石流灾害及地下水污染和盐湖开发中出现的环境地质问题；南部高原区主要为冻融灾害，在大江大河深切的河谷边缘有崩塌、滑坡、泥石流灾害分布；北部地区兼有冻融灾害、崩塌、滑坡、泥石流灾害和严重的矿山环境地质问题。

2003年编制完成了青海省环境地质调查报告，根据地质环境条件区域性差异，将全省划分为青海东部河湟谷地及山间盆地环境地质区、青海西部柴达木盆地环境地质区、青海南部高原环境地质区和青海北部祁连山地环境地质区。编制完成了1∶100万青海省环境地质图、青海省地质灾害分布图、青海省地质灾害发育程度分区评价图、青海省地质灾害危险程度分区预测图及青海省环境水文地质评价预测图等系列成果图件；并初步建立青海省环境地质调查信息系统。

2004年4月12日已通过青海省国土资源厅组织的专家组审查，被评为优秀级。

（2）县（市）地质灾害调查与区划

截至2003年底，共完成了12个县（市）的地质灾害调查与区划，共查出地质灾害隐患点1505处，威胁23.46万人，22.93亿元财产。青海省地质环境监测总站还在西宁市地质灾害重点地段设置了警示牌，发放报警工具；隐患点全部建立了群测群防责任制，其中有重大险情隐患的点均纳入了省级防灾预案，并在汛期和汛前进行巡查与检查。

2003年完成了平安县、化隆县地质灾害调查与区划，共查出地质灾害隐患点129处，建立了群测群防预警体系，发放防灾避险明白卡707份。

①平安县地质灾害调查与区划：调查6乡3镇111个行政村，各类调（访）查点126个，其中，地质灾害调查点64个、访查点62个；地质灾害调查点中包括滑坡点26个，泥石流点17个，崩塌点4个，斜坡14处，地下水位上升灾害点2个，河流侧蚀坍岸点1个；填写各类地质灾害调查表58张，编制重要地质灾害隐患点防灾预案及签订群测群防责任书46张，发放填写防灾避险明白卡373张和防灾工作明白卡40张，发放VCD光盘9张，《地质灾害防治常识》手册200余本，张贴地质灾害防治宣传画40张；调查路线总长度570.5千米。调查表明，平安县境内地质灾害类型以滑坡为主，其次为泥石流；共发生地质灾害20起，死亡1人，造成直接经济损失365.75万元；本次调查地质灾害隐患点45处，受威胁总人数3673人，总财产4053万元。

②化隆县地质灾害调查与区划：调查13乡6镇2个工委366个行政村，各类调（访）查点376个，其中地质灾害调查点93个、访查点283个；地质灾害调查点中包括滑坡点60个、泥石流点18个、崩塌点2个、潜在危险性斜坡13个；填写各类地质灾害调查表93张，编制重要地质灾害隐患点防灾预案及签订群测群防责任书83张，发放填写防灾避险明白卡334张和防灾工作明白卡86张，发放VCD光盘21张，《地质灾害防治常识》手册550余本，张贴地质灾害防治宣传画180张，调查路线总长度804千米。化隆县境内地质灾害类型以滑坡为主，其次为泥石流；区内共发生地质灾害57起、死亡33人、伤6人，造成直接经济损失1101.1万元；本次调查地质灾害隐患点83处，受威胁总人数13684人，总财产1.2亿元。

3. 地质灾害防治

（1）地质灾害预防

2003年4月18日由青海省人民政府办公厅向各州（地、市）、县和有关部门转发了青海省地质环境监测总站编报的《青海省2003年地质灾害防灾预案》，八个州（地、市）和地质灾害易发县人民政府制定出年度防灾预案，较好地指导了青海省重大地质灾害隐患点的预防工作。在汛前及汛期，由青海省地质环境监测总站和各地国土资源行政主管部门对85处地质灾害危险点段进行了巡查和检查，提出防灾措施，进一步落实地质灾害隐患点的群测群防责任制。

2003年发出地质灾害险情专报11份，调查报告13份，指出青东8个县12个村及青南玛多县1个镇，共594户3622人受到地质灾害严重威胁，急需搬迁避让或对灾害进行治理。为确保人民群众生命财产安全，经当地政府和有关部门的共同努力，2003年各地搬迁避让总户数190户，计941人。

（2）地质灾害监测

地质灾害监测主要集中在西宁市林家崖滑坡、王家庄滑坡、南川东路滑坡、北山寺危岩等，监测点数为69个，利用全站仪进行定期监测，2003年共完成984个监测点次。及时发现险情，采取防范措施。

（3）地质灾害预报

2003年通过群测群防系统和地质灾害气象预警成功预报了互助县红崖子沟张家村滑坡和化隆县昂思多镇关沙村滑坡。分别使126户539人和18户90人免受滑坡危害。

（4）青海省地质灾害防治规划

在青海省国土资源厅环境处的直接领导下，于2003年6月完成了《青海省地质灾害防治规划》的编制，2003年9月9日通过了青海省国土资源厅组织的专家组审查，已交部待审。

厅审认为，规划编制目的任务明确、依据充分，编制方法恰当，所制定的各期目标切合青海实际，明确了全省地质灾害防治目标、各期重点、各部门的职责、应采取的重要措施和方法等，达到了预期目的。

（5）汛期地质灾害气象预报预警

2003年7月24日启动工作，8月16～31日进行了试运行，9月1日正式运行，2次在青海电视台发布地质灾害气象预报预警信息，起到了良好效果，为下一步开展气象预报预警积累了经验。

二、地下水监测工作

地下水环境监测重点是城市（或厂矿）地下水集中开采区，重要生态环境保护区及卤水矿床开采区。工作主要部署在西宁市各供水水源地、格尔木河冲洪积扇、察尔汗盐湖首采区和青海湖环湖地区。监测内容主要有水位、水质、水量等。现有地下水水位监测点236个（其中国家级16个），总监控含水层面积3785.70平方千米。

1. 地下水资源与开发利用

青海省2003年地下水现状开采量为5.56亿m^3/a，占可开采资源量的5.6%，较2002年增加0.15亿m^3/a。湟水谷地和柴达木盆地为青海省地下水主要开采区，在地下水开采量中以城市和工矿企业集中供水水源地开采量最大，约占总开采量的46%。2003年西宁市和格尔木市等城市供水水源地地下水开采量为28.54万m^3/d，较上年增加开采量3.08万m^3/d，各水源地未出现超采现象。

地下水环境质量级别绝大多数在良好级以上。

2. 地下水动态

2003年度受降水量增加和水源地开采量调减影响，西宁市及格尔木城镇供水水源地地下水水位较2002年普遍上升，最大升幅2.80米，最小的也接近1.0米，青海湖南岸地下水水位上升，升幅最大值2.9米，北岸则呈下降状态，降幅值为1.9米。

察尔汗盐湖首采区潜卤水与去年相比，水位总体呈下降趋势。一般下降值为0.59米，最大为2.77米。降幅较大的区域仍集中于团结湖以北铁路以东的地区，两个漏斗中心分别是zhl3孔和158孔，且降落漏斗面积增大，水力坡度急剧变陡。

3. 地下水污染

地下水污染主要有格尔木河冲洪积扇石油类污染，最高超标16倍；海晏县星火村六价铬污染，最大超标6.28倍；大通县长宁镇新添堡—甘沟门六价铬污染，最高超标6.3倍。

与2002年同期相比，察尔汗盐湖首采区卤水钾盐矿床被尾卤污染的区域仍集中分布在铁路以东尾卤排放的区域内。薄膜盐田虽已被取缔，但污染程度没有减轻，靠近团结湖北侧附近的盐田污染范围有所增大，KCl品位相应降低。

4. 扶贫找水项目

为了贯彻落实国土资源厅扶贫找水项目，由青海省地质环境监测总站出资近4万元，在认真分析前人资料的基础上，经过多次实地踏勘并通过物探工作选定井位，于2003年7月10日在湟中县上新庄镇东台村施工的一眼扶贫供水井成功出水。该井井深30米，最大出水量3000m^3/d，矿化度小于1.0g/L，水质符合饮用水标准。该井不但解决了东台166户672人的饮水困难问题，而且使1251亩农田摆脱了靠天吃饭的困境，也为建温室大棚改变农业生产结构打下了良好的基础。

5. 黄河流域地下水情况研究

2003年度配合中国地质环境监测院完成了中日合作项目《黄河流域地下水均衡、循环和利用模拟与预测研究》黄河源区的调查。

三、矿山环境地质调查

2003年矿山环境地质问题，主要是因采煤造成的采空区地面塌陷，以大通煤矿、祁连默勒煤矿的地面塌陷最为严重。调查表明，大通煤矿塌陷区面积为6.71平方千米，默勒煤矿地面塌陷范围较2002年扩大了0.35平方千米，目前已达0.9平方千米。

为使采空塌陷区内的群众早日摆脱危害，2003年各级政府加大了塌陷区内群众的搬迁力度，特别是默勒煤矿的地面塌陷引起了省政府及主要领导的重视，决定将默勒镇整体迁出塌陷区；大通煤矿在2003年也有88户搬迁。

四、地质遗迹调查

按照青海省国土资源厅的安排，首次对柴达木盆地南八仙钙化木、诺木洪贝壳化石、怀头他拉贝壳化石等地质遗迹进行了调查，填补了青海省动植物化石地质遗迹调查的空白。

五、信息系统建设

青海省地质环境监测总站下设有信息中心，目前配有计算机9台，A0幅面绘图仪2台，A0幅面黑白扫描仪1台，A3幅面彩色扫描仪1台，数字化仪1台，MAPGIS软件4套，能满足各个项目的数据库建设的需求，站内所有成果及图件全部实现了数字化。

已建成了西宁市、同仁县、循化县、平安县、化隆县地质灾害调查与区划空间数据库系统，青海省地下水资源评价信息系统，青海省环境地质调查信息系统，地下水环境监测数据库。

宁夏回族自治区地质环境调查与监测工作

宁夏回族自治区地质环境监测总站

宁夏回族自治区地质环境监测总站是宁夏地质环境监测技术业务工作单位，下设银川站、石嘴山站、吴忠站、固原站四个地质环境监测站及两个环境地质研究室。目前在编职工57人，其中技术人员44人，管理人员13人。宁夏地质环境监测总站的主要业务为地下水、地质灾害监测及地质环境调查研究工作。

一、地质环境监测工作

1. 地下水动态长期监测

地下水动态监测区域为银川平原的银川市区，石嘴山市大武口区、吴忠市区以及固原清水河北部地区，监测控制面积3090平方千米，监测内容为水位、水温、水质和水量。2003年地下水位（水温）观测点267个，其中国家级监测点6个，监测频率分别为5天（市区内）、10天（近郊区）、30天（远郊区），水位是用测绳进行测量、水温是用水温计进行测量，其中有5个监测点安装了自动化监测仪进行自动监测，每三个月进行一次数据采集。水质观测点250个，其中国家级监测点4个，监测频率是省级监测点为每年枯水季监测一次，国家级监测点丰、枯水季各监测一次，对水质监测样本分别进行全分析及五毒、三氮、金属和微量元素分析。监测工作由下属的四个分站完成。

银川站监测面积1800平方千米，监测点146个，实观次数7356次，取各类水化学样616个；石嘴山站监测面积630平方千米，监测点94个，实观次数3294次，取各类水质分析样384个；吴忠站监测面积100平方千米，监测点5个，实观次数为60次，取各类水质样16个；固原站监测面积560平方千米，监测点22个，实观次数264次。

2003年在监测区范围内进行一次水量调查，以此调查数据为基础，编写出了2003年地下水水情通报和地下水水情预报，并建立地下水动态监测数据库。

2. 地质灾害监测工作

宁夏地质灾害的监测主要是群测形式，地质灾害监测点主要是2001年开展了专项地质灾害调查与区划的彭阳县、石嘴山市、海原县、西吉县等县（市）的重要灾害点，截至目前，实施群测的重要地质灾害点142处。宁夏地质环境监测总站负责对监测资料的收集和分析。

二、地质环境调查

1. 地质灾害调查

宁夏矿山分布较多，南部山区地质环境脆弱，矿山地质灾害和南部丘陵区滑坡等地质灾害也较发育，从2001年以来已实施了彭阳县、石嘴山市海原县、西吉县等重点县（市）地质灾害调查与区划工作。2003年完成了1∶10万《西吉县地质灾害调查与区划》项目，开展了西吉县地质灾害调查，调查面积3143.85平方千米，测制剖面500米，调查点246个，调查出地质灾害隐患点142处，其中崩塌13处、滑坡102处、潜在不稳定斜坡11处、泥石流14处、地面塌陷2处，编写了西吉县地质灾害调查与区划报告、重要地质灾害隐患点防灾预案和地质灾害防治规划，并建立了地质灾害信息系统建设。对调查出的142个隐患点进行了群测群防，可使受地质灾害威胁的7412人免受损失，可避免直接经济损失1715万元。

2003年，宁夏地质环境监测总站围绕国家和自治区重点建设项目，承担了建设用地地质灾害危险性评估服务，先后完成了银川—石嘴山天然气管道工程、宁夏银川—武汉高速公路同心至固原段工程、银川市兴庆路跨线立交桥建设用地工程等多项国家和自治区重点建设项目的灾害评估，为这些项目防治地质灾害提供了重要依据。

2003年8月，宁夏地质环境监测总站又与宁夏气象台合作，开展了汛期地质灾害气象预报预警工作，2003年8月1日至9月30日，共发布三级地质灾害气象预报10次，其中90%的地质灾害隐患点出现于预报区内和时段内，对提醒当地政府和群众提前采取防灾措施，防范地质灾害，减少地质灾害损失起到了较好的效果。

2. 环境地质调查

为系统研究银川平原地下水及其环境地质问题，宁夏地质环境监测总站对银川平原605个点分别进行了丰、枯水期水位统测，完成了银川平原500平方千米范围内18个水源地和812眼机井的地下水开采量调查，采集水样200件，并进行了全分析测试，同时针对宁夏存在的土壤盐渍化、湖泊、湿地等地质环境问题，开展了10000平方千米的野外调查。从2003年7月开始，对银川市周边主要湖泊进行监测，共设监测点6个。

2003年3月，通过对西吉县火石寨地区的地质环境条件的野外勘查工作，宁夏地质环境监测总站申报了西吉县火石寨国家地质公园，编写出了《申报书》、《综合考察报告》、《总体规划》等，并于2003年11月在北京通过答辩评审，最终申报成功，使宁夏西吉火石寨与四川九寨沟、黄龙、浙江雁荡山等一道，被审批为国家地质公园。火石寨地质公园的申报成功，结束了宁夏无国家地质公园的历史，对合理开发和永续利用地质遗迹资源，以旅游推动地方经济发展，帮助当地人民脱贫致富将具有重要意义。

三、科研成果

2003年，宁夏地质环境监测总站主要完成了《西吉县地质灾害调查与区划》、《宁夏地下水资源》专著等。其中《西吉县地质灾害调查与区划》项目被中国地质环境监测院评为优秀级；《宁夏地下水资源》专著，由宁夏人民出版社公开出版，填补了宁夏至今尚未出版地下水研究专著的空白，对宁夏地下水资源的科学开发利用、生态环境建设和区域经济发展都具有重要意义，该书荣获宁夏科技进步三等奖。

新疆维吾尔自治区地质环境调查与监测工作

新疆维吾尔自治区地质环境监测院

一、地质环境调查与监测工作

1. 新疆地质环境调查及地下水动态监测与预测、预报

2. 模拟条件下地下水蒸发与均衡试验监测工作

3. 新疆汛期地质灾害调查、巡查

4. 地质灾害气象预报、预警

二、国土资源大调查工作

1. 新疆维吾尔自治区1∶50万区域地质环境调查

2. 新疆伊犁地区地质灾害应急处理

3. 新疆阿勒泰市、哈巴河县地质灾害调查与区划

三、矿产资源补偿费地质勘查工作

1. 新疆于田县奥依且克金矿带普查

2. 新疆布尔津县喀纳斯国家地质公园地质遗迹及申报国家地质公园前期调查

四、中国地下水信息中心能力建设——乌鲁木齐河流域示范区工作

1. 新疆地质环境及地下水动态监测与预测、预报

2003年完成全疆22个主要城市和地区13239平方千米，控制路线255千米，365个地下水监测点、129个地下水均衡实验监测点监测工作获取监测数据57150组，各类通报、预报、专报、年报42份，并为新疆资源环境公报和乌鲁木齐水资源公报提供地下水水位、水质变化的基础监测数据。

2. 地质灾害气象预报预警

2003年10月，利用自治区气象局内部信息系统进行了地质灾害气象预报预警试运行发布工作，为2004年此项工作的全面开展奠定了良好基础。

3. 新疆阿勒泰市、哈巴河县地质灾害调

查与区划

2003年8月完成外业调查并通过厅验收组外业工作资料验收，完成调查面积19830平方千米，各类调查点739个，编制防灾预案52份，年底前已完成项目成果报告及图件的编制（审查稿）。

4. 新疆1∶50万区域环境地质调查

目前已完成《新疆环境地质图》、《新疆地质灾害分布与易发区图》、《新疆地质灾害危险程度分区图》等五幅主图的编制及报告各章节的起草编写工作。

5. 新疆伊犁地区地质灾害汛期应急处理

10月完成外业调查并通过厅验收组外业工作资料验收，完成调查面积25807.3平方千米，各类调查点920个，编制防灾预案226份，指导了当地政府开展防灾减灾工作，为翌年地质灾害高易发期的到来做好防灾减灾准备。

6. 承担并完成新疆布尔津县喀纳斯国家地质公园地质遗迹及申报国家地质公园前期调查

2003年年底新疆布尔津县喀纳斯国家地质公园通过国土资源部评审。

7. 中国地下水信息中心能力建设——新疆乌鲁木齐河流域示范区工作

该项目是中国－荷兰国际技术合作项目《中国地下水信息中心能力建设》的一部分，该项目4月正式启动，编写了工作计划并严格按照计划认真组织实施，共完成1980～2002年22年地下水水位监测数据录入，1990～2002年12年地下水水质监测数据录入工作，收集有关图件并以JPG格式或MGS格式处理39张，收集有关成果报告38份，综合统计资料6份，对乌河流域65个地下水监测孔进行了基本情况摸底调查。

附　录

中国地质环境监测院“三定”方案

国土资源部办公厅2003年9月24日印发

一、性质和任务

中国地质环境监测院是国土资源部的直属事业单位，承担全国地质环境监测网的建设与管理和全国地质灾害的监测、预报、预警以及相关调查研究工作，开展水文地质、工程地质、环境地质（以下简称水工环地质）信息服务。主要职责任务是：

（1）参与编制地质环境调查评价与监测工作规划和计划，提出地质灾害防治和地质环境保护的对策建议；

（2）承担地质灾害的调查评价、监测、综合研究和预警预报；

（3）组织实施全国以下水环境监测，开展地下水资源与环境调查评价和综合研究；

（4）承担水工环地质调查评价和综合研究，参与拟订水工环地质工作和地质环境监测工作的规范和技术标准；

（5）承担全国地质环境监测网和地质环境信息系统的建设与管理，承担全国地质环境调查评价、监测数据和资料的接收，汇总、分析、处理和综合研究，为政府决策部门和社会公众提供信息服务；

（6）开展地质环境调查评价与监测的国内外科技交流与合作，以及新技术、新方法的推广应用；

（7）对省级地质环境监测工作实施业务指导、协调和技术服务；

（8）承担国土资源部交办的其他事项。

二、内设机构

根据上述任务，中国地质环境监测院设12个处（室、中心）：

1. 办公室

组织协调院行政日常工作；负责院文秘、档案、保卫、通讯、保密、接待、安全等工作；负责院务信息工作。

2. 人事处（离退休干部处）

负责院干部管理、人事、劳动、工资、社会保险、职工教育培训工作；负责院离退休干部的管理和服务工作。

3. 财务处

负责院财务管理工作；管理院各类资金和资产；负责对院各类资金的使用和资产的运营进行监督。

4. 科技外事与项目管理处

组织实施院科技发展规划与计划；组织实施对国内外科技交流与合作及新技术、新方法推广应用；组织实施地质环境调查评价与监测工作规划、计划、负责项目的立项、实施、成果管理；负责科技情报资料的管理；组织开展统计工作。

5. 综合研究室

承担水工环地质综合研究；承担地质遗迹、地热、矿泉水等资源保护与合理利用对策研究；开展相关的战略、规划、政策和管理决策研究，向决策部门提供地质环境管理决策依据和水工环地质技术支持与信息服务；负责编制中国地质环境公报；参与拟订水工环地质工作和地质环境监测工作的规范和技术标准；组织开展地质灾害防治和地质环境保护科普宣传工作。

6. 地质灾害调查监测室（地质灾害预警预报中心）

承担地质灾害的调查评价、监测和综合研究；承担重大地质灾害应急调查处理任务；协助开展汛期地质灾害巡查巡测；负责编制全国地质灾害灾情通报；承担地质灾害调查评价和监测的技术指导和培训；承担全国地质灾害调查评价和监测数据和综合分析和处理，划定预报区域和预报等级，制作预警预报成果，发布全国地质灾害预警预报信息。

7. 地下水资源环境调查监测室（地下水模型中心）

负责地下水动态及地下水环境的监测和综合研究；承担地下水资源与环境调查评价；负责国家级地下水监测网的建设、管理和监测数据的采集、分析、处理、预测预报；负责编制全国地下水水情通报；负责地下水监测技术指导；跟踪研究地下水模型的国际发展动向，引进、开发和推广应用国际先进的地下水模型软件系统；承担地下水管理决策支持系统的开发、运行和维护；组织开展以流域或者盆地为单元的地下水模拟，为地下水资源的可持续利用和地下水环境保护提供科学依据；承担地下水调查评价与监测新技术、新方法的推广应用和培训。

8. 环境地质评价室

承担全国环境地质调查评价成果集成与综合研究；开展流域、跨流域、跨区域和重要经济区的环境地质综合调查评价；开展农业、城市等环境地质调查评价和综合研究；承担区域工程地质调查评价，为国土规划和城市规划提供对策建议；承担国家重要基础和重大工程的地质基础稳定性调查评价和监测，提出护治对策方案；开展环境地质学、地质生态环境经济和地质工程经济研究。

9. 矿山环境与国土整治评价室

承担矿山环境调查与评价和综合研究；承担矿山环境保护和恢复治理以及矿山土地复垦、整理政策措施的研究；承担国土综合开发整治的调查评价和有关政策措施的研究；承担国土资源的环境影响评价。

10. 信息室

负责全国地质环境信息系统及数据库的建设、管理和维护，负责中国地质环境信息网的运行和维护，承担地质环境调查与监测信息的接收、分析和处理，为决策部门和社会公众提供信息服务；承担地质环境调查评价、监测信息软件开发；指导地方各级地质环境信息网的建设。

11. 三峡地质灾害监测中心（三峡库区地质灾害防治工作指挥部）

承担三峡库区地质灾害监测和预警系统的建立、运行、管理和维护工作，定时提交动态监测数据、分析预报成果和地质灾害监测的技术方法研究成果；承担三峡库区地质灾害的评估与鉴定，为三峡工程建设和运行提供公益性服务。

12. 党群办公室

负责院党委、纪委的日常工作；拟订并组织实施院党建工作和精神文明建设工作方案；负责院工会、青年、妇女等方面的工作；负责院纪检、监察、审计的行政管理工作。

三、人员编制

中国地质环境监测院人员编制211名（含三峡库区地质灾害防治工作指挥部人员编制16名、国库集中支付工作办公室人员编制7名），其中院级领导职数6名。另外核定三峡库区地质灾害防治工作指挥部领导职数1名。

四、其他事项

（1）中国地质环境监测院实行院长负责制。

（2）中国地质环境监测院执行财政补贴事业单位的预算管理制度。中国地质环境监测院的业务关系按有关规定执行。

中国地质环境监测院2003年工作要点

2003年中国地质环境监测院工作的指导思想是：以邓小平理论和“三个代表”重要思想为指导，全面贯彻党的十六大精神，按照国土资源部和中国地质调查局的工作部署和要求，以全面提升地质环境监测能力、地质灾害监测与预测预警能力、区域环境地质调查评价能力和水工环综合研究能力为基础，以调查评价、监测和综合研究为主要手段，以深化改革和严格管理为保障，全力推进“三二二工程”的实施，即：整合三个网络，启动两个机制，强化两个服务。

2003年中国地质环境监测院的重点任务是：根据《中国地质调查局直属单位结构调整方案》的要求和部、局的统一部署安排，明确一个思路（院的总体发展思路），启动一项研究（中国21世纪初水工环地质工作发展战略研究），完成两项调查信息集成与综合研究（全国1∶50万环境地质调查信息集成与综合研究和县市地质灾害调查与区划信息集成与综合研究），编好两个规划（全国地质灾害防治规划和地质环境监测规划），建设三个网络（全国地下水环境监测网、全国地质灾害监测网和中国地质环境信息网），启动两个机制（地质灾害预警预报机制和地质灾害调查处理应急反应机制），强化两个服务（为政府和社会提供技术和信息服务），以四项建设（领导班子、队伍、制度和精神文明建设）保障各项任务的落实。

一、健全完善地下水环境监测网和地质灾害监测网建设

编制完成《全国地质环境监测总体规划》，加强全国地下水监测和地质灾害监测工作，调整监测网络布局，逐步拓展监测内容。开展长江三角洲地区、华北平原、北京、天津地面沉降监测网建设。重点推进三峡库区地质灾害监测网的建设和运行。积极探索建设“北京市地下水环境自动监测示范区”和“四川雅安地质灾害监测示范区”。组织召开全国地质环境监测工作座谈会。

二、加强地质环境信息系统建设

起草编制《全国地质环境信息系统建设规划》。进一步完善“中国地质环境信息网”

的软硬件环境，开通空间数据库网络发布系统。疏通信息获取渠道，召开全国地质环境信息工作会议，统一信息采集技术要求，提高地质环境信息的时效性。加强地质环境调查和监测信息系统软件开发工作，逐步建立与地质环境工作相适应的软件系统。建立北京市地下水环境动态监测数据信息网上实时发布系统试点，推进地质环境监测服务的实效性。

三、加强地质环境监测和地质大调查项目的组织实施与监督管理

精心组织，严格管理，全面完成部局下达我院的全国地质灾害预警系统建设、县市地质灾害调查、西部1:50万环境地质调查、典型地质灾害调查与示范治理、全国矿山地质环境调查与评估等地质大调查实施项目以及地质环境监测与站网建设项目。积极参与“全国地下水资源及其环境问题调查评价”项目。加强综合集成研究，强化质量监控，努力提高项目成果质量水平。

四、努力为部、局决策和社会公众提供技术支持和信息服务

启动地质灾害预警预报机制，与中国气象局合作，在气象预报节目中增加地质灾害预警提示的信息服务；激活中国地质环境信息网，适时发布地质灾害预警提示信息。启动地质灾害调查处理应急反应机制。编制和发布《地质环境状况公报》、《地质环境动态快报》、《地下水水情通报》和《地质灾害通报》。启动中国21世纪初水工环地质工作发展战略研究。研究编制《全国地质灾害防治规划》和《全国地质遗迹保护规划》等。

五、积极开展区域环境地质调查评价和综合研究

完成全国1:50万环境地质调查信息集成和综合研究，初步建立全国地质环境信息系统，完成1:500万全国地质灾害分布图的研究编制，启动中国环境地质图系研究编制工作。汇总集成已经开展的县市地质灾害调查与区划成果，提交阶段性综合研究报告，编制已经调查的县市地质灾害发育程度图和危害程度图。调查与区划信息集成与综合研究。继续开展矿山地质环境综合研究和全国矿山地质环境数据库建设工作。做好水工环地质和区域环境地质的信息集成工作。积极参与城市地质、农业地质等调查评价和综合研究工作。为适应国土资源部启动“国土资源综合整治”工作需要，及时调整地质环境监测思路与部署，做好技术准备工作。

六、积极推进国内外技术和信息交流与合作，全面提升调查评价、监测和综合研究的整体能力

按照“优势互补，分工合作”的原则，积极与国内有关科研单位、大专院校和地勘单位开展广泛、深入的科技和信息交流与合作。实施中荷“中国地下水信息中心能力建设”合作项目和中瑞“全球干旱区水资源可持续利用中国典型区研究”合作项目，继续加强与CCOP等有关国际组织及有关国家的交流与合作，积极推进中日地下水与地面沉降论坛项目的启动工作，把握国际水工环地质工作最新动向，积极利用和引进国内外新技术、新方法，大力推进调查、监测和科技成果创新。研究制定水工环地质调查评价和监测的有关技术标准、规范、规程。

七、全面推进改革，加强制度建设，提高管理水平

修订、完善院的规章制度，强化制度的执行与监督，促进各项工作的制度化、规范化、科学化。切实加强预算管理，按照会计集中统管新机制的要求，健全财务管理制度，加强财务检查和审计监督。抓好国有资产管理，理顺各财务主体间的资产关系，实现保值增值目标。继续加快经营单位产业结构调整的步伐，不断提高经济增长的质量和效益。在深入调查研究的基础上，推进新一轮竞聘上岗工作，建立激励机制。加强干部职工培训，健全和完善聘后管理及考核工作，全面提高全院同志的政治思想素质和业务水平。建立岗位管理制度，强化干部监督，大力提高管理水平和办事效率。强化安全生产管理，杜绝各类责任事故的发生。

八、加强领导班子和队伍建设

密切联系实际，深入学习党的“十六大”精神和“三个代表”的重要思想，认真贯彻执行部、局党组的决策。坚持民主集中制，不断提高决策的科学化和民主化。坚决反对自由主义和官僚主义，严肃组织纪律，增强团结协作，充分发挥院领导班子的整体功能，努力把院的领导班子建设成为坚决贯彻部、局党组决策的领导班子，建设成团结协调、有凝聚力和战斗力、富于创新精神和团队精神的领导班子，建设成清正廉洁、大多数群众拥护和依赖的领导班子。坚持“两手抓”，全面落实院2003年精神文明建设工作计划。完成大院综合整治施工任务，巩固创建成果，保持“首都文明单位”、“中央国家机关文明先进单位”、“中央国家机关综合治理安全达标”单位等先进称号，争创“中央国家机关文明标兵单位”。加强队伍建设，充分发挥党员干部在新时期国家地质工作中的表率作用，提高队伍的凝聚力和战斗力。认真贯彻党风廉政建设责任制，牢记两个“务必”，深化廉政教育，加大监督检查与考核力度。

中国地质环境监测院
业务定位与发展思路

中国地质环境监测院院务会议2003年4月14日审议通过

中国地质环境监测院（以下简称环境院）在部党组、局党组的正确领导下，在各有关方面的关心、支持下，经过历届领导班子和全院职工的共同努力，在地质环境调查评价和监测工作中取得了重要成绩，为我国水工环地质事业的发展做出了重要贡献。目前，环境院面临的新形势和新任务，迫切需要我们认真加以应对。准确确定环境院的定位和长远发展思路，是当务之急。为此，环境院多次召开院士专家座谈会或研讨会，并以不同的形式征求部有关司局、地调局、各省（自治区、直辖市）国土资源行政主管部门和地质环境监测总站、院内外院士、专家和全院同志的意见和建议，在此基础上，经过深入分析研究，提出关于环境院的业务定位和发展思路的初步意见。

一、环境院发展的内外部条件

环境院的发展，从外部看，正面临着五大难得的机遇；从内部看，具备五个方面的有利条件。

（一）环境院的发展面临来自五个方面的重大机遇

一是我国经济社会发展带来的机遇。

第一，国家实施西部大开发战略带给我们的机遇。国家西部大开发规划将地质环境调查评价和监测工作赋予了很高的优先级。环境院在西部地下水勘查和地质环境保护方面，有一支强大的技术力量，应充分发挥这种技术优势，为西部大开发做出新的更大的贡献。

第二，我国城市化进程的加快为地质环境调查评价与监测工作提供了一个新的大舞台，环境院可以发挥更大、更重要的作用。

第三，党的十六大提出的走新型工业化道路，推进新型工业化进程，非常需要我们为地质环境工作提供支持和服务。

第四，农业结构调整需要地质环境调查评价与监测工作的支持和服务。全国人大十届一次会议把解决“三农”问题放在重要位置。“三农”问题涉及农业结构调整，因而需要开展土壤和耕地的适宜性评价。这为地质环境调查评价和监测工作提供了新的空间，给我们带来了新机遇。

二是国家实施可持续发展战略提供的机遇。首先，十六大将“可持续发展能力不断增强，生态环境得到改善，资源利用效率显著提高，促进人与自然的和谐”作为我国到2020年全面建设小康社会的四大目标之一，并实行保护资源、保护环境的基本国策，迫切需要地质环境调查和监测工作提供技术支撑和信息服务。其次，国家“十五”计划纲要对地质环境调查评价和监测工作提出了三个方面十项任务。第三，国务院于2003年1月14日发布的《中国21世纪初可持续发展行动纲要》（国发〔2003〕3号）对地质环境调查评价和监测工作提出了五项任务。

三是来自地质工作战略性结构调整带来的机遇。温家宝总理提出：“地质工作要以保障可持续发展为目标，从资源保障为主的地质工作转向资源、环境保障并重的多目标、多功能地质工作。”在地质工作的三个主要组成部分中，水文地质、工程地质和环境地质（以下简称“水工环地质”）工作近年来是一枝独秀，非常具有活力。曾经在中国水工环地质工作中发挥过重要作用的环境院应当也必须在地质工作新的战略性结构调整中，在继承和发扬传统优势的基础上，再创辉煌。

四是地质“野战军”建设带来的重大机遇。根据部批复的《中国地质调查局直属单位结构调整方案》（国土资函〔2002〕521号），环境院主要承担全国地下水环境监测网的建设与管理、全国地质灾害的监测和预报、预警，以及与地下水环境和地质灾害相关的调查研究工作，开展水工环地质信息服务工作，逐步建设成为我国权威性的地质环境与地质灾害监测和分析预报中心。部批准的结构调整方案，给环境院的发展提供了极其难得的历史性机遇，具体体现在三个方面：

第一，根据该调整方案，环境院继续保持在地下水资源与环境和地质灾害的调查评价、监测和综合研究领域中代表国家级水平的业务定位，而且可以在全国水工环地质工作中大有作为。

第二，根据该调整方案，环境院的发展可以在更大的程度上得到项目和资金的支持。寿嘉华副部长4月2日在中国地质调查局2003年工作会议上的讲话中指出：“局机关要根据《方案》的要求，按照业务定位，在项目计划安排上有目的、有计划地给予支持和引导，呼应好直属单位结构调整到位。”

第三，根据寿嘉华副部长4月2日的讲话精神，环境院可以根据《方案》的要求，提出本院的业务结构调整意见和组织结构调整意见，制定业务中心整体规划和实施方案，从而进一步明确院的具体业务定位和发展思路，并据此进行必要的内设机构调整和人员的优化配置。

部正在研究制定《关于加强地质“野战军”省级与行业队伍建设意见》。根据该意见，省级地质环境监测总站应当是具有独立法人资格的公益性事业实体，具有符合国家地质工作要求的组织管理与质量监控体系，能承担国家地质环境调查、监测任务的人员、装备、基地等保障条件，其经常性支出和基本建设经费单列，纳入地方财政预算；人员素质高，队伍精干并相对稳定，成为联系紧密、业务协调、运行顺畅、能够发挥整体功能的地质“野战军”的组成部分。省级地质环境监测队伍的建设，将为环境院的发展提供良好的基础支撑。

五是中央、部、局高度重视地质环境调查与监测工作。党中央、国务院对地质环境调查与监测事业非常关注，提出了严格的要求。胡锦涛总书记在2003年3月9日中央人口资源环境工作座谈会上强调指出，“加强汛期和三峡库区等重点地区地质灾害调查和防治工作”，“积极探索矿山环境恢复治理新机制”。温家宝总理多次强调指出，“要把地质灾害防治作为国土资源部的一项重要工作来抓”；“对经常或可能发生山体滑坡、泥石流的重点地区，国土资源部会同地方政府要建立预警系统，做好监测和防治工作”；“经济快速发展，特别是推进城镇化建设，实施西部大开发，对环境和资源保护也提出了更高的要求”。要“面向市场，面向社会，扩大地质勘查工作领域”，包括“生态环境地质和水文地质工作；城市地质和工程地质工作；地质环境和灾害监测”。“做好地质环境、灾害的区域评价”。2003年3月27日曾培炎副总理在听取国土资源部工作汇报时，就加强地质灾害防治提出了明确要求，对地质“野战军”装备建设给予高度重视和大力支持，决定每年由中央财政提供5亿元专项资金，解决包括地质环境调查与监测队伍在内的地质“野战军”装备。

国土资源部党组高度重视地质环境调查评价和监测事业。2003年3月27日，部领导在向国务院汇报工作时，提出了今后工作的总体思路和安排，着重提出要做好八个方面的工作，其中第三项为“推进国土资源科技进步和信息化，加强国土资源调查评价”，第五项为“加强地质灾害监测预防，推进地质环境保护”。部2003年工作要点提出的八项重点任务的第五项是“积极推进国土资源综合整治，加强地质灾害预防和地质环境保护”，具体有九项内容。2003年4月18日，部领导在全国地质环境工作会议上，提出了新时期地质环境保护和地质灾害防治工作的八大目标和七个方面的任务，即：突出一个重点（防治地质灾害）、完善两个体系（地质灾害群策群防体系和地质环境管理信息体系）、夯实四项基础（编制全国地质环境规划、加强地质环境调查评价、抓好地质环境监测、推进地质环境保护科技创新和基础研究）。完成部的上述任务，迫切需要地质环境调查评价和监测工作提供高效、快捷的技术支撑与信息服务。

中国地质调查局党组高度重视地质环境调查评价和监测工作。地质环境调查评价和监测工作是国土资源大调查的重要组成部分，是地质灾害预警工程的重要基础，局党组对此高度重视。寿嘉华副部长于2002年8月26日，在地质调查工作部署座谈会上关于“十五”后三年地质调查工作部署的讲话中，赋予地质环境调查评价和监测工作以重大的责任，提出地质环境调查评价和监测工作要以充分发挥地下水资源功能、环境与生态功能和把握岩土稳定性为主线，完成五项重点任务：开展全国地下水资源调查评价；开展重点地区区域环境地质调查；开展全国地质灾害调查与预警系统建设；开展重大工程区域地壳稳定性调查评价；开展全国地质环境监测与站网建设。此外，寿嘉华副部长要求进一步调整地质工作功能结构，大力拓展农业地质和城市地质工作，扩大地质工作服务领域。这也为环境院开展农业环境地质、城市环境地质工作，提供了有利时机。

（二）环境院发展的五个有利条件

一是具备开展地质环境调查评价、监测和综合研究工作的基础。自20世纪70年代以来，环境院及其前身，组织完成了近三分之一国土面积的1∶20万区域水文地质普查，长江、黄河、金沙江等10多个流域的环境地质综合调查，和西南、西北、东北、环渤海等经济区国土开发重点片的水工环地质综合论证，完成了沿海14个开放城市和15个国土规划重点区的环境地质论证，完成了我国重点地区和重要城市的地下水资源保证程度论证，探明了晋陕蒙能源基地、新疆能源基地以及西藏等数十个大中城市和重要工矿区60多个地下水集中供水水源地，承担了40多项国家级、部级水工环科技攻关项目，提交了500多份勘查、科研报告和专著，积累形成了我国最基础、最完整的水文地质、工程地质和环境地质资料；承担了长江链子崖危岩体、黄腊石滑坡等重大地质灾害的综合治理工程；完成了全国地质灾害现状调查，研究编制了我国第一代分省地质灾害图集和我国第一代中国环境地质图系。近年来，环境院除组织开展地下水监测工作外，还承担了西北地区地下水调查和研究、长江三角洲和黄河三角洲地区地下水资源环境保护和研究，取得了许多有影响的成果，初步建立了我国地下水及地质环境监测体系。在以往地下水调查评价和监测的基础上，环境院已经初步建立了全国地下水资源数据库。

二是拥有开展地质环境调查评价、监测和综合研究工作的人才优势。环境院有一支经验丰富、事业心强、富有开拓创新精神的老中青相结合的水文、工程、环境地质专家和人才队伍，具有对地下水、地质灾害和地质环境调查评价、监测和综合研究等大型项目的组织、协调和实施的能力。院内一批老一辈水工环地质专家经验丰富，在国内外享有盛誉。此外，我院聘请了一批国内外著名的水工环地质界的院士、专家担任院的高级顾问。在他们的悉心指导下，一批学历高、专业知识功底雄厚、实践能力强的中青年业务骨干脱颖而出，在近十年的地质环境调查评价和科研工作中取得突出成绩，有一批成果获得国家级和部级奖。环境院现从事技术工作的人员有73人，而具有大专以上学历的水文、工程、环境地质专业技术人员有49人，占67%以上，45岁以下的专业技术人员占90%以上，其中博士13人、硕士16人，有4位业务骨干是从荷兰、日本、香港著名大学学成回国的。地质灾害防治学会、徐霞客研究会、环境地质专业委员会、环境地质经济分会、矿泉水专业委员会及农业地质专业委员会和环境地质专业委员会秘书处挂靠环境院，包括秘书长、副秘书长在内的一批农业地质学家多年来一直致力于农业地质的理论研究和实践探索。在国土资源大调查中承担地下水、地质灾害和地质环境调查评价、监测和综合研究项目，将非常有利于进一步发挥这批业务骨干的作用。

三是环境院拥有开展地质环境调查评价、监测和综合研究工作的社会资源。在国外，环境院已经与美国、荷兰、澳大利亚、瑞士、加拿大等20多个国家，以及CCOP等国际组织开展了水文地质、环境地质等方面的交流与合作，为利用国际先进的技术方法组织开展我国地下水调查评价奠定了基础。在部领导和局领导的关心和支持下，环境院正在组织实施由中荷两国政府批准并于2003年3月24日正式启动的“中国地下水信息中心能力建设”国际合作项目。根据合作协议，部决定在环境院建立“中国地下水信息中心”和“中国国际地下水模型中心”，并于2003年3月24日将这两个中心的匾牌授予了环境院。因此，该项目的实施必将大大提高环境院承担地下水调查评价与监测的能力。在国内，环境院与从事水资源调查和研究的大专院校、科研机构和地勘单位建立了长期的良好的业务合作关系，特别是与31个省（自治区、直辖市）的地质环境监测机构建立了网络体系，为开展地下水调查评价工作奠定了良好的社会基础。近年来，环境院组织全国31个省级地质环境监测总站完成了新一轮全国地下水资源评价工作，其成果受到部领导和社会的广泛关注。

四是环境院具有充分利用地质环境调查评价、监测和综合研究手段及成果资料为政府和社会提供信息服务的丰富经验。长期以来，环境院根据部、局的要求，及时开展了全国地下水总体形势分析、地下水资源战略研究、水工环工作部署的战略研究，以及其他各种满足政府决策需要的对策研究，为部和局提供了适时的技术支撑和信息服务。实践证明，全面掌握全国和大区域地下水、地质灾害和地质环境的总体情况，充分了解政府的决策意图，特别是政府决策的需求，是及时、有效地提供决策技术支持和信息服务的重要保证。环境院具有这方面的丰富经验和得天独厚的优势。

五是环境院具有“天时、地利、人和”的地位优势和地处北京的地缘优势。与中国地质调查局在水工环领域的其他直属单位相比，环境院地处北京，靠近部、局机关，具有联系紧密、信息集中、反应快捷、服务成本低等优势。鉴于地质环境与水、土地、森林、草原、海洋、气候等自然资源和环境密切相关，这些领域的人才、技术、信息中心都汇聚北京，环境院可以与国家海洋环境监测中心、国家海洋环境预报中心、中国地震数据分析预报中心、国家气象中心、国家环境监测中心、水利部水文信息中心等有关机构进行技术合作和信息交流。环境院与国家气象中心正在进行的全国地质灾害气象预警预报工作，即是成功的典范之一。此外，环境院还可以借助北京的高等院校、科研院所的人才、技术、信息和设备等资源协助开展工作。

二、关于环境院的业务定位和发展思路的初步意见

鉴于以上情况，根据部批准的环境院“三定”方案和《中国地质调查局直属单位结构调整方案》关于环境院业务结构调整的要求，考虑到环境院内部条件和外部环境不同的改善程度，初步设计了环境院发展的三种不同模式（方案）：

第一方案（高方案）：将环境院建设成为全国水工环地质工作中心和全国地质灾害防治与地质环境保护科技支撑与信息服务中心。

第二方案（中方案）：将环境院建设成为全国地下水资源与环境监测、调查评价与信息中心，全国地质灾害调查评价、监测和预警预报中心，区域环境地质调查研究中心和地质环境管理与水工环地质工作技术业务支撑与信息服务中心。

第三方案（低方案）：将环境院建设成为全国地下水环境监测、调查评价与信息中心和全国地质灾害调查评价、监测和预警预报中心。

经过广泛深入的调查研究和讨论，并征

求各有关方面的意见，大家认识比较一致的发展模式是：立足第二方案，争取实现第一方案。

根据上述意见，初步考虑环境院的定位与发展思路是：以邓小平理论和“三个代表”重要思想为指导，全面贯彻党的十六大精神和可持续发展战略，坚持保护资源和保护环境的基本国策，按照国土资源部和中国地质调查局的工作部署和要求，以调查评价、监测和综合研究为主要手段，以深化改革和严格管理为保障，继承和发扬环境院的优良传统，团结协作，开拓创新，全面提升地质环境监测能力、地质灾害监测与预测预警能力、区域环境地质调查评价能力、水工环地质综合研究能力和科技创新能力，将环境院建设成为全国地下水资源与环境监测调查评价与信息中心，全国地质灾害调查、监测、预警预报中心，区域环境地质调查研究中心和地质环境管理与水工环地质工作技术业务支撑与信息服务中心，最终发展成为全国水工环地质工作中心和全国地质灾害防治与地质环境保护科技支撑与信息服务中心。

建设全国地下水资源与环境监测、调查评价与信息中心。在对环境院长期积累的水文地质工程地质普查、地下水资源与环境调查评价和监测的历史资料、技术、方法、手段等进行系统的清理、整合、开发的基础上，实行调查评价、监测和综合集成研究相结合，按照“优势互补、分工合作”的原则与兄弟院所共同参与新一轮地下水调查评价；继承并发挥环境院在西北地区地下水资源与环境调查评价方面的优势，完成1:20万水文地质普查成果数字化和数据库建设；组织开展全国地下水环境监测与综合研究，对国家级地下水环境监测网点建设实行统一规划，并组织实施，指导省级地下水环境监测网点建设，提高监测手段的现代化水平；建设中国国际地下水模型中心，应用国际先进的理论、技术、方法和装备，研究中国的地下水问题，大力提升中国地下水调查评价、监测和信息综合服务的科技水平。汇总、集成、分析全国地下水资源（数量、质量、分布等）与环境（因地下水开采引起的环境地质问题）信息，形成全国统一的地下水信息中心，为政府决策和社会公众提供技术支撑和信息服务。

建设全国地质灾害调查评价、监测和预警预报中心。组织开展全国重点县（市）较大比例尺地质灾害调查，探索研究地质灾害发育规律，开展地质灾害危险性区划研究，圈定地质灾害易发区和高风险区。为建设覆盖全国的比较完善的地质灾害群策群防网络体系和重点地区地质灾害专业监测骨干网络提供必需的技术支持，提高监测预报的自动化水平和数据分析处理能力。建立并不断完善全国地质灾害预警预报机制，与国家气象中心合作，在中央电视台气象预报节目中，增加地质灾害预警预报信息服务；激活中国地质环境信息网，适时发布地质灾害预警提示信息。建立并逐步完善地质灾害调查处理应急反应机制，为政府制定地质灾害应急处置方案，提供技术支持和信息服务。协助并技术指导开展汛期地质灾害巡查巡测。协助组织实施国家重大地质灾害治理示范工程，研究、推广地质灾害勘查与治理的新技术、新方法。建立并不断更新全国地质灾害空间信息系统，为防灾减灾提供基础信息服务。开展地质灾害防治立法、规划和管理的有关基础研究工作，提供科学的决策依据。

建设区域环境地质调查研究中心。承担全国地质环境调查评价成果集成与综合研究。完成全国1:50万环境地质调查及其信息集成和综合研究，建立并逐步完善全国地质环境信息系统，编制中国环境地质图系。承担大江大河流域、跨流域、跨区域和珠江三角洲、长江三角洲、环渤海及首都经济圈等重要经济区的环境地质综合调查评价。开展城市环境、农业环境和矿山环境地质调查评价，为城市化规划和建设、农业结构调整与土地复垦和矿山生态建设及环境保护提供依据。承担矿山环境保护和恢复治理以及矿山土地复垦、治理政策措施的研究。承担区域工程地质调查评价，为国土规划和城市规划提供对策建议。承担国家重要基础设施和重大工程的地质基础稳定性调查评价和监测，提出防治对策方案。研究制定地下水、地质灾害、矿山环境调查评价、监测、勘查与治理的技术标准、规程、规范，研究制定地质环境保护和矿山环境保护与恢复治理指标体系。

建设地质环境管理与水工环地质工作技术业务支撑和信息服务中心。承担水工环地质信息集成和综合研究。承担地质遗迹、地热、矿泉水等资源保护与合理利用对策研究。开展与地质灾害防治、地质环境保护和水工环地质工作相关的战略、规划、政策、法规和管理决策研究工作，提出对策建议，向决策部门提供地质环境管理决策依据和水工环地质技术支持和信息服务。组织拟定水工环地质工作的规范和技术标准。承担国土综合开发整治的调查评价和有关政策措施的研究。承担国土资源规划的环境影响评价。开展关于地下水与土地资源和环境相互影响关系的跨学科跨领域综合研究。

加强环境地质学科建设，应用地球科学、信息技术研究地质环境容量，为保护人类生存的地质环境和经济社会的可持续发展，提供理论、方法和技术。探索开展地质生态环境经济研究，揭示地质生态环境经济规律，为通过立法和管理手段调整地质生态环境经济关系提供理论支持。探索开展地质工程产业经济研究，跟踪研究国外地质工程产业的发展趋势和国内地质工程产业实践，为我国地质工程产业的发展提供理论与技术支持和信息服务，为推进地质工程产业从劳动密集型向技术密集型转变提供政策依据。

三、实现环境院发展目标的基本保障条件

在部党组、局党组的坚强领导下，在部机关各司局及地调局的大力支持下，在各省、自治区、直辖市地质环境监测总站的密切配合下，如果决定环境院的内部条件和外部环境得到必要的改善，经过全院同志五年左右齐心协力、团结一致的共同努力，实现第二方案是有可能的。如果院的内部条件和外部环境得到很大的改善，经过全院同志十年左右齐心协力、团结一致的共同努力，实现第一方案也是可能的。实现环境院的发展目标，必须具备下列基本的保障条件。

（一）大力加强院领导班子建设和人才队伍建设

事业成败关键在人。形成决策意见靠人；执行决策，实现部党组、局党组的意图，更靠人。实现环境院发展目标的首要条件是，必须有一个强有力的领导班子和人才队伍。环境院必须按照部党组要求，切实加强领导班子和队伍建设，充分发挥整体功能，广泛调动干部职工的积极性。

为此，必须切实贯彻寿嘉华副部长代表部党组、局党组于 2003 年 2 月 13 日对环境院新领导班子提出的六点要求，以“三个代表”重要思想武装头脑，增强“四个意识”，即：政治意识、大局意识、改革意识和责任意识，以提高素质、优化结构、改进作风、增强团结为重点，努力把环境监测院的领导班子建设成坚决贯彻部党组、局党组决策的领导班子，建设成团结协调、有凝聚力和战斗力、富于创新精神和团队精神的领导班子，建设成清正廉洁、大多数群众拥护和信赖的领导班子。

新时期地质环境调查与监测事业是一项探索性很强的工作，需要一大批具有献身精神、创新精神和团队精神的高素质人才。一方面，要通过制度建设和严格管理，实现“三提倡，三反对”，即：提倡团队精神，反对自由主义，包括科技个体户的单干行为；提倡首创精神，反对因循守旧；提倡品牌意识，反对无所作为。另一方面，要按照“事业留人、感情留人、一定的待遇留人”的要求，建立公平竞争、优胜劣汰的机制，创造珍惜人才、人尽其才的环境，吸引人才、培养人才、用好人才。

（二）调整完善环境院的“三定”方案

鉴于环境院目前的形势和任务与以前相比已经发生了重大的变化，考虑到1999年水工环地质队伍属地化以后，四年间环境院机构和人员编制与日益繁重的工作任务极不适应的现实状况和新时期地质环境调查与监测的新机遇、新形势、新任务和新要求，环境院的“三定”方案已到了非调整不可的地步。

调整环境院的职能，应当考虑下列因素：

第一，根据部关于健全完善中国地质调查局的意见，原由我院负责提出地质灾害预警工程项目设置建议的职能调整到地调局，以此对环境院新的“三定”方案做相应的调整。

第二，根据《中国地质调查局直属单位结构调整方案》关于环境院承担水工环地质信息服务工作的要求，增加承担水工环地质调查评价和综合研究等方面的职能。

第三，根据《中国地质调查局直属单位结构调整方案》关于环境院承担全国地下水环境和地质灾害相关的调查研究工作的规定，增加相应的调查评价和综合研究等方面的职能。

第四，根据部关于加强“三网”建设，建立和强化全国地质灾害预警预报机制和调查处理快速反应机制，以及强化为政府履行地质环境管理职能服务功能和为社会提供地质灾害防治和地质环境保护信息服务功能的要求，强化相应的职能。

调整环境院的“三定”方案，应当考虑下列因素：

第一，根据环境院当前的实际情况和迫切需要，经广泛征求各方面的意见，与部法规司、人教司和地调局等的有关领导协商，经院党委会和院长办公会联席会议研究，并请示部领导同意，已将内设机构进行了微调，即：将现有的党委办公室（人事处）分设为人事处和党委办公室；将现有的计划财务处分设为科技外事与项目管理处和财务处。这些微调需要在新的“三定”方案中予以明确。

第二，全国地质环境监测网建设。地质环境监测网包括地质灾害监测网、地下水环境监测网和中国地质环境信息网，简称“三网”。加强结构合理、精干高效的专业技术人员队伍建设是保障“三网”建设和运行的关键条件之一。建议参照国家其他五大公益网（气象、环保、地震、海洋和水文监测网）的职能、机构和编制情况设计环境院地质环境监测网建设的“三定”方案。

第三，应当有专门的机构和人员承担水工环地质综合研究，开展相关的战略、规划、政策、法规和管理决策研究工作，为政府履行地质环境管理职能提供技术支持和信息服务。

第四，根据地质灾害防治工作日益紧迫的需要，必须加强地质灾害的监测、调查评价和综合研究；在此基础上，建立一支人员精干、装备精良、应急经验丰富的“地质灾害快速反应部队”，承担全国重大地质灾害应急调查处理任务。

第五，根据国土资源部与中央气象局于2003年4月7日签订的关于合作开展地质灾害气象预报的协议，必须有一支专门的骨干力量负责全国地质灾害气象预报预警工作，并具体承担全国地质灾害防治指挥部的日常事务。

第六，根据中国-荷兰两国政府批准的“中国地下水信息中心能力建设”合作项目协议，部决定在环境院设立中国地下水信息中心和中国国际地下水模型中心。这是继荷兰和美国之后的第三个国际地下水模型中心。

模型中心将采用开放实验室的管理方式，在中国－荷兰合作项目执行过程中建立和完善，并在合作项目中承担地下水管理辅助决策支持系统的开发工作。

第七，根据区域环境地质工作的需要，应当加强力量承担区域环境地质调查评价与综合研究，城市环境、农业环境、矿山环境等的地质调查评价与综合研究，区域工程地质和地质基础稳定性调查评价与监测等方面的任务。

（三）大力改善和提高地质环境调查与监测技术装备水平

将环境院建设成为全国地下水资源与环境监测、调查评价与信息中心，全国地质灾害调查与区划、监测和预警预报中心，区域环境地质调查研究中心和水工环地质技术保障和信息服务中心（“四个中心”），必须以全面提升地质环境监测能力、地质灾害监测与预测预警能力、区域环境地质调查评价能力、水工环综合研究能力和科技创新能力（“五个能力”）为基础。而提升这五个方面的能力，关键条件之一是大力改善和提高调查监测的技术装备水平。因此，地质环境调查监测技术装备规划必须纳入《地质“野战军”技术装备发展规划纲要》，并给予必要的比重和优先级。

《地质环境调查监测技术装备发展规划》的指导思想是，根据部、局的有关要求，按照提升“五个能力”和建设“四个中心”的发展目标，在中央财政的支持下，经过五年的建设，形成特色显著，优势明显，系统配套，适应新形势下地质环境调查监测工作高效率、高水平、高精度的需要，总体上处于国内领先、达到或者接近国际先进水平的地质环境调查监测技术装备体系。

（四）争取必要的资金支持

水工环地质工作在国家地质工作整体是鼎立的“三足”之一，而且是最具活力、最有发展前景、最贴近社会经济可持续发展的“一足”。地质环境调查监测工作，是地质工作中最贴近广大人民群众切身利益的公益性事业。开展地质环境调查监测工作，必须依靠国家经费支持。

当前，地质环境调查监测事业急缺监测站网建设、运行和维护经费，地质环境调查评价经费和水工环地质工作技术装备经费等。部领导提出：“三网建设要提速！提速！再提速！”“三网”建设和运行、维护迫切需要向国家申请专项经费加以解决，“三网”技术设备应当纳入地质“野战军”装备规划中统一考虑解决。此外，国土资源大调查计划应当对水工环地质调查评价项目，特别是地质环境调查评价、成果集成和综合研究项目给予必要的经费保障。目前，我们正在对全国“三网”的现状进行调查评估，研究制定“三网”建设总体方案，拟在征求省级地质环境监测总站意见和考察其他五大公益网的基础上，作进一步修改完善后，提请部长办公会议审定，申请国家专项资金支持。建议将“三网”技术设备纳入地质“野战军”装备规划中统一考虑解决。

编制基地规划，改善办公条件，也是当务之急。要根据部党组对地质“野战军”直属队伍建设的总体要求和地调局直属单位结构调整方案，结合提升“五个能力”和建设“四个中心”的发展目标，按照立足现有基地，科学规划、合理布局、突出重点、注重实用的原则，编制基地建设规划。在中央财政的支持下，通过对现有基地建设与改造，使基地功能基本适应环境院的发展要求，适应地质环境调查评价、监测和科研工作的新要求。

（五）改善地质环境调查与监测的法制、体制和机制环境

当务之急是尽快明确下列关系：

一是进一步明确环境院与部有关司局以及与地调局的关系。制定完善各级管理程序，规范行政和业务管理工作。

二是理顺环境院与省级地质环境监测总站的关系。目前两者之间的关系尚无正式文件规范，不能满足环境院开展站网管理和信息汇交、集成、发布的需要，迫切需要在部即将研究制定的《关于加强地质“野战军”省级与行业队伍建设的意见》中予以明确。建议按照“（国家级）站网管理，业务联系，技术指导，资料汇交，成果集成”的原则设计环境院与省级地质环境监测总站的关系。

三是加强地质环境调查与监测工作的法律法规建设。确立地质环境监测的法律地位，建立健全法律法规体系，包括调查与监测工作的具体规程规范，资料信息采集汇交、整理、利用、发布的有关办法，监测设施的保护等，使地质环境调查与监测工作在完善的法律体系保障下开展。

中国地质环境监测院2003年大事记

一月

8日，中国地质环境监测院党委研究部署2002年考核工作，讨论处级干部聘期等问题。

15日，国土资源部副部长寿嘉华、人事教育司副司长李海兵参加中国地质环境监测院2002年度考核工作会议。

二月

13日，国土资源部副部长寿嘉华、人事教育司司长王宝才、中国地质调查局副局长汪民等领导来院宣布国土资源部党组《关于钟自然等4人职务任免的通知》。会上，寿嘉华副部长作了重要讲话，新任院长钟自然发言。

17日，中国地质环境监测院院长钟自然、党委书记张卫东拜访院老院长和专家。

18日，中国地质环境监测院院长钟自然、党委书记张卫东看望院离退休职工。

18日，中国地质环境监测院新一届领导班子全体成员拜会中国地质调查局领导。国土资源部副部长兼中国地质调查局局长寿嘉华和其他局领导做重要指示。

19日，中国地质环境监测院新一届领导班子拜会国土资源部领导，走访部机关各司局。

19日，中国地质环境监测院《地质环境调查与监测工作简报》（第一期）印发。

24日，中国地质环境监测院钟自然主持专题会议，研究部署全国地质灾害防治规划研究起草工作。

三月

4日，中国地质环境监测院院长办公会议决定：启动中国21世纪初水工环地质工作发展战略研究。

7日，中国地质环境监测院发展思路专家座谈会在北京召开，来自国家行政学院、国务院发展研究中心、国土资源部有关司局、中国地质调查局、国土资源部咨询研究中心、中国地质矿产经济学会等单位的院士、领导和专家对院 2003 年实施“三二二工程”给予了充分肯定，并就今后的发展思路和工作定位提出了可行性建议。张文驹、陈梦雄、方克定、王守智、潘文灿、姜建军、曹树培、周宏春等领导和专家围绕党的十六大精神、全国人大、全国政协会议和中央人口资源环境工作座谈会精神，按照国家、社会、公众对资源、环境的需求，依据国务院《中国 21 世纪初可持续发展行动纲要》和中国地质调查局“十五”后三年水工环工作部署，结合中国地质环境监测院职能，对地质环境调查评价与监测工作的发展思路和定位提出了建议。

11 日，中国地质环境监测院院务会审议通过了《2003 年中国地质环境监测院工作要点》。

14 日，中国地质环境监测院院长钟自然看望原基建工程兵水文地质指挥部领导。

19 日，就中国地质环境监测院发展思路及 21 世纪初我国水工环地质工作发展战略，邀请国土资源部、中国地质调查局等有关领导及专家座谈。

20 日，就国家水工环地质工作、院发展思路等召开院士专家座谈会，张宗祜院士到会并作了重要讲话。

24 日，中国地质环境监测院组织实施的中－荷合作项目《中国地下水信息中心能力建设》启动大会在北京召开，寿嘉华副部长宣布将“中国地下水信息中心”和“中国国际地下水模型中心”设立在中国地质环境监测院，并举行了“中国地下水信息中心”和“中国国际地下水模型中心”授牌仪式。

24 日，中国地质环境监测院主持召开了“中国 21 世纪初水工环地质工作发展战略国际研讨会”，10 位中外院士、专家就地下水资源与地质环境调查、评价、监测的形势、任务及对策进行了研讨。

27 日，就中国地质环境监测院业务定位和当前有关工作邀请中国地质调查局领导及水文地质环境地质部领导进行座谈。中国地质调查局副局长汪民就中国地质环境监测院准确定位、加强业务建设作了重要讲话。

四月

7 日，《国土资源部和中国气象局关于联合开展地质灾害气象预报预警工作协议》在北京签署，中国地质环境监测院有关领导与相关技术负责人参加。

10 日，中国地质环境监测院与国家气象中心就开展全国地质灾害气象预报预警工作进行正式技术会商。

10 日，中国地质环境监测院与中国地质调查局科技外事部举行工作座谈会。

14 日，中国地质环境监测院召开党政联席会议，讨论通过了《关于调整部分内设机构和人员的决定》、《关于院领导班子工作分工的决定》、《关于中国地质环境监测院临时党委成员分工的决定》。

14 日，中国地质环境监测院院务会审议通过《关于中国地质环境监测院的业务定位和发展思路的初步意见》。

19 日，国土资源部地质环境司和中国地质环境监测院在北京联合召开全国地质环境调查与监测工作座谈会。

21 日，中国地质环境监测院召开会议，通报中央国家机关 2002 年度文明单位复查情况，表彰院 2002 年度文明处室和文明职工，院党委书记张卫东对 2003 年度文明单位创建工作进行了部署和动员。

25 日，国土资源部副部长寿嘉华在院第 5 期工作简报（刊发院 2003 年工作要点）上批示：环境监测院领导班子调整后工作抓得很紧、很有起色，提出的“三二二工程”和今年的工作要点思路清晰，任务繁重，希望发挥好整体功能，保证今年各项任务的全面完成。

30日，中国地质环境监测院院长办公会议讨论通过《中国地质环境监测院“三定”方案》（报批稿）。

五月

16日，中国地质环境监测院与国家气象中心就开展全国地质灾害气象预报预警工作进行正式技术会商。

19日，中国地质环境监测院召开党委会议，研究审定院和向国土资源部推荐2002年度先进党支部、优秀共产党员、优秀党务工作者名单。

27日，中国地质环境监测院向寿嘉华副部长及国土资源部办公厅、政策法规司、规划司、财务司、地质环境司、国际合作与科技司和中国地质调查局及其有关部室领导汇报了《全国地质灾害气象预报预警实施方案》。

30日，中国地质环境监测院邀请中国工程院院士王思敬主持了由国土资源部、中国科学院、国家气象中心、中国地质调查局和北京地质研究所的高级专家组成的专家评审会，评审通过了《全国地质灾害气象预报预警实施方案》。

六月

1日，经过中国地质环境监测院和国家气象中心的精心筹备，全国地质灾害气象预报预警信息开始在中央电视台正式向社会发布。

3日，国土资源部副部长寿嘉华在中国地质环境监测院第二期《要事专报》“全国地质灾害气象预报预警技术准备工作基本完成”上批示：“环境监测院经过一个多月的努力，已取得成功并投入试运行，工作抓得紧且有成效。要不断研究问题，开拓前进。”

12日，国务院副总理曾培炎在《关于国土资源部和中国气象局联合开展“全国地质灾害气象预报预警”工作的报告》上批示：“国土资源部与中国气象局要密切合作，不断总结经验，完善预报预警系统，最大限度地减少地质灾害造成的损失。”

13日，国务院总理温家宝、副总理回良玉圈阅了《关于国土资源部和中国气象局联合开展“全国地质灾害气象预报预警”工作的报告》。

13日，国土资源部部长孙文盛在财务司司长王瑞生等陪同下到西峰寺培训中心检查指导工作，听取关于中国地质环境监测院工作汇报，并发表重要讲话。

13日，中国地质环境监测院派出专家组，随同国土资源部法规司、地质环境司有关领导到国务院法制办作关于地质灾害防治技术业务的专题汇报。

17日，国土资源部副部长寿嘉华在中国地质环境监测院第三期《要事专报》“云南发生两起地质灾害均在预报预警范围内”上批示：“云南发生两起地质灾害均在预报预警范围内，这是对地质灾害气象预报预警及时性、准确性和科学性的实践检验。建议国土资源报予以报道，提高各级领导和国土资源部门以及广大群众对预报的重视，提前采取措施，减少损失和伤亡。环境监测院还要再接再厉，进一步提高预报质量。”

24日，国土资源部副部长寿嘉华在中国地质环境监测院第四期《要事专报》“地质灾害预报范围内又发生两起滑坡”上批示：“应将此情况及时向中国气象局通报，成功预报和成功避让的情况应综合起来（一段时间）向国务院报告。”

七月

7日，在中国地质环境监测院院务会议上，审议通过了《中国地质环境监测院工作规则》、《中国地质环境监测院全员竞聘工作方案》。

8 日，国土资源部部长孙文盛在中国地质环境监测院第五期《要事专报》“环境院近期又成功预报了三起地质灾害”上批示：“看了很高兴。预报地质灾害确实是一件大好事，应该说是实践‘三个代表’重要思想的体现。这项工作虽然开展不久，但已收到了较好的效果与反映。盼能在现有基础上进一步完善工作机制，不断求实创新，提高工作质量，树立良好的信誉。”

20 日，由国土资源部地质环境司主持，中国地质环境监测院和中国地质科学院水文地质环境地质研究所组织实施的全国新一轮地下水资源评价成果在北京通过专家验收。国土资源部副部长寿嘉华出席会议并发表重要讲话。

24 日，国土资源部副部长寿嘉华在中国地质环境监测院第二十期《地质环境调查与监测工作简报》“全国地质灾害气象预报预警工作全面启动”上批示：“现在正值汛期，预报预警工作一刻也不能放松。”

29 日，国土资源部地质环境司司长姜建军到中国地质环境监测院，看望地质灾害预报预警中心工作人员，对地质灾害气象预报预警工作取得的成果给予充分肯定。

29 日，在中国地质环境监测院院务会议上，通过了《中国地质环境监测院地质项目管理办法》、《中国地质环境监测院财务管理办法》及其实施细则。

八月

1 日，中国地质环境监测院召开复转军人庆“八一”座谈会。

8 日，国土资源部副部长寿嘉华在中国地质环境监测院第七期《要事专报》“进入主汛期地质灾害气象预报时时鸣响警钟”上批示：“起步很好。不断积累资料，认真总结经验加强与各省联系，提高预报准确度，在业务上给各地以指导。”

13 日，在中国地质环境监测院院长办公会上，审议了 2004 年地质大调查项目立项建议方案、2004 年科研项目立项建议方案、地质环境监测专项立项建议方案和 2004 年预算建议方案，研究了关于“三峡库区地质灾害预警工程”资金拨付问题。

16 日，为期 5 天的中国地质环境监测院处级干部“三个代表”重要思想培训班结束，院处级干部及有关部门负责人接受了培训。

21 日，中国地质环境监测院组织主持的全国地质灾害防治领域重大科学问题研讨会在北京举行。会议对未来 5～15 年我国地质灾害防治领域科技发展目标任务、战略部署和重大科技计划进行了研讨。

27 日，在中国地质环境监测院召开的党委会议上，审议通过了《中国地质环境监测院党委（临时）工作规则》、《中国地质环境监测院党支部规则细则》、《中国地质环境监测院先进党支部、优秀共产党员、优秀党务工作者评选表彰办法》、《中国地质环境监测院党委（临时）党风廉政建设和反腐败规则责任制暂行规定》和《中国地质环境监测院领导干部廉洁自律和制止奢侈浪费行为的规定》等制度和办法，讨论研究院精神文明建设领导小组、党风廉政建设领导小组、党风廉政建设责任制考核领导小组成员调整意见，听取工会换届和职代会筹备工作情况汇报。

九月

9 日，中国地质调查局在北京召开长江三角洲与华北平原地面沉降调查与监测方案论证会，中国地质环境监测院编制的《华北平原地区地面沉降监测网络建设方案》通过了专家的论证。

10 日，中国地质环境监测院召开“中国地质环境监测院欢度中秋喜迎国庆老干部老专家茶话会”。参加会议的有中国科学院资深院士陈梦熊，原基建工程兵水文指挥部军级以上干部5人、师级以上干部14人，以及院离退休人员50余人和部分在职处级干部。原基建工程兵水文地质指挥部政委刘炬、副主任赵魁位、院士陈梦熊以及原中国水文地质工程地质勘查院老领导曲兴元、陈元普等在会上发表了讲话。

11日，中国地质环境监测院召开院长办公会议，研究并原则通过《中国地质环境监测院绩效津贴试行办法》、《中国地质环境监测院办公用房分配方案》、《2003年中国地质环境监测院计算机分配方案》、《中国地质环境监测院科技委员会成立方案》、《中国地质环境监测院高级咨询中心成立方案》、《中元公司董事会、监事会组建方案》；研究讨论了院对口援藏事宜和赴日地面沉降考察等有关事项。

18日，中央国家机关精神文明建设协调领导小组与国土资源部直属机关精神文明建设领导小组联合对中国地质环境监测院2003年度文明单位创建工作进行检查。

24日，国土资源部办公厅印发《中国地质环境监测院“三定”方案》。

18~30日，中国地质环境监测院组织开展全员竞聘上岗工作。30日，召开全体职工大会，对全员竞聘上岗工作进行了总结，院长钟自然向全体竞聘上岗人员颁发了聘任证书，竞聘上岗工作圆满结束。

十月

11日，中国地质环境监测院在新疆乌鲁木齐市组织召开中国地矿经济学会环境经济专业委员会2003年年会暨学术交流会。

18日，中国地质环境监测院科技委员会成立并召开第一次会议。

27日，中国地质环境监测院承担的《三峡库区地质灾害调查评价综合研究》通过了中国地质调查局组织的专家评审。

28日，中国地质环境监测院召开工会代表大会，国土资源部直属机关工会主席强旭东、中国地质调查局直属机关党委书记康战等到会并作重要讲话。副院长侯金武代表院作了“团结拼搏，与时俱进，开创我国地质环境调查与监测工作新局面”的工作报告。

十一月

3日，中-荷合作项目地下水监测优化培训班开班。

5日，中国地质环境监测院在北京市顺义区组织召开了“国家级地质环境监测与预报”专题汇报会。财政部及国土资源部有关领导专程考察了北京水源八厂国家级地下水监测点，并听取了专题汇报。

6日，国土资源部党组成员、部直属机关党委书记孟宪来到院听取工作汇报并在院处级干部培训班上作重要讲话。

6日，国家发改委粮食储备局调控司副司长陈家积一行来院听取“地质灾害预警预报”专题报告，并就有关问题进行了交流。

7日，中国地质环境监测院院长钟自然等与中国科学院、中国工程院院士张宗祜会谈，表示院十分愿意作为国家发改委“十一五”规划中“我国自然灾害的预测预警与科学防治对策”研究项目的依托单位。会上决定立即设立院士、高级顾问办公室。

12日，中国地质环境监测院召开专题会议，布置安排国土资源规划环境评估工作、城市地质工作、战略研究工作、我国主要城市地下水水质调查评价与监测预警专项汇报等。

20日，院党委书记、副院长张卫东，纪委书记马学明等赴日本地面沉降考察团圆满完成了考察任务后返回北京。

26日，越南地勘局副局长一行4人来院访问，总工程师田廷山介绍了院的基本情况，副总工程师刘传正、何庆成、张新兴参加了会见并与越方人员进行了交流。越方人员对我国地质环境监测网站建设表示出了极大的兴趣，希望加强这一领域的合作。

十二月

1 日，中国地质环境监测院召开院长办公会，审查通过了院 2003 年竞聘地质调查与监测项目负责人资格，审查院上报的 2004 年财务预算，研究西峰寺培训中心形象设计方案、中元公司章程、《水文地质工程地质》和《中国地质灾害与防治学报》编委会调整意见等。

2 日，中国地质调查局纪检组组长李广涌等来院检查纪检监察工作。检查组听取了党委书记张卫东、纪委书记马学明关于院 2003 年纪检监察工作的总体汇报并查阅了有关资料档案，对院纪检监察工作给予了好评。

5 日，中国地质环境监测院召开党政联席会，研究部署整顿院风活动。经研究决定：在全院范围内开展一次“学习贯彻‘三个代表’重要思想，治理整顿党风院风”的活动。本次活动的目标是：弘扬正气、打压邪气、重振院风，树立“团结、合作、开拓、创新”的新院风。活动时间是 2003 年 12 月 5 日至 2004 年 1 月 15 日。

11 日，在中国地质调查局主持召开的中日“黄河流域地下水监测合作项目”研讨会议上，确定了中国地质环境监测院与中国地质科学院水文地质环境地质研究所、中国地质调查局水文地质工程地质技术方法研究所作为该项目承担单位。其中，中国地质环境监测院主要承担沿黄河 95 个地下水监测孔的监测工作。

16 日，全国地质灾害气象预报预警工作经验交流会在北京召开。

18 日，中国地质环境监测院工作汇报座谈会在西峰寺培训中心召开。国土资源部有关司局和中国地质调查局有关领导，院部分高级顾问、高级专家、院老领导、高咨中心成员以及参加全国地质灾害气象预报预警工作经验交流会的代表参加了会议。

19 日，中国地质环境监测院召开院长办公会，研究确定 2003 年拟通报表扬的工作：全国地质灾害预警预报工作；《地质环境调查与监测技术装备发展规划》起草申报工作；“地质环境监测与预报”财政专项申报工作；《塔里木盆地地下水找水远景区研究》获 2003 年度国土资源部科技成果二等奖；周平根入选国土资源部科技创新人才工程人员名单；中－荷合作项目、中－日合作项目等国际合作项目；农业地质、城市地质、矿山环境、规划环评、全国地质工作规划、水工环地质工作专项规划、《水工环地质工作动态》刊物等新职责任务的启动工作；国土资源西峰寺培训中心修缮改造工程、形象设计和试运行工作；院办公区秩序整顿工作。

20 日，中－荷合作项目“中国地下水信息能力建设”培训班圆满结束。

23 日，国土资源部地质环境司司长姜建军、副司长柳源和地质灾害处处长李继江到中国地质环境监测院听取了《地质灾害防治规划》编写组的工作汇报。

中国地质环境监测院
领导班子变动情况

一、2003 年前班子组成

李烈荣、张卫东、侯金武、程荣欣、马学明

二、变动情况

2003 年 2 月 12 日，国土资源部《关于钟自然等 4 人职务任免的通知》（国土资任〔2003〕7 号），免去李烈荣院长职务；免去程荣欣副院长职务（另有任用）；钟自然任院长，田廷山任总工程师（试用期一年）。现班子成员组成为：

钟自然、张卫东、侯金武、马学明、田廷山

中国地质环境监测院
处级干部变动情况

一、2003 年初机构组成及处级干部

副总工程师：李文鹏

院办公室：刘荣立（主任）、马淑玉（副处级审计员）

党委办公室（人事处）：邓维东（主任）、沈建明（副主任）、范宏喜（副处级）、孙愉荪（副处级安全员）

计划财务处：谢章中（处长）

综合研究室：张新兴（主任）、陈辉（副主任）、侯春堂（正处级）

地下水动态室：何庆成（主任）

地质灾害室：刘传正（主任）、周平根（副主任）

编辑部：赵继昌（副主任，主持工作）

服务中心：王世荣（副主任，主持工作）、李芳（副主任）

西峰寺培训中心：高鹏飞（主任）、吴江（副主任，正处级）

中元基础有限公司：颜宇森（经理，正处级）、雷海英（副经理，副处级）

门诊部：于江夏（副主任，主持工作）、张克举（正处级）、钟京平（副处级）

三峡中心：黄学斌（指挥长，副局级）、徐开祥（副总工、副处级）

离岗人员：程良篪（正处级，2003 年 1 月退休）

内退人员：董振锋（正处级）、陈汉（副处级）、李耀胜（副处级）

待岗人员：李树末（正处级）

二、2003 年 9 月竞聘上岗后机构组成、处级干部

院长助理：李文鹏

工会主席：邓维东

副总工程师：刘传正、何庆成

副总经济师：张新兴

院办公室：马军（副主任、主持工作）

人事处：谢章中（处长）

离退休干部处：李湘妮（副处长）

财务处：马淑玉（副处长，主持工作）、计芳（副处长）、杨淑兰（设备管理处副处长）

科技外事与项目管理处：侯春堂（处长）、邢丽霞（副处长）

综合研究室：郝爱兵（副主任，主持工作）、李媛（副主任）

地质灾害调查监测室：周平根（副主任，主持工作）

地质灾害预警中心：唐灿（副主任，主持工作）

地下水资源环境调查监测室（地下水模型中心）：高存荣（副主任，主持工作）、吴爱民（副主任，2003 年 11 月调入）、赵继昌（正处级）

环境地质评价室：李瑞敏（副主任，主持工作）

矿山环境与国土整治评价室：张进德（副主任，主持工作）

信息室：陈辉（副主任，主持工作）、曾青石（副主任）

党群办公室：沈建明（副主任，主持工作）、孙愉荪（正处级）、李芳（副处级审计员）

编辑部：范宏喜（副主任，主持工作）、吴玲（副主任）

科技情报资料中心（图书档案室）：冯翠娥（副主任，主持工作）、杨小平（副处级、2003 年 9 月调入）

经营管理处：梁静（副处长，主持工作）

服务中心（物业中心）：刘荣立（主任）、刘建明（副主任）、王世荣（正处级）

中元公司：颜宇森（总经理、正处级）、张国（副总经理、副处级）、雷海英（副总经理、副处级）

西峰寺培训中心：吴江（副主任，主持工作，正处级）、施韬（副主任）、高鹏飞（副主任，正处级）

门诊部：于江夏（副主任，主持工作）、张克举（正处级）、钟京平（副处级）

地质环境咨询评估中心：董颖（副主任，主持工作）、李励红（副主任）

三峡中心：黄学斌（指挥长，副局级）、徐开祥（副总工、副处级）

内退人员：董振锋（正处级）、陈汉（副处级）、李耀胜（副处级）

待岗人员：李树末（正处级）

各省（自治区、直辖市）地质环境监测部门领导班子及其变动情况

河北省地质环境监测院

一、领导班子成员

院　长：徐建芳

副院长：张建设　赵宗壮

总工程师：赵宗壮

二、变动情况

2003 年 1 月 24 日，根据冀地政组编字第 01 号文，任命赵宗壮为河北省地质环境监测院副院长。

山西省地质环境监测中心

领导班子成员

主　任：王润福

副主任：陈　亮

副主任、总工程师：刘　瑾

辽宁省地质环境监测总站

领导班子成员

站　长：王世杰

副站长：马　彦　陈远新

副总工程师：张　瑛　王力江

吉林省地质环境监测总站

一、领导班子成员

站　长：王延亮

副站长：姚克强

总工程师：赵清华

党委副书记：孟庆军

二、变动情况

2003 年 10 月 9 日，根据吉地勘干任〔2003〕第 15 号文，任命王延亮为吉林省地质环境监测总站站长，免去尤正平吉林省地质环境监测总站站长职务。

黑龙江省地质环境监测总站

一、领导班子成员

站　长：冯　军

副站长：顾　伟　董宏志

副总工程师：郭长林

二、变动情况

2003 年 5 月 28 日，黑龙江省地质环境监测总站任命郭长林为黑龙江省地质环境监测总站副总工程师（黑地环监发〔2003〕22 号）。

浙江省地质环境监测总站

领导班子成员

站　长：罗进荣

书　记：厉荣法

副站长：姚洪华

总工程师：赵建康

江西省地质环境监测总站

一、领导班子成员

站　长：颜　春

副站长：孙　健

副站长、总工程师：黄长生

二、变动情况

根据赣地局字〔2002〕2号文，任命颜春同志为江西省地质环境监测总站站长。

根据赣地局字〔2002〕186号文，任命黄长生同志为江西省地质环境监测总站副站长兼总工程师。

河南省地质环境监测总站

一、领导班子成员

站　长：杨昌生

党总支书记：常虎军

副站长：薛映怀

总工程师：甄习春

工会主席：孔小刚

二、变动情况

2003年7月30日，根据豫国土资任〔2003〕1号文，任命薛映怀同志为河南省地质环境监测总站副站长（正处级）。

湖北省地质环境总站

一、领导班子成员

站　长：胡亚波

党委书记：魏　洪

副站长：郭　玲

总工程师：肖尚德

二、变动情况

2003年3月15日，根据鄂地矿发〔2003〕第21号文，任命胡亚波为湖北省地质环境总站站长、党委委员；魏洪为湖北省地质环境总站党委书记、党委委员；郭玲为湖北省地质环境总站副站长、党委委员；肖尚德为湖北省地质环境总站总工程师。免去方志杰湖北省地质环境总站站长、党委书记职务，保留其正处级待遇；免去郭海生湖北省地质环境总站总工程师、党委委员职务。

海南省地质环境监测总站

领导班子成员

站　长：胡　剑

总工程师：胡　剑

四川省地质环境监测总站

领导班子成员

副站长：李云贵（主持工作）

副站长：郑　勇　李永建

总工程师：李云贵

专职副书记、工会主席：屈超锦

贵州省地质环境监测总站

领导班子成员

站长、党委书记：杨胜元

副站长：谢少林　韩忠祥　朱春孝

总工程师：裴永炜

工会主席、纪委书记：唐英国

西藏自治区地质环境监测总站

领导班子成员

站　长：范相德

副站长：白玛次仁

总工程师：刘　伟

陕西省地质环境监测总站

领导班子成员

站　长：宁社教

副站长：刘　江　李凌才

总工程师：索传郿

甘肃省地质环境监测总站

一、领导班子成员

院　长：俞有峰

党委书记：张延中

副院长、总工程师：黎志恒

二、变动情况

2003 年 10 月 14 日，根据甘地党任字〔2003〕8 号文，俞有峰兼任甘肃省地质环境监测总站站长；黎志恒任甘肃省地质环境监测总站副站长、总工程师，主持日常工作。

2003 年 10 月 14 日，根据甘地党任字〔2003〕8 号文，免去黎志恒地矿局水工环地质处副处长职务。

2003 年 10 月 14 日，根据甘地党发〔2003〕70 号文，任命张延中为甘肃省地质环境监测总站党委书记。

2003 年 10 月 14 日，根据甘地党发〔2003〕70 号文，免去张延中第三地质矿产勘查院顾问。

新疆维吾尔自治区地质环境监测院

领导班子成员

院党总支书记、副院长：魏文慧

院　长：于庆和（兼职）

副院长：李和生

副院长：陶澄宇

中国地质环境监测院承担项目

（2003 年度）

序号	计划项目名称	院执行项目编号	项目名称	起止年限		项目类型	项目承担部门
				起始	终止		
一、国土资源大调查							
1	县市地质灾害调查信息系统集成与综合研究	200316000031—DC01	县市地质灾害信息系统集成	2003	2005	调查	信息室
		200316000031—WX01	县市地质灾害信息数据录入系统升级开发	2003	2004	外协	湖北地调院
		200316000031—DC02	县市地质灾害调查与区划综合研究	2003	2005	调查	地质灾害调查监测室
2	全国 1∶50 万环境地质调查信息系统集成及综合研究	200312300021—DC04	全国 1∶50 万环境地质调查综合研究与编图	2003	2004	调查	环境地质评价室
		200312300021—DC05	全国 1∶50 万环境地质调查信息系统集成	2003	2004	调查	环境地质评价室
		200312300021—WX02	全国 1∶50 万环境地质调查信息数字化	2003	2004	外协	河北地质环境勘查院

续表

3	四川雅安地质灾害预警示范区建设	200316000035—DC07	四川雅安地质灾害预警示范区建设	2003	2003	调查	地质灾害调查监测室
		200316000035—WX03	四川雅安地质灾害预警示范区调查监测	2003	2004	外协	四川地质环境监测总站
4	三峡库区滑坡灾害预警系统建设	200316000036—DC09	三峡库区滑坡灾害预警系统建设	2003	2003	调查	地质灾害调查监测室
		200316000036—DC11	城市环境地质调查技术要求	2003	2003	调查	环境地质评价室
		200316000036—DC12	典型地区农业地质调查评价示范	2003	2003	调查	环境地质评价室
		200316000036—WX04	三峡地质公园建设	2003	2003	外协	宜昌所
5	华北平原地面沉降监测网建设	200312300023—DC14	华北平原地面沉降调查监测总体方案	2003	2003	调查	地下水资源环境调查监测室
		200312300023—WX05	北京市地面沉降调查监测网建设	2003	2003	外协	北京地质环境监测总站
		200312300023—WX06	天津市地面沉降调查监测网建设	2003	2003	外协	天津地质环境监测总站
		200312300023—WX07	河北省地面沉降调查监测网建设	2003	2003	外协	河北地质环境勘查院
6	全国地质灾害趋势预测与数据集成	200316000037—DC16	全国地质灾害预报预警	2003	2003	调查	地质灾害预警预报中心
		200316000037—WX08	全国地质灾害趋势预测图编制	2003	2003	外协	地质灾害预警预报中心
		200316000037—DC17	中国可持续发展水工环地质工作战略研究	2003	2003	调查	综合研究室
		200316000037—DC18	地质灾害气象预报预警技术要求	2003	2003	调查	地质灾害预警预报中心
7	国家级地下水环境信息采集与处理	200316000037—DC21	国家级地下水环境信息采集与处理	2003	2003	调查	中元公司
8	地质灾害监测预警技术要求编制	200316000037—DC22	地裂缝灾害调查与监测技术要求	2003	2003	调查	地下水资源环境调查监测室
		200320190003—WX09	大型矿山（区）地质环境调查与监测技术要求	2003	2003	外协	西安所
		200320190003—DC23	崩塌滑坡泥石流监测技术要求	2003	2004	调查	地质灾害调查监测室
		200320190003—DC24	矿山地质环境监测技术要求	2003	2004	调查	矿山环境与国土整治评价室

续表

9	全国地质灾害预警系统建设综合研究	200320190003—DC25	全国地质灾害预警系统建设综合研究	2003	2003	调查	地质灾害调查监测室
		200320190003—DC26	地质环境监测管理办法	2003	2004	调查	综合研究室
10	全国地质灾害易发区汛期应急调查	200316000032—DC28	全国地质灾害防治规划	2003	2003	调查	地质灾害调查监测室
		200316000032—DC29	全国地质灾害监测工程规划	2003	2003	调查	综合研究室
		200316000032—DC30	全国地质灾害易发区汛期应急调查	2003	2003	调查	地质灾害调查监测室
		200316000032—DC31	国土资源规划环境影响评价研究	2003	2003	调查	地质环境咨询评估中心
		200316000032—DC32	中国可持续发展西北地区地下水资源与地质生态环境战略研究	2003	2003	调查	综合研究室
		200316000032—DC33	我国自然灾害的预测预警与科学防治对策研究	2003	2003	调查	综合研究室
		200316000032—DC34	《水工环地质工作动态》编制	2003	2003	调查	科技情报资料中心
		200316000032—DC35	建立水工环地质科技情报信息开发及服务系统	2003	2003	调查	科技情报资料中心
11	典型地质灾害调查与示范治理综合研究与质量监控	200312300022—DC37	典型地质灾害调查与示范治理综合研究	2003	2003	调查	地质灾害调查监测室
12	全国矿山地质环境信息系统建设与综合研究	200212300014—DC39	全国矿山地质环境信息系统建设与综合研究	2003	2003	调查	矿山环境与国土整治评价室
13	1:20万水文地质图空间数据库	200318310001—DC41	1:20万水文地质图空间数据库（全国）	2003	2003	调查	信息室
		200318310001—WX10	1:20万水文地质图空间数据库（31省）	2003	2003	外协	各省地调院
14	1:5万重点城市和经济区水工环地质空间数据库	200218310001—DC43	1:5万重点城市和经济区水工环地质空间数据库	2003	2003	调查	信息室
15	1:50万水文地质图空间数据库建设	200318310003—DC45	1:50万水文地质图空间数据库建设	2003	2003	调查	信息室
		200318310003—WX11	小比例尺水文地质图空间数据库建设（9省市）	2003	2003	外协	有关省地调院
16	水工环调查信息化标准研制	200318100002—DC47	水工环调查信息化标准研制	2003	2003	调查	信息室

续表

17	地下水资源调查数据处理与综合分析子系统与项目综合	200318200005—DC49	地下水资源调查数据处理与综合分析子系统与项目综合	2003	2003	调查	地下水资源环境调查监测室
18	汛期严重地质灾害应急处置方案论证	200316000033—DC51	汛期严重地质灾害应急处置方案论证	2003	2003	调查	中国地质环境监测院
二、地质环境监测专项							
20	全国地质环境监测与站网建设	20030201—WX12	国家级地下水监测点日常监测	2003	2003	外协	
		20030201—JC01	中国地质环境信息网站运行与维护	2003	2003	监测	信息室
		20030201—JC02	中国地质环境公报的编制和发布	2003	2003	监测	综合研究室
		20030201—JC03	全国地质环境监测与站网建设规划	2003	2003	监测	地下水资源环境调查监测室
		20030201—JC04	地下水环境监测数据库建设	2003	2003	监测	地下水资源环境调查监测室
		20030201—JC05	全国主要城市地下水水质调查工作方案	2003	2003	监测	地下水资源环境调查监测室
		20030201—JC06	地质环境监测新技术应用	2003	2003	监测	地下水资源环境调查监测室
三、科技项目							
21	三峡库区大型滑坡滑带发育规律及典型滑带成因和微观结构研究	20030301—KJ01	三峡库区大型滑坡滑带发育规律及典型滑带成因和微观结构研究	2003	2004	科技	中国地质环境监测院
22	三峡库区巴东县新城区滑坡和堆积体成因机制与防治对策研究	20030302—KJ03	三峡库区巴东县新城区滑坡和堆积体成因机制与防治对策研究	2003	2004	科技	地质灾害预警预报中心
23	山洪地质灾害关键技术研究	20030303—KJ05	山洪地质灾害关键技术研究	2003	2004	科技	中国地质环境监测院
24	海量异构地质空间数据一体化分析与处理	20030304—KJ07	海量异构地质空间数据一体化分析与处理	2003	2005	科技	信息室
		20030304—WX13	地下水资源评价及信息服务网络处理平台开发	2003	2005	外协	水环所
		20030304—WX14	矿产资源评价及信息服务网络处理平台开发	2003	2005	外协	矿产资源所

续表

四、其他（横向）项目							
25	国土资源科技奖励管理信息系统研究	20030305—KJ09	国土资源科技奖励管理信息系统研究	2003	2004	科技	信息室
26	降雨诱发型滑坡监测预警系统研究	20030306—KJ11	降雨诱发型滑坡监测预警系统研究	2003	2005	科技	地质灾害调查监测室
30	国家地质调查业务网节点网络系统建设	20030404—QT04	国家地质调查业务网节点网络系统建设	2003	2004	调查	信息室
31	地质调查技术标准研制、修订与升级	20030405—DC53	地下水监测规范修订	2003	2003	调查	信息室
		20030405—DC54	地面沉降监测技术要求制定	2003	2003	调查	地下水资源环境调查监测室

中国地质环境监测院获奖成果

（2003 年度）

序号	成果名称	奖励等级	主要完成人员	备注
1	三峡地质灾害调查综合评价研究报告	一等奖	刘传正 李铁锋 温铭生 杨 冰 王晓朋 程凌鹏	
2	县市地质灾害调查与小区划综合三究	二等奖	李 媛 孟 晖 董颖 胡树娥	
3	县市地质灾害调查信息系统集成	二等奖	陈 辉 曾青石 张 斌 张鸣之	
4	全国地质灾害气象预警预报实施方案	二等奖	刘传正 唐 灿 温铭生 李 媛 任 鹰	
5	地下水环境监测数据库	三等奖	张进德 马 军 叶晓滨	
6	地质环境监测新技术应用——土地盐渍化遥感监测	三等奖	李晓梅 郝爱兵 张秀芳 孟 晖 张如佳	

中国地质环境监测院获奖单位及个人

（2003 年度）

序号	获奖单位/个人	授予单位	获奖名称
一、集体			
1	中国地质环境监测院	中央国家机关	文明单位标兵
2	中国地质环境监测院	北京市	首都文明单位
3	中国地质环境监测院	国土资源部	全国地质灾害防治工作先进集体
4	中国地质环境监测院	北京市公安局	安全保卫集体嘉奖
5	党办（人事处）	国土资源部部机关党委	先进党支部
6	财务处	中国地质调查局	综合统计一等奖
7	财务处	国土资源部规划司	综合统计先进单位
8	财务处	国土资源部财务司	财务调查项目财务决算二等奖
9	财务处	中国地质调查局	地质调查项目财务决算二等奖
10	财务处	中国地质调查局	地质调查项目统计三等奖
11	服务中心	北京市公安局	集体嘉奖
12	服务中心（院）	北京市海淀区交通安全委员会	区交通安全先进单位
13	服务中心	北京市海淀区北下关地区	绿化先进单位
二、个人			
1	李烈荣	国土资源部	全国地质灾害防治工作先进个人
2	刘传正	国土资源部	全国地质灾害防治工作先进个人
3	沈建明	国土资源部	抗击“非典”工作先进个人
4	于江夏	国土资源部	抗击“非典”工作先进个人
5	马学明	国土资源部机关党委	优秀党务工作者
6	刘传正	中国地质调查局	地质调查先进工作者

续表

7	叶晓滨	国土资源部人教司机关党委	第二届优秀青年
8	周平根	国土资源部机关党委	优秀共产党员
9	汪孙锦	国土资源部机关党委	优秀共产党员
10	杨淑兰	国土资源部规划司	综合统计先进个人
11	范宏喜	中国国土资源报	优秀记者
12	张 博	北京市海淀区	优秀交通安全管理干部
13	翟德奎	北京市公安局	嘉奖
14	孙愉荪	北京市海淀区	计划生育先进工作者
15	范宏喜	中国产业报协会	二等奖——《地灾与三峡蓄水无关》
16	范宏喜	中国国土资源报	三等奖——《地灾与三峡蓄水无关》
17	范宏喜	中国国土资源报	三等奖——《瓦斯的警告》
18	王世荣	北京市海淀区北下关地区	绿化先进个人

各省（自治区、直辖市）地质环境监测部门相关资质与获奖成果

天津市地质环境监测总站

一、相关资质

地质勘查单位资格证书（国土资源部核发）

地质灾害防治工程勘查单位资格证书（国土资源部核发，甲级）

地质灾害防治工程设计单位资格证书（国土资源部核发，许可级）

国家地质调查项目承担单位证书和质量管理体系认证证书（中国地质调查局）

环境影响评价证书（市环保局核发）

矿产资源储量检测机构证书（市规划和国土资源局核发）

二、获奖情况

国家科委二等奖：2 项

地矿部一等奖：1 项

地矿部二等奖：5 项

地矿部三等奖：57 项

地矿部四等奖：82 项

天津市三等奖：2 项

天津市地质环境监测总站部分获奖项目一览表

获奖项目	获奖级别	评奖单位
天津市引滦输水工程水文、工程地质研究	科技进步二等奖	国家科技奖评委

续表

华北地区水资源评价和开发利用研究（地下水资源部分）	科技进步二等奖	国家科技奖评委
	科技进步一等奖	地质矿产部
天津石油化纤厂宝坻水源地水文地质勘查	地质找矿一等奖	地质矿产部
缓解华北及其邻近地区水资源紧缺的对策	科技进步二等奖	地质矿产部
天津市地质沉降机理研究及预测、预报、综合治理	科技进步二等奖	地质矿产部
京津唐地质灾害预测防治计算机辅助决策系统	勘查进步二等奖	地质矿产部
天津市地质沉降勘查与监测	勘查进步二等奖	地质矿产部
天津市海岸带综合地质普查	勘查进步二等奖	地质矿产部
华北及其邻近地区水资源紧缺的对策	科技进步三等奖	地质矿产部
天津市市区地面沉降数据库的研制	科技进步三等奖	地质矿产部
天津市滨海地区软土工程地质特性研究	科技进步三等奖	地质矿产部
天津经济技术开发区地震危险性分析与地震小区划	勘查进步三等奖	地质矿产部
天津市塘沽中心区抗震设防区划	勘查进步三等奖	地质矿产部
1:5 万蓟县、马伸桥等幅区域地质调查	勘查进步三等奖优秀图幅	地质矿产部
1:5 万上仓幅和宝坻县幅区域地质调查	勘查进步三等奖优秀图幅	地质矿产部
天津市岩石地层	科技成果三等奖	天津市人民政府
天津市大港区分层标工程施工技术	科技成果三等奖	天津市人民政府

内蒙古自治区地质环境监测院

一、相关资质

地质勘查单位资格证书

地质灾害防治工程勘查单位资格证书（甲级）

地质灾害防治工程设计单位资格证书（丙级）

环境影响评价证书（乙级）

建设项目水资源论证证书（乙级）

二、获奖情况

四十多年来，共向国家提交各类成果报告百余份，发表论文近百篇，这些科研成果为内蒙古自治区重要城市地下水资源管理与保护、为城市建设发展提供了科学依据，特别是在环境地质研究的某些方面有所创新和突破，对国内同类研究工作有一定的指导意义和示范作用，曾多次受到原地矿部和政府的表彰和奖励。

在提交的报告中，其中有一项获全国科学大会重大科研奖，两项获地矿部科技成果二等奖，四项获地矿部科技成果三等奖，一项获地矿部找矿四等奖，一项获盟级科技成果进步三等奖，在发表的论文中，有 30 多篇在全国性学术会议交流，另有 10 多篇被评为区（市）优秀论文。

1978 年提交的“呼和浩特市地下水污染调查”及“包头市地下水污染调查研究”获自治区科技大会优秀成果三等奖；

1979 年提交的“呼和浩特市环境水文地质评价及地下水资源保护”获全国科学大会

重大科研项目奖；

1983年提交的“赤峰地区高氟地下水分布规律及其成果研究报告”，获地矿部1996年科技成果三等奖；

1983年提交的“昭盟环境水文地质图及说明书”已编入全国地方图集；

1984年提交的“呼和浩特市地下水环境质量评价研究报告”，获地矿部1984年科技成果二等奖，这是国内当时地下水环境质量评价惟一获奖成果；

1985年提交的“中国2000年城市地下水资源及环境地质问题预测研究”，获地矿部1988年科技成果三等奖；

1986年提交的“包头市地下水环境质量评价研究报告”，获地矿部1986年科技成果三等奖；

1986年提交的“通辽市浅水污染及地下水水位下降漏斗现状研究”，获哲盟科技成果进步三等奖；

1990年提交的“呼和浩特市地下水硝酸盐氮污染机理模拟试验及其防治对策研究”及“呼市地下水资源管理模型”，评审专家认为：前者居国内领先，某些方面达到国外同类研究水平，后者达到国内先进水平，内蒙日报头版做过专题报导，并称这是自治区水资源方面的两项重大科研成果，“三氮报告”获地矿部科技成果二等奖，“模型报告”获地矿部科技成果三等奖。

吉林省地质环境监测总站

一、相关资质

地质勘查单位资格证书

地质灾害防治工程勘查单位资格证书（甲级）

地质灾害防治工程设计单位资格证书（乙级）

地质灾害防治工程监理单位资格证书（许可级）

环境影响评价资格证书（乙级）

工程勘察证书（乙级）

二、获奖情况

建站以来，先后完成了地质调查研究等技术工作成果近500项，有70余项获省部级科技成果奖、找矿奖及工程勘察奖，其中一等奖6项、二等奖10余项、三等奖30余项、四等奖20余项。单位多次获得上级部门授予的“先进单位”荣誉称号。

1. 环境水文地质勘察、调查、研究

（1）1986年第二松花江流域地下水环境背景值调查研究报告获地矿部科技成果二等奖；

（2）1990年吉林省地下水化学背景值调查研究报告获地矿部科技成果二等奖。

2. 建设项目环境影响评价

（1）1989年黄龙公司公主岭玉米加工厂新建工程环境影响报告获吉林省环保局优秀报告一等奖；

（2）1989年吉林省郭炼油厂改扩建项目环境影响评价获吉林省环保局优秀报告一等奖。

3. 地质环境监测

（1）1992年长春市地下水动态监测报告获地矿部勘察成果四等奖；

（2）1992年白城市地下水动态监测报告获地矿部勘察成果四等奖。

4. 地方病研究

（1）1986年吉林省西部低平原地下水含氟状况及防氟改水研究获吉林省科技成果二等奖；

（2）1993年吉林省西部低平原地球化学等生命元素与氟中毒环境关系的研究获地矿部科技成果三等奖；

（3）1990年吉林省大骨节病生态环境中生命元素与氟中毒环境关系的研究获地矿部科技成果三等奖。

5. 地质灾害

1999年吉林省辉南县蛟河泥石流地质灾害勘察获地矿部科技成果三等奖。

黑龙江省地质环境监测总站

获奖情况

《黑龙江省鸡东县地质灾害调查与区划》、《黑龙江省穆棱市地质灾害调查与区划》项目报告经黑龙江省国土资源厅评审、评为优秀。

上海市地质环境监测总站

获奖情况

《上海市地质环境评价与综合研究》获2003年度上海市科技进步一等奖；

《上海地面沉降监测标技术与重大典型建筑密集区地面沉降防治研究》获2003年度国土资源科学技术二等奖。

江苏省地质环境监测总站

一、相关资质

地质灾害防治工程勘察单位资格证书（甲级）

国家地质调查项目承担单位合格证书

地质勘察资格证书

建设项目水资源论证资质证书（甲级）

二、获奖情况

《苏通长江公路大桥地层沉降影响研究》获2002年度江苏省国土资源厅科技创新一等奖；

《江苏省1∶50万区域环境地质调查报告》获2002年度江苏省国土资源厅科技创新二等奖；

《无锡惠山新区地质灾害调查研究报告》获2002年度江苏省国土资源厅科技创新三等奖；

《江苏省苏锡常平原区第Ⅱ承压水超采区划分报告》获国土资源部四等奖。

《苏-锡-常地区地面沉降预警预报工程研究》获国土资源部2004年度科学技术二等奖；《长江三角洲（长江以南）地区环境地质评价》成果获优秀奖。

安徽省地质环境监测总站

相关资质

水文地质、工程地质、环境地质勘察，地质测绘、岩土分析测试等资质（国土资源部颁发）

地质灾害勘查设计资质（国土资源部颁发，甲级）

地质灾害治理工程资质（国土资源部颁发，乙级）

岩土工程勘察资质（省建设厅颁发，乙级）

地形测绘资质（省测绘局颁发，乙级）

山东省地质环境监测总站

获奖情况

建站20年来，山东省地质环境监测总站承担了260个省部级国家重点建设项目的大、中型勘察项目，主要为供水水文地质勘探，工程地质勘察，环境地质影响评价，地质灾害调查与评价，矿山环境地质影响调查与评价，地质灾害防治、勘察、治理，地热资源调查与评价，地质环境动态监测。其中，获部、省科技成果二等奖、三等奖、四等奖共计62个。

获部、省成果二等奖的有《山东省经济和社会发展战略研究矿产资源的开发利用研究》、《河北省唐山市陡河电厂李家峪储灰场专门水文地质勘察》、《山东省环境地质图集》、《山东省地下水及地质环境监测评价报告（1991～1995年）》、《山东省济宁市长沟水源地勘探报告》。

被国家环保局授予“全国环境监测网先进监测站”，2004年3月被山东省省直机关精神文明建设委员会授予“文明单位”，被山东省省直机关工会评为“先进单位”。

河南省地质环境监测总站

获奖情况

2003年9月《1:50万河南省水文地质编图项目》通过专家评审，评为优秀成果；

2003年度《河南省地下水资源评价》获河南省国土资源科技成果一等奖；

2003年度《河南省区域环境地质调查报告》获河南省国土资源科技成果二等奖。

2003年4月，在北京召开的全国地质环境管理工作会议暨地质灾害防治工作表彰会上，国土资源部对获得全国地质灾害防治工作的先进单位和先进个人进行了表彰。河南省有2个单位和6名同志受表彰，河南省地质环境监测总站被国土资源部授予“全国地质灾害防治工作先进单位”荣誉称号。

湖南省地质环境监测总站

获奖情况

2003年度被国土资源部评为“全国地质灾害防治先进单位”；

2003年度被评为“省直单位先进基层党组织”；

2003年度被省直工委指定为“基层党建示范点创建单位”；

2003年度被评为“长沙市卫生文明先进单位”，并保持了“省直双文明先进单位”的光荣称号。

广东省地质环境监测总站

获奖情况

2003年提交连平等10个县（市）地质灾害调查与区划报告获得良好等级；广东省地氟病与环境地质关系及防治措施研究成果被省科技厅评为科技进步三等奖。

海南省地质环境监测总站

获奖情况

1992年度《海南省海口市金盘坡饮用天然矿泉水勘查评价》获全国矿产储量委员会全国矿产和地下水储量报告良好二等奖；

1993年度《海南省万宁县兴隆热矿水勘探及环境地质评价》获全国矿产储量委员会全国矿产和地下水储量报告良好二等奖；

1994年度《海南省琼海市官塘地热田热矿水勘探》获全国矿产储量委员会全国矿产和地下水储量报告奖二等奖；

1994年度《海南省海口市道客坡矿08井饮用天然矿泉水勘查》获全国矿产储量委员会全国矿产和地下水储量报告三等奖；

1995年度《海南省海口市饮用天然矿泉水研究及勘查评价》获海南省科学技术进步奖评审委员会科学技术进步二等奖；

1995年度《海南省琼海市官塘地热田矿水勘探》获海南省科学技术进步奖评审委员会科技进步二等奖；

1995年度《海南省万宁县兴隆热矿水勘探及环境地质评价》获海南省科学技术进步奖评审委员会科技进步二等奖；

1995年度《海南省三亚市凤凰温泉山庄热矿水勘探》获全国矿产资源委员会全国矿冰和地下水储量报告三等奖；

1996年度《海南省琼海市官塘地热田矿水勘探》获地质矿产部找矿成果二等奖；

1997年度《海南省儋州市蓝洋地热田热矿水勘探》获国土资源部全国矿产和地下水储量报告二等奖；

2002年度《海南省琼海市九曲江地热田热矿水勘探》获海南省科学技术厅科学技术进步四等奖。

云南省地质环境监测总站

获奖情况

2003年度被授予“全国地质灾害防治工

作先进单位”称号；

2004 年被授予“先进单位”称号。

西藏自治区地质环境监测总站

一、相关资质

地质勘察单位资格证书

地质灾害防治工程勘察单位资格证书（甲级）

地质灾害防治工程施工单位资格证书（甲级）

地质灾害防治工程设计单位资格证书（乙级）

地质灾害防治工程监理单位资格证书（甲级）

建设项目环境影响评价资质（乙级）

二、获奖情况

2003 年 3 月西藏自治区地质环境监测总站被西藏自治区环境保护局评为“全区环境保护先进集体”光荣称号；

2003 年 4 月西藏自治区地质环境监测总站长范相德及总工程师刘伟被国土资源部授予“全国地质灾害防治工作先进个人”。

甘肃省地质环境监测总站

获奖情况

2003 年度《甘肃省永靖县盐锅峡黑方台滑坡灾害勘查》获甘肃省国土资源厅地质灾害防治成果一等奖；

2003 年度《甘肃省敦煌市月牙泉湖水位下降应急治理工程可行性研究》获甘肃省国土资源厅地质灾害防治成果一等奖；

2003 年度《甘肃省武都县地质灾害调查与区划报告》获甘肃省国土资源厅地质灾害防治成果一等奖；

2003 年度《中国甘肃省洮河九甸峡水利枢纽及引洮供水一期工程建设用地地质灾害危险性评估报告（引洮供水一期工程）》获甘肃省国土资源厅地质灾害防治成果一等奖；

2003 年度《中国甘肃省洮河九甸峡水利枢纽及引洮供水一期工程建设用地地质灾害危险性评估报告（九甸峡水利枢纽部分）》获甘肃省国土资源厅地质灾害防治成果一等奖；

2003 年度《甘肃省环县东山黄土泥石流灾害综合治理勘查、可行性研究、施工图设计报告》获甘肃省国土资源厅地质灾害防治成果二等奖；

2003 年度《甘肃省舟曲县泄流坡滑坡灾害防治工程可行性研究报告》获甘肃省国土资源厅地质灾害防治成果二等奖；

2003 年度《甘肃省武都县北山泥石流综合治理勘查、施工图设计报告》获甘肃省国土资源厅地质灾害防治成果二等奖；

2003 年度《甘肃省武山县地质灾害调查与区划报告》获甘肃省国土资源厅地质灾害防治成果二等奖；

2003 年度《甘肃省卓尼县地质灾害调查与区划报告》获甘肃省国土资源厅地质灾害防治成果二等奖；

2003 年度《甘肃省宕昌县红河沟泥石流灾害综合治理勘查及可行性研究报告》获甘肃省国土资源厅地质灾害防治成果二等奖。

宁夏回族自治区地质环境监测总站

获奖情况

2003 年，宁夏地质环境监测总站主要完成了《西吉县地质灾害调查与区划》、《宁夏地下水资源》专著等。其中《西吉县地质灾害调查与区划》项目被中国地质环境监测院评为优秀级；《宁夏地下水资源》专著，由宁夏人民出版社公开出版，填补了宁夏至今尚未出版地下水研究专著的空白，对宁夏地下水资源的科学开发利用、生态环境建设和区域经济发展都具有重要意义，该书荣获宁夏科技进步三等奖。

新疆维吾尔自治区地质环境监测院

获奖情况

2003年度《新疆维吾尔自治区地下水资源评价报告》获自治区国土资源科技进步奖一等奖；

2003年度《新疆伊犁地区地质灾害调查报告》获自治区国土资源科技进步奖一等奖；

2003年度《新疆新源县地质灾害调查与区划报告》获自治区国土资源优秀成果一等奖；

2003年度《新疆尼勒克县地质灾害调查与区划报告》获自治区国土资源优秀成果一等奖；

2003年度《新疆矿山生态地质环境调查报告》获自治区国土资源科技进步奖二等奖；

2003年度《新疆乌鲁木齐监测区地下水五年动态监测报告（1996～2000年）》获自治区国土资源优秀成果奖二等奖；

2003年度《自治区主要城市和地区地下水动态五年监测报告（1996～2000年）》获自治区国土资源科技进步奖二等奖；

2003年度《新疆阿勒泰市区泥石流、崩塌灾害勘察报告》获自治区国土资源优秀成果奖二等奖；

2003年度《1:5万数字重点城市及经济开发区水工环综合空间数据库（新疆部分）》获自治区国土资源优秀成果奖三等奖；

2003年度《1:20万数字水文地质图空间数据库（2001年新疆部分）》获自治区国土资源优秀成果奖三等奖；

2003年度《新疆巩留县地质灾害调查与区划报告》获自治区国土资源优秀成果奖三等奖。

编辑说明

《中国地质环境监测年鉴》由中国地质环境监测院编纂。本册年鉴主要记述2003年全国地质环境调查与监测系统工作进展情况，设有特稿、综述、专文、重要文件和规章制度、地质环境调查与监测、综合管理、党群、各省（自治区、直辖市）地质环境调查与监测工作等栏目。

《中国地质环境监测年鉴》所刊载的内容分别由中国地质环境监测院和各省（自治区、直辖市）地质环境监测总站（院、中心）有关部门提供。由于稿件来源不同，书中有的数字与统计资料不尽一致。

根据国家有关规定，年鉴各栏目未收录香港、澳门特别行政区和台湾省的资料。

本年鉴的编辑出版，得到了各有关单位的大力支持和热情帮助，充分体现了地质环境调查与监测部门支持、参与和共同承办《中国地质环境监测年鉴》的协作精神。在此，对所有支持和帮助年鉴编辑出版工作的单位和个人表示衷心的感谢。

今年是首次承办《中国地质环境监测年鉴》的编辑与出版工作，难免存在资料搜集不够全面或处理不当之处，恳请大家批评指正。

中国地质环境监测年鉴编辑部

2004年11月

ISBN 7-80097-720-X